Geschichte und Technik der Filmmontage

Karel Reisz
Gavin Millar

Geschichte und Technik der Filmmontage

Aus dem Englischen von Helmut Wietz
mit einem Vorwort von Heinz Rathsack

filmland presse

Herausgegeben von der
Stiftung Deutsche Kinemathek

Originaltitel:
The Technique of Film Editing
Lizenzgeber:
Butterworth & Co (Publishers) Ltd.

Die erste, englische Ausgabe
erschien 1953 bei Focal Press
in London und New York.
Der von Karel Reisz verfaßte Text
(jetzt: Teil I) wurde 1968
– mit der 15. Auflage –
um Teil II erweitert,
der von Gavin Millar stammt.
Der deutschen Übersetzung liegt
die Fassung von 1968 zugrunde.

Redaktion der Übersetzung:
Manfred Delling (Teil I)
Ulf Dammann / Norbert Grob (Teil II)

Die Sequenzfotos wurden von
Helmut Wietz mit Unterstützung des
National Film Archive in London
hergestellt.
Die Breitwand- und CinemaScope-
Abbildungen wurden von der Firma
Butterworth zur Verfügung gestellt.
Personen- und Standfotos:
Filmlandpresse, München
National Film Archive, London
Stiftung Deutsche Kinemathek, Berlin

Zeichnungen auf den Seiten 150–155:
Bernd Pohlenz

Sequenzfotos auf dem Umschlag aus
Brighton Rock (1947)

Umschlag und Layout:
Atelier Noth + Hauer, Berlin
Lektorat:
Hans Helmut Prinzler

Herstellung:
Hieronymus Mühlberger GmbH,
Augsburg
Satz:
Großhaus, Schmidt & Partner GbR,
Berlin
ISBN 3-88690-071-1

Inhalt

Vorwort

Ein von Fachleuten in aller Welt hochgeschätztes und häufig benutztes, in viele Sprachen übersetztes Buch brauchte mehr als drei Jahrzehnte, um nun in einer deutschen Fassung zu erscheinen: »The Technique of Film Editing« von Karel Reisz, 1953 veröffentlicht, vor zwanzig Jahren von Gavin Millar um einen modernen Teil erweitert. Ein Stück Grundlagenliteratur.

Es ist ein Buch, in dem es um Filmgeschichte und insbesondere um das klassische amerikanische und englische Kino geht, und dennoch würde man ihm nicht gerecht, verstünde man es als einen weiteren Versuch, eine Geschichte des Films zu schreiben. Die Autoren wollten nicht künstlerische Leistungen werten, einordnen und vergleichen, die Entwicklung einzelner Stile aufzeigen oder die Zusammenhänge von Politik, Ökonomie und Filmproduktion darstellen. Gegenstand der Betrachtung ist immer das Einzelbeispiel, subjektiv und fast willkürlich ausgewählt (französische und italienische Filme werden nur im 2. Teil behandelt, japanische und deutsche kommen gar nicht vor), die Filme werden nur in Ausschnitten analysiert, ohne daß je ein Gesamtbild von ihnen entstünde. Die Untersuchung gilt einem einzigen Aspekt: dem Schnitt / der Montage.

Das Buch hat über die Jahrzehnte nichts von seiner Faszination verloren. Noch immer ist zu bewundern, wie Karel Reisz dem Geheimnis filmischen Erzählens auf die Spur gekommen ist, und wie er seine Beobachtungen in Notizen festgehalten hat, die noch in der Buchform die Neugier und Entdeckerfreude des späteren Filmemachers widerspiegeln.

Aufgabe des Filmhistorikers ist es, Filmgeschichte in ihren Einzelerscheinungen und in ihren Zusammenhängen zu erforschen und sie publizierend und lehrend lebendig zu erhalten. Der Filmemacher hingegen hat zur Filmgeschichte ein völlig anderes Verhältnis. Sie ist für ihn ein riesiges Arsenal, das mit Ideen, Erfindungen, Versuchen, Erkenntnissen, Erfahrungen und auch mit Tricks und Kniffen randvoll gefüllt ist. Über die inhaltlichen Fragen hinaus faszinieren den Filmemacher die Fragen nach der Form; weniger *was* erzählt wurde, sondern vor allem *wie* erzählt wurde, versucht er bis ins Detail zu ergründen. Filmemacher-Fragen sind häufig naiv, direkt, pedantisch genau, egoistisch, immer begierig darauf, etwas zu entdecken, was die eigene Arbeit voranbringt.

In diesem Buch ist ein angelsächsischer Pragmatismus am Werke, eine Betrachtungsweise, die wir in deutschen Publikationen selten oder gar nicht finden. Es ist ein Buch, das ein Handwerk zum Gegenstand hat, und wir lernen bei der Lektüre, daß in großen Werken der Filmkunst, wie etwa bei Griffith, Pudowkin, Eisenstein oder Flaherty, die Genialität der Ideen ihre genaue Entsprechung in der Genialität des Details hat. Wir lernen, wie Regeln entstanden sind, welchen Sinn sie haben – und wie sie mit Verstand weiterentwickelt wurden. Ein Lehrstück in konkreter Filmgeschichte.

Seit einiger Zeit führt die professionelle Kritik immer wieder Klage über die inhaltliche Dürftigkeit der gegenwärtigen Filmproduktion, nicht nur in einzelnen Ländern, sondern in fast allen Regionen, in denen Filme hergestellt werden. Wenn die These stimmt, daß die wirklich großen Impulse jeder künstlerischen Produktion von außen kommen, von der Begeisterung für eine politische Idee, von der Empörung über geschehenes oder andauerndes Unrecht, von der Sensibilisierung für eine neue Sicht auf eigene und fremde Erfahrungen – wenn also diese These stimmt, ist eine solche inhaltliche »Flaute« zeitweilig unvermeidbar. Weniger bemerkt wird, daß eine eher stille und von den Themen her uninteressante Zeit häufig zur Rückbesinnung auf das Handwerk führt, zu Versuchen, die den Filmemachern viel, den Zuschauern aber wenig bedeuten. Es spricht manches dafür, daß wir uns in einem derartigen Zwischenstadium befinden. Das Buch von Karel Reisz kann helfen, einen neuen Aufbruch vorzubereiten.

Herausgegeben wird die »Geschichte und Technik der Filmmontage« von der Stiftung Deutsche Kinemathek, die in produktiver Nachbarschaft und Kooperation mit der Deutschen Film- und Fernsehakademie Berlin arbeitet, einer Ausbildungsstätte, die das Handwerk des Filmemachens und dessen Vermittlung als ihre vornehmste Aufgabe betrachtet. Die Kinemathek hat sich mit ihren zahlreichen Publikationen zumeist an Wissenschaftler, Journalisten und Filmliebhaber gewandt. Mit ihrer dreiteiligen ZDF-Produktion »Zwischen den Bildern« über die Geschichte der Montage im Spiel-, Dokumentar- und Experimentalfilm und dem hier vorgelegten Buch von Karel Reisz und Gavin Millar will die Kinemathek der DFFB und allen anderen Ausbildungsstätten im deutschsprachigen Raum dienen und damit ihre doppelte Verpflichtung gegenüber der wissenschaftlichen und gegenüber der künstlerischen Ausbildung dokumentieren. Über diesen pädagogisch nützlichen Aspekt hinaus macht es hoffentlich Freude, ein so berühmtes Filmbuch in neuer Form in der Hand zu haben.

Heinz Rathsack

Teil I

Die Geschichte der Filmmontage

1 Montage und Stummfilm

»Ich möchte betonen, daß die Filmmontage das kreative Element in der Gestaltung der filmischen Realität ist und daß uns die Wirklichkeit nur das Rohmaterial dazu liefert. Genau dies definiert die Beziehung zwischen Filmmontage und dem bloßen Filmmaterial.« * Diese Überzeugung wurde 1928 von Wsewolod Pudowkin, einem der bekanntesten Stummfilmregisseure jener Zeit, formuliert. Die in den ersten dreißig Jahren der Kinogeschichte entstandenen Filme und seine eigenen reichen Erfahrungen als Regisseur ließen ihn zu der Schlußfolgerung kommen, daß die Montage – das heißt Auswahl, Timing und Zusammenstellung der gedrehten Aufnahmen in eine filmische Kontinuität – der entscheidende schöpferische Akt bei der Herstellung eines Films sei. Heute fällt es schwer, darüber noch so emphatisch zu denken. Denn mittlerweile messen Filmemacher anderen Elementen – besonders dem Dialog und der schauspielerischen Darstellung – eine Bedeutung bei, die mit Pudowkins Einschätzung nicht mehr übereinstimmt. Die Tradition der expressiven Aufeinanderfolge von Bildern, die charakteristisch für die besten Stummfilme war, ist seit dem Aufkommen des Tonfilms immer mehr vernachlässigt worden. Es ist eines der Hauptziele dieses Buches nachzuweisen, daß dies einen großen Verlust für das Kino mit sich gebracht hat.

Die Geschichte des Stummfilms liefert uns genügend Beweise für Pudowkins Überzeugung. Die Entwicklung der Ausdrucksfähigkeit des Mediums Film von den einfachen Dokumentaraufnahmen der Brüder Lumière bis hin zu den ausgeklügelten Bildfolgen der Filme am Ende der zwanziger Jahre war das Ergebnis einer sich immer weiter entwickelnden Technik der Filmmontage. Pudowkin gelang es 1928, wesentlich komplexere Ideen und Gefühle durch seine Filme zu vermitteln als den Brüdern Lumière dreißig Jahre zuvor, weil er gelernt hatte, mit bestimmten Schnittmethoden bestimmte Wirkungen zu erzielen.

Die Geschichte des Stummfilms ist heute so gründlich erforscht, daß es überflüssig ist, noch einmal die genauen Daten dieser Entwicklung zu wiederholen. Wann eine bestimmte Technik das erste Mal beim Schnitt angewandt wurde und wer das Verdienst daran hat, sind Fragen für den Filmhistoriker. Was uns interessiert, ist die Bedeutung neuer Montagetechniken, der Grund ihrer Entwicklung und, inwieweit sie heute noch angewandt werden. Die kurzen filmgeschichtlichen Anmerkungen dienen deshalb weniger dazu, die Erkenntnisse der Filmhistoriker zusammenzufassen, als vielmehr einen theoretischen Ausgangspunkt für das Studium der Kunst der Filmmontage zu finden.

Die Anfänge filmischer Erzählfolgen

Als die Brüder Lumière ihre ersten Filme drehten, griffen sie einen einfachen Vorgang auf: Sie wählten ein Ereignis, von dem sie glaubten, es lohne sich, gefilmt zu werden, stellten ihre Kamera direkt davor auf und drehten so lange, bis das Filmmaterial zu Ende war. Jedes gewöhnliche Ereignis – *Le Déjeuner de bébé* (Babys Frühstück, 1895) oder *Barque sortant du port* (Barke verläßt den Hafen, 1895) – konnte diesen Zweck erfüllen, Ereignisse in Bewegung aufzunehmen. Sie nutzten die Filmkamera lediglich als Aufnahmegerät, dessen einziger Vorteil im Vergleich zur Fotokamera darin bestand, daß es das Element der Bewegung festhalten konnte. Genaugenommen aber ließe sich die Aussage eines Films wie *Barque sortant du port* ebenso gut durch einzelne Fotos vermitteln.

* W. I. Pudowkin: Film Technique. London: Newnes 1929, S. XVI; dt.: Filmregie und Filmmanuskript. Berlin: Verlag der ›Lichtbildbühne‹ 1928.

Obwohl die meisten Lumière-Filme Dokumente einfacher, nicht geprobter Ereignisse waren, zeigt doch einer der frühesten Filme schon Merkmale von Inszenierung. In *L'Arroseur arrosé* (Der begossene Rasensprenger, 1895) filmten die Brüder Lumière zum ersten Mal eine vorbereitete komische Szene, in der sie eine bewußte Kontrolle über ihr Material ausübten: Ein kleiner Junge tritt auf den Wasserschlauch, mit dem der Gärtner die Blumen gießt; als kein Wasser mehr aus dem Schlauch kommt, ist der Gärtner verwirrt und sieht sich die Düse an; der Junge nimmt den Fuß vom Schlauch, und der Gärtner wird von oben bis unten mit Wasser bespritzt. Sowohl der Vorgang selbst wie auch der Umstand, daß sich etwas bewegte, waren dazu angetan, das Interesse der Zuschauer zu fesseln.

Georges Méliès

An die Filme von Georges Méliès erinnern wir uns heute hauptsächlich wegen ihrer einfallsreichen Tricks und ihres naiven Charmes. Als sie gedreht wurden, stellten sie jedoch durch die Erweiterung der filmischen Erzählweise über einzelne Einstellungen hinaus einen bedeutenden Fortschritt im Vergleich zu früheren Filmen dar.

Cendrillon (Cinderella, 1899), Méliès' zweiter längerer Film, war 125 Meter lang (während die Lumière-Filme durchschnittlich nur 15 Meter maßen) und erzählt seine Geschichte in zwanzig bewegten Tableaus: »(1) Cinderella in ihrer Küche; (2) die Fee, die Mäuse und die Lakaien; (3) die Verwandlung der Ratte; (...) (20) der Sieg Cinderellas.« * Jedes Tableau glich in seiner Art dem in Lumières *L'Arroseur arrosé*. Ein relativ einfacher Vorgang, den man sich ausgedacht hatte, wurde in einer einzigen durchgehenden Einstellung aufgenommen. Aber während die Brüder Lumière sich auf das Abfilmen einzelner, kurzer Vorgänge beschränkten, versuchte Méliès, eine Geschichte in mehreren Episoden zu erzählen. In der Erzählfolge von *Cendrillon* werden verschiedene Einzeleinstellungen zu einem Ganzen verbunden. Die zwanzig Tableus – vorgeführt wie in einem Diavortrag – bilden allein dadurch, daß sie sich um eine zentrale Figur bewegen, eine elementare Einheit. Im Zusammenhang gesehen, erzählen sie eine Geschichte von größerer Komplexität als ein Film, der nur aus einer einzigen Einstellung besteht.

Die Grenzen von *Cendrillon* wie auch der meisten nachfolgenden Filme von Méliès sind die Grenzen des Theaters und seiner Präsentationsform: Jeder Vorgang – ähnlich einem Akt in einem Theaterstück – spielt vor einem einzigen Hintergrund und bewahrt die Einheit der Zeit und des Orts; die Szenen beginnen nie an einem Ort und werden an einem anderen fortgesetzt; die Kamera, in immer gleichbleibender Entfernung zu den Schauspielern und direkt vor der Kulisse aufgebaut, bleibt statisch und außerhalb des Geschehens – genau wie die Zuschauer im Theater. Hinzu kommt, daß die filmische Kontinuität von *Cendrillon* allein durch das Vorhandensein einer zentralen Figur hergestellt wird: Weder gibt es eine Kontinuität des Geschehens von Einstellung zu Einstellung, noch wird der zeitliche Zusammenhang aufeinanderfolgender Einstellungen klar.

Während Méliès viele Jahre lang fortfuhr, nach dem Muster von *Cendrillon* in immer größerer Perfektion Filme zu produzieren, begannen einige seiner Zeitgenossen, in eine völlig andere Richtung zu arbeiten. 1902 drehte der Amerikaner Edwin S. Porter, einer der ersten Kameraleute Edisons, *The Life of an American Fireman* (Das Leben eines amerikanischen Feuerwehrmannes). Sein erster Versuch, einen Film zu machen, widersprach erheblich der bis dahin geübten Praxis: »Porter wühlte in den Resten alter Edison-Filme nach passenden Szenen, um die herum er eine Geschichte bauen konnte. Er entdeckte dabei Dutzende von Aufnahmen über die Arbeit der Feuerwehr. Da die Feuerwehrleute durch ihr auffälliges Äußeres und ihre Aktivitäten beim Publikum sehr populär waren, entschied Porter, sie zum Thema seines Films zu machen. Er brauchte jedoch eine zentrale Idee beziehungsweise ein Ereignis, um das herum er den Einsatz der Feuerwehr zeigen konnte. (...) Daraus entwickelte Porter eine vollkommen neue und faszinierende filmische Grundidee: Eine

* Georges Sadoul: An Index to the Creative Work of Georges Méliès. London: The British Film Institute 1947.

Mutter mit Kind ist in einem brennenden Gebäude von Flammen eingeschlossen und wird im letzten Moment von der Feuerwehr gerettet.« *

Porters Entschluß, aus schon vorhandenem Filmmaterial einen neuen Film zu machen, war beispiellos. Er bedeutete, daß eine Einstellung nicht unbedingt in sich abgeschlossen sein mußte, sondern daß man sie durch den Zusammenschnitt mit einer anderen inhaltlich verändern konnte. Eine Beschreibung der letzten Sequenz von *The Life of an American Fireman* genügt, um einen Eindruck vom bahnbrechenden Konstruktionsprinzip dieses Films zu vermitteln:

»Szene 7: Ankunft an der Brandstelle.

In dieser wunderbaren Szene zeigen wir die gesamte Feuerwehrbrigade (...), wie sie am Einsatzort ankommt. Ein tatsächlich in Flammen stehendes Gebäude befindet sich in der Mitte des Vordergrunds. Rechts im Hintergrund sehen wir die Feuerwehr mit großer Geschwindigkeit herannahen. Nach Ankunft der verschiedenen Feuerwehrfahrzeuge werden die Pumpwagen auf ihre Plätze befohlen, die Schläuche blitzschnell ausgerollt, Leitern zu den Fenstern ausgefahren und Tonnen von Wasser über das Gebäude geschüttet. In diesem entscheidenden Moment kommen wir zum Höhepunkt der gesamten Sequenz.

Wir überblenden in das Innere des Gebäudes und zeigen ein Schlafzimmer, in dem sich eine Mutter mit ihrem Kind befindet, eingehüllt von stickigem Rauch und Flammen. In dem verzweifelten Versuch, einen Ausweg zu finden, rennt die Mutter hin und her, wirft eine Fensterscheibe ein und fleht die untenstehende Menge um Hilfe an. Fast ohnmächtig vom Rauch, fällt sie aufs Bett. In diesem Moment wird die Tür von einer Axt in der Hand eines kräftigen Feuerwehrhelden eingeschlagen. Er rennt ins Zimmer, reißt die brennenden Gardinen vom Fenster, schlägt den ganzen Fensterrahmen heraus und ruft seinen Kameraden zu, eine Feuerwehrleiter hinaufzufahren: Sofort nähert sich die Leiter, er reißt die niedergestreckte Frau an sich, wirft sie sich, als sei sie kinderleicht, über die Schulter und klettert eilends die Leiter hinunter.

Wir blenden nun auf die Fassade des brennenden Gebäudes. Die völlig erschöpfte Mutter ist wieder bei Bewußtsein. Nur mit einem Nachthemd bekleidet, kniet sie vor dem Feuerwehrmann und fleht ihn an, auch noch ihr Kind zu retten. Es wird nach einem Freiwilligen gerufen, und derselbe Feuerwehrmann, der die Mutter gerettet hat, tritt vor und meldet sich. Man gibt ihm erneut die Erlaubnis, das dem Untergang geweihte Gebäude zu betreten, und ohne Zögern klettert er die Leiter wieder hoch, steigt durch das zerschlagene Fenster, und nach Augenblicken voller Atemlosigkeit, in denen man fürchten muß, der Rauch habe ihn ohnmächtig werden lassen, erscheint der Feuerwehrmann mit dem Kind im Arm und erreicht sicher festen Boden. Das gerettete Kind erkennt seine Mutter und läuft in ihre ausgebreiteten Arme, so daß diese Sequenz einen höchst realistischen und bewegenden Abschluß findet.« **

Die Ereignisse, die den Höhepunkt in *The Life of an American Fireman* bilden, entwickeln sich in drei Phasen. In der ersten Einstellung wird eine äußerst dramatische Situation gezeigt, die am Ende der dritten Einstellung noch immer nicht gelöst ist. Dabei verfolgen wir das Geschehen von Einstellung zu Einstellung und gewinnen den Eindruck einer kontinuierlichen Entwicklung. Anstatt das Geschehen in drei in sich abgeschlossene Abschnitte einzuteilen, die durch Zwischentitel verbunden werden – wie es Méliès gemacht hätte –, klebt Porter die Einstellungen einfach aneinander. So entsteht der Eindruck, der Zuschauer würde einem einzigen kontinuierlichen Geschehen zusehen.

Porter gelang es dadurch, ein räumlich und zeitlich kompliziertes Ereignis ohne die holprige Eins-nach-dem-andern-Erzählweise der Méliès-Filme darzustellen. Diese neue Methode läßt dem Regisseur nicht nur die fast grenzen-

* Lewis Jacobs: The Rise of the American Film. New York: Harcourt, Brace and Co. 1939, S. 37. (Anmerkung des Übersetzers: Beim Herstellen der Fotos aus dem Film stellte sich heraus, daß verschiedene Fassungen des Films existieren. Möglicherweise liegt der Interpretation von Jacobs eine später umgeschnittene Fassung des Films zugrunde.)

** The Rise of the American Film, a.a.O., S. 40. Zitat aus einem Edison-Katalog von 1903.

lose Freiheit der Bewegung, er kann einen Vorgang auch in allerkleinste, handliche Einheiten aufteilen. Auf dem Höhepunkt von *The Life of an American Fireman* kombiniert Porter zwei bis dahin völlig verschiedene Stile des Filmemachens: Er schneidet eine Dokumentaraufnahme mit einer im Studio gedrehten Aufnahme zusammen, ohne dabei den Handlungsablauf zu unterbrechen.

Ein anderes, ebenso fundamentales Ergebnis der Porterschen Montagemethode war das Zeitgefühl, das der Regisseur dem Zuschauer vermittelte. *The Life of an American Fireman* beginnt mit der Einstellung eines schlafenden Feuerwehrmanns in einem Sessel, der davon träumt, wie eine Frau mit ihrem Kind in einem brennenden Haus eingeschlossen ist (der Traum wird in einer ›Traumblase‹ gezeigt). Die nächste Einstellung zeigt, wie Alarm gegeben wird, und in den vier folgenden Einstellungen sehen wir, wie die Feuerwehrleute zur Brandstelle eilen. Darauf folgen dann die schon beschriebenen Einstellungen vom Höhepunkt des Films.

Ein Vorgang von beachtlicher zeitlicher Ausdehnung wird ohne offensichtliche Unterbrechung des Erzählflusses auf die Länge einer Filmrolle verkürzt. Nur die wesentlichen Teile der Geschichte werden ausgewählt und miteinander verbunden, um eine befriedigende, sich logisch entwickelnde filmische Kontinuität zu erreichen. Porter zeigt, daß die einzelne Einstellung, die nur den Bruchteil eines Vorgangs festhält, das Grundelement ist, aus dem sich ein Film zusammensetzt. Damit entdeckte er das wesentliche Prinzip der Filmmontage.

Porters nächster wichtiger Film, *The Great Train Robbery* (Der große Eisenbahnraub, 1903), zeigt schon den sicheren Umgang mit diesem neu entdeckten Montageprinzip. Der Film enthält außerdem einen Übergang von einer Einstellung zur nächsten, der raffinierter ist als alle Einstellungswechsel in seinem vorangegangenen Film.

9

10

11

»Szene 9: Ein wunderschöner Blick in ein Tal.

Die Banditen rennen den Berg hinab, überqueren einen kleinen Bach, besteigen ihre Pferde und verschwinden in der Wildnis.

Szene 10: Das Innere eines Telegraphenbüros.

Der Telegraphenbeamte liegt geknebelt und gefesselt auf dem Fußboden. Nachdem er sich hochgestrampelt hat, lehnt er sich gegen den Tisch und telegraphiert um Hilfe, indem er mit seinem Kinn die Taste bedient. Danach fällt er vor Erschöpfung in Ohnmacht. Seine kleine Tochter erscheint mit dem Eßgeschirr in der Hand. Sie schneidet die Fesseln durch, schüttet ihm ein Glas Wasser ins Gesicht und erweckt ihn dadurch wieder zum Leben. Als ihm die Ereignisse wieder klar vor Augen stehen, schlägt er Alarm.

Szene 11: Das Innere eines typischen Western-Tanzlokals.

Wir sehen eine Anzahl von Männern und Frauen, die voller Begeisterung eine Quadrille tanzen. Ein ›Grünschnabel‹ wird schnell erkannt, in die Mitte der Tanzfläche gestoßen und gezwungen, etwas vorzutanzen, während sich die Umstehenden damit amüsieren, gefährlich dicht neben seine Füße zu schießen. Plötzlich öffnet sich die Tür, und der halbtote Telegraphenbeamte taumelt herein. Die Quadrille endet im Durcheinander. Die Männer schnappen sich ihre Gewehre und stürzen aus dem Saal.« *

Das hervorstechendste Kennzeichen dieses kurzen Ausschnitts ist die Freiheit der räumlichen Bewegung. Der Schnitt von Szene 9 auf Szene 10 bringt uns von einem Personenkreis zum nächsten – von der Einstellung der fliehenden Banditen in das Büro mit dem hilflosen Telegraphenbeamten (den die Räuber in der ersten Szene geknebelt hatten). Zwischen diesen Einstellungen besteht kein direkter räumlicher Zusammenhang: Szene 10 greift nicht die Handlung von Szene 9 auf. Die beiden gezeigten Vorgänge in Szene 9 und 10 ereignen sich gleichzeitig und sind nur durch die Kontinuität einer Idee miteinander verbunden. Dieser Übergang verdeutlicht den Fortschritt im Vergleich zu der sehr einfachen Erzählweise in *The Life of an American Fireman*. Porter entwickelte

* The Rise of the American Film, a.a.O., S. 45. Zitat aus einem Edison-Katalog von 1903.

dieses System der Parallelmontage in seinen folgenden Filmen weiter, aber erst in Griffith fand die Erfindung ihren Meister.

Griffith: die Betonung des Dramatischen

Indem Edwin S. Porter die grundlegende Methode filmischer Erzählweise entwickelte, zeigte er uns, wie eine fortlaufende Geschichte im Medium Film umgesetzt werden kann. Allerdings war sein Einfluß auf die Gestaltung des Films immer noch beschränkt. Jeder Vorgang mußte ohne die Möglichkeit einer filmischen Nuance wiedergegeben werden, und alles spielte sich in einer konstanten Entfernung von der Kamera ab. Bis zu diesem Zeitpunkt gab es für den Regisseur keine Möglichkeit, die Akzente innerhalb seiner Geschichte filmisch zu verändern. Unterschiede in der Dramatik wurden ausschließlich durch die Gestik und Mimik der Schauspieler dargestellt.

Aus diesem Grund wollen wir uns einen Ausschnitt aus einem Film ansehen, der zwölf Jahre nach *The Great Train Robbery* gedreht wurde – D. W. Griffith' *The Birth of a Nation*. Ein Vergleich der Montagemethoden der beiden Filme zeigt deutlich, wie Porters einfache filmische Erzählweise von Griffith in ein kunstvolles Instrument zur Erzeugung und Steuerung dramatischer Spannung verwandelt wurde.

The Birth of a Nation (Die Geburt einer Nation, 1915)
Ausschnitt aus Aktrolle 6: Die Ermordung Lincolns

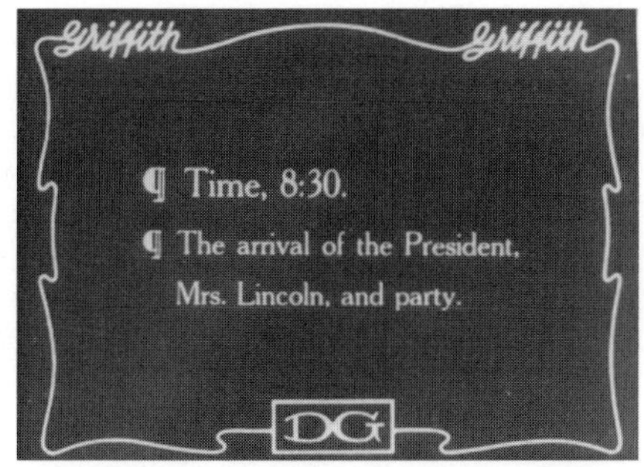

Zwischentitel: Und dann, als die furchtbaren Tage vorüber waren und eine segensreiche Zeit des Friedens bevorstand (...), nahte die schicksalsvolle Nacht des 14. April 1865.

Es folgt eine kurze Szene, in der Benjamin Cameron (Henry B. Walthall) Elsie Stoneman (Lillian Gish) vom Haus der Stonemans abholt und zusammen mit ihr ins Theater geht. Sie nehmen an einer Galavorführung teil, bei der auch Präsident Lincoln anwesend sein wird. Die Vorstellung hat schon begonnen.

Zwischentitel: Zeit: 8.30 Uhr
Die Ankunft des Präsidenten

1 Aufblende. Lincoln und seine Begleitung kommen nacheinander am Ende der Treppe im Theater an und wenden sich in Richtung Präsidentenloge. Lincolns Leibwächter geht zuerst, Lincoln selber als letzter. (7 Sek.)

2 Die Präsidentenloge vom Zuschauerraum des Theaters aus gesehen. Die Begleiter Lincolns erscheinen in der Loge. (4 Sek.)

3 Aufblende. Präsident Lincoln vor der Tür zur Loge, wie er einem Diener seinen Hut überreicht. (3 Sek.)

4 Die Präsidentenloge. Wie Einstellung 2: Lincoln erscheint in der Loge. (5 Sek.)

4

5 Halbnah. Elsie Stoneman und Ben Cameron sitzen im Zuschauerraum. Sie blicken beide zur Präsidentenloge hoch, beginnen dann zu klatschen und stehen auf. (7 Sek.)

5

6 Einstellung von hinten auf das Publikum in Richtung Bühne. Die Präsidentenloge befindet sich auf der rechten Seite. Das Publikum mit dem Rücken zur Kamera steht im Vordergrund, klatscht und begrüßt begeistert den Präsidenten. (3 Sek.)

6

7 Die Präsidentenloge. Wie Einstellung 4: Lincoln und seine Frau verneigen sich zum Publikum. (3 Sek.)

8 Wie Einstellung 6. (3 Sek.)

9 Die Präsidentenloge. Wie Einstellung 7: Der Präsident verneigt sich und setzt sich dann. (5 Sek.)

Zwischentitel: Lincolns persönlicher Leibwächter bezieht seinen Posten vor der Loge.

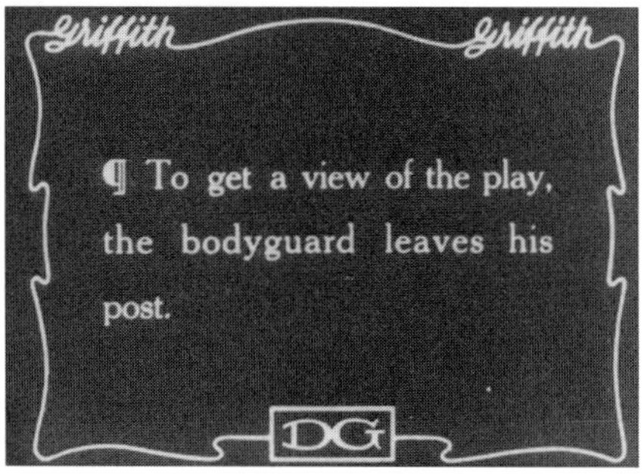

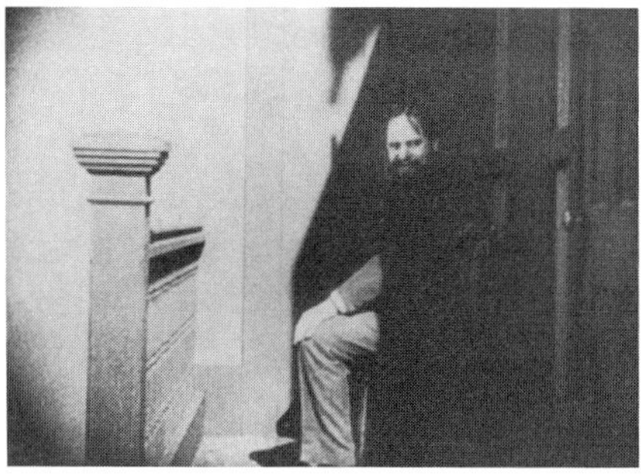
15

16

17

18

10 Aufblende. Der Leibwächter erscheint im Gang vor der Loge und setzt sich. Er beginnt, ungeduldig seine Knie zu reiben. (10 Sek.)

11 Einstellung vom hinteren Zuschauerraum in Richtung Bühne. Die Aufführung ist in vollem Gange. (5 Sek.)

12 Die Präsidentenloge. Wie Einstellung 9: Lincoln ergreift die Hand seiner Frau. Aufmerksam verfolgt er das Geschehen auf der Bühne. (9 Sek.)

13 Wie Einstellung 11: Das Klatschen des Publikums verebbt. (4 Sek.)

14 Eine nähere Einstellung der Bühne. Das Spiel der Schauspieler. (10 Sek.)

Zwischentitel: Um etwas von der Aufführung mitzubekommen, verläßt der Leibwächter seinen Posten.

15 Aufblende. Der Leibwächter. Wie Einstellung 10: Er ist offensichtlich ungeduldig. (5 Sek.)

16 Nähere Einstellung der Bühne. Wie Einstellung 14. (2 Sek.)

17 Aufblende. Der Leibwächter. Wie Einstellung 15: Er steht auf und stellt seinen Stuhl hinter eine Seitentür. (6 Sek.)

18 Wie Einstellung 6: Blick auf die Loge neben der von Lincoln. Der Leibwächter erscheint und nimmt Platz. (3 Sek.)

19 In einer Kreisblende sehen wir eine nähere Einstellung der Handlung von Nr. 18. Der Leibwächter nimmt in der Loge Platz. (5 Sek.)

Zwischentitel: Zeit: 10.30 Uhr
3. Akt, 2. Szene

20 Eine Totale des Zuschauerraums von hinten; eine diagonale Schlitzblende gibt nur den Blick auf die Präsidentenloge frei. (5 Sek.)

21 Halbnah. Elsie und Ben. Elsie deutet auf etwas in Richtung Präsidentenloge. (6 Sek.)

Zwischentitel: John Wilkes Booth
(gespielt von Raoul Walsh)

22 Kopf und Schultern von John Wilkes Booth, durch eine Kreisblende gesehen. (3 Sek.)

23 Wie Einstellung 21: Elsie verfolgt wieder voller Aufmerksamkeit das Geschehen auf der Bühne. (6 Sek.)

24 Booth. Wie Einstellung 22. (2,5 Sek.)

25 Nähere Einstellung auf die Präsidentenloge. (5 Sek.)

26 Booth. Wie Einstellung 22. (4 Sek.)

27 Nähere Einstellung der Bühne. Wie Einstellung 14. (4 Sek.)

28 Nähere Einstellung der Präsidentenloge. Wie Einstellung 25. Lincoln lächelt zustimmend dem Geschehen auf der Bühne zu. Er bewegt seine Schultern, als ob ihm kalt wäre, und beginnt, seinen Mantel überzuziehen. (8 Sek.)

29 Booth. Wie Einstellung 22: Er blickt nach oben, während er sich vom Sitz erhebt. (4 Sek.)

30 Fortsetzung Einstellung 28. Lincoln beendet das Überziehen seines Mantels. (6 Sek.)

31 Das Theater, von der Rückseite des Publikums aus gesehen. Wie Einstellung 20: Die Schlitzmaske blendet aus und zeigt den gesamten Zuschauerraum. (4 Sek.)

32 Sehr nah. Der Leibwächter, wie er sich über das Stück amüsiert. Wie Einstellung 19 mit einer Kreisblende. (1,5 Sek.)

33 Aufblende. Booth. Er geht durch die Tür am Ende des Ganges vor Lincolns Loge. Er beugt sich vor, um durch das Schlüsselloch in Lincolns Loge zu blicken. Er zieht einen Revolver hervor und atmet tief durch, als wolle er sich für die Tat Mut machen. (14 Sek.)

34 Sehr nah. Der Revolver. (3 Sek.)

35 Fortsetzung von Einstellung 33: Booth versucht, die Loge zu betreten, hat für einen Moment Schwierigkeiten beim Öffnen der Tür, betritt dann die Präsidentenloge. (8 Sek.)

36 Nah. Blick auf Lincolns Loge. Wie Einstellung 25: Booth taucht hinter Lincoln auf. (5 Sek.)

37 Die Bühne. Wie Einstellung 14: Die Schauspieler agieren auf der Bühne. (4 Sek.)

38 Wie Einstellung 36: Booht schießt Lincoln in den Rücken. Lincoln bricht zusammen. Booth klettert seitlich über die Brüstung der Loge und springt auf die Bühne. (5 Sek.)

39 Totale. Booth steht auf der Bühne. Er reißt die Arme hoch und ruft.

Zwischentitel: Sic Semper Tyrannis

19

Die Handlung in diesem Ausschnitt ist relativ einfach: Präsident Lincoln wird in einem Theater ermordet, weil sein Leibwächter fahrlässig seinen Posten verlassen hat. Zur Zeit Porters wäre dieses Ereignis in etwa einem halben Dutzend Einstellungen wiedergegeben und dadurch dem Publikum verständlich gemacht worden. Griffith bemüht sich jedoch um mehr, als nur die Handlung zu reproduzieren. Er baut um die Szenerie herum vier verschiedene Gruppen von Charakteren: Lincoln und seine Begleitung, einschließlich des Leibwächters; Elsie Stoneman und Ben Cameron; Booth, den Attentäter; und die Schauspieler auf der Bühne. Er schneidet von einer Gruppe auf die andere. Der Wechsel ist für die Zuschauer verständlich, da deutlich wird, daß alle Beteiligten zur Szenerie gehören. So gibt es keine erkennbare Unterbrechung des Erzählflusses, obwohl die Haupthandlung (die nur Lincoln, seinen Leibwächter und Booth betrifft) wiederholt unterbrochen wird, um die näheren Umstände zu schildern. Das Prinzip der Porterschen Kontinuität wird keinesweg mißachtet.

Trotzdem gibt es einen entscheidenden Unterschied in der Art, wie Porter und Griffith die Handlung in kurze Teile zerlegen. Wenn Porter von einem Bild auf das nächste schneidet, geschieht dies hauptsächlich wegen der räumlichen Entfernung der Ereignisse und, weil es unmöglich war, alle Ereignisse in einer einzigen Einstellung zu zeigen. Im Gegensatz hierzu wird bei Griffith die Handlung nur selten von einer Einstellung zur anderen fortgesetzt. Der Standort wird nicht aus räumlichen, sondern aus *dramaturgischen* Gründen geändert – um dem Betrachter ein neues Detail des größeren Szenariums zu zeigen, welches im Moment gerade äußerst wichtig für das gesamte Drama wird.

22

Griffith' Ansatz der Filmmontage ist demnach wesentlich anders als Porters. Der beschriebene Ausschnitt aus *The Birth of a Nation* erzielt seine Wirkung durch die Anhäufung einer Serie von eindrucksvollen Details. Griffith zerlegt die gesamte Handlung in eine Anzahl von Komponenten, um sie dann mit Hilfe der Montage wieder neu zusammenzusetzen. Gegenüber der alten Methode der Filmmontage ergibt sich ein doppelter Vorteil. Erstens ermöglicht die neue Methode dem Regisseur eine größere Dichte seiner Erzählung. Die verschiedenen Details ergänzen sich zu einem umfassenderen, überzeugenderen und lebensnäheren Bild der Situation, als man es mit einer vor gleichbleibendem Hintergrund spielenden Einzeleinstellung erzeugen kann. Zweitens hat der Regisseur eine wesentlich stärkere Ausgangsposition, um die Aufmerksamkeit des Publikums zu erregen und zu lenken. Er kann in jedem Moment *auswählen*, welche Einzelheit in welchem Augenblick der Zuschauer sehen soll. Eine kurze Analyse des Ausschnitts soll das verdeutlichen.

Die ersten 14 Einstellungen zeigen die Ankunft und den Empfang Lincolns im Theater. Dann gibt ein Zwischentitel einen ersten Hinweis auf die drohende Gefahr. Die folgenden fünf Einstellungen ermöglichen einen interessanten Vergleich zu der simplen Erzählweise Porters, da sie die Tätigkeit einer einzelnen Person herausgreifen. Nr. 15 zeigt den ungeduldig wartenden Leibwächter. Anstatt dann vorzuführen, was er als nächstes tut, zeigt Nr. 16 den Grund für seine Ungeduld – nämlich die Aufführung, die er gerne sehen würde. Nr. 17, 18 und 19 zeigen ihn, wie er aufsteht, seinen Stuhl beiseite stellt, durch die Tür geht und in der Loge Platz nimmt. Dies ergibt eine perfekte, logische Kontinuität der gesamten Sequenz. Der Schnitt von Nr. 17 auf Nr. 18 ist ganz einfach:

Er verändert nur den Ort der Handlung, da der Leibwächter vom Gang in die Loge tritt. Nr. 18 und 19 sind im Gegensatz dazu beides Blicke auf ein und dieselbe Handlung. Nr. 19 lenkt lediglich die Aufmerksamkeit auf ein Detail der vorangegangenen, totaleren Einstellung. Natürlich ist dieser Schnitt nicht unbedingt notwendig. Er dient aber dazu, die Dramatik zu erhöhen.

Es folgt ein weiterer Zwischentitel mit drohendem Unterton; daraufhin zeigen Nr. 20 und 21 das ahnungslose Theaterpublikum. In den folgenden Einstellungen (Nr. 22–30) wird das geheimnisvolle, statische Bild von John Wilkes Booth hinter jede Detailaufnahme des Gesamtgeschehens geschnitten, teilweise um die Spannung zu erhöhen, teilweise um zu verdeutlichen, daß Booth in der Tat unerkannt und unverdächtig ist. Dann, nachdem wir noch einmal daran erinnert worden sind, daß der Leibwächter nicht auf seinem Posten ist (Nr. 32), sehen wir, wie Booth in Aktion tritt (Nr. 33–36).

Anstatt nun das Attentat zu zeigen, unterbricht Griffith noch einmal die Handlung von Nr. 36 (die wahrscheinlich zusammen mit Nr. 38 vorher eine durchgehende Einstellung war) und wirft noch einen kurzen Blick auf die Bühne (Nr. 37). Die beiden letzten Schnitte illustrieren kurz und bündig Griffith' neu entwickelte Montagetechnik. Der Blick auf die Bühne (Nr. 37) erweitert in keiner Weise unsere Kenntnis über das Gesamtgeschehen. Er wurde nur aus dramaturgischen Gründen dazwischengeschnitten: Er verlängert kunstvoll die Spannung und hebt indirekt Lincolns totale Ahnungslosigkeit über die Anwesenheit von Booth hervor.

Wir hatten gesagt, daß Griffith' Montagemethoden eine detailgetreuere und überzeugendere Darstellung des Dramas erlaubt. Zwei Beispiele aus unserem kurzen Szenenauszug mögen dies belegen. In Einstellung 21 zeigt Elsie in Richtung Präsidentenloge. Für einen Moment sieht es so aus, als ob sie den Mörder entdeckt hat; dann wird dieser Verdacht aber wieder abgeschwächt. Dieses quälende Moment der Unsicherheit verstärkt in hohem Maße die Spannung. An anderer Stelle sehen wir, wie Lincoln, kurz bevor er erschossen wird, eine merkwürdige Bewegung vollführt – als ob es zieht –, die für einen kurzen schrecklichen Augenblick das Kommende ahnen läßt. Ein Detail, das schmerzlich seinen plötzlichen Tod andeutet.

Griffith' grundsätzliche Entdeckung liegt in der Erkenntnis, daß eine Filmsequenz aus unvollständigen Einstellungen zusammengesetzt ist, deren Reihenfolge und Auswahl durch eine dramatische Notwendigkeit bestimmt werden. Wo Porters Kamera die Handlung nur unvollkommen aus einer festen Distanz (zum Beispiel der Totalen) verfolgt, demonstriert Griffith, daß die Kamera eine wichtige Rolle beim Erzählen einer Geschichte spielen kann. Dadurch, daß Griffith ein Ereignis in kurze Fragmente zerlegt und alles aus der geeignetsten Kameraposition aufnimmt, kann er die Schwerpunkte im Verlauf der Geschichte von Einstellung zu Einstellung ändern und die dramatische Intensität der Ereignisse kontrollieren. In unserem Szenenausschnitt aus *The Birth of a Nation* haben wir bereits eine Nutzanwendung dieses Prinzips erkennen können: Er schneidet vier verschiedene Handlungsebenen gegeneinander. Ein weiteres Kennzeichen desselben Prinzips ist die von Griffith verwendete Großaufnahme (close-up).

Schon zu Beginn seiner Regietätigkeit erkannte Griffith die Grenzen einer Inszenierung, bei der eine ganze Szene in gleichbleibender Entfernung von der Kamera durchgespielt wird. Um die Gedanken und Gefühle einer Figur zu zeigen, erschien es ihm sinnvoll, die Kamera näher an den Schauspieler heranzurücken und dessen Gesichtsausdruck detaillierter abzubilden. In dem Augenblick, in dem der Gefühlsausdruck eines Schauspielers den Höhepunkt einer Szene bilden sollte, schnitt Griffith von der mehr informatorischen Totalen in eine Naheinstellung um. Wenn danach die Szene wieder größere Bewegungen zeigte, schnitt er auf die umfassendere Totale zurück.

Es erübrigt sich, noch andere Beispiele für die Verwendung der Nahaufnahme durch Griffith anzuführen, zumal deren Anwendung heutzutage allgemein gebräuchlich ist. Rufen wir uns nur noch kurz ihre eindrucksvolle Verwendung in der Gerichtsszene von *Intolerance* (Intoleranz, 1916) ins Gedächtnis zurück: Die Großaufnahme der Hände von The Dear One, die sich in span-

33

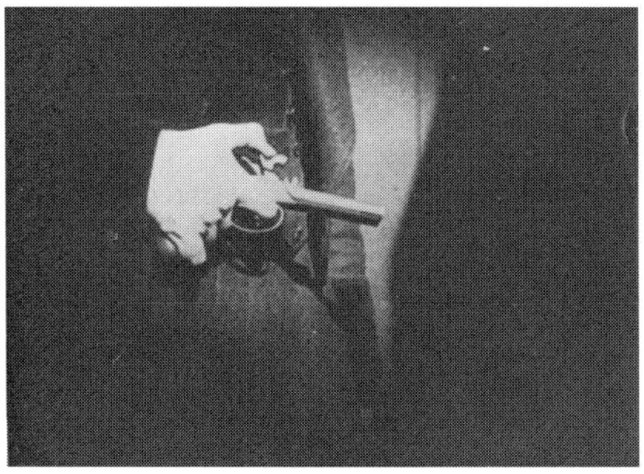
34

35

36

37

nungsgeladener Qual bewegen, vermitteln zusammen mit den Großaufnahmen ihres entsetzten Gesichtes überzeugend ihre seelische Verfassung, während sie das Urteil erwartet.

Ein weiteres Beispiel für Griffith' Umgang mit Bildern sind seine extremen Totalen, die keinen direkten Bezug zur Handlung haben und nur einer Steigerung der dramatischen Wirkung dienen. Die grandiosen Schlachtengemälde in *The Birth of a Nation* vermitteln einen Eindruck von der nationalen Katastrophe, vor deren Hintergrund dann die Geschichte der Camerons und Stonemans erzählt wird. Sie verweisen auf den größeren Zusammenhang einer solch denkwürdigen Geschichte. Eine ähnlich innovative Wirkung hat die Rückblende bei Griffith. Auch hier begriff er, daß die Motive für das Handeln einer Figur deutlicher werden, wenn der Zuschauer bestimmte Gedanken oder Erinnerungen, die ihr durch den Kopf gehen, erkennen kann. In *Intolerance* zum Beispiel hat The Friendless One, als sie gerade dabei ist, The Boy in den Mord an The Musketeer of the Slums zu verwickeln, für kurze Zeit Gewissensbisse; sie erinnert sich an die Zeit, in der ihr The Boy behilflich gewesen ist. Griffith unterschneidet die Handlung in der Gegenwart mit einer Szene aus der Vergangenheit und schneidet dann in die Gegenwart zurück. Diese dramaturgische Idee war höchst eindrucksvoll und einleuchtend.

38

39

Die grundlegende Veränderung des Filmhandwerks durch die vielen Erfindungen von Griffith kam auf vielfältige Weise im Produktionsalltag zum Ausdruck. Durch seine neuen Methoden der Montage war Griffith nicht länger gezwungen, Szenenabläufe in ihrer vollen Länge durchspielen zu lassen. Während Porter gegebenenfalls eine ganze Verfolgungsjagd inszenierte und diese filmte, als ob der Zuschauer ständig am Ort des Geschehens sei, drehte Griffith die Szenen mit den Verfolgern und den Verfolgten getrennt voneinander. Erst durch die Montage ergaben sie zusammen den gewünschten Effekt einer Verfolgungsjagd. Szenen, die vorher nur unter großen Schwierigkeiten gefilmt werden konnten, wurden von nun an aus leicht zu inszenierenden Aufnahmen zusammengesetzt. Riesige Schlachtenszenen, tödliche Unfälle, Verfolgungsjagden, bei denen einem die Haare zu Berge standen – all das konnte dem Zuschauer nun durch die Filmmontage nahegebracht werden. Das Massaker an den Babyloniern in *Intolerance* sah deshalb so überzeugend aus, weil man es aus kurzen Einstellungen zusammengesetzt hatte. Ein Bewegungsablauf, der aus einer Einstellung besteht, in der ein Perser einen Pfeil abschießt, gefolgt von einer zweiten Einstellung, in der ein Babylonier getroffen zu Boden sinkt, ergibt eine völlig überzeugende Szene. Hätte man sie in einer langen Einstellung zeigen wollen, wäre sie viel schwieriger zu drehen gewesen.

Wenn auch Griffith' Methode die Inszenierung spektakulärer Szenen erleichterte, so erschwerte sie die Aufgabe des Schauspielers doch beträchtlich. Das Spiel in einer Großaufnahme verlangte größere Präzision und mehr Feinheit im Ausdruck, als sie bis dahin notwendig waren. Während zu Porters Zeiten das Spiel, um den gewünschten Eindruck zu vermitteln, überdeutlich sein mußte, forderte die Nähe der Kamera vom Schauspieler eine eher verhaltene Darstellung.

Während dem Schauspieler eine exaktere Arbeitsweise abverlangt wurde, ging die Verantwortung für eine wirkungsvolle Inszenierung jedoch mehr und mehr auf den Regisseur über. Die Spannung, die bis zum Mord an Lincoln aufgebaut wird (teilweise durch kurze Zwischenschnitte wie die Einstellung 37), wird mehr durch das Arrangieren der Ereignisse als durch die Schauspieler erreicht. Der Regisseur bestimmt Reihenfolge und Art der Einstellungen, wie sie der Zuschauer dann sieht, und kann dadurch eine Szene entweder zuspitzen oder verzögern. Schneidet er auf eine Nahaufnahme, signalisiert dieses deutlicher hervortretende Bild dem Zuschauer ein Moment größerer dramatischer Spannung. Deshalb wird die Wirkung des Schauspielers in einer Einstellung wesentlich durch die Entscheidung des Regisseurs beeinflußt, wo die Kamera steht und in welchem Zusammenhang die Einstellung später gezeigt wird.

Bereits bei Griffith also bestimmte nicht mehr der Schauspieler den zeitlichen Ablauf einer Szene, sondern der Regisseur. Da Griffith eine Szene in viele Einzelaufnahmen zerlegte, ergab sich für den Cutter ein neues Problem

Wie lange sollte jede einzelne Einstellung im Film gezeigt werden? Beim Betrachten des Szenenauszugs aus *The Birth of a Nation* wird deutlich, welch entscheidende Rolle das Timing für die Gesamtszene spielt. Die Anzahl der Schnitte nimmt bis zum Höhepunkt zu und vermittelt dadurch den Eindruck einer sich steigernden Spannung. Griffith' berühmte Verfolgungsjagden – die Technik des Gegeneinanderschneidens in der Schlußphase eines Action-Films, lange Zeit bekannt in der Filmindustrie als »Griffith' Rettung in letzter Minute« – erzielten einen großen Teil ihrer Wirkung durch das Tempo, in dem sie geschnitten waren.

Rhythmische Wirkungen sind ohne konkreten Bezug zu einem bestimmten Film leider extrem schwer zu analysieren. So müssen wir uns jetzt erst einmal mit der Feststellung zufrieden geben, daß Griffith sich ihrer Bedeutung bewußt war. Da die Kontrolle von Rhythmus und Tempo in seinen Filmen auch andere Gesichtspunkte betrifft, auf die wir später zu sprechen kommen, sparen wir uns eine nähere Betrachtung für Kapitel 14 auf.

Griffith

Pudowkin

Pudowkin: konstruktive Montage

D. W. Griffith war vor allem ein genialer Geschichtenerzähler. Sein großes Verdienst lag in der Entdeckung und Anwendung von Montagemethoden, die die Kraft seiner filmischen Erzählungen bereicherten und verstärkten. Der russische Regisseur Sergej M. Eisenstein beschreibt in seinem Essay »Dickens, Griffith und wir« *, wie Griffith literarische Kunstgriffe und Methoden von Romanautoren (besonders von Dickens) auf den Film übertrug. Eisenstein weist nach, daß filmische Ausdrucksmittel wie Parallelmontage, Nahaufnahme, Rückblende, sogar die Abblende ihre literarischen Entsprechungen haben. Er analysiert die Herkunft von Griffith' Methoden und erklärt ihren Einfluß auf die jungen russischen Regisseure. Tief beeindruckt von der Pionierarbeit des Amerikaners, spürten sie dennoch, daß diese in bestimmter Hinsicht einen Mangel aufwies.

»Im Gegensatz zu den Möglichkeiten der Parallelmontage, das heißt von aufeinanderfolgenden Nahaufnahmen wie in Amerika (i.e. bei Griffith), bieten wir (i.e. die jungen russischen Regisseure) die Einheit der Nahaufnahmen durch Verschmelzung an: die sinnbildende Montage. In der Literaturwissenschaft wird *Sinnbild* folgendermaßen definiert: eine ungewöhnliche sprachliche Wendung bei der Benutzung eines Wortes oder einer Redensart, zum Beispiel ein *scharfer* Witz (normalerweise sagt man, ein *scharfes* Schwert). Das Kino von Griffith kennt dieses Konstruktionsprinzip in der Filmmontage nicht. Seine Nahaufnahmen vermitteln Atmosphäre, unterstreichen die Charakterzüge der Hauptdarsteller in den wechselnden Dialogen, und die Nahaufnahmen von Jägern und Gejagten beschleunigen das Tempo der Jagd. Griffith bleibt jederzeit auf der Ebene der *Präsentation und Objektivierung* und versucht nie, durch das Nebeneinander von Einstellungen eine *Bedeutung des Bildes* zu formen.« **

Anders ausgedrückt, dort, wo Griffith sich zufrieden gab, seine Geschichten mit den Mitteln der Filmmontage, die wir in dem Szenenauszug von *The Birth of a Nation* schon kennengelernt haben, zu erzählen, waren die jungen russischen Regisseure davon überzeugt, daß sie ihre Gestaltung des Materials noch ein Stück weiter vorantreiben müßten. Sie wollten durch eine neue Art der Filmmontage Geschichten nicht nur erzählen, sondern diese interpretieren und aus ihnen intellektuelle Schlußfolgerungen ziehen.

Genau das hatte Griffith in *Intolerance* versucht. Indem er vier verschiedene Geschichten erzählte, von denen jede für sich die Titelidee illustrierte, und diese dann parallel montierte, glaubte er, die zentrale Idee des Films zu vermitteln. Eisenstein räumte zwar ein, daß die vier Geschichten von *Intolerance* gut

* Der Essay wurde 1941/42 geschrieben. Engl. in: S.M. Eisenstein: Film Form. London: Dobson 1951; dt. zuerst in: Sergej Eisenstein: Ausgewählte Aufsätze. Berlin (DDR): Henschel 1960.

** Film Form, a.a.O., S. 240.

erzählt worden seien, behauptete aber, daß die Grundidee des Films nicht deutlich werde: das Publikum verstehe die von Griffith beabsichtigte Verallgemeinerung nicht, da sie nirgends im Film direkt ausgedrückt werde. Eisenstein argumentierte, daß Griffith' Fehler auf einem falschen Verständnis von der Natur der Filmmontage beruhe.

»Aus diesem (Mißverständnis) heraus entstand die unglückliche Verwendung einer sich immer wiederholenden Einstellung: Lillian Gish schaukelt eine Wiege. Griffith war durch die Zeilen von Walt Whitman inspiriert worden: ›... und endlos bewegt sich die Wiege und vereinigt das Heute mit dem Morgen.‹ Er hatte dies weder durch eine Stuktur noch durch die harmonische Wiederkehr einer ausdruckvollen Montage, sondern durch ein isoliertes Bild zu übersetzen versucht, mit dem Ergebnis, daß von dem Bild der Wiege nicht auf ein Bild der sich ewig wiederholenden Epochen abstrahiert werden konnte. Die Wiege blieb unvermeidlich nur eine Wiege, die beim Zuschauer Spott, Überraschung oder Verärgerung hervorrief.« *

Eisenstein

Daraus schloß Eisenstein, daß man vollkommen neue Schnittmethoden anwenden müsse, um Verallgemeinerungen, wie sie Griffith in *Intolerance* auszudrücken versucht hatte, in das Medium Film übertragen zu können. Darin sah er geradezu die Aufgabe der jungen russischen Regisseure.

Um den einzigartigen Beitrag der frühen russischen Filmemacher zur Entwicklung des Kinos zu verstehen, muß man ein wenig über den Zustand der sowjetischen Filmindustrie während der Stummfilmzeit wissen. Eisenstein hat ausführlich beschrieben, wie er und seine Kollegen anfingen, Filme zu drehen, und in welch traditionslosem Zustand sich die einheimische Industrie befand. Filme, die vor der Revolution in Rußland gedreht wurden, waren in der Regel kaum voneinander zu unterscheidende, kommerzielle Fließbandproduktionen, deren ausgesprochene Künstlichkeit den jungen revolutionären Regisseuren, die sich selbst mehr als Lehrer und Propagandisten denn als konventionelle Unterhaltungskünstler verstanden, vollkommen fremd war. So gesehen, hatten sie eine doppelte Aufgabe zu erfüllen: einerseits das Medium Film als Mittel zur Unterrichtung der Massen in der Geschichte und Theorie ihrer politischen Bewegung zu benutzen; andererseits eine neue Generation von Filmemachern zu unterrichten.

Dieser Umstand zeitigte zwei bemerkenswerte Ergebnisse. Das erste war, daß die jungen Regisseure anfingen, neue Wege zu finden, um ihre politischen Ideen im Film auszudrücken; zweitens entwickelten sie daraus eine Theorie des Filmemachens, was Griffith als zwar fleissiger, aber eher intuitiv arbeitender Mensch nie versucht hatte.

Man kann die theoretischen Schriften der russischen Regisseure zwei verschiedenen Schulen zuordnen. Auf der einen Seite gibt es die Ansichten von Pudowkin und Kuleschow, wie wir sie klar und deutlich in Pudowkins Buch »Film Technique« ** wiederfinden; auf der anderen Seite die unberechenbaren, weniger systematischen Schriften Eisensteins. Pudowkins Beitrag zur Theorie des Films besteht zum großen Teil aus einer Rationalisierung des Werkes von Griffith. Während Griffith sich damit zufrieden gab, Probleme dann zu lösen, wenn sie auf ihn zukamen, entwickelte Pudowkin daraus eine Theorie der Filmmontage, die man als allgemeinen Leitfaden benutzen konnte. Er begann mit ganz einfachen Prinzipien.

»Wenn wir die Arbeit eines Filmregisseurs betrachten, wird klar, daß das wirkliche Rohmaterial aus nichts anderem als bestimmten *Stücken Zelluloid* besteht, auf denen verschiedene Bewegungen eines Vorgangs von verschiedenen Kamerastandpunkten aus aufgenommen wurden. Aus nichts anderem als diesen Filmstücken besteht das auf der Leinwand erscheinende Bild, das die filmische Präsentation der aufgenommenen Handlung darstellt. Deshalb basiert das Material des Filmregisseurs nicht auf einem tatsächlich sich ereignenden Vorgang in realer Zeit und realem Raum, sondern auf solchen Zelluloidstücken, die diese Vorgänge registriert haben. Diese Zelluloidstücke sind dem

* Film Form, a.a.O., S. 241.

** W. I. Pudowkin: Film Technique. London: Newnes 1929.

alleinigen Willen und der Vorstellungskraft des Regisseurs unterworfen, der sie schneidet. Er kann also bei der Gestaltung der filmischen Form eines beliebigen Ereignisses sämtliche Pausen weglassen und so die Handlung zeitlich nach seinen Vorstellungen konzentrieren.« *

Pudowkin beschreibt so zugleich das Prinzip seiner »konstruktiven Montage«. Er schildert, wie dieses Prinzip im Verlaufe einer Filmerzählung angewendet werden kann – und in der Tat von Griffith angewendet worden ist.

»Um auf der Leinwand zu zeigen, wie ein Mann vom fünften Stock aus dem Fenster fällt, können die Einstellungen folgendermaßen aufgenommen werden: Zuerst wird der Mann gefilmt, wie er aus dem Fenster in ein Netz fällt, ohne daß man das Netz auf der Leinwand sieht; dann wird derselbe Mann aufgenommen, wie er aus geringer Höhe auf den Boden fällt. Zusammengeschnitten, ergeben diese beiden Einstellungen bei der Projektion den gewünschten Eindruck. Der entsetzliche Sturz hat sich in Wirklichkeit nie ereignet, er ereignet sich nur auf der Leinwand und ist das Ergebnis zweier miteinander verbundener Stücke Zelluloid. Vom wirklichen Sturz eines Menschen aus großer Höhe werden nur zwei Augenblicke ausgewählt: der Anfang und das Ende. Die dazwischen liegende Phase des Sturzes wird ausgelassen. Es wäre nicht richtig, dieses Verfahren als Trick zu bezeichnen. Es ist eine Methode des Films, die derjenigen auf der Bühne entspricht, wenn der zweite Akt fünf Jahre später spielt als der erste.« **

Bis hierher erklärt Pudowkin nur das theoretisch, was Griffith schon praktisch erprobt hatte. Von da an aber weicht Pudowkins Theorie von Griffith' Arbeit ab. Wo Griffith Totalen benutzte und diese, um die Dramatik zu erhöhen, mit Nahaufnahmen einzelner Details unterschnitt, behauptet Pudowkin, einen überzeugenderen Erzählablauf dadurch erreichen zu können, daß er eine entsprechende Sequenz ausschließlich aus charakteristischen Details zusammensetzt. Dieser Meinungsunterschied bedeutet, wie wir anhand eines Beispiels von Pudowkin sehen werden, mehr als nur die unterschiedliche Interpretation einer schon vorhandenen Montagemethode. Er betrifft die Sehweise eines Themas bereits von dem Augenblick an, in dem das Drehbuch entsteht.

»Szene 1. Ein Bauernkarren, halbversinkend im Schlamm, zieht langsam eine Landstraße entlang. Traurig und widerwillig treibt der in eine Kapuze gehüllte Kutscher sein müdes Pferd an. In der Ecke des Wagens kauert eine andere Gestalt, in einen alten Militärmantel gewickelt, um sich gegen den scharfen Wind zu schützen. Ein entgegenkommender Wanderer bleibt neugierig stehen. Der Kutscher wendet sich an ihn.

Zwischentitel: Ist es noch weit bis Nakhabin?

Der Fußgänger antwortet und deutet in eine Richtung. Der Karren setzt sich wieder in Bewegung, während der Wanderer ihm gedankenverloren hinterherblickt und darauf seinen Weg fortsetzt. (...)

Ein so geschriebenes Szenarium, das schon in verschiedene Szenen unterteilt und mit Zwischentiteln versehen ist, stellt die erste Stufe im Prozeß der filmischen Umsetzung dar. (...) Man achte auf eine Reihe von charakteristischen Einzelheiten dieser Szene und ihre literarische Form, wie zum Beispiel ›halbversinkend im Schlamm‹, der ›traurige Kutscher‹, ›eine Gestalt, in einen Militärmantel gewickelt‹, ›der scharfe Wind‹. Keine dieser Einzelheiten würde sich wie beschrieben dem Zuschauer vermitteln, wenn sie nur zufällig innerhalb einer durchgehend gefilmten Totalen erscheinen würde. Das Medium Film besitzt jedoch äußerst wirksame und spezifische Mittel, den Zuschauer auf einzelne Details aufmerksam zu machen (Schlamm, Wind, das Verhalten von Kutscher und Fahrgast). Es zeigt ihm eins nach dem anderen genau so, wie man sie nach und nach in einem Roman beschreiben würde, und nicht etwa dadurch, daß es einfach ›schlechtes Wetter‹, ›zwei Männer in einem Wagen‹ hieße. Diese Methode nennen wir die konstruktive Montage.« ***

* Film Technique, a.a.O., S. 56.
** Film Technique, a.a.O., S. 57.
*** Film Technique, a.a.O., S. 22f.

Pudowkin behauptet, daß ein Film einen Erzählfluß nur dann bekommt, wenn jede Einstellung einen neuen und spezifischen Gesichtspunkt einführt. Regisseure, die ihre Geschichte in endlos langen Einstellungen erzählen, in denen der Schauspieler eine Szene durchspielt, und diese Szene dann lediglich durch zufällige Nahaufnahmen unterbrechen, erregten seinen Zorn.

»Derartig eingeschobene Nahaufnahmen sollte man besser vermeiden – sie haben mit einer kreativen Filmmontage nichts zu tun. Bezeichnungen wie Einschub oder Zwischenschnitt sind deshalb der absurde Ausdruck eines uralten Mißverständnisses filmtechnischer Methoden. Einzelheiten gehören organisch zu jeder Szene (...) und dürfen nicht in die Szene hineingeschnitten werden, sondern diese muß mit ihrer Hilfe aufgebaut werden.« *

Pudowkin kommt zu diesem Schluß teils aus eigener Erfahrung, teils aufgrund der Experimente seines älteren Kollegen Kuleschow. Letztere hatten ihm gezeigt, daß der Prozeß der Filmmontage mehr war als nur die Methode, eine Geschichte kontinuierlich zu erzählen. Er entdeckte, daß durch passende Nebeneinanderstellung bestimmte Einstellungen einen Sinn ergaben, den sie bis dahin nicht gehabt hatten. Pudowkin argumentierte, daß, wenn man hinter die Einstellung eines lächelnden Gesichts die Nahaufnahme eines Revolvers schneiden würde, und im Anschluß daran das nun zu Tode erschrockene Gesicht, diese Sequenz den Eindruck erwecken würde, als ob die gezeigte Person sich feige verhielte. Würde man jedoch die beiden Einstellungen der Person miteinander vertauschen, entstände der Eindruck heldenhaften Verhaltens. Obwohl in beiden Fällen die gleichen Einstellungen benutzt werden, würden sie aufgrund eines einfachen Austauschs in der Reihenfolge eine völlig unterschiedliche emotionale Wirkung erzielen.

Im Rahmen eines anderen Experiments filmten Pudowkin und Kuleschow in Großaufnahme das Gesicht des Schauspielers Mosshuchin und benutzten sie für drei experimentelle Sequenzen. In der ersten schnitten sie hinter die Großaufnahme des Schauspielers – dessen Gesichtsausdruck absolut unbewegt war – eine Einstellung mit einem Teller Suppe, der auf einem Tisch steht; in der zweiten Sequenz die Einstellung eines Sarges, in dem eine tote Frau liegt; und in der dritten Sequenz die Einstellung eines kleinen Mädchens, das mit seiner Puppe spielt.

»Als wir diese drei Variationen einem Publikum, das nicht in unser Geheimnis eingeweiht war, vorführten, ergaben sich phantastische Reaktionen. Die Zuschauer waren von der Darstellungskunst des Schauspielers begeistert. Sie bemerkten einen schwermütigen Gemütszustand angesichts des stehengelassenen Tellers Suppe, waren gerührt und bewegt über die tiefe Trauer, mit der er die tote Frau ansah, und bewunderten das leichte, glückliche Lächeln, mit dem er das spielende Mädchen anblickte. Nur wir wußten, daß das Gesicht in allen drei Fällen immer den gleichen Ausdruck gehabt hatte.« **

Beeindruckt von der Möglichkeit, Wirkungen allein durch das Nebeneinanderstellen bestimmter Aufnahmen zu erzielen, faßten Pudowkin und Kuleschow ihre Methode in einem ästhetischen Credo zusammen:

»Aus unserer damaligen Sicht waren Kuleschows Ideen äußerst simpel. Alles, was er sagte, war: ›Jede Kunst basiert zuallererst auf einem Material und zweitens auf einer Methode, dieses Material gattungsspezifisch zu gestalten.‹ Der Musiker hat Töne als Material und komponiert diese in einer zeitlichen Abfolge. Das Material des Malers sind Farben, die er räumlich auf der Leinwand miteinander verbindet. (...)

Kuleschow stellte fest, daß das Material beim Filmemachen Filmstücke sind und das Gestaltungsprinzip darauf beruht, sie in einer bestimmten schöpferisch erdachten Reihenfolge zusammenzufügen. Er behauptete, daß die Kunst des Filmemachens nicht damit beginnt, daß ein Darsteller anfängt zu spielen und verschiedene Szenen gefilmt werden – dieses sei nur die Zubereitung des Materials. Die Filmkunst fängt in dem Augenblick an, in dem der Regisseur beginnt, die verschiedenen Filmstücke miteinander zu kombinieren und zu-

* Film Technique, a.a.O., S. 23.
** Film Technique, a.a.O, S. 140.

sammenzufügen. Indem er verschiedene Kombinationen unterschiedlich zusammenfügt, erhält er unterschiedliche Ergebnisse.« *

Obwohl uns heute dieses Bekenntnis über die Bedeutung des Montageprozesses außerordentlich übertrieben erscheint, erzielte Pudowkin, als er anfing, es in die Praxis umzusetzen, bemerkenswerte Ergebnisse. Vergleicht man Pudowkins Stummfilme mit denen von Griffith, wird der Unterschied deutlich, den auch seine theoretischen Schriften erwarten ließen. Wo Griffith dem Zuschauer die Geschichte durch die Spielweise und die Bewegungen der Schauspieler nahe bringt, baut Pudowkin seine Szenen aus sorgfältig geplanten Reihen von Detailaufnahmen zusammen und erreicht die gewünschte Wirkung durch das Nebeneinanderstellen der einzelnen Bilder. So erscheinen uns seine erzählerischen Passagen von stärkerer Wirkung, lassen in ihrer persönlichen Ansprache aber den Zuschauer unberührter.

Der Unterschied im Montagestil und dadurch in der emotionalen Wirkung auf den Zuschauer charakterisiert natürlich die unterschiedlichen dramaturgischen Absichten der beiden Regisseure. Griffith interessierte sich normalerweise wesentlich mehr für menschliche Konflikte, während Pudowkin sich oft mehr auf die Neben- und Untertöne der Geschichte als auf die Konflikte selber konzentrierte. Pudowkins Handlungen sind, gemessen an dem, was passiert, stets einfacher als die Handlungen bei Griffith. Er benötigt mehr Zeit, um auf der Leinwand deren tieferen Sinn darzulegen.

In Pudowkins *Konjez Sankt-Peterburga* (Das Ende von St. Petersburg, 1927) gibt es eine Sequenz über den Krieg 1914–18, in der Soldaten in sumpfigen Laufgräben kämpfen und sterben. Um diesen Eindruck zu verstärken, unterschneidet er die Einstellungen von den Laufgräben mit Szenen, in denen in der Stadt Finanzhaie aufgeregt zur Börse eilen, um ihre Gewinne bei steigenden Kursen einzukassieren. Man hat den Eindruck, Pudowkin verfolge bei dieser Montage weniger eine politische Absicht, als daß er die emotionale Wirkung der Grabenszenen verstärken will. Die Wirkung hängt tatsächlich völlig vom Nebeneinander der beiden Vorgänge ab, zumal die Soldaten fast ausschließlich in der Totalen gezeigt werden und keiner individuell erkennbar wird.

Eine weitere für Pudowkin typische Erzählfolge gibt es in *Matj* (Mutter, 1926), als der Sohn gerade aus dem Gefängnis entlassen werden soll. Pudowkin hat ihre Entstehung beschrieben:

»In meinem frühen Film *Matj* habe ich versucht, das Mitgefühl der Zuschauer nicht durch die psychologische Darstellung des Schauspielers zu erreichen, sondern durch eine künstliche Synthese mithilfe der Montage. Der Sohn sitzt im Gefängnis. Plötzlich erfährt er durch einen Kassiber, daß er am nächsten Tag entlassen werden soll. Das Problem war, wie man Freude filmisch ausdrücken sollte. Das Abfilmen eines freudestrahlenden Gesichtes wäre flach und ohne große Wirkung. Deshalb zeigte ich nur das nervöse Spiel seiner Hände und in Großaufnahme die untere Hälfte des Gesichts, die Mundwinkel, die sich zu einem Lächeln verziehen. Diese Aufnahmen kombinierte ich mit ganz anderem Material – mit der Aufnahme eines Baches, dessen anschwellendes Frühjahrswasser dahinfließt, von Sonnenstrahlen, die sich auf dem Wasser brechen, von Vögeln, die im Dorfteich baden, und schließlich von einem lachenden Kind. Durch die Verbindung dieser einzelnen Komponenten wird die Freude des Gefangenen ausgedrückt.« **

In »The Art of the Film« *** analysiert Ernest Lindgren diese Passage detailliert und höchst aufschlußreich. Er weist unter anderem nach, daß Pudowkins Beschreibung dieser Sequenz unvollständig ist und ihr kaum gerecht wird. Für uns wird jedoch die Absicht des Regisseurs deutlich: Statt die Szene durch das Gesicht des Schauspielers zu verdeutlichen, verwendet Pudowkin eine ganze Montagesequenz, um eine emotionale Wirkung zu erzielen.

Pudowkins Filme sind voll von Sequenzen, in denen die Verbindung zwischen den Einstellungen nur auf einer Idee oder einem Gefühl beruht (obwohl

* Film Technique, a.a.O., S. 139.
** Film Technique, a.a.O., S. XVIII.
*** Ernest Lindgren: The Art of the Film. London: Allen and Unwin 1948.

er, wie Ernest Lindgren im vorliegenden Fall aufgezeigt hat, durch Einfügung eines Zwischentitels ›Und draußen ist Frühling‹ die Bilder des Baches, der Vögel usw. als organische Bestandteile der Erzählfolge erscheinen läßt). In diesem Sinn enthalten seine Filme schon Hinweise auf die Art von Erzählfolgen, mit denen sich Eisenstein, wie wir sehen werden, noch weiter von der gradlinigen Erzählweise der Filme Griffith' entfernte.

Eisenstein: die intellektuelle Montage

In den Stummfilmen Pudowkins bleibt die dramatische Situation stets im Kopf des Zuschauers gegenwärtig: die indirekten Erläuterungen der Geschichte stehen nie für sich, sondern dienen dazu, die Dramatik zu erhöhen. In den Stummfilmen Eisensteins, besonders in *Oktjabr* (Oktober, 1928) und *Staroje i nowoje* (Das Alte und das Neue, 1929), wird das Gleichgewicht zwischen Handlung und Erläuterungen aufgehoben. Für Eisenstein – und wir sprechen hier nur von seinen Stummfilmen – liefert die Handlung eines Films nur das Gerüst, mit dessen Hilfe er seine Ideen entwickeln kann. Für ihn sind Schlußfolgerungen und Abstraktionen, die aus den tatsächlichen Ereignissen abgeleitet werden können, von größerer Bedeutung als die Ereignisse selbst.

Eisensteins Methode, die er *intellektuelle Montage* nennt, wird umfassend in seinen theoretischen Schriften beschrieben. Diese Schriften wirken in der Übersetzung oft mehr als vieldeutig. Es ist deshalb schwierig, sie zusammenzufassen, zumal seine Theorien auf einer Reihe sehr persönlicher Definitionen beruhen. Bevor wir uns mit Eisensteins Theorien beschäftigen, sollten wir deshalb eine Sequenz aus einem seiner Stummfilme als Beispiel für sein intellektuelles Kino betrachten und versuchen, den Unterschied zwischen seiner Technik der Filmmontage und der seiner Vorgänger zu analysieren. Dabei orientieren wir uns an Eisensteins eigenem theoretischen Ansatz, der immer eine Erklärung der eigenen praktischen Arbeit war.

Oktjabr (Oktober)
Aktrolle 3

1–17 Das Innere des Winterpalais in St. Petersburg. Kerenskij, Haupt der provisorischen Regierung, geht langsam, begleitet von zwei Leutnants, den riesigen Korridor des Palais entlang. Er steigt die Treppe hoch: dazwischen geschnitten sind Zeitlupenaufnahmen des stolz die Stufen erklimmenden Kerenskij, sowie einzelne Zwischentitel, die Kerenskijs Titel nennen: Kommandierender General, Kriegs- und Marineminister, etc. pp.

18 Nahaufnahme. Eine Girlande in den Händen einer der Statuen im Palast.

19 Halbtotale. Die Statue in voller Größe, die Girlande haltend.

20 Nahaufnahme. Girlande, wie in Nr. 18.

21 Zwischentitel: Hoffnung seines Landes und der Revolution.

22 Einstellung aus der Froschperspektive auf eine andere Statue, die eine Girlande hält. (Der Kamerastandpunkt vermittelt den Eindruck, als ob die Statue jeden Augenblick den Kopf Kerenskijs mit der Girlande schmücken wolle.)

23 Zwischentitel: Alexandr Fjodorowitsch Kerenskij.

24 Sehr nah. Kerenskijs Gesicht, ruhig und gefaßt.

25 Nahaufnahme. Die Girlande in den Händen der Statue.

26 Sehr nah. Kerenskij, wie in Nr. 24. Der Ausdruck seines Gesichts entspannt sich, er lächelt.

27 Nahaufnahme. Die Girlande wie in Nr. 25.

28–39 Kerenskij steigt weiter die Treppe empor und wird von einem der riesigen und hoch dekorierten Gardisten der zaristischen Leibwache begrüßt. Kerenskij, auf Würde bedacht, wirkt neben dieser imposanten Figur lächerlich. Er wird einer ganzen Reihe von Leibgardisten vorgestellt und schüttelt jedem die Hand. Was für ein Demokrat!

40–74 Kerenskij wartet vor einer reich verzierten Tür, die zu den Privatgemächern des Zaren führt. Wir sehen das zaristische Wappen an der Tür. Kerenskij wartet hilflos darauf, daß sich die Tür öffnet. Zwei Gardisten grinsen. Kerenskijs Stiefel; dann, sehr nah, seine behandschuhten Hände, die sich ungeduldig bewegen. Die beiden Leutnants sind verlegen. Wir schneiden auf den Kopf eines reichornamentierten Porzellanpfaus; er schüttelt seinen Kopf, dann öffnet er stolz den Pfauenschwanz zu einem Fächer; er beginnt sich zu drehen, indem er eine Art Tanz vorführt, während die Flügel im Licht gleißen. Die riesige Tür öffnet sich. Einer der Gardisten grinst. Kerenskij überschreitet die Schwelle; und weitere Türen öffnen sich nach und nach. (Der Vorgang der sich öffnenden Türen wird mehrmals wiederholt, ohne daß die einzelnen Phasen des Türöffnens Anschluß haben). Der Kopf des Pfaus hält inne und blickt, anscheinend in voller Bewunderung, dem verschwindenden Kerenskij hinterher.

75–79 Schnitt auf die Soldaten, Matrosen und bolschewistischen Arbeiter, die teilnahmslos im Gefängnis warten; dann auf Lenin, der sich in nebeligen Sümpfen versteckt hält.

108

80–99 Kerenskij in den Privatgemächern des Zaren. Nahaufnahmen der riesigen Nippessammlung, auf jedem Gegenstand die Initiale A des Zaren, sogar auf dem kaiserlichen Nachttopf. In den Gemächern der Zarin Alexandra Fjodorowna: noch mehr Nippes, kostbar verzierte Möbel, Bordüren und Quasten, das Bett der Zarin. Kerenskij legt sich aufs Bett (gezeigt in drei aufeinanderfolgenden Einstellungen mit verschiedenen Kamerawinkeln). Alexandr Fjodorowitsch. Noch mehr Quasten und Bordüren, etc.

100–105 In der Bibliothek Nikolaus' II. Kerenskij, neben einem Tisch in der zaristischen Bibliothek stehend, wirkt in dieser Umgebung klein und unscheinbar. Drei weitere Einstellungen von Kerenskij, die sich fortgesetzt von ihm entfernen und dadurch noch mehr die unscheinbare Größe Kerenskijs in diesem riesigen Raum des Palastes verdeutlichen. Kerenskij nimmt ein Stück Papier vom Schreibtisch.

109

106 Zwischentitel: Erlaß zur Wiedereinführung der Todesstrafe.

107 Halbtotale. Kerenskij am Schreibtisch, nachdenklich.

108 Totale. Kerenskij. Er beugt sich über den Schreibtisch und unterzeichnet den Erlaß.

109 Einstellung vom obersten Absatz der Palasttreppe auf Kerenskij, der sich langsam der ersten Treppenstufe nähert.

110 Nahaufnahme. Ein Diener beobachtet ihn.

111–124 Kerenskij, den Kopf vorgeneigt, die Hand wie Napoleon in den Ausschnitt der Jacke geschoben, steigt bedächtig die Treppe hoch. Ein Diener und einer der Leutnante beobachten ihn. Halbtotale. Kerenskij, auf den Boden blickend, die Arme vor der Brust verschränkt. Eine Statuette von Napoleon in der gleichen Haltung. Der Diener und der Leutnant salutieren. Eine Reihe der großen Palast-Weingläser. Noch eine Reihe Gläser. Eine Reihe Zinnsoldaten, in der gleichen Anordnung wie die Weingläser.

110

125 Nahaufnahme. Kerenskij am Tisch sitzend. Vor ihm stehen die vier Teile einer vierschnabeligen Karaffe. Die Teile stehen nebeneinander auf dem Tisch; Kerenskij starrt auf sie herab.

126 Nahaufnahme. Kerenskijs Hände versuchen, die vier Teile der Karaffe zusammenzufügen.

127 Halbtotale. Kerenskij.

128 Nahaufnahme. Kerenskijs Hände.

129 Halbtotale. Kerenskij. Er starrt auf die Karaffe.

130 Großaufnahme. Kerenskijs Hand, die eine Schublade des Tisches öffnet und einen Karaffenstöpsel – in Form einer Krone – herausnimmt.

131 Halbtotale. Kerenskij; er hebt den wie eine Krone geformten Stöpsel in Augenhöhe.

132 Sehr nahe Großaufnahme. Der wie eine Krone geformte Stöpsel.

133 Halbtotale. Kerenskij; er steckt die Krone auf die Karaffenöffnung.

134 Sehr nahe Großaufnahme. Der kronenförmige Stöpsel, der nun die Karaffe verschließt.

135 Die Dampfpfeife einer Fabrik, die Dampf abbläst.

136 Sehr nahe Großaufnahme. Der kronenförmige Stöpsel.

137 Die Dampfpfeife.

138 Zwischentitel:
Die Revolution in Gefahr

139 Sehr nahe Großaufnahme. Der kronenförmige Stöpsel.

140 Halbtotale. Kerenskij, der sich hinsetzt, um den Stöpsel auf der Karaffe zu bewundern.

141 Sehr nahe Großaufnahme. Der kronenförmige Stöpsel.

142 Die Dampfpfeife.

143–150 Zwischenschnitte der einzelnen Worte des Titels *General Kornilow schreitet voran*, dazwischen die Einstellungen der Dampfpfeife.

151 Zwischentitel:
Alle Kraft zur Verteidigung von Petersburg.

152 Totale einer Fabrik. Männer (Bolschewiken) mit Gewehren und Fahnen in der Hand laufen an der Kamera vorbei.

153 Die Dampfpfeife.

154 Zwischentitel: Für Gott und Vaterland.

155 Zwischentitel: Für

156 Zwischentitel: Gott

157 Die Kuppel einer Kirche

158 Nahaufnahme. Eine reichverzierte Ikone.

159 Eine hohe Kirchturmspitze, wobei die Kamera um 45 Grad nach links geneigt ist.

160 Die gleiche Kirchturmspitze, diesmal um 45 Grad nach rechts geneigt.

161–186 Einstellungen grotesker religiöser Bilder, Tempel, Buddhas, primitiver afrikanischer Masken etc.

187 Zwischentitel: Für

188 Zwischentitel: das Vaterland.

189–199 Nahaufnahmen von Orden, geschmückten Uniformen, Offiziers-Epauletten etc.

200 Zwischentitel: Hurra!

201 Der Sockel der Zarenstatue. (Die Statue war von Arbeitern in der ersten Aktrolle niedergerissen worden.) Die auf der Erde liegenden Einzelteile der zerstörten Statue fliegen zurück in ihre ursprüngliche Position auf dem Sockel.

202 Zwischentitel: Hurra!

203 Der gleiche Vorgang wie in Nr. 201, von einem anderen Kamerastandpunkt aus.

204 Zwischentitel: Hurra!

117

118

121

123

124

205–209 Kurze Einstellungen von religiösen Abbildungen, die wir schon vorher gesehen haben. Sie scheinen alle zu lächeln.

210–219 Andere Teile der Zarenstatue setzen sich wieder zusammen. Schließlich fliegen Zepter und Kopf mit kurzem Gewackel in ihre Position zurück.

220–233 Verschiedene Kirchturmspitzen, wie zuvor, ebenfalls geneigt. Eine Kirchturmspitze auf den Kopf gestellt. Weihrauchfässer werden geschwungen. Der Kopf der Zarenstatue befindet sich wieder stolz in seiner alten Position. Ein Priester hält ein Kreuz hoch.

234–259 General Kornilow, Anführer der konterrevolutionären Armee, mustert hoch zu Pferd seine Truppe. Eine Statue Napoleons auf dem Rücken eines Pferdes, den Arm weit ausgestreckt. Eine ähnliche Einstellung von Kornilow, der ebenfalls den Arm hebt. Kerenskij, immer noch im Zarenpalast, blickt mit verschränkten Armen auf den Stöpsel der Karaffe.
Zwischentitel: Zwei Bonapartes.
Noch mehr Einstellungen von der Statue Napoleons. Der Kopf Napoleons, wie er nach links blickt. Der Kopf Napoleons, wie er nach rechts blickt. Die beiden Köpfe zusammen auf der Leinwand, sich gegenseitig anblickend. Zwei groteske religiöse Figuren, wie zuvor, in der gleichen Position. Weitere Einstellungen der Statue von Napoleon und eine weitere Sequenz mit religiösen Bildnissen.

260 Kornilow erteilt zu Pferde den Marschbefehl.

261 Ein Panzer bewegt sich vorwärts, überrollt einen Schützengraben.

262 Kerenskij wälzt sich im Schlafgemach der Zarin verzweifelt auf dem Bett herum.

263 Teile der Napoleonbüste liegen verstreut auf dem Boden.

Eisenstein beabsichtigte, mit dem Film *Oktjabr* nicht so sehr ein geschichtliches Ereignis in Erinnerung zu bringen, als vielmehr die Bedeutung und den ideologischen Hintergrund des politischen Konflikts zu erklären. Die Wirkung des Films resultiert deshalb mehr aus der Art, wie Eisenstein bestimmte Ideen darstellt, als aus dem Geschehen. Tatsächlich ist die hier zitierte Sequenz unter dem Gesichtspunkt einer filmischen Erzählung äußerst unbefriedigend. Die einzelnen Ereignisse sind nur locker miteinander verbunden und gehen nicht, wie es eine gut erzählte Geschichte verlangt, mit der nötigen dramaturgischen Logik ineinander über: Kerenskijs Charakter wird uns nicht durch eine Reihe dramaturgisch motivierter Episoden vorgestellt, sondern durch einige beliebige Ereignisse, die jedes für sich nur einen weiteren Aspekt der Hohlheit und Inkompetenz Kerenskijs veranschaulicht.

Der zeitliche Zusammenhang der aufeinanderfolgenden Einstellungen und Szenen bleibt unbestimmt und ergibt deshalb keine sich sinnvoll entwickelnde Geschichte: zum Beispiel der Schnitt von Einstellung 108 auf Einstellung 109, der uns – ohne weitere Erklärung oder triftigen Grund – von der Bibliothek des Zaren in ein Treppenhaus irgendwo im Palast versetzt. Es wird kein Versuch unternommen, den Zeitsprung zwischen den beiden Einstellungen entweder zu erklären oder zu kaschieren, was beispielsweise leicht durch eine Überblendung möglich gewesen wäre. Die Aktrolle liefert reichlich weitere Beispiele dafür, daß Eisenstein keinerlei Interesse am einfachen Mechanismus des Geschichtenerzählens hatte und erbarmungslos alles außer acht ließ, was nicht zu seiner These paßte.

Diese Mißachtung der einfachsten Regeln des Spielfilms – die Illusion einer Geschichte durch sich logisch entwickelnde Sequenzen zu schaffen – wird in Eisensteins Filmen noch auf andere Art deutlich. So wie er von Einstellung 108 zu Einstellung 109 durch Zeit und Raum springt, so zeigt er andere Szenen länger, als es ihrer natürlichen Dauer entsprochen hätte. In der berühmten Sequenz von *Oktjabr*, in der die Klappbrücke hochgezogen wird, filmte Eisenstein den Vorgang von zwei verschiedenen Kamerastandpunkten aus: von unterhalb der Brücke und von oben. Als er dann das Material zusammenschnitt, benutzte er beide Einstellungsfolgen und verlängerte dadurch die Dauer des tatsächlichen Vorgangs beträchtlich. Klar, daß ein überdeutlicher Effekt entsteht. Die extreme Bedeutung, die Eisenstein dem Vorgang beimißt, erreicht er dadurch, daß er die Aufmerksamkeit des Zuschauers durch einen Kunstgriff stimuliert.

Etwas Ähnliches passiert in der eben zitierten Rolle. Der Augenblick, in dem Kerenskij die Privatgemächer des Zaren betreten will, wird durch die Wiederholung der Einstellung der sich öffnenden Tür betont. Ohne daß die Einstellungen zueinander passen, das heißt ohne Anschluß, schneidet Eisenstein in ein früheres Stadium der sich öffnenden Tür zurück. (Die Frage von Anschlüssen wird ausführlicher in Kapitel 14 behandelt.)

Eisenstein brach mit den Montagemethoden des Erzählkinos seiner Vorgänger. Sein Ziel war, die Möglichkeiten des Mediums Film über die Grenzen des einfachen Geschichtenerzählens hinaus zu erweitern. »Während der konventionelle Film die *Gefühle* des Zuschauers lenkt«, schrieb er, »vermag (die intellektuelle Filmmontage) den gesamten *gedanklichen Prozeß* zu lenken.« * Wie er selbst diese Chance wahrnahm, können wir vielleicht ganz einfach anhand seiner eigenen Analyse der von uns zitierten Sequenz feststellen.

Eisenstein beschreibt seine Absicht zu Anfang der Aktrolle 3 (Einstellungen 1–27) so: »Kerenskij gelangte nach dem Aufstand im Juli 1917 zur Macht und wurde Diktator. Ein komischer Effekt sollte durch die Zwischentitel erreicht werden, die seine regulären, immer höher aufsteigenden Ränge (Diktator, Generalissimo, Marine- und Kriegsminister etc.) nannten – geschnitten zwischen die fünf oder sechs Einstellungen, in denen er die Treppe zum Winterpalais hinaufsteigt, alles in exakt gleichem Tempo. Der Widerspruch zwischen dem Geschwätz über seine Karriere und dem Helden, der die immer gleiche Treppe in gleichmäßigem Trott emporsteigt, ergibt ein intellektuelles Resultat: Kerenskijs typische Aufgeblasenheit wird satirisch deutlich. So haben wir den Kontrapunkt der schriftlich ausgedrückten, konventionellen Vorstellung vom Aufstieg und der bildhaften Aktion einer Person, die ihrer zunehmenden Verantwortung nicht gewachsen ist. Die Nichtübereinstimmung dieser beiden Faktoren verursacht beim Zuschauer eine rein intellektuelle Entscheidung zuungunsten dieser Person.« **

Ergänzend zu dieser bewußt satirischen Inszenierung der Szene, erreicht Eisenstein durch das ständige Zwischenschneiden der Statue – die die schmückende Girlande hält, als ob sie jeden Augenblick das Haupt Kerenskijs damit krönen wolle – einen zusätzlichen ironischen Effekt. Die ganze Passage ist bezeichnend für Eisensteins Methode: Eine ›Handlung‹ gibt es fast nicht – Kerenskij steigt einfach die Treppe hoch. Die Erläuterungen und symbolischen Anspielungen bedeuten alles.

Der nächste Vorgang ist ziemlich simpel: In einer einfach erzählten Passage wird noch mehr Spott über Kerenskijs Haupt ausgeschüttet. Danach, in den Einstellungen 40–74, faßt Eisenstein seinen Ansatz noch einmal zusammen: Kerenskij steht still, und die ihn charakterisierende Beschreibung besteht aus einer Reihe von Großaufnahmen – Handschuhe, Stiefel, Türklinken, der Pfau –, die einen zusätzlich ironischen, völlig jenseits einer konventionell inszenierten Szene liegenden Unterton erzeugen. Nachdem Eisenstein dann kurz auf die revolutionären Kämpfer geschnitten hat, setzt er seinen Angriff fort, indem er dieses Mal die kindische Freude Kerenskijs über die Pracht des Zarenpalastes und zugleich dessen Unfähigkeit zeigt, als verantwortungsvoller politischer Führer zu handeln.

Darauf folgt eine satirische Zusammenfassung von Kerenskijs Machtgelüsten. Sein Bild wird mit der Aufnahme einer Napoleonbüste verglichen. Aber die nachfolgenden Weingläser, gefolgt von einer ähnlichen Reihe von Zinnsoldaten, erzeugen prompt Hohngelächter über Kerenskijs nichtigen Anspruch. Die Erzählfolge verdeutlicht, wie vergänglich und bedeutungslos Kerenskijs

* Film Form, a.a.O., S. 62.

** Film Form, a.a.O., S. 61 ff.

132

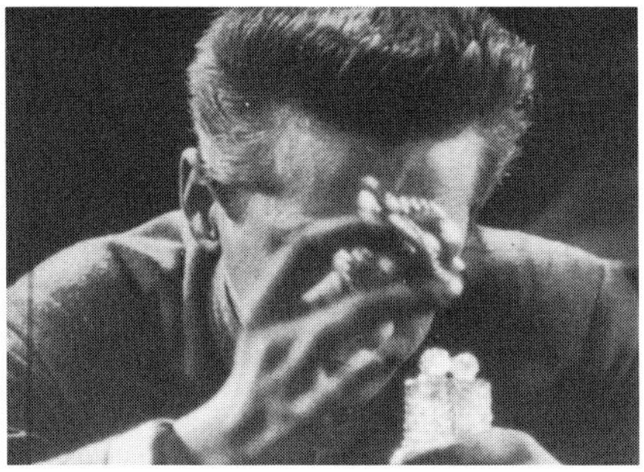
133

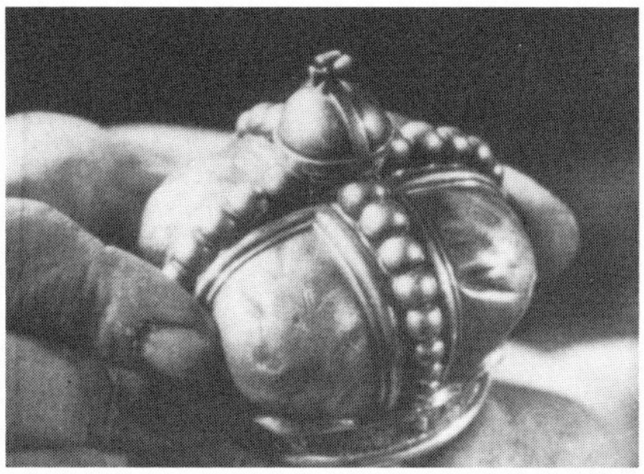
134

135

136

gegenwärtige Umgebung ist. Sie impliziert, daß er nur ein Strohmann ist, ohne wirkliche Befehlsgewalt oder Autorität. Das Bild des kronenförmigen Karaffenstöpsels wird zum Symbol für seinen Ehrgeiz (Einstellungen 136–153) und mit dem Bild einer Dampfsirene – Symbol für die Kraft der Revolution – unterschnitten. Wie man sieht, wird der Konflikt nicht durch den Zusammenprall zweier Armeen oder durch politische Aussagen deutlich gemacht, sondern durch die Symbole der oppositionellen Ideologien. Das potentielle Drama der Situation vermittelt sich über den Zusammenprall der Ideen.

Bis zu diesem Punkt, und obwohl die Erzählfolge sehr viele Anspielungen enthält, entstammen sämtliche für die symbolischen Effekte verwendeten Bilder Kerenskijs tatsächlicher Umgebung. Von da an wählt Eisenstein seine Bilder jedoch aufs Geratewohl aus, ohne Bezug zum Ort des Geschehens. Nachdem er gezeigt hat, daß Kornilow militärische Gefahr bedeutet, fährt er fort, das Regime, das unter dem Banner »Für Gott und Vaterland« gerade dabei ist, die Bolschewiken anzugreifen, zu diskreditieren (Einstellungen 157–186).

»Kornilows Marsch auf Petrograd geschah unter dem Banner ›Für Gott und Vaterland‹. Wir versuchen hier, den religiösen Hintergrund dieser Episode rationalistisch aufzudecken. Eine Reihe von religiösen Bildern, angefangen von einer prächtigen Barockstatue Jesu bis hin zu einem Eskimo-Gott, wurden zusammengeschnitten. Der Widerspruch bestand in diesem Fall zwischen der Idee von Gott und seiner Symbolisierung. Während bei der zuerst gezeigten Statue Idee und Bild vollkommen identisch erscheinen, entfernen sich die beiden Elemente mit jedem weiteren Bild immer mehr voneinander. Indem wir die Bezeichnung ›Gott‹ weiter aufrechterhalten, entfernen sich die Bilder zunehmend von unserer Vorstellung von Gott, so daß dies unweigerlich zu eigenen Rückschlüssen über die wahre Natur von Gottheiten führen muß. In diesem Fall versucht eine Kette von Bildern eine rein intellektuelle Schlußfolgerung zu erzeugen. Sie ergibt sich nach und nach aus dem Konflikt einer bestimmten Vorstellung (von Gott) mit ihrer allmählichen Diskreditierung.« *

Hier wird die gesamte Struktur des Erzählkinos über Bord geworfen und eine Abfolge rein intellektueller Charakterisierungen konstruiert. Jeder Schnitt treibt eine Idee voran, anstatt die Handlung der vorhergehenden Einstellung fortzusetzen. Im Zusammenhang gesehen, ergeben die Bilder eine Argumentationskette, aber kein Geschehen. Die gleiche Methode wird in den nächsten Einstellungen (189–219) beibehalten, wenn die Idee des »Vaterlandes« anhand überholten militärischen Brimboriums charakterisiert wird; später dadurch, daß sich die zerstörte Statue des Zaren selbst wieder zusammensetzt. Die verschiedenen Argumentationsstränge werden dann in den Einstellungen 220–259 zusammengefaßt und die beiden Figuren Kornilow und Kerenskij durch die satirische Identifikation als »zwei Bonapartes« zur Bedeutungslosigkeit verkleinert.

Der letzte Schliff (Einstellungen 261–263) wird durch einen (insgesamt nicht besonders einleuchtenden) Kunstgriff erzielt, den Eisenstein folgendermaßen beschreibt: »(...) die Szene von Kornilows Putsch, der Kerenskijs bonapartistische Träume beendet. Einer von Kornilows Panzern erklimmt Kerenskijs Schreibtisch im Winterpalais und zerstört die Gipsbüste Napoleons, eine Konfrontation von rein symbolischer Bedeutung.« **

Mit diesen Beispielen wollte Eisenstein zeigen, wie man »die gesamte Handlung von der (herkömmlichen) Definition von Zeit und Raum befreien könnte.« *** Er sah voraus, daß Experimente auf dieser Grundlage »zu einem rein intellektuellen Film führen würden, der befreit von den Zwängen herkömmlicher Vorstellungen, direkter Ausdruck für Ideen, Systeme und Konzeptionen sein kann, ohne Übergänge oder Umschreibungen nötig zu haben.« ****

Pudowkin behauptet in seiner Theorie der konstruktiven Montage, nur dadurch könne eine Szene ihre volle Wirkung erzielen, daß eine Reihe von besonders ausgewählten Details der szenischen Handlung miteinander verbunden

* Film Form, a.a.O., S. 62.
** Film Form, a.a.O., S. 58.
*** Film Form, a.a.O., S. 58.
**** Film Form, a.a.O., S. 63.

werden. Eisenstein widerspricht dieser Auffassung aufs heftigste. Er war davon überzeugt, daß dies lediglich der primitivsten Regel der Montage entspreche. Anstatt die Aufnahmen flüssig zu einer Sequenz zusammenzufügen, so Eisenstein, müsse eine wirkungsvolle Filmerzählung durch eine Reihe von Schocks vorangetrieben werden, so daß jeder Schnitt den Widerspruch zwischen zwei Einstellungen erhöhe. Dadurch entstehe ein lebendiger Eindruck im Kopf des Zuschauers. »Wenn man die Filmmontage überhaupt mit etwas anderem vergleichen will«, schrieb er, »so muß man sie mit den Explosionen eines Verbrennungsmotors vergleichen, die ein Auto oder einen Traktor vorantreiben; denn ähnlich treibt als Impuls die Dynamik der Montage den ganzen Film voran.« * Und weiter: »Das Nebeneinanderstellen zweier Aufnahmen durch den Zusammenschnitt stellt nicht nur die Summe von einer Aufnahme plus einer weiteren dar – sondern ist eine Neuschöpfung.« **

Wie die Filmemacher diese Art von »Schöpfung« produzieren und kontrollieren sollen, erklärte Eisenstein durch den Vergleich des Kinos mit anderen Künsten. Er vergleicht das Prinzip der intellektuellen Filmmontage kurz und bündig mit der Arbeitsweise von Hieroglyphen:

»(...) Darstellung von Wasser und Auge bedeutet – ›weinen‹,
Darstellung eines Ohres neben der Zeichnung einer Tür = ›lauschen‹,
Hund und Mund = ›bellen‹,
Mund und Kind = ›schreien‹,
Mund und Vogel = ›singen‹,
Messer und Herz = ›Kummer‹ usw.
Aber das ist ja – Montage!
Ja. Genau das gleiche, was wir im Film machen, wenn wir kurze darstellerische Bildeinstellungen, möglichst einschichtige, bedeutungsneutrale, zu bedeutungsgeladenen Kontexten und Reihen zusammenfügen.« ***

Eine Reihe von aufschlußreichen Beispielen für diese Montagemethode taucht in dem zitierten Auszug von *Oktjabr* auf: »Kerenskijs typische Aufgeblasenheit« wird durch die Gegenüberstellung seines zeremonienhaften Heraufschreitens der Palasttreppe sowie des Zwischentitels (»Diktator, Generalissimo« usw.) mit den Aufnahmen der girlandentragenden Statue gezeigt; sein Ehrgeiz wird durch den Kontrast zu den Aufnahmen mit der Gipsbüste Napoleons dargestellt; die Einstellung, in der ein Panzer über einen Schützengraben rollt, gefolgt von der Einstellung, in der sich Kerenskij unruhig auf dem Bett hin- und herwälzt, vermittelt den Eindruck von Kerenskijs Unfähigkeit als politischer Führer.

Nach Eisenstein war es die Aufgabe des Regisseurs, Serien von solch gegensätzlichen Aufnahmen zu finden und dadurch seine Meinung auszudrücken. Für ihn rief in der idealen filmischen Erzählfolge jeder Schnitt einen momentanen Schock hervor. In keinem seiner Filme versuchte er, eine flüssige Schnittfolge zu erreichen. Die filmische Kontinuität wird vielmehr durch eine Reihe von Kollisionen vorangetrieben, die den Eindruck einer sich ständig verändernden und entwickelnden Beweisführung machen.

Eisenstein beschrieb die verschiedenen Arten von Konflikten, die zwischen aufeinanderfolgenden Einstellungen möglich sind, mit Begriffen wie Kontrastkomposition, Einstellungsgröße, Tiefenschärfe, photographischer Beleuchtungsstil usw.. Jedes Merkmal eines Bildes konnte in der nachfolgenden Einstellung abrupt geändert werden, um die gewünschte Steigerung des Konfliktes zu erreichen. Als Beispiel dafür seine Beschreibung von Einstellungen aus der schon zitierten antireligiösen Passage seines Filmes, in der die kontrastierenden Formen der photographierten Gegenstände den momentanen Schock hervorrufen:

»Um den Putschversuch General Kornilows zu illustrieren, kam ich auf die Idee, seine militaristischen Tendenzen durch eine Montage mit religiösen Motiven zu verdeutlichen. Denn Kornilow hatte seinen Kampf gegen die Bolsche-

* Film Form, a.a.O., S. 38.
** S. M. Eisenstein: Film Sense. London: Faber & Faber 1943, S. 18.
*** S. M. Eisenstein: Schriften 3. Oktober. München: Hanser 1975, S. 227.

wiken unter dem Vorwand, einen Kreuzzug gegen die Moslems (!) zu führen, begonnen (...) Wir unterschnitten also die Einstellung eines barocken Jesus (der in den kreisförmigen Strahlen seines Heiligenscheins zu explodieren scheint) mit Einstellungen der eiförmigen Maske von Uzume, der Gottheit von Mirth. Der Widerstreit zwischen der geschlossenen Eiform und dem sehr graphischen Sternenkranz erzeugte den Effekt einer sich ständig wiederholenden *Explosion* – einer Bombe oder eines Schrapnells.« *

Dieses Beispiel, das Eisensteins intellektuelle Montage ausgezeichnet verdeutlicht, verweist gleichzeitig auch auf eine ihrer großen Schwächen – ihre permanente Vieldeutigkeit. Die widerstreitende Komposition der beiden Bilder erzeugt nach Eisensteins Interpretation den »Effekt einer sich ständig wiederholenden Explosion – einer Bombe oder eines Schrapnells« und beleuchtet dadurch indirekt Kornilows Militarismus. Es wäre sicherlich unfein zu fragen, ob der gewünschte Effekt auch tatsächlich beim Publikum ankommt. Die »Explosion«, wie sie der Zuschauer sieht, besteht aus einem rein graphischen Effekt, und es fällt schwer einzusehen, daß der Zuschauer sie mit Kornilows »militaristischen Tendenzen« in Verbindung bringt. Die Wirkung, die auf dem Papier äußerst feinsinnig anmutet, verpufft auf der Leinwand, da sie vieldeutig bleibt.

Dies mag ein extremes Beispiel sein für die Vieldeutigkeiten, die Eisenstein ziemlich häufig unterliefen. In den meisten Fällen besteht die Schwierigkeit aber nicht darin, diese oder jene Passage intellektueller Montage zu verstehen, sondern darin, daß viele der Verweise vom Zuschauer auf den ersten Blick gar nicht erkannt werden. Eisensteins Montagemethode verlangt ein Maß an Aufmerksamkeit und Analyse, das die meisten Filmzuschauer überfordert. Wieweit diese Vieldeutigkeit grundsätzlich in dieser Montagemethode begründet liegt, ist schwer zu sagen. Er hat in diesem Genre nur zwei Filme gemacht. So kann man guten Gewissens sagen, daß das System der intellektuellen Filmmontage nie über das Experimentierstadium hinausgekommen ist.

* Film Form, a.a.O., S. 56.

2 Montage und Tonfilm

»Die Entwicklung der Filmtechnik (...) bestand hauptsächlich in der Entwicklung der Montage.« Denkt man hierbei nur an den Stummfilm, trifft Ernest Lindgrens Feststellung zweifellos zu. Männer wie Porter, Griffith und Eisenstein, auch andere, weniger bedeutende Erfinder, entwickelten Montagetechniken, die die Kinematographie von einem ziemlich einfachen Instrument zur Aufzeichnung von bewegten Vorgängen allmählich zu einem hochsensiblen künstlerischen Medium machten. Die Geschichte des Stummfilms ist die Geschichte des Bemühens, die visuellen Möglichkeiten des Films durch immer kompliziertere Montagen zu erweitern. Das Bedürfnis, Themen von größerer geistiger und gefühlsmäßiger Vielfalt aufzugreifen, veranlaßte die Regisseure, mit neuen, eindringlicheren visuellen Erzählweisen zu experimentieren. Am Ende der Stummfilmära lag eine ziemlich vollständige ›Grammatik‹ der Konstruktionsprinzipien eines Films vor.

Die Einführung des Tonfilms brachte zeitweise eine Umkehrung dieses Prozesses mit sich. Zu Anfang versuchte man, jegliche dramatische Wirkung allein über den Ton zu erzeugen. Während einige Filmtheoretiker behaupteten, daß der gesprochene Dialog dem Eindruck eines Films nur schaden könne*, forderten andere wiederum, daß der Ton kontrapunktisch und nicht synchron zum Bild zu verwenden sei.** Derweil begannen die kommerziellen Filmemacher unbekümmert, ihre (höchst erfolgreichen) »Hundert-Prozent-Tonfilme« zu drehen.

Rückblickend würde man es sich mit der Feststellung, diese Filme seien ein Rückschritt gewesen, zu leicht machen. Es hieße, die Umstände ignorieren, unter denen sie entstanden sind. Die meisten Stummfilme, die in den zwanziger Jahren in England und den USA gedeht wurden, hatten zahlreiche Zwischentitel, und es war nur zu verständlich, daß die Regisseure die Einführung des Originaltons begrüßten. (Der Begriff Originalton, wie man ihn bei der Tonbearbeitung verwendet, wird in diesem Buch in einem speziellen Sinn verwandt. Siehe dazu die Erläuterung auf Seite 171 f.). Im Rückblick erscheint es ungerecht, die Regisseure dieser »Hundert-Prozent-Tonfilme« des Mißbrauchs ihres neuen Spielzeugs zu bezichtigen. Ihre Filme waren von jener Art, die, wären sie ein paar Jahre früher gedreht worden, sicherlich nicht den ganzen Reichtum der Montageideen von Griffith (und noch weniger von Eisenstein) verwandt und deshalb auch nicht die ernsthafte Aufmerksamkeit der Kritik gefunden hätte.

Nachdem ihr Neuigkeitswert erschöpft war, erwiesen sich die »Hundert-Prozent-Tonfilme« als langweilig und phantasielos. Es handelte sich hauptsächlich um Musicals und Theateradaptionen, deren Wirkung einzig und allein auf dem Dialog beziehungsweise den Liedern beruhte, die den Film zu einem statischen, unwichtigen Vehikel für den Ton degradiert hatten. Ein Teil der Schwierigkeiten in den frühen Tagen des Tonfilms lag ohne Zweifel darin, daß das Mikrophon während der Tonaufnahme nicht bewegt werden durfte. Eine Szene, die man früher in eine Reihe von Einzelaufnahmen aufgelöst hatte, womöglich noch mit einer schwenkenden und fahrenden Kamera, mußte nun wieder von einer festen Kameraposition aus gefilmt werden. Noch entscheidender war allerdings, daß die Macher dieser »Hundert-Prozent-Tonfilme« nicht erkannten, daß eine buchstäblich ununterbrochene Flut von Originaltönen ein Geschehen nicht wirklich realistisch vermittelt.

Wir haben uns nicht besonders ausführlich mit den ganz frühen Tagen des Stummfilms beschäftigt und wollen das auch nicht mit den ersten Tonfilmtagen tun. Beides waren Perioden der Unsicherheit und der technischen Stümperei, die

* Zum Beispiel Paul Rotha im theoretischen Teil seines Buches »The Film Till Now«. London: Cape 1929.

** Manifest, unterzeichnet von S. M. Eisenstein, W. I. Pudowkin und G. W. Alexandrow, 1928 in Moskau veröffentlicht.

heute nur noch von akademischem Interesse sind. Stattdessen sollten wir die Erfahrungen der nachfolgenden beiden Jahrzehnte des Tonfilms nutzen, um daraus eine grundlegende Theorie abzuleiten, inwieweit der Originalton den Gesamteindruck eines Filmes stärken oder schwächen kann.

Lindgren schrieb über die Verwendung des Tons in den frühen Tonfilmen: »Der zusätzliche Gewinn des Synchrontons war verschwindend gering. Auch der Stummfilm kann einen bellenden Hund zeigen. Indem man das Geräusch des Bellens hinzufügt, gewinnt der Film zwar an Realität, aber er erzählt uns trotzdem nicht mehr, als wir schon vorher wußten. Die Aussagefähigkeit des Bildes wird dadurch nicht verstärkt. Nach wie vor bleibt es ein bellender Hund. Sogar Dialoge wurden oft nur so verwendet, daß sie in Worten wiederholten, was das Bild bereits deutlich gemacht hatte. Das Bild eines zornigen Vaters, der seinem mißratenen Sohn die Tür weist, wird durch die Worte: ›Verschwinde und laß dich nie wieder blicken‹, keinen Gran deutlicher. Das stumme Bild wirkt in diesem Fall sogar weitaus beeindruckender.« *

Als grundsätzliche Kritik an der gedankenlosen Verwendung des Originaltons kann man Lindgren zustimmen. Als allgemeine Verdammung des Originaltons erscheint sie reichlich übertrieben.

Obwohl es natürlich stimmt, daß sowohl die Stumm- wie die Tonfilmversion des Vaters, der seinen Sohn fortschickt, die gleiche Tatsache veranschaulicht, ist der Vergleich, welche von beiden die beeindruckendere ist, sinnlos. Selbst wenn der Vater einen weniger heftigen Satz als bei Lindgren spräche, würde die Szene allein dadurch, *daß* er etwas sagt, realistischer wirken. Die stumme Version, ausgedrückt durch die Mimik des Vaters, mag genauso »beeindrukkend« sein, aber auf einer anderen Realitätsebene. Falls man überhaupt einen Vergleich anstellen will, sollte dieser der Regie, der Darstellung und dem Zusammenhang der Szene innerhalb des ganzen Films gelten. Die Tatsache, daß der eine Regisseur Ton verwendet und der andere nicht, zeigt lediglich, daß die beiden Szenen aus zwei verschiedenen Epochen stammen. Deshalb ist auch die Frage, welcher man den Vorzug geben soll, fast müßig.

Das Beispiel des bellenden Hundes kann auch in anderer Hinsicht irreführend sein. Natürlich vermittelt uns das Geräusch eines bellenden Hundes keine neue Information, aber das muß noch lange nicht heißen, »daß die Aussagefähigkeit des Bildes nicht verstärkt wird«. Abhängig von der Art des Tons und dem Zusammenhang des Bellens mit den übrigen Tönen, könnte sich für das Bild eine Reihe von unterschiedlichen emotionalen Wirkungen ergeben, die dem bloßen Bild nicht notwendigerweise innewohnen. (Die Szene aus *Odd Man Out* [Ausgestoßen, 1946] auf Seite 174ff. ist dafür ein gutes Beispiel.) In beiden Fällen vermag der Ton nicht nur den Realismus der Szene zu erhöhen, sondern verstärkt auch deren dramatische Aussagekraft.

Davon einmal abgesehen, hat die Verwendung des Originaltons einen grundlegenden Wandel in der filmischen Erzählweise mit sich gebracht. Die synchrone Aufnahme von Geräuschen und Dialogen zu den Bildern zwang den Regisseur zu größerer Planung als im Stummfilm. Der Charakter eines Ortes oder einer Figur konnte nun direkter vermittelt werden, da dieser dem Zuschauer in einer ihm aus seinem eigenen Leben vertrauten Weise nahegebracht wurde. Dialoge können eine Reihe von Informationen vermitteln, die ein Stummfilmregisseur nur durch Zwischentitel oder durch umständliche, die Informationen bildhaft vermittelnde Szenen auszudrücken vermochte. Nebensächlichkeiten konnten nun durch Hinweise im Dialog oder Ton vermittelt werden. Der Regisseur eines Tonfilms hat wesentlich größere Freiheiten in der Gewichtung dramatischer Effekte, da er nicht mehr gezwungen ist, Zeit auf dramatisch uneffektive Szenen zu verschwenden, die früher zum Verständnis der Geschichte notwendig waren. Während Griffith – etwa in *The Birth of a Nation* – gezwungen war, seinen Film mit langen, dramatisch ziemlich unergiebigen Szenen zu beginnen, um die Ausgangssituation zu beschreiben, kann der Regisseur eines Tonfilms den Charakter der Figuren und die Bedeutung der Szene durch einige wenige, gut gewählte Einstellungen und Dialogsätze klar

* Ernest Lindgren: The Art of the Film. London: Allen and Unwin 1948, S. 99.

machen. (Das wird besonders deutlich bei Szenen, in denen ein Ortswechsel stattfindet: Wo der Regisseur eines Stummfilms normalerweise Zwischentitel und eine längere szenische Exposition brauchte, um von einem Ort der Handlung zum nächsten überwechseln zu können, macht heutzutage bereits ein einfacher Hinweis im Dialog den Ortswechsel verständlich.)

Dies sind denn auch die beiden wichtigsten Neuerungen, die der Tonfilm mit sich gebracht hat: eine größere Ökonomie beim Erzählen, die dem Tonfilm eine zunehmende Komplexität verschaffte; und eine äußerst realistische Art der Inszenierung, die inzwischen das erklärte Ziel der meisten Tonfilmregisseure geworden ist. Während die Tendenz der besten Stummfilme in der Vervollkommnung des Stils lag, der das Publikum durch unterschiedliche und unterschwellige Mittel des Mediums beeinflussen sollte – zum Beispiel durch expressionistische Bildkompositionen, provozierende Schnitteffekte, Symbolismen –, hat der Tonfilm eine direktere Wirkung, vermittelt sich mehr auf der Grundlage alltäglicher Erfahrungen.

Dieser grundlegende Unterschied wird besonders deutlich, wenn wir uns heute gelegentlich einen Stummfilm ansehen. Bei Filmen wie *Intolerance*, *Bronenosez Potjomkin* oder *Das Cabinet des Dr. Caligari* (1919) – um drei ziemlich unterschiedliche Beispiele zu nennen – wird jedem klar, daß deren Regisseure visuelle Effekte erfanden, die irgendwie überlebensgroß waren. Sie versuchten, das Auge überdeutlich anzusprechen. Wir erkennen die künstlerische Notwendigkeit, ohne das Element des Tons die visuellen Anziehungspunkte vergrößern und verzerren zu müssen. Daraus allerdings ableiten zu wollen, daß der Stummfilm durch den Zwang zu expressiven Bildern dem Tonfilm überlegen war, oder umgekehrt, daß der Stummfilm in Ermangelung des Tons lediglich auf eine Anhäufung unangemessener Übertreibungen angewiesen war, hieße die Stärke jedes der beiden Medien mißverstehen. Stumm- und Tonfilm arbeiten auf zwei verschiedenen Ebenen der Inszenierung filmischer Realität: Man sollte deshalb die Unterschiede feststellen, nicht aber die Vorzüge des einen gegen die des anderen Mediums ausspielen.

Die Wechselbeziehung zwischen Ton und Bild, der relative Aufmerksamkeitsgrad, den sie auch vom Zuschauer verlangt, ist ein Problem, das man nur in allgemeinen Begriffen diskutieren kann. Filme wie Fords *The Informer* (Der Verräter, 1935), de Sicas *Ladri di biciclette* (Fahrraddiebe, 1948) oder einige der Vorkriegsfilme Marcel Carnés zeigen alle eine bewundernswerte Ökonomie in der Verwendung von Dialogen. Sie hat trotzdem zu sehr unterschiedlichen Filmen geführt. Dies soll jedoch nicht heißen, daß der sparsame Gebrauch von Dialogen notwendigerweise eine wesentliche Voraussetzung für einen guten Film sei. Jeder derartigen Theorie, die dadurch automatisch Filme wie *The Little Foxes* (Die kleinen Füchse, 1941), *Citizen Kane* (1941) oder die frühen Marx Brothers-Komödien abwertet, sollte man von vornherein mit Mißtrauen begegnen. Es ist notwendig zu betonen, daß auch diese Filme, obschon sie bemerkenswert dialogreich sind, ihre wesentliche Wirkung durch das Bild erzielen: *The Little Foxes* und *Citizen Kane* gehören zu den visuell interessantesten Filmen Hollywoods; der optische Beitrag von Groucho Marx' Augenbrauen zu seinen Gags ist unschätzbar, und Harpo sagt sowieso nie ein Wort. Es ist deshalb nutzlos, eine quantitative Bewertung der visuellen oder auditiven Aussagekraft eines Films vorzunehmen. Weniger das quantitative Gleichgewicht zwischen Ton und Bild ist beachtenswert als die Betonung der visuellen Aussage.

Wer montiert den Film?

Die grundlegenden Montageprinzipien des Stummfilms sind heute Allgemeingut geworden. Nahaufnahmen, Rückblenden, Überblendungen, Kameraschwenks und Fahraufnahmen gehören zur täglichen Praxis. Jeder Filmemacher akzeptiert sie als Ausdrucksmittel. Die Art, in der sie verwandt werden, mag im einzelnen von ihrer Benutzung in der Stummfilmzeit abweichen, aber an ihrer dramaturgischen Nützlichkeit hat sich grundsätzlich nichts geändert.

Der Ton und andere technische Neuerungen haben auch nur geringfügige

Veränderungen mit sich gebracht. Das Tempo eines Films, das in der Stummfilmzeit ausschließlich durch die Anzahl der Schnitte festgelegt wurde, kann heute bis zu einem gewissen Grade durch den Umfang und die Intensität des Tons bestimmt werden. Zeitsprünge, zuvor durch Zwischentitel erklärt, können heute im Dialog verdeutlicht werden. Schnittfolgen, in denen Einstellungen der vorüberhuschenden Landschaft mit Innenaufnahmen eines Zugabteils abwechseln, damit der Eindruck eines fahrenden Zuges entsteht, sind heute nicht mehr notwendig; durch die Rückprojektion wird der gleiche Eindruck in einer einzigen Einstellung erreicht. Diese und viele andere kleine technische Neuerungen waren eher praktischen Ursprungs.

Wesentlich bedeutendere Veränderungen der Montagetechnik ergaben sich jedoch aufgrund des eindeutigen Stilwechsels durch den Tonfilm. Ein hervorstechendes Kennzeichen dieser Entwicklung war in den letzten Jahrzehnten der ausgeprägtere Realismus. Besonders deutlich wird das in der heutigen Praxis der Filmmontage. Stilmittel, die beim Stummfilm allgemein üblich waren, heutzutage aber dem Realismus eines Films abträglich wären, sind in Ungnade gefallen: Kreisblenden etwa, die dazu dienten, die Aufmerksamkeit auf ein Detail zu lenken, wirken heute altmodisch, da sie eine künstliche Bildwirkung erzeugen; Bildmasken, wie Griffith sie benutzte, verwendet man heute nur noch selten, da sie unnatürlich wirken; kurze, momenthafte Rückblenden, wie sie Griffith in *The Birth of a Nation* gebrauchte, finden sich kaum noch, da sie allzu gewollt wirken. Es wäre zwar voreilig zu behaupten, diese Stilmittel würden nie wieder benutzt werden, doch zur Zeit sind sie verpönt. Sie lenken die Aufmerksamkeit zu sehr auf die Technik und stören die Illusion der filmischen Realität.

Die Aufgabe, eine Filmstory zu entwerfen und umzusetzen, hat sich mit dem Tonfilm beachtlich verändert. Nun bestand nicht mehr die Notwendigkeit, jede Information im Bild zu vermitteln. In *The Birth of a Nation* zum Beispiel gibt es eine Szene, in der eine Mutter ihrem Sohn, der verwundet im Krankenhaus liegt und ein Kriegsgerichtsverfahren zu erwarten hat, verspricht, Präsident Lincoln aufzusuchen und um Gnade zu bitten. Griffith schneidet von der Einstellung der Mutter im Krankenhaus auf eine Einstellung von Lincoln in seinem Arbeitszimmer und schneidet dann nach einem erklärenden Zwischentitel zurück. Dieser Zwischenschnitt ist notwendig, um dem Zuschauer klar zu machen, worüber die beiden reden. Eine wesentlich elegantere Lösung als lediglich ein erklärender Zwischentitel. In einem Tonfilm wäre diese erklärende Montage überflüssig, da wir hören, was die Mutter zu ihrem Sohn sagt. Detaillierte Unterschiede in der Montage von Stumm- und Tonfilm werden vielleicht deutlich, wenn wir die gesamte Problematik einmal unter vier verschiedenen Gesichtspunkten betrachten:

Die Reihenfolge der Einstellungen

In den Tagen des Stummfilms hatten Regisseur und Cutter, die meistens ein und dieselbe Person waren, noch größere Freiheiten. Der einzig entscheidende Faktor für die Reihenfolge der Einstellungen war das Bedürfnis, eine möglichst befriedigende, bildhafte Erzählfolge zu erzielen.

Ein großer Teil des gedrehten Materials fand seine sinnvolle Verwendung erst am Schneidetisch. Von Griffith wird behauptet, daß er die meisten seiner Filme ›aus dem Handgelenk‹ drehte. Er verbrauchte wesentlich mehr Material als unbedingt erforderlich, das ihm im Schneideraum jedoch die Möglichkeit gab, herumzuexperimentieren. Eisenstein arbeitete zwar sein Drehbuch detaillierter aus, aber auch er verließ sich bei der Produktion zum großen Teil auf die Schneideraumphase, um erst dann das gedrehte Material zu ordnen und neu zusammenzusetzen. Deutsche Filmemacher (wie zum Beispiel der Autor Carl Mayer) neigten dazu, mit einem wesentlich ausgefeilteren Drehbuch zu arbeiten. Aber charakteristisch für die Stummfilmzeit war, sowohl künstlerisch wie ökonomisch, selbst die Hauptzüge der Filmerzählung erst nach Beendigung der Dreharbeiten festzulegen. Das Medium Stummfilm war äußerst flexibel, da es keine technischen Gründe gab, nicht einfach von einem Gegenstand auf den nächsten zu schneiden. Mit Sicherheit sind einige der überzeugendsten Schnittfolgen Eisensteins erst im Schneideraum entstanden.

Beim Tonfilm ist die Möglichkeit, das Material im Schneideraum neu zusammenzusetzen und damit herumzuexperimentieren, erheblich eingeschränkt: teilweise dadurch, daß das Bildmaterial durch den Synchronton ›verankert‹ ist; teilweise dadurch, daß die Produktionskosten für einen Tonfilm so hoch sind, daß es normalerweise unmöglich ist, große Mengen von Material zu verdrehen, ohne diese nachher zu benutzen. Der Dialog enthält sehr oft wichtige Informationen, die in einen bestimmten Zusammenhang gehören. So ist das dazugehörige Bild von dem Moment an, wo es gedreht wird, ›verankert‹. Das soll allerdings nicht heißen – wie einige Drehbuchautoren meinen –, daß der Schnitt im Tonfilm weniger schwierig oder ausdrucksvoll wäre als in den Tagen des Stummfilms. Es bedeutet allerdings, daß die endgültige Reihenfolge der Aufnahmen innerhalb einer Sequenz, in der Originalton verwendet wird, zu einem früheren Zeitpunkt der Produktion festgelegt werden muß. In dieser Hinsicht ist die Verantwortung für den Schnitt vom Cutter auf den Drehbuchautor übergegangen.

Die Wahl der Kameraeinstellungen

Das Prinzip, Totalen, Halbtotalen oder Naheinstellungen zu verwenden, um verschiedene Akzente zu setzen, ist, seitdem Griffith es zum ersten Mal anwandte, grundsätzlich dasselbe geblieben. Heute gibt gewöhnlich der Drehbuchautor die Art der Kameraeinstellung an, die er für die geeignetste hält. Wenn er es nicht macht, sollte der Regisseur eine ziemlich klare Vorstellung haben, welche Kameraeinstellungen jeweils notwendig sind. Falls eine Szene verschiedene Einstellungen erfordert, wird die gesamte Szene nacheinander aus jeder einzelnen Kameraposition gefilmt und dann vom Cutter in der günstigsten Reihenfolge zusammengefügt. Das ist jedoch kein besonders guter Arbeitsstil. Ein Regisseur, der viel überlappendes Material gedreht hat, weil er unsicher war, wie das Material geschnitten werden soll, wird eine Szene nie so präzise und wirkungsvoll inszenieren wie bei einer vorher geplanten Auflösung.

Timing

Im Stummfilm wurde der Grad der Spannung hauptsächlich durch die Zahl der Schnitte erzeugt. Griffith variierte immer wieder die Anzahl der Schnitte, um einen Wechsel der dramatischen Spannung zu erzeugen; der Höhepunkt bestand meistens aus einer schnellen Folge von Schnitt und Gegenschnitt, gewöhnlich aus einer Verfolgungsjagd. Eisenstein entwickelte eine sorgfältig ausgearbeitete Theorie des Timing, die man am besten in dem raschen Tempowechsel in der Odessa-Treppensequenz (*Bronenosez Potjomkin*) erkennen kann. Doch was immer auch der theoretische Hintergrund war, der Rhythmus der Bilder wurde ausschließlich durch ihren visuellen Gehalt bestimmt.

Im Tonfilm ist dies nicht mehr der Fall. Indem er den Rhythmus der Bilder in Verbindung mit dem Ton bestimmt, kann der Cutter eine ganze Reihe von Effekten erreichen, die nicht notwendigerweise Bestandteil des Bildes oder des Tones allein sind. Während eines Dialogs kann er öfter vom Sprechenden auf die Reaktionen seines Gegenüber schneiden; er kann Reaktionen verzögern oder vorwarnen, was kommt; er kann Ton und Bild parallel oder kontrapunktisch verwenden.

Die detaillierte Ausarbeitung des Timing ist gewöhnlich dem Cutter und Toncutter überlassen. Oft hängt die Wirkung eines Effektes von der sekundengenauen Zuordnung ab, die vor dem Drehen schwer abzuschätzen ist. Sie ist für den Cutter heute eines der Hauptprobleme.

Die flüssige Inszenierung

Obwohl der Vorgang, von einer Einstellung zur nächsten zu schneiden, dem plötzlichen Wechsel der Aufmerksamkeit im täglichen Leben vergleichbar ist, heißt das noch lange nicht, daß *jeder* Schnitt unbemerkt am Auge des Zuschauers vorbeiläuft. In den meisten Stummfilmen fallen einem die vielen abrupten Übergänge auf. In vielen Griffith-Filmen wird einem der ständige Wechsel der Kamerawinkel bewußt, und man benötigt ein gewisses Maß an Übung und Gewöhnung, um den plötzlichen Sprüngen ohne Irritation folgen zu können. Eisenstein, weit davon entfernt, eine Folge von sanft ineinander übergleitenden Bildern zu wollen, nutzte bewußt den Zusammenstoß aus, der durch die Nahtstelle zweier Einstellungen entsteht. Im Gegensatz dazu waren die deutschen Regisseure Ende der zwanziger Jahre oft emsig bemüht, flüssig ineinanderübergehende Bildfolgen zu erreichen, indem sie eher fließende Kamerabewegungen verwandten. (Pabst dürfte einer der ersten gewesen sein, der die meisten Schnitte in eine spezifische Bewegung innerhalb des Bildes legte, um diesen Vorgang so unbemerkt wie möglich zu lassen.)

Begünstigt durch das Streben des Tonfilms nach Realismus, sind fließende Bildfolgen heute aktueller denn je. Harte, auffällige Schnitte lenken die Aufmerksamkeit auf die Technik und können dadurch die Illusion des Zuschauers zerstören, Zeuge eines kontinuierlichen Handlungsablaufes zu sein. Heute besteht eine der wesentlichsten Aufgaben des Cutters darin, eine sanft fließende Erzählfolge herzustellen.

1

Es muß noch einmal betont werden, daß die eben vorgenommene Gruppierung verschiedener Funktionen, die zusammen den Prozeß des Schnitts ausmachen, nicht identisch mit etwa vier aufeinanderfolgenden Produktionsstadien oder vier verschiedenen künstlerischen Prozessen ist. Nichtsdestoweniger verdeutlicht sie, wie die Verantwortung für die größeren Schnittprobleme vom Cutter auf den Drehbuchautor und Regisseur übergegangen ist und welche Aufgaben seit der Einführung des Tons weiterhin der Cutter hat. Nachfolgend der Vergleich eines Drehbuchauszugs mit der entsprechend fertig geschnittenen Sequenz. Er zeigt, wie sich heute die Verantwortung für den Schnitt zwischen Drehbuchautor, Regisseur und Cutter aufteilt.

2

Brighton Rock *
Auszug aus dem Drehbuch und Aktrolle 7 des Films

Pinkie Brown (Richard Attenborough), Chef einer Gangsterbande, hat versucht, Spicer (Wylie Watson) umzubringen, da dieser belastendes Material gegen ihn besitzt. Pinkie wollte Spicer durch eine Konkurrenzbande ermorden lassen, doch es hat nicht geklappt. Beide, Pinkie und Spicer, wirken nervös. Pinkie glaubt allerdings, daß Spicer tot ist.
In der folgenden Szene spricht Pinkie gerade mit seinem Anwalt Prewitt (Harcourt Williams), als Dallow (William Hartnell), ein Mitglied von Pinkies Bande, den Raum betritt.

3

Drehbuch	Filmprotokoll
34 Amerikanische. Die Tür wird geöffnet und Dallow betritt den Raum. Dallow: *Was ist mit Spicer?* Die Kamera schwenkt von ihm auf das Ende des Bettes, so daß Pinkie ins Bild kommt. Pinkie: *Colleonis Leute haben ihn erledigt. Beinahe hätte es auch mich erwischt.* Dallow: *Wieso… Spicer ist in seinem Zimmer! Ich hab ihn gehört.*	
35 Nahaufnahme. Pinkie. Er blickt Dallow entsetzt an und erhebt sich langsam vom Bett. Pinkie: *Du spinnst.*	Dallow: *Umgelegt? Ich hab ihn doch gerade gesehen.*
36 Nahaufnahme Dallow: *Ich schwör's – er ist in seinem Zimmer.*	1 Nahaufnahme Pinkie, mit dem Rücken zur Kamera. Er dreht den Kopf in Richtung Kamera. Dallow (weiter): *… er ist in seinem Zimmer.* Pinkie: *Du spinnst, Dallow.* Dallow: *Ich schwör's – ich hab' ihn gerade eben gesehen … paar Minuten her!* Pinkie zögert einen Moment, geht quer durchs Zimmer nach rechts. Laute, dramatische Musik setzt ein. (15 Sek.)

4

* Regisseur: John Boulting. Cutter: Peter Graham-Scott. Buch und Produktion: Roy Boulting. Associated British Picture Corporation, 1947.

37 Nahaufnahme. Pinkie. Er ist aufgestanden, öffnet die Tür und betritt den Flur. Die Kamera schwenkt und fährt mit ihm zum Treppenabsatz. Die Tür von Spicers Schlafzimmer ist offen und pendelt im Zugwind hin und her, macht dabei ein knarrendes Geräusch. Die Kamera steht. Pinkie geht auf sie zu.

38 Halbnah. Vor Spicers Schlafzimmer. Pinkie tritt von hinten ins Bild und lauscht, mit einer Hand auf dem Treppengeländer. Plötzlich zuckt er zusammen, als ein leises Geräusch aus dem Zimmer kommt. Seine Hand krampft sich um das Treppengeländer, das sichtbar wackelt. Er blickt auf das Geländer und dann wieder auf die halbgeöffnete Tür. Er betritt das Zimmer. Die Kamera befindet sich außerhalb des Raums im Schatten der pendelnden Tür.
Plötzlich herrscht völlige Stille.

Pinkie: (im Off) *Du lebst noch!*
Spicer: (im Off) *Bin noch mal davon gekommen, Pinkie.*
Das Geräusch von Schritten im Zimmer. Die Tür kreischt im Zugwind laut in den Angeln. Darauf noch mehr Schrittgeräusche, da Spicer offensichtlich zurückweicht und dabei hastig zu sprechen beginnt.
Spicer: (im Off) *Ich hau ab, Pinkie. Ich bin zu alt.*
Spicer geht rückwärts durch die Tür auf den Flur. Pinkie folgt dicht auf.

Spicer: *Tu mir nichts, Pinkie. Ich hau ab, ich schwör's dir – bin viel zu alt – mach in der Kneipe in Nottingham mit.*
Er steht jetzt mit dem Rücken direkt an dem wackeligen Treppengeländer.

39 Treppenabsatz aus der Froschperspektive vom Treppenhaus aus. Pinkie hat Spicer gegen das Treppengeländer gedrückt.
Spicer: *... du bist immer willkommen.*

40 Großaufnahme. Der total verängstigte Spicer blickt abwechselnd in Pinkies Augen und auf dessen Hände.

41 Großaufnahme Pinkie. Er hebt langsam seine bandagierte Hand.

42 Großaufnahme Spicer. Er hebt abwehrend die Hände hoch.

43 Großaufnahme Pinkie. Sein Blick richtet sich auf das Treppengeländer.

44 Großaufnahme. Das Treppengeländer.

45 Großaufnahme Pinkie. Der Ausdruck seines Gesichts verändert sich mit seinem Entschluß.

46 Halbnah. Pinkie und Spicer. Pinkies Hand öffnet sich. Er streckt sie Spicer entgegen.
Pinkie: *Auf Wiedersehen, Spicer!*
Spicer, gleichzeitig voller Angst, erleichtert, ungläubig und erfreut, reicht ihm zitternd die Hand.

47 Großaufnahme. Pinkies Füße. Sein linker Fuß schwingt zurück und stößt mit voller Wucht gegen Spicers Schienbein (Attrappe).

48 Großaufnahme Spicer. Sein Gesicht verzerrt sich vor Schmerz, als er nach vorne taumelt.

2 Halbtotale. Pinkie, Dallow rechts im Anschnitt. Pinkie geht durchs Zimmer nach rechts, die Kamera schwenkt mit ihm auf die Tür. (2,5 Sek.)

3 Treppenabsatz vor Pinkies Zimmer. Die Kamera direkt vor seiner Tür, das Treppengeländer links, die Tür zu Spicers Schlafzimmer rechts. Pinkie erscheint in der Tür, zögert einen Moment und geht vorsichtig auf Spicers Tür zu. (12 Sek.)

4 Halbnah. In Pinkies Zimmer. Prewitt zählt das Geld, das Pinkie ihm gegeben hat. (2 Sek.)

5 Wie 3. Pinkie blickt auf das Treppengeländer; er bewegt es, um zu sehen, wie wackelig es ist.
Die Musik bricht ab.
Er geht langsam auf Spicers Zimmer zu. Dallow erscheint in der Tür zu Pinkies Zimmer, die Hände in der Manteltasche. Die Kamera bewegt sich langsam nach links, unterhalb des Handlaufs des Treppengeländers, bis die Tür von Spicers Schlafzimmer ins Bild kommt, genau durch die Stäbe des Treppengeländers.
Pinkie: (im Off) *Du lebst also noch, Spicer!*
Spicer: (im Off) *Bin noch mal davongekommen, Pinkie! ...*
Während man Spicers Stimme hört, öffnet sich die Tür und Spicer erscheint mit dem Rücken zur Kamera, während Pinkie ihn vor sich hertreibt. Spicer ist total verängstigt.

Spicer: *Bin noch mal davongekommen. Ich hau ab, Pinkie – einfach ab. Bin zu alt für dieses Geschäft, ich... ich bin viel zu alt. Keiner kann 'n alten Mann gebrauchen. Ich geh zu meinem Vetter in Nottingham – in den »Blauen Anker«. Ja klar, ich kann so lange bleiben, wie ich will. Ich bin dort, falls du mich suchen solltest, Pinkie...*

.... du bist immer willkommen, Pinkie. (52 Sek.)

6 Großaufnahme. Pinkie blickt ausdruckslos. (2 Sek.)

7 Großaufnahme. Spicer, total verängstigt. Er sieht auf den Handlauf des Treppengeländers. (2 Sek.)

8 Großaufnahme Pinkie (wie 6). Er hat seine rechte Hand erhoben: Er wirft einen raschen Blick auf das Treppengeländer, ohne den Kopf zu bewegen. (1,5 Sek.)

9 Nahaufnahme. Die Bruchstelle im Treppengeländer. (1 Sek.)

10 Großaufnahme Pinkie (wie in 8). Er blickt auf, um Spicer direkt in die Augen zu sehen. (1 Sek.)

11 Großaufnahme Spicer (wie in 7), völlig verängstigt.
Spicer: *Tu mir nichts, Pinkie!* (1 Sek.)

12 Halbnah. Pinkie und Spicer.
Im Hintergrund stochert Dallow in seinen Zähnen. Pinkie senkt langsam seinen rechten Arm, um Spicer die Hand zu schütteln.
Pinkie: *Warum sollte ich, Spicer?*
Plötzlich packt er Spicers Hand ganz fest.
Pinkie: *Auf Wiedersehen!* (8 Sek.)

13 Nahaufnahme. Spicers und Pinkies Beine, vom Knie abwärts. Pinkies linker Fuß stößt plötzlich gegen Spicers Schienbein. (7 Sek.)

14 Großaufnahme Spicer. Sein Mund öffnet sich zu einem lauten Schrei. (8 Sek.)

5a

5b

6

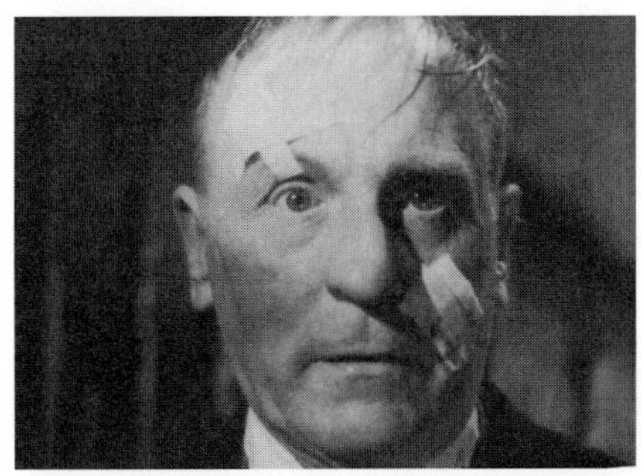
7

8

9

10

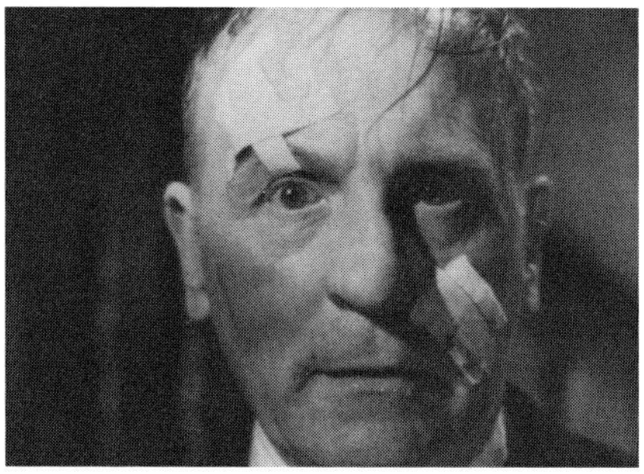
11

12

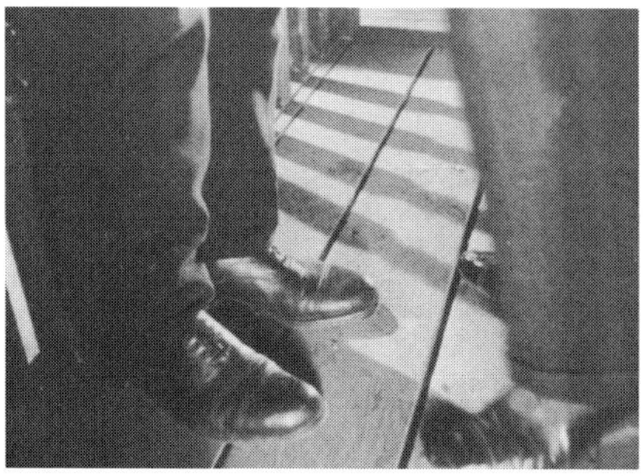
13

49 Großaufnahme Pinkie. Spicers Kopf und Schultern kommen ins Bild in Richtung Pinkie. Pinkies linke Hand kommt hoch und drückt hart gegen das Treppengeländer.

50 Großaufnahme. Spicers Gesicht füllt das gesamte Bild aus. Sein Mund öffnet sich zu einem Schrei, seine Augen weiten sich. Das Gesicht weicht mit dem Stoß zurück.

51 Halbnah. Das Treppengeländer aus der Untersicht. Spicer fällt durch das zerbrochene Treppengeländer und kippt an der Kamera vorbei in den Treppenhausschacht.

52 Totale. Von oberhalb des Treppenabsatzes durch das zerbrochene Geländer in den Treppenschacht. Spicers Körper (Attrappe) fällt. Wir sehen ihn ausgebreitet auf dem Boden. Pinkie tritt an das zerbrochene Treppengeländer heran und sieht nach unten. Kamera oberhalb des Kopfes.

15 Einstellung endet in einer Halbnahen. Pinkie aus der Untersicht. Spicers Körper taumelt ins Bild. Pinkie stößt ihn mit roher Gewalt gegen das Treppengeländer. (9 Sek.)

16 Großaufnahme. Spicer fällt rückwärts. Ein langgezogener Angstschrei (der sich bis Einstellung 20 hinzieht). (0,3 Sek.)

17 Das Treppengeländer aus der Untersicht. Spicer fällt rückwärts durch das zerbrochene Geländer. (1 Sek.)

18 Nah. Eine Gaslampe. Der Körper bricht im Fallen die Lampe ab, und eine Stichflamme schießt hervor. (0,5 Sek.)

19 Einstellung oberhalb von Pinkies Kopf, den Kopf im Anschnitt. Spicers Körper fällt durch das Treppenhaus (0,5 Sek.)

20 Erdgeschoß. Aus der Froschperspektive. Der Fuß einer hohen Standuhr im Hintergrund. Spicers Körper fällt ins Bild und sein Kopf ist groß im Vordergrund. (1,5 Sek.)

Diese Passage aus *Brighton Rock* ist aus zwei Gründen bemerkenswert. Erstens, weil die Wirkung dieser Sequenz zum großen Teil auf der Montage beruht. Zweitens, weil der fertige Film dem ursprünglichen Drehbuch sehr nahe kommt und damit zeigt, daß es möglich ist, die Montageeffekte weitgehend zu planen, bevor der Film gedreht wird. Die Auswahl der Kameraeinstellungen und die Reihenfolge der Aufnahmen wurden praktisch unverändert beibehalten. Die Veränderungen, die tatsächlich gemacht wurden, sind deshalb interessant, weil sie die relativen Funktionen von Drehbuchautor, Regisseur und Cutter erhellen. (In der Praxis kann es natürlich vorkommen, daß Drehbuchautor, Regisseur und Cutter ein und dieselbe Person sind. Wir haben ihre Funktionen jedoch getrennt voneinander betrachtet, hauptsächlich um die vor, während und nach den Dreharbeiten durchgeführten Arbeiten besser unterscheiden zu können, das heißt die Arbeit am Drehbuch, während des Drehs und im Schneideraum.)

Wir finden einige unwesentlichen Änderungen in der Reihenfolge der Aufnahmen, bei denen Regisseur und Cutter meinten, daß sie die Erzählweise des Drehbuchs verbessern könnten. Die geplante Einstellung 36 fehlt völlig, wahrscheinlich, weil es wichtiger war, die Reaktion von Pinkie auf Dallows verblüffende Nachricht zu zeigen als Dallow selber – der ja nur der Überbringer der Nachricht ist. Ähnlich wurde Einstellung 20 neu eingefügt, um die Wirkung des im Drehbuch beschriebenen Effekts zu verbessern. Diese, wie auch einige andere Änderungen, wurden im Studio oder Schneideraum vorgenommen, sind jedoch mehr oder weniger nur Veränderungen im Detail.

Die wesentlicheren Änderungen haben alle etwas mit dem Fluß der Inszenierung zu tun. Sie tauchen immer dann auf, wenn aus irgendeinem Grund die Umsetzung des Drehbuchs auf technische Schwierigkeiten stieß. Das Einfügen der Einstellung von Prewitt (4) ergab sich höchstwahrscheinlich aus Notwendigkeiten während des Drehens. Man kann sich vorstellen, daß die Einstellungen 3 und 5 ursprünglich eine einzige, durchgehende Einstellung sein sollten. Aber dann war das Ende von Einstellung 3 aus irgendeinem Grund unbefriedigend (oder der Anfang von Einstellung 5 oder beides), so daß diese Einstellungen durch den Zwischenschnitt von Nr. 4 überbrückt wurden.

Ebenso fällt auf, daß die Kameraeinstellung Nr. 3 von der entgegengesetzten Seite, als sie in Drehbuchszene 38 beschrieben ist, gedreht wurde. Die Gründe hierfür sind etwas komplizierter. Direkt nach Einstellung 5 kommt eine Reihe schnell aufeinanderfolgender Großaufnahmen. Da sie auf eine extrem lange und langsame Einstellung (Nr. 5 ist 25 Meter lang) folgen, erscheinen sie besonders wirkungsvoll. Hätte man nun die im Drehbuch beschriebene Reihenfolge der Szenen beibehalten, wäre es notwendig gewesen, auf den am zerbrochenen Geländer lehnenden Rücken Spicers zu schneiden, was die Wirkung der sofort darauffolgenden Serie von Großaufnahmen stark abgeschwächt hätte. Außerdem lenkt die langsam schwenkende Kamera die Aufmerksamkeit des

Zuschauers auf Spicers Zimmer: Wir hören aus dem Innern Stimmen, und die langsam schwenkende Kamera verstärkt visuell noch die erwartungsvolle Atmosphäre. Schließlich erlaubt diese Kameraeinstellung dem Regisseur auch, Dallow zu zeigen, wie er unbeteiligt den ganzen Vorgang beobachtet. Der dramaturgische Vorteil ist offensichtlich.

Da es meistens notwendig ist, das Drehbuch zu schreiben, bevor alle Einzelheiten der Dekoration bekannt sind, können sich bei den Dreharbeiten technische Schwierigkeiten ergeben, die der Drehbuchautor nicht vorhersehen konnte. Drehbuchszene 38 ist dafür ein gutes Beispiel. Die Schwenkbewegung der Kamera in Einstellung 3 wäre technisch nicht möglich gewesen, hätte sich die Kamera in die im Drehbuch vorgeschriebene Richtung bewegt.

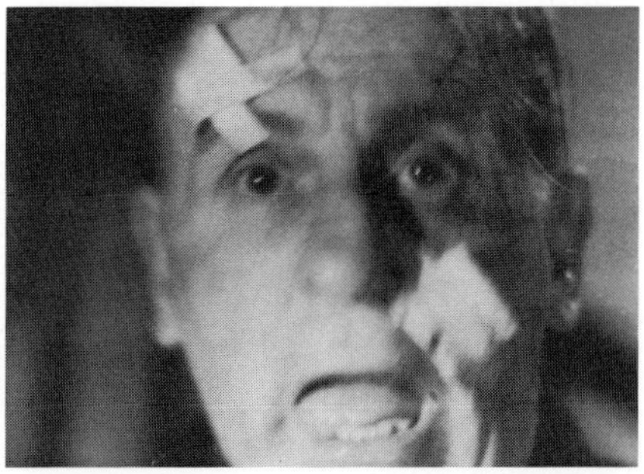
14

Der auffälligste Unterschied zwischen Drehbuch und geschnittener Sequenz wird deutlich, wenn wir noch die Länge der einzelnen Einstellungen berücksichtigen. Hier wird klar, in welch hohem Maße das Element des Timing Leben in das träge Material bringt. Die Geschwindigkeit, in der eine Einstellung der anderen folgt; und der Wechsel in der Anzahl der Schnitte – beides wird erst im Schneideraum festgelegt – sind die entscheidene Grundlage für die Wirkung einer Szene.

Das wird in der Sequenz besonders dort deutlich, wo zwei langsame, verhaltene Einstellungen mit zwei extrem schnellen Einstellungsfolgen kontrastieren. Einstellung 5 wird zum Beispiel bewußt lange gezeigt, weil dann eine Reihe kurzer, ausdrucksvoller Großaufnahmen (6 – 11) folgen, die den Konflikt zwischen den beiden Männern verdeutlichen und in der Wirkung verstärken sollen.

15

Wiederum vermittelt die relativ langanhaltende Einstellung 12 eine Periode der Ruhe – ein Moment, in dem Spicer sich in falscher Sicherheit wiegt –, die plötzlich von der schnellen Schnittfolge seines Sturzes abgelöst wird. Teilweise wurde dieser Kontrast offensichtlich während der Dreharbeiten geplant, da Einstellung 12 besonders gemächlich inszeniert ist. Pinkies Bewegungen sind langsam und absichtsoll, während Dallow im Hintergrund zu sehen ist und den ganzen Vorgang mit geheucheltem Gleichmut verfolgt. Die schnelle Folge von Einstellungen danach, die oft nicht länger als eine Sekunde lang sind, erscheint wie ein plötzlicher dramatischer Wechsel der Handlung.

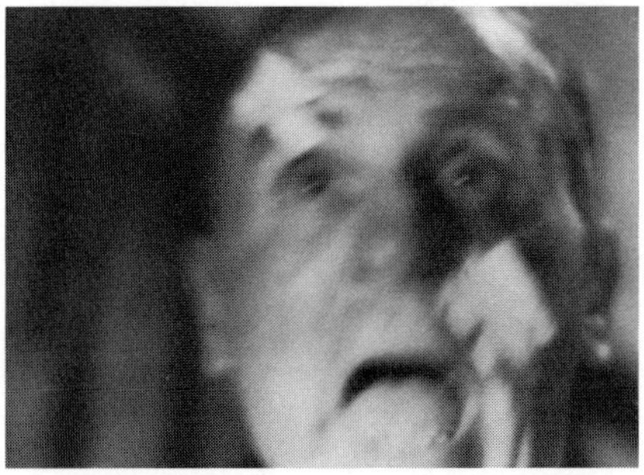
16

Rekapituliert man noch einmal, wie diese Sequenz erdacht und geschnitten wurde, wird deutlich, daß das Verdienst bei der Montage nicht allein dem Cutter, sondern auch dem Drehbuchautor und dem Regisseur zukommt. Wesentliche Entscheidungen, wie etwa eine grobe Reihenfolge der Aufnahmen und die vorläufigen Kameraeinstellungen, sind im Drehbuch festgelegt. Die Entscheidungen über das Timing und die richtigen Anschlüsse werden im Schneideraum getroffen, und manche ursprünglichen Vorstellungen müssen dort über den Haufen geworfen werden. Natürlich ist das hier vereinfacht dargestellt, da es unmöglich ist, kategorisch zu behaupten, der Drehbuchautor sei für dieses, der Regisseur oder der Cutter für jenes verantwortlich. Trotzdem vermittelt diese Beschreibung einen Eindruck von der Gesamtprozedur. Die Montage eines Tonfilms beginnt lange vor der Arbeit im Schneideraum.

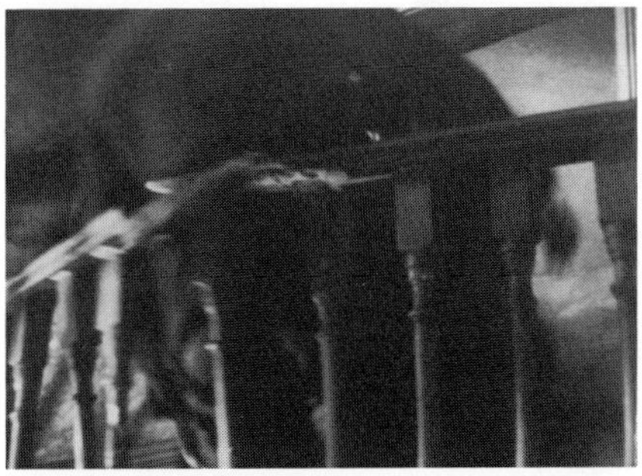
17

Der Beitrag der Filmmontage

Die jeweilige Verantwortung wechselt notwendigerweise von Film zu Film. Ein erfahrener Drehbuchautor, der in der Lage ist, Wirkungen der Montage vorauszusehen, kann einen großen Teil dieser Aufgabe übernehmen. Ein erfahrener Regisseur aber wird darauf bestehen, seine eigenen Entscheidungen zu treffen. Falls Drehbuchautor und Regisseur unsicher über die genaue Erzählfolge sind, wird die Hauptverantwortung beim Cutter liegen. Abhängig von der Tradition der jeweiligen Filmindustrie oder dem betreffenden Filmstudio, von Persönlichkeiten und Fähigkeiten der verschiedenen Techniker, ist die Ausgangssituation von Film zu Film verschieden.

In britischen Studios ist der Regisseur normalerweise die Schlüsselfigur des Films. Er arbeitet an der letzten Fassung des Drehbuchs mit und überwacht den

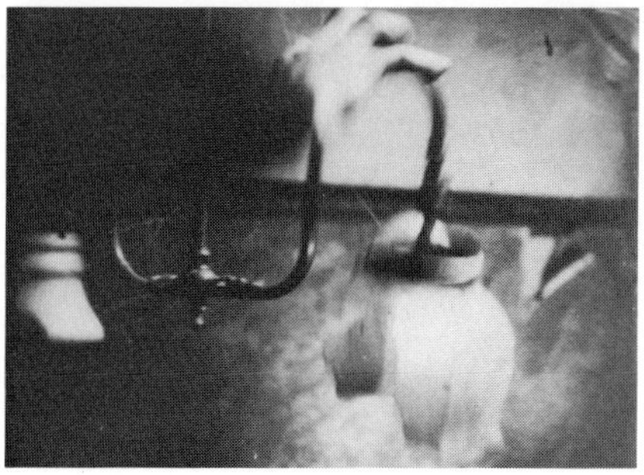
18

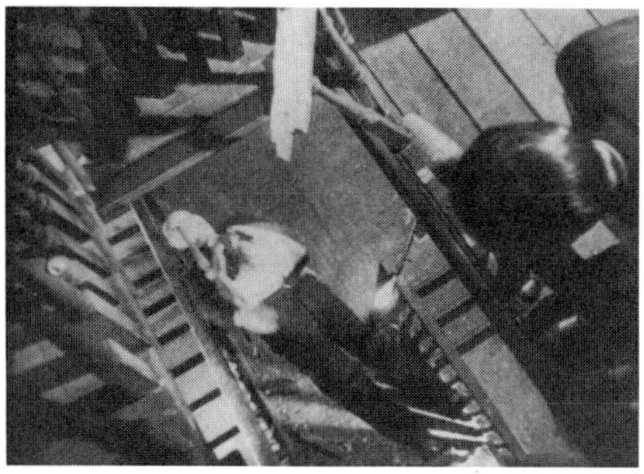
19

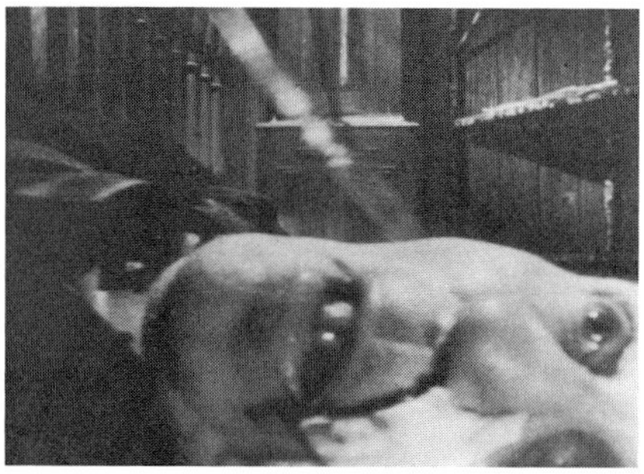
20

Schnitt. Die Verantwortung für die endgültige Fassung des Films liegt bei ihm und beim Cutter. In Hollywood ist es normalerweise anders. Die Autoren arbeiten im allgemeinen ihre Drehbücher wesentlich detaillierter aus und überlassen dem Regisseur lediglich, den Anweisungen des Drehbuchs zu folgen. Hinzu kommt, daß in Amerika der Produzent sich im allgemeinen sehr viel enger mit der künstlerischen Seite einer Produktion befaßt als sein britischer Kollege. In Amerika überwacht der Produzent fast ständig die Montage des Films. Dieses Stadium in der Produktion wird in den meisten Hollywood-Studios nicht mehr der Verantwortung des Regisseurs überlassen.

»Es gibt nur etwa ein halbes Dutzend Regisseure in Hollywood, denen erlaubt wird, ihre Filme so zu drehen, wie sie es selber wünschen, und denen die gesamte Überwachung des Schnitts anvertraut ist. (...) Wir haben drei Jahre lang versucht, einen Regisseursverband (Directors Guild) zu gründen, und die einzige Forderung an die Produzenten war, für ein ›A‹-Picture zwei Wochen und für ein ›B‹-Picture eine Woche Vorbereitungszeit zu erhalten und die Kontrolle über den ersten Rohschnitt des Films zu bekommen. (...) Wir haben gebeten, daß der Regisseur das Drehbuch, das er verfilmen soll, vorher zu lesen bekommt, und daß man ihm erlaubt, den ersten Rohschnitt dem Studioleiter vorführen zu können. Es bedurfte drei Jahre ununterbrochener Verhandlungen, nur um diese Forderungen durchzusetzen. (...) Ich möchte behaupten, daß 80 Prozent der Regisseure heutzutage die Szenen genauso drehen, wie sie im Drehbuch stehen, ohne jegliche Änderungen, und daß 90 Prozent von ihnen keinerlei Einfluß auf das Drehbuch oder die Montage haben. Wahrlich eine traurige Situation für ein Medium, von dem behauptet wird, es sei eine Domäne der Regisseure.« *

Obwohl Frank Capras Darstellung so nicht mehr zutrifft, scheinen die Fortschritte nicht besonders groß zu sein. Man muß freilich hinzufügen, daß einige der führenden Regisseure Hollywoods es geschafft haben, die offenbar hoffnungslose Situation zu überwinden: Preston Sturges und John Huston schreiben und inszenieren ihre eigenen Filme; Chaplin schrieb, produzierte und führte selber Regie; John Ford produzierte in der Regel seine Filme selber; Orson Welles hatte bereits die Gesamtverantwortung für *Citizen Kane*. Der Erfolg ihrer Filme sollte eigentlich unzweifelhaft belegen, was auch der allgemeinen Meinung entspricht: daß nämlich die Regie und die Montage (sei sie schon vor den Dreharbeiten im Drehbuch festgelegt oder danach im Schneideraum) von einer einzigen Person gemacht oder wenigstens überwacht werden sollte.

Wer aber ist idealerweise für das Drehbuch verantwortlich? Einige Regisseure scheinen, wie wir gesehen haben, am besten mit ihren eigenen Drehbüchern zurecht zu kommen. (Das muß nicht unbedingt heißen – wie im Fall von Preston Sturges – daß der Regisseur seine Geschichte selber erfindet. Er mag vielleicht als Co-Autor fungieren oder die Arbeit am Drehbuch überwachen.) Thorold Dickinson hat dies als einzig wahre Form der Zusammenarbeit bezeichnet. ** Von John Ford sagt man, daß er die Drehbücher anderer Leute sehr werkgetreu umgesetzt hat (zum Beispiel in *The Grapes of Wrath* [Früchte des Zorns, 1940]). Andere zogen eine Partnerschaft von Drehbuchautor und Regisseur vor, die zumal bei langjähriger Zusammenarbeit zu einer harmonischen Ergänzung ihrer Fähigkeiten führte. Wie immer auch die jeweilige Beziehung zwischen Produzent – Drehbuchautor – Regisseur – Cutter sein mag, die wesentlichste Voraussetzung ist, daß der Kopf des Ganzen den Film primär unter visuellen Gesichtspunkten plant und ausführt, unter Gesichtspunkten einer Choreographie und Montage in Bildern.

In der Praxis sollte das normalerweise der Regisseur sein. Denn er ist es, der die bildmäßige Auflösung des Films während des Drehens plant und bestimmt. Er hat deshalb die besten Voraussetzungen, die künstlerische Gesamtleitung einer Produktion auszuüben. Dies schließt ein, daß er letztlich auch für den

* Aus einem Brief an die »New York Times«, veröffentlicht am 2.4.1939. Zitiert in: Margaret Thorp: America at the Movies. New Haven: Yale University Press 1939, S. 146f.

** The Filmwright and the Audience. In: Sight and Sound, März 1950.

Schnitt verantwortlich ist und man ihm erlaubt, das Material im Schneideraum so zu organisieren, wie er den Film beim Drehen vor Augen hatte.

Obwohl die Regisseure, wenn sie die Wahl hätten, ganz sicher die endgültige Verantwortung für einen Film beanspruchen würden, bestehen die meisten nicht darauf, das erste Treatment selber zu schreiben. Das Erfinden von Geschichten und das Schreiben von Dialogen verlangt Fähigkeiten, die nicht notwendigerweise in derselben Person zusammenfallen, die auch das Talent zu einer phantasievollen visuellen Umsetzung hat. Drehbuchautor-Regisseur-Partnerschaften, wie sie viele britische Regisseure praktizieren, haben sich als sehr befriedigend herausgestellt.

Ein Beispiel für die ideale Zusammenarbeit zwischen Drehbuchautor und Regisseur beschrieb der französische Filmkritiker Jean Mitry, als er die langjährige Cooperation von Marcel Carné mit dem Schriftsteller Jacques Prévert analysierte und dabei speziell auf ihre gemeinsame Arbeit an *Les Enfants du paradis* (Kinder des Olymp, 1944), einging:

»Wenn man rückblickend die Filme betrachtet, in die sie (Prévert und Carné) all ihre Kräfte investierten, wie *Quai des brumes* (Hafen im Nebel, 1938), *Drôle de drame* (Ein sonderbarer Fall, 1937) oder *Le Jour se lève* (Der Tag bricht an, 1939) – die ich nicht nur für ihre Meisterwerke, sondern auch für einige der wenigen Meisterwerke des französischen Films halte –, so behielt Carné stets die Oberhand beim Drehbuch und bei der filmischen Konstruktion, auch wenn die Szenarios das Ergebnis einer engen Zusammenarbeit waren. Nachdem Carné den gewählten Stoff adaptiert und die Hauptzüge der Filmerzählung festgelegt hatte, gab sich Prévert damit zufrieden, die Dialoge zu schreiben und sie in den begrenzten und vorbereiteten Rahmen einzupassen, den Carné bestimmt hatte. Carné, der in den Kategorien des Kinos dachte, versuchte, sich visuell auszudrücken, und erlaubte dem Dialog nur eine unterstützende Funktion, auf die sich die Bilder beziehen und in ihrer ganzen Kraft entfalten konnten.

Seit *Les Visiteurs du soir* (Die Nacht mit dem Teufel, 1942) aber haben sie ihre Aufgaben anders verteilt. Prévert erfand und entwickelte nun die Stoffe und schrieb das Drehbuch, oft bis ins letzte Detail. Carné begnügte sich damit, die notwendigen technischen Anweisungen ins Drehbuch zu schreiben und den Wechsel der Kameraeinstellungen zu planen. Es gibt keine Filme mehr von Carné mit Dialogen von Prévert, sondern Prévert-Filme, bei denen Carné Regie führt. Eine andere Welt.

Wo Carné seine Aussage visualisiert, dialogisiert Prévert sie. Er erlaubt den Bildern lediglich, die einzelnen Figuren abzubilden, vorzuführen und in Situationen zu zeigen, die durch den Text entwickelt und überwacht werden. Die Bilder dienen nur noch dazu, die äußere Erscheinung der Personen zu zeigen, von denen wir lediglich wissen, was sie sagen. Der Text wird zum Drehpunkt, zum Leben und zur Struktur des Films, und das Bild dient nur noch dazu, den Worten Gestalt zu verleihen.« *

Mitrys Beschreibung weist auf eine Ursache für den totalen visuellen Leerlauf der Nachkriegsfilme Carnés hin. Das soll nicht heißen, daß die Bilder langweilig sind – wenn überhaupt irgendetwas, sind sie (speziell in *Les Visiteurs du soir*) aufdringlich und dienen eher der Illustration, als daß sie selber die Geschichte erzählten.

Man könnte dagegenhalten, daß dialoglastige Drehbücher nicht unbedingt von allen, sondern nur von schlechten Drehbuchautoren geschrieben werden. Die Erfahrung lehrt jedoch, daß immer, wenn der Autor das letzte Wort beim Drehbuch hat und der Regisseur gezwungen wird, sich eng an das Drehbuch zu halten und keine Veränderungen vorzunehmen, die Filme dazu neigen, statisch und redselig zu sein. Oft ist dies sogar beabsichtigt. Die übliche Hollywood-Praxis, Drehbuchautor und Produzent zur Kontrollinstanz für den ganzen Film zu machen, ist allerdings nur denkbar aufgrund der vergleichsweise großartigen Fähigkeiten der dortigen Drehbuchautoren.

* Sight and Sound, März 1950.

Hinter einem großen Teil der Hollywood-Filme steht das blanke Interesse, den Kassenerfolg der an die Studios gebundenen Stars auszubeuten. So wird um die besonderen Fähigkeiten eines Stars herum das Drehbuch geschrieben, Regie geführt und der Film sogar danach geschnitten. Die Drehbücher bestehen aus Dialogen, die möglichst deutlich die Attraktion des betreffenden Schauspielers zur Geltung bringen. Die Bilder sollen der Erscheinung des Stars schmeicheln. Die Auswirkung auf die Montage ist entsprechend: Es geht weniger darum, dramaturgische Notwendigkeiten zu berücksichtigen, als vielmehr die Hauptdarsteller in möglichst günstigem Licht erscheinen zu lassen. Die offensichtlichste Folge ist ein Überangebot an Großaufnahmen, die den Rhythmus und das Tempo eines Films oft ruinieren.

Wie jeder passionierte Kinogänger feststellen kann, bewirkt dieses Starsystem einen immergleichen dramaturgischen Standard.

Es gibt jedoch Ausnahmen. Viele Filme, die um die Persönlichkeit von Greta Garbo herum gebaut sind, wie auch einige der Biopics mit Paul Muni oder Filme von Marcel Pagnol mit Raimu sind zwar kaum mehr als treuherzig erfundene Vehikel für ihre Stars, können aber trotzdem nicht einfach abgetan werden. Die verschiedenen kreativen Elemente des Tonfilms sind hier einzig und allein dem Element der Schauspielerei gewidmet, und der Erfolg hängt eben von der Virtuosität des Hauptdarstellers ab. Mit Schauspielern von der Bedeutung Greta Garbos ergeben sich so manchmal gute Filme. Das gleiche jedoch auf einen Star angewandt, der vielleicht gerade ein Kassenmagnet ist, führt nur zu modischem Erfolg oder Langeweile. Man braucht sich nur *Queen Christina* (Königin Christine, 1933) ohne Greta Garbo oder *La Femme du boulanger* (Des andern Weib, 1940) ohne Raimu vorzustellen, um die Schwäche der nur auf einen Star abgestellten Produktionstechnik als allgemeingültiges Rezept zu ermessen.

Es gibt noch andere Filme, deren eigentliche Qualität nicht vom Regisseur abhängt. Die Filme von Preston Sturges sind in erster Linie die Leistung eines brillanten Dialogschreibers. Das Hauptverdienst vieler guter Musicalfilme liegt oft beim Choreographen der Tanznummern. Ein gutes Beispiel wäre auch der Architekt der Monumentalfilme von Cecil B. DeMille. Diese Filme sind zuallererst und hauptsächlich das Werk eines Technikers und nicht das eines Regisseurs.

Aber wir sollten nicht vergessen, daß alle diese Filme einen unrealistischen Ansatz haben. Auf unterschiedliche Art und Weise erzeugen sie eine eigene Ebene, eine eigene künstliche Atmosphäre: die Karikaturen einer Sturges-Komödie, die majestätischen, überlebensgroßen Figuren der Garbo, die leichtfüßige Sorglosigkeit eines guten Musicalfilms oder die spektakulären Exzesse eines DeMille-Epos, all diese Filme sind erfolgreich wegen der ihnen eigenen Künstlichkeit. Sie versuchen gar nicht, Vorgänge realistisch darzustellen.

Betrachtet man Filme, die einen authentischeren Ansatz zur Realität haben, wird deutlich, daß der Regisseur die Hauptverantwortung tragen muß. Die großen Filme der Tonfilmzeit – *The Grapes of Wrath*, *Le Jour se lève*, *Ladri di biciclette* – sind grundsätzlich ›Regisseur-Filme‹. Handlung und Charakterisierung der Personen werden in erster Linie durch das Bild vermittelt – durch die ›Choreographie‹ und die Montage charakteristischer Bilder. Der hauptsächliche schöpferische Impuls (egal ob er von demjenigen kommt, der im Vor- oder Nachspann als Drehbuchautor, Regisseur oder Produzent genannt wird) findet seinen Ausdruck im Erfinden charakteristischer Bilder. Dialogschreiben, Ausstattung und Darstellung sind dieser zentralen Absicht untergeordnet.

Besondere Montagestile

Die Verwendung von Originaltönen erlaubte den Filmemachern, komplexere Geschichten zu erzählen, als es zur Zeit des Stummfilms möglich war. Eine Folge war, daß man begann, sich im Tonfilm mehr und mehr auf den Vorgang und die Erzählung selber zu konzentrieren statt auf die indirekte Form der Erläuterung und Beschreibung.

Während in den bedeutendsten Stummfilmen die Regisseure dazu neigten, mit einfachen Handlungsabläufen zu arbeiten und sie durch verschiedene Symbole und Erläuterungen zu verfeinern, wandten die Tonfilmregisseure nun insgesamt einfachere Erzähltechniken an. Die Methoden des Filmemachens sind heutzutage weitaus direkter in ihrer Aussage und wesentlich mehr am Geschmack des Durchschnittszuschauers orientiert. Eine schnelle, dramatische Erzählweise scheint der Schlüssel zum Kassenerfog zu sein und ist deshalb das erklärte Ziel der meisten Regisseure. Nahezu unvorstellbar, daß ein Projekt von solch emotionalem Niveau wie Dowshenkos *Semlja* (Erde, 1930) oder ein Projekt von solch intellektuellem Niveau wie *Oktjabr* oder selbst *Intolerance* sich heutzutage finanzieren ließen. (Keiner dieser Filme war in der Tat kommerziell ausgerichtet. Griffith finanzierte *Intolerance* größtenteils selbst, und die sowjetische Filmindustrie war auf einer nicht profitorientierten Basis organisiert. Heute sind die Produktionskosten allerdings auch unvergleichlich höher als zur Zeit des Stummfilms.)

Abgesehen von diesen offensichtlich kommerziellen Gründen, die jede nicht-direkte filmische Erzählform behindern, ergab sich durch den Ton auch ein neues technisches Problem. Wie wir gesehen haben, bedeutet die Verwendung von Originalton nicht notwendigerweise, daß die Montage eines Tonfilms weniger komplex oder gar weniger ausdrucksstark ist. Das trifft vor allem auf Sequenzen einer einfachen, direkten Erzählform zu, in denen jede Einstellung die Handlung der vorhergehenden vorantreibt. In Sequenzen mit einer weniger geradlinigen visuellen Erzählweise, in denen das Nebeneinander von Einstellungen mehr durch eine intellektuelle oder gefühlsmäßige Beziehung bestimmt wird, kann Originalton möglicherweise zu einem unüberwindlichen Hindernis werden. Die folgenden zwei Beispiele sollen das belegen.

Man stelle sich eine einfache Szene vor: Ein Mann geht den Hotelflur entlang, und wir hören gleichzeitig seine Schritte. Er geht auf eine Zimmertür zu und schließt sie auf. Wir hören das Geräusch des sich öffnenden Schlosses. Während er die Tür öffnet, schneiden wir in der Mitte der Bewegung um in eine Einstellung aus dem Innern des Zimmers, die die Bewegung der vorhergehenden Einstellung aufnimmt. Er schließt die Tür hinter sich, und wir vernehmen das Geräusch. Er geht auf eine andere, sich bereits im Zimmer befindende Person zu, und wir sehen und hören eine Dialogszene. Während die Sätze zu vernehmen sind, schneiden wir zuerst auf eine nähere Zweiereinstellung und dann abwechselnd auf eine Nahaufnahme der beiden Männer. Bei jeder Einstellung hören wir den Dialog des Mannes, der jeweils auf der Leinwand zu sehen ist. Später wird eine Einstellung mit der Reaktion des einen der beiden dazwischengeschnitten, während wir die Sätze des anderen Mannes außerhalb des Bildes (im Off) hören, etc. Eine einfach erzählte Filmsequenz, in der jeder Schnitt die äußere Handlung der vorhergehenden Einstellung fortsetzt. Der Originalton verursacht keinerlei Schwierigkeiten, selbst wenn das Schnitttempo schneller würde.

Man stelle sich nun aber vor, daß die Montage nicht einer äußeren, durchgehenden Handlung folgt, sondern verschiedene, äußerlich nicht zusammenhängende Ereignisse in einer einzigen Sequenz miteinander verbinden soll.

»Der große Pianist hat gerade den Höhepunkt seines Tschaikowski-Konzerts in der Albert Hall erreicht. In einer Loge sitzt der Kronprinz von Ruritania. Unterhalb der Loge präpariert ein Revolutionär die Zündschnur einer Bombe. In einem Taxi eilt Rose Rowntree, ein einfaches englisches Mädchen, das den Prinzen selbstlos liebt, herbei, um ihn zu warnen. In einem Stummfilm würden auf dem Höhepunkt dieser Sequenz Aufnahmen von den Händen des Pianisten, dem Prinzen, dem Feuer, das die Zündschnur entlangkriecht, dem Taxi, das auf zwei Rädern um die Ecke rast, mit zunehmender Geschwindigkeit gegeneinander geschnitten werden. Das mit diesen Bildern vertraute Auge kann sie in Sekundenbruchteilen erkennen. Der Umstand, daß die Bilder bestimmte ähnliche Bewegungsabläufe haben – die Hände, die über die Tasten fliegen, die Flamme, die die Zündschnur entlangeilt, das Taxi, das die Kamera beinahe überfährt –, erzeugt trotz der Kontraste eine visuelle Einheit. Stellen wir uns jedoch die gleichen bildlichen Gegensätze im Ton vor – die Klaviermusik, das Zischen der Zündschnur, das Brummen des Taximotors –, so wird sofort klar, daß diese Gegensätze auch bei einem Minimum an Verständlichkeit, allein, um einigermaßen wirkungsvoll zu sein, mindestens das Zehnfache an Zeit benötigen.

(...) In dieser Art von schneller Montage, die ich beschrieben habe, sind eine Sekunde Bild, eine halbe Sekunde oder sogar weniger, zwar visuell registrierbar, aber auditiv nicht wahrnehmbar. Außerdem gibt es keine grundsätzliche Ähnlichkeit im Ton, wie etwa beim Tempo der Bilder. Man könnte nur die Lautstärke des Tons steigern, während die einzelnen Töne in ihrer Art gleichbleiben. Man könnte das Tempo der Musik steigern und den Motor zum Heulen bringen, dennoch wird mit zunehmendem Tempo durch das Hin- und Herspringen von einem Geräusch zum anderen keine Steigerung erreicht, wie sie etwa visuell möglich ist. Das Ergebnis wäre ein Mischmasch nicht identifizierbarer Töne. Der offensichtlichste Weg, diese Sequenz zu vertonen, wäre, die Musik des Konzertes über die ganze Sequenz beizubehalten und die Bilder ohne Rücksicht auf den Naturalismus der Szene im Rhythmus der Musik zu schneiden, um den visuellen Höhepunkt so mit dem musikalischen Höhepunkt zu vereinigen.« *

In dieser Erzählfolge führt uns jeder Schnitt zu einem anderen Fragment der Handlung, das äußerlich in keinem Zusammenhang mit dem vorhergehenden steht. Jedes Mal existiert nur eine emotionale Verbindung zwischen den aufeinanderfolgenden Bildern.

In derartigen Sequenzen wäre die Verwendung des Originaltons, wie Asquith deutlich macht, absolut sinnlos. Man muß zu allen Bildern einen einzigen, durchgehenden Ton verwenden, was auch der üblichen Praxis entspricht. Autoverfolgungsjagden, die ein ähnliches Gegeneinanderschneiden erfordern, werden im allgemeinen von dem kontinuierlichen, sich steigernden Geheul einer Polizeisirene begleitet. Bei anderen Szenen dieser Art verwendet man keine Originalgeräusche mehr, sondern ›Hintergrundmusik‹, die sich, genauso wie die Bilder, zum Höhepunkt hin steigert.

Es gibt noch einen weiteren, grundsätzlich anderen Montageeffekt, bei dem man keinen Originalton verwenden kann. Wir haben bereits beschrieben, wie Griffith und, in noch größerem Maße, die russischen Regisseure Gebrauch von dem machten, was Pudowkin als ›assoziative Montage‹ definierte. Beispiele dafür haben wir schon angeführt (zum Beispiel die Börsen-Sequenz in *Konjez Sankt-Peterburga*). Diese Methode beruht auf dem Prinzip, eine Anzahl äußerlich nicht zusammenhängender Bilder derart zu arrangieren, daß sie einen bestimmten intellektuellen oder emotionalen Eindruck hinterlassen. Oft werden einzelne Bilder, die keinen direkten Bezug zu der ›Geschichte‹ haben, eingeschnitten (zum Beispiel die Aufnahmen von chinesischen Götterbildern, die einen Teil der Sequenz über St. Petersburg in *Oktjabr* ausmachen). Das Problem, zu den Bildern eine synchrone, aus Originaltönen komponierte Tonkulisse herzustellen, ist eindeutig das gleiche, wie in dem von Asquith beschriebenen Beispiel. In der Tat ist es unlösbar, da sich die vielen kurzen Töne nicht zu einem erkennbaren Ganzen vereinen lassen.

Einige der ersten Tonfilmregisseure versuchten, bestimmte symbolische Effekte in die Handlung einzubringen, um zu vermeiden, außerhalb des Themas liegende Bezüge dazwischenschneiden zu müssen. Hitchcock benutzt in *Blackmail* (Erpressung, 1929) an verschiedenen Stellen der Handlung das Bild eines lachenden Clowns und erzeugt dadurch eine ziemlich gewollt symbolische Wirkung. Mamoulian verwendet in *City Streets* (Straßen der Großstadt, 1931) Aufnahmen ornamentaler Katzenfiguren im Schlafzimmer einer Frau als Gleichnis für ihre Eifersucht; er zeigt Vögel, die an dem Gitter eines Gefängnisfensters vorbeifliegen, um die Freiheit außerhalb der Gefängnismauern zu symbolisieren; aus dem Verlöschen eines Streichholzes macht er das Symbol für einen Mord. Vorher hatte Mamoulian mit ähnlichen Effekten in *Applause* (Applaus, 1929) experimentiert und wurde dafür heftig kritisiert.

* Anthony Asquith: The Tenth Muse Takes Stock. In: Roger Manvell (Hg.): The Cinema 1950. London: Penguin 1950, S. 34–35.

»Eine der wirkungsvollsten Szenen in *Applause* ist die, in der der Liebhaber der immer erfolgloseren Vaudeville-Tänzerin erklärt, daß sie alt, häßlich und am Ende sei. Die Kamera verweilt für einen Moment auf dem Gesicht von Miss Morgan, schwenkt langsam auf ihr gerahmtes Jugendbildnis und schwenkt dann auf sie zurück. Die Bewegung der Kamera und die ständig bitterer werdende Stimme des Liebhabers verbinden sich und steigern die Wirkung ungeheuerlich. In einer anderen Szene, in der die Tochter der Tänzerin in einem Restaurant ein Glas Wasser hochnimmt, blendet die Musik langsam aus, und das Bild überblendet in die identische Bewegung des Armes ihrer Mutter, die ein Glas mit Gift an ihre Lippen führt. So überdeutlich uns heute solche Kunstgriffe erscheinen, so gut machten sie sich in den frühen Tagen des Tonfilms.« *

Jacobs' letzte Bemerkung scheint reichlich hart. Es ist undankbar, Mamoulians Stilmittel als überdeutlich zu disqualifizieren, bloß weil es nicht mehr modern ist. Modern ist heutzutage eine glatte, dramatische Erzählweise, und Symbolismen in der Art Mamoulians sind unbeliebt geworden. Keines von ihnen »hilft, die Erzählung voranzutreiben«, und sie werden deshalb von den meisten Filmemachern als unnötige Komplikationen angesehen. Jacobs' Urteil (»So überdeutlich uns heute solche Kunstgriffe erscheinen...«) wurde aus dem Verständnis eines zeitgenössischen Publikums heraus formuliert, das durch die langjährige Erfahrung mit simpel erzählten Filmen nicht mehr in der Lage ist, Anspielungen, Symbole und andere subjektive Feinheiten wahrzunehmen.

Es gibt aber überhaupt keinen Grund, warum der Tonfilm nicht bildhaft-expressive Stilmittel, wie sie Mamoulian verwendet hat, weiterhin benutzen sollte. Der realistische Pfad ist keineswegs der einzige, auf dem sich der Tonfilm entwickeln kann. In vielen Tonfilmen finden sich Beispiele dafür, daß persönliche, im Prinzip undramatische Stilmittel eine große Wirkung erzielen, vorausgesetzt der Film ist durchgehend in einem Stil gemacht, der Symbole und Bilder als natürliches Stilmittel erscheinen läßt. Ornamentale Katzen als Gleichnis für die Eifersucht des Mädchens in *City Streets* sind an sich noch kein Fehler. Sie werden erst zu einem, wenn versucht wird, diesen Effekt in eine ansonsten simpel erzählte, realistische Geschichte zu integrieren. Der plötzliche Wechsel von einer realistischen zu einer höchst artifiziellen Bildsprache wird vom Zuschauer, der plötzlich die Handlung mit verschiedenen Augen sehen muß, nicht akzeptiert. Mamoulians Effekte bleiben deshalb, wie Jacobs sagt, »Kunstgriffe«, werden nicht zu einem integralen Bestandteil der Filmerzählung. Die grundlegende stilistische Einheit fehlt.

Einer der wenigen Tonfilme mit einer ausgeprägt persönlichen Bildsprache ist die Adaption von Puschkins *The Queen of Spades* (Pique Dame, 1949). Das Bild eines Spinnennetzes als immer wiederkehrendes Symbol; das Rascheln der Kleider der alten Gräfin gewinnt eine eigene symbolische Bedeutung; als in der Szene, in der die junge Gräfin ihre ›Seele verkauft‹ und in ihr Zimmer zurückkehrt, um vor der Madonna niederzuknien, ein Windstoß die Kerze ausbläst und das Zimmer in Dunkelheit versinkt, ist es, als weise die Jungfrau das Gebet des jungen Mädchens zurück. Solche Mittel sind in *The Queen of Spades* akzeptabel, weil der ganze Stil des Films derartige Symbole zuläßt. Die Art der Geschichte, der ornamentale Reichtum der Ausstattung, die elegante Effektlicht-Ausleuchtung (lowkey), die äußerst unrealistisch ist, und die mächtigen, überlebensgroßen Porträts der Figuren geben dem Film einen Stil, in dem die Bildsymbole ein selbstverständlicher Bestandteil sind. Die Symbole wurden der Geschichte nicht ›aufgepfropft‹, sondern sind ein integraler Bestandteil des Filmstils. *The Queen of Spades* beweist, daß sich auch der Tonfilm mit seinen Mitteln für einen derartig indirekten Stil eignet, vorausgesetzt, die stilistische Einheit wird den ganzen Film über gewahrt.

Alle bisher beschriebenen Effekte ergeben sich aus dem Ort der Handlung. Die subjektiven Kommentare entspringen auf natürliche Weise einer selektiven Wahrnehmung ihres Hintergrundes. Ernest Lindgren hat behauptet, daß dies auch die einzig legitime Art sei: Das bildliche Gleichnis oder Symbol sei

* Lewis Jacobs: The Rise of the American Film. New York: Harcourt, Brace and Co. 1939, S. 170f.

immer nur dann wirkungsvoll, wenn es natürlicher Bestandteil des Ortes der Handlung ist. Wir sollten uns jedoch erinnern, daß die russischen Regisseure einige ihrer aussagefähigsten Bildkontraste produzierten, indem sie den Ort völlig ignorierten und Bilder einschnitten, die keinerlei äußere Beziehung zum Rest des Films hatten. In der Sequenz von *Oktjabr*, in der Eisenstein den Mumpitz religiöser Zeremonien karikieren will, schneidet er vom Zwischentitel auf Ikonen, Kirchen und schiefe Türme, auf Götterbilder aus Ägypten, China und primitive Statuen aus Afrika. Diese Aufnahmen stehen in keiner äußeren Beziehung zueinander, sondern sind nur durch ein abstraktes Konzept miteinander verbunden.

Klar, daß man eine derartige Erzählfolge nicht mit Originalton herstellen könnte. Die Sequenz besteht aus Aufnahmen, die in Zeit und Raum völlig heterogen sind. Jede Art Originalton würde die Aufmerksamkeit bloß auf ihre Verschiedenheit lenken.

Man könnte daraus folgern, daß das Medium Ton derartige Ideenmontagen nicht zuläßt. Doch das muß nicht zwangsläufig so sein. Die Tatsache, daß es Eisenstein selber nie vollkommen gelang, das Element des Tons in einem Film zu assimilieren, beweist überhaupt nichts, außer daß es ihm mißlang. Britische Dokumentarfilmregisseure der dreißiger Jahre wie Basil Wright und Humphrey Jennings haben gezeigt, daß Eisensteins Methode auch im Tonfilm weiterentwickelt werden kann. Passagen aus *Song of Ceylon* (eine Sequenzanalyse siehe Seite 110f.) lehren, daß der Ideenfilm durch einen phantasievollen Umgang mit dem Ton erheblich bereichert werden kann. Wright entwickelte extrem komplizierte Tonfolgen, die sich mit den Bildern abwechselnd vermischen oder mit ihnen kontrastieren.

Die Tatsache, daß diese Experimente der dreißiger Jahre – von Wright, Jennings und, in geringerem Maße, von Pare Lorentz in *The City* (1939) – nicht weiterverfolgt worden sind, bedeutet nicht, daß es unmöglich gewesen wäre. Vielmehr hat die Unterstützung von Dokumentarfilmen in den vergangenen Jahren immer mehr abgenommen. Immer weniger Sponsoren sind bereit (so wie es die Sowjets in den zwanziger Jahren waren), den Regisseuren die Freiheit zu geben, mit eher abstrakten Techniken zu experimentieren. Doch gerade hier eröffnet sich noch ein weites Feld.

In dem Kapitel über das Dokumentarfilmmachen werden wir versuchen, einige Filme zu analysieren, die ihre Wirkung gerade durch die Assoziationsmontage erzielen. Inzwischen gilt festzuhalten, daß besonders bei diesen Filmen, wie auch bei Kompilationsfilmen, der Cutter wieder etwas von der Bedeutung zurückgewinnt, die er im Stummfilm hatte. Die Produktionsweise von Wright (und auf sehr unterschiedliche Art auch die von Flaherty) überließ einen großen Teil der kreativen Arbeit bei der Produktion wieder dem Cutter. Die Qualität von Filmen wie *Louisiana Story* (Louisiana-Legende, 1948) und *Song of Ceylon* erweckt Bedauern, daß die Produktionsweise ihrer Regisseure nicht in mehr Filmen praktiziert wurde. Wie wir bereits festgestellt haben, gibt es dafür eine Reihe von naheliegenden ökonomischen Gründen. Gründe, die heute zu einer mehr vorhergeplanten, inhaltsbezogenen Erzählweise geführt haben. Wenn dies auf die eine oder andere Weise verändert würde, könnte eine ganze Skala von neuen Themen wieder für den Tonfilm interessant werden. Gegenwärtig kann man nur hoffnungsvoll auf die zukünftigen Filme einiger Tonfilmregisseure setzen und ihnen die Freiheit eines Griffith, eines Eisenstein oder eines Dowshenko wünschen.

Die Praxis der Filmmontage

3 Action-Sequenzen

Die Möglichkeit des Films, Bewegungen wiederzugeben, die Handlung unmittelbar von einem Ort zu einem anderen wechseln zu lassen, macht nach wie vor die Faszination des Kinos aus. Viele unterschiedliche Genres haben sich aus dieser charakteristischen Eigenschaft des Films entwickelt. Die Western, beinahe so alt wie das Kino selber, die harten ›soziologischen‹ Gangster-Zyklen der dreißiger Jahre, die halbdokumentarischen Polizeifilme der Nachkriegszeit (alle mit ihren obligatorischen Verfolgungsjagden) wie auch die raffinierteren Thriller von Lang und Hitchcock basieren in ihrer Wirkung hauptsächlich auf schnellen, spannungsgeladenen Action-Teilen. Szenen voller Bewegung, Kampf und Action können nur im Film so einzigartig geboten werden und erhalten ihm deshalb seine Popularität.

In den Tagen des Stummfilms hing die Entwicklung des Action-Films völlig von der Montage ab. Charakteristisch hierfür waren die ersten Filme Porters, in denen bei den Verfolgungsszenen ansatzweise eine Filmmontagetechnik angewandt wurde. Griffith entwickelte die Methode der Parallelmontage (cross-cutting) und verlieh seinen Action-Szenen dadurch eine zusätzliche Dimension. Durch genaues Timing der jeweiligen Einstellungen gelang es ihm, einmal dem Verfolger, das andere mal dem Verfolgten einen Vorteil bei der Verfolgungsjagd zu verschaffen. Später verwandte man Einstellungen, in denen Reaktionen gezeigt wurden (reaction shot), meistens statische Aufnahmen eines Beobachters, die die aufregenden Szenen unterbrachen und durch den visuellen Kontrast die Wirkung der Bewegung noch betonten. All diese Erfindungen sind im wesentlichen bis heute unverändert geblieben.

Die Parallelmontage liefert dem Regisseur ein einzigartiges Mittel, physische Konflikte auf der Leinwand darzustellen. Indem er abwechselnd vom Jäger auf den Gejagten schneidet, macht er dem Publikum die Auseinandersetzung bewußt und erhält zugleich die Illusion einer durchgehenden Handlung. Doch der Vorteil dieser Montagetechnik stellt den Cutter vor größere Probleme als bei einfach heruntererzählten Szenenfolgen, in denen beim Schnitt nur die Handlung der vorhergehenden Passage fortgesetzt wird. In erster Linie besteht die Schwierigkeit darin, dem Zuschauer deutlich zu machen, was vor sich geht. Da in vielen Fällen der Verfolger ein ganzes Stück hinter seinem Opfer zurückliegt, muß man die beiden Örtlichkeiten, die meistens auseinanderliegen, gegeneinanderschneiden. In solchen Fällen ist es wichtig, den Zuschauer nicht über den Ort der jeweiligen Handlung im unklaren zu lassen. Dabei kann man, um eine noch größere Spannung zu erzeugen, in Versuchung geraten, eine Action-Sequenz zu schnell zu schneiden. Falls dies dazu führt, daß der Zuschauer über geographische Details der Szene in Verwirrung gerät, war der Cutter seiner Aufgabe nicht gewachsen.

Ein weiteres Problem ist der wechselnde Vorteil von Jäger und Gejagtem. Meistens ist es eine Frage des Timing. Durch eine Veränderung der Anzahl der Schnitte ergibt sich ein Wechsel der Spannung. Durch die Verlängerung einzelner Einstellungen hier und dort verlegt man den Akzent vom Jäger auf den Gejagten beziehungsweise umgekehrt. Doch all diese Probleme sind so eng mit den spezifischen dramaturgischen Notwenigkeiten der jeweiligen Sequenz verbunden, daß eine theoretische Erörterung oft zu verschwommen bleibt. Deshalb ein praktisches Beispiel für eine ziemlich einfache Verfolgungssequenz.

*The Naked City** (Die nackte Stadt)
Ausschnitt aus Aktrolle 10

Nach langer Suche hat Detective Halloran den Mörder Willie Garza in dessen

5

6

7

* Regisseur: Jules Dassin. Cutter: Paul Weatherwax. Universal International, 1948.

8

Wohnung gestellt. Während des Verhörs täuscht Garza den Detective, schlägt ihn zu Boden und flüchtet, ohne zu merken, daß Halloran noch bei Bewußtsein ist. Bei der anschließenden Verfolgungsjagd gelingt es Garza zu entkommen, und Detective Halloran meldet es seiner Dienststelle. Lieutenant Dan Muldoon übernimmt die Verfolgung.

Wir sehen Garza die Treppen zur U-Bahn hochlaufen. Als er oben ankommt, blickt er zurück, um zu sehen, ob er verfolgt wird, und läuft dabei einen blinden Mann um, der gerade um eine Ecke kommt. Der Schäferhund des Blinden bellt Garza an.

(Der Sprecher während des ganzen Films ist der Produzent Mark Hellinger.)

9

10

11

12

	Sprecher (so, als ob er Garza freundliche Ratschläge erteilt): *Es war nur ein Unfall, Garza. Sieh zu, daß du ihn loswirst.*
1 Halbtotale. Garza. Der Hund hat sich in Garzas linken Jackenärmel verbissen, während Garza wegläuft und dabei versucht, ihn abzuschütteln.	Schnelle dramatische Musik. (1,5 Sek.)
2 Amerikanische. Garzas Rücken. Seine rechte Hand sucht nach dem Revolver, während er mit dem Hund kämpft.	Sprecher: *Nur nicht den Kopf verlieren! Nur nicht den Kopf verlieren!* Weiterhin Musik. (3,5 Sek.)
3 Halbtotale. Lieutenant Muldoon sitzt in seinem Wagen. Die Wagentür ist geöffnet, und Detective Halloran und seine Leute stehen davor.	Lieutenant Muldoon: ... *eine dicht bewohnte Gegend.*
Lieutenant Muldoon reicht Halloran einen Revolver.	*Ihr macht jetzt folgendes...* Ein lauter Schuß ist zu hören. (7 Sek.)
Alle blicken in die Richtung, aus der der Schuß kam. Halloran und sein Assistent rennen los, um zu sehen, was passiert ist. Die Wagentür wird zugeschlagen.	
4 Einstellung einer großen Straße mit einer Eisenbahnstation im Hintergrund. Halloran und sein Assistent laufen ins Bild, weg von der Kamera. Der Wagen folgt ihnen.	Fortsetzung der Musik. Polizeitrillerpfeifen. Das Geräusch des schneller fahrenden Wagens. (10,5 Sek.)
5 Garza läuft eine lange Brücke entlang, auf die Kamera zu. Ein kleines Kind ist ihm im Weg. Die Mutter kommt hinzu, bringt ihr Kind in Sicherheit. Garza läuft rechts an der Kamera vorbei.	Fortsetzung der Musik. (4 Sek.)
6 Einstellung entlang der U-Bahntreppe nach oben. Der Blinde steht hilflos am oberen Ende der Treppe. Halloran und sein Assistent laufen zu ihm hoch.	Fortsetzung der Musik. (3,5 Sek.)
7 Totale. Der Blinde. Ein kleiner Junge hilft ihm. Der Hund liegt – tot – rechts im Bild, die Brücke im Hintergrund. Die beiden Detectives kommen von unten ins Bild. Halloran bückt sich, um den toten Hund zu betrachten.	Fortsetzung der Musik. (4 Sek.)
8 Halbnah. Halloran. Er blickt hoch in Richtung der Brücke (versucht, Garza auszumachen).	Fortsetzung der Musik. (1,5 Sek.)
9 Einstellung entlang der Brücke aus der Sicht Hallorans. Garza läuft von der Kamera weg in eine sehr große Totale.	Fortsetzung der Musik. (2 Sek.)
10 Wie Einstellung 8. Halloran dreht sich zu seinem Assistenten um, spricht mit ihm und rennt an der Kamera vorbei, um Garza zu verfolgen.	Halloran (zu seinem Assistenten): *Es ist Garza!* (2,5 Sek.)
11 Einstellung von oben auf die U-Bahntreppe. Lieutenant Muldoon und zwei Assistenten laufen unten ins Bild.	Hallorans Assistent (im Off): *Dan! Es ist Garza!* Fortsetzung der Musik. (3 Sek.)
12 Hallorans Assistent oben auf der Treppe. Einstellung von ungefähr der halben Treppenhöhe aus.	Hallorans Assistent (schreit): *Halloran ist hinter ihm her, sie laufen in Richtung Brooklyn.* (2 Sek.)
13 Halbtotale. Muldoon und seine Assistenten am Fuß der Treppe. Muldoon wendet sich an die Assistenten. Sie laufen an der Kamera vorbei die Treppe hoch. Muldoon und weitere Assistenten rennen zurück zum Wagen.	Muldoon (schreit nach oben): *Hilf Halloran! Schieß erst, wenn es unbedingt sein muß. Ihr beide geht mit ihm.* (5,5 Sek.)
14 Einstellung entlang der ganzen Brücke. Wie in Einstellung 5, aber wesentlich weiter entfernt. Garza läuft auf die Kamera zu und an ihr vorbei.	Fortsetzung der Musik. (6 Sek.)

15 Wie Einstellung 14, aber näher zum Brükkenende. Halloran läuft auf die Kamera zu und an ihr vorbei. Die Mutter, die ihr Kind im Arm hält, steht rechts im Bild.	Fortsetzung der Musik. (4 Sek.)
16 Amerikanische. Muldoon und ein Polizist. Eine Telefonzelle im Hintergrund. Der Polizist rennt auf die Telefonzelle zu, während Muldoon links aus dem Bild läuft.	Muldoon: *Sag dem Polizeifunk Bescheid. Sollen ein Auto zum anderen Ende der Brücke schicken.* (4,5 Sek.)
17 Amerikanische. Muldoons Wagen. Muldoons Assistent steigt ins Auto. Zwei Polizisten stehen hinter dem Wagen. Zwei weitere Polizisten stehen direkt vor dem Wagen. Muldoon steigt in den Wagen, der nach rechts wegfährt. Die Kamera schwenkt mit dem Wagen mit, wie er um die Ecke fährt.	Muldoon: *Ihr beide! Los, steigt ein! Und ihr beiden! Auf dieser Seite rein!* Polizeisirenen. (10 Sek.)
18 Amerikanische. Garza läuft auf die Kamera zu. Die Kamera fährt vor ihm zurück, behält ihn in der Amerikanischen.	(1,5 Sek.)
19 Amerikanische. Halloran läuft auf die Kamera zu. Die Kamera fährt vor ihm zurück, behält ihn in der Amerikanischen.	(2 Sek.)
20 Wie Einstellung 18. Amerikanische. Garza läuft auf die Kamera zu.	(3 Sek.)
21 Im Innern des fahrenden Wagens. Muldoon sitzt neben dem Fahrer. Einstellung vom Wagenfond aus in Fahrtrichtung entlang der Brücke.	(2 Sek.)
22 Fußgängerbrücke über eine Eisenbahn. Garza kommt unten links ins Bild und läuft die Treppe hoch.	(6 Sek.)
23 Wie Einstellung 19. Halloran läuft auf die Kamera zu, die vor ihm herfährt.	(2 Sek.)
24 Wie Einstellung 21. Im Innern des fahrenden Wagens.	Muldoon (dreht sich zu den Polizisten im Fond des Wagens um): *Der Turm auf der linken Seite – ihr Jungs steigt dort aus. Haltet von dieser Seite nach Garza Ausschau.* Polizist: *In Ordnung.* (5,5 Sek.)
25 Garza läuft die Treppen am anderen Ende der Fußgängerbrücke hinunter.	(4 Sek.)
26 Halbnah. Garza, wie er versucht, einen Zaun zu überklettern. Er blickt nach unten.	(1 Sek.)
27 Aus Garzas Blickwinkel. Muldoons Wagen kommt unter ihm ins Bild.	(3,5 Sek.)
28 Wie Einstellung 26. Garza hat den Wagen erkannt und versucht augenblicklich, sich hinter dem Zaun zu verstecken.	(1,5 Sek.)
29 Amerikanische. Der Wagen. Zwei Polizisten steigen aus.	(1 Sek.)
30 Wie Einstellung 28. Garza gerät in Panik und schießt.	Ein Schuß. (1,5 Sek.)
31 Wie Einstellung 29. Die Polizisten knien in Schußposition nieder und schießen auf Garza. Sie laufen in Richtung der Fußgängerbrücke.	(4 Sek.)
32 Garza läuft einige Stufen hinunter. Er stoppt, als er plötzlich auf der anderen Seite jemanden sieht.	(2,5 Sek.)
33 Einstellung quer über die Bahnlinie. Wir sehen Halloran sich nähern. Als er gerade dabei ist, über das Geländer zu springen, nimmt Garza ein vorbeifahrender Zug, von links kommend, die Sicht auf Halloran.	(2 Sek.)

13

14

15

16

17

Betrachten wir einmal die entsprechenden Positionen von Garza und seinen Verfolgern in dieser Sequenz, um zu sehen, wie der Cutter diese äußerst flüssige Sequenz geschnitten hat.

Bis zur Hälfte der dritten Einstellung weiß keine der beiden Parteien, wo sich die andere befindet. Das wird durch Einstellung 4, in der Halloran in Richtung Bahnhof läuft, und durch Einstellung 5 bestätigt, in der wir sehen, daß Garza schon ein ganzes Stück auf der Brücke entlanggelaufen ist. Durch die Mutter mit ihrem kleinen Kind wird die Aufmerksamkeit unauffällig auf Garzas Position gelenkt.

18

19

20

21

22

In den nächsten drei Einstellungen (6–8) sehen wir Halloran in Richtung des abgefeuerten Schusses laufen. Er hört ihn noch am Treppenabsatz – dem gleichen, auf dem wir Garza zu Beginn dieser Sequenz gesehen haben. In Einstellung 9 erkennt er Garza, so daß von nun an der Kontakt hergestellt ist. Halloran informiert blitzschnell Muldoon, und die Jagd beginnt. Währenddessen rennt Garza weiter (14), und wir sehen, daß er einen Vorsprung gewonnen hat.

Die nächste Einstellung (15) zeigt deutlich die Entfernung zwischen Halloran und Garza: Halloran läuft gerade an der Frau mit Kind vorbei, die wir schon in Einstellung 5 bemerkt haben. Die Kameraeinstellungen 5 und 15 sind übrigens identisch. Das heißt, daß Halloran, während Muldoon seine Befehle gibt, gerade erst den Punkt erreicht hat, von dem aus Garza in Einstellung 3 begonnen hat zu fliehen.

Nun wird auf Muldoon umgeschnitten (Einstellungen 16–17), und wir hören, daß er versuchen will, Garzas Fluchtweg von der anderen Seite her abzuschneiden. Inzwischen zeigt Einstellung 18, wie Garza erschöpft seine Schritte verlangsamt. Er wird von Halloran verfolgt (Einstellung 19), und wir sehen, wie der Detective näherkommt. (Die beiden Fotos sind etwas verwirrend. Foto 18 zeigt den Anfang, Foto 19 fast das Ende der Einstellung. Die beiden Männer sind im Film jedoch nie so nah beieinander, wie es die beiden Fotos vermuten lassen.)

In Einstellung 20 sehen wir, daß Garza seinen Verfolger Halloran bemerkt hat und zu einem neuen Spurt ansetzt. Wieder wird von der Haupthandlung umgeschnitten. Einstellung 21 hält uns über Muldoons Aktionen auf dem laufenden und schließt, wenn auf 22 umgeschnitten wird, den Eindruck ein, daß Garza genug Zeit gewonnen hat, die Fußgängerbrücke zu erreichen.

An diesem Punkt hat der Cutter die realistische Abfolge der Ereignisse etwas verändert. Einstellung 23 zeigt, daß Halloran auf der Brücke kaum weiter als in Nr. 19 gekommen ist – noch nicht einmal so weit, wie er tatsächlich während der Laufzeit von Einstellung 20–22 hätte kommen können. Der Zweck dieser Veränderung – die man beim ersten Sehen gar nicht bemerkt – ist zu zeigen, daß es Garza noch einmal gelungen ist, Halloran abzuhängen.

Wieder wird auf Muldoon umgeschnitten, und der Konflikt verändert sich: Er spielt sich jetzt zwischen Garza und Muldoons Leuten ab, Halloran ist weit abgefallen. Die Ballerei wird einfach durch eine Schuß-Gegenschuß-Folge vermittelt (Einstellung 26–31). In Einstellung 32 erkennt Garza, daß er den Polizisten nicht entkommen kann, und entscheidet sich umzukehren. Er sieht Halloran hinter sich (33) und stellt fest, daß er umzingelt ist.

Also: In Einstellung 9 wird Garza gesichtet; in den Einstellungen 14–15 sehen wir, daß er einen großen Vorsprung vor seinen Verfolgern hat; in den Einstellungen 18–19 ist Halloran ihm dicht auf den Fersen; in Nr. 20 legt Garza einen Extra-Spurt ein, und in Nr. 22–23 sehen wir, daß es ihm wiederum gelungen ist zu entkommen. Daraufhin folgt eine kurze Unterbrechung durch die Schießerei (24–31), bis durch das Auftauchen von Halloran in Einstellung 33 klar wird, daß Garza in der Falle sitzt. Während der gesamten Passage wurde der jeweilige Ort der Handlung, wie auch jede Phase der Verfolgungsjagd, überzeugend vermittelt.

Die Länge der einzelnen Einstellungen verdeutlicht ständig die wechselnde Spannung der Situationen. Einstellung 3 ist 7 Sekunden (3 Meter) lang: Die Jagd hat noch nicht richtig begonnen, und beim Revolverschuß machen die Polizisten gerade eine Verschnaufpause. Der Anfang der Verfolgungsjagd wirkt eher lang und ermüdend als aufregend. Die Einstellungen 5, 14 und 15 sind relativ lang: Garzas verzweifelter Versuch zu fliehen, wird stärker berücksichtigt als irgendwelche neuen dramatischen Entwicklungen. Danach werden die Einstellungen kürzer, Halloran holt auf und fällt wieder zurück. Schließlich, wenn die Schießerei beginnt und es auf den Höhepunkt zugeht, wird die Anzahl der Schnitte gesteigert.

Es lohnt sich, die Methode des Cutters, Geschwindigkeit und Spannung zu erzeugen, einmal näher zu betrachten. Zu Beginn des Films wird Garza als ein listiger wie auch ruchloser Charakter beschrieben. Deshalb schien es auch das beste, die Verfolgungsjagd als eine »Schlacht der Gewitzten« und nicht mit

23

ner wilden Schießerei enden zu lassen. Der Cutter hat seine Schnittechnik dieser Anforderung der Story angepaßt. Er schnitt die Sequenz nicht besonders schnell, sondern konzentrierte sich darauf, die Handlung um die drei Gruppen herum aufzubauen, um die beiden Gruppen der Polizisten auf der einen und den Kriminellen auf der anderen Seite. Auffallend ist, daß von Einstellung 13 an jeder Schnitt zu einem anderen Handlungsstrang führt: Kein Schnitt setzt die Handlung der vorhergehenden Einstellung fort. Dieser ständige Wechsel der Blickrichtung erzeugt den Eindruck einer schnell ablaufenden Handlung, obwohl der Schnitt – mit Ausnahme des Schlusses – nicht besonders schnell ist.

Eine auffallende Eigenart dieser Schnittmethode im Vergleich zu üblichen Action-Szenen ist der vollständige Mangel an erklärenden Totalen, in denen etwa die gegnerischen Parteien auf einen Blick zu sehen sind, sowie das Fehlen jeglicher statischer Einstellungen von Reaktionen von Zeugen der Verfolgungsjagd. Eine sorgfältige Beachtung von Details der Szenerie, die geschickt jede Person einem erkennbaren Ort zuordnen, machen erklärende Totalen überflüssig. Ähnliches gilt für die fehlenden Einstellungen von Zuschauerreaktionen, da die drei in die Verfolgungsjagd verwickelten Gruppen dem Cutter genügend Material lieferten, um umschneiden zu können.

Trotzdem sind beide Kunstmittel oft nützlich und unerläßlich für den Schnitt einer Action-Szene. Dazu das nächste Beispiel.

*Once a Jolly Swagman** (Wettfahrt mit dem Tode)
Ausschnitt aus Aktrolle 11

Bill Fox (Dirk Bogarde) war vor dem Krieg ein As unter den Speedwayfahrern. Als er aus der Armee entlassen wird, drängt ihn seine Frau, einen ordentlichen Beruf zu ergreifen, anstatt auf den Rennkurs zurückzukehren. Sie streiten sich, aber Bill entscheidet, ein Comeback zu versuchen. Um zu testen, ob Bill nicht inzwischen seine Fähigkeiten verloren hat, arrangiert Tommy Possey (Bonar Colleano) ein Proberennen Bills gegen den amtierenden Champion Chick. (Vor dieser Sequenz sieht man Einstellungen von einem völlig ruhigen Chick und einem ziemlich nervösen Bill.)

1 Totale. Bill, Chick, Tommy und ein Mechaniker (Taffy), die auf die Motorräder im Vordergrund des Bildes zugehen. Sie bleiben vor der Kamera in einer Amerikanischen stehen. Tommy wirft eine Münze hoch. Tommy blickt auf die Münze. Die Kamera schwenkt mit, als Chick seine Maschine besteigt.	Musik: der Rennfahrer-Marsch, der schon vorher im Film zu hören war. Tommy: *Wir können es auch gleich richtig machen. Wir losen. Also.* Bill: *Zahl.* Tommy: *Kopf.* Chick: *Ich nehm die Außenbahn.* Tommy (zu Taffy im Off): *Du gibst das Startsignal, ja, Taffy?* (26,5 Sek.)
2 Halbtotale. Bill, Tommy und Chick. Die Mechaniker schieben Chicks Motorrad an. Tommy schiebt Bills Maschine an, bis der Motor anspringt. Die Kamera schwenkt mit ihnen mit, bis Bill aus dem Bild fährt.	Tommy (zu Bill): *Paß gut auf ihn auf, Junge – er ist Klasse.* Bill: *Okay, Tommy, mach dir keine Sorgen. Ich bin gut in Form.* Chick: *Macht hin!* Die Musik setzt aus. Das Dröhnen der Motorräder beginnt. Bill: *Es kann losgehen.* Tommy: *In Ordnung.* (19,5 Sek.)
3 Totale. Taffy läuft in Richtung Kamera. Er steht auf der rechten Seite; neben ihm nehmen Bill und Chick ihre Plätze ein.	(11,5 Sek.)
4 Halbnah. Taffy hält sein Taschentuch als Startflagge hoch.	(1,5 Sek.)
5 Amerikanische. Bill und Chick blicken zu Taffy (im Off). Bill sieht zu Chick hin, ob er startbereit ist.	(2,5 Sek.)
6 Nah. Das Taschentuch in Taffys Hand.	(1,5 Sek.)
7 Groß. Bill.	(1 Sek.)
8 Nah. Das Taschentuch wird nach unten geschlagen.	(0,5 Sek.)

* Regisseur: Jack Lee. Cutter: Jack Harris. Eine Wessex Produktion, 1948.

9

10

11

12

13

9 Totale. Chick und Bill starten. Das Vorderrad von Chicks Motorrad hebt, als er Gas gibt, für einen Moment vom Boden ab.	Das Dröhnen der Motoren steigert sich jäh. (1,5 Sek.)
10 Totale. Bill und Chick fahren auf die Kamera zu. Die Kamera schwenkt mit ihnen mit, als sie in die erste Kurve gehen. Sie fahren links aus dem Bild.	(7,5 Sek.)
11 Amerikanische. Tommy verfolgt das Rennen.	(2 Sek.)
12 Totale. Chick und Bill. Die Kamera schwenkt von links nach rechts mit, wie sie die Kurve nehmen. Bill hat einen kleinen Vorsprung.	(5,5 Sek.)
13 Amerikanische. Bill und Chick kommen auf die Kamera zu, die vor ihnen zurückfährt. Bill hat immer noch einen kleinen Vorsprung.	(5 Sek.)
14 Halbtotale. Chick und Bill gehen in die Kurve. Die Kamera schwenkt von links nach rechts mit ihnen mit. Jetzt hat Chick einen leichten Vorsprung.	(7,5 Sek.)
15 Totale. Als Bill an Chick vorbeifährt, schwenkt die Kamera von links nach rechts und verhält in einer Amerikanischen mit Tommy.	(6 Sek.)
16 Nah. Bill. Die Kamera fährt rückwärts vor ihm her und hält ihn in der Nahaufnahme.	Musik setzt ein. (2,5 Sek.)
17 Nah. Chick. Die Kamera fährt rückwärts vor ihm her und hält ihn in der Nahaufnahme.	(2 Sek.)
18 Totale. Bill und Chick. Die Kamera schwenkt von links nach rechts mit ihnen mit, wie sie die Kurve nehmen. Chick hat einen leichten Vorsprung.	(5,5 Sek.)
19 Amerikanische. Chick. Er fährt auf die Kamera zu.	(2,5 Sek.)
20 Amerikanische. Bill. Er fährt auf die Kamera zu.	(2 Sek.)
21 Amerikanische. Chick, wie Einstellung 19. Seine Maschine neigt sich in die Schräglage, als er in die Kurve geht.	(2,5 Sek.)
22 Große Totale. Chick und Bill fahren auf die Kamera zu, am Stark vorbei. Sie fahren rechts aus dem Bild raus, Chick voran.	(4,5 Sek.)
23 Nah. Tommy, der das Ganze angespannt verfolgt.	(1 Sek.)
24 Totale. Bill und Chick. Die Kamera schwenkt durch die Kurve mit ihnen mit. Chick hat immer noch einen leichten Vorsprung.	(3,5 Sek.)
25 Nah. Bill. Die Kamera fährt rückwärts vor ihm her.	(1,5 Sek.)
26 Nah. Chick. Die Kamera fährt rückwärts vor ihm her.	(1,5 Sek.)
27 Nah. Bill, wie in Einstellung 25.	(1,5 Sek.)
28 Totale. Bill und Chick fahren auf die Kamera zu, als sie aus der Kurve kommen. Sie sind fast gleichauf.	(2,5 Sek.)
29 Nah. Tommy. Er nimmt die Pfeife aus dem Mund, sieht gespannt zu.	(0,5 Sek.)
30 Totale. Chick und Bill. Sie fahren von links nach rechts quer durchs Bild, fast gleichauf.	(2,5 Sek.)
31 Große Totale. Chick und Bill fahren von weitem auf die Kamera zu. Am Ziel kann Bill Chick gerade noch überholen.	Die Musik setzt aus. (2,5 Sek.)
32 Halbtotale. Tommy. Er steckt die Pfeife wieder in den Mund und geht auf die Bahn. Er sieht zufrieden aus.	(5 Sek.)
33 Totale. Chick und Bill fahren auf die Kamera zu. Chick rollt rechts aus dem Bild, während Bill in einer Amerikanischen im Bild bleibt. Er stoppt direkt vor der Kamera, nimmt die Motorradbrille ab und blickt erleichtert hoch.	Hochrufe der Menge (in Bills Vorstellung). Das Dröhnen der Maschinen erstirbt. Musik setzt ein. (15 Sek.)

»Als Cutter * gab es für mich einen großen Vorteil und etliche Schwierigkeiten. Bei den meisten Renn- oder Wettkampfsequenzen dieser Art weiß das Publikum schon vorher, wie die Geschichte ausgeht. In unserem Falle jedoch weiß Bill vor dem Rennen selber nicht, ob er sich ein Comeback wünschen soll. Gewinnt er, bekommt er zwar seinen alten Job wieder, verliert aber seine Frau. Wegen dieser widersprüchlichen Situation muß das Publikum davon ausgehen, daß Bill verliert. Diese Ungewißheit erleichterte es uns zwar, das Interesse des Publikums wachzuhalten. Die Schwierigkeiten waren dennoch erheblich. Schon vor dieser Rennsequenz gibt es vier Motorradrennen im Film, so daß wir jetzt gezwungen waren zu variieren. Wir konnten nur auf wenige Reaktions-Einstellungen – da es nur zwei Zuschauer gab – zurückgreifen, außerdem gab es nur zwei Konkurrenten beim Rennen. Dadurch war die Auswahl erheblich eingeschränkt. Aus verschiedenen Gründen konnten wir schließlich noch nicht einmal den gesamten Ablauf des Rennens filmen.

14

Die Sequenz beginnt mit einer Art musikalischem Echo des Rennfahrer-Marsches. Damit wollten wir den Kontrast zwischen dem leeren Stadion und der Menschenmenge und dem Lärm der vorangegangenen Rennsequenzen betonen. Die Mechaniker stehen verloren an den Boxen, statt auf Zehenspitzen das Rennen zu verfolgen, und Bills alter Mechaniker fungiert mit einem Taschentuch als Starter anstelle der raffinierten mechanischen Startvorrichtung. Diese beiden Dinge machten den größten Unterschied zu den vorangegangenen Rennen aus. So weit, so gut. Die größte Schwierigkeit jedoch bereitete das Rennen selber.

15

Wegen des geringen Umfangs des Materials war klar, daß wir uns auf Einstellungen des Rennens selber zu konzentrieren hatten und nur einzelne Aufnahmen von Tommys Reaktionen machen konnten. Außerdem durften wir keinen der Fahrer einen zu großen Vorsprung vor dem anderen gewinnen lassen. Bill sollte zwar eventuell der Sieger sein, aber Chick war trotz allem das As, und es wäre unwahrscheinlich gewesen, wenn Bill, von hinten kommend, gesiegt hätte. Deshalb galten die Halbtotalen und Totalen dem Auf und Ab des Rennens und die Nahaufnahmen den Reaktionen der Fahrer – Chick, der offensichtlich an einem Sieg nicht zweifelt, und Bill, der allmählich Selbstvertrauen gewinnt und Chick kurz vor dem Ziel abfängt.«

16

Wie in der Sequenz von *The Naked City* verwandte man große Sorgfalt darauf, den Zuschauer laufend über den jeweiligen Stand des Rennens zu informieren. Das war in diesem Fall kein großes Problem: Ging es doch weniger darum, ein kompliziertes Rennen darzustellen, als vielmehr die Spannung dieses Tests zu vermitteln. Zeitweise besorgen das die Totalen, die für sich sprechen, zeitweise die suggestiven Reaktions-Einstellungen.

Die ersten drei Einstellungen vor dem Start des Rennens sind bewußt lang. In der ersten Einstellung marschieren die drei Männer schweigend auf die Kamera zu: Die Musik erinnert Bill an seine einstigen Siege auf dieser Bahn und an seine Nervosität wegen des Comebacks. Auch die Einstellungen 2 und 3, in denen die Vorbereitungen zum Rennen in fast beschaulichem Tempo gezeigt werden, sind lang.

17

Nach dieser langsamen Einführung zeigt eine Reihe von kurzen Einstellungen (4–9), wie sich die angestaute Spannung plötzlich löst. Der Augenblick ist gekommen, in dem Bill voll gefordert wird. Tatsächlich der erste Höhepunkt der Sequenz.

Im Verlauf des Rennens werden die Action-Aufnahmen (10, 12–15, 18, 22, 24) immer länger. Wie Jack Harris schreibt, war es nicht möglich, das Ende des Rennens spektakulär zu gestalten, da das nicht im Einklang mit der vorangegangenen Geschichte gestanden hätte. Entsprechend wird auch die Anzahl der Schnitte zum Ende hin nicht merklich erhöht. Im Vergleich zu *The Naked City*, wo die Story eine Steigerung der Spannung verlangt, ist der Schnitt hier völlig anders. Das Ende des Rennens wird in einer Totalen gezeigt und gibt einen rein objektiven Eindruck, wie die Fahrer die Ziellinie überqueren. Kein Versuch einer zusätzlichen Dramatisierung.

* Anmerkungen von Jack Harris.

22

23

24

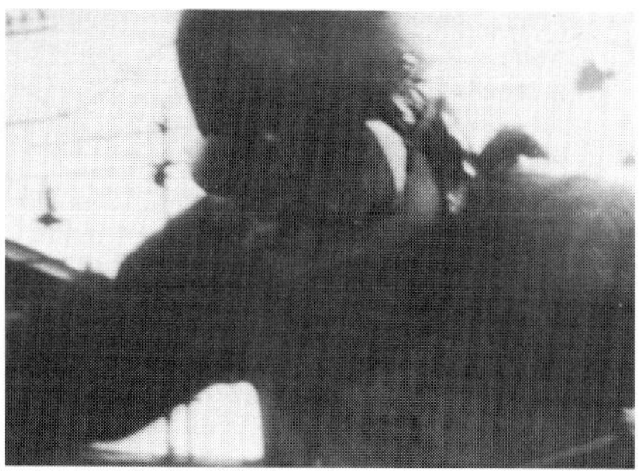
25

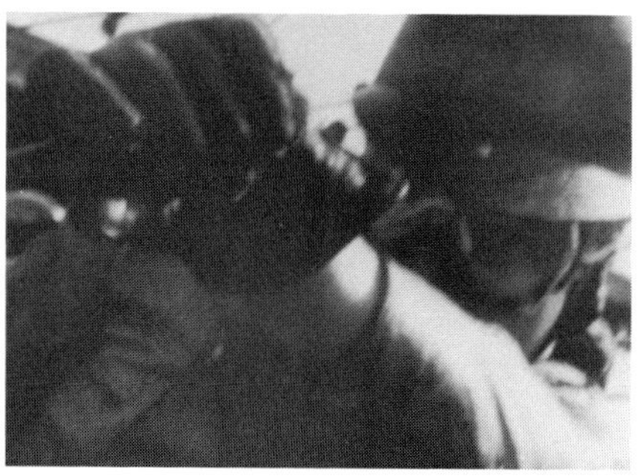
26

In der letzten Einstellung dieser Sequenz (33) klingt die physische Anspannung ab: Bill fährt langsam auf die Kamera zu und bleibt in einer Halbtotalen stehen. Das Rennen war schon mit Einstellung 31 beendet, und Tommys Reaktion (32) – wir wissen, daß er Bill eigentlich sympathisch findet – läßt keinen Zweifel an dem Ergebnis aufkommen. Einstellung 33 vermittelt deshalb bloß die Entspannung nach der Anstrengung. Trotzdem ist dies ein besonders dramatischer Punkt der Geschichte, da diese Ruhe in einem starken Widerspruch zu dem steht, was in Wirklichkeit nach einem solchen Rennen passiert wäre. Sie läßt natürlich an eingebildete Hochrufe denken, die in Bills Ohren nachklingen. Fiktive Geräusche hätte man zwar auch während des Rennens verwenden können. Doch hätten sie nur geringe Wirkung gehabt, da sie im Gedröhne der Motoren untergegangen wären.

»Die Musik, die in Einstellung 16 einsetzt, dient nicht dazu, die Spannung des Rennens zu erhöhen, sondern dessen Realismus zu verfremden und den Zuschauer auf die eingebildeten Hochrufe vorzubereiten, als Bill schließlich das Motorrad zum Stillstand bringt.« *

Im Verlauf der Sequenz hat der Cutter fünfmal auf Tommy geschnitten. Derart statische Einstellungen, die meistens innerhalb einer Sequenz verwendet werden, die eine schnelle, erregende Entwicklung vermitteln soll, wirken im ersten Augenblick oft völlig unpassend. Tatsächlich aber haben sie verschiedene wichtige Funktionen.

Zuerst gilt es festzuhalten, daß die Fahrer im Verlauf dieses Tests vier Runden gefahren sind. In voller Länge wären diese unnötig langatmig gewesen. Die Reaktions-Einstellungen (oder zum gleichen Zweck die Nahaufnahmen von Chick und Bill) helfen, den Zeitabstand zwischen den verschiedenen Totalen des Rennens zu überbrücken. Indem vom Rennen weggeschnitten wird und dann wieder zurück, akzeptiert der Zuschauer den Zeitsprung. Er sieht, daß das Rennen inzwischen weitergegangen ist. So kann der Cutter die Dauer des Rennens unauffällig verkürzen und trotzdem dem Zuschauer das Gefühl geben, er hätte das gesamte Rennen gesehen. Man beachte zum Beispiel die Einstellungen 22 und 24. Beide zeigen denselben Teil der Rennstrecke. Die kurze Einblendung 23 vermittelt den Zuschauern das Gefühl, daß, während sie Tommy gesehen haben, die Fahrer inzwischen eine ganze Runde gefahren sind.

Zusätzlich unterbrechen die statischen Reaktions-Aufnahmen die schnellen Action-Einstellungen und machen diese durch den Kontrast noch beeindrukkender. Hätte man eine Sequenz von dieser Länge ausschließlich aus Totalen des Rennens zusammengesetzt, wäre der Eindruck von Bewegung langsam durch den Mangel an unterschiedlichen Einstellungen dahingeschwunden. Der Eindruck von Geschwindigkeit wird gerade durch die Variation der Einstellungen vermittelt.

Ein weiterer Zweck der Reaktions-Einstellungen besteht darin, den Zuschauer gezielt zu beeinflussen. Die Unterschiede in Tommys Gesichtsausdruck bestimmen auch die Reaktionen des Zuschauers während des Rennens und sind ein wichtiger Faktor, die gewünschte emotionale Wirkung zu erzielen.

Wie schon beim vorigen Beispiel dienen sämtliche Schnitte in dieser Sequenz entweder der Darstellung einer Parallelhandlung oder aber, um einen deutlichen Kontrast zum Geschehen in der vorhergehenden Einstellung zu erreichen. In den Einstellungen 12–15 wird durch jeden Schnitt die Handlung der vorhergehenden Einstellung fortgesetzt, aber jedes Mal aus einem anderen Gesichtswinkel. Einstellung 12 ist eine Totale mit der Bewegung von links nach rechts; 13 eine halbnahe Einstellung mit fahrender Kamera; in Einstellung 14 geht die Bewegung von links nach rechts, und die Kamera schwenkt mit den Fahrern mit, wenn diese sich von ihr entfernen; 15 ist eine von links nach rechts gehende Einstellung, die mit einem schnellen Schwenk auf Tommy endet. Vier Einstellungen einer kontinuierlichen Handlung, aber jede aus einer anderen Entfernung und einem anderen Kamerawinkel. Dadurch entsteht ein Gefühl

* Anmerkungen von Jack Harris.

der Geschwindigkeit und der Spannung, das nicht durch eine Reihe sanft ineinander übergehender Einstellungen hätte erreicht werden können.

Allein durch eine Überprüfung der Einstellungslängen gewinnt man noch keine genaue Vorstellung von dem wirklichen Tempo, mit dem die Sequenz geschnitten wurde. Besonders auffallend ist, daß die Nahaufnahmen wesentlich kürzer als die Totalen zu sehen sind. Eine Nahaufnahme, in der die gezeigte Person sich relativ ruhig verhält, vermittelt ihre Information in wesentlich kürzerer Zeit. Eine Totale hingegen, in der die Bewegung quer durch das gesamte Bild geht, erfordert wegen ihrer Unruhe längere Aufmerksamkeit.

Diesen wesentlichen Unterschied muß man begreifen, wenn man eine Action-Szene schneidet. Zwei Sekunden einer statischen Reaktions-Einstellung (zum Beispiel Tommy in Nr. 11) oder einer Fahraufnahme, die die Person in gleichbleibender Größe zeigt (zum Beispiel Nr. 25, 26, 27) erscheinen dem Zuschauer wesentlich länger als zwei Sekunden einer Totalen, in der Motorräder quer durch das Bild fahren. Die absolute Länge einer Einstellung ist nur dann ein Maßstab, wenn man die Art der Einstellung berücksichtigt.

Die beiden hier zitierten Sequenzen sind durchaus repräsentativ für die Probleme eines Cutters, wenn er Bewegung und Spannung erzeugen will. Die wichtigsten Punkte können folgendermaßen zusammengefaßt werden:

(1) die Grundidee der Geschichte dem Zuschauer deutlich vorführen; zum Beispiel darauf achten, daß durch eine Parallelmontage nicht der Zusammenhang gestört wird;

(2) das Tempo des Schnitts variieren, um den gewünschten Unterschied in der dramatischen Spannung zu erreichen;

(3) umschneiden auf statische Reaktions-Einstellungen von Zuschauern vor Ort, um Zeitsprünge bei zusammenhängenden Einstellungen zu überbrücken und um die emotionale Reaktion des Filmzuschauers zu lenken;

(4) unterschiedliche Bilder anbieten, dabei durch das Gegeneinanderschneiden von Einstellungen und durch die Variation des Kamerastandpunktes bei einem durchgehenden Handlungsteil die Illusion einer kontinuierlichen Bewegung erzeugen.

Diese Punkte können jedoch erst endgültig berücksichtigt werden, wenn der Film im Schneideraum ist. Das bedeutet aber nicht, daß wichtige Handlungsstränge der Erzählfolge nicht schon vorher geplant werden sollten. Zweifellos ist wünschenswert, daß der Regisseur schon beim Drehen die einzelnen Stufen, in denen sich eine Sequenz entwickeln soll, vor Augen hat. Aber selbst dann wird er mehr Material, als später notwendig ist, aufnehmen. Gerade bei raffinierten Änderungen im Timing und dem präzisen Aufeinanderabstimmen von Einstellungen, um einer Szene die gewünschte Wirkung zu verleihen, ist es wichtig, den Cutter mit genügend Schnittmaterial für solche Feinarbeit zu versorgen. Überdies geschieht es oft, daß der Cutter durch eine Umstellung der ursprünglichen Reihenfolge der Einstellungen die Wirkung noch verbessern kann.

Manchmal ist es schwierig, eine vorher ausgedachte Reihenfolge von Einstellungen zu drehen. Bei Kriegsszenen ist es für den Regisseur oft unmöglich – genau wie für den Wochenschaukameramann –, nach einem festgelegten Konzept zu drehen; er kann nur das drehen, was gerade passiert. Vorausgesetzt, es ist genug Material gedreht worden, sollte dies den Cutter jedoch nicht davon abhalten, eine dramatisch wirkungsvolle Sequenz, die einen Sinn ergibt, zusammenzuschneiden. Selbst wenn die Dreharbeiten sorgfältig geplant wurden, liegt die Hauptverantwortung für Präzision und Tempo einer Action-Sequenz beim Cutter. Orientierung und Timing sind die beiden entscheidenden Punkte. Sie sollten in jedem Fall erst im Schneideraum entschieden werden.

Bei der Montage einer Action-Sequenz arbeitet der Cutter mit mehr Freiheit als bei eher statischen Szenen, in denen der Dialog die dominierende Rolle spielt. In einer Dialogszene sind die meisten Bilder wichtige und unvermeidliche Ergänzungen der Worte, und der Cutter ist beim Schnitt durch die Dialogsätze ständig gebunden. Er kann zwar zwischen verschiedenen Einstellungen auswählen und deren Länge bestimmen, um die größtmögliche dramatische

27

28

29

30

31

Wirkung zu erzielen. Er ist aber mehr der Interpret kleiner Details als der Schöpfer der gesamten Sequenz. In Action-Szenen hingegen sind es die Bilder, die die Geschichte erzählen, und der Cutter kann sie so zusammenschneiden, wie sie nach seiner Meinung am wirkungsvollsten sind. Hier trägt er die kreative Verantwortung, da nur durch den Schnitt die Aufnahmen ihre Bedeutung gewinnen. Ungehindert durch den Synchronton, genießt er die gleiche Freiheit wie zu Zeiten des Stummfilms. Auch heute noch, egal wie gut das vom Regisseur gedrehte Material ist, kann der Cutter eine Action-Sequenz erschaffen oder auch verderben.

4 Dialog-Sequenzen

Der wirkungsvolle Schnitt einer Dialogsequenz stellt Regisseur und Cutter vor ebenso einfache wie schwierige Probleme. Bei einem gut geschriebenen Dialog ist es leicht, die Szene zu montieren – fast zu leicht. Die Worte tragen die Szene, und der Regisseur hat nur darauf zu achten, daß ihre Aussage klar ist und sie an der richtigen Stelle kommen. Falls sich jedoch der Regisseur nicht allein auf den Dialog verlassen, sondern die Szene durch visuelle Momente anreichern will, steht er vor einem wesentlich größeren Problem.

Gehen wir einmal von dem nachfolgenden Beispiel aus. Häufig werden Dialogszenen so gedreht: (1) man sieht zwei Personen, die miteinander sprechen, in Halbtotalen oder Totalen; (2) die Kamera geht auf eine der beiden Personen zu, oder wir schneiden in der gleichen Kameraachse wie bei Einstellung 1 auf eine nähere Zweier-Einstellung; (3) wir zeigen wechselweise eine Reihe von Gegenschüssen der beiden Personen – gewöhnlich über die Schulter des Gegenüber hinweg –, die entweder selber gerade etwas sagen oder auf das Gesagte reagieren. Auf dem Höhepunkt der Szene benutzt man eventuell Großaufnahmen der beiden, und am Ende entfernt sich die Kamera von den Schauspielern.

Bis zu einem gewissen Grade ist diese Methode durchaus zufriedenstellend. Der Dialog kommt klar und deutlich herüber, ohne irgendeine ›Ablenkung‹ durch visuelle Komponenten. Der Gegenschuß über die Schulter des jeweiligen Schauspielers verdeutlicht dem Zuschauer den wesentlichen Konflikt der beiden Personen. Durch die Isolierung der Personen in Nahaufnahmen können wir deren Gesichtsausdruck besser als im Profil wahrnehmen – was notwendigerweise geschieht, wenn man gleichzeitig beide Personen zeigt, wie sie miteinander reden.

Außerdem ist dies eine gute Gelegenheit, den Publikumsstar in Großaufnahme zu präsentieren.

Es gibt noch zwei weitere gute Gründe, warum die beschriebene Methode durchaus angemessen sein kann. Erstens ist eine Dialogszene meist ziemlich statisch: wichtig ist, was die Personen *sagen*, nicht, was sie *tun*. Durch das Verwenden von Zweier-Einstellungen und Großaufnahmen ergibt sich eine gewisse Abwechslung und Bewegung in der Inszenierung, obwohl die Personen normalerweise nur sitzen oder stehen. Zweitens ergibt sich daraus eine größere Freiheit für den Cutter, die Szene auf unterschiedlich dramatische Weise zu schneiden. Er entscheidet, wann von der Expositionseinstellung auf eine Nahaufnahme geschnitten wird und hat dadurch viele Möglichkeiten, das Timing der Schnitte zwischen den einzelnen Nahaufnahmen zu bestimmen. Oft wird der Ton nicht an der gleichen Stelle wie das Bild geschnitten, so daß der Sprechende nicht die ganze Zeit im Bild ist. Häufig ist es tatsächlich wichtiger, eine Person reagieren als sprechen zu sehen. Durch eine Reihe verschiedener kleiner Tricks in der Gestaltung einer Szene – die Wahl des genauen Zeitpunkts, an dem auf eine Großaufnahme geschnitten wird, das Timing verzögerter Reaktionen, das Überlappen von Dialogen usw. – kann der Cutter die Dramatik einer vorgegebenen Szene beeinflussen und akzentuieren. Oft gelingen ihm durch ein entsprechendes Timing von Bild und Ton dramatische Untertöne, die das Bild allein nicht schafft. Hier ein einfaches, eher zufälliges Beispiel.

*Topper Returns** (Topper – Das Gespensterschloß)
Ausschnitt aus Aktrolle 2

Der Film gehört zu den Komödien der Topper-Serie. Ein ziemlich lächerlicher, aber grausamer Mordplan bildet den Hintergrund der Handlung.

Die erwachsene Tochter ist gerade in Amerika angekommen und von ihrem Vater, den sie vorher noch nie gesehen hat, empfangen worden. Sie fragt ihn

* Regie: Roy del Ruth. Cutter: James Newcom. United Artists, 1941.

1

2

3

über den Tod ihrer Mutter aus. Bis zu diesem Punkt war die Unterhaltung zwischen den beiden offen und angenehm. Ein anwesender Arzt hatte das Mädchen zuvor gewarnt, den Vater nicht zu sehr aufzuregen, da er sehr krank sei.

1 Halbnah. Der Vater. Er wird gegen Ende seiner Rede sehr erregt.	Vater: *Mein Partner war ein Mann namens Walter Harburg. Eines Tages hat er deiner Mutter die Mine gezeigt, als plötzlich ein Erdbeben einsetzte und der Tunnel einstürzte ...* Arzt (im Off; mit tiefer, autoritärer Stimme): *Sie haben jetzt genug geredet ...*
2 Halbnah. Der Arzt.	*... Mr. Carrington!*
3 Amerikanische. Der Vater, die Tochter und der Arzt.	Arzt (der jetzt freundlich fortfährt): *Entschuldigen Sie, daß ich unterbreche, aber wir wollen Ihren Vater nicht zu sehr ermüden.*

Das Lesen des Dialogs allein vermittelt nur, daß ein kranker, alter Mann eine ziemlich traurige Geschichte erzählt, die sein Arzt mit dem Hinweis unterbricht, daß er sich nicht zu sehr aufregen solle. So wie diese Sequenz aber gedreht und geschnitten wurde, vermittelt sie eine wesentlich komplexere Situation.

Der Satz »Sie haben jetzt genug geredet ...« wird im ›Off‹ gesagt: Die Tochter hat schon eine ganze Weile mit ihrem Vater gesprochen, und obwohl wir gesehen haben, wie der Arzt den Raum betreten hat, haben wir ihn seitdem nicht mehr wahrgenommen. Als plötzlich seine Stimme ertönt (noch in Einstellung 1), geschieht dies überraschend und wirkt leicht unheimlich. Dem Zuschauer wird unbewußt klar, daß sich der Arzt die ganze Zeit im Raum befunden hat, ohne ein Wort zu sagen. In dem Augenblick, in dem der Vater auf den bewußten Punkt seiner Geschichte zu sprechen kommt, wird er mysteriöserweise von dem Arzt unterbrochen. Und obwohl die Worte des Arztes keineswegs befremdlich klingen – die Tochter schöpft auch keinerlei Verdacht –, wird dem Zuschauer durch das Timing des Schnitts ein versteckter Hinweis gegeben.

Hätte man Einstellung 2 ausgelassen und der Schnitt wäre mit dem Satz des Arztes direkt von Einstellung 1 auf Einstellung 3 übergegangen, wäre die ganze Sache völlig klar gewesen – ein Arzt ist besorgt um seinen Patienten. Wenn der gesamte Satz (»Sie haben jetzt genug geredet, Mr. Carrington!«) nur in Einstellung 3 gesprochen worden wäre, wäre seine überraschende Wirkung verloren gegangen, da der Zuschauer die Anwesenheit des Arztes wahrgenommen hätte, noch bevor dieser etwas gesagt hätte. Tatsächlich sind die Dialogsätze während der gesamten Szene durchaus nicht ungewöhnlich – die Tochter vernimmt sie ohne große Verwunderung. Es ist die Art, in der die Szene geschnitten wurde, die ihr etwas Unheimliches verleiht. (Genau das war der gewünschte Effekt: Der Arzt und der Vater entpuppen sich später als Betrüger.)

Es wäre absurd zu behaupten, der gesamte Eindruck sei allein durch das Timing der Schnitte entstanden. Natürlich spielen auch die geheimnisvolle Ausleuchtung der Szene wie die Darstellung der Schauspieler eine höchst wichtige Rolle – die Stimme des Arztes zum Beispiel, die in Einstellung 3 plötzlich freundlicher wird. Wichtig ist jedoch zu erkennen, daß man die Einstellungen auch zu einer farblosen erzählerischen Sequenz ohne jenen mysteriösen Unterton hätte zusammenschneiden können.

Indem der Arzt jedoch erst im Bild erscheint, nachdem er seinen Satz schon begonnen hat, hat der Zuschauer im Vergleich zur Tochter sozusagen einen Vorsprung in der Geschichte, und das Hochschwenken der Kamera verstärkt noch den Verdacht. Danach nimmt die Szene einen konventionellen Verlauf. Ein Verdacht wurde erzeugt, aber das Verhalten des Mannes als Arzt muß natürlich plausibel bleiben.

Dies ist ein ganz einfaches Beispiel für die Wichtigkeit eines genauen Timing von Aktions- und Reaktionseinstellungen. Es zeigt, wie man mit dem elementaren Stilmittel des überlappenden Tonschnitts eine entscheidende dramatische Wirkung erzeugen kann. Man könnte eine ganze Anzahl weiterer Beispiele dafür anführen, wie dieses Verfahren sowohl bei dramatischen wie auch belustigenden Szenen funktioniert. Trotzdem würden sie uns nicht zu einem allgemeingültigen Prinzip führen: Die Entscheidung des Cutters sollte immer von den besonderen dramaturgischen Umständen einer Szene abhängen.

Die einfache Montage von Zweier-Einstellungen und wechselnden Nahaufnahmen ist, ob nun so oder ähnlich simpel angewandt, allerdings nicht unbedingt die beste Methode, eine Dialogszene zu inszenieren. Die meisten derart gedrehten Szenen wirken optisch langweilig und gewinnen auf der Leinwand im Vergleich zum Drehbuch nur wenig. Dieses Montageprinzip wird deshalb so oft angewandt, weil die Drehbuchautoren nur selten Hinweise geben, welche visuelle Auflösung die gesprochenen Worte finden sollen. Außerdem ist es die einfachste Art, eine Dialogszene zu drehen: Der Regisseur muß die Szene nur noch in etwa ein halbes Dutzend Kameraeinstellungen auflösen und überläßt es dann dem Cutter, das Beste daraus zu machen.

Der Hinweis auf die Drehbuchautoren bringt uns zum eigentlichen Problem der erfolgreichen Inszenierung eines Dialogs. Falls eine Szene wirklich wirkungsvoll sein soll, muß sie sowohl *visuell* interessant wie auch des Zuhörens wert sein. Das setzt eine Planung schon beim Drehbuchschreiben voraus.

Falls ein Drehbuchautor sich bei einer Szene allein auf den Dialog verläßt und die bildliche Umsetzung einer späteren Arbeitsphase überläßt, vermag ein Regisseur, der gut improvisieren kann, daraus durchaus eine aufregende Sequenz zu machen (oder auch nicht). Entscheidend bleibt, daß die visuelle Handlung genausoviel kreative Aufmerksamkeit erfordert wie der Dialog selber, und daß man sich deshalb um eine sorgfältig ausgearbeitetes Drehbuch bemühen sollte. Manchmal passiert es, daß der Regisseur mit einem Drehbuch konfrontiert ist, das keinerlei Hinweise auf die Gestaltung der Szene enthält, und er sich dann für den einfachsten Weg entscheidet. Er löst die Szene lediglich in eine gewisse Anzahl von Kameraeinstellungen auf. Gewöhnlich ist das Ergebnis, falls die Szene gut geschnitten wurde, durchaus akzeptabel und, je nach Regisseur, sogar dramatisch wirkungsvoll. Die Chance jedoch, daß so gedrehte Szenen wirklich beeindruckend sind, ist gering. Meistens wirken sie am Ende ziemlich langweilig.

Durch einen phantasievolleren Umgang mit Dialogszenen können die Bilder erheblich zur Gesamtwirkung einer Szene beitragen. Gerade wenn die Worte die meisten Tatsachen und Informationen einer Geschichte transportieren, müssen die Bilder das vorrangige Mittel ihrer Interpretation sein. Bevor wir darüber ausführlich reden, wollen wir uns noch ein Beispiel ansehen.

The Passionate Friends * (Die große Leidenschaft)
Ausschnitt aus Aktrolle 5

Howard Justin (Claude Rains), ein reicher und einflußreicher Bankier, befindet sich auf Geschäftsreise in Deutschland. Während seiner Abwesenheit trifft seine Frau Mary (Ann Todd) Steven Stratton (Trevor Howard), in den sie früher einmal verliebt war. Sie sehen sich öfter und verlieben sich wieder ineinander. Howard kehrt früher als erwartet aus Deutschland zurück, und Mary läßt ihn wissen, daß sie beabsichtigt, an diesem Abend mit Steven ins Theater zu gehen. Später entdeckt Howard, daß Mary die Theaterkarten vergessen hat. Er fährt mit den Karten zum Theater, kauft ein Programmheft und stellt fest, daß Mary und Steven nicht im Theater sind. Er kehrt nach Hause zurück und legt das Programmheft sorgfältig auf den Tisch in der Mitte des Zimmers. Als Steven und Mary heimkehren, besteht Howard darauf, daß Steven noch auf ein Glas hereinkommt. Steven nimmt die Einladung an, und während Mary nach oben geht, um sich umzuziehen, erzählt Howard Steven von seinem Besuch in Deutschland, besonders im Hinblick auf Treulosigkeit, Gefühle usw., offensichtlich indirekte und ironische Anspielungen auf Stevens Affäre mit Mary. Dann betritt Mary das Zimmer.

1a

1b

1 Halbtotale. Mary kommt von rechts durch die halboffene Tür. Die Kamera schwenkt nach links mit ihr mit, so daß Howard (der im Hinter-

* Regie: David Lean. Cutter: Geoffrey Foot. Cineguild, 1948.

1 c

grund einschenkt) und Steven (der links steht) ins Bild kommen.

Howard: *Hattet ihr einen schönen Abend?*
Mary: *Ja, danke.*
Soll ich eine Platte auflegen?

Mary zieht ihre Jacke aus und geht rechts zum Plattenspieler im Hintergrud. Howard kommt mit einem Glas in der Hand nach vorne. Die Kamera schwenkt nach links, um Howard und Steven im Bild zu behalten; Mary befindet sich rechts außerhalb des Bildes.
Howard nimmt ein Feuerzeug und bietet Steven Feuer an.

Howard: *Möchten Sie eine Zigarette, Stratton?*

Steven: *Ja, bitte.*

Howard: *Wo habt ihr gegessen?*
(27 Sek.)

2 Halbtotale. Mary steht vor dem Plattenspieler mit dem Rücken zur Kamera. Auf Howards Frage hin dreht sie sich abrupt um und schlägt den Deckel des Plattenspielers zu.

Mary (zu Howard im Off): *Oh, in diesem französischen Restaurant mit dem verrückten Kellner.*

Sie geht auf einen Tisch mit einer Vase zu und fängt an, die Blumen neu zu arrangieren.

Ich wünschte, sie würden nicht immer Iris bringen. Ich habe sie schon mal darum gebeten. Sie sehen so unfreundlich aus und außerdem stechen sie.
(9 Sek.)

2

3 Amerikanische. Steven und Howard. Howard dreht sich von der Kamera weg und geht auf den Kamin zu. Die Kamera fährt mit ihm mit.

Howard (zu Mary im Off): *Und wie war das Stück?*
(7,5 Sek.)

4 Halbnah. Mary.

Mary (zu Howard im Off): *Oh, gut.*
(2 Sek.)

5 Halbnah. Howard. Er dreht seinen Kopf in Richtung Mary (im Off) und lächelt ironisch.

Howard (zu Mary im Off): *Hattet ihr gute Plätze?*
(2,5 Sek.)

6 Nah. Mary. Sie blickt erstaunt auf und geht rechts aus dem Bild heraus.

Mary (zu Howard im Off): *Ja, sehr gute.*
(3,5 Sek.)

3

7 Amerikanische. Steven und Howard. Howard geht nach vorne, die Kamera schwenkt mit. Mary kommt von rechts ins Bild, und Howard führt sie zu ihrem Platz auf dem Sofa.

Howard: *Setz dich, ich hol' dir einen Drink.*

Howard befindet sich jetzt links im Vordergrund mit dem Rücken zur Kamera. Die Kamera hat Mary, die jetzt sitzt, von schräg oben im Bild.

Mary: *Nur einen kleinen.*

Howard geht rechts aus dem Bild. Die Kamera bewegt sich auf Mary zu, um dann auf ihr zu bleiben. Howards Hände sind im Hintergrund zu sehen, wie sie sich mit den Gläsern zu schaffen machen.

Howard (im Off zu Steven im Off): *Ja, wie ich schon sagte, bevor Mary reinkam, ich glaube, das Auffallendste an den Deutschen ist ihr pathetischer Glaube an sich selbst.*
(19 Sek.)

8 Amerikanische. Steven, der sich hinsetzt.

Steven (zu Howard im Off): *Wieso pathetisch?*
(2 Sek.)

9 Halbnah. Mary. Howards Hände im Hintergrund.

Howard (im Off zu Steven im Off): *Der Glaube an die Kraft der eigenen Muskeln ist immer pathetisch, finden Sie nicht?*
(6 Sek.)

4

10 Nah. Das Programmheft, das vor einer Zigarettendose liegt. Marys Hand bewegt sich nach vorne, um die Dose zu öffnen. Gerade als sie eine Zigarette herausnehmen will, hält sie inne.

(3 Sek.)

11 Sehr nahe Großaufnahme. Mary.

(2 Sek.)

12 Nah. Howard, der von hinten auf Mary (im Off) herabblickt.

Howard (zu Mary im Off): *Eis?*
(1,5 Sek.)

13 Halbnah. Mary. Sie will gerade aufstehen. Wir sehen Howards Hände im Hintergrund mit den Gläsern hantieren: Sie bedeuten Mary, sitzen zu bleiben.

Howard (im Off): *Bleib ruhig sitzen.*
(3,5 Sek.)

5

14 Amerikanische. Howard von oben. Die Kamera schwenkt mit ihm mit, als er um das Sofa herumgeht, bis Mary ins Bild kommt und Howard ihr das Glas reicht. Mary starrt zu ihm hoch, bewegt sich aber nicht. Howard stellt das Glas auf dem Tisch ab, genau auf das Programmheft. Die Kamera schwenkt mit seiner Hand mit.

Howard: *Bitte.*
(16 Sek.)

15 Amerikanische. Steven blickt irritiert.

(2 Sek.)

16 Totale. Howard und Mary. Steven rechts im Vordergrund, mit dem Rücken zur Kamera. Howard, die Zigarettendose in der Hand, geht einige Schritte auf Steven zu und bleibt stehen.

Howard: *Ich persönlich, Stratton, glaube, daß da was in ihrem teutonischen Kopf nicht stimmt, das immer dann herauskommt, wenn sie Zugang zu großer Macht haben – eine Art romantische Hysterie...*

Er nimmt eine Zigarette aus der Dose und geht ein kleines Stück weiter auf Steven zu.	*... na ja, vielleicht nicht romantisch, aber hysterisch auf jeden Fall...*
Howard geht links an Steven vorbei, dreht sich um und blickt wiederum Steven und Mary an, als er spricht.	*... was sie von einer Ansammlung sauberer, intelligenter, ziemlich rührseliger Individuen in eine gefährliche Meute verwandelt...*
Howard zündet sich eine Zigarette an.	*... eine Meute, die glaubt, wenn die Lüge nur groß genug ist, sei es keine Lüge mehr, sondern die Wahrheit.* Mary: *Steven, ich glaube, es ist schon spät.*
Steven steht auf.	Howard: *Ich bitte dich, laß ihn wenigstens noch austrinken.*
Mary steht auf.	Mary: *Steven, geh jetzt bitte.* Howard: *Vergißt du dich nicht ein wenig, meine Liebe?* Steven: *Was geht hier vor, Mary?* Mary: *Howard weiß, daß wir nicht im Theater waren.* (40 Sek.)
17 Halbnah. Howard und Steven, der rechts mit dem Rücken zur Kamera steht.	(2 Sek.)
18 Halbnah. Steven und Howard, der links mit dem Rücken zur Kamera steht.	Steven: *Ach so...* *... es tut mir leid, daß Sie es herausgefunden haben, aber es ist wohl besser, wenn Sie die Wahrheit erfahren.*

6

7 a

Der Film zeigt Howard als vernünftigen, höflichen Mann, der eine Zeitlang versucht, die Affäre seiner Frau mit Verständnis zu behandeln. Als er schließlich herausfindet, daß Mary Steven heimlich trifft, stellt er ihnen mit dem Programmheft eine Falle. Charakteristischerweise möchte er eine vulgäre Auseinandersetzung vermeiden und inszeniert stattdessen ein kühl kalkuliertes Showdown. Das Verhalten der drei bleibt immer unter Kontrolle – es gibt kein Geschrei, keine unvermittelten Wutausbrüche. Howard bleibt ganz ruhig und Herr der Situation, und es gelingt ihm mit Hilfe einer Reihe von Anspielungen, das lang hingezogene Katz-und-Maus-Spiel mit Mary und Steven zu genießen. Absicht dieser Sequenz ist, durch Dialog und Handlung die tiefe Feindseligkeit auszudrücken, die sich hinter dem glatten und kontrollierten Verhalten der drei Personen verbirgt.

7b

Die Sequenz beginnt mit einer zufälligen, sich um irgendwelche Dinge drehenden Unterhaltung, in der Howard eine Reihe von scheinbar harmlosen Fragen stellt. In Wirklichkeit sind sie – wie das Publikum weiß – ausgeklügelt, um Mary in die Ecke zu treiben, damit sie ihre Lüge gestehen muß. Auf alle Fragen Howards zu ihrem Theaterbesuch gibt sie kurze, ausweichende Antworten und wechselt das Thema.

Ihre ausweichende Taktik wird durch ihr Benehmen noch betont; in Einstellung 1 dreht sie sich, nachdem sie kurz »Ja, danke« gesagt hat, um und geht zum Plattenspieler; in Einstellung 2 gibt sie wiederum eine kurze, ausweichende Antwort und geht zur Blumenvase, um das Thema zu wechseln; in Einstellung 4 fängt sie an, Verdacht zu schöpfen, Howard könne etwas ›wissen‹ und antwortet ziemlich nichtssagend; in Einstellung 6 klingt ihre Antwort beinahe feindselig, und sie geht nervös aus dem Bild heraus – sie versucht nun nicht länger, das Thema zu wechseln: dieses Mal ist ihre Bewegung ein offenes Ausweichmanöver.

8

Die Art, wie Mary in diesen vier Einstellungen gezeigt wird, verdeutlicht den allmählichen Wechsel ihrer Haltung; zuerst denkt sie, sie könne Howards Fragen einfach ausweichen und so das gefährliche Terrain verlassen. Dann kommt ihr (Nr. 4) Howards Hartnäckigkeit allmählich verdächtig vor, und schließlich, obwohl die Unterhaltung in normalen Bahnen verläuft – Steven hat immer noch keinen Verdacht geschöpft –, reagiert sie ungeduldig und geht weg (Nr. 6). Wir wissen, daß sie anfängt zu glauben, daß Howard alles weiß.

Die Bewegungen und Gänge der Schauspieler verstärken nach und nach die untergründig feindselige Stimmung. Howard verhält sich äußerst ungezwungen – allzu ungezwungen: Er kümmert sich um die Getränke, gibt Steven Feuer und wirkt eigentlich ganz unterhaltend. Mary geht währenddessen nervös von einem Platz zum anderen, verweilt, geht wieder weiter. Als Howard sich dann nach dem Restaurant erkundigt, versucht sie, seine Aufmerksamkeit

9

10

11

12

13

14 a

von Steven auf sich zu lenken, indem sie geräuschvoll den Deckel des Grammophons zuschlägt. Sie hat ihre Antworten offensichtlich vorbereitet und fürchtet wohl, daß Steven sich verplappern könnte und dadurch das Spiel aus der Hand gibt.

In Einstellung 3 geht Howard mit Händen in den Taschen von der Kamera weg; er wendet sich ab, um ein Lächeln zu verbergen, und das Publikum, das von seinem vorhergehenden Besuch im Theater weiß, erkennt, was dieses Lächeln bedeutet.

Mit der Nahaufnahme von Mary (Nr. 6) erhalten wir den ersten Hinweis auf das kommende Showdown. Dann führt Howard in Einstellung 7 Mary bewußt zu dem Platz, wo sie das Programmheft sehen kann. Die Bewegungen in dieser Einstellung betonen noch Howards absichtliche Gefälligkeit: Die Kamera fährt mit, als er Mary übertrieben höflich zu ihrem Platz begleitet. Die Kamera bewegt sich dann auf Mary zu, und wir sehen nur noch Howards Hände, wie sie im Hintergrund die Getränke zubereiten.

In den folgenden Einstellungen von Mary (Nr. 9–13) sehen wir im Hintergrund weiter Howards Hände – entspannt und beiläufig bereitet er die Getränke zu, im Gegensatz zu Marys angestrengter Haltung –, eine Art Symbol für Howards kalkulierten Plan. Howard weiß, daß Mary über kurz oder lang das Programmheft entdecken wird und wechselt deshalb absichtsvoll das Thema. Seine Worte in diesem Moment – »der pathetische Glaube an sich selbst«, »der Glaube an die Kraft der eigenen Muskeln« – werden unversehens zu einer indirekten Anspielung auf Steven, und Mary (Nr. 9) beginnt ihren eigentlichen Sinn zu verstehen.

Dann kommt der Höhepunkt: Mary entdeckt jäh das Programmheft. Ihre plötzliche Wahrnehmung wird durch die leicht verhaltene Bewegung ihrer Hand ausgedrückt und ihre Reaktion darauf in einer sehr nahen Großaufnahme gezeigt. Beide Einstellungen (10 und 11) bilden den Höhepunkt von Howards Katz-und-Maus-Spiel mit Mary und sind ohne Ton.

Howard hat die Situation jedoch voll im Griff. Er hat das Ganze schließlich erwartet und versucht jetzt, aus der Situation etwas zu machen. Sein kurzer, ironischer Einwurf – »Eis?« – verbindet seinen Triumph absichtlich mit Hohn. Das Timing in dieser Einstellung ist äußerst wichtig: Während der Einstellungen 10 und 11 gibt es keinen Dialog, und während der Pause konnten wir Marys Reaktion sehen. Der Umschnitt auf Howard wirkt dadurch sehr abrupt, und die Einstellung 12 dauert auch nur so lange, damit das Publikum seinen Gesichtsausdruck erkennen kann. Dieser Schnitt verleiht dem Bild die Wirkung eines endgültigen, scharfen Dolchstoßes.

Nachdem Mary nun Bescheid weiß, kostet Howard den Triumph voll aus: Er bedeutet ihr mit den Händen (die man hinter Mary in Einstellung 13 sieht), sich wieder hinzusetzen und vermittelt dadurch den Eindruck totaler Macht über Marys Aktionen – als ob er an den Fäden einer Marionette zöge.

Wir wissen, das Spiel ist aus. Die schnelle Schnittfolge ist beendet, und eine lange Einstellung ohne Dialog folgt (Nr. 14), in der die ganze Spannung der Situation noch einmal ausgekostet wird. Die Kamera folgt Howard um den Tisch herum und endet in einem Winkel oberhalb seiner Schulter, so daß sie auf Mary hinabblickt und dadurch Howards Überlegenheit verdeutlicht. Und um diese noch weiter zu betonen, knallt er das Glas in einer Art »Das war's«-Geste vor ihr hin.

Nach seinem Sieg über Mary beginnt Howard, den ahnungslosen Steven anzugreifen. Nachdem deutlich geworden ist, daß Steven immer noch über das, was vorsichgeht, im Dunkeln tappt (Einstellung 15), macht sich Howard über sein neues Opfer her. Er geht langsam auf Steven zu, nimmt eine Zigarette aus der Dose, redet weiter voller Ironie und zündet sich die Zigarette an. Er tut vollkommen ungezwungen, während er hin- und hergeht. Mary und Steven sitzen wie auf Kohlen und verharren unbewegt auf ihren Plätzen, als ob sie in Howards Bann wären. Die Einstellung zieht sich eine ganze Weile hin, und der tatsächliche Sinn der Situation wird allmählich und schmerzhaft enthüllt.

Währenddessen ist sich Steven immer noch im unklaren über das, was vorgeht, und bleibt völlig steif sitzen. Erst als Mary ihm erzählt, daß Howard über den Verlauf des Abends Bescheid weiß, wird durch die beiden gegensätzlichen Nahaufnahmen von Steven und Howard (Nr. 17 und 18) deutlich, daß das Spiel endgültig aus ist.

Alle bis jetzt aufgezählten visuellen Gesichtspunkte betrafen die Positionen der Schauspieler und die Richtung ihrer Bewegungen. Zusätzlich unterstreicht noch die Kameraeinstellung das Spiel der Schauspieler. Ab Nr. 9 zum Beispiel richtet sich die Kamera ständig von oben auf Mary und von unten auf Howard, um zu betonen, daß sich Mary in der Defensive befindet. Auch die Kamerabewegung in Nr. 7 betont die Art und Weise, in der Howard Mary zu dem bestimmten Platz *dirigiert*, damit sie das Programmheft entdeckt.

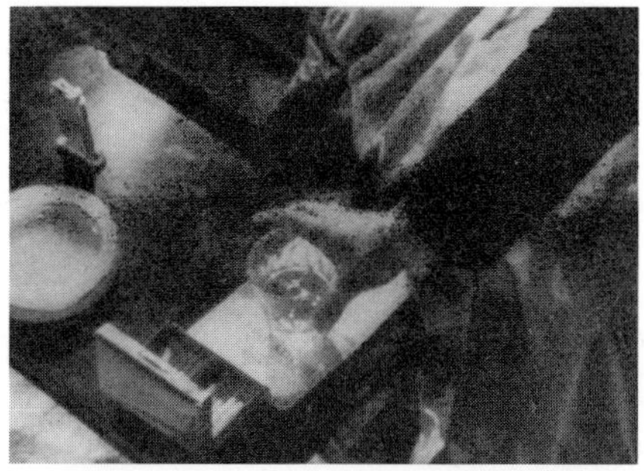

14 b

15

16

Ebenso werden die Einstellungsgrößen nicht beliebig verändert, sondern richten sich nach einem höchst absichtsvollen Montageplan. Ist die Szene eher beiläufig und freundlich (Nr. 1–3), wird die Handlung in Totalen gefilmt. Als Mary aufgrund von Howards Fragen anfängt, Verdacht zu schöpfen, geht die Kamera näher und näher auf sie zu (Nr. 4 und 6). Als Howard zeitweilig das Thema wechselt und die Spannung für Augenblicke nachläßt, entfernt sich die Kamera von Mary (am Ende von Nr. 7 und 9).

Nach diesem kurzen Moment scheinbarer Sicherheit sprengt auf dem Höhepunkt der Szene eine sehr nahe Großaufnahme fast die Leinwand. In beiden Fällen bestimmt die Einstellungsgröße von Mary die Art der dramatischen Spannung. Als Howard aufs neue anfängt, Steven zu attackieren, beginnt die Handlung ebenfalls mit einer Totalen, die den Kontrast zwischen Howards lässigem Hin- und Hergehen und dem Verharren von Steven und Mary veranschaulicht. Als Steven endlich begreift, werden durch die beiden kurzen, feindseligen Nahaufnahmen sämtliche Schranken der Höflichkeit fallengelassen.

In dieser Sequenz verdient auch die Musik einige Beachtung. Am Anfang sahen wir Mary, wie sie zu dem Plattenspieler hinübergeht und eine Platte auflegt, einen betont aufregenden südamerikanischen Tanz. Obwohl sehr leise gespielt, betont er die Atmosphäre, ohne die Handlung zu stören. Die Musik wird hier bewußt dazu eingesetzt, eine bestimmte Wirkung im Anschluß an die eben zitierte Szene zu erzielen. Nachdem Howard schließlich in der Stimmung ist, es auch mit Steven aufzunehmen, geht er zum Plattenspieler und stellt ihn ab. Die plötzliche Stille – sie dauert ein paar Sekunden, ohne daß einer etwas sagt – baut die Spannung bis zu dem Moment auf, in dem Howard schließlich seine Beherrschung verliert und Steven hinauswirft.

Von grundsätzlicherem Interesse ist, in welcher Reihenfolge sich die Ereignisse abspielen. Es gibt praktisch keine Aktion in dieser Sequenz, über die wir nicht schon vorher Bescheid wissen. Im Gegenteil, es wird uns absichtlich gezeigt, wie das Theaterprogrammheft plaziert wird, so daß wir über das, was kommt, vorgewarnt sind. Das Bemerkenswerte an der Sequenz ist nicht, daß plötzlich unbekannte Tatsachen enthüllt werden, sondern wie die Personen auf die Situation reagieren. Falls der Zuschauer keine Ahnung über das auf dem Tisch liegende Programmheft gehabt hätte, hätte er die ganze Szene – ähnlich wie Steven – voller Verwirrung miterlebt: Der Augenblick, in dem Mary das Programmheft entdeckt, wäre völlig überraschend gekommen. Es hätte sich daraus kein Spannungsmoment ergeben. Den Ablauf von Ereignissen in offensichtlich umgekehrter Reihenfolge vorzuführen, ist ein üblicher Inszenierungstrick: Der Zuschauer wird durch irgendeinen Hinweis vorgewarnt und hat dadurch Zeit, voller Aufmerksamkeit die Art und Weise, in der die Personen in dieser Situation reagieren, zu beobachten.

Im Grunde genommen haben wir hier eine ganz gewöhnliche dramatische Situation beschrieben, die jedoch durch die Art, in der sie inszeniert und geschnitten wurde, auf einmal eine spannende Filmsequenz ergibt. Ein großer Teil der visuellen Umschreibungen (und ein guter Teil des Dialogs) sind für den Fortgang der Geschichte völlig belanglos. Durch das Insistieren auf kleinen, optischen Details und die planvolle Montage verwandelt sich das Ganze jedoch in eine spannungsgeladene Sequenz.

Gewiß sind derartige Details der Charakterisierung und ihre Betonung nicht in jeder Sequenz notwendig oder gar wünschenswert. In vielen Fällen zeigt sich, das die Montage einer Dialogszene einfach dazu dient, einen Schauspieler – meistens den Kassenstar – möglichst vorteilhaft zu präsentieren. Deshalb werden oft nur die Aufnahmen gezeigt, in denen er besonders attraktiv erscheint, während der Rest seines Dialogs von Reaktionseinstellungen und Zwischenschnitten begleitet wird. Offensichtlich ist diese Art der Montage kommerziell außerordentlich erfolgreich und will auch gar nichts anderes sein. Immerhin wurde diese Technik, beispielsweise in einigen frühen Greta Garbo-Tonfilmen, zu einer besonderen Kunst entwickelt. In *Queen Christina* (Königin Christine, 1933) – die Greta Garbo *ist* und sonst gar nichts – scheint das Hauptinteresse des Cutters darin bestanden zu haben, möglichst alle dramaturgischen Gesichtspunkte über Bord zu werfen und sich ausschließlich auf die wirkungsvollste Präsentation der Garbo zu konzentrieren. Der Schnitt ist herrlich flüssig: Langsam, fast unmerklich bewegt sich die Kamera in einer Reihe von immer größer werdenden Einstellungen auf sie zu. Falls es dazwischen mal eine Reaktionseinstellung gibt, dient sie nur dazu, von einer vorteilhaften Einstellung des Stars auf eine noch vorteilhaftere umzuschneiden. Auf diese Weise trägt der Cutter wesentlich zu dem beeindruckenden Spiel der Garbo bei, was schließlich ja auch das erklärte Ziel des Films war.

Von solch speziellen Fällen einmal abgesehen, muß der Cutter jedoch peinlich genau auf das Spiel der Schauspieler achten. Oft gelingt es ihm dadurch, daß er mißlungene Teile herausschneidet, eine mittelmäßige Darstellerleistung zu verbessern. Positiver ausgedrückt: Der Cutter kann eine einigermaßen gute Darstellung derart aufmöbeln, daß am Ende ihre Wirkung noch stark verbessert wird.

Das Weglassen und Anpassen einzelner Teile der Darstellung sind oft dann besonders notwendig, wenn aus irgendeinem Grund das Tempo nicht stimmt. Das Verlängern einer Pause oder das Betonen eines Stichwortes können den ganzen Unterschied zwischen einer langweiligen und einer dramatisch dichten Inszenierung ausmachen. Das Problem hängt aber nicht allein von den Dialogszenen ab – eine präzise Sprechtechnik ist immer wünschenswert –, sondern noch von einer weiteren Schwierigkeit: Der Cutter muß die Darstellungsweise des Schauspielers respektieren. Bei einer Action-Szene bleibt das genaue Timing häufig dem Cutter überlassen. Er entscheidet, welches Tempo zu der Sequenz am besten paßt. Bei einer Dialogpassage ist das Problem komplexer, da der Schauspieler durch seine Art der Darstellung das Tempo bestimmt. Falls der Cutter das Tempo erhöhen möchte, kürzt er die Pausen zwischen den einzelnen Sätzen, manipuliert durch Schnitte und schneidet im allgemeinen alles weg, was nicht fest mit dem Dialog ›verankert‹ ist. Das wird sehr häufig gemacht, besonders wenn sich der Regisseur beim Drehen unsicher über das richtige Tempo des Schauspielers war. Den Auftritt eines Schauspielers zu beeinflussen, kann manchmal jedoch mehr schaden als nützen. Ein erfahrener Schauspieler mit einem ausgeprägten Sinn für Timing legt selber das Tempo einer Szene fest, das man deshalb auch am besten so läßt. Wenn man in der Absicht, das Tempo der Sequenz zu verbessern, hier und dort kürzt, wird oft der natürliche Rhythmus der Darstellung durcheinandergebracht. Die Pausen vor und nach einem Satz sind integraler Bestandteil der Interpretation eines Dialogs; indem man sie wegschneidet, vermindert man oft seine Wirkung.

Es ist allerdings sehr schwierig, diese Frage allgemeingültig zu behandeln, da es hier um schwer bestimmbare Regeln geht, die völlig von dem besonderen Gestus eines Schauspielers abhängen. Schöne Beispiele für den Respekt, den Cutter einer professionell getimten Darstellungsweise zollen, sind Filme mit so erfahrenen Schauspielern wie Katharine Hepburn, Bette Davis oder Charles Chaplin. Chaplin scheint sich fast vollkommen auf sein eigenes fehlerloses Gefühl für Timing zu verlassen und reduzierte damit die Arbeit des Cutters auf die Funktion eines Klebers von Filmstreifen.

Ein seltsames Phänomen des zeitgenössischen Filmschaffens ist, daß, obwohl die meisten Filme hauptsächlich auf gesprochenen Dialogen beruhen, Dialogszenen im allgemeinen mit weniger Sorgfalt und Phantasie inszeniert werden als Action- oder beschreibende Szenen. Auf der Suche nach einem passenden Dialogbeispiel für dieses Kapitel hatten wir allergrößte Schwierigkeiten, eine Sequenz zu finden, die sowohl als Beispiel für Erfindungsreichtum und visuelle Ausdrucksfähigkeit dienen kann, als auch genügend beschreibende Passagen enthält. Oft stellt man fest, daß Dialogszenen, an die man sich erinnert, einer Überprüfung nicht standhalten, weil der Text zwar brillant, die visuelle Umsetzung aber nichtssagend ist. Es gibt hunderte von Dialogszenen, aufgelöst in statische Halbtotalen, Gegenschüsse und vor allem Nahaufnahmen, denen man mit geschlossenen Augen zuhören kann, ohne daß sie etwas von ihrer dramatischen Kraft einbüßen.

5 Komödien

Über Witze zu theoretisieren, ist eine undankbare Aufgabe. Ein guter Witz mit all seinem Widersinn entzieht sich hartnäckig einer Klassifizierung. Autoren, die analysieren wollten, was eine komische Situation ausmacht, haben damit wenig Erfolg gehabt – die Analyse eines Witzes läßt ihn leicht schal werden. Glücklicherweise geht uns jedoch die Frage, was eine Situation komisch macht oder nicht, hier wenig an. Was wir untersuchen wollen ist, wie man eine vorgegebene komische Situation so inszeniert, daß der größte Lacherfolg dabei herauskommt. So witzig der Einfall ursprünglich auch sein mag, kann er durch die Inszenierung sowohl gesteigert wie kaputtgemacht werden.

Bestimmte Unterschiede zwischen dem Schnitt von ernsten Filmen und von Komödien fallen sofort ins Auge. Während bei einem ernsten Film der Regisseur im allgemeinen bemüht ist, die Geschichte so nüchtern und authentisch wie möglich zu erzählen, gedeiht eine Komödie zumeist gerade in lächerlichen, offensichtlich abwegigen Situationen. Der Cutter eines ernsten Films muß eine flüssige Abfolge von Bildern anstreben, da abrupte, sprunghafte Übergänge – außer sie sind aus bestimmten Gründen sinnvoll – die Aufmerksamkeit des Zuschauers von der Geschichte ablenken und unnötigerweise an seine Leichtgläubigkeit appellieren. In einer Komödie dagegen ist nicht unbedingt erforderlich, den Zuschauer von irgendetwas zu überzeugen; man muß ihn nur zum Lachen bringen. Falls das einen abrupten Schnitt, eine falsche Erzählfolge oder irgendeine andere unrealistische Veränderung erfordert, kann das nur von Vorteil sein. Die lustigsten Filme sind oft gerade diejenigen, bei denen der Cutter absolut erbarmungslos mit der Realität umgeht und sich einzig und allein darauf konzentriert, aus jeder Situation ein Maximum an Witz herauszuholen.

Mit dem Aufkommen des Tonfilms wurde die Filmkomödie mehr und mehr zu einer Domäne für Gagschreiber. Komiker wie etwa Bob Hope oder Danny Kaye verlassen sich zu einem großen Teil einfach auf Wort-Witze. Sie reißen ihre Witze mit einer Geschwindigkeit, die ausschießlich durch ihr eigenes Gefühl für Timing bestimmt wird. Alles, was der Cutter noch machen muß, ist, der Geschichte ein Tempo zu geben, in das die Späße effektvoll eingebaut werden können. Der Cutter hat die Handlung also praktisch nur in einer flotten Gangart zu halten. Der Grundeinfall solcher Komödien ist oft nicht mehr als ein Rahmen, in dem die Komiker ihre Scherze treiben können. Damit der Film nicht langweilig wird, werden nur die wichtigsten Punkte der Geschichte angedeutet, aber die Witze reißen nicht ab.

Abgesehen davon, daß der Cutter die Handlung mit entsprechendem Schwung vorantreiben muß, hat er darauf zu achten, daß für das Publikum genügend Zeit zum Lachen bleibt. Ein langanhaltendes Gelächter über einen Witz könnte sonst dazu führen, daß man den nächsten nicht versteht. Natürlich ist es immer noch besser, die Witze zu schnell aufeinander folgen zu lassen und auf einige Lacher zu verzichten, als sich zu verschätzen und zu große Lücken entstehen zu lassen. Es ist immer besser, zu viele Witze zu haben als zu wenige: Nicht nur, daß nicht immer alle funktionieren, sondern Lacher werden zum Teil auch durch das ausgelöst, was vorher geschieht. Auch ein dürftiger Scherz kann nach einer Serie von dröhnenden Lachsalven noch gut ankommen. Folgt er jedoch nach einem schwerfällig erzählten Teil der Geschichte, wird er nur ein müdes Grinsen hervorrufen.

Die ziemlich undankbare Aufgabe des Cutters dieser Art schneller, funkensprühender Komödien besteht darin, die Witze lediglich zusammenzufügen. Nur sehr selten hat er mit den Witzen selber etwas zu tun, und je besser das Timing des Schauspielers ist, um so geringer ist der Anteil des Cutters an der komischen Wirkung des Films. Bei visuell angelegten Komödien ist es genau umgekehrt. Hier sind vor allem der Regisseur und der Cutter gefordert. Es gibt jedoch nur eine sehr begrenzte Anzahl von Bild-Witzen – mehr oder weniger die Variation des Themas von dem Mann, der verletzt wird oder auf irgendeine Weise seine Würde verliert, und das wirkt ausschließlich durch die Inszenierung komisch. Jemanden eine Torte ins Gesicht werfen, kann, schlecht gedreht und geschnitten, qualvoll unkomisch sein. Nur wenn man sorgfältig überlegt, was eine Situation lustig erscheinen läßt und sie entsprechend dreht und schneidet, wirkt eine Slapstick-Situation wirklich komisch.

David Lean hat beschrieben, wie einer der ältesten und abgedroschensten Witze noch inszeniert werden kann.

»Stellen Sie sich zwei Einstellungen vor:

1. Amerikanische. Laurel und Hardy rennen die Straße entlang. Nachdem sie 15 Sekunden lang gelaufen sind, rutscht Hardy aus und fällt hin.

2. Großaufnahme einer Bananenschale, die auf dem Bürgersteig liegt. Nach ein paar Augenblicken kommt Hardys Fuß ins Bild, tritt auf die Bananenschale und rutscht aus.

Wo würden Sie die Großaufnahme der Bananenschale zwischenschneiden?... Wenn man diese beiden Einstellungen einzig und allein unter dem Gesichtspunkt eines flüssigen Schnitts betrachtet, scheint die beste Stelle für die Großaufnahme der Bananenschale die zu sein, an der der Fuß ins Bild kommt und ausrutscht, um dann zurück in die Amerikanische zu schneiden, in der Hardy auf dem Bürgersteig hinfällt. Beide Schnitte wären glatt und flüssig, und wenn Hardy hinfällt, würde das Publikum lachen. Man hätte aber nicht den größten Lacher aus dieser Szene herausgeholt.

Die Antwort liegt in einer sehr alten Komödienweisheit:

Erzähl dem Publikum, was du beabsichtigst zu tun. Dann mach es und erzähl ihnen, daß du es getan hast. Mit anderen Worten, die Szene sollte folgendermaßen geschnitten werden:

1. Amerikanische von Laurel und Hardy, wie sie die Straße entlanglaufen.

2. Großaufnahme der Bananenschale auf dem Bürgersteig. (Du zeigst dem Publikum, was du beabsichtigst, und es wird anfangen zu lachen.)

3. Amerikanische von Laurel und Hardy, wie sie weiterrennen. (Das Publikum lacht immer mehr.) Laß die Einstellung noch für ein paar Sekunden auf der Leinwand, bevor Hardy endlich auf den Bürgersteig hinfällt. (Das Komische daran ist, daß das Publikum einen mit einem brüllenden Gelächter belohnen wird. Aber nachdem du ihnen erzählt hast, was du beabsichtigst und es dann getan hast, wie erzählst du ihnen nun, daß du es getan hast?)

4. Großaufnahme von Laurel, der eine alberne Geste der Verzweiflung macht (das Publikum wird wiederum lachen).« *

Die Freude und Schadenfreude über das Unglück anderer (besonders bei fetten Komikern) oder über den Verlust von Würde scheint universell zu sein. Sie ist zwar nicht die einzige Quelle des Humors, aber doch eine der wirkungsvollsten. Wenn der Cutter weiß, daß der Zuschauer über Hardys Unglück lacht, wird er Hardys Hilflosigkeit noch bewußt verstärken. Einstellung 2 ist deshalb einfach die Ankündigung dessen, was passieren wird: Sie verhilft dem Zuschauer, wie schon in anderen geschilderten Fällen, zu einem Vorsprung gegenüber dem Opfer und gibt ihm ein Gefühl lächelnder Überlegenheit. Klar, daß dieses Vorwissen Hardy noch dümmer aussehen läßt, als er schon ist, da der Zuschauer im Gegensatz zu Hardy (armer Tropf!) Bescheid weiß. Dieses Überlegenheitsgefühl erhöht die Vorfreude und kann deshalb weiter ausgenutzt werden: Die paar Sekunden am Anfang von Einstellung 3 lassen ihn die Vorfreude noch länger auskosten. Der Schnitt auf Laurels alberne Geste (Nr. 4) ruft beim Zuschauer eine Art Das-hätte-ich-dir-gleich-sagen-können-Reaktion hervor, die genau das Richtige ist. Unter dem Gesichtspunkt einer flüssigen Schnittfolge ist die Reihenfolge der Einstellungen, wie David Lean betont hat, keineswegs ideal. Das Wichtige an den drei Schnitten jedoch ist, daß jeder eine pointierte Aussage hat und einen neuen, noch witzigeren Aspekt der Situation

* Oswell Blakeston (Hg.): Working for the Films. London: Focal Press 1947, S. 29. Das Zitat stammt aus einem Artikel von David Lean über »Film Direction«.

zeigt. Die Tatsache, daß die Schnitte unter visuellen Gesichtspunkten ungeschickt sind, ist in diesem Falle völlig irrelevant.

Die Montage dieser kleinen Szene kann man als Prototyp für alle gut gemachten Bananenschalen-Ausrutscher und Tortenschlachten nehmen. Sie stellt einen zwar simplen, aber höchst wirkungsvollen Inszenierungstrick in seiner einfachsten Form dar. In der Praxis mag eine solche Erzählfolge oft wesentlich komplizierter sein, trotzdem behält das Prinzip, einen Witz aus mehreren unterschiedlichen Gesichtswinkeln zu erzählen, dabei seine Gültigkeit. Dafür ein vollendetes Beispiel.

Topper Returns *
Ausschnitt aus Aktrolle 9

1

2

3a

3b

Der Film gehört zu den Komödien der Topper-Serie. Ein ziemlich lächerlicher, aber grausamer Mordplan bildet den Hintergrund der Komödie. Die folgende Szene spielt in einem gruseligen alten Landhaus voller Falltüren. Hinter Bücherregalen befinden sich Geheimgänge. In der Bibliothek steht eine Art Sweeny-Todd-Sessel, der nach hinten in den Fußboden wegkippen kann und dadurch den darauf Sitzenden in einen unter dem Haus liegenden tiefen Brunnen befördert, der wiederum mit dem Meer verbunden ist.

Mr. Topper (Roland Young), ein nicht sonderlich tüchtiger Mann, ist unfreiwillig in die Untersuchung über den Mordplan verwickelt und versucht ziemlich unentschlossen, bestimmten Spuren nachzugehen. Seine Frau (Billie Burke), eine nette, etwas geistesabwesende Dame, ist unfähig, die Tragweite der Situation zu erkennen. Eddie (Rochester), ihr schwarzer Diener, ist durch die Ereignisse gründlich verängstigt.

1 In der Bibliothek. Mr. Topper betritt von links hinten den Raum und geht auf Mrs. Topper rechts im Vordergbrund zu. Eddie steht links im Vordergrund.	Mrs. Topper: *Nun – wo ist sie?* Mr. Topper: *Äh – Wer ist wo?* (6 Sek.)
2 Halbnah. Mr. und Mrs. Topper.	Mrs. Topper: *Du weißt ganz genau, wen ich meine. Das... das Mädchen!* Mr. Topper: *Aber da war niemand.* Mrs. Topper: *Oh doch. Ich habe euch beide in dem Zimmer gehört.* (7 Sek.)
3 Wie 1. Eddie geht zu einem Stuhl und setzt sich. Mr. und Mrs. Topper beachten ihn nicht.	Eddie: *Entschuldigen Sie, Mr. Topper, aber es ist schon reichlich spät. Könnten wir das Ganze nicht vielleicht zu Hause besprechen?* Mrs. Topper: *Edward, unterbrich uns nicht.* Eddie: *Jawohl, Missis!*
Eddie lehnt sich in dem Stuhl zurück, dieser kippt nach hinten, und Eddie fällt in den Brunnen; der Sessel kippt wieder in seine ursprüngliche Position zurück.	Als der Sessel gerade nach hinten kippt, sagt Mrs. Topper: *Cosmo, nach zwanzig Jahren Ehe, denke ich, solltest Du mich nicht mehr belügen. Ich erinnere mich an unsere Flitterwochen in Atlantic City. Du hast mir damals versprochen, nie einer anderen Frau hinterherzublicken.* (13 Sek.)
4 Einstellung von oben in den Brunnen, während Eddie hinunterfällt.	Eddie: *Mr. To-o-o-opper!* (1 Sek.)
5 Eddie landet auf dem Grund des Brunnens.	Wasserspritzer. (3 Sek.)
6 Ein Seehund auf einer Sandbank, der mit seinen Hinterflossen klatscht und offensichtlich vor Freude bellt.	Seehundgebell.

(Für die Dauer von 2 Minuten, 10 Sekunden, sehen wir eine völlig andere Szene innerhalb dieser Sequenz, in der der junge Held mit dem maskierten Mörder kämpft und die Heldin rettet. Danach sind wir wieder in der Bibliothek.)

7 Halbnah. Mr. und Mrs. Topper. Mr. Topper geht zu dem Sessel und setzt sich behutsam hin.	Mr. Topper: *Clara, bitte – ich habe eine fürchterliche Nacht gehabt.* Eddie (im Off): *Boss, warten Sie!* (4 Sek.)
8 Amerikanische. Eddie, klatschnaß, steht in der Tür zur Bibliothek. Die Kamera schwenkt mit, als er auf Mr. und Mrs. Topper zuläuft, bis sie alle drei gemeinsam im Bild sind.	Eddie: *Setzen Sie sich nicht in diesen Sessel! Setzen Sie sich auf keinen Fall in diesen Sessel!* Mrs. Topper: *Edward, würdest Du endlich aufhören, uns ständig zu unterbrechen!*

* Regie: Roy del Ruth. Cutter: James Newcom. United Artists, 1941.

	(Sie sieht Eddie an.) *Was ist, Du bis ja ganz naß. Regnet es draußen? Ach was, Du warst ja gar nicht draußen ...* (10,5 Sek.)
9 Halbnah. Mr. und Mrs. Topper.	*... und drinnen kann es schließlich nicht regnen. Falls es geregnet hat, ist es inzwischen aufgeklart.* (2,5 Sek.)
10 Amerikanische. Eddie. Wie 8. Mr. Topper setzt sich in den Sessel. Mr. Topper erhebt sich.	Mr. Topper: *Liebes, ich halte das nicht mehr aus.* Eddie: *Oh, Boss, nicht, dieser Sessel ist trügerisch, tückisch und wenig vertrauenswürdig. Ich spreche aus Erfahrung.* Mr. Topper: *Wovon redest Du überhaupt?* (8,5 Sek.)
11 Amerikanische. Eddie.	Eddie: *Boss, Sie sitzen in dem Sessel und schon passiert was. Blitzschnell.* (2 Sek.)
12 Halbnah. Mr. und Mrs. Topper. Wie 9.	Mr. Topper: *Erzähl keinen Unsinn.* Eddie (im Off): *Es ist kein Unsinn, ernsthaft...* (3 Sek.)
13 Halbtotale von Mr. und Mrs. Topper und Eddie. Eddie geht zum Sessel und setzt sich. Der Sessel kippt wie vorher nach hinten.	Eddie: *... sehen Sie, Boss. Ich saß in dem Sessel wie jetzt. Schlug meine Beine übereinander, so wie jetzt. Lehnte mich zurück – so wie jetzt – und schon geht's wieder los!* (5 Sek.)
14 Amerikanische. Mr. und Mrs. Topper. Sie sehen zum Sessel	Mrs. Topper: *Eine reichlich alberne Art, das Zimmer zu verlassen. Warum benutzt er nicht die Tür?* (3 Sek.)
15 Eddie, der den Brunnenschacht hinunterfällt. Wie in 4.	Eddie: *Mr. To-o-pper!* (1 Sek.)
16 Eddie landet im Wasser. Wie in 5.	Wasserspritzer. (2 Sek.)
17 Amerikanische. Mr. und Mrs. Topper.	Mrs. Topper (völlig ungerührt): *Was ich noch sagen wollte...*

4

5

6

7

8

Es gibt nur einen einzigen komischen Vorfall in der ganzen Szene. Es war aber notwendig, sie vollständig zu zitieren, da Inszenierung und Montage bis zum Umkippen des Sessels höchst raffiniert aufgebaut sind.

Mr. und Mrs. Topper sind gerade in einen Ehekrach verwickelt. (Mr. Topper ist erst kürzlich in einer ziemlich kompromittierenden Situation mit einem anderen Mädchen erwischt worden, und Mrs. Topper ist seitdem auf der Hut.) Während nun all die schrecklichen Dinge mit Eddie passieren, sind die Toppers viel zu sehr mit ihren eigenen Problemen beschäftigt, um davon Notiz zu nehmen: wie wir noch sehen werden, ein wichtiger Bestandteil der Inszenierung. Außerdem dient Einstellung 2 dazu festzustellen, daß Mr. und Mrs. Topper nicht in der Lage sind, die Funktion des verräterischen Sessels zu erkennen. Diese beiden Voraussetzungen müssen deutlich gemacht werden, bevor überhaupt der erste Unfall einen Sinn ergibt.

Das tatsächliche Umkippen des Sessels wird folgendermaßen gezeigt: In Einstellung 3 geht Eddie auf den Sessel zu. Der Zuschauer weiß, was passieren wird, und ist deshalb auf den Witz vorbereitet (wie bei der Bananenschale). In dem Augenblick, da der Sessel nach hinten kippt, beginnt Mrs. Topper mit einer weiteren, total überflüssigen Gardinenpredigt über die Untreue ihres Mannes. Nachdem der Sessel nach hinten gekippt ist, werden wir für ungefähr sechs Sekunden weiterhin gezwungen, Mrs. Topper zuzuhören, und erst nachdem sie fertig ist, wird auf Eddie zurückgeschnitten, der den Brunnenschacht hinunterfällt. Auf diese Weise hat der Cutter aus einem Witz drei Witze gemacht.

Der erste Lacher kommt, sobald der Sessel nach hinten zu kippen beginnt; der zweite, wenn wir Mrs. Topper in seliger Unkenntnis des Vorgangs sehen; und der dritte, wenn auf den völlig hilflosen und vergessenen Eddie zurückgeschnitten wird. Offensichtlich wird hier jeglicher Realismus über Bord geworfen. Ein akkurater Schnitt hätte uns direkt vom Augenblick des Umkippens zu Einstellung 4 geführt. Und wäre weniger lustig gewesen.

Nach diesem Vorfall gibt es eine Parallelhandlung, die uns in diesem Zusammenhang nicht interessieren muß, und dann erleben wir die gesamte Prozedur

11

12

13

14

noch einmal. Dieses Mal weiß der Zuschauer von Anfang an genau, was kommt, wodurch die Szenerie völlig absurd wird. (Man achte zum Beispiel auf die schiere Sinnlosigkeit von Mrs. Toppers Bemerkungen und auf die erhöhte Anzahl der Schnitte.) Von dem Augenblick an, wo Eddie die Bibliothek wieder betritt, bis zum Ende von Einstellung 13 ist klar, daß sich das Ganze noch einmal wiederholen wird. Einstellung 13 führt zu einem ausgeklügelten und absolut lächerlichen Höhepunkt, und der eigentliche Vorgang wird genau so geschnitten wie zuvor. Wieder wird nicht von der Einstellung des umkippenden Sessels direkt auf den hinabstürzenden Eddie geschnitten, sondern wir müssen uns die Unterbrechung durch Einstellung 14 gefallen lassen. Ein Komiker nimmt jede Gelegenheit zu einem sogenannten double-take wahr. Wie beim ersten Mal werden durch den simplen Trick, im entscheidenden Moment von der Handlung wegzuschneiden, aus einem Witz drei gemacht. Gleichzeitig gibt Mrs. Toppers Bemerkung der Situation eine neue Wendung. Wir wissen, daß sie beim ersten Mal Eddie nicht hat fallen sehen, und erwarten nun, daß sie es dieses Mal sieht und irgendwie betroffen ist. Stattdessen hören wir von ihr: »Eine reichlich alberne Art, das Zimmer zu verlassen...«

Interessant dabei ist, daß zweimal exakt die gleiche komische Situation in exakt der gleichen Reihenfolge der Ereignisse mit nur einer geringfügigen Abweichung gezeigt wird. Bei der Wiederholung ist das Gelächter noch größer. Einen Witz auf diese Weise doppelt zu zeigen, ist ein Standard-Kunstgriff bei Komödien: Hat der Witz beim ersten Mal funktioniert, wird er auch beim zweiten Mal klappen. Denn beim zweiten Mal sieht das Opfer noch dümmer aus und erzeugt dadurch ein noch größeres Gelächter.

Ein weiteres gutes Beispiel, wie man durch Wiederholung humoristische Wirkung erzielen kann, zeigt Einstellung 6. In einer vorhergehenden Sequenz hat Eddie schon einmal im Wasser um sein Leben gekämpft. Dabei hatte er mehrmals versucht, auf einen Landungssteg zu klettern: Doch jedesmal, wenn er gerade Halt gefunden hatte, watschelte der Seehund auf ihn zu, drückte mit großer Begeisterung seine Schnauze gegen Eddies Stirn und schubste ihn wieder ins Meer zurück. Diese Episode spielt sich etwas früher im Film ab und wird alle paar Minuten kurz wiederholt. Bevor es Eddie endlich gelingt, das Ufer zu erreichen, entsteht der Eindruck, daß dieses Spiel schon eine Ewigkeit dauert. Als wir später kurz das Bild des Seehunds in Einstellung 6 sehen, genügt dies völlig, nun erneut den Eindruck entstehen zu lassen, als ob alles noch einmal von vorne anfängt. Deshalb ist es nicht notwendig, das Ganze in voller Länge zu zeigen: Der Seehund bellt und klatscht voller Vorfreude mit seinen Flossen – den Rest kann sich der Zuschauer denken. Der humoristische Effekt wird hier einzig und allein durch den Schnitt erzielt. Das einfache Dazwischenschneiden des Seehunds an dieser Stelle bekommt plötzlich eine witzige Bedeutung.

Etwas Ähnliches passiert in *The Naked City*. In einer langen Szene gegen Ende des Films durchsuchen etliche Polizisten auf der Suche nach einem Mörder einen Stadtteil von New York. Gewissenhaft gehen sie in jedes Haus und Geschäft, halten sogar Leute auf der Straße an und fragen sie, ob sie den Mann auf dem Foto identifizieren können. Einer der Passanten erkennt den Gesuchten, und die Jagd beginnt. Mitten in diese Jagd wird plötzlich eine völlig überraschende Einstellung geschnitten: Ein reichlich müde aussehender Polizist befragt immer noch Passanten. »Meine Dame, haben Sie irgendwann einen Mann gesehen, der wie dieser hier aussieht?« Wahrscheinlich wurde diese Einstellung als Teil der Verfolgungs-Sequenz gedreht und nicht gebraucht. Indem man sie dann aus ihrem ursprünglichen Zusammenhang nahm und an einer unerwarteten Stelle zwischenschnitt, wirkt sie auf einmal komisch.

Ein noch sorgfältiger ausgedachter komischer Effekt wurde in *The Set-Up* (Der Kampf, 1949) während eines ansonsten ernsthaft dargestellten Boxkampfes benutzt. Während des Kampfes schneidet der Cutter regelmäßig auf vertraute Typen am Rande des Boxringes um: ein blinder Mann, der sich den Boxkampf durch einen Freund erklären läßt; ein schlaksiger Junge, der schattenboxend die beiden Kämpfer imitiert; eine gepflegte Dame mittleren Alters, die gnadenlos »Mach in fertig!« schreit; und schließlich ein fetter Mann, der vollkommen ungerührt ißt. Der fette Mann wird zu einer Art makaber-komischen

Entspannung für den Zuschauer. In der ersten Runde sehen wir, wie der Dicke einen Hot-Dog ißt; in der zweiten lutscht er an einem Lolly; in der dritten ißt er Erdnüsse; und in der letzten Runde trinkt er Limonade. Der Humor dieser Situation ergibt sich daraus, daß der fette Mann anscheinend völlig von dem Kampf mitgerissen wird, aber trotzdem nicht aufhören kann, unentwegt zu essen. Doch die erreichte Wirkung ist noch größer: Nachdem er den Hot-Dog während der ersten Runde verschlungen hat, wird deutlich, daß er auch noch in der zweiten Runde ißt, in der dritten immer noch und schließlich in der letzten Runde das ganze Essen mit Limonade hinunterspült. Das heißt, er hat ununterbrochen gegessen und ist mit jeder Runde gieriger geworden.

Die beiden zuletzt zitierten Episoden sind ausgesprochene Cutter-Witze. Die Einstellung des müden Polizisten in *Naked City* und die diversen Einstellungen des fetten Mannes in *The Set-Up* sind keineswegs aus sich heraus witzig. Nur dadurch, daß der Cutter sie in einem speziellen Zusammenhang zeigt, macht er einen Witz aus ihnen. In beiden Fällen sind es Einstellungen, die im Kontrast zu der eigentlichen Geschichte stehen.

Es ist sicherlich nicht ganz nutzlos, andeutungsweise zu analysieren, wie ein solcher witziger Effekt tatsächlich erzielt werden kann. Dazu wollen wir erst einmal eine literarische Anekdote betrachten und feststellen, wie sie funktioniert.

Eine Frau in Witwenkleidung kniet weinend an einem Grab. »Trösten Sie sich, Madame«, sagt ein sympathischer Fremder zu ihr. »Die Gnade des Himmels ist unermeßlich. Es gibt außer ihrem Gatten irgendwo noch einen anderen Mann, mit dem Sie glücklich werden können.« »Es gab ihn«, schluchzt sie, »es gab ihn – dies ist sein Grab.« *

Das Prinzip dieser Anekdote besteht ganz einfach darin, einen falschen Eindruck zu erwecken, der danach enthüllt wird. Im ersten Augenblick denkt man, daß die Frau ihren Mann beweint: Der Leser empfindet spontan Sympathie für sie und wird dann unerwartet – und witzig – desillusioniert. Ein gebräuchlicher Kunstgriff. Zotige Witze zum Beispiel funktionieren nur nach diesem Prinzip.

Der Witz in *The Naked City* läuft ähnlich. Mitten während einer aufgeregten Jagd ist die Einstellung mit dem müden Polizisten ein völlig überraschender Widerspruch zu dem, was man erwartet. Zuerst wird uns klar gemacht, daß die Polizei makellos und wirksam dem Kriminellen auf die Spur gekommen ist, als plötzlich jemand auftaucht, der den Eindruck totaler Ahnungslosigkeit erweckt. Der unerwartete Kontrast wirkt komisch. Für den Cutter ist vor allem wichtig, daß er, bevor er seinen Witz macht, verdeutlicht, daß die anderen Polizisten bestens im Bilde sind, da die Einstellung sonst keine Überraschung ist. Mit anderen Worten, der Cutter muß zuerst die entgegengesetzte Stimmung erzeugen, bevor er das Publikum wirkungsvoll überraschen kann.

Ein anderes wohldurchdachtes Beispiel für ›entlarvenden Witz‹ gibt es in *The Third Man* (Der dritte Mann, 1949), als Joseph Cotten von einem verdächtig aussehenden Taxifahrer entführt und zu einem geheimnisvollen Schloß gebracht wird: Wir vermuten sogleich, daß die Entführung von skrupellosen Schwarzmarkthändlern geplant wurde und befürchten das Schlimmste. Stattdessen sehen wir, wie Cotten herzlich von dem Vorsitzenden eines literarischen Clubs begrüßt wird, der ihn bittet, vor den versammelten Leuten eine kleine Rede zu halten. (Eine fast identische Szene kommt in Hitchcocks *The Thirty-Nine Steps* [39 Stufen, 1935] vor, als Robert Donat vor seinen Verfolgern flieht und mitten in einer politischen Versammlung landet.) Wiederum wird der Gag sorgfältig aufgebaut. Je unheimlicher die Entführung, umso lustiger ist am Ende das Ergebnis.

Der in dieser Episode angewandte Schnitt-Trick ist von dem der Bananenschalen-Späße völlig verschieden. Während Hardy den Bürgersteig entlangrennt, zeigt uns der Cutter einen Moment lang die Bananenschale, *bevor* Hardy sie bemerkt. Schon ehe Hardy überhaupt zu Boden fällt, wissen wir, was

* Ambrose Bierce: Fantastic Fables. London: Jonathan Cape, Traveller's Library, 1927, S. 244. Zitiert von Sergej Eisenstein in »The Film Sense«, um das Prinzip der Filmmontage zu erläutern.

passieren wird. In der *The Third Man*-Episode geht der Cutter genau umgekehrt vor. Er erzählt uns nicht, was passieren wird, sondern führt uns in die Irre. Beide Vorgänge sind auf völlig entgegengesetzte Weise geschnitten. Im ersten Fall entsteht der Witz dadurch, daß man ihn *antizipiert*, während er im zweiten Falle als *Überraschung* kommt.

Im ersten Fall wird der Vorgang gezeigt, um Hardy blöd erscheinen zu lassen. Der Witz funktioniert auf Hardys Kosten, und daß der Zuschauer seinen Ausrutscher schon ahnt, macht ihn noch lustiger. Bei der Entführung in *The Third Man* sind *wir* die Gelackmeierten. Denn wir haben geglaubt, daß etwas ganz Schreckliches passieren wird. Der Witz besteht in der plötzlichen Erleichterung, daß die ganze Aufregung umsonst war. In beiden Fällen haben Regisseur und Cutter den Ausgangspunkt der Komik erkannt und die Szene entsprechend geschnitten.

6 Montage-Sequenzen

Der Begriff ›Montage‹ wird in so unterschiedlichen Zusammenhängen verwandt, daß er definiert werden muß. Von den frühen russischen Regisseuren wurde er als Synonym für ›kreativen Schnitt‹ verstanden, und in Frankreich wird er immer noch als Begriff für den ›Schnitt‹ benutzt. Der Begriff Montage-Sequenz, wie er in amerikanischen und britischen Studios verstanden wird, hat eine spezifischere und begrenztere Bedeutung: Er meint eine schnelle, impressionistische Sequenz von nicht zusammenhängenden Bildern, die gewöhnlich durch Überblendungen, Doppelbelichtungen und Wischblenden miteinander verbunden sind und benutzt werden, um Orts- oder Zeitwechsel oder aber Szenenübergänge zu verdeutlichen. Mit dieser Art Montage-Sequenz wollen wir uns jetzt beschäftigen.

Die Herkunft des Wortes weist darauf hin, daß die moderne Montage-Sequenz ihren Ursprung in den frühen russischen Filmexperimenten hatte und sich erst allmählich zu ihrer heutigen Form entwickelte. Die einzige verbliebene Gemeinsamkeit mit den frühen russischen Filmen ist, daß beide kurze, nicht miteinander zusammenhängende Filmteile verwenden. Hier endet aber schon die Ähnlichkeit. Wo sich die russischen Regisseure ihre Filme auf der Grundlage eines expressiven Nebeneinanders von Einstellungen vorstellten, liegt die Betonung bei der heute üblichen Montage-Sequenz in der sich summierenden Wirkung einer Bilderfolge. Während sich eine Sequenz im russischen Film folgendermaßen entwickelte: Einstellung A kontrastiert mit Einstellung B (aus diesem Nebeneinander ergibt sich eine neue Idee) und wird zusätzlich durch Einstellung C erläutert... usw., zielt die moderne Montage-Sequenz darauf ab, daß Einstellung A *plus* Einstellung B *plus* Einstellung C ... *plus* Einstellung X zusammengenommen den Übergang von Ereignis A zu Ereignis X herstellen. Da das Ziel einer modernen Montage-Sequenz ist, eine Reihe von Fakten zu vermitteln, die erst *zusammen* etwas aussagen, wird das Nebeneinander bestimmter einzelner Einstellungen unwichtig – sogar irreführend – und ist deshalb weitgehend aus der Mode gekommen. Man benutzt stattdessen Blenden.

Die Ähnlichkeit zwischen der russischen Montage und einer modernen Montage-Sequenz endet also damit, daß beide kurz aufeinanderfolgende Einstellungen verwenden. Die gängige moderne Montage-Sequenz ist kaum mehr als eine bequeme Art, Fakten zu präsentieren, die zwar notwendig für das Verständnis der Geschichte, aber ohne große emotionale Bedeutung sind. Man benutzt sie für die Mitteilung von Fakten, die man sonst umständlich in voller Länge zeigen müßte oder die zwar wichtig für den Fortgang der Geschichte sind, aber keine ausführliche Behandlung verdienen.

Hier ein Beispiel. Gegen Ende von Carol Reeds *The Third Man* will Major Calloway (Trevor Howard) Holly Martins (Joseph Cotten) davon überzeugen, daß die Polizei Martins Freund Harry Lime (Orson Welles) verschiedener Verbrechen überführt hat. Martin kann das von seinem Freund einfach nicht glauben, und Calloway muß deshalb eine ganze Reihe von Beweisen liefern, um seine Anschuldigung zu untermauern. Um auch das Publikum zu überzeugen, wäre es an sich notwendig gewesen, sämtliche Beweise auch zu zeigen: also eine lange, dramatisch völlig uninteressante Szenenfolge genau in dem Augenblick, in dem die Geschichte ihrem Höhepunkt zusteuert. Diese Schwierigkeit wurde mit Hilfe einer kurzen Montage-Sequenz – Aufnahmen von Fingerabdrücken, Dokumenten, Limes Habseligkeiten etc. – gelöst. Auf diese Weise zeigte man dem Publikum, daß Martin tatsächlich von der Schuld seines Freundes überzeugt werden konnte, während das Tempo der Handlung nur einen kurzen Moment verlangsamt werden mußte.

Dieses Beispiel macht die Art der heute üblichen Montage-Sequenzen, aber auch ihre Grenzen deutlich. Die Sequenz ist ohne jede emotionale Wirkung.

Zwar ist sie für die kontinuierliche Entwicklung der Geschichte nötig, aber in der Stimmung neutral.

Die notwendigen Details des Schnitts einer Montage-Sequenz werden gewöhnlich erst am Ende einer Produktion festgelegt, wenn klar wird, wo Erklärungen zum besseren Verständnis der Handlung erforderlich sind. Der Drehbuchautor schreibt normalerweise: »Überblendung auf Szene 75; Montage, die die landesweiten Auswirkungen des Generalstreiks zeigt.« Es ist dann Aufgabe des Cutters zu skizzieren, was der Drehbuchautor sich darunter vorgestellt hat. Dafür muß er zuerst entscheiden, welche Aspekte er betonen will, und sie dann unter Verwendung von Archivmaterial oder speziell hierfür gedrehtem Material zu einer sich logisch entwickelnden Erzählfolge zusammenfügen. Beim Schneiden liegt sein Hauptaugenmerk darauf, das Ganze so schnell wie möglich zu halten, dennoch aber jedes Bild so lange zu zeigen, daß es dem Zuschauer verständlich wird. Wichtig ist eine Ausgewogenheit des Materials, um den gewünschten Effekt – in diesem Fall »die landesweiten Auswirkungen des Generalstreiks« – nicht zu verfehlen. Die Überbetonung eines einzelnen Aspektes des Themas – etwa der Tatsache, daß Schüler geholfen haben, den Busdienst aufrecht zu erhalten – könnte ungewollte Folgen haben, die die Aufmerksamkeit des Zuschauers vom eigentlichen Thema ablenken.

Was die handwerkliche Arbeit bei einer solchen Montage-Sequenz betrifft, gibt es eigentlich nur wenig Lohnendes zu sagen. Sind die wichtigsten Aspekte einmal festgelegt, liegt es am Cutter, eine angemessene Erzählfolge herzustellen. Er kann sich vielleicht damit vergnügen, visuell flüssige Überblendungen, Doppelbelichtungen oder Wischblenden auszuprobieren. Vorausgesetzt die Erzählfolge stimmt, werden diese kleinen Details zu einer eher unwichtigen Frage des persönlichen Geschmacks.

Zwei Dinge aber muß der Cutter streng beachten. Erstens: Eine Montage-Sequenz funktioniert, im Vergleich zu einer gradlinigen Erzählung, sozusagen auf einer anderen Ebene der Realität. Damit die Montage-Sequenz ihre praktische Aufgabe, nämlich bestimmte Löcher in der Geschichte unauffällig zu stopfen, erfüllen kann, muß sie ziemlich kurz sein. Eine Montage-Sequenz, die verhältnismäßig lang ist, hemmt unnötigerweise den Erzählfluß und widerspricht dadurch ihrem eigentlichen Zweck.

Zweitens muß sie als Ganzes betrachtet werden. Allgemein wird ein durchgehendes, mehr oder weniger in sich abgeschlossenes Motiv dazu benutzt, die unterschiedlichen Einstellungen zusammenzuhalten und den Rhythmus der vorbeiziehenden Bilder zu betonen. Ein schlecht konzipierter Schnitt von kurzen realistischen Dialogszenen, die mit Doppelbelichtungen nichtssagender Bilder abwechseln, kann Verwirrung auslösen.

Aus all diesen Gründen wird verständlich, daß man eine Montage-Sequenz, die lediglich der Übersichtlichkeit der Handlung dient, so selten wie möglich verwenden sollte. Die kurze, impressionistische Montage-Sequenz zwingt den Zuschauer, die Geschichte aus größerer Distanz zu betrachten, tendiert dazu, die Authentizität der Erzählung zu unterbrechen. Der Zuschauer wird auf einmal gezwungen, die ganze Geschichte aus einem völlig anderen, unpersönlicheren Blickwinkel zu sehen.

Der plötzliche Wechsel von einer naturalistischen Erzählweise zu einer Montage-Sequenz war besonders bei den in England und Amerika gedrehten Kriegsfilmen üblich. Häufig benutzte man eine Montage-Sequenz, wenn ein Angriff, eine Invasion oder eine Offensive einsetzte und im Mittelpunkt des Films eine bestimmte Gruppe von Leuten stand. Fast immer fiel die Spannung dabei ab, da die Geschichte vom Persönlichen ins Allgemeine überging. In Edward Dmytryks *Back to Bataan* (Stahlgewitter, 1945) gibt es ein gutes Beispiel dafür. Der Film erzählt die Geschichte einer Gruppe von Männern mit einem Spezialauftrag. Nachdem die Operation beendet ist, gibt es eine Montage-Sequenz, in der Aufnahmen von Explosionen und Kampfszenen in eine Karte des Schlachtfeldes überblendet werden, um deutlich zu machen, daß ähnliche Kämpfe auf der ganzen Insel stattfinden. Der plötzliche Wechsel von persönlichem Drama zur journalistischen Montage stellt zweifellos die Geschichte in einen größeren Zusammenhang, ist allerdings mit einem großen Verlust an Spannung verbunden.

Aus diesem Grund ist die nur als Bindeglied dienende Montage-Sequenz immer mehr in Mißkredit geraten. Wenn möglich, haben die Regisseure in den letzten Jahren diese Standardmontage vermieden – fallende Blätter, abblätternde Kalender, ratternde Eisenbahnräder sind inzwischen abgenutzte Klischees – und haben versucht, für notwendige Übergänge sparsamere Lösungen zu finden. Langwierige Montage-Sequenzen von Lokomotiven, Rädern, Schienensträngen usw., um zu zeigen, daß eine Person von einem Ort zum anderen fährt, sind heute völlig überflüssig: Ein Hinweis darauf, daß die Person gerade verreisen will, eine Überblendung und eine Expositionseinstellung des Zielortes reichen normalerweise vollkommen aus. Das Gleiche gilt für Zeitsprünge – reichlich oft durch herabfallende Kalenderblätter versinnbildlicht –, die meistens einfach durch eine Redewendung, das Dazwischenschneiden einer anderen Szene oder ganz einfach durch den Wechsel der Jahreszeit oder der Kleidung der Personen in den folgenden Episoden veranschaulicht werden können.

Gerade weil man die Montage-Sequenz viel zu oft aus reinen Nützlichkeitserwägungen einsetzte, hat es die schon im Drehbuch geplante, dramaturgisch sinnvolle Montage-Sequenz so selten gegeben. Etliche Filme liefern jedoch Hinweise, daß man bei intelligenter Anwendung mit dieser Form der Montage zu bemerkenswert interessanten Ergebnissen kommen kann. Eine Fülle dramatischer Situationen, zumal wenn sie nicht gradlinig erzählt werden können, fordern diese Montage geradezu heraus. Dafür ein ziemlich ungewöhnliches Beispiel.

Citizen Kane *

Eine posthume Biographie des verstorbenen Zeitungsmillionärs Charles Foster Kane (Orson Welles). Der Film beginnt mit Kanes Tod. Der Chef einer Art »March of Time«-Wochenschau schickt aus diesem Anlaß seine Reporter zu den noch lebenden Freunden Kanes, um diese über ihn auszufragen. Von Interview zu Interview wird die jeweils erzählte Geschichte also in Rückblenden gezeigt. Am Ende des Films sind wir in der Lage, Kanes gesamtes Leben mosaikartig zusammenzusetzen.

Der nachfolgende Ausschnitt ist die Rückblende eines Interviews mit Jedediah Leyland (Joseph Cotten), Kanes ältestem Freund. Er erzählt die Geschichte von Kanes erster Ehe mit Emily (Ruth Warrick), einer Nichte des amerikanischen Präsidenten.

(Der im Dialog erwähnte Bernstein ist Redakteur von Kanes Tageszeitung »The Enquirer« und hat offensichtlich nicht den gleichen sozialen Status wie Emily.)

	Leyland hat dem Reporter schon verschiedene Episoden aus den Anfangsjahren erzählt.
1 Amerikanische. Leyland (inzwischen sehr alt) sitzt im Morgenmantel auf dem Balkon eines Krankenhauses. Einstellung über die rechte Schulter des Reporters hinweg. Langsame Überblendung auf:	Leyland: *Nach den ersten paar Monaten haben sie und Charlie sich nicht mehr oft gesehen – außer beim Frühstück. Es war eben eine Ehe – eine Ehe wie andere auch.* Langsame, romantische Musik setzt ein.
2 Totale. Emily (Mrs. Kane) sitzt am Tisch. Kane kommt von links ins Bild, stellt ein Tablett vor sie hin, als ob er der Diener wäre. Er beugt sich zu ihr hinunter und küßt sie auf die Stirn. Die Kamera bewegt sich während dieser gesamten Szene langsam vorwärts. Kane setzt sich auf seinen Stuhl am anderen Ende des Tisches, links.	Kane: *Du bist schön.* Emily: *Glaub' ich nicht.* Kane: *Doch, du bist wunder-wunderschön.* Emily: *Ich bin noch nie in meinem Leben in einer Nacht auf sechs Parties gewesen.* Kane: *Wunderschön.* Emily: *Ich bin noch nie so spät aufgestanden.* Kane: *Daran gewöhnt man sich.* Emily: *Ich möchte wissen, wie die Dienerschaft darüber denkt.* Kane: *Sie denken, daß wir uns amüsiert haben.*

1

2

3

* Regie: Orson Welles. Cutter: Robert Wise. R.K.O., 1941.

4

9

10

11

	Emily: *Schatz...* Kane: *Haben wir das etwa nicht?* Emily: *... ich seh nicht ein, warum du ausgerechnet jetzt in deine Redaktion mußt.* Kane: *Du hättest niemals einen Zeitungsmann heiraten sollen. Sie sind noch schlimmer als Seeleute.*
Beide sind nun ein einer Amerikanischen zu sehen. Sie blicken sich für einen Moment schweigend an.	*Ich bewundere dich maßlos.* (28 Sek.)
3 Amerikanische. Emily.	Emily: *Oh Charles, selbst Zeitungsleute müssen ab und zu schlafen.* (3 Sek.)
4 Amerikanische. Kane.	Kane: *Ich ruf Mr. Bernstein an und bitte ihn, meine sämtlichen Vormittagstermine bis Mittag zu verschieben.* (3,5 Sek.)
5 Amerikanische. Emily wie in 3. Sie lächelt voller Dankbarkeit.	(1.5 Sek.)
6 Amerikanische. Kane wie in 4.	Kane: *Wie spät ist es?* (1 Sek.)
7 Amerikanische. Emily wie in 3.	Emily: *Ich weiß nicht – muß schon spät sein.* (3 Sek.)
8 Amerikanische. Kane wie in 4.	Kane: *Es ist noch früh!* Emily: (Sie seufzt) *Charles ...* (Sie spricht den Namen langsam und verträumt aus, so daß ihre Äußerung in Einstellung 10 ohne Unterbrechung anschließt.) (4 Sek.)
9 Ein schneller Reißschwenk über einige Fenster hinweg, währenddessen Einstellung 8 aus- und Einstellung 10 einblendet.	Lustige, schnelle Musik, die lauter wird. (0,5 Sek.)
10 Amerikanische. Emily (in anderer Kleidung als in der vorhergehenden Einstellung).	Emily: (Fortsetzung von 8 und 9) *Weißt du, wie lange du mich letzte Nacht hast warten lassen...* (4 Sek.)
11 Amerikanische. Kane (ebenfalls in anderer Kleidung als in der vorhergehenden Einstellung) zündet seine Pfeife an. (Etwas ungeduldig.)	*... als du für ein paar Minuten in die Redaktion gegangen bist...* (2 Sek.)
12 Amerikanische. Emily wie in 10.	*... Was machst du mitten in der Nacht bloß in der Redaktion?* Kane: *Emily...* (1,5 Sek.)
13 Amerikanische. Kane wie in 11. Er wirft das Streichholz beiseite.	*... Liebling, deine einzige Nebenbuhlerin ist der »Enquirer«.* Emily: *Manchmal denke ich...* (6 Sek.)
14 Reißschwenk wie in Einstellung 9, währenddessen Einstellung 13 aus- und Einstellung 15 einblendet.	Musik wird noch lauter; schnell, dramatisch. (1,5 Sek.)
15 Amerikanische. Emily (wiederum in anderer Kleidung als in der vorhergehenden Einstellung).	Emily: (Fortsetzung aus 13 und 14) *... eine Nebenbuhlerin aus Fleisch und Blut wäre mir lieber.* Kane: *Oh, Emily...* (0,5 Sek.)
16 Amerikanische. Kane (ebenfalls in anderer Kleidung als in der vorhergehenden Einstellung).	*... soviel Zeit verbringe ich nun auch wieder nicht in der Zeitung.* (2 Sek.)
17 Amerikanische. Emily wie in 15.	Emily: *Es ist nicht nur die Zeit. Es ist das, was du druckst! Angriffe...* (3,5 Sek.)
18 Amerikanische. Kane wie in 16.	*... gegen den Präsidenten!* Kane: *Du meinst Onkel John.* (1,5 Sek.)
19 Amerikanische. Emily wie in 15.	Emily: *Ich spreche vom Präsidenten der Vereinigten Staaten.* Kane: *Deswegen bleibt er trotzdem Onkel John...* (2 Sek.)
20 Amerikanische. Kane wie in 16.	*... und bleibt trotzdem ein gutgläubiger Tropf, der einer Bande von einflußreichen Betrügern das Regieren überläßt.* Emily: *Charles!* (5 Sek.)
21 Amerikanische. Emily wie in 15.	Kane: *Dieser ganze Ölskandal!* Emily: *Er ist nun mal der Präsident, Charles – und nicht du!* (3,5 Sek.)

22 Amerikanische. Kane wie in 16.	Kane: *Ein Fehler, den wir eines Tages korrigieren werden.* (3,5 Sek.)
23 Reißschwenk wie in Einstellung 9, währenddessen Einstellung 22 aus- und Einstellung 24 einblendet.	Emily: *Dein Mr. Bernstein hat Junior gestern eine unglaubliche…* (0,5 Sek.)
24 Amerikanische. Emily (in anderer Kleidung als in der vorhergehenden Einstellung).	Langsame, ›vorankündigende‹ Musik, die lauter wird. Emily: (Fortsetzung von Einstellung 23) *…Scheußlichkeit geschickt. Charles, ich will so was…* (6 Sek.)
25 Amerikanische. Kane (in anderer Kleidung als in der vorhergehenden Einstellung). Er ißt. Er blickt vom Essen auf.	*…nicht im Kinderzimmer haben.* Kane: *Mr. Bernstein darf durchaus dem Kinderzimmer ab und zu einen Besuch abstatten.* (6 Sek.)
26 Amerikanische. Emily wie in 24.	Emily: *Muß das unbedingt sein?* (1,5 Sek.)
27 Amerikanische. Kane wie in 25.	Kane (nachdrücklich): *Ja!* (2 Sek.)
28 Reißschwenk wie in 9, währenddessen Einstellung 27 aus- und Einstellung 29 einblendet.	Emily (beinahe jammernd): *Wirklich, Charles…* Musik wird lauter. (1,5 Sek.)
29 Amerikanische. Emily (in anderer Kleidung als in der vorhergehenden Einstellung).	Emily (Fortsetzung von 28): *…die Leute werden glauben…* (0,5 Sek.)
30 Amerikanische. Kane (in anderer Kleidung als in der vorhergehenden Einstellung).	Kane: (barsch): *…was ich ihnen erzähle zu glauben!* (3,5 Sek.)
31 Reißschwenk wie in 9, währenddessen Einstellung 30 aus- und Einstellung 32 einblendet.	Ruhige, aber dissonante Musik setzt ein. (1,5 Sek.)
32 Amerikanische. Emily (in anderer Kleidung als in der vorhergehenden Einstellung) liest Zeitung. Sie blickt kurz zu Kane und liest weiter.	Musik wird fortgesetzt. (4 Sek.)
33 Amerikanische. Kane (in anderer Kleidung als in der vorhergehenden Einstellung) liest Zeitung. Er blickt kurz auf und liest weiter. Die Kamera fährt langsam zurück, so daß Emily ins Bild kommt; fährt weiter zurück, bis Kane und Emily in einer Totalen zu sehen sind wie am Anfang von Einstellung 2.	(9,5 Sek.)
Langsame Überblendung auf:	
34 Amerikanische. Leyland sitzt im Morgenmantel auf dem Balkon des Krankenhauses.	Nach einer Pause. Reporter (im Off): *Hat er sie überhaupt jemals geliebt?*

15

16

24

25

29

Die Passage enthüllt den allmählichen Verfall einer Beziehung. Eine Rückblende von Leylands Bericht über Kanes erste Ehe. Die Gestaltung der einzelnen Szenen verdeutlicht den unerbittlichen Verfall von Kanes Verhältnis zu seiner Frau, den Leyland in seinem Bericht anspricht. Die einzelnen Episoden werden durch einen festen Rahmen zusammengehalten und ergeben so eine in sich abgeschlossene Sequenz. Jede kurze Episode ist, für sich selbst gesehen (zum Beispiel 9–14), ohne sonderliche Bedeutung. Erst die allmähliche Entfremdung während der einzelnen Episoden – von anfangs leidenschaftlichem Verliebtsein bis zu kalter Feindschaft am Ende – verleiht dieser Sequenz ihre Aussagekraft.

Technisch gesehen, gibt es ein paar bemerkenswerte Dinge. Die eindeutige Absicht war, diese Folge zu mehr als nur einer Aneinanderreihung einzelner Episoden zu machen: Jeder Vorgang war in der vorhergehenden Szene schon angelegt. Der Schnitt läßt dann die gesamte Sequenz als Einheit erscheinen. Jeder Übergang von einem Frühstück zum anderen geschieht mit Hilfe einer Art flackerndem Reißschwenk. Jedesmal ist es ein Wechsel von Emily zu Kane, eigentlich nur eine Variante des normalen Hin- und Herschneidens. Viel wichtiger ist, daß Emilys Worte bei jedem Übergang fortgesetzt werden. Dadurch entsteht der Eindruck der sich fortbahnenden Entfremdung.

Gleichzeitig wollte der Regisseur die schnellen Übergänge von Szene zu Szene so prägnant wie möglich machen. Was nicht einfach war. Er hat dies mit allen nur möglichen Mitteln erreicht: Die sich verändernde Stimmung wird durch den Dialog wiedergegeben, der im Laufe der Sequenz immer knapper

30

32

33 a

33 b

34

und feindseliger wird; die Szenen selbst werden ständig kürzer, wodurch der Eindruck entsteht, daß Kane das gemeinsame Frühstück immer mehr als Belästigung empfindet; die durchgehende Musik betont behutsam die Stimmungslage jeder Szene und endet zum Schluß in leisen, dissonanten Tönen, die die Atmosphäre einer bedrückenden häuslichen Spannung erzeugen; schließlich wird der allmähliche Zerfall gegenseitiger Bewunderung bis hin zur Feindschaft höchst wirkungsvoll durch die Darsteller unterstrichen.

Die Dialoge, das Tempo der Schnitte, die Musik und das Spiel der Schauspieler (und nebenbei auch die Kleidung) signalisieren in jeder Episode den genauen Stand der Beziehung. Diese Präzision hat zu einer strikten Ökonomie der Mittel geführt. (Man beachte zum Beispiel, wie der Zeitsprung zwischen den aufeinanderfolgenden Frühstücken durch fast unmerkliche Hinweise verdeutlicht wird: ein flackerndes Bild von kaum einer Sekunde und ein Kleiderwechsel.) In weniger als 2 Minuten und 10 Sekunden Film wird eine extrem schwierige Entwicklung klar und deutlich.

Die Genauigkeit dieser Inszenierung ist offensichtlich das Ergebnis einer gründlichen Planung bereits im Drehbuch. (Schon die Wahl des morgendlichen Frühstücks als Ort der Konversation ist ein genialer Einfall!) Reihenfolge und Verbindung der einzelnen Impressionen wirken in keiner Weise zufällig – wie so oft bei nicht genau geplanten Standard-Montagen. Die Sequenz hier war schon im Drehbuch als Einheit angelegt.

Anders als die Montage-Sequenzen, die nur Löcher in einer Erzählung stopfen sollen, ist diese Sequenz von einer bemerkenswerten dramatischen Kraft. Sie wurde bewußt als adäquate Methode der Inszenierung gewählt. Tatsächlich kann man sich schwer vorstellen, wie der allmähliche Wandel in der Beziehung der beiden Personen rationeller hätte dargestellt werden können. Nachdem man sich entschieden hatte, die Situation in einer Reihe von kurzen Rückblenden zu entwickeln, mußte man dennoch einen einsichtigen dramaturgischen Grund finden, sie so und nicht anders zu zeigen.

Man mag einwenden, daß die Sequenz nicht frei von Künstlichkeit ist und deshalb nicht so überzeugend wie eine gradlinige Erzählung. Der Einwand träfe allerdings nur zu, wenn die Sequenz Teil eines gradlinig erzählten Films wäre. Tatsächlich aber ist sie in den Rahmen der Rückblenden von Leylands Erinnerungen eingefügt, und Leyland gibt, wie vorher deutlich wurde, einen zynischen und sehr voreingenommenen Bericht. Die Sequenz erscheint mit sehr subjektiven Blicken gesehen. Obwohl das Ganze in die Nähe der Satire gerät, wird sie durch die Ausgangslage gerechtfertigt. Es gibt nämlich einen dramaturgischen Grund, die Ereignisse in dieser vereinfachten Montageform zu zeigen: Leyland schildert Kanes Ehe erwartungsgemäß durch eine Reihe pointierter, übertriebener Impressionen. So sind wir auf alles vorbereitet.

Ähnlich fundierte Montage-Sequenzen, wenn auch von ganz anderer Atmosphäre, finden sich in so unterschiedlichen Filmen wie *Pygmalion* (Pygmalion, 1938) und *On the Town* (Heut gehn wir bummeln, 1949). Wir wollen nur kurz auf sie eingehen. In *Pygmalion* gibt es eine Sequenz, in der Liza Doolittle (Wendy Hiller) mit ihrem Sprachkurs beginnt. Ihre Verwirrung über die Komplikationen und die Fremdartigkeit ihrer neuen Umgebung wird durch eine kraftvolle Montage von Schallplatten, Tonbandgeräten, Metronomen und anderem Drum und Dran deutlich gemacht. Die Sequenz ist selbstverständlich völlig unrealistisch, aber sie sagt etwas aus, da wir sie durch die verwirrten Augen Elizas sehen.

In der Eröffnungsszene des Musicals *On the Town* sehen wir drei Seeleute, die während eines vierundzwanzigstündigen Landgangs anfangen, auf die Pauke zu hauen. Eine Montage-Sequenz, in der sie sich die Stadt ansehen und vor den verschiedenen Sehenswürdigkeiten herumtanzen, führt sie von einem Ort zum anderen, während sie die Ouvertüre »New York, New York, is a wonderful town!« singen. Natürlich ist das alles völlig unrealistisch. Aber der schnelle, lustige Wirbel der farbenprächtigen Bilder bildet durchaus den passenden Hintergrund und verstärkt aufs schönste das Joie-de-vivre des ganzen Films.

Die drei Sequenzen aus *Citizen Kane*, *Pygmalion* und *On the Town* zeigen, wie bestimmte Montagemuster auf unterschiedlich wirkungsvolle Weise verwendet werden können. Sie sind, wenn überhaupt, noch viel zu wenig untersucht worden. Jedesmal entspricht dennoch die Form dem Inhalt der Szene. Es genügt nicht, daß eine Reihe von Tatsachen am besten in kurzen Rückblenden zu erzählen wäre: Die Form der Montage muß mit dem Inhalt harmonieren. Ohne diese Harmonie ist eine Montage-Sequenz bestenfalls ein unbeholfenes Hilfsmittel zur Überwindung erzählerischer Schwächen und schlimmstenfalls nur fauler Zauber.

7 Die dokumentarische Reportage

»Das Talent des Künstlers... (zum Beispiel des Regisseurs)... wird in der Gestaltung der Geschichte, der Führung der Schauspieler in Rede und Gestik, in der Komposition der Szenen und der Bilder wie in den Bewegungen der Kamera und in der Auswahl der Ausstattung sichtbar; in allem wird er durch den Drehbuchautor, Kameramann, Architekten, Maskenbildner, Tonmeister und die Schauspieler unterstützt, während die gefilmten Szenen im Schneideraum entsprechend montiert werden.« * So beschreibt Paul Rotha das Wesen künstlerischer Arbeit bei der Produktion eines normalen Spielfilms. Vielleicht ist das zu vereinfacht gesagt: Die »Gestaltung der Geschichte« umfaßt viele Tätigkeiten, und das Zusammenfügen der Aufnahmen, die der Regisseur am Drehort erarbeitet hat und die der Cutter im Schneideraum interpretiert, verlangt – jedenfalls meistens – eine positivere Haltung gegenüber dem Schnitt, als sie bei Rotha zum Ausdruck kommt. Alles in allem trifft sein Bild jedoch zu.

Der Dokumentarfilmmacher hat ein ganz anderes Wertsystem. Seine Haltung »entwickelt sich aus der Überzeugung, daß alles Gefilmte oder auf Zelluloid Festgehaltene keinerlei Aussagekraft hat, bevor es auf den Schneidetisch kommt; daß kreative Filmarbeit hauptsächlich in den technischen und geistigen Stimulanzien durch den Schnitt liegt. Die Art, wie die Kamera benutzt wird, ihre vielfältigen Bewegungen und Winkel in Bezug auf die zu filmenden Objekte, die Schnelligkeit, mit der sie die Handlung wiedergibt, und die Erscheinungsformen der Menschen und Dinge vor ihr werden letztlich durch die Montage entschieden.« **

Hier wird deutlich, daß von einer völlig anderen Produktionsmethode die Rede ist, bei der die Montage der Film selber ist. Der Unterschied in der Herangehensweise ist größer als die Abgrenzung zwischen zwei Schulen des Filmemachens. Der Spielfilm – nennen wir ihn einmal so – beschäftigt sich mit der Entwicklung einer *Handlung* (plot). Der Dokumentarfilm beschäftigt sich mit der Darlegung eines *Themas* (theme). Dieser fundamentale Unterschied in der Zielsetzung bedingt völlig verschiedene Produktionsmethoden.

Unsere Unterscheidung ist natürlich ziemlich vage. Viele Filme, die allem Anschein nach ›dokumentarisch‹ sind, haben durchaus eine Handlung, und viele kommerziellen Spielfilme tragen deutlich dokumentarische Züge. Deshalb dient die Unterscheidung mehr der Akzentuierung als einer wirklichen Unterscheidung. So kann man *Nanook of the North* (Nanuk, der Eskimo, 1922) als Dokumentarfilm bezeichnen, da seine ›Handlung‹ mehr oder weniger die dramatisierte Umsetzung eines Filmthemas ist, nämlich das Leben eines Eskimos. Andererseits ist ein Film wie *Scott of the Antarctic* (Scotts letzte Fahrt, 1948) ein Spielfilm: die abenteuerliche Geschichte einer Handvoll Männer in der Antarktis und nicht ein Essay über die Erforschung der Antarktis.

Das Fehlen einer Handlung ist ein Vor- und Nachteil zugleich für den Dokumentarfilmregisseur. Viele durchschnittliche Spielfilme fesseln ihr Publikum einfach durch eine spannende Geschichte. Eine aufregende Handlung kann durchaus genügend Interesse und Spannung erzeugen, um Nachteile in der Darstellung und Inszenierung auszugleichen. Der Dokumentarfilm verfügt nicht über diesen Vorteil. Hier muß das Thema auf eine neuartige, anregende Art und Weise gezeigt werden, um das Publikum überhaupt faszinieren zu können. Selbst wenn man davon ausgeht, daß der Zuschauer am Thema einigermaßen interessiert ist, sind es die Art der Präsentation, die angemessene und echte Aussage der Bilder und der sinnvolle Schnitt, wodurch der Film Interesse erweckt. In einem Dokumentarfilm ist das Thema der Ausgangspunkt, das der Interpretation bedarf. Die Qualität des Films ist von der Qualität der künstleri-

* Paul Rotha: Documentary Film. London 1936, S. 76.
** Documentary Film, a.a.O., S. 77.

schen Behandlung des Themas abhängig, nicht vom spontanen Unterhaltungswert des Themas selber. Oft sind gerade die einfachsten Themen der beste Ausgangspunkt für sehr erfolgreiche Dokumentarfilme gewesen.

Was dem Dokumentarfilmmacher durch die fehlende Spannung einer Handlung entgeht, gewinnt er an Freiheit, seinen Film auf originelle und ausdrucksvolle Weise schneiden zu können. Er ist nicht an eine strikte Chronologie der Ereignisse, die ausdrücklich im Drehbuch festgelegt ist, gebunden, sondern kann Facetten seines Themas und Veränderungen der Stimmung in der Reihenfolge und dem Tempo präsentieren, wie er will. Seine Bilder sind nicht mit dem Dialog verankert. Er kann mit einer phantasievollen Verwendung von Originalton und Kommentar experimentieren. Am wichtigsten aber ist, im Vergleich zum Spielfilmregisseur, seine größere Freiheit der Interpretation: denn erst die Interpretation – nämlich der Schnitt – verleiht einem Thema Lebendigkeit.

Aus diesem Grund (und weil Dokumentarfilme meistens mit sehr viel weniger Geld und daher mit kleineren Teams gedreht werden) hat der Dokumentarfilmregisseur eine größere Verantwortung in der Produktion als sein Spielfilm-Kollege. Die Interpretation eines Themas ist so sehr eine persönliche Entscheidung, daß die Aufteilung der Verantwortung für Drehbuch, Regie und Schnitt auf drei verschiedene Personen die Einheit des Films stark beeinträchtigen würde. Es wäre beispielsweise nicht besonders sinnvoll, den Schnitt eines Dokumentarfilms einem unabhängig arbeitenden Cutter zu überlassen – wie es oft in Hollywood bei Spielfilmen geschieht –, da Regie und Schnitt lediglich zwei Stadien ein und desselben schöpferischen Prozesses sind.

Deshalb basiert die Fähigkeit des Dokumentarfilmmachers im wesentlichen auf seinem Talent als Cutter. Da ihm keine Schauspieler zur Verfügung stehen, durch die er sich ausdrücken kann, muß er alle Nuancen seines Films durch eine kreative Verwendung des Tons und eine eloquente Abfolge der Aufnahmen ausdrücken. Mehr noch als beim Spielfilm beginnt der Prozess des Schnitts, lange bevor der Film den Schneideraum erreicht.

»Erst wenn man im Schneideraum ist, erkennt man die Bedeutung genauer Überlegungen während der Dreharbeiten. Denn bevor man sein Material nicht von innen heraus verstanden hat, kann man nicht hoffen, daß man es zum Leben erwecken wird. Kein noch so großer Aufwand beim Schnitt wird Einstellungen Bewegung einhauchen, in denen nicht bereits Bewegung ist. Kein noch so starkes Bemühen um Querverweise wird einer Sequenz poetische Qualitäten verleihen, wenn man nicht während des Drehens auf seine Bilder geachtet hat. Deinem Film wird am Schneidetisch Leben eingehaucht, aber du kannst kein Leben erwecken, wenn nicht das notwendige Rohmaterial vorliegt. Den Schnitt muß man während der gesamten Produktionsphase – vom Drehbuch über die Dreharbeiten bis hin zur Bearbeitung des gedrehten Materials – im Kopf haben, bis er schließlich durch das Hinzufügen des Tons seine endgültige Form findet.« *

Dieser Bedarf an adäquatem, aussagekräftigem ›Rohmaterial‹ noch vor dem Schnitt wird besonders deutlich bei der Produktion einer der einfachsten Formen des Dokumentarfilms, der Reportage.

Das Ziel jeder guten Filmreportage ist, das Drama alltäglicher Vorgänge zu vermitteln. In ihrer einfachsten Form ist sie einzig und allein mit der Präsentation wirklicher Ereignisse befaßt und gibt deshalb nicht vor, sie zu erforschen oder Schlußfolgerungen aus ihnen zu ziehen. Diese Methode wurde in Filmen wie der monatlichen Rundschau *This Modern Age* angewandt und überhaupt immer dann, wenn es mehr um Information als um Propaganda geht. Lediglich die Tatsachen zählen, und Aufgabe des Regisseurs ist es, sie so authentisch wie möglich zu präsentieren.

Auf den ersten Blick scheint nichts einfacher zu sein, als ein spannendes Ereignis auf spannende Art darzustellen. Um aber tatsächlich einen überzeugenden Eindruck von einer aktuell beobachteten Szene geben zu können, bedarf es eines äußerst raffinierten Schnittprozesses. Ein Vorgang, der in der Realität

* Documentary Film, a.a.O., S. 198.

dramatisch aussieht, muß, auf Film festgehalten, nicht zwangsläufig ebenso dramatisch wirken.

Denken wir zum Beispiel an einen Film über ein Fußballspiel. Falls der Regisseur das gesamte Spiel aus der Perspektive eines Tribünenzuschauers filmt, wird das Ergebnis nicht gerade spannend sein. Um effektvolle Filmaufnahmen zu erhalten, muß der Regisseur verschiedene Aspekte des Spiels aus verschiedenen Kamerapositionen wahrnehmen und in jedem einzelnen Fall den besten Standort dafür finden. Dann muß er nur noch die Höhepunkte auswählen und sie so schneiden, daß mehr oder weniger der Eindruck eines fortlaufenden Spiels entsteht.

Soll andererseits ein Regisseur den Start einer Rakete filmen, wird er völlig anders vorgehen. Wenn er seine Kamera zwar möglichst gewagt aufstellt, aber nur den Augenblick des Starts filmt, wird sein Film langweilig und bedeutungslos sein: Der ganze Vorgang ist vorüber, bevor der Zuschauer überhaupt begriffen hat, was vorgeht. Hier ist eine Einleitung wichtig. Der Regisseur könnte einige Vorbereitungsarbeiten, das Bedienungspersonal und eventuell die Person, die auf den Knopf drückt, filmen, bevor er den eigentlichen Start der Rakete zeigt. So etwa könnte er eine Atmosphäre der Erwartung vor dem Höhepunkt des Ereignisses aufbauen und dadurch ein Maximum an Spannung aus der Situation herausholen.

Die beiden einfachen Beispiele sollten zeigen, wie der Regisseur grundsätzlich den Zeitfaktor im Auge haben muß, um ein tatsächliches Ereignis so fesselnd und lebensnah wie möglich darstellen zu können. Beim ersten Beispiel muß die Dauer des Fußballspiels auf eine wesentlich kürzere Zeit zusammengezogen werden; beim zweiten muß das Ereignis über die tatsächliche Zeitspanne hinweg gedehnt werden. Obwohl keine dieser simplen Szenen irgendwelche ausgefallenen oder besonders vorbereiteten Einstellungen benötigen, würde das bloße Abfilmen nicht unbedingt dazu führen, die Szene real erscheinen zu lassen. Erst durch eine planvolle Auswahl der Einstellungen und durch den Schnitt des Materials wird ein überzeugender und bedeutsamer Eindruck von Wirklichkeit erreicht.

Um diesen Punkt noch etwas zu präzisieren, hier der kurze Ausschnitt aus einer geradlinig erzählten Reportage. Eine äußerst sparsame Drehweise und ein guter Schnitt ergeben zusammen eine einfache, aber aufregende Sequenz.

1

Merchant Seamen *
Ausschnitt aus Aktrolle 3

2

Der Film spielt an Bord eines Handelsschiffes, das sich während des Zweiten Weltkriegs im Konvoi mit anderen Schiffen seinen Weg durch die Minenfelder sucht und sich auch noch selbst gegen Angriffe von Unterseebooten schützen muß. Die Hauptpersonen sind eine Gruppe von Seeleuten, deren Schiff schon zu Beginn des Films gesunken ist. Der Ausschnitt ist Teil einer Sequenz über das Versenken eines Unterseebootes, welches das neue Schiff, auf dem diese Seeleute nun Dienst tun, angreift. (»Nipper«, der Jüngste der Crew, ist Kanonier.)

Ein Unterseeboot ist gesichtet worden, und der Kapitän hat Befehl gegeben, die Geschütze zu besetzen. Unter Deck spielen die Männer Karten, ein Grammophon läuft. Einstellungen von Männern, die an die Geschütze eilen, sind vorausgegangen.

3

1. Folge

1 Nahaufnahme eines laufenden Grammophons.	Das Grammophon spielt einen Militärmarsch.
2 »Nipper« läuft von links ins Bild und fängt an, das Geschütz auf das Unterseeboot zu richten.	Die Grammophonmusik hat aufgehört.
3 Ein Mann kommt an Deck, er trägt eine Granate. Der Feuerleitoffizier geht auf die Kamera zu und blickt durch sein Fernglas in Richtung Unterseeboot.	

* Regie: J.B. Holmes. Cutter: R.Q. McNaughton. Crown Film Unit, 1941.

4 Totale. Der Schatten des Unterseebootes in der See durch eine 00-Maske, als ob man ihn durch ein Fernglas sieht.	Feuerleitoffizier: *Gegner im Fadenkreuz.*
5 Halbnah. Der Feuerleitoffizier blickt durchs Fernglas.	Feuerleitoffizier: *Peilung Rot 090.*
6 »Nipper« dreht das Geschütz wie befohlen.	»Nipper«: *Peilung Rot 090.*
7 Nahaufnahme. Der Geschützsockel, wie das Geschütz auf den angegebenen Winkel gedreht wird.	Feuerleitoffizier: *Auf das Periskop! Zielansprache...* (1,5 Sek.)
8 Halbnah. Der Feuerleitoffizier blickt durchs Fernglas wie in Einstellung 5.	...Höhe 010. (1 Sek.)
9 Halbnah. Der Höhenrichtkanonier und »Nipper« am Geschütz.	Höhenrichtkanonier: *Höhe 010.* (0,5 Sek.)
10 Großaufnahme. »Nipper«, der durch das Zielfernrohr sieht.	Nipper: *Ziel im Visier.* Feuerleitoffizier: *Abweichung 08 links.* (1 Sek.)
11 Halbnah. »Nipper« und der Höhenrichtkanonier wie in Einstellung 9.	Höhenrichtkanonier: *Abweichung 08 links.* (1 Sek.)
12 Nahaufnahme. Die Rückseite des Geschützes.	*Ziel bewegt sich.* (0,5 Sek.)
13 Großaufnahme. »Nipper« wie in Einstellung 10.	»Nipper«: *Ziel im Visier.* (0,5 Sek.)
14 Amerikanische. Der Geschützführer sieht durch das Zielfernrohr.	Geschützführer: *Geschütz feuerbereit.* (0,5 Sek.)
15 Großaufnahme. Der Richtkanonier.	Richtkanonier: *Geschütz gerichtet.* (0,5 Sek.)
16 Halbnah. Der Feuerleitoffizier mit Fernglas wie in Einstellung 5.	Feuerleitoffizier: *Achtung!* (0,5 Sek.)
17 Nahaufnahme. Der Geschützsockel. Eine Hand kommt ins Bild und arretiert das Geschütz.	(0,5 Sek.)
18 Das Geschütz aus etwas größerer Entfernung.	Ladekanonier: *Fertig!* (0,5 Sek.)
19 Halbnah. Feuerleitoffizier wie in Einstellung 5.	Feuerleitoffizier: *Feuer frei!* (10 Bilder)
20 Nahaufnahme. Geschützführer wie in Einstellung 15.	Geschützführer: *Feuer!* (10 Bilder)
21 Halbnah. Der Geschützführer sieht durch das Zielfernrohr. Wie Einstellung 14.	(9 Bilder)
22 Das Geschütz von der Seite, wie es feuert und in der Lafette zurückläuft.	Lauter Geschützknall. (0,5 Sek.)
23 Die See. Die Granate schlägt in einiger Entfernung auf dem Wasser auf.	(2 Sek.)
2. Folge	
24–29 Die Sequenz, die zum Abfeuern des Geschützes geführt hat, wird wiederholt, aber etwas schneller geschnitten. Sie besteht aus sehr nahen, statischen Großaufnahmen.	
30 Die See. Die Granate schlägt in einiger Entfernung auf dem Wasser auf.	(1,5 Sek.)
3. Folge	
31 Zwei Seeleute (beide haben wir schon vorher in Aktrolle 1 und 2 kennengelernt) lehnen sich über die Schiffsreling.	1. Seemann (Digger): *Da ballert er schon wieder. Dabei gibt es hier gar keine U-Boote!* Der Knall des Geschützes ist im Hintergrund zu hören. (3,5 Sek.)
4. Folge	
32 Nähere Einstellung der beiden Männer von vorne.	2. Seemann: *Sei nicht blöd, Digger – da ist tatsächlich ein richtiges U-Boot.* (3,5 Sek.)
33 Die See. Ein weiterer Schuß schlägt im Wasser ein. Wie in Einstellung 23.	Der laute Knall des Geschützes. (2 Sek.)
5. Runde	
34–38 Eine weitere Sequenz mit Einstellungen, in denen das Geschütz zum Abfeuern vorbereitet wird. Sehr schnell geschnitten; hauptsächlich Nahaufnahmen von Händen, die das Geschütz bedienen.	Verschiedene Befehle (im Off). (5 Sek.)
39 Die Offiziere beobachten das Ganze.	Geschützführer (im Off): *Feuer!* (1 Sek.)
40 Totale. Das Unterseeboot taucht auf.	Laute Explosion. (1 Sek.)

4

5

6

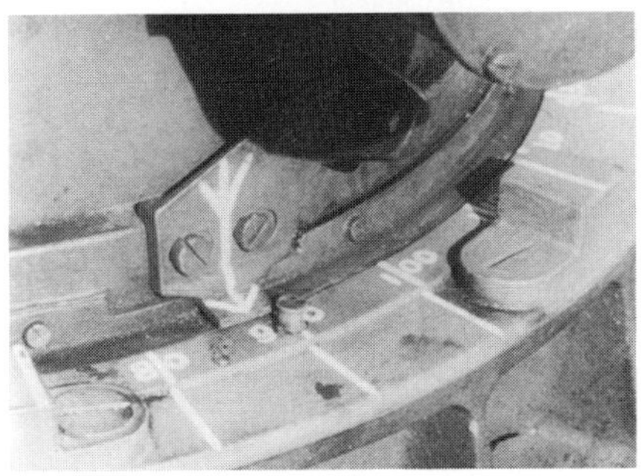
7

17

18

19

20

21

41 Totale. Wassergarben werden durch die Granate hochgeschleudert.	Laute Explosion. (1 Bild)
42 Wie Einstellung 40.	Laute Explosion. (2 Bilder)
43 Wie Einstellung 41.	Laute Explosion. (3 Bilder)
44 Wie Einstellung 40.	Laute Explosion. (1 Bild)
45 Eine Explosion in der Entfernung.	Laute Explosion. (1 Bild)
46 Wie Einstellung 40.	Laute Explosion. (1 Bild)
47 Wie Einstellung 45.	Laute Explosion. (1 Bild)
48 Feuerleitoffizier auf der rechten Seite, die Seeleute auf der linken. (1 Sek.)	Feuerleitoffizier: *Halt, Halt, Halt!* Geschützführer: *Halt, Halt, Halt!*
49–50 Die Seeleute verteilen sich.	Ruhige Musik setzt ein. (1 Sek.)
51 Feuerleitoffizier mit dem Gesicht zur Kamera.	Feuerleitoffizier: *Feuer einstellen!* Weiter Musik. (0,5 Sek.)

Merchant Seamen wurde während des Zweiten Weltkriegs für die Seeleute der Handelsmarine gedreht. Der Film sollte ihnen zeigen, wie wichtig es ist, die Bedienung eines Geschützes zu lernen, um sich gegen Unterseeboote verteidigen zu können. Weil der Film von Fachleuten angesehen wurde, war es wichtig, daß alle Details stimmten, aber das ›Lehrhafte‹ des Films nicht zu sehr in den Vordergrund rückte. Deshalb mußte das Geschütz auch mehrere Male abgefeuert werden, bevor das Unterseeboot sinkt – so, wie es normalerweise der Fall ist. Dieser Notwendigkeit entsprach das grundlegende Muster der Sequenz.

Alle Vorbereitungen zum Abfeuern des Geschützes werden dreimal gezeigt, indirekt noch zweimal mehr, bevor das Unterseeboot endgültig getroffen wird. Hätte man diesen Vorgang fünfmal hintereinander gezeigt, wäre ein zusätzliches Problem entstanden: Um sich wirklich verteidigen zu können, muß der Ziel- und Ladevorgang schnell und effektiv vor sich gehen. Er muß deshalb auch im Film schnell gezeigt werden. Andererseits mußte aus dramaturgischen Gründen das Tempo der Sequenz zum Höhepunkt hin gesteigert werden. Die Schwierigkeit wurde dadurch gemeistert, daß man die fünf Ziel- und Ladevorgänge nicht nur in verschiedenen Geschwindigkeiten zeigte, sondern jeden auf unterschiedliche Art.

1. Folge. In Einstellung 3–23 wird der erste Zyklus des Ziel- und Ladevorganges gezeigt. Aus der vorangegangenen ruhigen Szene werden wir plötzlich mitten in das Kampfgeschehen versetzt. Der abrupte Wechsel des Schnittempos verdeutlicht nicht nur die Aussage, daß ein Angriff immer im unerwartetsten Moment kommt, sondern läßt durch den Kontrast zur vorangegangenen Szene auch das Abfeuern des ersten Schusses schnell und wirkungsvoll erscheinen. Das Geschützexerzieren wird nun in voller Länge gezeigt: Sämtliche Befehle, die zum Abfeuern der Geschosse führen, sind deutlich zu hören; jede Person, die einen Befehl erteilt, ist im Bild zu sehen.

Wie wir schon bei den Action-Szenen festgestellt haben, besteht der erste Grundsatz, eine solche Szene spannend zu gestalten, darin, den Zuschauer genau wissen zu lassen, was vor sich geht. Das gesamte Exerzieren wird deshalb Schritt für Schritt gezeigt, um den Zuschauer mit der ganzen Prozedur vertraut zu machen. Obwohl eine einmalige Vorführung des Vorgangs den Zuschauer noch nicht restlos mit der Prozedur vertraut macht, akzeptiert er ihn bereits als echt, da er sich augenscheinlich authentisch entwickelt.

Um etwas von dem schnellen, stakkatoartigen Rhythmus der ganzen Operation zu vermitteln, folgt das Timing der Schnitte einem ganz bestimmten Muster. Jeder Schnitt erfolgt für den Bruchteil einer Sekunde – ein oder zwei Bilder –, *bevor* die jeweilige Person ausgesprochen hat. In Einstellung 4 zum Beispiel ist der Schnitt auf Einstellung 5 so getimt, daß der Feuerleitoffizier noch nicht ganz das Wort »Fadenkreuz« ausgesprochen hat, wir aber schon die nächste Person in der Kette der Ereignisse sehen. Dieses Timing wird während der gesamten Sequenz aufrechterhalten.

An ein oder zwei Stellen (Nr. 7 und 12 zum Beispiel) wird ein Satz in die nächste Einstellung, die die Wirkung der Aktion zeigt, hinübergezogen. In diesen Fällen ist der Schnitt vor das letzte Wort des Satzes gelegt – in Nr. 11 zum Beispiel vor das Wort »links«.

Um der Sequenz zusätzlich einen bestimmten Rhythmus zu geben, nimmt das Tempo der Schnitte zum Höhepunkt hin noch bewußt zu. Man hat zeitweise einfach die Pausen vor den Worten einer Person weggeschnitten, so daß diese zu Einstellung 15 hin immer kürzer und kürzer werden.

22

Nr. 16 und 17 stellen eine kurze Pause dar, während alles zum Abfeuern bereit ist. Nr. 18, 19 und 20 sind so kurz wie möglich geschnitten: Die Worte »Fertig!« »Feuer frei!« und »Feuer!« folgen einander ohne Pause, und die Bilder werden nur für die Dauer dieser Worte gezeigt.

Nr. 23 wird gerade lang genug gezeigt, um den Eindruck ängstlicher Erwartung zu erwecken. Nach einer Reihe sehr schneller Schnitte erscheint ihre Länge von zwei Sekunden jedoch verhältnismäßig lang.

2. Folge. In Nr. 24–29 wird ein zweiter Zyklus der Vorgänge gezeigt. Der Zuschauer weiß nun genau, wie der gesamte Vorgang abläuft, und muß nicht mehr alles sehen. Eine verkürzte Fassung, diesmal nicht von Beginn an.

23

Der Zwischenschnitt aufs Meer (Nr. 23) bedeutet, daß, wenn auf die Seeleute zurückgeschnitten wird, diese mit ihren Vorbereitungen zum Feuern schon halb fertig sind. In dieser 2. Folge liegt die Visualisierung in den Reaktionen der einzelnen Seeleute (die vorwiegend in ziemlich statischen Nahaufnahmen gezeigt werden). Die meisten Einstellungen zeigen die Seeleute nicht beim Sprechen. Dadurch ist es möglich, die Abfolge der verschiedenen Befehle sehr schnell zu zeigen. Wiederum wird (wie in Nr. 23) Einstellung 30 verhältnismäßig lange gezeigt und gibt so den bangen Moment wieder, bevor die Granate ins Wasser einschlägt.

3. und 4. Folge. Zu diesem Zeitpunkt sehen wir zwei weniger wichtige Personen, die mit der Haupthandlung nichts zu tun haben. Digger, ein mürrischer Australier, ist schon vorher im Film als jemand vorgestellt worden, der der Wirksamkeit kleiner Geschütze äußerst mißtraut, und seine Bemerkung wirft nur ein zusätzliches Licht auf die ›Botschaft‹ des Films. Während von der Haupthandlung weggeschnitten wird, sollen wir gleichzeitig denken, daß inzwischen zwei weitere Schüsse abgefeuert worden sind. Die Einstellungen der beiden sich unterhaltenden Männer sind relativ lang und lassen das Abfeuern zweier weiterer Granaten glaubwürdig erscheinen. Schließlich verstärkt diese Szene, indem sie das Tempo der Sequenz verlangsamt, den fieberhaften Eindruck der letzten Folge (Nr. 34–38), die zum Versenken des Unterseebootes führt. Die Ruhe vor dem Sturm, die den Höhepunkt der Sequenz noch wirkungsvoller macht.

5. Folge. Nr. 39 verstärkt (wie Nr. 23 und 30) noch die Erwartung, während die Granate durch die Luft fliegt. Darauf wird (Nr. 34–39) mit rasender Geschwindigkeit der Reigen der Befehle wiederholt; dieses Mal durch Nahaufnahmen der Hände, die fieberhaft das Geschütz bedienen. Ein Gesamteindruck schneller, wahnsinniger Aktivität und Bewegung entsteht. Die Befehle werden blitzartig aus dem »Off« erteilt.

Nach einem weiteren Zwischenschnitt auf einige Zuschauer an Bord ist kurz das auftauchende Unterseeboot zu sehen – gerade so lange, daß der Zuschauer weiß, was los ist. Darauf folgt sofort die Einstellung von der Explosion. Mit dem Verhallen der Explosion wird das Schnittempo auf einmal langsamer (im Vergleich zu Nr. 40–46 erscheinen Nr. 47–49 lang und entspannt), und ruhige Musik setzt ein.

Betrachtet man die Sequenz als Ganzes, wird deutlich, daß man sich beim Timing der fünf Lade- und Zielvorgänge beachtliche Freiheiten herausgenommen hat. Wir beobachten einen Vorgang, der in Wirklichkeit jedes Mal die gleiche Zeit beansprucht, in fünf verschiedenen Versionen und in fünf verschiedenen Geschwindigkeiten. Trotzdem hat man den Eindruck hoher Authentizität.

Mehr noch als das, diese Sequenz hat eine Spannung, die durchaus der Dramatik einer ähnlichen Situation in der Realität entspricht; nicht die künstliche, im Studio erzeugte Spannung einer Rettung-in-letzter-Minute, sondern die eines echten und aufregenden Ereignisses. Durch das Verdichten und Arrangieren des Materials wird aus dieser Szene die bestmögliche Spannung herausgeholt. Durch das ausgeklügelte Schnittempo hat der Cutter den Eindruck von Wirklichkeit erzielt.

Die Explosion, mit der die Sequenz endet, ist in Wirklichkeit kein in die Luft gejagtes Unterseeboot; tatsächlich wurde die Aufnahme zu einem anderen Zeitpunkt gedreht und zeigt lediglich ein auftauchendes U-Boot. Dadurch stand der Cutter zusätzlich vor dem Problem, den Eindruck einer Explosion erzeugen zu müssen, ohne entsprechende Aufnahmen zu haben. Das Ergebnis mag nicht gerade ideal sein, vermittelt aber gewiß den Eindruck von Authentizität.

Einen großen Teil ihrer Wirkung verdankt die Sequenz ihrem sorgfältigen Aufbau. Sie treibt auf den Höhepunkt zu, und der Zuschauer erwartet, daß etwas passiert. Die Beobachter an Bord des Schiffes (Nr. 39) werden hier das erste Mal gezeigt; sie blicken besorgt auf die See hinaus, und die Einstellung soll den Zuschauer vorwarnen, daß gleich etwas passiert. Anschließend sehen wir kurz, wie das Unterseeboot auftaucht, und man ahnt, daß dies tatsächlich etwas mit der darauffolgenden Explosion zu tun hat.

Die Explosion selber wird dadurch angedeutet, daß in rascher Folge Einzelbilder des Unterseebootes zwischen aufsteigende Wasserfontänen geschnitten werden, die auf einen Unterwassertreffer schließen lassen. Durch die sich abwechselnden Aufnahmen wird ein chaotisches, explosives Bild erzeugt, da der wasserumspülte Turm des Unterseebootes links, die Wasserfontäne rechts im Bild zu sehen ist. Bevor der Zuschauer überhaupt Zeit hat zu realisieren, was passiert ist, wird die ganze Leinwand von einer ungeheuren Wasserkaskade ausgefüllt (in Wirklichkeit die Nahaufnahme einer Unterwasserexplosion), die er für die Folge der Explosion hält. Diese Wirkung wird noch verstärkt durch das Geräusch der Explosion, das wir hier zum ersten Mal hören.

Das soll keineswegs heißen, daß diese Schnittfolge optimal ist oder ein Beispiel dafür wäre, wie man eine derartige Szene konstruieren sollte. Die Explosion wirkt jedoch überzeugend, obwohl keine wirkliche Aufnahme eines explodierenden Unterseebootes vorlag.

Wenn wir schon bei diesem Thema sind, lohnt es sich vielleicht, Pudowkin zu zitieren. Er beschreibt die Entstehung einer ähnlichen Sequenz aus eigener Erfahrung:

»Ich wollte eine entsetzliche Explosion zeigen. Um deren Wirkung absolut glaubwürdig erscheinen zu lassen, ließ ich eine größere Menge Dynamit im Boden vergraben, jagte es in die Luft und filmte es. Die Explosion war ziemlich kollosal – aber filmisch gesehen absolut lächerlich. Auf der Leinwand erschien sie lediglich als langsame, leblose Bewegung. Nach vielen Versuchen und Experimenten gelang es mir, die Explosion auf die gewünschte Weise zu schneiden – obwohl ich kein einziges Stück der gedrehten Szene benutzte. Ich nahm einen Flammenwerfer, der gewaltige Rauchwolken ausstieß. Um den Eindruck einer Explosion zu erzielen, schnitt ich rhythmisch von Dunkel auf Hell wechselnde, kurze Einstellungen von Magnesiumblitzen zusammen. Mitten in diese hinein schnitt ich die Einstellung eines Flusses, die ich einige Zeit vorher aufgenommen hatte und die mir durch ihre spezielle Abstufung von Licht und Schatten geeignet erschien. So entstand allmählich die von mir beabsichtigte visuelle Wirkung. Endlich hatte ich die gewünschte Bombenexplosion auf der Leinwand, in Wirklichkeit jedoch bestand sie aus allen möglichen Teilen, bloß nicht aus denen einer wirklichen Explosion.« *

Warum, könnte man fragen, muß das Tempo von wirklichen Ereignissen verändert werden? Weshalb benutzt man ausgesprochen künstliche Mittel – wie Pudowkin gezeigt hat –, um den Eindruck von Wirklichkeit zu erzielen? Darauf läßt sich zweierlei antworten.

* Film Technique, a.a.O., S. XVI.

Erstens befaßt sich eine erfolgreiche Reportage nur mit den hervorstechendsten Merkmalen eines Ereignisses; sie ist kein absoluter und vollständiger Bericht. Zweitens hat ein natürliches Ereignis – deshalb war auch Pudowkins geschnittene Explosion effektvoller als die wirkliche – eine ganz bestimmte eigene ›Ausstrahlung‹, die eine ganz bestimmte emotionale Reaktion hervorruft. Sie muß der Filmemacher einfangen; denn sie ist der Schlüssel für die Authentizität einer Darstellung, auch wenn die Details nicht immer echt sind. Der Eindruck eines überlegenen, blitzschnellen Handelns, der die Sequenz aus *The Merchant Seamen* charakterisiert, wird sehr filmisch durch eine schnelle Schnittfolge erreicht. Die wechselnde emotionale Spannung, wenn das Unterseeboot allmählich auftaucht und der Augenblick der Gefahr näherrückt, muß im Film durch den Schnitt ausgedrückt werden – durch Variationen des Tempos und einen ständigen Wechsel der Betonung. Im ungeschnittenen Material stecken diese emotionalen Zwischentöne natürlich nicht. Sie entstehen erst am Schneidetisch.

8 Der poetische Dokumentarfilm

Helen van Dongen

Filmreportagen wie die oben besprochenen berühren meist nur die Oberfläche der Erscheinungen; wie bei einer soliden Zeitungsreportage werden die wichtigsten Aspekte einer vorgefundenen Situation ausgewählt und einigermaßen fair dargestellt. Eine schlichte Filmreportage bemüht sich nicht um tiefere, ästhetische Einsichten. Sie verhält sich zum eigentlich kreativen Dokumentarfilm wie ein Zeitungsartikel zu einem phantasievollen Stück Prosa oder einem Gedicht.

Die Wertschätzung jedoch, die der Dokumentarfilm als *Genre* genießt, beruht hauptsächlich auf Filmen, die über das Stadium der reinen Beobachtung hinausgelangt sind und versucht haben, etwas von den emotionalen Untertönen und der tieferen Bedeutung der Ereignisse zu vermitteln. Obwohl ihre Zielvorstellungen sehr verschieden sind, fallen einem sofort als Beispiele für eine intensivere Annäherung an die Realität die Filme von Dowshenko, Flaherty, Ivens und Wright ein. An dieser Stelle wollen wir uns allerdings nicht damit befassen, zu welchem Zweck die Filme dieser sehr unterschiedlichen Regisseure gedreht wurden, sondern mit den ihnen zugrundeliegenden ästhetischen Problemen. Obwohl zum Beispiel Flaherty mit der *Louisiana Story* (1946–48) eine völlig andere Absicht verfolgte als Ivens mit *The Spanish Earth* (Spanische Erde, 1937), waren die rein ästhetischen Probleme, imaginative Bildfolgen herzustellen, grundsätzlich die gleichen.

Die künstlerische Mitarbeiterin von Ivens wie von Flaherty, Helen van Dongen*: »Denken wir uns statt des Märchens *Louisiana Story* ein realistisches Drama; ersetzen wir den Alligator durch richtige Gewehrkugeln; ersetzen wir den Waschbären durch einen jungen, patriotischen Soldaten aus Joris Ivens' *The Spanish Earth* – so wird der Vergleich sofort deutlich. Am Ende der Alligator-Waschbär-Szene hatte der Regisseur die Freiheit zu entscheiden, ob der Waschbär sterben oder weiterleben sollte. Am Ende von *The Spanish Earth* kehrt der Soldat nicht zu seiner Mutter und seinen Freunden zurück. Er ist gefallen. Nicht das Drehbuch verlangte seinen Tod, sondern eine wirkliche Kugel. Der Regisseur hatte weder die Möglichkeit, das Geschehen neu zu drehen, noch konnte er anderes Material drehen, um den Schluß neu zu schneiden. Regie und Schnitt mußten also während der gesamten Produktionsdauer flexibel bleiben, um die Probleme, die durch die tatsächlichen Ereignisse entstanden, berücksichtigen zu können. Doch steht die Handlung erst einmal fest, sind die grundsätzlichen Schnittprobleme in beiden Fällen die gleichen.«

Zur Vereinfachung werden wir unser Kapitel über die Montage von poetischen Dokumentarfilmen auf das Werk von Robert Flaherty beschränken. Seine Filme sind die bekanntesten und in mancher Hinsicht auch repräsentativsten für das Genre. Das soll natürlich nicht heißen, daß Flaherty der einzige Exponent dieser Gattung ist, der Interesse verdient.

Die poetische Interpretation eines realen Ereignisses muß unter allen Umständen etwas von der Spontaneität des Ereignisses selbst bewahren. Flaherty war sich dieser Notwendigkeit bewußt. Er plante deshalb den Handlungsablauf seiner Filme nur in sehr vager Form im Drehbuch. Er benutzte zwar einen grob skizzierten, flexiblen Handlungsentwurf, um seinem Film Form und Einheit zu geben, aber nie ein in Einstellungen aufgelöstes Drehbuch. Die Einzelheiten und in vielen Fällen auch die genaue Erzählfolge wurden allein durch die Art und Qualität des gedrehten Materials bestimmt. Das geschah erst im Schneideraum.

Helen van Dongen:

»Für *Louisiana Story* hatten wir kein fertiges Drehbuch, in dem festgelegt war, welche einzelnen Szenen gedreht werden und wo sie ihren endgültigen

* Three Hundred and Fifty Cans of Film. in: Roger Manvell (Hg.): The Cinema 1951. Harmondsworth: Penguin 1951, S. 70.

Platz in der Geschichte finden sollten. Stattdessen hatten wir ein visuell und filmisch geschriebenes Script, mit dem Hauptziel, die Geschichte verständlich zu machen. Flaherty beschrieb zum Beispiel die Anfangssequenz folgendermaßen:

›Wir befinden uns tief im Bayou Country im unteren Louisiana. Es ist die Zeit des Hochwassers – das halbe Land ist überschwemmt. Wir bewegen uns durch einen dichten Wald. Überall Wildvögel, in der Luft und schwimmend auf dem Wasser. Wir sind verzaubert von dem Leben der wilden Tiere und dem Geheimnis der Wildnis vor uns...‹

Für die Sequenz wurde eine ungeheure Menge verschiedenartiges Material gedreht, nicht nur, wenn wir gerade Aufnahmen für diese Sequenz machten, sondern während der gesamten Drehzeit, immer wenn wir irgendetwas entdeckten, das eventuell infrage kommen konnte, um die Atmosphäre und Geographie des Landes zu beschreiben. (60000 Meter wurden so für einen Film verdreht, der schließlich eine Länge von 2400 Metern hatte.) Fast alles konnte infrage kommen und fast alles wurde auch gedreht. Wie Pflanzen, die im Sumpf aufwachsen, wucherten unsere Bilder ins Uferlose. Wir hatten Szenen mit Alligatoren, die auf ihren Nestern saßen, die durch das Wasser glitten, sich in der Sonne wärmten oder ihren häßlichen Kopf aus einem Schlammloch des Sumpfwaldes steckten; fremdartige und schillernde Vögel saßen auf Baumwipfeln oder Sträuchern, die aus Tümpeln voller Lilien ragten; Schlangen glitten an Bäumen hoch, Lotusblätter spiegelten sich im klaren Wasser, Tautropfen hingen an den Blättern, kleine Fliegen glitten über das Wasser, eine Spinne spann ihr Netz, Spanisches Moos baumelte von riesigen Eichen herab, Fische, Kaninchen, Rehkitze und Stinktiere und anderes mehr, zu viel, um es einzeln aufzuzählen.

Eine derartige Fülle unterschiedlichsten Materials, zeitweise unter der Überschrift ›Einführungsszene‹ abgelegt – die das Thema ›Atmosphäre des Sumpfes und des Waldes‹ behandeln sollte –, stellte natürlich schon an sich eine Schwierigkeit beim Schnitt dar. Bei der ersten Durchsicht des Materials erschien es uns ziemlich zusammenhanglos. Wo war in diesem ganzen Wirrwarr das Hauptthema geblieben, das wir entwickeln wollten?

Der Cutter hatte kein präzises Drehbuch, das ihm sagte: ›Wir fangen mit der Großaufnahme von einem Lotusblatt an, das sich als Silhouette gegen das Wasser abhebt; danach kommt die Einstellung von einem Alligator, der über ein Stück Treibholz hinwegklettert...‹. Stattdessen gab es nur eine allgemeine Beschreibung der Örtlichkeiten und der Atmosphäre und des Gefühls, das zum Ausdruck kommen sollte (›Wir sind verzaubert von dem Leben der wilden Tiere und dem Geheimnis der Wildnis vor uns...‹).

Der Cutter hat die Idee des Regisseurs zu erkennen und sichtbar zu machen und als Anleitung für den Schnitt zu beachten:

(1) den Hinweis, daß er eine geheimnisvolle Wildnis, die von der Zivilisation noch unberührt ist, porträtieren soll;

(2) daß dies auf eine poetische Weise geschehen soll, dem Stil und rhythmischen Gleichgewicht des übrigen Films angemessen, und daß diese Wildnis durch die verzauberten Augen eines zwölfjährigen Jungen betrachtet wird (der Cutter muß besonders in dieser Sequenz darauf achten, daß sie sich nicht zu episch entfaltet oder zu einer verherrlichenden Reisebeschreibung wird);

(3) obwohl schon jeder einzelnen Aufnahme Eigenarten dieser geheimnisvollen Wildnis innewohnen, ist jede für sich genommen inhaltlich neutral, bis wir sie im richtigen Zusammenhang mit den anderen Aufnahmen sehen; erst dadurch wird sie plötzlich zum Leben erweckt und erhält einen tieferen Sinn;

(4) last but not least: die Schnittvorführungen und Diskussionen mit dem Regisseur.

Der entscheidende Punkt bei der Auswahl und Abfolge der Szenen sollte ihr emotionaler Gehalt sein, ihr tieferer Sinn. Vermitteln sich erst einmal die gewünschten Gefühle und Stimmungen über die gesamte Sequenz hin und besteht überdies eine Balance zwischen Form und Inhalt, entstehen die metrischen und rhythmischen Werte von ganz allein.

So sah dann die Anfangssequenz nach der Montage aus:

Louisiana Story *

Der Film ist ein ›Bericht über die Abenteuer eines Cajun-Jungen, der in der Marsch des Petit Anse Bayou in Louisiana lebt‹.

1 Sehr langsame Aufblende (2,40 m lang), während die Kamera langsam auf ein riesiges Lotusblatt hochschwenkt, das hin und her pendelt.	
Das Blatt und einige Schlammlöcher formen ein dunkles Muster an der Wasseroberfläche, in der sich auch weiße Wolken spiegeln. Kleine Käfer gleiten über das Wasser.	Musik setzt ein. (8,5 Sek.)
2 Totale. Der silhouettenhafte Umriß eines Alligators gleitet langsam durch das Wasser. Auch hier spiegeln sich deutlich weiße Wolken im Wasser.	(7,5 Sek.)
3 Die Wasseroberfläche, in der sich verschiedene Lotusblätter und Zweige, auf denen ein Vogel sitzt, spiegeln. Die Kamera schwenkt hoch, so daß wir die Spiegelbilder jetzt in Natur sehen.	(5,5 Sek.)
4 Die Oberfläche eines Tümpels mit Lilien, hier und da einige Lotusblätter auf dem Wasser. Ein Alligator erklimmt langsam einen umgefallenen Zypressenbaum.	(8 Sek.)
5 Großaufnahme. Lotusblatt, der Schatten unsichtbarer Zweige darauf. Im Vordergrund des Blattes: Tautropfen.	(2 Sek.)
6 Großaufnahme. Ein Tautropfen an einem Lotusblatt.	(2 Sek.)
7 Halbtotale. Ein schillernder Vogel, der auf einer Baumspitze Platz nimmt.	(5,5 Sek.)
8 Totale des Sumpfwaldes. Die Wurzeln der Bäume ragen in das dunkle Wasser, silbrig glänzendes Spanisches Moos baumelt von den Zweigen herab. (Aufgenommen von einem schwimmenden Floß, das langsam vorwärts fährt, während die Kamera sehr langsam gegen die Fahrtrichtung schwenkt, so daß eine fast dreidimensionale Wirkung entsteht.) Nach etwa 16 Sekunden entdecken wir weit im Hintergrund einen kleinen Jungen, der sein Kanu vorwärtstreibt. Er verschwindet immer wieder hinter den riesigen Bäumen im Vordergrund und taucht weit hinten wieder auf.	(48 Sek.)
9 Der Sumpfwald, tiefhängendes Moos im Vordergrund. Die Kamera fährt in das Moos, als durchstoße sie eine Spanische Wand.	(11,5 Sek.)
10 Großaufnahme. Ein Wirbel auf dem Wasser, durch das Paddel des Jungen außerhalb des Bildes verursacht.	(4 Sek.)
11 Halbnah. Der Junge in seinem Kanu, mit dem Rücken zur Kamera. Er paddelt vorsichtig vorwärts, verhält für Augenblicke, blickt umher.	Kommentar: *Sein Name ist Alexander – Napoleon – Ulysses – Latour. Seejungfrauen, deren Haare, wie er sagt, grün sind, schwimmen diesen Fluß von der See kommend hoch. Er hat schon ihre perlenden Atemblasen gesehen – oft.* (27 Sek.)
12 Großaufnahme. Blasen steigen zur Oberfläche hoch und setzen winzig kleine Blätter in Bewegung.	(6,5 Sek.)
13 Der Junge beugt sich vor, um dem tief hängenden Spanischen Moos auszuweichen. Er paddelt von der Kamera weg.	Kommentar: *Und Werwölfe mit langen Nasen und großen, roten Augen kommen hierher, um in mondlosen Nächten zu tanzen.* (10 Sek.)
14 Sumpfwald. Der Junge wirkt sehr schmächtig inmitten der riesigen Eichen. Er paddelt auf die Kamera zu.	(8 Sek.)
15 Der Junge etwas näher, er paddelt von rechts nach links aus dem Bild heraus.	(8,5 Sek.)
16 Bäume, von Wasser umgeben. Die Sonne scheint durch die Blätter und reflektiert im Wasser. Die Bewegung des Wassers wirft die Reflexionen der Sonnenstrahlen auf die Bäume zurück.	(4 Sek.)

Beim Herstellen der Fotos aus einer Kopie des British Film Institute mußten wir feststellen, daß die ersten Einstellungen nicht mehr in der von Helen van Dongen beschriebenen Reihenfolge existieren.

8

9

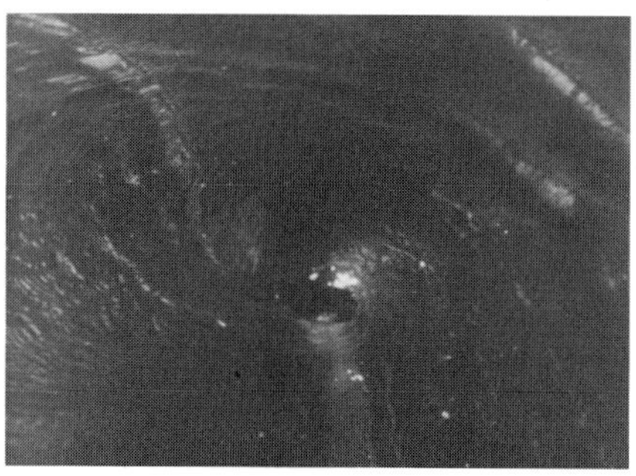
10

* Regie: Robert Flaherty. Cutterin und verantwortliche Produzentin: Helen van Dongen. Robert Flaherty Productions, 1948.

17 Die Wasseroberfläche und herunterhängende Zweige, die sich im Sonnenlicht spiegeln.	(3,5 Sek.)
18 Ein Fisch, der kurz unter der Wasseroberfläche entlanggleitet.	(2,5 Sek.)
19 Amerikanische. Der Junge im Kanu, wie er sich herabbeugt, um unter dem herunterhängenden Spanischen Moos vorbeizukommen, und ein riesiges Lotusblatt beiseite schiebt.	(10 Sek.)
20 Großaufnahme. Ein Alligator, der langsam seinen Kopf hebt.	(6 Sek.)
21 Der Junge. Er stoppt sein Kanu mit dem Paddel. Er blickt sich suchend um, sieht aber den Alligator außerhalb des Bildes nicht.	(8,5 Sek.)
22 Die dunkle Oberfläche des Sumpfwassers. Außer einigen sich im Wasser spiegelnden Baumstämmen ist nichts zu sehen.	(3,5 Sek.)
23 Halbtotale. Der Junge, der fast von den Ästen berührt wird, paddelt weiter.	(6 Sek.)
24 Totale. Der Junge in seinem Kanu, wie er sich langsam von der Kamera wegbewegt.	(4,5 Sek.)
25 Großaufnahme. Eine Schlange, die sich an der Wasseroberfläche entlangschlängelt, weg von der Kamera.	(4,5 Sek.)
26 Amerikanische. Der Junge in dem Kanu, Gesicht zur Kamera. Musik hält inne. Er blickt umher, lauscht und berührt einen kleinen Beutel mit Salz an seiner Hüfte.	Kommentar: *Er würde sich nie einfallen lassen, ohne diesen kleinen Beutel mit Salz loszuziehen...* (8,5 Sek.)
27 Großaufnahme. Blasen steigen auf, kräuseln die Wasseroberfläche.	(3,5 Sek.)
28 Wie Einstellung 26. Der Junge blickt in sein Hemd.	Kommentar: ... *oder das kleine Etwas, das er unter seinem Hemd trägt.* (24,5 Sek.)
29 Der Junge lächelt und paddelt dann auf die Kamera zu.	Die Musik setzt mit einem neuen Thema ein, der ›Melodie des Jungen‹. (21,5 Sek.) Musik lauter.
30 Nahaufnahme. Ein Waschbär auf einem Baum.	

Diese Sequenz bildet den ruhigen Auftakt der Erzählung, eine lyrische Einführung in die vor uns liegende Schönheit des Bayou Country und die Geheimnisse des Sumpfes. Robert Flahertys Einstieg ist poetisch, verweilt hier und dort, bewundernd ruht sein Blick auf einem Gegenstand und schweift dann umher. Die Umgebung ist noch ungestört vom Lärm der Zivilisation, und die Montage paßt sich der Stimmung an. Sie ist frei vom Agitatorischen schneller Szenenwechsel oder Zwischenschnitte.

Achten Sie besonders auf Szene 8. In einer Länge von rund 48 Sekunden gleiten wir in einer einzigen Einstellung durch das Wasser des Sumpfes, entdecken den Jungen und verfolgen ihn aus der Ferne. Hätte man diese lange Szene durch Zwischenschnitte, so schön sie auch sein mögen, unterbrochen, hätte man das Gefühl von Ruhe und Frieden, die geheimnissvolle poetische Atmosphäre der Bilder zerstört.

Von Anfang an wird diese Sequenz durch Details bestimmt. Ein Blatt, fremdartig und schön in seiner Form, ein Vogel, den wir nicht täglich zu sehen bekommen, die Schatten gefiederter Zweige, die Umrisse eines Alligators, ein Tautropfen, der im Sonnenlicht funkelt, ergeben zusammen eine bildhafte Erzählung und führen uns ein fremdes und geheimnisvolles Land vor Augen. Erst *nachdem* diese Einzelheiten gezeigt worden sind, wird klar, daß wir uns in einem Wald befinden, der, nicht minder geheimnisvoll, mitten in einem Sumpf liegt. Die riesigen Eichen tragen tief herunterhängende Bärte aus silbrigem Spanischem Moos. Und dann, zu Beginn fast unbemerkt, entdecken wir in der Ferne die Umrisse eines menschlichen Wesens, eines kleinen Jungen, der sein Kanu durch die schweigenden Wasser paddelt.

Der Junge erscheint wie eingetaucht in das Geheimnis der Vögel und Lotusblüten. Wir wundern uns nicht, daß sein Name Alexander – Napoleon – Ulysses – Latour ist, da er im Einklang mit der grandiosen Umgebung steht. Wenn wir uns mit dem Jungen zusammen vorbeugen, um am Moos vorbeizukommen – als ob wir eine Spanische Wand durchstoßen –, dringen wir noch tiefer in ein

11

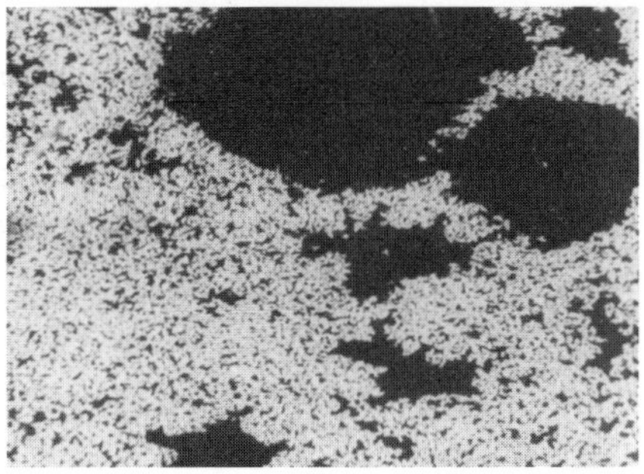
12

13

14

15

16

17

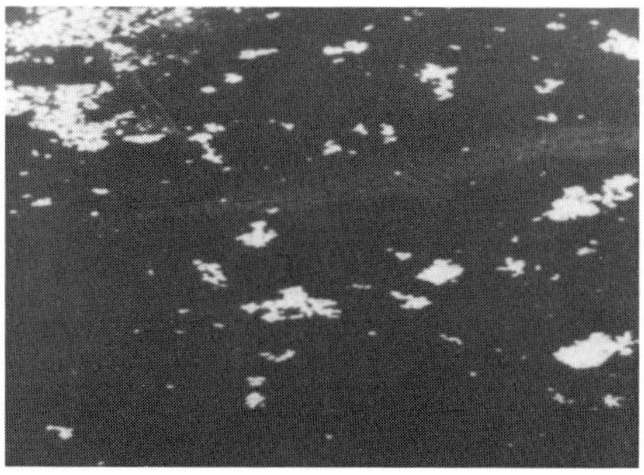
18

19

20

Märchenland ein und sind noch mehr davon überzeugt, daß er an Meerjungfrauen glaubt und ein Amulett trägt, das ihn vor Werwölfen und anderen unsichtbaren Feinden einer imaginären Welt beschützt.

Dieses völlige Eintauchen in eine Atmosphäre ist das Ergebnis eines Nacheinanders bestimmter Einstellungen. Hätten wir die Sequenz zum Beispiel mit einer langen kontinuierlichen Szene des bärtigen Waldes begonnen (zur *Orientierung* über den Ort, an dem unsere Geschichte spielt), wären uns sein Zauber und sein Geheimnis fremd geblieben. Die Szene hätte lediglich einen Wald gezeigt, durch den ein Junge mit seinem Kanu paddelt. Hätte man dann die Einzelheiten der Szenerie folgen lassen, wären sie nicht mehr als eine Illustration dessen gewesen, was der Junge auf seinem Weg durch den Wald sieht. Durch die tatsächliche Abfolge der Bilder im Film jedoch wächst unsere emotionale Bereitschaft, das Geheimnis des Sumpfwaldes zu erforschen. Die vorangegangenen Details mit ihrer geheimnisvollen Ausstrahlung und Schönheit haben unsere Neugierde geweckt und machen es uns leicht, dem Jungen ohne weiteres zu folgen und an seinen Entdeckungen teilzuhaben.

Die Auswahl der Aufnahmen und ihre Reihenfolge waren nicht von vornherein festgelegt worden. Innerhalb des Konzeptes für diese Sequenz wurden Auswahl und Abfolge durch verschiedene Faktoren bestimmt:

(1) den Inhalt jeder Szene;

(2) die räumliche Bewegung während einer Einstellung, die für sich genommen nicht entscheidend, aber im Zusammenhang mit anderen Faktoren auch nicht unwichtig ist. Sie ist zwar zweitrangig, sollte aber auch nicht völlig außer acht gelassen werden;

(3) die Farbwerte. Damit meine ich ihre Nuancen innerhalb der Skala zwischen Schwarz und Weiß. Gemeinsam mit anderen Faktoren kann diese Farbigkeit eine Atmosphäre schaffen und verstärken. (Als Beispiel: eine leuchtend helle Einstellung kann sowohl ein Signal für die Mittagszeit wie auch für einen ganzen glücklichen Tag sein. Leuchtende Helle mit silberglänzenden Reflektionen kann eine geheimnisvolle Atmosphäre erzeugen. Grau kann ganz einfach die heraufziehende Nacht signalisieren oder einen wolkenverhangenen Tag mit aufziehendem Regen. Grau kann emotional auch als Vorwarnung für drohendes Unheil dienen);

(4) den emotionalen Gehalt, den wichtigsten Faktor überhaupt.

All diese Faktoren müssen gesehen, bewertet und genutzt werden, da erst die zusammenhängende Beurteilung all dieser Elemente und Einflüsse schließlich eine wirkungsvolle Verbindung von Szenen bewirkt. Als Beispiel für die relative Bedeutung jedes einzelnen Faktors und die komplexen Zusammenhänge wollen wir die ersten beiden Szenen analysieren. Dabei wollen wir im Augenblick nur auf die räumliche Bewegung achten:

Nach einer sehr langsamen Aufblende (5,5 Sekunden), während die Kamera langsam hochschwenkt, zeigt die erste Einstellung ein riesiges Lotusblatt, das träge und wellenförmig in der Luft wogt. Hinter dem Blatt bemerken wir eine fast unmerkliche Bewegung des Wassers, die durch kleine, auf dem Wasser entlanggleitende Insekten entsteht. In der zweiten Einstellung sehen wir einen langsam dahinschwimmenden Alligator, der eine träge Kräuselung der Wasseroberfläche verursacht.

Analysiert man *nur die Bewegungen* innerhalb dieser beiden Einstellungen, stellt man fest, daß die langsame Aufwärtsbewegung der Kamera mit der leichten Bewegung des Blattes zusammenfällt, die wiederum mit der trägen Bewegung des Alligators in Einstellung 2 übereinstimmt. So wird eine fast unmerkliche *Bildführung* erreicht, da in der ersten Einstellung das Blatt selbst etwas nach rechts schwingt und sich in dieselbe Richtung neigt, in die der Alligator schwimmt. Die leichte Kräuselung des Wassers in Einstellung 1 setzt sich in Einstellung 2 fort.

Eine lediglich *mechanische* Kontinuität, ohne andere Faktoren zu berücksichtigen, würde ihr eine völlig überproportionale Bedeutung geben. Tatsächlich sind diese Bewegungen im Film fast nicht wahrnehmbar, obwohl sie sowohl Teil der Gesamtwirkung, als auch Bestandteil der Atmosphäre und des emotionalen Gehaltes dieser beiden Einstellungen sind.

Überprüft man die *Farbwerte*, stellt man fest, daß beide Einstellungen gleiche silhouettenhafte Qualität haben, funkelnd hell in den sich spiegelnden Wolken, tiefdunkel in den sich spiegelnden Schlammlöchern. In der einen Einstellung haben wir die düster reflektierenden Umrisse des Lotusblattes, in der darauffolgenden die dunklen Umrisse des Alligators. Beide Einstellungen signalisieren einen strahlend hellen Sonnentag in wunderschöner Umgebung. An sich bedeutete dieser Eindruck überhaupt nichts, wäre er nicht so eng mit den anderen Faktoren verbunden.

Der *emotionale Gehalt* wiederum setzt sich aus dem abgebildeten Gegenstand, der photographischen Qualität und Komposition des Bildes, den langsamen und trägen Bewegungen, dem strahlendhellen Sonnenlicht, den Spiegelungen und der silhouettenartigen Atmosphäre zusammen. Jede Einstellung zeigt *für sich genommen* nicht mehr als den festgehaltenen Vorgang, ein Faktum oder eine Bewegung von nur begrenzter Assoziationskraft. Nur dadurch, daß man sie in ihrem jetzigen Zusammenhang sieht, entsteht aus der Kombination einzelnen Assoziationen ein neues Konzept. Alle Faktoren zusammen erzeugen ein Gefühl von Unwirklichkeit. Die beiden Einstellungen signalisieren die Trägheit des subtropischen Urwalds in einer geheimnisvollen und zauberhaften Aura, die in den darauffolgenden Einstellungen weiterentwickelt wird.

Wir wollen noch einmal kurz auf die Aufzählung der Faktoren, die die Kontinuität der ersten beiden Einstellungen bestimmen, zurückkommen. Bevor überhaupt ein Zusammenschnitt erfolgt, könnten sie sich an irgendwelchen völlig verschiedenen Stellen der Filmrollen befinden, mit denen der Cutter zu tun hat. Die endgültige Abfolge ist deshalb das Ergebnis einer langen Phase des Hin- und Herschiebens von Szenen, zuerst in dieser Kombination, dann in jener, bis sich allmählich immer mehr ihre richtige Zusammenstellung herausschält. Erst dann werden die Szenen beredt. Je mehr man sich dieser endgültigen Zusammenstellung nähert, um so mehr ist der Cutter auch in der Lage, sich die Szenen vorzustellen. Ist diese endgültige Kontinuität erst einmal erreicht, kann man auch Schritt für Schritt erklären, warum zwei oder mehrere Einstellungen so und nicht anders zueinandergehören. Den entgegengesetzten Weg zu gehen, erscheint mir persönlich unmöglich – es sei denn, jedes Detail wird, von der allerersten Idee an, von vornherein festgelegt.«

Bevor wir Helen van Dongens Reflexionen zur Montage dieser Sequenz diskutieren wollen, muß noch etwas über die grundsätzlichen Intentionen des ganzen Films gesagt werden. Flaherty ging es hier nicht um einen Lehrfilm. Selbstverständlich benutzte er dokumentarisches Material, aber nur als Mittel, um eine gefühlsmäßige Stimmung auszudrücken. Der tatsächliche Inhalt einer Einstellung interessiert ihn nur insoweit, wie dieser ein neues Licht auf eine schon vorhandene Stimmung werfen oder diese verstärken konnte. Die vorhandenen Fakten dienten lediglich als Ausgangspunkt, um das emotionale Klima der Szene auszudrücken. Was wirklich die Eröffnungsszene charakterisiert, ist nicht etwa das Bild eines Lotusblattes, sondern das Gefühl von Ruhe und Frieden, das es vermittelt. Eine andere Einstellung – mit einem schlafenden Tier, einem sanft hin- und herschwingenden Zweig oder einem Sonnenstrahl auf dem Flußufer – hätte vielleicht den gleichen Zweck erfüllt.

Dieses ausgesprochen künstlerische Ziel – nämlich mehr die Stimmung und Atmosphäre einer Situation als einfach nur ihre Fakten darzustellen – wird ganz besonders deutlich durch die Art der Montage. Helen van Dongens Äußerungen haben wenig Ähnlichkeit mit unseren vorangegangenen Analysen. In den Reportage- und Spielfilmsequenzen, die wir bisher diskutiert haben, gewannen die Aufnahmen ihre Bedeutung vor allem durch den Inhalt und die Schauspieler, und die Hauptaufgabe des Cutters bestand darin, flüssige, dramaturgisch wirkungsvolle Übergänge zu schaffen. Hier jedoch geht es um etwas ganz anderes.

Der Inhalt ist von völlig untergeordneter Bedeutung. Es gibt keine direkte äußerliche Verbindung zwischen den Bildern. Entsprechend wenig wird über Anschlüsse gesagt. Jeder Schnitt verstärkt oder modifiziert nur eine schon vorhandene Stimmung, ohne dadurch irgendwelche neuen wichtigen Tatsachen

21

22

23

24

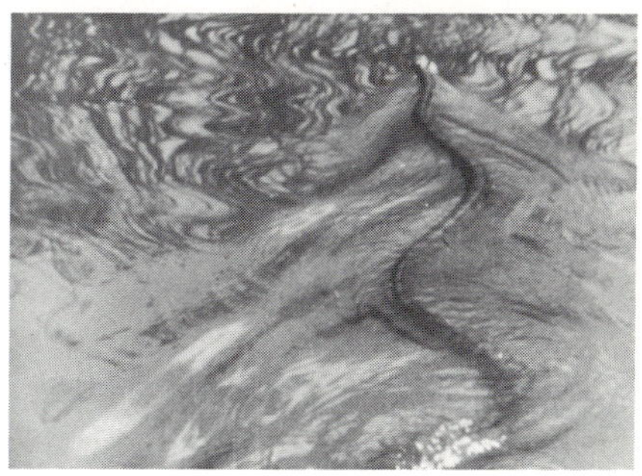
25

26

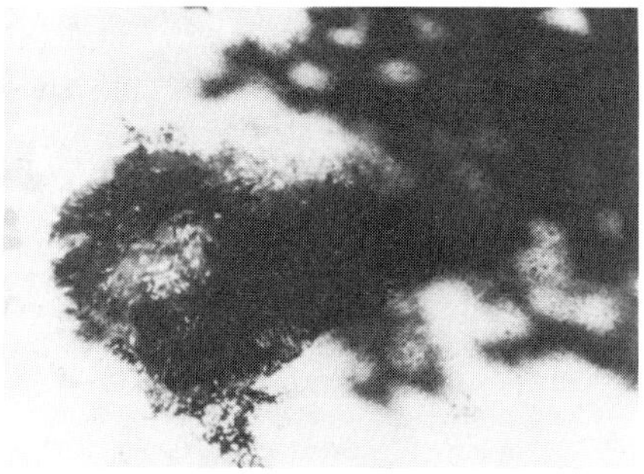
27

28

29

30

zu enthüllen. Deshalb ist es zuallererst nötig, eine Balance des Gefühls zwischen den Bildern herzustellen. Die Frage der Übergänge bleibt von untergeordneter Bedeutung.

Während der Cutter eines Spielfilms bewußt darum bemüht ist, seiner Sequenz ein ihrem dramatischen Inhalt angemessenes Tempo zu geben, erwähnt Helen van Dongen das Problem des Timing kaum. Da hier nur sehr wenige Aufnahmen wichtige faktische Informationen enthalten, brauchte der Cutter jedes einzelne Bild nur so lange zu zeigen, wie es die Stimmung erforderte.

Läßt der Cutter also eine Einstellung ungewöhnlich lange stehen, gibt es keinen Grund, ihn davon abzuhalten. Nr. 8 der Eröffnungssequenz, in der eine neue Figur vorgestellt wird, hat zum Beispiel eine Länge von über 48 Sekunden. Wenn der Junge das erste Mal im Laufe dieser langen Einstellung auftaucht, ist es mit einem Mal, als entdeckten wir wieder etwas Neues, Wunderbares im Urwald – so etwa, wie wir zuvor den Alligator oder einen Vogel entdeckt haben. Wäre der Junge beim ersten Mal durch einen Schnitt eingeführt worden, hätte man ihn als etwas außerordentlich Fremdartiges in diesem Urwald empfunden. Das bis dahin aufgebaute Rezeptionsmuster wäre zerstört worden. (Das soll nicht heißen, daß ein korrektes Timing und ein flüssiger Schnitt unwichtig sind. Sie sind genauso wichtig wie für einen Maler, ein guter Zeichner zu sein. Timing und flüssiger Schnitt sind die handwerklichen Grundlagen für den kreativen Aufbau der Montage, ohne von sich aus vorrangige ästhetische Faktoren zu sein.)

Bei der Montage von poetischen Passagen ergeben sich vornehmlich zwei wichtige kreative Prozesse. Erstens die Aufgabe, das Material auszuwählen. Praktisch bedeutet das eine Menge harter Arbeit und ein gutes Gedächtnis: der eigentliche kreative Prozeß. Er erfordert ein hohes Maß an Erfahrung, die Fähigkeit, den Aufnahmen innewohnende Bedeutungen zu erkennen, und die Urteilsfähigkeit des Künstlers. Verallgemeinernd kann man sagen, daß jede einzelne Aufnahme, die mit anderen zusammengeschnitten eine ganz bestimmte Stimmung erzeugt, diese nicht schon unbedingt von sich aus hat. Die gesamte Atmosphäre der Anfangssequenz von *Louisiana Story* wird durch solch verschiedenartige Bilder wie die ruhigen Großaufnahmen der Blumen und Vögel, die gemächlichen, dennoch bedrohlichen Aufnahmen des Alligators und den kurzen, elektrisierenden Anblick einer Wasserschlange erzeugt. Für sich gesehen, vermitteln diese Bilder höchstens einen Bruchteil der Gesamtstimmung; zusammen erzeugen sie die ehrfurchteinflößende, magischrealistische Atmosphäre des Urwalds.

Nach der vorläufigen Auswahl des Materials ist der zweite entscheidende Schritt die ausdrucksstarke Abfolge der Einstellungen. Ein Vogel, ein glitzernder Wassertropfen und ein Sonnenstrahl können eine bestimmte Atmosphäre schaffen – aber in welcher Reihenfolge und in welcher Beziehung zueinander? Eine Folge von Bildern, die sich gegenseitig in ihrer Stimmung beeinflussen (wie das erste Halbdutzend der zitierten Einstellungen), kann an einem bestimmten Platz ideal sein; an anderer Stelle können scharfe Kontrastmontagen (wie bei Nr. 24, 25 und 26) das beste sein. Wie wichtig die Reihenfolge der Einstellungen ist, wird durch Helen van Dongens Bemerkung deutlich, daß eine Umstellung der Szenen – eine Totale des Urwalds als Anfang – die ganze Sequenz in eine Art Reisebeschreibung verwandelt hätte. Wir können uns also auf den Hinweis beschränken, daß die Reihenfolge von der gewünschten Atmosphäre abhängt. Alle weiteren Einzelheiten bleiben der Entscheidung des Künstlers überlassen.

Die lange Anfangssequenz, die wir hier zitiert haben, enthält nur wenig Handlung und nur wenig Informationen, die vermittelt werden *müssen*. Der Cutter brauchte sich an keine festgelegte Reihenfolge von Ereignissen zu halten und konnte sich deshalb ganz auf die Auswahl der eindringlichsten Bilder konzentrieren. Um zu zeigen, daß diese Methode keineswegs nur auf lyrische Naturbeschreibungen beschränkt ist, wollen wir noch eine andere Sequenz desselben Films betrachten, in der der Cutter die Atmosphäre tatsächlich nach einem festgelegten Plan wiedergeben mußte.

Louisiana Story
Ausschnitt aus Aktrolle 4

An dieser Stelle des Films wird zum ersten Mal eine Ölbohrung gezeigt. Das geht so vor sich: Ein ziemlich langes Stahlrohr mit einem Bohrkopf am unteren Ende wird in die Erde gesenkt, bis nur das obere Ende herausragt. Ein Kranführer, der in 30 m Höhe auf dem Turm steht, schwenkt eine Verlängerung des Stahlrohres in Position. Das untere Ende des Verlängerungsstücks wird mit Hilfe von Ketten und einer Schraubenvorrichtung an das aus dem Boden ragende Rohrende festgeschraubt. Sobald die beiden Rohre fest miteinander verbunden sind, rammt ein von der Höhe des Turms heruntersausendes Gewicht die Rohre ein Stück in die Erde und wird wieder hochgezogen, so lange, bis nur noch das obere Ende der Verlängerung aus der Erde hervorragt. Dieser Vorgang wird mehrfach wiederholt, bis die gewünschte Tiefe erreicht ist. Daraufhin wird das ganze Rohr durch einen Motor in Drehung versetzt und für viele Stunden im Boden gelassen. Die Rotation besorgt die Bohrung. ›Roughnecks‹ bringen die Rohrverlängerungen in die endgültige Position und schrauben sie fest. Sie arbeiten zu ebener Erde. Der Kranführer steht oben auf dem Turm. Er muß die neuen Rohrverlängerungen herunterlassen und sie für die Ramme, die sie in die Erde treibt, in die richtige Position bringen. Der ›Bohrmann‹ kontrolliert die Verschraubung und die Aktionen der Ramme. Er ist für den gesamten Arbeitsvorgang verantwortlich.

Wir haben die lange Sequenz für die Analyse in sechs Gruppen eingeteilt: nur die letzten drei werden vollständig wiedergegeben.

Gruppe A

Dämmerung. Der Bohrkopf an der Rohrverlängerung wird ausgewechselt. Ein neuer Bohrkopf wird angebracht, und wir sehen, wie der Bohrmann seine Hebel betätigt, als die Rohrverlängerung in die Erde gesenkt wird. Hauptsächlich Aufnahmen von der Arbeit zu ebener Erde. Sie sind unterschnitten mit Nachtaufnahmen von vorüberziehenden Öllastkähnen und kurzen Momentaufnahmen des Jungen, wie er sich in seinem Kanu dem Kran nähert. Das Krangeräusch kontrastiert zu der Ruhe der Aufnahmen von dem Jungen, über die nur das ständige Rammgeräusch gelegt ist. (1 Min., 45 Sek.)

Gruppe B

Dämmerung. Die Vorgänge um den Kran herum werden in langen Einstellungen gezeigt: einige aus der Entfernung mit den hin- und herschwingenden Rohrverlängerungen, die in der Dunkelheit aufblitzen; einige von unten in Richtung Turmspitze; einige von der Turmspitze nach unten. Diese sind wiederum unterschnitten mit Aufnahmen des Jungen, der sich in seinem Kanu dem Kran nähert. Im Verlauf der Sequenz wird das Bohrgeräusch über den Einstellungen des Jungen lauter und lauter, um zu zeigen, daß er sich immer mehr nähert. (1 Min., 58 Sek.)

Gruppe C

Nacht. Der Junge erreicht die Bohrungen. Er blickt sich vorsichtig um. Wir sehen verschiedene Einstellungen des Bohrvorgangs aus der Sicht des Jungen. Der Bohrmann entdeckt ihn und fragt, ob er sich neben ihn setzen will, um eine bessere Aussicht zu haben. (1 Min., 6 Sek.)

Gruppe D

1 Aus der Nähe, Rücken und Arm eines Roughnecks, der das nächste Verlängerungsrohr bereithält. Es fällt mit einem dumpfen Schlag in das obere Ende des aus dem Boden ragenden Rohres, Rücken und Arm verschwinden aus dem Bild, ein anderer Arm kommt ins Bild und schlingt eine schwere Kette um das Rohr. Durch Verrichtungen außerhalb des Bildes wird die Kette gespannt, und der Arm des ersten Arbeiters kommt wieder ins Bild, bereit für den nächsten Handgriff. (Während der gesamten Sequenz sehr laute Maschinengeräusche.) (6 Sek.)

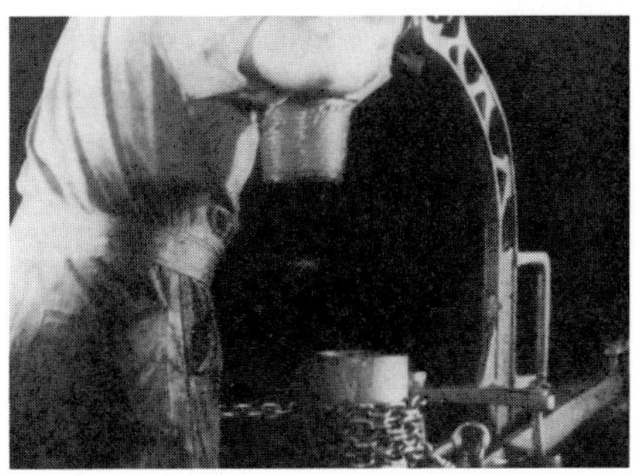
1

2

2 Amerikanische. Der Bohrmann betätigt einen Hebel; die Kette erscheint, von rechts kommend, im Bild, füllt den Vordergrund aus, straff gespannt, bewegt sich hin und her, bis sie sich fast unmerklich wieder lockert. (6,5 Sek.)

3 Halbnah. Der Arbeiter löst die Kette von der Rohrverlängerung, fast verfehlt er das Ende, die Gesichtszüge sind angespannt. (3 Sek.)

4 Halbnah. Der Bohrmann sieht nach oben, seine Hand liegt auf dem Hebel der Winde. (1 Sek.)

5 Einstellung von unten auf die Kranspitze: Der Seilzug mit dem hin- und herschwingenden Verlängerungsstück kommt herunter. Beim dritten Mal geht die Abwärtsbewegung in der folgenden Einstellung weiter. (1,5 Sek.)

3

6 Halbtotale. Der Bohrmann und der Junge. Beide verfolgen gespannt die Abwärtsbewegung des Verlängerungsstücks, der Bohrmann, um die Winde rechtzeitig zu bremsen, der Junge voller Verwunderung. (2 Sek.)

7 Einstellung von oben, wie ein Verlängerungsstück herabgelassen wird. (1,5 Sek.)

8 Einstellung vom Boden aus: Die vorangegangene Abwärtsbewegung wird in dieser Einstellung fortgesetzt. Die Abwärtsbewegung endet, als sich das Ende des Rohres in die Öffnung senkt. Ein Arm und zwei Hände kommen ins Bild, um den Haken zu lösen. (3,5 Sek.)

9 Amerikanische. Der Junge sieht von der Seite den Bohrmann an, blickt dann hoch zu dem Kranhaken außerhalb des Bildes. Hinter dem Jungen spannt sich das Seil. (1 Sek.)

4

10 Einstellung nach oben auf den Kranhaken, der allmählich hochgeht und auf Höhe des Kranführers anhält. (3,5 Sek.)

11 Amerikanische. Der Bohrmann sieht zuerst nach oben, dann kurz nach unten, als ob er kontrolliert, ob alles klappt, dann sieht er schnell wieder nach oben. (2,5 Sek.)

12 Amerikanische. Der Arbeiter, nur Rücken und Arm sind sichtbar, beide vibrieren vor Anstrengung. Die um das Rohr geschlungene Kette bewegt sich nicht. Sobald er die beiden Rohre zusammengeschoben hat, wird die Kette nach oben geschoben und gespannt. (5,5 Sek.)

5

13 Großaufnahme. Der Bohrmann. An seiner Körperbewegung erkennen wir, daß er das Pedal, das die Kette spannt, betätigt hat. Die Kette spannt sich mit einem Schlag im Vordergrund, die Kamera schwenkt auf den Jungen, während Seil und Kette sich im Vordergrund hin- und herbewegen. Dem Jungen wird unbehaglich zumute, und während die Kette weiter hin- und herschlägt, wird sein Gesichtsausdruck zusehends ängstlicher. (9 Sek.)

14 Nahaufnahme. Der angespannte Gesichtsausdruck des Arbeiters, der versucht, die Kette noch fester um das Rohr zu ziehen. (1,5 Sek.)

15 Amerikanische. Der Bohrmann spannt die Kette weiter. Sie schlägt hart gegen das Rohr, der Junge verzieht vor Angst noch mehr sein Gesicht, zieht die Schultern hoch und legt die Arme schützend vors Gesicht. (3 Sek.)

6

16 Nahaufnahme. Der Arbeiter, wie er versucht, die Kette vom Rohr loszuwickeln. (Die ›Gefahr‹, die aus den verzerrten Gesichtszügen des Jungen in der vorhergehenden Einstellung spricht, setzt sich fort.) (1 Sek.)

17 Nahaufnahme. Das Verlängerungsrohr gleitet in die Haltevorrichtung. (5,5 Sek.)

18 Halbnah. Der Bohrmann verfolgt die Abwärtsbewegung des Verlängerungsrohres außerhalb des Bildes, seine Hand liegt auf dem Bremshebel der Winde. (1 Sek.)

19 Nahaufnahme. Die Haltevorrichtung senkt sich. Ein Schenkel und ein Knie beugen sich ins Bild, und Hände strecken sich aus, um den Kranhaken zu lösen, während die Kamera anfängt, hochzuschwenken. (4 Sek.)

20 Amerikanische. Der Bohrmann. Die Kamerabewegung der vorhergehenden Einstellung wird durch den nach oben gehenden Blick des Bohrmannes aufgenommen; dann schwenkt die Kamera nach rechts und zeigt den Jungen, der ebenfalls nach oben blickt. Hinter ihm spult sich das Seil ab. Der Junge blickt kurz zu dem Bohrmann außerhalb des Bildes, dann wieder nach oben; daraufhin schwenkt die Kamera nach unten. Gleichzeitig gehen der Arm des Bohrmannes und der Schwenkhebel nach unten, so daß sie im Bild erscheinen. Als die Kamerabewegung beendet ist, bewegen sich Hand und Bremshebel noch einmal nach unten, und wir sehen die Füße des Jungen, deren Zehen sich vor Aufregung verkrampfen. (14,5 Sek.)

7

Gruppe E

21 Aus einer etwas größeren Entfernung als zuvor erkennen wir zwei schon ineinandergesteckte Rohre. Der Arbeiter schlingt die Kette um das Rohr, während ein anderer die Verschraubung vorbereitet. (36 Sek.)

22 Amerikanische. Der Bohrmann fängt an, die Kette zu spannen. (6 Sek.)

23 Fortsetzung von Nr. 21. Während der Arbeiter aufmerksam die Kette beobachtet, um sie schnell festzuhalten, falls sie abgleitet, bewegt sich die große Schraubvorrichtung im Vordergrund hin und zurück, wodurch die beiden Rohrstücke miteinander verschraubt werden. (Kreischendes Machinengeräusch, das dann abbricht.) (9 Sek.)

8

24 Halbtotale der beiden Arbeiter, die sich größte Mühe geben, der eine mit der Kette, der andere mit den Rohren, während sich die ›Monkey-Wrench‹ immer noch im Vordergrund hin- und zurückbewegt. (Stille.) (7,5 Sek.)

Gruppe F

25 ›Der Vorhang geht auf‹ vor dem gesamten Arbeitsvorgang. Im Vordergrund die beiden Roughnecks, die die Schraubvorrichtung herumschwenken, so daß im Hintergrund der Bohrmann und der Junge sichtbar werden. Der Bohrmann betätigt den Hebel der Winde, dreht an einem Ventil, und das Verlängerungsrohr senkt sich in die Öffnung. Die Hand eines Arbeiters erscheint im Vordergrund, bereit, den Kranhaken zu ergreifen. Der Junge blickt umher, und das Verlängerungsrohr gleitet wieder abwärts. (8,5 Sek.)

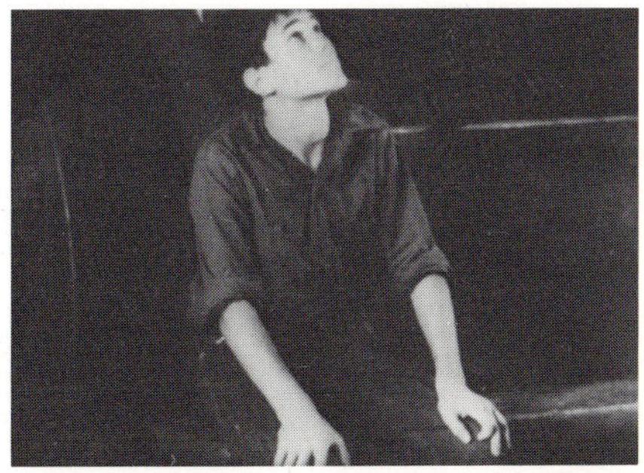
9

26 Amerikanische. Der Bohrmann drückt den Bremshebel fester runter, beugt sich in Richtung des Jungen und lächelt ihm zu. (3 Sek.)

27 Großaufnahme. Der Arbeiter, immer noch mit angespannten Gesichtszügen, aber nicht mehr so angestrengt wie vorher. (0,5 Sek.)

28 Amerikanische. Der Bohrmann lächelt noch immer dem Jungen außerhalb des Bildes zu. (2 Sek.)

29 Eine ähnliche ›Vorhang-auf‹-Einstellung wie 25. Als das Verlängerungsstück sich nach unten bewegt, sehen wir wiederum den Jungen, diesmal in einer wesentlich entspannteren Haltung, in der Hocke sitzend. (8,5 Sek.)

10

30 Amerikanische. Der Bohrmann und der Junge. Der Bohrmann sieht nach oben, der Junge, jetzt mit einem Lächeln im Gesicht, ebenfalls. Das Seil spult sich hinter ihm ab. Der Junge zeigt nach oben und sagt etwas zu dem Bohrmann, der ihm antwortet, aber durch den Lärm können wir nicht hören, was sie sagen. (2 Sek.)

31 Großaufnahme von oben, der Kranhaken pendelt langsam und gleichmäßig ohne Last. Schließlich bleibt er stehen. (9 Sek.)

32 Amerikanische. Der Bohrmann und der Junge. Der Bohrmann zeigt nach oben, der Junge lächelt ihm zu und sieht ebenfalls nach oben. Dann sichert der Bohrmann sämtliche Hebel an seiner Maschine und bedeutet damit, daß die Arbeit erst einmal beendet ist. (7 Sek.)

33 Totale. Der Kranführer klettert die Leiter außen am Stahlgerüst herunter. (10 Sek.)

11

12

13

14

15

16

Helen van Dongen:

»In derartigen Sequenzen kann man schwerlich die logische Abfolge der Arbeitsvorgänge außer acht lassen. Chaos und Konfusion bei der Darstellung eines technischen Vorgangs würden das Publikum verwirren und davon abhalten, den wirklichen Sinn zu verstehen. Aber weder die Chronologie noch die rein formalistischen Bewegungen der übermächtigen Maschinerie, so eindrucksvoll sie auch sein mögen, sollten im Vordergrund stehen. Diese mechanischen Elemente müssen dem emotionalen Gehalt einer Sequenz untergeordnet werden.

Worum geht es emotional, und wie kann man es am besten zur Geltung bringen? In der Ölbohr-Sequenz gibt es erst einmal einen Vorbehalt, der sehr wichtig ist. Die Sequenz darf nicht didaktisch werden. Wir machen keinen Lehrfilm, und es ist kein Platz für technische Erklärungen. Stattdessen geht es um eine Beobachtung von Mensch und Maschine bei der Arbeit.

Die positiven Elemente sind:

(1) *Bewunderung* für die Geschicklichkeit der Männer und für das, was sie mit ihren Maschinen vermögen. Das außergewöhnliche Zusammenspiel zwischen den Bewegungen der Männer und denen der Maschine. So gesehen, erinnern ihre Bewegungen und ihre Aktionen häufig an eine Art Super-Ballett.

(2) *Gefahr.* Der geringste Patzer eines der Männer würde in einer Katastrophe enden. Wenn beispielsweise einer der Roughnecks an der Kette diese für den Bruchteil einer Sekunde verpassen würde, könnte ein anderer durch die herumschlagende Kette enthauptet werden.

(3) *Furcht* des Jungen, dessen bisher einziger Kontakt mit der Technik sein rostiges Gewehr und ab und zu ein kurzer Blick auf ein an der Hütte seines Vaters vorüberfahrendes Motorboot war.

(4) *Spannung und Magie.* Die Maschine und die Männer, gesehen mit dem erstaunten Blick eines Jungen, der diese komplizierte Maschinerie mit dem gleichen Vertrauen akzeptiert wie die Magie seiner eigenen halb realen, halb verwunschenen Welt.

Wie wählt man die Szenen aus, um all diese Elemente darzustellen, einzeln oder zusammen?

Die Kontinuität der Szenen wird weder nur durch die *äußere* Erscheinung der verschiedenen Bilder aufgebaut, noch durch ein technisches Detail oder eine spezifisch rhythmisch-räumliche Bewegung. Stattdessen basiert sie auf dem Gesamteindruck oder dem ›feeling‹ der Aufnahmen, was wiederum die Summe aller Elemente ist. Neben ihrer allgemeinen Aussage kann eine Einstellung hauptsächlich ›Gefahr‹, eine andere ›Furcht‹, eine weitere ›Magie‹ oder ›menschliche Stärke und Tüchtigkeit‹ ausdrücken. Jedes Bild kann eine oder mehrere dieser Dominanten in allen nur möglichen Kombinationen enthalten. Diese vorherrschenden Elemente plus des kombinierten emotionalen Gehalts plus Ton wurden als gleichwertige Elemente angesehen und entsprechend bei der Auswahl und Zusammenstellung berücksichtigt.

Da die Ölbohr-Sequenz aufgrund einer Gesamtbeurteilung *aller* Einstellungen entstand, ist es nicht möglich, einen Teil der Sequenz Einstellung für Einstellung zu zerlegen. Der ursprüngliche Gedankenprozeß kann weder durch eine rein rhythmische oder äußerliche Beobachtung nachvollzogen werden, noch ist es möglich, diese Sequenz völlig abstrakt zu analysieren – ohne Berücksichtigung des Gesamtzusammenhangs. Abgesehen von den erwähnten Faktoren entschieden sich Inhalt und Komposition der Sequenz auch durch frühere Szenen mit dem Bohrkran, während sie selber wiederum die Form späterer Sequenzen mit dem Bohrkran beeinflußte.

Wenn wir uns mitten während der Aktion auf dem Bohrgerüst befinden, wird eine bereits vorher erzeugte Atmosphäre aufgenommen und weiterentwickelt. Um diese Atmosphäre zu erklären, müssen wir etwas weiter zurückgehen.

Zum ersten Mal sehen wir den Bohrkran im Film, als er plötzlich weit entfernt gegen den Horizont auftaucht und sich langsam bewegt. Das musikalische Leitmotiv des Jungen wird unterbrochen und wechselt in einen majestätischen Choral über. Weder der Junge noch die Zuschauer wissen bis zu diesem Zeitpunkt, um was es sich handelt, nur, daß es etwas Neues, Fremdartiges ist. Spannung liegt in der Luft, da kurz zuvor fremde Leute und eine seltsame, traktorähnliche Maschine, die sich sowohl auf dem Land wie im Wasser fortbewegen kann, in die Marsch eingebrochen sind. Als sie wieder fortgehen, bleibt als einziges eine Stange zurück, die aus den Wassern des Bayou herausragt. Keiner weiß, was sie bedeutet. (In Wirklichkeit markiert sie einen Punkt, den die Ölsucher als Bohrplatz ausgesucht haben, genau die Stelle, an der der sich jetzt nähernde Bohrkran aufgestellt wird.)

Während sich der Bohrkran nähert, sehen wir nur einige bildschöne Details, wie das spinnenwebgleiche Stahlgerüst, das Hin und Her der Schlepper und das Treibgut auf dem Wasser. Schließlich bleibt unser Blick auf der Stange und auf dem Spiegelbild des Bohrkrans im Wasser hängen. Unsere Gedanken verharren bei diesen beiden letzten Bildern. Erwartungen sind geweckt.

In der nächsten Sequenz nähern wir uns mit den Augen des Jungen vorsichtig dem Bohrkran. Der Kran befindet sich nun an der Stelle, an der die Stange aus dem Wasser ragte und nicht mehr zu sehen ist. Riesige Dampfwolken steigen an dem Stahlgerüst hoch, und zum ersten Mal vernehmen wir das Pochen der kräftigen Pumpen, den Herzschlag des Bohrkrans. (Jedes Mal, wenn er im Bild gezeigt wird, ist auch dieser Herzschlag zu hören. Er dient zur Identifikation des Lebens auf der Bohrstelle. Wenn dieser Herzschlag in einer späteren Sequenz plötzlich nachläßt und dann ganz aufhört, wird uns sofort die drohende Gefahr bewußt.)

Anstatt nun sofort die Aktivitäten auf der Bohrstelle zu schildern, werden uns einige der Männer vorgestellt, Männer, die sich mit dem kleinen Jungen anfreunden, den sie zufällig kennengelernt haben. Durch ihre Fragen, wo er wohnt und wie er diesen großen Fisch gefangen hat, erkennen wir ihre menschlichen Qualitäten. Wir werden, durch den Jungen, zu Freunden dieser Männer.

Weder hat es eine voreilige Darstellung der Funktionsweise des Bohrkrans gegeben, noch bleibt sie uns vorenthalten: Durch den Jungen werden wir aufgefordert, an Bord zu kommen, und nehmen die Einladung für einen späteren Zeitpunkt an.

Die Betonung der menschlichen Qualitäten des Bohrmannes und des Heizers sind an dieser Stelle wichtig. Sie sind die Grundlage für ein Gefühl der Nähe und des Vertrauens.

Wenn wir uns das erste Mal *auf* dem Bohrgerät befinden, sind wir mehr oder weniger nur Beobachter. In der ersten Szenengruppe (A) wird uns der Austausch des Bohrkopfs gezeigt. Der alte, abgenutzte Bohrkopf wird gegen einen neuen, scharfen ausgetauscht. Dazwischen werden Szenen von vorüberziehenden Ölkähnen und von dem Jungen, der sich in seinem Kanu der Bohrstelle nähert, geschnitten. Wir sehen ferner den Bohrmann, wie er einen Hebel herunterdrückt, woraufhin der Bohrkopf mit dem dazugehörigen Verlängerungsrohr langsam im Bohrloch verschwindet. An dieser Stelle wurde der einfache Vorgang in viele verschiedene Einstellungen aufgeteilt (wodurch der Vorgang im Film länger als in Wirklichkeit dauert). Er macht uns jedoch mit einer räumlichen Bewegung vertraut, daß nämlich die Verlängerungsrohre unablässig in das Bohrloch versenkt werden.

Durch die Zwischenschnitte vom Bohrgerüst auf die Kähne und den Jungen gelingt es, den langsamen Übergang von der Dämmerung zur Nacht darzustellen. Sie dienen auch dazu, den extremen Gegensatz zwischen der ländlichen Atmosphäre des Bayou Country, weit entfernt von jeder modernen Technik, und der Maschinerie des Bohrkrans hervorzuheben. Mehr noch wird dieser Gegensatz durch den ziemlich abrupten, fast plötzlichen Wechsel der Geräusche von sehr laut zu sehr leise betont. Diese Atmosphäre eines hochgradig technischen Vorgangs mitten in einer geheimnisvollen Wildnis zieht sich unbewußt über den ganzen Rest der Sequenz hin.

In der nächsten Szenengruppe (B) nähert sich der Junge immer mehr dem Bohrkran. Währenddessen werden andere Einstellungen dazwischengeschnitten, und wir befinden uns auf einmal *außerhalb* des Bohrkrans und sehen riesige Verlängerungsrohre hin- und herschwingen, die hoch- und runtergehende Ramme und den Kranführer, wie er sich gefährlich weit vorbeugt. Dann befinden wir uns wieder innerhalb des eigentlichen Bohrkrans (der Junge

17

18

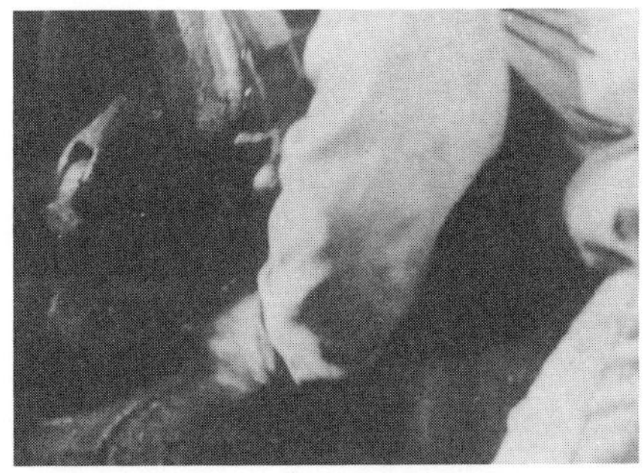
19

20 a

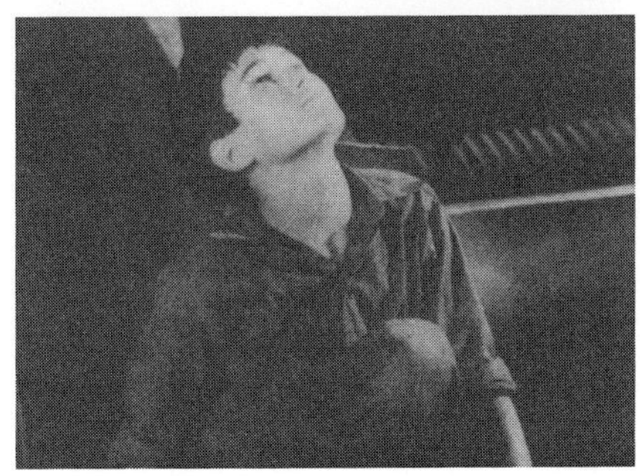
20 b

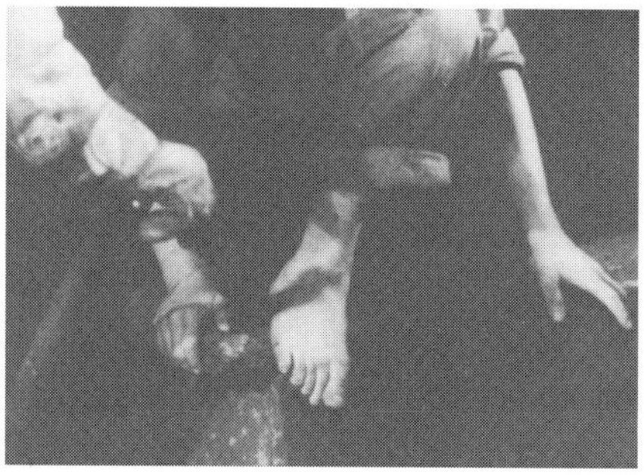
20c

21

22

23

24

außerhalb) und können den Arbeitsvorgang aus völlig anderen Perspektiven beobachten.

In den Einstellungen von außerhalb beeindrucken uns der riesige Stahlturm, der wie ein erleuchteter Weihnachtsbaum in der Dunkelheit glitzert, die fast dahingleitenden Rohre und das phantasmagorische Auf und Ab der Ramme. Die Einstellungen von innerhalb geben uns den Eindruck von ungeheurer Höhe. Die Elemente des Phantastischen, der Furcht und der Gefahr sind bereits angelegt und werden in späteren Sequenzen noch verstärkt. Wir wissen zwar immer noch nicht sehr viel über den Arbeitsprozeß, aber wir haben genügend gesehen, um zu erkennen, daß Menschen alles in der Hand haben.

In der nächsten Szenengruppe (C) hat der Junge die Bohrstelle erreicht. Obwohl er zuerst im Hintergrund bleibt, wendet er seinen Kopf in die eine und andere Richtung, überwältigt und verängstigt durch die verschiedenen fremdartigen Dinge, die um ihn herum geschehen. Dann wird er eingeladen, näherzukommen, was er auch tut.

Die Furcht hat sich inzwischen in dem Jungen noch verstärkt, aber wir werden noch einen Schritt weiter geführt. Das Schwergewicht dieser Szenen, unterschnitten mit der Einstellung des beobachtenden Jungen, liegt auf den Männern und den unterschiedlichen Dingen, die sie tun. Es wird kein Versuch unternommen, eine didaktische Analyse der Arbeitsvorgänge zu liefern. Jede Einstellung führt ein spezifisches Detail vor Augen. Das Ergebnis ist nicht die exakte Kenntnis der technischen Vorgänge, sondern ein erster Eindruck von den Fähigkeiten dieser Männer. Das menschliche Element wird hierbei in den Vordergrund gerückt. Die phantasmagorischen Tätigkeiten, die wir in Gruppe B beobachtet haben, werden durch die vielfältigen Handgriffe des Bohrmannes, die Sicherheit und Präzision, mit der er die Bremse bedient und die Kette spannt, und durch den sekundengenauen Zugriff der beiden Arbeiter und des Kranführers unter Kontrolle gebracht. Dies bedeutet nicht etwa das rüde Erwachen aus einer Zauberwelt in die Welt der Realität. Im Gegenteil wachsen unser Erstaunen und unsere Bewunderung mit jeder Bewegung, die die Männer ausführen.

In der nächsten Szenengruppe (D) hat der Junge seinen Platz auf der Bank direkt neben dem Bohrmann eingenommen und befindet sich auf einmal in gefährlicher Nähe zu den Vorgängen. In dieser Szenengruppe werden wir, immer durch die Augen des Jungen, mehr und mehr in den Bann menschlicher Geschicklichkeit, Stärke und in das Zusammenspiel aller Kräfte gezogen, die für das Funktionieren der Arbeiten nötig sind. Welcher fast übermenschlichen Anstrengung sie bedürfen, wird besonders durch den vibrierenden Rücken und den Arm des einen Arbeiters in den Einstellungen 1 und 12 deutlich, simultan hörbar durch das unwirkliche, dumpfe Klopfen auf der Tonspur. Wir staunen. Wie kann eine *einzige* Person ein so riesiges Gewicht tragen? Die Kraft, mit der die Kette um das Rohr herumgeworfen wird, hallt in dem lauten, kristallklaren Geklirre der Kette wider.

Aber weder wird in diesen beiden Einstellungen allein plötzlich menschliche Kraft demonstriert, noch endet diese Demonstration abrupt mit dem letzten Bild von Szene 1 oder 12. Die Kraft wird in andere Elemente übertragen oder von diesen absorbiert – um wenig später wieder in den Vordergrund zu treten – oder wird durch den Ton (der unter andere Bilder gelegt worden ist) als einem gleichwertigen Element angedeutet.

Das Moment der Gefahr, präsent seit Gruppe B, rückt besonders durch die Szenenfolge 13 bis 16 wieder in den Vordergrund. Das konzentrierte und präzise Handeln des Bohrmannes, der das Pedal bedient, das die Kette spannt, zeigt im Zusammenspiel mit der angespannten Miene des Arbeiters, der die Kette genau beobachtet und unter Kontrolle hält, die Gefahr deutlich an. Sollte die Kette abrutschen, könnte jemand dadurch getötet werden. Die Furcht des Jungen steht ihm im Gesicht geschrieben und wird in der angespannten Miene des Arbeiters an der Kette aufgenommen und setzt sich in der nächsten Einstellung des Jungen, der schließlich Arm und Hand schützend vors Gesicht hält, fort.

Das Spannungsmoment dominiert mehr oder weniger in Nr. 6, in der der

Junge und der Bohrmann zusammen gezeigt werden und der Junge voller Aufmerksamkeit der Abwärtsbewegung des Verlängerungsrohres folgt. Doch wird es umgehend durch das Moment der Gefahr abgelöst. Spannung tritt dann wieder in Nr. 20 in den Vordergrund. Sie bleibt vorherrschend, aber immer begleitet von anderen Momenten.

›Das Zusammenspiel von Kraft und Geschicklichkeit‹ wird besonders deutlich in Nr. 11 mit dem Bohrmann. Das Zusammenspiel der Tätigkeiten der beiden Arbeiter in Nr. 12 und dann wieder in der Szenenfolge 14 bis 19. Das Ergreifen des schweren Verlängerungsrohres genau im richtigen Augenblick, das fast teuflisch erscheinende Herumwerfen der Kette (als ob man die Dämonen im Zaum halten wolle), das genaue Einschwenken der schweren Schraubvorrichtung, sekundengenau abgepaßt – als ob Akrobaten in der Luft ihr Trapez erhaschen, so schwierig, aber auch so elegant. Diese menschliche Geschicklichkeit und dieses Zusammenspiel wird in die Einstellungen, die nur die Maschinerie in Aktion zeigen, übernommen; denn als die Ramme sich nach oben bewegt, wissen wir, daß dies nur möglich ist, weil es der Mensch so will. Die Summe dieser verschiedenen Elemente zwingt einen zu akzeptieren, daß diese Männer Herren der Maschinen sind.

Die tiefschwarze Nacht, die die Bohrstelle einhüllt, bringt uns jäh in Erinnerung, daß sich dort draußen die mysteriöse Halbwildnis befindet, noch unberührt von der uns umgebenden Technik.

Die nächsten vier Szenen (Gruppe E) bilden eine Einheit, in der ›Kraft und Stärke‹ dominieren. Wir beobachten den gesamten Arbeitsvorgang aus einer etwas größeren Entfernung als zuvor. Die gemeinsame Anstrengung von Mensch und Maschine ist zu sehen: im Bild durch die beiden Arbeiter, die sich mit letzter Kraft anstrengen, der eine, um die Kette, der andere, um das Rohr zu halten; im Ton durch ein sich steigerndes, furchteinflößendes Geräusch.

›Spannung‹ herrscht hier ebenfalls, da wir alles mit dem verwunderten Blick des Jungen, der sich nicht länger fürchtet, beobachten.

In der letzten Gruppe (F) herrschen die Momente ›Magie‹ und ›Spannung‹ vor. In Nr. 25 sehen wir zum ersten Mal den Jungen, die Männer und den vollständigen Arbeitsvorgang zusammen in einer Einstellung. Wir akzeptieren die Szenerie jetzt auch gefühlsmäßig. Es ist, als ob ein Vorhang gelüftet wird, hinter dem alles zum Teil verborgen war, die Erregung gemeinsamer Anstrengung, Stärke und Geschicklichkeit, und wir erleben die Verwunderung des Jungen, der das alles mitbekommt.

Wir lächeln glücklich mit dem Bohrmann in Nr. 26 und 28 und sind so angetan wie der Junge in Nr. 30. Wenn die Ramme in Nr. 31 zum Stillstand kommt, haben wir ein Gefühl vollkommener Zufriedenheit.

Wären die Totale von Nr. 25 und 29 an den Anfang der Bohrsequenz gestellt worden, um dem Zuschauer zu *erklären*, was vor sich geht, hätte man höchstens einen aufklärerischen Zweck erfüllt. Es wäre unmöglich gewesen, so früh die gefühlsmäßigen Elemente, die diese Szene enthalten, zu entdecken.

Derart beeindruckende Einstellungen wie Nr. 25 und 29 kann man als Volltreffer bezeichnen. Bis sie ihren endgültigen Platz gefunden hatten, hätte man sie mehr oder weniger überall in dieser Sequenz verwenden können, einfach weil man sie unbedingt haben wollte. Sie besitzen eine ungeheure Qualität, aber es ist sehr schwer, sofort festzustellen, welche genau. Man versucht also, sie mal hier, mal dort einzubauen, aber erst im richtigen Zusammenhang werden sie lebendig und gewinnen ihre tiefere Bedeutung.

Es ist bis jetzt wenig über den Ton gesagt worden. Die Beschreibung, was während einer bestimmten Einstellung im Ton zu hören ist, kann oft irreführend sein und erklärt nicht die Funktion und Bedeutung der Tonspur als Ganzes – als integralen Bestandteil einer Sequenz. Der Ton wurde weder einfach dem Bild hinzugefügt, noch war es notwendig, durch ihn unzulänglichen Bildern aufzuhelfen. Entfernt man den Ton aus der Bohrsequenz, wird man merken, daß die Bilder auch für sich alleine sprechen. Die Momente Gefahr, Magie usw. sind dieser Bilderkomposition bereits immanent. Dennoch fehlte etwas: das Element des Tons.

Die Komposition der Bohrsequenz war von vornherein mit dem Ton als

25

26

27

28

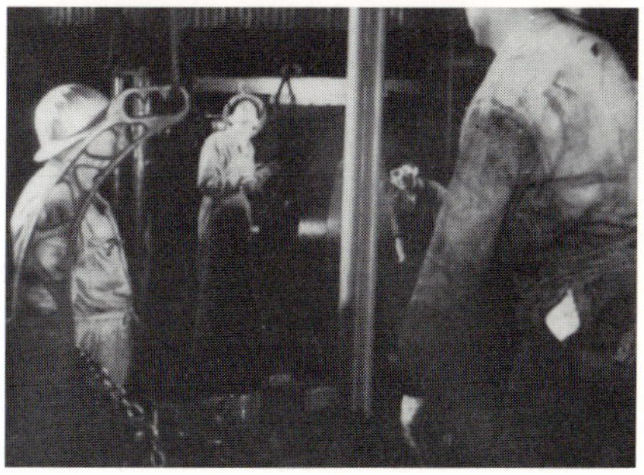
29

gleichwertigem Element konzipiert worden. Ich wandte beim Ton die gleiche Unterteilung in verschiedene Elemente an wie bei der Auswahl und Abfolge der Bilder. Diese Elemente müssen nicht notwendigerweise *zur selben Zeit* in Bild und Ton vorherrschen. Bild und Ton haben bis zu einem gewissen Grade ihre eigene Wirkung, aber zusammengefügt bilden sie eine Einheit. Dadurch wird der Ton nicht nur zu einer harmonischen Ergänzung, sondern zum integralen, untrennbaren Bestandteil des Bildes. Bild und Ton werden so miteinander verschmolzen, daß jedes durch das andere spricht. Es gibt keine Trennung zwischen dem, was ich im Ton *höre*, und dem, was ich im Bild *sehe*. Stattdessen entsteht durch die Totalität von Bild und Ton ein: *ich empfinde und erfahre*.

Obwohl der Ton den Eindruck vermittelt, daß er ständig und original dem Bild entspricht, tut er es, rein technisch gesehen, nicht – viele Einzelheiten des Bohrvorgangs geschehen gleichzeitig, und während das Bild ein Detail zeigt, kann die Tonspur folgendes vermitteln:

(1) den Ton zu dem entsprechenden Detail,

(2) den Ton zu dem entsprechenden Detail *plus* (in einer Tonmischung) dem Geräusch eines anderen Vorgangs, der gleichzeitig vor sich geht, oder

(3) einen anderen Ton, der ein Detail außerhalb des Bildes betrifft.

Gewöhnlich hört man, wenn ein Einzelgeräusch in dieser Sequenz ertönt, gleichzeitig eine allgemeine Geräuschkulisse, die dem akustischen Gesamteindruck der Arbeitsvorgänge auf der Bohrstelle entspricht. Manchmal werden diese allgemeinen und untergeordneten Geräusche sehr in den Hintergrund gedrängt. Auf diese Art kann ein einzelnes Geräusch, das sich mitten aus einer plötzlichen Stille abhebt, das Ohr mehr erschüttern als der kombinierte Lärm vieler verschiedener Geräusche. (Zum Beispiel das klirrende Geräusch der Kette, die sich um das Rohr schlingt.) Diese allgemeine Zurückhaltung im Ton während zunehmender Aktivitäten im Bild verstärkt noch den gefühlsmäßigen Eindruck.

Zum Schluß eine kurze Zusammenfassung. Man kann nicht mit einem rein intellektuellen oder theoretischen Vorsatz beginnen und sich zum Beispiel sagen: Zwischen Einstellung 1 und 2 denke ich mir dieses und zwischen Einstellung 2 und 3 jenes aus. Ein Haufen Fummelarbeit muß geleistet werden, bevor man zu dem Punkt kommt, an dem eine Sequenz die gewünschte Wirkung erreicht. Auch sollte man nicht allzu sehr auf handwerklich richtige Anschlüsse achten: Sie spielen eine vergleichsweise geringe Rolle bei der Komposition einer Sequenz. Was eine Sequenz gefühlsmäßig überzeugend macht, sind die phantasievolle Auswahl der Aufnahmen und eine klare Entwicklung des gedanklichen Prozesses, der ihrer Kontinuität zugrundeliegt.«

9 Der Dokumentarfilm der Ideen

Die kurze Sequenzanalyse von Eisensteins *Oktjabr* im ersten Kapitel deutete bereits an, wie der Regisseur eines Stummfilms versuchte, seine Ideen im Medium Film auszudrücken. Obwohl Eisensteins Stummfilme eher rudimentäre Geschichten erzählen, sind es eigentlich die sich aus ihnen ergebenden assoziativen Momente, die ihn am meisten interessierten und die uns als das wichtigeste Merkmal seiner Filme in Erinnerung geblieben sind. Wiederholt erlaubte er sich in seinen Filmen (so in *Oktjabr* und *Staroje i nowoje*) intellektuelle Bildfolgen, für die er ein eigenes System der Filmmontage entwickelt hatte. Er montierte ganze Serien von äußerlich nicht zusammengehörenden Bildern und verband sie allein aufgrund ihres intellektuellen Gehalts. Er baute Sequenzen nicht so sehr aus Ereignissen oder Teilen einer Handlung auf, sondern aus einer Idee heraus. Eine der Schwierigkeiten, die sich daraus ergab, war, wie wir bereits gesehen haben, daß diese intellektuellen Passagen keine Dramatik besaßen und sich deshalb nicht mühelos in eine Filmerzählung einfügen ließen.

Eisenstein war sich darüber im klaren, daß die Ideenmontage eine schwierige und in vieler Hinsicht inadäquate Methode war. 1928 schrieb er: »Die thematischen Aufgaben werden heutzutage immer komplizierter; Versuche, sie allein mit Hilfe der ›visuellen‹ Montage zu lösen, stellen uns entweder vor unlösbare Probleme oder zwingen den Regisseur, abwegige Montagestrukturen zu verwenden, die eine schreckliche Standpunktlosigkeit und reaktionäre Dekadenz zur Folge haben.« * Deshalb begrüßte er den Tonfilm und behauptete, wenn man den Ton kontrapunktisch einsetze – »indem man ihn als neues Montageelement betrachtet (als einen eigenen Faktor, getrennt vom visuellen Bild)« –, könne er die Ausdrucksfähigkeit der von ihm propagierten Montagemethode bereichern. Leider mußte Eisenstein aufgrund eines Wechsels in der sowjetischen Filmpolitik Anfang der dreißiger Jahre, und weil er *Que viva Mexico!* (Es lebe Mexiko) nicht fertigstellen durfte, die Umsetzung seiner Theorie in die Praxis anderen überlassen.

Einer der Filme, in denen Eisensteins Theorie am erfolgreichsten angewandt wurde, ist Basil Wrights *Song of Ceylon*. Bevor wir auf den Einsatz des Tons in diesem Film eingehen, wollen wir einen Szenenausschnitt betrachten.

Basil Wright

Basil Wright:

»Der nachfolgende Ausschnitt aus *Song of Ceylon* soll die Funktion der Montage auf einer dialektischen wie einer emotionalen Grundlage illustrieren. Entsprechend wird das Nacheinander der Bilder wie auch das Verhältnis des Bildschnitts zu einer sorgfältig ausgearbeiteten Vertonung als Teil einer zentralen Idee verstanden und nicht unter dem Gesichtspunkt einer normalen Erzählfolge. Deshalb kann man die Aktrolle nur im Zusammenhang mit den anderen Aktrollen verstehen: Sie ist Teil einer logischen Entwicklung des ganzen Films. Aktrolle 3 bezieht sich auf Motive aus Aktrolle 1 und 2, die (sowohl im Bild wie im Ton) in Aktrolle 4 wiederholt werden. Hat man dies im Gedächtnis, kann man die Szenenfolge in ihre einzelnen Bestandteile zerlegen.

Erstens: Was ist die Absicht des Films? Grundsätzlich besagt (oder impliziert) er, daß die westlichen Maschinen, Methoden und Geschäfte offenbar einen starken Einfluß auf das Leben in Ceylon ausüben; daß dieser Einfluß, trotz allen Augenscheins, vielleicht doch nicht so weitgehend ist wie angenommen; und daß die Wohltaten westlicher Zivilisation wohl geringer sind als allgemein vermutet.

Zweitens: Wie drückt der Film dies aus? Indem er völlig verschiedene Elemente in Bild und Ton zusammenbringt. Nur aufgrund der angewandten Mon-

* Film Form, a. a. O., S. 257. Das Zitat stammt aus »Die Zukunft des Tonfilms«, geschrieben im August 1928 und von Eisenstein, Pudowkin und Alexandrow unterzeichnet.

tageprinzipien werden die inkongruenten Elemente kongruent und auch nur dann, wenn sie sich *innerhalb einer Sequenz* entfalten.

Es ist nicht gerade leicht, einen kurzen Ausschnitt für die Analyse auszuwählen, da der filmische Eindruck auf kombinierten Bild-Ton-Effekten beruht. An welcher Stelle man diesen Szenenausschnitt auch beendet, stets würden noch Dinge ungesagt bleiben. Dennoch hier eine kurze Passage des Anfangs von Aktrolle 3.«

Song of Ceylon *

»Im Anschluß an den Zwischentitel ›Die Stimme des Handels‹ hören wir das Pfeifen und Stampfgeräusch einer Lokomotive, das schon vor der Aufblende einsetzt. Die Aufblende zeigt uns, daß sich die Kamera auf einem Zug befindet, der durch den Dschungel fährt. Es gibt mehrere Einstellungen. Wir passieren eine Frau, die an den Eisenbahnschienen entlang geht; dann einen kleinen Bahnhof. Eine langsame Überblendung führt uns zu der Einstellung eines Elefanten, der zu Rodungsarbeiten eingesetzt wird und gerade einen Baum umlegt. Das Geräusch der Lokomotive wird langsamer und langsamer und fällt in den Rhythmus der Bewegungen des Elefanten (das Geräusch der Lokomotive wurde in einem Studio künstlich erzeugt, damit es mit den Bewegungen des Elefanten übereinstimmt). Der Zug ist fast zum Stehen gekommen, als sein Geräusch in dem Splittern und Krachen des umfallenden Baumes untergeht. Der Baum stürzt krachend um; als er den Boden berührt, ertönt der Schlag eines ungeheuren Gongs (ein wiederkehrendes Motiv), dessen Vibration über der nächsten Einstellung nachklingt – der Elefant und sein Mahout (Treiber) ragen über dem gefällten Baum auf.

Fast im gleichen Augenblick ertönt eine anfeuernde Stimme: ›Neue Rodungen, neue Straßen, neue Häuser, neue Telegrafenlinien, die Erschließung neuer landwirtschaftlicher Gebiete...‹. Inzwischen hat die Szene zu einer Prozession von Elefanten gewechselt, die in langer Reihe prustend einen steilen Berg hinaufstapfen, jeder mit einem Granitblock beladen. Ihr Trompeten (dieses Geräusch wurde ebenfalls künstlich im Studio erzeugt) wird mit Schreibmaschinengeklapper unterschnitten.

Die Szene überblendet in die Totale eines Jungen, der durch einen Kokosnußhain auf die Kamera zugeht; wir hören drei verschiedene Stimmen, die schnell hintereinander dazwischengeschnitten sind und jeweils Geschäftsbriefe diktieren. Diese sind so getimed, daß die drei Stimmen, als der Junge am Fuße des Baumes anlangt und noch bevor er diesen erklimmt und seine Hände zu einem Gebet an den Gott des Baumes erhebt, eine nach der anderen die Floskel wiederholen: ›Hochachtungsvoll‹. Der Junge fängt an, den Baum zu besteigen, und jetzt besteht der Ton aus der Musik, die in Aktrolle 2 zu hören war, als die Dorfbewohner zusammen mit dem Priester beteten. Diese Musik wird aber fast sofort übertönt...«

Dieser kurze Ausschnitt sollte, obschon er die Szenenfolge nur unvollständig und annäherungsweise beschreibt, genügen, um einen Eindruck von der angewandten Montagetechnik zu bekommen. Das Zusammenwirken von Ton und Bild läßt aus zwei voneinander unabhängigen Faktoren einen völlig neuen Eindruck entstehen, den für sich allein keiner machen würde. In den meisten Fällen stehen sie in keinem äußeren Zusammenhang, aber der gleichzeitige Eindruck von Ton und Bild – beispielsweise als der Junge betet und der Geschäftsmann »Hochachtungsvoll« diktiert – erzeugt inhaltliche Zwischentöne, die der Zuschauer vielleicht verstandesmäßig nicht ganz erfaßt, aber doch fühlt. Die Montage hat keine einfache Kontinuität der Handlung (und noch viel weniger im Ton): Der Eindruck von Kontinuität wird vielmehr durch einen unaufhörlichen Fluß von Ideen und Gefühlen hervorgerufen.

Gerade weil *Song of Ceylon* eine emotionale Qualität besitzt, die sehr selten im Film ist, sollte man darüber nachdenken, inwieweit diese Methode allgemeingültig ist. Man könnte die gleichen Einwände wie gegen Eisensteins Filme erheben: Auf den ersten Blick scheint der Sinn von *Song of Ceylon* schwer faßbar zu sein – was sich sowohl aus der Vielschichtigkeit des Themas wie aus der Art ergibt, in der der Regisseur es behandelt. Ganz sicherlich erfordert dies vom Zuschauer, um den ganzen Sinn zu erfassen, ein hohes Maß an Sensibilität. Auch wenn das keineswegs eine herabsetzende Kritik an der Montagemethode bedeutet, scheint es doch ziemlich unwahrscheinlich, daß viele Filmemacher sie anwenden werden. Filme für Minderheiten wie dieser sind leider zu einem seltenen Luxus geworden.

Die wichtigere Frage ergibt sich aus Wrights Montage des vom Bild unabhängigen Tons. Inwieweit ist seine Methode übertragbar?

Das Thema von *Song of Ceylon* ist der grundsätzliche Dualismus des Lebens auf Ceylon: auf der einen Seite der westliche Einfluß, auf der anderen Seite das traditionelle Verhalten und Leben der Singhalesen. In diesem Sinne birgt das Thema gute Voraussetzungen für Wrights Umgang mit Ton und Bild. Er benutzt – wenn auch nicht durchgehend – Ton und Bild, um gerade diese beiden

* Regie und Schnitt: Basil Wright. GPO Film Unit, 1934.

gegensätzlichen Aspekte des Lebens auf Ceylon herauszustellen. In Aktrolle 3 wird uns im Bild das Alltagsleben der Singhalesen gezeigt, während sich der Ton mit den Europäern, die dieses Leben lenken, beschäftigt – als ob unsichtbare Kräfte das Leben der Einheimischen leiten. Allein dadurch, daß der Rhythmus der Töne mit dem Rhythmus der Bilder übereinstimmt, entsteht eine äußere Einheit von Bild und Ton. (Das augenscheinlichste Beispiel dafür ist das Timing des Lokomotivgeräusches, das, künstlich erzeugt, mit der Bewegung im Bild harmoniert – der Tätigkeit des Elefanten, der sich gegen den Baum stemmt.) Bedenkt man die besonderen Umstände des Themas von *Song of Ceylon*, wird verständlich, warum diese höchst komplizierte Montagemethode nur bedingt übertragbar ist. Eine konventioneller gestaltete Erzählfolge (wie man sie auch in anderen Sequenzen dieses Films findet) ist gewiß vielseitiger anwendbar.

Hier nun eine Szenenfolge aus einem anderen Film, die ebenfalls besonders komplexe Ideen (und Gefühle) ausdrückt, dabei aber ein einfacheres Montagemuster benutzt.

Diary for Timothy *
Ausschnitt aus Aktrolle 3

Ein poetischer Filmessay über den Krieg und seine Auswirkungen auf das Leben einfacher Leute in Großbritannien. Der ganze Film hat die Form eines Tagebuchs, das für ein kurz vor Ende des Krieges geborenes Kind geschrieben wurde. Der Kommentar (geschrieben von E. M. Forster und gesprochen von Michael Redgrave) wendet sich dabei direkt an das Kind.

Nach einer Einstellung des Babys Timothy berichtet der Kommentar von verschiedenen Ereignissen aus allen Teilen des Landes und schließt mit dem Bericht über eine Luftmine, die an einem Strand explodiert ist.

Überblendung auf

1

2

3

4

1 Die blattlosen Zweige einer Baumkrone. Die Kamera schwenkt nach unten auf einen Mann, der die Herbstblätter in einem Londoner Park zusammenkehrt.	Kommentar: *Aber angenommen, du besuchst einmal London. London sieht im November wie ein hübscher ruhiger Flecken aus.* (7 Sek.)
2 Ein Kleingärtner gräbt seinen Garten um. Herbstnebel.	*...Aber du wirst sehen, daß alles hier auch unsicher geworden ist, und das Böse mischt sich mit dem Guten.* (4 Sek.)
3 Der Giebel des Haymarket-Theaters, mit einer großen Reklametafel für »Hamlet«.	*...Du weißt nie, was auf dich zukommt.* Die Stimme des Totengräbers blendet langsam ein. Totengräber: *Von allen Tagen im Jahre kam ich just den Tag dazu, da unser voriger König Hamlet den Fortinbras besiegte.* (5 Sek.)
4 Das Theaterinnere. Hamlet und der Totengräber auf der Bühne.	Hamlet: *Wie lange ist das her?* Totengräber: *Wißt ihr das nicht? Das weiß jeder Narr. Es war denselben Tag, wo der junge Hamlet geboren ward, der...* (7 Sek.)
5 Totale. Die Bühne von der Kulisse aus.	*...nun toll geworden und nach England geschickt ist.* Hamlet: *Ei, so! Warum haben sie ihn nach England geschickt?* Totengräber: *Nun, weil er toll war. Er soll seinen Verstand dort wiederkriegen, und wenn er ihn nicht wiederkriegt, so macht das auch nicht viel* Gelächter. (12 Sek.)
6 Kantine. Amerikanische. Ein Mann erzählt bei einer Tasse Tee.	...Das Gelächter verklingt. Mann: *Wenn dies die Abschußrampe ist und hier ist das Ziel – zweihundert Meilen Abstand dazwischen, und sie starten eine dieser Raketen von hier, in einem Aufstiegswinkel von 45 Grad, in eine Höhe von 9.600 Metern; und sie fliegt mit 480 Stundenkilometern...!* (23 Sek.)
7 Kantine. Die Kamera steht etwas weiter weg, so daß man die Männer erkennen kann, zu denen er spricht.	*...Wie lange dauert es wohl, bis die Rakete ihr Ziel erreicht hat? Wißt ihr das?* (7,5 Sek.)

* Regie: Humphrey Jennings. Cutter: Alan Osbiston. Crown Film Unit, 1945

5

6

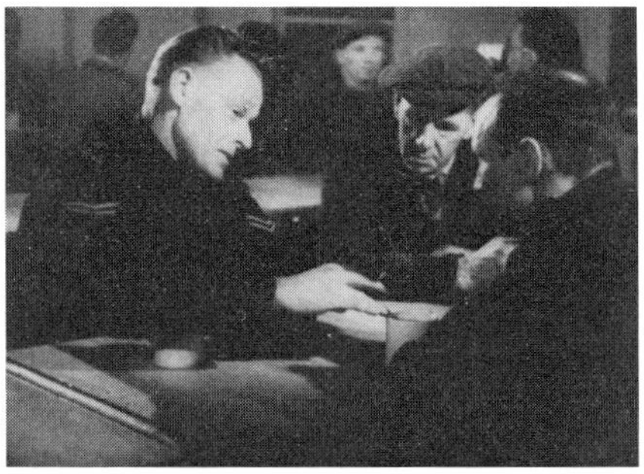
7

8

9

8 Amerikanische. Hamlet auf der Bühne.	*Nein, das weiß ich nicht.* Totengräber: *Die Pestilenz diesem gemeinen Schalk! Er goß mir einst eine Flasche Rheinwein über den Kopf. Dieser Schädel da war Yoricks Schädel, des Königs Spaßmacher.* Hamlet: *Dieser?* Totengräber: *Ja, ja, eben der.* Hamlet: *Laßt sehen – ach, armer Yorick!* (22 Sek.)
9 Kantine wie in Einstellung 7. Eine Explosion erschüttert das Haus. Die Tasse des Mannes kippt um. Ein Durcheinander entsteht.	Mann: *Ich mußte den ganzen Weg zu Fuß nach Hause gehen.* Explosionsgeräusch. (11,5 Sek.)
10 Nahaufnahme. Hamlet, den Totenschädel in der Hand.	Hamlet: *Hier hingen diese Lippen, die ich geküßt habe. Ich weiß nicht wie oft. Wo sind nun deine Schwänke? Deine Sprünge? Deine Lieder? Deine Geistesblitze, bei denen die ganze Tafel in Lachen ausbrach? Nun begib dich in die Kammer der gnädigen Frau und sage ihr, wenn sie auch fingerdick auflegt: Ein solches Gesicht muß sie endlich bekommen, mach' sie damit lachen.* (31 Sek.)
11 Draußen. Männer räumen den Schutt nach der Explosion fort.	

Es ist nicht leicht, im einzelnen die Feinheiten der Idee und der Emotionen dieser Szenenfolge zu analysieren. Eine derartige Sequenz wird vom Regisseur eben deshalb so konzipiert, weil er die Vielschichtigkeit von Gedanken und Gefühlen ausdrücken will und den gleichen Effekt anders nicht erreichen kann. Eine Beschreibung kann den Sinn dieser Sequenz deshalb nur unvollkommen wiedergeben. Ihre miteinander verwobenen Formen erzeugen eine spezifische Wirkung. Der Eindruck auf den Zuschauer ist wesentlich komplexer als nur der zweier Parallelhandlungen: Konstruktion und Timing der Bilder verschmelzen beide Handlungen im Kopf des Zuschauers in einer Weise, die nur im Film möglich ist. Die Sequenz ist reines Kino. Deshalb können wir lediglich die Form analysieren, ohne ihrem Inhalt gerecht zu werden.

Diary for Timothy unternimmt den Versuch, die unterschiedlichen Kräfte, die das Bild Großbritanniens während des Krieges bestimmten, darzustellen und einzuschätzen. Die Parallelmontage der Hamlet-Aufführung und der Kantinenszene soll unter anderem die simple Tatsache vor Augen führen, daß gleichzeitig zwei Dinge nebeneinander existieren: Der Kampfgeist der Briten (hier versinnbildlicht durch das erfinderische Interesse des Mannes an der Mechanik der Zerstörung und seine offensichtliche Gleichgültigkeit gegenüber akuter physischer Gefahr) korrespondiert mit einem bemerkenswerten, neu entdeckten Interesse an der Kunst. Jennings' Absicht war vermutlich zu zeigen, daß beide Dinge etwas miteinander zu tun haben. Doch abgesehen von dieser eher oberflächlichen Verbindung existiert ein wesentlich tieferer Bezug zwischen den beiden Handlungssträngen. Die Anspielung des Totengräbers auf England (»Warum haben sie ihn nach England geschickt?« »Weil er toll war. Er soll seinen Verstand dort wiederkriegen«) ist doch wohl ein Kommentar zur Kantinenszene.

Auch Hamlets Worte in Einstellung 10 ergeben einen treffenden Kommentar zu den Ereignissen in Nr. 9 und 11. Das leichte Wehmutsgefühl des Regisseurs angesichts der Kantinenszene – und damit implizit dieser ganzen Zeit gegenüber – erreicht den Zuschauer über die Worte Hamlets.

Um den emotionalen Zusammenhang der beiden Handlungsebenen zu betonen, wird manchmal so geschnitten, daß eine wörtliche Verbindung zwischen zwei Einstellungen entsteht. So fragt der Mann in Nr. 7 (»Wißt ihr das?«), und Hamlet antwortet in Nr. 8 anscheinend darauf.

Ähnlich funktioniert der Schnitt zwischen Nr. 8 und 9 (»Ach, armer Yorick!« ... »Ich mußte den ganzen Weg zu Fuß nach Hause gehen«). Er erzeugt eine verbale Kontinuität, die genau jener affektgeladenen Ironie entspricht, die den gesamten Film charakterisiert.

Die Einheit der beiden Handlungen wird auch durch die flüssigen Anschlüsse betont. Einerseits geschieht dies durch die erwähnten verbalen Übergänge, andererseits wird der Ton über den Schnitt hinaus fortgesetzt (das Gelächter in Einstellung 5 und 6, das Explosionsgeräusch in Einstellung 9 und 10). Auf diese Weise werden die beiden Handlungen so eng miteinander verknüpft, daß sie dem Zuschauer zwar wie eine mehrschichtige, aber homogene Erzählfolge erscheinen. Im Gegensatz zur Eisensteinschen Montagemethode haben die Schnitte für sich gesehen keine große Aussagekraft; sie halten die Argumentation in Gang und erleichtern den Wechsel von einer Ebene zur anderen.

10

11

Die Szenenfolge aus *Diary for Timothy* zeigt einen deutlich anderen Ansatz für den Ideenfilm als *Song of Ceylon*. Die Wirkung wird nicht durch den Zusammenprall zweier Einstellungen erzeugt, sondern durch eine bewußt flüssige Erzählfolge. Der Ton existiert nicht unabhängig vom Bild. Im Gegenteil ist es immer genau der zum Bild gehörende Ton, und die Wirkung entsteht erst durch das Unterschneiden der Szenen. Unser Beispiel ist jedoch nicht unbedingt typisch für Jennings' Montagetechnik. In den meisten seiner Filme setzt er als Ergänzung zum Originalton einen Kommentar ein. So hat sein letzter Film, *Family Portrait* (1950), ein sehr persönlicher Essay über den Genius des britischen Volkes, einen durchgehenden Kommentar. Auch in *Diary for Timothy* beschäftigt sich Jennings mit höchst komplizierten Ideen, die nicht allein durch das Bild vermittelt werden können. Sein Kommentar beschreibt aber weniger das, was auf der Leinwand passiert, als daß er über die Bedeutung und Nebenbedeutungen der Bilder nachdenkt. Der Kommentar ist ähnlich wie der Ton in Basil Wrights Film durchaus eigenständig, wenn eben auch nur auf verbaler Ebene. Unerwartete visuelle Assoziationen – Jennings hatte für sie ein ganz besonderes Gespür –, die für sich genommen völlig sinnlos erscheinen, enthüllen auf einmal durch einen Hinweis im Kommentar ihren Sinn. Worte und Bilder verweben sich miteinander. Einmal herrscht das eine, dann wieder das andere vor.

Was Jennings offensichtlich erkannt hatte, war, daß kompliziertere Ideen nicht allein durch Bilder veranschaulicht werden können. Eine Idee bedarf zu allererst der Worte. Er schien die Abneigung Eisensteins, »abwegige Montagestrukturen zu verwenden, die eine schreckliche Standpunktlosigkeit ... zur Folge haben«, durchaus zu teilen, und führte sein Publikum deshalb mit Hilfe eines sparsamen und höchst suggestiven Kommentars durch den Film. Und genau das ist der Punkt: Jennings' Kommentare sind stets suggestiv und nie bloß beschreibend. Die wenigen Worte, die dem zitierten Szenenausschnitt vorangehen – und sie sind nicht einmal ein besonders gutes Beispiel – erläutern nicht, was geschieht; sie sind sozusagen der Schlüssel für eine bestimmte Art des Denkens, die gleich auf den Zuschauer zukommt. Jennings' Kommentare befassen sich fast ausschließlich mit allgemeinen Einsichten, während die Bilder sich mit etwas Speziellem beschäftigen. Am spektakulärsten wird dies vielleicht in *Words for Battle* (1941) bestätigt. Während Zitate englischer Dichter zu hören sind, ist auf der Leinwand das alltägliche Leben in Großbritannien während des Krieges zu sehen.

Falls sich der intellektuelle Filmessay in Zukunft weiterentwickeln sollte, wird er dies vermutlich eher auf der Linie von Jennings als auf der von Eisenstein tun. Die abrupte, schockerzeugende Erzählfolge, wie sie Eisensteins ›intellektuelle Montage‹ unweigerlich mit sich bringt, ist im heutigen Film nicht mehr gefragt. Hinzu kommt der entscheidende Unterschied im Anspruch von Eisensteins und Jennings' Filmen. (Das soll keineswegs eine Herabsetzung von Eisensteins Filmen sein, die in der Absicht, ein größeres, weniger gebildetes Publikum zu erreichen, gemacht wurden, obwohl *Oktjabr* und *Staroje i nowoje* sich in dieser Hinsicht teilweise als unverständlich herausgestellt haben). Die lange Montage in *Oktjabr*, in der religiöse Gebräuche verspottet werden, oder die wiederkehrende Passage über Kerenskijs Selbstgefälligkeit vermögen nur relativ simple Ideen zu vermitteln. Jennings' Filme sind alles in allem anspruchsvoller, obschon sie eine direkte, leicht zugängliche Anziehungskraft besitzen. Für den Ideenfilm, der auch finanziell machbar ist, dürfte Jennings' Synthese aus vereinfachten Montageeffekten und einem suggestiven Kommentar eine ideale Lösung sein.

10 Der Ton im Dokumentarfilm

In der kurzen Szenenfolge aus *Song of Ceylon*, die wir analysiert haben, gibt es kaum Originalton. Basil Wright benutzt den Ton eher als indirekten Kommentar zu seinen Bildern und nicht, um eine zusätzliche realistische Dimension hinzuzufügen. Originaltöne konnte er deshalb nicht gebrauchen.

Ein anderes Beispiel für eine ähnliche Verwendung von kommentierenden Geräuschen liefert Pare Lorentz' *The Plough That Broke the Plains* (Der Pflug, der die Ebene aufbrach, 1936). In einer Sequenz, in der der Zustand der amerikanischen Landwirtschaft während des Ersten Weltkrieges untersucht wird, sehen wir etliche Einstellungen von Bauern bei der Feldarbeit. Im Hintergrund hören wir einen Militärmarsch, die Schritte marschierender Soldaten, Gewehrfeuer und einen Kommentar wie bei einer Militärparade. Zunächst wird damit ausgedrückt, daß der Alltag der Bauern sich nicht verändert hat, während die Soldaten an der Front kämpfen. Darüberhinaus bedeutet die Szenenfolge aber auch, daß in Kriegszeiten die Landwirtschaft etwas von der Stärke und Disziplin einer Armee hat. Dieses Gefühl wird nicht direkt durch den Kommentar vermittelt: Es erklärt sich aus dem Gegensatz von Rhythmus und Inhalt in Ton und Bild.

Während man im Spielfilm ähnliche Experimente vergleichsweise selten findet, sind kommentierende Geräusche typisch für den Dokumentarfilm geworden. Britische Dokumentarfilmregisseure der dreißiger Jahre haben dem Ton große Aufmerksamkeit gewidmet, um so den Gesamteindruck eines Films zu bereichern. Was den phantasievollen Umgang mit Tönen betrifft, wagten sie wesentlich mehr als ihre Kollegen in den Spielfilmstudios. Zum Teil lag das einfach an den technischen Gegebenheiten. Aus finanziellen Gründen war es oft unmöglich – auch wenn es wünschenswert erschien –, eine Tonausrüstung mit herumzuschleppen. Außerdem waren, wie Paul Rotha schrieb, »die Lastwagen mit den Tonausrüstungen ... große und unhandliche Dinger. Sie zogen die Aufmerksamkeit auf sich, störten den normalen Ablauf der Dreharbeiten und veränderten die intime Atmosphäre, die der Dokumentarist zwischen sich und seinem Gegenüber zu schaffen bemüht war.« * So kam die Versuchung, mit einfachen Originaltönen zu arbeiten, in den meisten Fällen gar nicht erst auf.

Ein wesentlich triftigerer Grund jedoch für das intensive Experimentieren mit kommentierenden Geräuschen lag in der Natur des Dokumentarfilmmachens selbst. Die bildliche Kontinuität von Dokumentarfilmen ist notwendigerweise oft ziemlich fragmentarisch, da äußerlich zusammenhanglose Bilder zu einer kontinuierlichen Sequenz zusammengeschnitten werden. In solchen Fällen ist die Verwendung von Originaltönen nicht nur mit unüberwindlichen technischen Problemen verbunden, sondern ergibt auch keinen rechten Sinn.

Andererseits gewinnen Sequenzen aus einfacheren Bildfolgen immens durch Originaltöne. Bei einem Film, der sich mit einer menschlichen Situation befaßt und vom Zuschauer eine gefühlsmäßige Reaktion verlangt, ist stets eines der Hauptprobleme, eine stimmige Atmosphäre zu erzeugen. Beim Spielfilm hängt sie in erheblichem Maße von der Fähigkeit des Regisseurs ab, die Schauspieler zu führen – aber das ist ein völlig anderes Problem. Der Dokumentarfilmregisseur hat es normalerweise nicht mit dramatisierten Handlungen zu tun und muß deshalb auf andere Weise für die Stimmung sorgen. Gerade hier kann der Originalton von größter Bedeutung sein, egal ob er synchron oder asynchron eingesetzt wird.

»Die Fähigkeit, Bildeffekte zu erzielen, besteht zum Teil tatsächlich darin, einen Ton zu finden, der das Bild oder das Geschehen auf der Leinwand wirkungsvoll ergänzt, und ihn so anzulegen, daß Bild und Ton synchron wirken. Eine wesentlich interessantere Möglichkeit ist, dem Bild nicht den dazugehöri-

* Documentary Film, a. a. O., S. 208.

gen Originalton zu unterlegen, sondern den Ton eines Vorfalls, der sich gerade um die Ecke herum abspielt – außerhalb der Reichweite der Kamera. Um beispielsweise die Atmosphäre einer leeren Straße frühmorgens in Manchester zu erzeugen, könnte man das charakteristische Hufgeklapper eines Karrengauls, das vom Kopfsteinpflaster widerhallt, unterlegen. Es ist erstaunlich, wie ein ziemlich langweiliges Bild durch diese Technik lebendig werden kann.« *

Als Humphrey Jennings *Listen to Britain* drehte, nahm er sich vor, die Atmosphäre Londons während des Krieges nachzuempfinden, und zwar im wesentlichen durch eine für diese Zeit charakteristische Geräuschkulisse. Daß ihm dies so hervorragend gelang, ist nicht nur ein Beweis seiner künstlerischen Fähigkeiten, sondern auch ein Zeichen für die große emotionale Kraft des Originaltons. Eine detaillierte Analyse des Tons von *Listen to Britain* ist fast unmöglich. Einerseits sind die Toneffekte zu verzwickt, ihre Wirkung hängt sehr stark von der Charakteristik der Töne selber ab. Andererseits ist die gefühlsmäßige Wirkung eines Tons auf den Zuschauer weniger direkt als die von Bildern und deshalb auch nicht so leicht zu beschreiben. Wie Ken Cameron deutlich gemacht hat, »hängt die Wirkung (des Tons) auf das Gefühl mehr von einer Gedankenassoziation ab als... vom Ton selber. So bedeutet etwa das Geräusch einer Flugabwehrkanone und der am Himmel explodierenden Granaten für ein Publikum in Chicago eben das und sonst nichts. Für ein Publikum, das während des Krieges in London gelebt hat, lösen diese Geräusche Assoziationen aus, die völlig anders sind.« ** Der Leser müßte sich deshalb *Listen to Britain* selber ansehen (und anhören), um eine Vorstellung davon zu bekommen, wie Jennings die Effekte erzielt hat.

Um den gewünschten Rhythmus zu erreichen, inszeniert der Spielfilmregisseur seine Szenen in unterschiedlichem Tempo und achtet später darauf, daß der Rhythmus seiner Inszenierung durch die Montage verstärkt wird. In einem Dokumentarfilm haben die einzelnen Aufnahmen – oft von leblosen Objekten – meistens keinen immanenten Rhythmus, mit dem der Cutter etwas anfangen kann. Die Aufnahmen erhalten ihren Rhythmus erst durch den Schnitt. (Wir sahen schon in dem Ausschnitt aus *Merchant Seamen*, wie die Aufnahme der ruhigen See mühelos in eine Sequenz von großer Geschwindigkeit und Spannung eingeschnitten werden kann.) Der Ton – ob nun Originalton oder kommentierende Geräusche – kann beim Eingriff in die Geschwindigkeit und den Rhythmus ursprünglich lebloser Aufnahmen eine äußerst wichtige Rolle spielen. Hier ein berühmtes Beispiel, bei dem ausschließlich kommentierende Geräusche benutzt wurden.

Night Mail ***
Ausschnitt aus Aktrolle 3

Ein poetischer Dokumentarfilm, der zeigt, wie Nachtzüge die Post von London nach Nordschottland bringen. Dieser Szenenausschnitt ist Teil einer Sequenz, die die Fahrt des Zuges nach Schottland zeigt. Zwei langsame Kameraschwenks über die Gebirgslandschaft, durch die der Zug im Morgengrauen fährt, gehen dieser Stelle voraus.

1 Gebirgslandschaft. Kurz vor Tagesanbruch. Kamera schwenkt langsam auf einen Zug, der durch das Tal kommt.	Wind. Sprecher (1. Stimme): *Hier kommt die Nachtpost, eilt quer durchs Land, bringt Geld und Grüße von liebender Hand. Briefe für die Reichen, Briefe für die Armen.* Eine langsame, rhythmische Musik wird allmählich eingeblendet. (16 Sek.)
2 Totale. Der Zug fährt durch das Tal.	*Dem Laden an der Ecke, dem Mädchen nebenan. Gen Beattock geht's an, noch ist es weit, sie kämpft mit der Steigung, liegt noch in der Zeit.* Über der letzten Zeile des Gedichts wird die Musik abrupt lauter. (11 Sek.)

2

* Ken Cameron: Sound and the Documentary Film. London: Pitman 1947, S. 8.
** Sound and the Documentary Film, a.a.O., S. 8.
*** Regie: Basil Wright, Harry Watt. Cutter: R. Q. McNaughton. Tonregie: Cavalcanti, W.H. Auden, Benjamin Britten. G.P.O. Film Unit, 1936.

8

13

3 Amerikanische. Lokomotivführer und Heizer schaufeln Kohle in die Feuerbüchse.	Fortsetzung der Musik: hart, rhythmisch, wie im Gleichklang mit dem Stampfen der Maschinenkolben. (6,5 Sek.)
4 Nahaufnahme. Die Feuerbüchse, in der gerade eine Schaufel Kohle verschwindet.	Fortsetzung der Musik. (4 Sek.)
5 Amerikanische. Lokomotivführer und Heizer wie in Einstellung 3.	Fortsetzung der Musik. (2,5 Sek.)
6 Nahaufnahme. Die Hände am Schaufelstiel, wie sie nach vorne schwingen.	Fortsetzung der Musik. (1 Sek.)
7 Nahaufnahme. Der Lokomotivführer sieht nach vorne.	Fortsetzung der Musik. (2 Sek.)
8 Der Kessel der Lokomotive, vom Führerhaus aus gesehen.	Die Musik wird leiser. *Vorbei an Baumwollgras und Moor, ...* (3 Sek.)
9 Totale. Der Zug. Fahraufnahme, die Lokomotive wird genau an der linken Bildkante mitgeführt.	*... stößt Rauch in den Himmel* *sie hervor* *auf ruhiger Strecke* *und geradem Gleis,* *durch windgebeugtes Gras* *schnauft hörbar sie* *auf eigene Weis.* *Vögel wenden die Köpfe im Wind, ...* (8,5 Sek.)
10 Nahaufnahme. Die Lokomotivräder.	*... als sie vorbeifährt, starren aus Büschen . . !* (1,5 Sek.)
11 Vorbeiziehende Bäume, vom Zug aus gesehen.	*... auf Wagen, die blankgeputzt sind;*
12 Der Kessel der Lokomotive, von der linken Seite des Führerhauses aus gesehen, als der Zug unter einer Brücke durchfährt.	*Kein Hund bringt ihrem Kurs Kummer, schläft er doch noch in tiefem Schlummer.* (5 Sek.)
13 Einstellung über das Dach des Führerhauses hinweg in Fahrtrichtung.	*Auf den Höfen, die sie passiert, die Menschen noch schlafen, leise nur klirren im Zimmer Karaffen.* Das Tempo der Musik verlangsamt sich und mündet in einem langen, ruhigen Musiksatz. (7 Sek.)
14 Langsamer Schwenk über Wolken im Morgengrauen.	Die Musik geht ruhig weiter. *Die Morgendämmerung erfrischt ...* (8 Sek.)
15 Nahaufnahme. Der Lokomotivführer lüpft seine Mütze und wischt sich die Stirn mit einem Taschentuch ab.	*... der Anstieg ist geschafft.* Fortsetzung der ruhigen Musik bis zum Ende von Einstellung 20. (3,5 Sek.)
16 Überblendung auf die Instrumententafel im Führerhaus. Kamera schwenkt nach links, um die vorbeihuschende Landschaft ins Bild zu bekommen.	Sprecher (2. Stimme): *Hinab nach Glasgow geht es, den tutenden Dampfbooten und Reihen von Kränen zu ...* (10 Sek.)
17 Überblendung auf Totale. Eisenwerke und Fabrikschlote.	*... Hin zu den Feldern voll Fabriken,* *den Schmelzöfen,* *die auf der dunklen Ebene* *wie gigantische Schachfiguren stehen.* (4 Sek.)
18 Überblendung auf Totale. Ein Tal mit Hügeln im Hintergrund.	*Ganz Schottland wartet auf sie ...* (3,5 Sek.)
19 Überblendung auf eine Kate im Tal.	*... in dunklen Schluchten dicht neben bleich ... in dunklen Schluchten dicht neben bleichgrünen Teichen, ...* (2,5 Sek.)
20 Überblendung auf ein Tal mit Hügeln im Hintergrund.	*... warten die Menschen auf Nachricht.* (2,5 Sek.)
21 Nahaufnahme. Die Lokomotivräder; schnelle, rhythmische Bewegung der Kolbenstangen.	Sprecher (1. Stimme): *Briefe mit Dank,* *Briefe der Bank,* *Briefe voll Freude von Mädchen und Jungen ...* (3 Sek.)

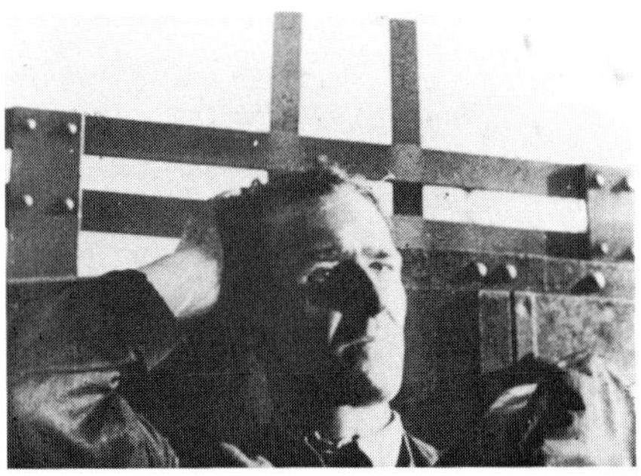
15

Basil Wright: »Diese Sequenz war der einzige Teil des Films, der vor Produktionsbeginn noch nicht völlig feststand. Über die Notwendigkeit dieser Sequenz waren wir uns zwar schon in einem frühen Stadium einig, aber die endgültige Form entstand erst, als der gesamte Film bereits im Rohschnitt fertig war. Einige der Aufnahmen waren (auf Verdacht) schon vor Ort gedreht worden, doch einige zusätzliche Einstellungen mußten noch gedreht werden, nachdem wir uns auf das Gedicht von Auden geeinigt hatten. Insgesamt kann man sagen, daß das Schnittempo und die Abfolge der Bilder zum großen Teil der Komposition der Worte und der Musik folgten (was allerdings eine ziemlich gewagte Feststellung ist, da die gesamte Arbeit eine Synthese der gemeinsamen Anstrengungen von Watt, McNaughton, Britten, Cavalcanti und mir war). Wir tappten allerdings nicht völlig im Dunkeln, da wir vorher mit *Coal Face* experimentiert hatten und darauf zurückgreifen konnten.«

17

Das ging etwa so vor sich: 1. Der Kommentar wurde erörtert, geschrieben und aufgenommen. Bei der Aufnahme der 1. Stimme nahm man ein optisches Metronom zur Hilfe, um einen gleichmäßigen Takt beim Lesen der rhythmischen Passagen zu erreichen. 2. Der Bildschnitt wurde dem Wortrhythmus angepaßt. 3. Nachdem Britten den Film gesehen hatte, schrieb er die Partitur; bei der Musikaufnahme hörte er über Kopfhörer den Kommentar mit. 4. Bild und Sprachband wurden etwas nachgeschnitten, um mit der Musik vollkommen übereinzustimmen.

Der zitierte Auschnitt besteht aus vier verschiedenen Phasen, jede mit einem eigenen ›Motiv‹:

(1) Einstellungen 1–13: »Sie kämpft mit der Steigung.« Das Thema der Bilder in diesem Teil ist die Anstrengung des Zuges, den Berg hinaufzukommen; jedes einzelne Bild dient diesem Thema. Während der ganzen Zeit hört man ein ständiges Schlagen – als ob es im Takt mit den mühseligen Bewegungen der Kolbenstangen bleiben wolle.

Während der Einstellungen 1 und 2 wird dieser Rhythmus durch den Kommentar bestimmt. Die Bilder zeigen den Zug mit seinen aus dem Schornstein aufsteigenden gleichmäßigen Dampfwolken und werden deshalb vom Zuschauer leicht mit dem Rhythmus der Worte in Verbindung gebracht. Darum können diese beiden Einstellungen, die in die neue Sequenz einführen, relativ lange stehen bleiben, ohne ihre rhythmische Qualität zu verlieren.

19

Die folgenden fünf Einstellungen 3–7 haben keinen ausgeprägten eigenen Rhythmus. Hier wird der Takt deshalb durch vermehrte Schnitte und die stärker betonte Musik erzeugt. In den Einstellungen 8–13 setzt der Kommentar wieder ein, und sein Takt wird jetzt durch den Schnitt noch verstärkt.

(2) Einstellungen 13–15: »Der Anstieg ist geschafft.« Eine Übergangsphase, die die Entspannung nach dem mühseligen Erklimmen des Berges zeigt. Einen optischen Hinweis darauf enthält Nr. 15, in der der Lokomotivführer eine Pause einlegt, seine Stirn abwischt und tief Luft holt. Hauptsächlich bewirkt diesen Eindruck der Entspannung aber, daß der Rhythmus der vorangegangenen Einstellungen abbricht. Die Zeile »Die Morgendämmerung erfrischt. Der Anstieg ist geschafft« hat keinen gleichmäßigen Takt mehr, und die Musik wird ruhiger: Das Gefühl von Anstrengung aus den Anfangseinstellungen läßt allmählich nach.

(3) Einstellungen 15–20: »Ganz Schottland wartet auf sie.« Eine kurze, beschreibende Szenenfolge. Jeglicher Takt, der durch den Schnitt entstehen könnte, wird bewußt durch Überblendungen vermieden. Die natürlich gesprochenen Blankverse verwandeln sich in eine einfache Beschreibung und lenken für einen Moment die Aufmerksamkeit vom Zug ab. Die Stimmung ist ruhig, nachdenklich und erwartungsvoll.

(4) Einstellung 21: »Briefe... Briefe... Briefe...« Urplötzlich wird das Tempo gewechselt. Nach der langsamen, weitschweifigen Passage versetzen uns der harte Schnitt auf die sich schnell drehenden Lokomotivräder und der brüske, stakkatohaft einsetzende Kommentar erneut in ein schnelleres Tempo. Der Zug rollt nach seinem heftigen Kampf gegen den Berg und seiner ruhigen Fahrt auf dem Gipfel nun offensichtlich fast von alleine ins Tal hinab.

21

Wir haben diese Passage aus *Night Mail* deshalb für eine Sequenzanalyse ausgewählt, weil in ihr fast sämtliche Arten von Toneffekten vorkommen, die für einen Cutter überhaupt in Betracht kommen. Sie demonstriert aber auch, wie kompliziert es ist, mit Hilfe des Tons eine perfekte Wirkung zu erzielen. Außerdem ist interessant, wie in diesem Fall die rhythmischen Variationen (durch den Ton) den Sinn der ganzen Sequenz *erklären*: Der schnelle, sich steigernde Rhythmus in Nr. 21 und den folgenden Einstellungen sagt dem Publikum, daß der Zug von allein den Berg hinabrollt – es wird nicht durch das Bild oder den Kommentar erläutert. Der Rhythmus wird zum entscheidenden Faktor. Durch ihn bekommen die Bilder einen Sinn.

Gewöhnlich ist die Reihenfolge der Arbeitsvorgänge – hier zuerst die Tonmischung und dann erst der Bildschnitt – umgekehrt. In diesem Fall ergaben sich daraus jedoch offensichtliche Vorteile. Die Sequenz hängt in erster Linie von ihrem Rhythmus ab. Es war deshalb leichter, den Takt vorher zu »verankern« (das heißt den Ton aufzunehmen) und erst danach die Bilder endgültig festzulegen. Gemeinhin ist diese Methode dem normalen Arbeitsablauf jedoch nicht vorzuziehen. Jeder Regisseur muß sich von Fall zu Fall aufgrund der Gegebenheiten entscheiden. Die Tatsache aber, daß es bei poetischen Dokumentarfilmen oft sinnvoll ist, den Ton vor dem Bildschnitt festzulegen, beweist, daß der Ton mehr als nur eine Ergänzung des Bildes ist. Beide sind gleichwertig und bedingen einander.

Heutzutage tendiert der Dokumentarfilm immer mehr zum ausgesprochenen Propagandafilm. Die Auftraggeber bestehen gewöhnlich auf einer klar formulierten ›Botschaft‹. Unglücklicherweise verlassen sich die Regisseure deshalb mehr und mehr auf den Kommentar. Er trägt den Film. Die Bilder dienen nur noch als Illustration oder sind dazu da, bestimmte Geistesblitze zu erhellen, die besser über das Bild als über das Wort vermittelt werden können. Das Ergebnis ist bestenfalls eine gefällig illustrierte Regierungsverlautbarung oder eine geschickte Werbebroschüre mit Bildern. In ästhetischer Hinsicht sind diese Filme wertlos – und wollen in etlichen Fällen sicherlich auch gar nicht mehr sein.

Vertane Chancen! Dokumentarfilmmacher sind in der einzigartigen Lage, mit dem Ton experimentieren zu können. Diese Chance zu verspielen und mit einem durchgehenden Kommentar – so gut formuliert er auch sein mag – vorlieb zu nehmen, heißt, auf eine große, wenn auch nur unzureichend erforschte Errungenschaft des modernen Films verzichten, den phantasievoll eingesetzten Ton.

11 Lehrfilm und Unterrichtsfilm

Die Aufgabe des Cutters beim Dokumentarfilm wie beim Spielfilm ist es, Stimmungen zu erzeugen oder Ereignisse zu dramatisieren. Für den Cutter eines Lehrfilms sind solche Überlegungen meistens irrelevant. Der Zweck seines Films ist zu unterrichten. Sein Ziel muß Klarheit, Logik und die richtige Einschätzung der Aufnahmefähigkeit seiner Zielgruppe sein.

Der Schnitt eines Lehrfilms wird größtenteils schon in der Drehbuchphase festgelegt. Eine logische Gedankenfolge und die Betonung wichtiger thematischer Aspekte müssen schon ins Drehbuch eingearbeitet worden sein, damit ein befriedigendes Ergebnis herauskommt. Stärker noch als in allen anderen Filmgenres muß jede Einzelheit äußerst präzise formuliert werden. Das ist nur möglich, wenn man sein Ziel während des ganzen Produktionsprozesses klar vor Augen hat. Ist das Drehbuch geschrieben, wird das Ganze durch einsichtige Kamerapositionen und Kamerabewegungen weiter präzisiert. Waren Drehbuch und Regie hinreichend intelligent, besteht die Arbeit am Schneidetisch gewöhnlich nur noch darin, die Einstellungen analog zum Drehbuch zu montieren und dabei ihre jeweilige Länge dem Kommentar anzugleichen. In diesem Fall macht es keinen Sinn, die Funktionen Schreiben, Drehen und Schneiden getrennt voneinander zu betrachten, da sie alle Teil ein und desselben Prozesses sind. Die beste Kamera und der beste Schnitt wären nicht in der Lage, ein schlechtes Drehbuch aufzuwerten.

Deshalb sollte das Ziel des Cutters bei einem Lehrfilm eine flüssige Darstellung des Themas sein. Um das Publikum nicht zu verwirren, muß eine Einstellung weich an die andere anschließen. Ein Spielfilm-Cutter kann manchmal, um das Publikum aufzurütteln, absichtlich einen harten Schnitt oder überraschende Effekte einsetzen. So etwas in einem Lehrfilm zu tun, wäre absolut töricht, da solche Schnitte geradezu darauf angelegt sind, momentane Verwirrung zu stiften und dadurch die Aufmerksamkeit des Zuschauers vom eigentlichen Thema abzulenken.

Zunächst wollen wir allerdings noch festhalten, daß es einen Unterschied zwischen einem Lehrfilm und einem Unterrichtsfilm gibt. Er entspricht den unterschiedlichen Funktionen eines Instrukteurs und eines Lehrers. Ein Lehrfilm beschäftigt sich mit Anweisungen, Handgriffen und Bedienungsanleitungen. Egal, ob er nun für Lehrlinge eines bestimmten Handwerks gemacht wird oder für ein allgemeineres Publikum, die Reihenfolge der Szenen ist mehr oder weniger durch den wirklichen, der Praxis entnommenen Arbeitsvorgang festgelegt. Der Schnitt hat lediglich Art und Ablauf der Vorgänge so klipp und klar wie möglich zu machen. Der Unterrichtsfilm dagegen beschäftigt sich mit weniger handfesten Dingen: Seine Themen sind allgemeinste Gedanken oder Theorien bis hin zu höchst komplizierten Sachverhalten in Wissenschaft und Kunst. An die Stelle einer durch die äußeren Vorgänge bestimmten Bildfolge tritt ein innerer Zusammenhang, so daß die Probleme des Schnitts völlig andere sind.

Oberste Regel beim Herstellen eines Lehrfilms ist ein möglichst klarer Übergang von Bild zu Bild, damit beim Zuschauer keinerlei Verwirrung entsteht. Etwas leicht zu Erkennendes in jedem Bild muß das Auge hin zum nächsten führen. Praktisch muß also jeder Einstellungswechsel (jeder Schnitt) in der Handlung oder Kamerabewegung begründet sein. Ist das unmöglich, muß gegebenenfalls ein Fingerzeig vor dem Schnitt zur nächsten Einstellung überleiten. Doch sollte man sich lieber eines natürlichen Vorgangs bedienen – wie etwas des nach oben gerichteten Blicks einer Person, der ganz selbstverständlich zur, sagen wir: Aufnahme eines Flugzeugs überleitet; auch ließe er den Einstellungswechsel unvermeidlicher erscheinen. Alternativ kann der gleiche Effekt erzielt werden, wenn die Kamera auf das Teil einer Maschine zufährt oder schwenkt, bis sich dieses in der Bildmitte und damit im Zentrum der Aufmerksamkeit befindet; der anschließende Schnitt auf die Nahaufnahme des Teils erscheint innerhalb der Bildfolge logisch und macht seine genaue Lage deutlich.

Das gilt auch, wenn man mit Diagrammen oder Modellen arbeitet – was von Zeichentrickfilmern oft außer acht gelassen wird. Diagramme sollte man allerdings nur benutzen, wenn es keine bessere Erklärung einer Sache gibt. Benutzt man sie jedoch, ist es äußerst wichtig, klar zu machen, worauf sie sich beziehen und welchen Teil der vorangegangenen Einstellung sie im Detail zeigen; am einfachsten geschieht dies durch eine Überblendung. Es gibt jedoch noch unzählige andere Anschlußmöglichkeiten. Das gleiche gilt für Modelle. Sie sind immer dann besonders sinnvoll, wenn das Innere einer Maschine gezeigt werden soll, das man normalerweise nicht filmen kann. Viele Lehrfilme verwenden an solchen Stellen ein aufgeschnittenes Modell der jeweiligen Maschine (wobei das Modell in der gleichen Lage und Ansicht wie die wirkliche Maschine in der vorangegangenen Einstellung abgebildet wird). Anschließend kann das Modell dann Stück für Stück auseinandergenommen werden. Die Kamera bleibt starr, so daß nach und nach die ›Arbeit‹ des Modells und die Funktion der einzelnen Teile erkennbar werden. Das Beispiel ist zwar simpel, zeigt jedoch die notwendige Kontinuität, um alles verständlich zu machen.

Wie ein Lehrfilm mit Hilfe dieser Mittel visuell verständlich wirkt, soll die Sequenz eines Films belegen, der keinen Kommentar verwendet und allein durch Bilder einen komplizierten Arbeitsprozeß darzustellen versucht.

1

Casting in Steel at Wilson's Forge *
Ausschnitt aus Aktrolle 2

Teil 1 (Herstellung einer Gußform) zeigt die verschiedenen Arbeitsprozesse, die zur Herstellung von Gußformen für Räder von Bergwerksloren notwendig sind. Er endet damit, daß er eine Reihe von vorbereiteten Gußformen zeigt. Der hier beschriebene Teil 2 zeigt die Veredelung des Gußstahls und der dritte Teil (Guß und Schliff), wie der geschmolzene Stahl in die vorbereiteten Formen gegossen wird.

2

Titel:
2. Teil: Schmelze und Veredelung

Aufblende

1 Amerikanische. Im Hof der Gießerei. Der untere Teil eines Kuppelofens. Eine Gießpfanne an einem Kranhaken befindet sich vor der Auslaufrinne des Kuppelofens. Einer der Schmelzereiarbeiter lockert mit einer Eisenstange den Zapfen am Zapfloch. (16 Sek.)

2 Nahaufnahme. Auslaufrinne. Einstellung über den Rand der Gießpfanne hinweg. Der Schmelzereiarbeiter tritt beiseite. Ein Eisenhaken kommt von außerhalb ins Bild und zieht den Zapfen endgültig aus dem Zapfloch. Geschmolzenes Eisen fließt in die Gießpfanne. (15 Sek.)

3 Amerikanische. Der untere Teil des Kuppelofens. Wie in Einstellung 1. Das geschmolzene Eisen läuft in die Gießpfanne. Der »Zapflochstock« kommt ins Bild und ruht auf dem Querträger der Gießpfanne. An seiner Spitze befindet sich ein zapfenförmiger Klumpen Ton. (6 Sek.)

4 Nahaufnahme. Abflußrinne. Wie in Einstellung 2. Die Gießpfanne ist nun fast gefüllt mit geschmolzenem Eisen. Der »Zapflochstock« wird ins Zapfloch gestoßen und gedreht, bis der Metallfluß gestoppt ist. (8 Sek.)

5 Amerikanische. Der untere Teil des Kuppelofens. Wie in Einstellung 3. Der Zapfstock wird zurückgezogen, und der Schmelzereiarbeiter kommt wieder ins Bild. Er schöpft die Schlacke von der Oberfläche des geschmolzenen Eisens aus der Gießpfanne. Sein Arbeitskollege kommt ins Bild, geht an der Kamera vorbei und nimmt seine Position auf der anderen Seite der Gießpfanne an. (13 Sek.)

3

6 Amerikanische. Der Schmelzereiarbeiter. Er wirft die Schlacke auf den Boden, die Kamera schwenkt mit, die Schlacke wird durch eine Schaufel Sand gelöscht. Kamera schwenkt in die Ausgangsposition zurück. (11,5 Sek.)

7 Amerikanische. Der untere Teil des Kuppelofens. Wie in Einstellung 5. Der Schmelzereiarbeiter beendet das Abschöpfen und wirft die Schöpfkelle auf den Boden. (2,5 Sek.)

8 Halbnah. Bessemer Birne, gesehen von der Hinterseite der Gießpfanne. Die Birne befindet sich in horizontaler Lage. Die Gießpfanne wird hochgezogen (durch einen Kran außerhalb des Bildes) und zur Einfüllöffnung der Bessemer Birne geschwenkt. Der Schmelzereiarbeiter und sein Kollege klettern seitlich auf Gerüste neben der Birne, und die Gießpfanne wird näher herangeschwenkt. Der Schmelzereiarbeiter dreht an der Kippvorrichtung der Gießpfanne. (20 Sek.)

9 Amerikanische aus seitlichem Winkel. Die Bessemer Birne. Der Schmelzereiarbeiter dreht weiter, und der Inhalt der Gießpfanne fließt in die Bessemer Birne. (24 Sek.)

10 Halbnah. Die Bessemer Birne. Wie in Einstellung 8. Nach Beendigung des Einfüllens wird die Gießpfanne mit der Öffnung nach unten weggeschwenkt. Der Schmelzereiarbeiter und sein Kollege steigen hinunter und rollen die Gerüste beiseite. (18,5 Sek.)

4

* Regie und Schnitt: R. K. Neilson-Baxter. Basic Film Unit for Ministry of Education, 1947.

11 Totale. Aufsicht. Bessemer Birne: Sie wird von der Horizontalen in die Vertikale gedreht. In ihrer endgültigen Position wird sie »angeblasen«. Rauch schießt aus der Öffnung der Birne, sobald die Rückstände des geschmolzenen Eisens zu verbrennen anfangen. Glühende Metallfunken fliegen aus der Öffnung. (29 Sek.)

Überblendung auf:
12 Diagramm. Halbtotale. Bessemer Birne. Ähnlich wie in der vorangegangenen Einstellung. Nach ein paar Sekunden wird die Hülle der Bessemer Birne ausgeblendet, so daß sie nun im Querschnitt zu sehen ist. Wir sehen, wie die Luft seitlich durch eine Leitung in den Ofen gepreßt und durch Düsen in das geschmolzene Metall geblasen wird. Rauch und Flammen schießen aus der Oberfläche des geschmolzenen Eisens hervor. (12 Sek.)

13 Diagramm. Nahaufnahme. Die Luftzufuhr. Das Wort »Luft« wird eingeblendet. (7 Sek.)

14 Diagramm. Halbtotale. Die Bessemer Birne. Wie in Einstellung 11. Animation wie zuvor. Abblende. (10,5 Sek.)

15 Aufblende.
Der Hof der Eisengießerei. Amerikanische. Ein Chemiker blickt nach oben, außerhalb des Bildes. Die Kamera schwenkt zur Spitze der Bessemer Birne. Eine Stichflamme schießt aus der Öffnung. (10,5 Sek.)

16 Amerikanische. Der Chemiker. Er nimmt seine Schutzbrille ab und gibt den Männern an der Winde ein Zeichen. Sie beginnen, an der Winde zu drehen. (7 Sek.)

17 Totale. Aufsicht. Die Bessemer Birne. Sie dreht sich aus der Vertikalen in die Horizontale. (14,5 Sek.)

18 Halbtotale. Bessemer Birne, feste Kameraeinstellung auf die Öffnung der Bessemer Birne. Das Anblasen hat aufgehört. (5 Sek.)

19 Totale. Aufsicht. Die Bessemer Birne. Zwei Gießereiarbeiter kommen mit einer kleinen Gießpfanne unterhalb der Öffnung der Birne auf ein Gestell. Die Birne neigt sich leicht nach vorne, und das Metall fließt in die Gießpfanne. Der Schmelzereiarbeiter stößt Schlacke in die Öffnung der Birne zurück, damit das Metall leichter fließen kann, und die Gießereiarbeiter gehen zur Seite, um dem Funkenregen auszuweichen. Als die Gießpfanne voll ist, schwingt die Birne leicht nach oben, die beiden Gießereiarbeiter treten zurück, und ein dritter legt einen Blendschutz auf die Gießpfanne. (20,5 Sek.)

20 Amerikanische. Die Bessemer Birne. Wie in Einstellung 18. Der dritte Gießereiarbeiter legt den Blendschutz auf die Gießpfanne. Er schiebt eine Querstange unter die linke Seite des Tragegestells, die drei Männer heben die Gießpfanne an und tragen sie in die Gießerei. (12 Sek.)
Abblende.

5

6

7

8

9

Die erste Einstellung zeigt uns die Position des Kuppelofens. Die Kamera steht so, daß man die genaue Lage des Zapflochs (aus dem das Metall herausfließen wird) zur Gießpfanne (die das Metall aufnehmen wird) erkennen kann. Im Hintergrund sehen wir einen Schmelzereiarbeiter an dem Zapfloch des Kuppelofens herumhantieren; das führt uns zur zweiten Einstellung, in der man das Zapfloch von vorne sehen kann. Diese beiden Einstellungen sind schlüssig miteinander verbunden, denn wir sehen dieselben Teile des Kuppelofens wie auch denselben Schmelzereiarbeiter. Die Frontalansicht der Ofenöffnung zeigt uns dann, daß tatsächlich mit Hilfe eines Eisenhakens das Zapfloch geöffnet wird und das Metall anfängt, in die Gießpfanne zu fließen.

In Wirklichkeit dauert es einige Zeit, bis die Gießpfanne mit geschmolzenem Metall gefüllt ist, aber uns ist klar, daß dies nicht in voller Länge gezeigt werden muß. Aufgrund der Kameraposition in Einstellung 3 können wir nicht sehen, wie voll die Gießpfanne schon ist. Doch wenn auf Einstellung 4 umgeschnitten wird, können wir davon ausgehen, daß die Gießpfanne nun gefüllt ist, obwohl wir in wenigen Sekunden einen Vorgang verfolgen, der in Wirklichkeit einige Minuten in Anspruch nimmt.

Die Lage der Zapflochstange dient als visuelle Verbindung von Einstellung 4 zu 5, und wir sehen nun (Einstellung 5), daß der Schmelzereiarbeiter etwas von der Oberfläche des geschmolzenen Metalls abschöpft. Er setzt seine Tätigkeit in Einstellung 6 fort, in der die Kamerabewegung hervorhebt, wie die Schlacke gelöscht wird. Die Kamera schwenkt zurück auf den Schmelzereiarbeiter. Dessen Tätigkeit wird von Einstellung 7 wieder aufgenommen, die nun zeigt, daß der Vorgang beendet ist.

Einstellung 8 stellt den Anfang der zweiten Arbeitsphase dar, nämlich das Einfüllen des geschmolzenen Metalls in die Bessemer Birne. Die Kamera befindet sich in leicht seitlicher Stellung, um zu zeigen, wie weit Gießpfanne und Birne voneinander entfernt sind. Der Transportkran, an dessen Haken die Gießpfanne hängt, wird als nicht so wichtig angesehen und erscheint deshalb auch nicht im Bild.

Nr. 9 setzt die Drehbewegung aus der vorangegangenen Einstellung fort. Wiederum wird durch die Kameraposition der Vorgang deutlich. Nr. 10 setzt

10

11

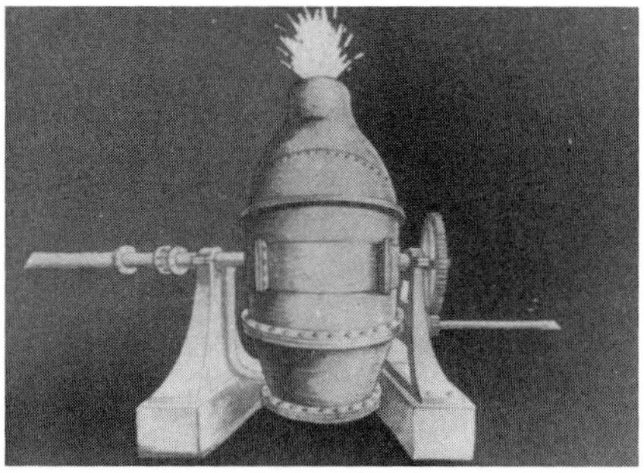

12a

12b

13

die Bewegung weiter fort und zeigt, wie die Gießpfanne wieder weggezogen wird. Die Kamera bleibt auf der Bessemer Birne in der Mitte des Bildes (Ende von Nr. 10), und wir schneiden auf Nr. 11 um, in der wir eine bessere Sicht auf die Drehbewegung der Bessemer Birne haben.

In dieser Phase ist es wichtig zu zeigen, was sich im Inneren der Bessemer Birne abspielt, und das ist nur graphisch möglich. Eine paßgenaue Überblendung auf das Diagramm läßt keinen Zweifel daran, worauf es sich bezieht. Das Diagramm verwandelt sich in eine Querschnittzeichnung, und sobald der Hinweis wichtig ist, daß nun Luft in die Bessemer Birne geblasen wird, zeigt eine Nahaufnahme das Druckluftrohr (Einstellung 13). Diese Trick-Sequenz wird über eine gewisse Länge hin gezeigt, da die Umwandlung des Metalls einige Zeit dauert. Auch die Ab- und Aufblende zwischen Einstellung 14 und 15 soll das noch unterstreichen.

Die Kamerabewegung in Nr. 15 zeigt uns, daß der Chemiker zur Spitze der Bessemer Birne hochblickt. In Nr. 16 deutet er durch seine Geste an, daß der Prozeß beendet ist. Die Männer beginnen, an der Winde zu drehen. Die Frucht ihrer Arbeit ist in der nächsten Einstellung (17) zu erkennen, und in Einstellung 18, mit der Frontalansicht der Birne, daß das Anblasen beendet ist.

Das Ausgießen des Metalls wird jetzt aus einer neuen Kameraposition gezeigt. Um diesen Vorgang besonders deutlich zu zeigen (19), ebenso die Bewegung des Arbeiters, der den Blendschutz auf die kleine Gießpfanne legt, wird dieser Arbeitsgang in die letzte Einstellung hinübergezogen.

Diese ziemlich ausführliche Beschreibung der Montage einer vollständigen Sequenz sollte demonstrieren, daß *jeder* Schnitt entweder durch den Arbeitsablauf oder eine Kamerabewegung motiviert ist. Vollkommene Klarheit in jeder Phase eines Lehrfilms ist oberstes Gebot. Deshalb war es wohl angemessen, die Sequenz detailliert zu analysieren und zu zeigen, wie sie gemacht wurde. Außerdem sollte man nicht übersehen, daß sich der Regisseur in einer Zwickmühle befand. Er konnte nur wenige Kamerapositionen benutzen, um den geschilderten Arbeitsvorgang nicht zu komplizieren. So sind die ersten sieben Szenen aus nur drei verschiedenen Kamerapositionen gefilmt worden.

Der Ausschnitt aus *Casting in Steel at Wilson's Forge* veranschaulicht das Problem von Lehrfilmen auf der einfachsten Ebene. Der Film war für ein breiteres Publikum gedacht. Deshalb erschien es auch nicht nötig, den Arbeitsprozeß in jeder Einzelheit zu zeigen. Hinzu kommt, daß auch das Thema ziemlich unkompliziert ist und analog zu den tatsächlichen Arbeitsvorgängen vergegenwärtigt werden konnte. Nicht jedes Thema ist so einfach. Gegebenenfalls müssen viele Details zum besseren Verständnis mehrmals aus verschiedenen Kamerapositionen gefilmt werden, so daß ein Kommentar unumgänglich ist. Er läßt das Publikum letzlich auch wissen, an welcher Stelle eine Wiederholung kommt.

Ein Kommentar ist natürlich in jedem Fall eine große Hilfe. Ein Hinweis des Sprechers kann die Aufmerksamkeit des Publikums auf ein bestimmtes Detail oder in die richtige Richtung lenken. Er sollte jedoch nie dazu dienen, etwas, das ein Bild besser zeigen kann, zu erklären oder Fehler beim Dreh zu kaschieren. Jeder Instrukteur wird bestätigen, daß eine praktische Übung besser als jede mündliche Erläuterung ist. Bei Lehrfilmen wie dem hier beschriebenen ist ein einfacher, klarer Fluß der Bilder das Wichtigste.

Beim Unterrichtsfilm sind die technischen Möglichkeiten sehr viel zahlreicher. Thema und Zielgruppe sind oft so unterschiedlich, daß Verallgemeinerungen unmöglich sind. Was die Montageprobleme eines Lehrfilms und eines Unterrichtsfilms generell unterscheidet, ist deshalb die Art der Erzählfolge. In einem Unterrichtsfilm kann sich die Kontinuität nicht mehr aus der Abfolge einer gezeigten Tätigkeit entwickeln, sondern nur aus der Abfolge und Entwicklung von Ideen. Um ein allgemeines Prinzip abzuleiten, müßte man eigentlich eine ganze Reihe unterschiedlicher Beispiele aufführen; denn es gibt nur selten eine visuelle Verbindung zwischen den Einstellungen. Die üblichen Überlegungen hinsichtlich einer kontinuierlichen Erzählfolge werden auf einmal irrelevant. Der Cutter kann nur noch versuchen, eine möglichst wenig widersprüchliche Bildfolge zu schneiden und den Kommentar so zu timen, daß der Schnitt flüssig erscheint. Die Probleme sind dennoch nicht ganz so groß, wie es sich vielleicht anhört. Wenn sich die Gedanken des Films logisch entwickeln, lenken sie die Aufmerksamkeit leicht von kleinen Fehlern in der Bildmontage ab.

War das Drehbuch sorgfältig ausgearbeitet und hat der Regisseur es intelligent umgesetzt, bleibt für den Cutter nur die relativ einfache Aufgabe des Timing übrig. Manchmal kann er vielleicht geringfügige Veränderungen bei der geplanten Bildfolge vorschlagen – falls zum Beispiel aufeinanderfolgende Einstellungen im Ton nicht übereinstimmen oder das Geschehen in der einen Einstellung die Aufmerksamkeit von einem wichtigen Punkt in der nächsten ablenkt. Öfter passiert es allerdings, daß durch die Verbindung zweier Einstellungen eine unbeabsichtigte visuelle Beziehung entsteht und daraus falsche Schlußfolgerungen gezogen werden. (So nach der Vorführung von *Hydraulics* in der Schule. Eine der ersten Fragen war: »Wie kommt es überhaupt, daß ein Flugzeug in der Luft bleibt?«. Ein fliegendes Flugzeug, das die Beweiskette stützen sollte, verleitete einige Zuschauer dazu, ihre Aufmerksamkeit einem Aspekt zuzuwenden, mit dem sich der Film überhaupt nicht befaßt hatte.) In solchen Fällen muß die Montage natürlich noch einmal überdacht werden.

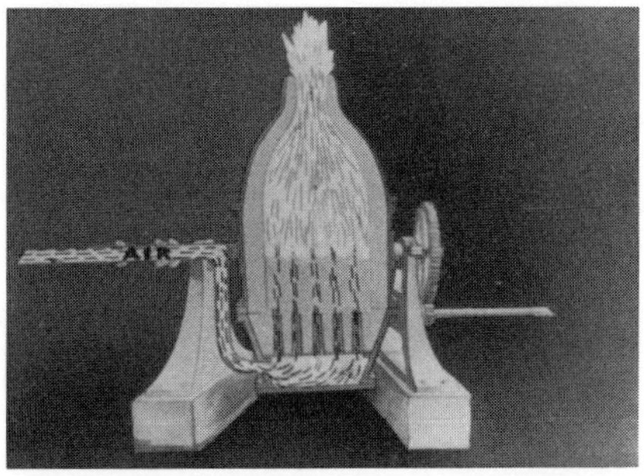

14

15 a

15 b

Obwohl der Film durchaus unzusammenhängende Phänomene miteinander verbinden und dadurch eine These untermauern kann, muß man bei der Montage große Sorgfalt darauf verwenden, daß nicht einzelne Aspekte die Aufmerksamkeit vom eigentlichen Thema ablenken.

Da die in einem Unterrichtsfilm dargestellten Gedanken oft vielschichtig sind und es in seiner Natur liegt, nicht auf einer visuellen Kontinuität aufbauen zu können, ist fast immer ein Kommentar notwendig. Er steht schon im Drehbuch und wird später etwas umgemodelt, um ihn dem Timing der Bilder anzugleichen. Der Cutter hat die Worte den Bildern so anzupassen, daß sie genau im richtigen Augenblick kommen. Wie wir im nachfolgenden Beispiel sehen werden, ist das korrekte Timing der Worte und Bilder der entscheidende Faktor für ein überzeugendes und verständliches Produkt.

Andererseits empfiehlt sich kein durchgehender Kommentar. Pausen erlauben dem Publikum nicht nur, das Gesehene aufzunehmen, sondern auch das Gesagte zu verdauen. Aufgabe des Kommentars ist es in erster Linie, die Aufmerksamkeit in die richtige Richtung zu lenken; seine Aufgabe ist *nicht*, dem Publikum zu erzählen, was es bereits sieht.

In unserem Beispiel dient der Kommentar dazu, den Zuschauer aus dem Gesehenen eigene Schlüsse ziehen zu lassen. Obwohl der Kommentar nie das Bild beschreibt, verhilft er durch seine Erläuterungen jeder Abbildung zu ihrer Bedeutung im Gesamtzusammenhang.

Hydraulics *
Ausschnitt aus Aktrolle 1

Es handelt sich hier um die Eingangssequenz. Sie erklärt die grundlegenden Eigenschaften von Flüssigkeiten, auf denen das hydraulische Prinzip basiert: Flüssigkeiten verändern ihre Form und Flüssigkeiten sind fast völlig unelastisch. Der Rest des Films zeigt die Anwendung dieser Prinzipien.

1 Totale. Aufsicht. Das Meer. Wellen brechen sich an den Felsen.	Kommentar: *Flüssigkeiten verändern leicht ihre Form.* (9,5 Sek.)
2 Kamera in Höhe des Meeresspiegels. Eine riesige Welle rollt auf die Kamera zu und füllt die gesamte Leinwand.	*Sie gewinnen ihre Form durch…* (4,5 Sek.)
3 Nahaufnahme. Ein Waschbecken, in das Wasser läuft. Eine Hand kommt ins Bild und dreht den Wasserhahn zu.	*…feste Körper. Wasser, das in ein Waschbecken läuft, nimmt die Form eines Waschbeckens an…* (5,5 Sek.)
4 Nahaufnahme. Wasseroberfläche im Waschbecken. Zwei Hände kommen ins Bild und waschen sich.	*…und schließt sich dicht um eine eingetauchte Hand.* (6,5 Sek.)

1

* Regie: Ralph Elton. Cutter: R. K. Neilson-Baxter. Petroleum Film Board, 1941.

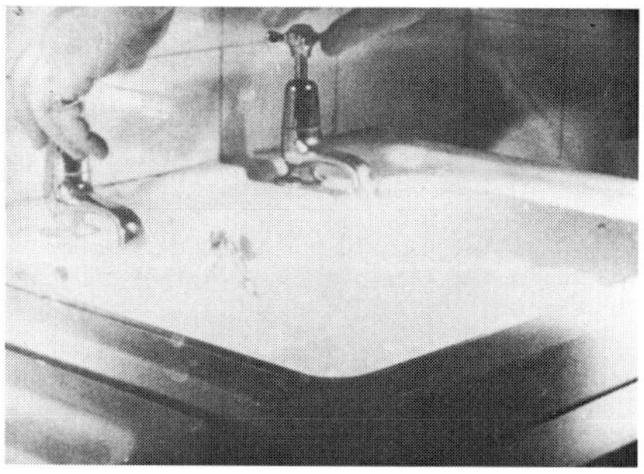
3

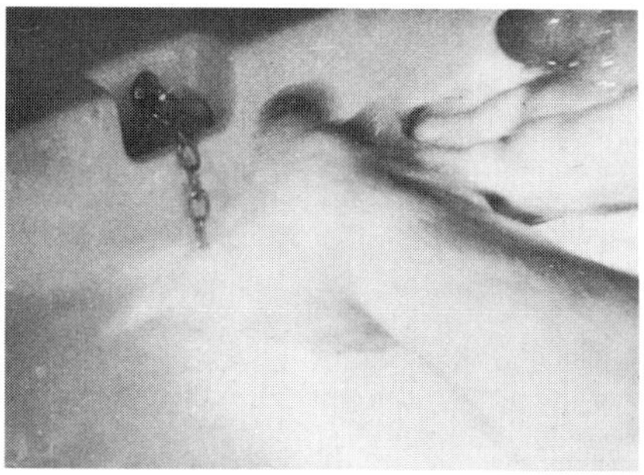
4

5

5 Nahaufnahme. Ein Krug mit Bier und daneben ein Glas. Eine Hand kommt ins Bild, hebt den Krug hoch, Kamera schwenkt mit der Hand mit. Der Krug wird gekippt, und die Kamera verfolgt den Strom des Bieres in das darunter stehende Glas.	*Bier nimmt die Form des Kruges oder des Glases an, in das es gefüllt wird.* (13,5 Sek.)
6 Wasserschlauch. Die Kamera bewegt sich entlang des Schlauches und ruht dann auf dem Mann, der die Räder eines Lastwagens säubert.	*Da eine Flüssigkeit auch die Form eines Schlauches annimmt, kann sie von einer Stelle zur anderen transportiert werden.* (6 Sek.)
7 Nahaufnahme. Die Hand des Mannes hält den Wasserschlauch auf das Rad.	(2,5 Sek.)
8 Totale. Drei Jungen am Ufer eines Flusses, unter einer Brücke. Einer taucht in das Wasser, ein anderer folgt ihm.	*Feste Körper beherrschen Flüssigkeiten.* (5,5 Sek.)
9 Amerikanische. Die Jungen schwimmen.	(1 Sek.)
10 Amerikanische. Zwei schwimmende Jungen. Sie erreichen das Ufer und winken jemandem zu.	(3.5 Sek.)
11 Totale. Aufsicht. Ein Mann springt vom Sprungbrett und macht dabei einen Bauchklatscher.	*Wasserfontäne. Aber Flüssigkeiten...* (2.5 Sek.)
12 Amerikanische. Ein Junge auf der Brücke, amüsiert.	*...sind nicht elastisch.* (1,5 Sek.)
13 Nahaufnahme. Der Mann reibt sich nach dem Sprung den Bauch.	(3,5 Sek.)
14 Überblendung auf Halbtotale. Eine Quartflasche, die mit Wasser gefüllt wird.	*Füllt man eine Flasche bis oben hin mit Flüssigkeit...* (8 Sek.)
15 Nahaufnahme. Die mit einem Korken verschlossene, volle Flasche. Eine Hand kommt ins Bild und versucht vergeblich, den Korken weiter in die Flasche zu stoßen.	*...kann der Korken nicht weiter in den Flaschenhals gestoßen werden.* (8,5 Sek.)
16 Amerikanische. Ein Mann betätigt einen Hebel an einem Druckrohr, das durch den Korken in die Flasche führt.	*Versuchen wir, die Flüssigkeit in der Flasche zu verdichten...* (2,5 Sek.)
17 Nahaufnahme. Der Hebel wird weiter runtergedrückt.	*...wird die Flüssigkeit nicht nachgeben.* (3,5 Sek.)
18 Nahaufnahme. Druckrohr. Kamera schwenkt das Rohr entlang zum Korken im Flaschenhals.	(3 Sek.)
19 Wie in Einstellung 17. Der Hebel wird weiter sanft hinuntergedrückt.	*Was nachgibt...* (2 Sek.)
20 Wie in Einstellung 18. Die Flasche explodiert.	*...ist die Flasche.* Das Geräusch zersplitternden Glases. (00 Sek.)

Es wäre nicht sonderlich sinnvoll, diese Sequenz Einstellung für Einstellung zu analysieren, da sie einfach und geradlinig ist. Deshalb nur ein paar Anmerkungen.

Die Sequenz beginnt ziemlich langsam – Einstellung 1 und 2 sind verhältnismäßig lang; dem Publikum soll Zeit gegeben werden, sich mit dem Gegenstand vertraut zu machen. Man sieht Wellen (Nr. 1 und 2), um die Kraft von Flüssigkeiten in Bewegung zu demonstrieren – worauf später im Film noch eingegangen wird –, aber auch, um festzustellen, daß Wasser keine spezifische Form hat.

Jeder neue Gesichtspunkt im Kommentar ist genau mit einer ersten Veranschaulichung im Bild gebunden. Das Schlüsselwort »feste Körper« wird exakt zu Beginn von Einstellung 3 gegeben; ebenso fällt der Satz »Aber Flüssigkeiten sind nicht elastisch« im gleichen Moment, in dem der Mann einen Bauchklatscher macht (11–13).

Einstellung 3 und 4 erläutern zwei Aspekte eines neuen Gedankens: Nr. 3, daß Flüssigkeiten ihre Form durch feste Körper erhalten, und Nr. 4, daß Flüssigkeiten festen Körpern weichen. Beide Gedanken entwickeln sich logisch, denn zwischen ihnen besteht eine visuelle Verbindung, nämlich das Waschbecken.

Die Kamerabewegung in Nr. 5 unterstützt die Aussage, daß Wasser seine Form abhängig von der Form des Behälters verändert. Hätte man diesen Vorgang nur in einer statischen Kameraeinstellung gezeigt, mit Krug und Glas in einer einzigen Einstellung, wäre der Gedanke der sich verändernden Form des Wassers weniger einleuchtend erläutert worden. Das gleiche gilt für Nr. 6.

15

Die Überblendung auf Nr. 14 signalisiert einen Wechsel in der Veranschaulichung: Von dem alltäglichen Beispiel des ›Kopfsprunges‹ eines Mannes geht es nun zu der empirisch nachvollziehbaren Demonstration eines Labortests. Die Überblendung hilft auch, eventuelles Gelächter nach Einstellung 13 aufzufangen. Der Kommentar in Einstellung 14 und 15 ist notwendig, da das Publikum sonst vielleicht ratlos bliebe, welche Schlußfolgerungen es aus den Bildern ziehen soll.

Die ganze Einstellungsfolge von 16 bis 20 ist scheinbar überflüssig, da das Experiment auch in einer Einstellung hätte gezeigt werden können. Dadurch jedoch, daß diese Passage stärker aufgelöst worden ist, wirkt sie noch authentischer und überzeugender. Nr. 17 und 18 zeigen, wie der Druck durch das Herunterdrücken des Hebels auf die Flasche übertragen wird. Nr. 19 bietet ein bißchen Show – leichte Spannung entsteht, und man spürt, daß zwei entgegengesetzte Kräfte aufeinander einwirken und eine nachgeben muß. Das macht die Explosion am Ende noch wirkungsvoller.

Man achte auch auf die Pausen im Kommentar (während Nr. 8, 10, 13–14), in denen das Gesagte nachwirkt.

Alle diese Kleinigkeiten in der Montagetechnik dienen dazu, die Sequenz so verständlich wie möglich zu machen. Ihre gesamte Struktur beruht auf dem gleichen Prinzip. Die erste These – »Flüssigkeiten verändern leicht ihre Form« – wird durch verschiedene Beispiele aus dem Alltag erklärt. Nr. 8 bis 10 sind zwar ziemlich schlechte Beispiele für die These »feste Körper beherrschen Flüssigkeiten«, führen uns jedoch auf unkomplizierte Weise zu dem Kopfsprung, durch den die zweite These erläutert wird. Wichtig dabei ist, daß die Unelastizität des Wassers dem Publikum neu sein könnte und deshalb demonstriert werden muß. Die Einstellungen 8 bis 11 bereiten so die entsprechenden Illustrationen vor (Nr. 12–13) und machen sie dadurch doppelt wirkungsvoll. Überdies wurde dieser Gedanke wie selbstverständlich eingeführt, ohne die Beweisführung unterbrechen zu müssen. Danach genügt es völlig, ihn durch zwei weitere Beispiele (14–15 und 16–20) zu untermauern.

Vielleicht haben wir uns nun doch zu ausführlich mit dieser Sequenz beschäftigt, schließlich ging es nur um kleine, unwichtige Details. Doch gerade durch eine derart minutiöse Genauigkeit in der Gestaltung erreicht ein Unterrichtsfilm seine Wirkung. *Jeder* Gesichtspunkt verdient Beachtung: Auch wenn man nur bei einem kleinen Detail der Beweisführung schludert, wird der Betrachter möglicherweise zwar noch den ganzen Film verstehen, doch dessen Schlüssigkeit und Überzeugungskraft leiden auf jeden Fall.

Noch etwas zum Timing. Das Ziel sollte stets sein, ein Gleichgewicht zu finden, bei dem der Zuschauer einerseits genügend Zeit hat, dem Film folgen zu können,ihm andererseits nicht zu viel Zeit gelassen wird, um ihn zu langweilen. Die Gefahr, einen Unterrichtsfilm langweilig zu gestalten, ist wirklich groß: Je mehr das Thema fortschreitet, um so komplizierter wird es oft, und die Zahl der Schnitte muß mehr und mehr reduziert werden. Im Gegensatz zum Spielfilm neigt der Unterrichtsfilm dazu, zum Ende hin immer langsamer zu werden, eine Schwierigkeit, die sich im allgemeinen nicht vermeiden läßt. Weitergehende Verallgemeinerungen sind jedoch nicht möglich. Ein genaues Timing ist größtenteils eine Frage der Erfahrung und eines gründlichen Studiums vorangegangener Filme.

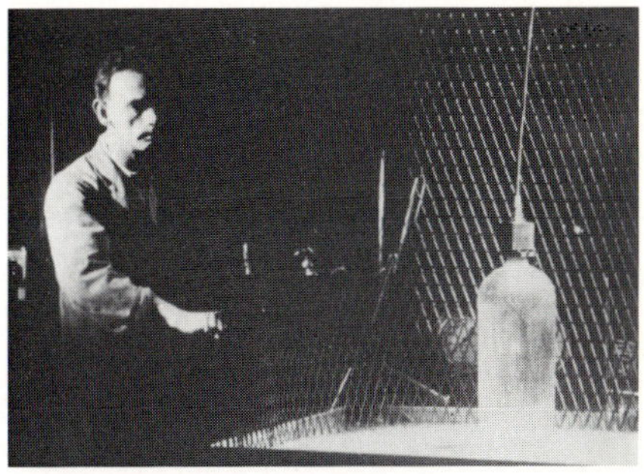
16

17/19

18

20

12 Die Wochenschau

Die Arbeit der Wochenschauleute entspricht der von Journalisten und Reportern. Sie produzieren bildliche Darstellungen aktueller Ereignisse und verschicken sie dann sofort. Das Material muß eingängig und interessant sein und eine ausgewogene Auswahl der Neuigkeiten darstellen. Außerdem muß eine Wochenschau unterhaltend sein.

Ereignisse, die in den Zeitungen Schlagzeilen machen, eignen sich nicht unbedingt auch für eine Wochenschau. Die Abdankung eines Staatsmannes, eine politische Rede oder ein Mordfall geben nicht unbedingt eine gute *Bild*-Geschichte her. Sie sind zwar als Zeitungslektüre interessant, da sie ›neu‹ sind und der Leser das erste Mal von ihnen erfährt. Die Wochenschauen besitzen diesen Vorteil jedoch nicht: Wenn sie im Kino gezeigt werden, sind die Neuigkeiten schon etwas abgestanden. Die Wochenschau muß deshalb Ereignisse zeigen, die nicht in erster Linie durch ihren Neuigkeitswert reizen. Wochenschaumaterial muß vom Bild her interessant sein und mit einem Touch von Unterhaltung präsentiert werden, der auch eine schon leicht verstaubte Nachricht noch aufregend erscheinen läßt.

Nicht bloße Fakten, sondern besondere Aspekte eines bekannten Ereignisses machen eine gute Wochenschau aus. Berichtet man zum Beispiel über eine internationale Konferenz, wird es die Zuschauer vielleicht interessieren, wie die Politiker lächeln, während sie sich die Hände schütteln. Sie sind wenig neugierig darauf, was die Politiker zu sagen haben; denn das haben diejenigen, die sich dafür interessieren, sowieso schon in der Zeitung gelesen. Eine Wochenschau über das Pferderennen in Ascot kann sich genauso lange mit der Mode beschäftigen wie mit dem Rennen selber, zumal das Publikum, falls es sich überhaupt für den Sieger interessiert, ihn schon kennt, aber nicht die Damen gesehen hat, die nach dem letzten Modeschrei gekleidet sind. Das Handwerk des Wochenschauproduzenten oder Redakteurs besteht in der Auswahl charakteristischer Einzelheiten – ›der menschlichen Seite‹ eines Ereignisses.

Die erste Aufgabe ist es natürlich, aus den wöchentlichen Neuigkeiten jene Ereignisse auszuwählen, die am interessantesten und geeignetsten für eine bildliche Wiedergabe sind. Bis zu zehn Themen können in einer Wochenschau gezeigt werden, und sie müssen möglichst ausgewogen sein, um ein breites Publikum anzusprechen. Liegen die Themen fest, muß der Produzent sein Team zusammenbekommen – Kameramann, Cutter, Texter und Tonmeister – und mit ihnen besprechen, wie man die Themen anpacken will.

Eine Wochenschau muß von vornherein so genau wie möglich geplant werden, um Material und Zeit zu sparen und um sicher zu gehen, daß das gesamte Team dasselbe Ziel im Auge hat. Ist das Konzept nicht von Anbeginn klar, kann es passieren, daß der Kameramann mit falschem oder auf jeden Fall ungeeignetem Material zurückkommt. Der Cutter müßte dann Kompromisse machen und eine Bildfolge zusammenstoppeln. Zeit – ein äußerst wichtiger Faktor – wird vergeudet, und die Möglichkeit, das beste Material zu bekommen, ist meistens vertan. Man kann den Kameramann nicht erneut losschicken, damit er das Grand National noch einmal filmt. In der Praxis heißt das natürlich, daß der Produzent ein erfahrenes Kamerateam haben sollte, das eine Story bereits während des Drehens bildlich umzusetzen vermag. Material, das keinem bestimmten Zweck dient, ist meistens auch nicht mehr anderweitig zu gebrauchen.

Sobald das Negativ im Schneideraum ankommt, geht es hauptsächlich um eins: Schnelligkeit. Einige Dinge, die Wochenschautechniker aus Zeitersparnis machen, würden anderen Filmtechnikern die Haare zu Berge stehen lassen. Das Material wird als Negativ ausgemustert und geschnitten: teils um Zeit, teils um überflüssige Kopierkosten zu sparen. Redakteur und Cutter entscheiden noch vor dem eigentlichen Schnitt, wie lang jedes Thema in etwa behandelt werden soll.

Der Cutter muß vor allem eine möglichst harmonische Bildfolge herstellen und dabei die wichtigsten Punkte hervorheben. Er entscheidet, wie lange er das Publikum über die letzte Mode in Ascot informieren oder wie lang er den obligaten Witz über die Buchmacher stehen lassen will und wieviel er für das eigentliche Rennen übrig läßt. Oft hat er nicht einmal genug Zeit, um sich mit einem flüssigen Anschluß von einer Einstellung zur nächsten zu beschäftigen, und verwendet deshalb Zwischenschnitte. Natürlich bekommt sein Publikum die Bilder auch in Verbindung mit einem, im Spielfilm würde man sagen: höchst aggressiven, Ton zu sehen, der die Bilder oft so vorantreibt, daß Anschlußfehler kaum zu merken sind.

Schließlich muß der Cutter seiner Story noch eine Form geben. Er ist natürlich an die Chronologie der Ereignisse gebunden, von der er sich nicht allzu weit entfernen kann. Er hat darauf zu achten, daß jede Situation so ökonomisch wie möglich gezeigt wird und auf das Hauptereignis hinführt. In sieben bis acht Minuten muß das Publikum ein halbes Dutzend verschiedene, unzusammenhängende Ereignisse aufnehmen. Der Übergang von einem Ereignis zum nächsten muß also rasch vonstatten gehen. Natürlich helfen Zwischentitel. Im allgemeinen wird der Cutter vermeiden, gleich am Anfang einer neuen Episode wichtige Aktionen zu zeigen, da der Kommentator Zeit braucht, das Publikum vorzubereiten. Ist der Anfang klar, muß der Cutter seine Sequenz so konstruieren, daß sie einem Höhepunkt zutreibt. Es ist beispielsweise nicht besonders interessant, nur das Pferd zu zeigen, das gerade an der Spitze des Feldes die Ziellinie überquert, wenn nicht vorher der Kampf um den Sieg zu sehen war. Viele Wochenschauen sind langweilig, weil ihnen diese Art Showmanship fehlt.

Sind die Bilder fertig geschnitten, wählt der Cutter die Musik und die Geräuscheffekte aus. Wo typische Töne erforderlich sind, wird man im allgemeinen eine Tonfilmkamera zum Drehort schicken. (Da ein durchgängiger Ton wichtiger ist als ein hoher Realitätsgrad, wird immer nur mit *einer* Tonkamera gedreht.) Gibt es keinen besonders charakteristischen Ton, wird man das Ereignis mit einer stummen Kamera drehen, und der Cutter ergänzt die notwendigen Effekte dann mithilfe des Geräuscharchivs. Im allgemeinen ist es nicht nötig, peinlich genaue, realistische Geräusche aufzunehmen, da sie in dem Augenblick, wo der Kommentar hinzukommt, sowieso runtergezogen werden, damit die Worte verständlich bleiben.

Auch die Musik spielt in einer Wochenschau eine relativ untergeordnete Rolle. Für die ihm verbleibende kurze Zeitspanne kann der Toncutter kaum mehr als ein Stück Begleitmusik aus dem Musikarchiv auswählen und es den Bildern anlegen. In seinem Archiv hat er eine große Anzahl von Musiktiteln unter Schlagworten wie »langsam, traurig«, »wild, afrikanisch« oder »flotter Marsch« katalogisiert. Er braucht nur die passenden Stücke auszusuchen. Benötigt er einen besonders dramatischen Schluß, wird er die Musik so anlegen, daß ihr Finale mit dem Höhepunkt der Sequenz zusammenfällt. Gewöhnlich ist es ziemlich einfach, von einer Musik zur anderen überzuwechseln. Man schneidet dort, wo die Musik leise ist, das heißt während des Kommentars.

Manchmal werden bei einem einzigen Thema bis zu einem halben Dutzend Ton- und Geräuschbänder benutzt, um die verschiedenen Stimmungen zu erzeugen. Die Funktion der Musik in einer Wochenschau besteht darin, die gewöhnlich ruckzuck zusammengestellten Beiträge konsumierbar zu machen. Die Musik hat die allgemeine Stimmung des Beitrags aufzunehmen und zu verstärken und das Ohr zu beschäftigen, wenn kein Kommentar gesprochen wird. Da abrupte Wechsel in der Lautstärke vom Zuschauer als störend empfunden werden, ist es wichtig, daß man bei der Tonmischung jederzeit vom Kommentar auf die Musik überblenden kann, das heißt, das Musikband muß unter der gesamten Bildrolle liegen.

Der Kommentar wird geschrieben, während der Ton in Arbeit ist. Er informiert das Publikum über das Geschehen und interpretiert es in der vom Redakteur gewünschten Weise. Er ist besonders notwendig, da Wochenschaumaterial oft nur eine geringe bildliche Kontinuität besitzt. Tatsächlich beruhen Wochenschauen in viel größerem Maße als andere Filme auf dem Kommentar. Dabei bestimmen vor allem Tonlage und Eindringlichkeit der Sprecherstimme die Reaktion des Publikums. Deshalb muß der Sprecher über eine große Variationsbreite verfügen. Solange seine Stimme ertönt, entsteht der Eindruck, daß auf der Leinwand allerhand los ist. Die packende Wirkung erlaubt dem Zuschauer nicht, in der Aufmerksamkeit nachzulassen.

Der Sprecher spricht den Kommentar in einem schalldichten Raum, von dem aus er die Leinwand sehen kann, und gleichzeitig wird seine Stimme mit Musik und Geräuschen abgemischt, ohne daß noch extra ein Sprachband angelegt wird. Das hauptsächliche Prinzip einer solchen Mischung ist deshalb ziemlich einfach: Wenn der Sprecher zu hören ist, wird die Musik leise, wenn nicht gesprochen wird, werden Musik und Geräusche wieder hochgezogen. Wir wollen uns einmal ein solches Produkt ansehen.

Ausschnitt aus einer *Pathé Wochenschau* *

Pathé Markenzeichen.
Schnitt auf:

1 Menge vor der Zuschauertribüne. Eingeblendeter Titel: »Doncaster – Tausende sehen das klassische St. Leger-Rennen«. Der Titel blendet aus.	Musik setzt ein. Musik wechselt in sich steigernden Marsch eines Blasorchesters. Die Musik wird leiser und geht in flotte sportliche Weisen über. (6 Sek.)
2 Totale. Aufsicht auf die gedrängte Menge, die in Richtung Kamera blickt.	Kommmentar: *Ascot-Wetter liegt über dem letzten Rennen der Saison, dem St. Leger-Rennen...* (4 Sek.)
3 Totale. Leute spazieren vor der Tribüne hin und her.	*...Großbritanniens ältestes Rennen mit der höchsten Siegesprämie. Tausende säumen in drückender Hitze...* (3 Sek.)
4 Amerikanische. Eine junge Dame blickt ins Programmheft und unterhält sich mit ihrem Nachbarn.	*...die Rennbahn in Doncaster. Tagesgespräch ist...* (3 Sek.)
5 Amerikanische. Jockey Johnny Longden spricht mit seiner Frau.	*...wie es der Amerikaner Johnny Longden in seinem ersten großen Rennen...* (3,5 Sek.)
6 Nah. Johnny Longden.	*...in England schaffen will.* (2 Sek.)
7 Totale. Aufsicht auf die Menge; im Hintergrund die Rennbahn.	Musik wird lauter. (3,5 Sek.)
8 Nahaufnahme. Buchmacher.	Fortsetzung der Musik. (2 Sek.)
9 Amerikanische. Wetteifrige studieren das Programmheft.	Musik wird leiser. (1 Sek.)
10 Totale. Die Anzeigetafel wird hochgezogen.	Kommentator: *Zum ersten Mal seit vielen Jahren ist der diesjährige Derbysieger nicht...* (2,5 Sek.)
11 Totale. Aufsicht auf die Rennbahn.	*...in diesem Feld, und nicht einmal der Pferdenarr Nummer 1, Aga Khan...* (3,5 Sek.)
12 Halbnah. Aga Khan.	*...weiß, was er davon halten soll. Die meisten haben auf Meisterjockey Gordon Richards, den mehrfachen Sieger von St. Leger,...* (4 Sek.)
13 Totale. Gordon Richards, der auf die Kamera zugeht und in einer Nahaufnahme vorbeigeht.	*...gesetzt. Doch jeder der 16 Teilnehmer könnte das große Geld machen. Ohne Royal Forest im Rennen...* (7 Sek.)
14 Totale. Aufsicht auf den Sattelplatz, auf dem die Pferde vorgeführt werden.	*...sitzt Gordon Richards schon im Sattel von Krakatao...* (2 Sek.)
15 Halbtotale. Pferd Nr. 15 wird von rechts nach links durchs Bild geführt.	*...während sein amerikanischer Herausforderer...* (1 Sek.)
16 Amerikanische. Johnny Longden wird in den Sattel geholfen.	*...Johnny Longden Mon Chatelain besteigt.* (2 Sek.)
17 Totale. Johnny Longden reitet auf die Kamera zu. Kamera schwenkt nach unten, verharrt auf seinem Fuß in der Bildmitte.	*Typisch amerikanisch: der kurze Steigbügel.* Musik wird lauter. (3,5 Sek.)

* Cutter: N. Roper. Pathé Newsreel, 1950.

18 Nah. Johnny Longdens Bein, sein Fuß im Steigbügel.	Fortsetzung der Musik. (2,5 Sek.)
19 Totale. Die Zuschauermenge von der Tribüne aus.	Fortsetzung der Musik. (2 Sek.)
20 Totale. Die Pferde machen sich zum Start bereit.	Fortsetzung der Musik. (2 Sek.)
21 Nah. Zuschauer, die ein Fernglas vor die Augen halten.	Fortsetzung der Musik. (2,5 Sek.)
22 Totale. Die Pferde gehen an die Startmaschine: Sie starten, und die Kamera schwenkt nach links, als die Pferde links in die Distanz laufen.	Die Musik wird leiser und wechselt über in ein schnelles Thema mit galoppierendem Rhythmus. Die Menge ruft: »Sie sind gestartet!« Kommentar: *Und los geht's! Auf einem Kurs von 28000 Metern um den größten Preis der Saison. Royal Empire, Musidora und Lone Eagle führen das Feld an, als es in die Gegengerade geht.* (14,5 Sek.)
23 Nah. Die königliche Prinzessin verfolgt das Rennen durch ein Fernglas.	*Die königliche Prinzessin verfolgt mit großer Aufmerksamkeit das Rennen...* (2 Sek.)
24 Totale. Eine Gruppe Pferde läuft von rechts nach links durchs Bild. Die Kamera fährt mit ihnen mit und behält die Spitzengruppe im Bild.	*...als das Feld die 1200 Meter-Marke passiert. Royal Empire immer noch in Führung, dicht gefolgt von Lone Eagle sowie Mildmay II und Musidora in guter Ausgangsposition.* Musik wird lauter. (12 Sek.)
25 Amerikanische. Zuschauer.	Fortsetzung der Musik. (1 Sek.)
26 Totale. Die Pferde galoppieren auf die Kamera zu, das Geländer zur Rechten. Sie galoppieren in die Kurve, und als sie auf der Höhe der Kamera sind, schwenkt diese nach rechts mit, so daß die Pferde von links nach rechts durchs Bild galoppieren.	Kommentar (jetzt wesentlich eindringlicher): *Aus der Kurve heraus liegt Royal Empire immer noch in Führung, aber nur knapp mit einer Länge Vorsprung. Lone Eagle, Nr. 15, holt auf, und Jockey Bill Carr treibt sein Pferd an. Lone Eagle bestimmt jetzt das Rennen, aber nur zweihundert Meter vor dem Ziel wechselt erneut die Führung!* (12,5 Sek.)
27 Amerikanische. Aga Khan.	*Ridgewood gewinnt an Boden und Jockey... (2 Sek.)*
28 Totale. Aufsicht auf die Pferde, die von links nach rechts galoppieren. Die Kamera schwenkt nach rechts und zeigt, wie der Sieger die Ziellinie passiert.	*...Michael Beary galoppiert dem Feld davon und gewinnt spielend mit drei Längen Vorsprung – Dust Devil, auf den Aga Khan gesetzt hat, wird zweiter.* (8,5 Sek.)
29 Amerikanische. Aga Khan.	Musik, immer noch leise, wechselt in eine leichte »sportliche« Weise über. Kommentar: *Ridgewoods Sieg ist ein Triumph für den Veteranen...* (3 Sek.)
30 Totale. Aufsicht. Michael Beary wird mit seinem Pferd auf den Siegerplatz geführt. Die Kamera schwenkt langsam nach links mit, bis er vom Pferd gestiegen ist.	*...unter den Jockeys, Michael Beary. Er verheimlicht sein Alter, aber Eingeweihte wollen wissen, daß er...* (5,5 Sek.)
31 Nah. Der Kopf des Siegerpferdes.	*...ein halbes Jahrhundert älter ist als sein Pferd. Nur einer der Buchmacher jammert.* (4,5 Sek.)
32 Totale. Aufsicht auf die Buchmacher, die die Gewinne auszahlen.	*Mit einer Gewinnquote von 100 zu 7 ist die Freude auf Seiten der Wetter.* (4 Sek.)
33 Totale. Zuschauermenge.	Musik blendet aus. (4 Sek.)
34 Titel des nächsten Themas.	

Die ersten vier Einstellungen dieser Sequenz erklären einfach die Ausgangssituation und geben dem Sprecher Zeit, den Zuschauer auf das Kommende vorzubereiten. Die Musik, die während des eingeblendeten Titels laut ertönt und sich – um die Aufmerksamkeit des Publikums zu erregen – noch steigert, wird dann während des Kommentars fast weggeblendet und wechselt in leichte Hintergrundmusik über, die mit der Stimmung eines angenehmen Nachmittags harmonisieren soll.

Mit den Einstellungen von Johnny Longden (5, 6) wird ein erstes Detail des Rennens eingebracht. Die Teilnahme des amerikanischen Champions interessiert die Pferdesportbegeisterten und zeigt überdies, daß das Rennen noch nicht angefangen hat, da der Jockey Straßenkleidung trägt. Die Exposition ist klar: Wir befinden uns auf einer Pferderennbahn, das Rennen hat noch nicht begonnen, und uns ist eine Persönlichkeit vorgestellt worden, der wir im Verlauf des Rennens wiederbegegnen werden.

In Einstellung 7 wird uns das erste Mal die Rennbahn gezeigt, was signalisiert, daß der Start des Rennens kurz bevorsteht. Mit dem Hochziehen der Anzeigetafel (10) rückt der Start noch einen Schritt näher, und wir sehen instinktiv zur Rennbahn hin (11).

Der Aga Khan – eine pittoreske Persönlichkeit, die immer für eine Nachricht gut ist –, Gordon Richards und Johnny Longden werden nun in kurzen Einstellungen (12–18) vorgestellt, und die Geschichte entwickelt sich weiter, da die Pferde sich jetzt mit den Jockeys, die sich für das Rennen fertig machen, auf dem Sattelplatz befinden.

Ein interessantes Detail von Johnny Longdens Reitstil wird gezeigt (18), und wir erkennen jetzt, warum es sinnvoll war, ihn schon vorher vorzustellen: Hätte das Publikum ihn nicht schon gesehen, wäre an dieser Stelle eine längere Erklärung notwendig geworden, die angesichts der Tatsache, daß das Rennen gleich losgehen soll, völlig fehl am Platze gewesen wäre.

Einstellung 20 bringt uns dem Start noch einen Schritt näher, da die Pferde sich schon auf der Rennbahn befinden. Der Zwischenschnitt auf die Menge (19) ist notwendig, um einen Zeitsprung zu überbrücken, da die Pferde inzwischen vom Sattelplatz zum Start geführt worden sind.

Genauso wird auf die Zuschauer umgeschnitten (21), um einen fließenden Übergang zu der Einstellung der startenden Pferde zu haben (22). Die beiden Einstellungen der Zuschauer (19, 21) vermitteln auch etwas von der erwartungsvollen Atmosphäre vor dem Rennen und steigern die plötzlich aufkommende Spannung, wenn das Rennen losgeht.

Aus dem gleichen Grund gibt es während dieser Einstellungen auch keinen Kommentar. Wenn der Kommentar mit einem plötzlichen »Und los geht's!« wieder einsetzt, werden das Gefühl sich aufbauender Spannung und der plötzliche Beginn des eigentlichen Ereignisses wirkungsvoller vermittelt, als wenn die ganze Zeit der Kommentar zu hören gewesen wäre.

Das Rennen wird nur in vier Einstellungen (22, 24, 26, 28) gezeigt; alle sind wesentlich länger als die, die wir vorher gesehen haben. Das Rennen läuft, und es gibt genügend Aktion in den Einstellungen selber. Deshalb ist es nicht mehr notwendig, sie zu kürzen, um einen lebendigen Fluß der Bilder zu erhalten. Sie sind nach allem die raison d'être der gesamten Sequenz und können deshalb in voller Länge gezeigt werden. Der Kommentar hilft, Spannung zu erzeugen: Die Sprache wird schneller und aufgeregter. Die Musik ist in einen schnellen, galoppierenden Rhythmus übergegangen, übernimmt die Aufgabe des Kommentars (die ganze Einstellung 25) und unterstützt die Handlung, indem sie den Rhythmus der Bewegungen der Pferde betont.

Diese vier Aktions-Einstellungen werden durch Aufnahmen der Zuschauermenge und von Einzelpersonen (23, 25, 27) überbrückt, um den Zeitsprung zwischen den einzelnen Phasen des Rennens zu verdeutlichen. In Einstellung 24 beispielsweise bewegt sich das Rennen von rechts nach links, in Einstellung 26 in die entgegengesetzte Richtung. Es wäre ein häßlicher Anschluß gewesen, wenn man beide zusammengeschnitten hätte, so aber wird ein flüssiger Übergang zur Einstellung des Aga Khan (25) geschaffen.

Während des Kommentars (29) wechselt die Musik wieder zu einem ruhigeren Thema. Das Rennen ist nun vorbei. Der siegreiche Jockey und sein Pferd werden gezeigt, und nach dem Scherz über die Buchmacher endet die Sequenz damit, daß sich die Menge zerstreut.

Dieses Beispiel ist sicherlich typisch für Wochenschau-Stories. Es zeigt gleichzeitig die Probleme, mit denen man bei der Gestaltung selbst einfacher Themen konfrontiert ist. Die gesamte Sequenz ist sorgfältig konstruiert, obwohl scheinbar eher zufällige Rennbahn-Aufnahmen zu sehen sind. Sie bauen sich jedoch nach und nach zu einem kompletten Vorgang auf. Die Tatsache, daß die Einstellung mit Aga Khan (12) bereits drei Rennen vor dem St. Leger-Rennen aufgenommen worden ist, spielt keine Rolle. Es macht auch nichts, daß das gezeigte Rennen nicht das erste an diesem Tag war und daß in Wirklichkeit zwischen der Ankunft der Jockeys (5, 6) und dem Rennen selber eine ganze Menge passiert. Hauptsächliches Bestreben war, die Story in Gang zu halten. Die genaue Betrachtung dieser Sequenz zeigt, daß alles diesem Zweck untergeordnet wurde.

Vor Beginn des Rennens passiert nämlich kaum etwas Interessantes. Damit es spannend wirkt, dauert keine Einstellung auf der Leinwand länger als sechs Sekunden, viele sind nur zwei oder drei Sekunden lang. Wie wir schon festgestellt haben, dienen die Zwischenschnitte einem flüssigen Gesamteindruck. Sie sind aber auch ein richtiges Stück Filmemachen, da sie – jeweils ganz kurze Inserts – der Sequenz einen stakkatohaften Rhythmus verleihen, der diese schnell und aufregend erscheinen läßt. Der Ton ist durchgehend »live« und schmettert mit wesentlich größerer Lautstärke von der Leinwand als bei jeder anderen Art Film. Der Kommentar wirkt durch das Tempo seines Vortrages sehr eindringlich, abgesehen davon, daß er die Bilder beschreibt und interpretiert.

Diese Sequenz ist ein gutes Beispiel für Tagesereignisse, die bereits von sich aus ein beachtliches Maß an Spannung besitzen. Nicht alle Geschichten sind so einfach. Es kann durchaus passieren, daß der Produzent gern ein Ereignis behandelt wissen möchte, das keinen klar erkennbaren Höhepunkt hat und deshalb auf subjektivere Weise präsentiert werden muß. Vielleicht ist das eigentliche Ereignis zu simpel und kurz, um einen ganze Beitrag herzugeben. In solchen Fällen besteht das Problem darin, passendes Material zu sammeln, das zusammen mit dem Ereignis selber einen vollständigen Beitrag ergibt. Im Grunde genommen steht der Regisseur eines mehr faktischen Dokumentarfilms vor genau dem gleichen Problem: nicht besonders interessante Tatsachen auf möglichst unterhaltende Art zu vermitteln.

Nehmen wir ein Beispiel. In einer Zeitung stand ein Artikel über einen walisischen Bauunternehmer, der einen Hubschrauber gemietet hatte, um Zement in eine unwegsame Berglandschaft zu transportieren. Er wollte damit einen Riß in einem Staudamm reparieren. Nicht gerade eine sonderlich starke Geschichte. Der interessanteste Punkt war noch der Hubschrauber, doch waren leider gerade in den vorangegangenen Wochenschauen eine Reihe von Geschichten mit Hubschraubern erschienen. Das Interesse daran war also nicht mehr besonders groß. Deshalb gab der Redakteur seinen Kameraleuten detaillierte Anweisungen, damit sie eine Geschichte um diese Nachricht herum aufbauten. Sie sollten zeigen, wozu man überhaupt Hubschrauber bei der täglichen Arbeit braucht, jedenfalls nicht aus Freude am Fliegen. So drehte man Aufnahmen von abgelegenen walisischen Gebirgsregionen; von Leuten, die behutsam an Schluchten entlang auf einem schmalen Fußweg im Gebirge gehen; von einem Schäfer, der – weit entfernt von Ansiedlungen – in voller Verwunderung dem Hubschrauber nachblickt; von den Rissen im Staudamm; und schließlich von dem Bauunternehmer, der mit seinen Männern die bevorstehende Arbeit bespricht.

Alle wurden in einer Sequenz mit den Aufnahmen des Hubschraubers zusammengeschnitten, der die Zementsäcke, ohne zu landen, im Gebirge abwirft. So entstand eine kontinuierliche Geschichte, die der ganzen Operation Sinn und Verstand gab. Der Kommentar lieferte zusätzliche Hilfe. Das Publikum bekam eine interessante Geschichte zu sehen, die einen Anfang und eine Aussage hatte und zum eigentlichen Ereignis hinführte.

Zum Schluß wollen wir noch auf eine etwas andere Art Wochenschau eingehen. Wahrscheinlich müßten die Hersteller – damit nicht auch die letzten Wochenschauen im Wettstreit mit dem wesentlich aktuelleren Fernsehen unterliegen – einen völlig neuen, attraktiven Stil für ihr Produkt finden. Sie müßten eine mehr interpretierende Berichterstattung entwickeln anstatt der bisherigen simplen Reportagetechnik.

In der Kürze der heute noch im Kino zur Verfügung stehenden Zeit kann man weder alle Nachrichten bringen noch ausführlich über sie berichten oder sie gar interpretieren. Doch nur bei seltenen Gelegenheiten, wenn eine berühmte Persönlichkeit gestorben ist oder eines historischen Ereignisses gedacht wird, stellt der Wochenschauproduzent gewöhnlich einen ausführlichen Hintergrundbericht zusammen. Zu diesem Zweck verfügt jede Wochenschaufirma über ein umfassendes Zeitarchiv, in dem man sofort zu jedem Thema etwas finden kann. Die Probleme des Cutters bleiben jedoch ähnlich denen, die ein Macher von Kompilations- oder Dokumentarfilmen hat und die wir schon in anderen Kapiteln behandelt haben beziehungsweise noch behandeln werden.

Vergleicht man die Rolle eines Wochenschau-Cutters mit der eines Spielfilm-Cutters, stellt man bald fest, daß ihr unterschiedlicher Beitrag von den unterschiedlichen Arbeitsbedingungen und der unterschiedlichen Zielsetzung abhängt.

Der Wochenschau-Cutter arbeitet mit einer vorgegebenen Länge des Materials, da ein Nachdreh nicht möglich ist. Er hat kaum Zeit, einen Rohschnitt zu machen und ein zweites Mal das Material durchzusehen, nachdem er es mit seinen Kollegen diskutiert hat. Seine Hauptqualitäten müssen in einer schnellen Beurteilung des Materials liegen, der Fähigkeit zu improvisieren, und darin, die Fehler des vorhandenen Materials zu kaschieren. Das verlangt eine gründliche Kenntnis der Montage*technik*. Er hat nur wenig Gelegenheit zu künstlerischen Interpretationen, da die Wochenschau ohne sie auskommt. In diesem Sinne ist die Aufgabe eines Cutters im Dokumentar- oder Spielfilm schwieriger: Sie verlangt sowohl ein subtiles Verständnis und eine Kenntnis der noch nicht geschnittenen Aufnahmen als auch eine vorausblickende Montagetechnik. Damit sollen hier nicht Schwierigkeiten und Bedeutung der Arbeit eines Wochenschau-Cutters heruntergespielt werden; wir sollten nur den Unterschied der Funktionen festhalten.

So wenig wie wir eine wunderschöne Parabel oder ein poetisches Bild in den Spalten der Boulevardzeitung erwarten, genauso wenig erwarten wir eine kunstsinnige Betrachtung in einer Wochenschau. Der Schnitt dient dazu, interessante Details und solche Aspekte zu zeigen, die die Geschichte schneller und spannender vorantreiben – oft wird wesentlich mehr über sie als über das eigentliche Ereignis berichtet. Wenn wir uns etwa wirklich einen Boxkampf ansehen, mit seinen langen Phasen der Vorbereitung und des Leerlaufs, und diesen dann mit der Aufregung eines gut inszenierten Boxkampfs in einer Wochenschau vergleichen, erkennen wir, wie wirkungsvoll die Montagetechnik eingesetzt werden kann.

13 Der Kompilationsfilm

»Ich bin davon überzeugt (und eines Tages werde ich dieses Experiment wohl durchführen), daß, sagen wir: ein halbes Dutzend zufällig zusammengestellter und formal wie thematisch völlig unterschiedlicher Aufnahmen eine Reihe von durchaus möglichen Kombinationen dieser sechs Aufnahmen liefert, die, mit dem richtigen Kommentar versehen, filmisch einen Sinn ergeben.« (Peter Baylis)

Die Macher von Kompilationsfilmen haben dieses hypothetische Experiment längst zu einer praktizierten Methode der Filmproduktion gemacht. Mithilfe von Wochenschauen und ähnlichem Material, das eigentlich nicht für seinen Zweck gedreht worden ist, vermag der Kompilator neue Filme mit einer fließenden, sich logisch entwickelnden Kontinuität herzustellen. Bei seiner Arbeit ohne ausgearbeitetes Drehbuch – auch ohne die Inszenierung von Schauspielern, ohne geplante Anschlüsse usw. – besteht der einzige Vorteil des Kompilators in seiner Geschicklichkeit als Cutter und seiner Fähigkeit, die außerordentlich suggestive Kraft des gesprochenen Kommentars auszunutzen.

Die Produktion von Kompilationsfilmen wurde durch die systematische Archivierung von Dokumentar- und Wochenschaumaterial möglich, die heute eine anerkannte Leistung von Wochenschaufirmen und nationalen Filmarchiven ausmacht. Das früheste Beispiel einer Wochenschau-Kompilation entstand in Großbritannien aus Material des Ersten Weltkrieges. Die Möglichkeiten dieser Methode wurden seitdem in vielen Ländern erkannt. Der sowjetische Regisseur Dsiga Wertow experimentierte in diesem Genre schon 1923 *(Kinoprawda, Goskinokalendar)* und setzte seine frühen Experimente in der ersten Phase des Tonfilms fort mit *Entusiasm* (Enthusiasmus, 1931) und *Tri pesni o Lenine* (Drei Lieder über Lenin, 1934). Die Amerikaner fanden ihren eigenen, äußerst polemischen Stil des Kompilationsfilms, angefangen mit dem erfolgreichen *Cry of the World* (Schrei der Welt, 1932) von Louis de Rochemont und *This is America* (1933) von Seldes und Ullman bis hin zu so vollendeten Werken wie den Folgen von *March of Time* und Frank Capras Kriegsfilmserie *Why We Fight*. Die Deutschen benutzten die Kompilationsmethode für so gewaltige Propagandafilme wie *Feuertaufe* (1940) und *Sieg im Westen* (1941).

Der Erfolg dieser Filme beweist die immensen Möglichkeiten des Kompilationsfilms als Mittel der Dramatisierung von historischem Tatsachenmaterial. Bei kompetenter und gewissenhafter Verbindung kann das nicht-inszenierte, direkt aufgenommene Material, dramatisiert und geschnitten, zu einer glaubwürdigen Darstellung vergangener Ereignisse werden. Es muß aber betont werden, daß die Authentizität des Originalmaterials nicht notwendigerweise einen wahrheitsgemäßen Kompilationsfilm ergibt. Die Dramatisierung des Wochenschaumaterials mit Hilfe des Schnitts und des Kommentars kann den mehr oder weniger neutralen Aufnahmen einen neuen Sinn geben. Man kann sich der Methode aber auch bedienen, um historische Ereignisse zu verfälschen, da das Material erst durch Ausmustern und Schnitt seine Bedeutung erhält.

Beispiele für den Mißbrauch der Kompilationsmethode sind einige Propaganda-Filme der Nazis. *Sieg im Westen* etwa verwendet eine Reihe von Aufnahmen, die auch in Frank Capras drittem *Why We Fight*-Film, *Divide and Conquer* (Teile und erobere, 1943), vorkommen. Während sich im ersten Fall der Kommentar an dem Anblick der unglücklichen Verlierer weidet und die Aufnahmen der flüchtenden Franzosen den totalen Sieg der deutschen Armee symbolisieren, werden dieselben Aufnahmen in *Divide and Conquer* für einen mitfühlenden Bericht über den Fall Frankreichs benutzt. Falls der Kompilationsfilm sein Thema wirklich authentisch behandeln will, setzt dies vor allem anderen voraus, daß der Macher es ehrlich angeht.

Die Skala der Kompilationsfilme ist naturgemäß durch das zur Verfügung stehende Material begrenzt. So ist es natürlich nicht möglich, Spielfilme zu kompilieren, die das Schicksal bestimmter Charaktere nachzeichnen. Andererseits können Filme des Typs, die Peter Baylis »Leinwand«-Dokumentarfilme (»broadcanvas« documentaries) nennt, entstehen, wie unter anderem die Macher von *The True Glory* (Der wahre Ruhm, 1945) und *Desert Victory* (Wüstenkrieg, 1943) gezeigt haben. Diese Filme geben das vollständige Bild eines höchst komplexen Themas, und man kann sie in ihren Intentionen durchaus mit vorkonzipierten Dokumentarfilmen ähnlichen Inhalts gleichsetzen.

»Will man den Kompilationsfilm diskutieren, muß man den ›Leinwand‹-Dokumentarfilm als Ganzes diskutieren. Ob das Material nun sorgfältig gesucht und gefunden oder geplant und gedreht wurde, trifft nicht den Kern der Sache. Allein durch die Art der Methode führt der Kompilationsfilm zu einer grundlegend anderen Montagetechnik – grundlegender als alles andere seit den frühen Tagen des Stummfilms –, eine Geschichte in Bildern zu erzählen, nicht als die Geschichte einer kleinen Gruppe von Individuen, sondern als Geschichte von Individuen in einer Gemeinschaft oder einer Nation.« (Peter Baylis)

Die erste Aufgabe des Kompilators besteht darin, sich alles verfügbare Material anzusehen und dann eine Auswahl der in Frage kommenden Aufnahmen zu treffen. Schon während er das Material zusammenstellt, sollte er eine Grundidee über die spätere Form seines Films im Kopf haben, um zu vermeiden, daß er von tausenden von Metern überflüssigen Materials erdrückt wird; denn letzteres würde nur seine anschließende Arbeit erschweren und unnötige Kopierkosten verursachen.

Peter Baylis: »Nach dem Ausmustern muß jede Aufnahme sorgfältig beurteilt und ihr genauer filmischer Gehalt festgelegt werden. Auf den ersten Blick erscheint einem dies ziemlich sonderbar; denn ist nicht der filmische Gehalt einer Einstellung von einem Haus einfach – ein Haus? Grundsätzlich mag das stimmen, andererseits aber kann das Haus, je nach seinem Zustand oder seiner Größe, ein Symbol für Reichtum oder Armut sein.

Der filmische Gehalt einer solchen Einstellung muß auch überhaupt nicht der eines Hauses, sondern könnte der Hinweis auf eine Jahreszeit sein – je nachdem, ob das Haus im Schneegestöber oder im Sonnenschein aufgenommen wurde. Dies ist vielleicht ein absurd einfaches Beispiel, aber es hilft, die Problematik zu erkennen. Je verborgener der filmische Gehalt einer Einstellung ist, um so schwieriger wird es für den Cutter, diese Einstellung an der richtigen Stelle einzusetzen. Bei der Kompilation von historischen Filmen habe ich Einstellungen erlebt, die während der ganzen Produktionszeit ›herumgeisterten‹ – und obwohl mir bewußt war, daß diese Aufnahmen ›etwas Gewisses hatten‹, dauerte es eine ganze Weile, bis ich entdeckte, was dieses ›Gewisse‹ denn nun war.

Zum Schluß landete jede Aufnahme, wie das letzte Stück in einem Puzzelspiel, an der richtigen Stelle, wo ihr filmischer Gehalt voll zur Geltung kommen kann. Wenn ich an derartigen Filmen arbeite, komme ich immer wieder auf die Analogie mit einem Puzzlespiel: Denn, vorausgesetzt der Cutter hat eine sinnvolle Vorauswahl getroffen, es ist erstaunlich, wie wenig Material am Ende übrig bleibt.«

Dieses Problem, nämlich eine Einstellung so in einen Zusammenhang zu bringen, daß ihr filmischer Gehalt voll zur Wirkung kommt, ist die Crux des Kompilators. Die Bedeutung einer Einstellung ist stets in hohem Maße vom Kontext abhängig. Man kann sie gelegentlich auch hinbiegen. Würde man etwa die Aufnahme des Hauses im Zusammenhang mit einer Attacke gegen Luxus und Verschwendungssucht der Reichen verwenden, würde das Haus wie selbstverständlich Reichtum symbolisieren und wahrscheinlich Ressentiments beim Zuschauer erwecken. Zeigt man die Einstellung jedoch im Zusammenhang mit anderen als Beispiel für einen bestimmten Architektur-Stil, bekäme sie eine ganz andere emotionale Bedeutung.

Die Anwendung dieses Prinzips erfordert allerdings größte Sorgfalt. Die Tatsache, daß ein Haus einen Teil seiner Bedeutung aus dem Kontext gewinnt, heißt nicht, daß *jede* Einstellung den gleichen Zweck erfüllt. Um eine klare und bestimmte Wirkung zu erzielen, muß die am besten geeignete Einstellung ausgewählt werden. Zweifellos kann man jeder Folge von Einstellungen, die in etwa in eine Sequenz hineinpassen, versehen mit einem erklärenden Kommentar, einen gewissen Sinn geben. Aber in der präzisen Auswahl der *richtigen* Einstellung liegt die Fähigkeit des Kompilators. Die Einstellung eines Hauses, das schon als solches Reichtum symbolisiert, dürfte viel besser in eine Bildfolge, die die Zügellosigkeit der Reichen verurteilt, hineinpassen, als etwa eine Einstellung, die ihre Bedeutung erst durch den Kontext gewinnt; denn das ›reiche‹ Haus würde etwas zu der Gesamtwirkung des Films *beitragen*, während die andere Einstellung ihre Bedeutung nur durch eine Gedankenassoziation erhielt.

Wenn der Cutter seine Vorauswahl getroffen hat, sollte er das Material möglichst in einer Art Rohschnitt ordnen. Danach kommt der Drehbuchautor hinzu, und beide arbeiten bis zum Ende der Produktion eng zusammen. Der Kompilationsfilm hängt, was seine Stimmung betrifft, in starkem Maße vom Text des Sprechers, von der Modulationsfähigkeit seiner Stimme und dem Sprechtempo ab. Nur eine sehr enge Zusammenarbeit zwischen Drehbuchautor und Cutter führt zu einem überzeugenden Ergebnis.

Wie wir gesehen haben, kann zum Beispiel eine Serie luxuriös aussehender Häuser dazu dienen, die Reichen anzugreifen. Es ist aber auch ohne Mühe vorstellbar, daß diese Bilder »die gute alte Zeit« verherrlichen, als die Wohlhabenden noch so etwas wie Anstand und Würde besaßen, die ihrer tatsächlichen Verantwortung entsprachen. Die gefühlsmäßige Reaktion des Zuschauers wäre in jedem Fall völlig anders.

Es ist jedoch falsch, daraus zu schließen, daß dieselben Einstellungen für beide Sequenzen gleichermaßen wirkungsvoll wären. Bilder müssen in sich eine ganz bestimmte emotionale Ausstrahlung haben, die sie untauglich für eine x-beliebige Verwendung machen. Obwohl der Kommentar entscheidend für die gewünschte Reaktion beim Publikum ist, fehlt ihm die Überzeugungskraft, wenn er mit den Bildern nicht absolut übereinstimmt. Ein praktisches Beispiel dafür etwas später.

Ein weiterer Grund für eine enge Zusammenarbeit zwischen Cutter und Drehbuchautor besteht in der rein *technischen* Hilfe, die der Autor manchmal dem Cutter geben kann. Zeitliche Abfolge und Tempo, die im Spielfilm bis zu einem gewissen Grade durch ein sorgfältiges Timing der Überblendungen und Auf- und Abblenden festgelegt werden, können hier durch einen einfachen Hinweis im Kommentar erreicht werden.

Peter Baylis: »Eine Kontinuität der Bilder wie im Spielfilm existiert im Kompilationsfilm praktisch nicht. Allein dadurch, daß man im Kommentar sagt: ›und am darauf folgenden Weihnachtsfest‹, kann man tatsächlich auf das nächste Weihnachtsfest schneiden. Auf- und Abblenden, um Zeitsprünge zu verdeutlichen, sind in den meisten Fällen überflüssig. Bei der Verwendung von historischem Material, dessen Länge und Qualität zu ungenügend war, um Blenden benutzen zu können, war ich oft gezwungen, ohne sie auszukommen – um später festzustellen, daß Auf- und Abblenden sowieso nutzlos gewesen wären. Bei dieser Arbeit existiert ganz einfach nicht wie im Spielfilm eine feste zeitliche Abfolge. Deshalb genügt meistens ein Hinweis im Text oder eine Redewendung, eine inhaltslose Reihe von Aufnahmen in eine flüssige und wirkungsvolle Sequenz zu verwandeln.«

In dieser Phase der Produktion findet notwendigerweise eine Reihe von Umstellungen statt, um die Ansprüche der Bilder mit den Absichten des Kommentators zu verbinden. Beide müssen so eng wie möglich aufeinander abgestimmt werden, bevor der Kommentar aufgenommen wird. Der Textautor sieht sich den Rohschnitt der Sequenz an, aus dem sich ein möglicher Kommentar ergibt: Der Charakter des Films liegt fest. Die Bilder immer vor Augen, bereitet der Autor den Kommentar vor. Spezielle Gesichtspunkte, die sich beim Schreiben ergeben, werden durch Hinzufügen von zusätzlichem Material, Nachschnitt von vorhandenen Einstellungen und Umstellen der Bildfolge berücksichtigt, um so den Gesamteindruck noch zu verbessern. Danach wird der Kommentar aufgenommen, und die Bilder werden noch einmal nachgeschnitten, um exakt dem Kommentar zu entsprechen. In dieser Schlußphase besteht die Arbeit größtenteils darin, hier ein paar Bilder wegzuschneiden und dort ein paar hinzuzufügen. Ein sehr wichtiger Arbeitsvorgang, wie wir bei dem nachfolgenden Beispiel sehen werden.

Hier also eine Szenenfolge, die die Kompilationstechnik bei einer einfachen, beschreibenden Sequenz demonstriert.

*The Peaceful Years**
Ausschnitt aus Aktrolle 2

Ein Kompilationsfilm aus Wochenschaumaterial, der sich mit der Zeit zwischen den beiden Weltkriegen beschäftigt. Dem Zitat gehen Aufnahmen von Unruhen in Rußland, Italien und Deutschland um 1921 voraus. Der Schlüsselkommentar (gesprochen von Emlyn Williams) ist, was Inhalt und Vortrag betrifft, gleichermaßen förmlich, aber voller Anteilnahme. Im Gegensatz dazu steht der saloppe Cockney-Kommentar (Sprecher: James Hayter).

1 Halbtotale. Ein Redner, der rechts auf einem Podest steht und zu einer Menschenmenge am Trafalgar Square spricht. Die Kamera schwenkt langsam nach links über eine riesige Masse von Leuten, die ihm zuhören.	Stimmen aus der Menge. Schlüsselkommentar: Und im siegreichen Großbritannien bestätigten die wirtschaftlichen Verhältnisse, daß in einem modernen Krieg Sieger und Besiegte gleichermaßen leiden. Kommentator (Cockney): *Eine Menge Leute wußten die Antwort darauf – klar doch. Das Problem war nur, daß sie alle unterschiedlicher Meinung waren, höhere Löhne!...* (18 Sek.)
2 Totale. Ein anderer Redner auf der linken Seite, der zu einer großen Versammlung spricht.	*... Niedrigere Löhne!... Längere Arbeitszeit!...* (2 Sek.)
3 Totale. Aufsicht. In die Menge kommt Bewegung. Zwei Männer im Vordergrund halten eine Fahne hoch.	*... Kürzere Arbeitszeit! Das einzige, was feststand, waren...* (3,5 Sek.)
4 Eine völlig verödete Eisenbahnanlage.	*... Streiks. Alle Züge standen still.* Das Geschrei der Menge wird ausgeblendet. (4 Sek.)
5 Totale. Leute, die wartend vor einem Bahnhof stehen. Ein Mann schlendert mit den Händen in den Taschen langsam von rechts nach links.	Leise Musik setzt ein. *Die Leute warteten stundenlang vor den Bahnhöfen...* (4,5 Sek.)
6 Totale. Bus. Eine lange Menschenschlange erstreckt sich nach links. Kamera schwenkt langsam nach links, an der riesigen Schlange entlang. Taxis fahren direkt vor der Kamera vorbei.	*... Und was die Busse angeht, konnte man nicht für Geld und gute Worte mitfahren – ich hab' beides versucht. Klar, Schlangestehen konnten sie schon immer gut.* (15 Sek.)
7 Nahaufnahme. Ein Mann mit Reklameschildern auf dem Rücken und vor der Brust, mit einer Werbung für eine Fluggesellschaft.	*Wir könnten ja per Flugzeug reisen...* (2,5 Sek.)
8 Halbtotale. Ein Auto, im Hintergrund ein Flugzeug. Drei Männer steigen aus dem Auto und gehen direkt an Bord. Ein Hund springt hinterher.	*... Aber Fliegen war nichts für mich, und wie die Flugzeuge schon aussahen, taugten sie auch nicht für die anderen! Egal, ich wollte nie weiter als nach Brixton...* (10,5 Sek.)
9 Ladefläche eines Lastwagens. Polizisten helfen Leuten hinauf.	*... Und dann fuhren zu allem Überfluß auch die Busse nicht mehr...* (4 Sek.)
10 Halbtotale. LKW voller Leute.	*... und wir mußten mit LKWs fahren.* (2 Sek.)
11 Halbtotale. Ladefläche des LKW. Leute klettern Stufen hoch, um auf den Lastwagen zu kommen.	*Der Wind pustet...*
12 Halbtotale. Die Rückseite des LKW bewegt sich von der Kamera weg. Im Hintergrund die U-Bahn-Station Golders Green.	*... von Golders Green direkt die Old Kent Road hoch.* (4 Sek.)
13 Totale. Völlig verlassene Hafenanlagen. Kamera schwenkt langsam nach links.	*Dann legten in Liverpool die Hafenarbeiter die Arbeit nieder.* (5,5 Sek.)
14 Totale. Leute stehen vor Läden, die mit Brettern vernagelt sind. Eine Pferdekutsche passiert die Kamera.	*Die Läden waren zugenagelt, und die Regierung rief die Armee zu Hilfe.* (4,5 Sek.)
15 Halbtotale. Zwei Soldaten mit dem Rücken zur Kamera stehen einer Menschenmenge gegenüber.	*Die Sache begann, höchst ungemütlich zu werden.* (4 Sek.)

1

2

3

4

* Produzent und Cutter: Peter Baylis. Drehbuch: Jack Howells. Associated British Pathé, 1948.

16 Totale. Panzer und andere Militärfahrzeuge. Zwei Soldaten lehnen sich im Vordergrund über eine Brüstung und warten, Rücken zur Kamera.

Auch ohne die Streiks gab es schon genügend Leute, die nichts zu tun hatten.

Auf die Worte »... nichts zu tun hatten« steigert sich die Musik zu einem plötzlichen Crescendo. (4 Sek.)

17 Großer Titel:
1750000 Arbeitslose

Die Einstellungen dieser Sequenz sind mehr oder weniger homogen in ihrem Charakter, was die Montage verhältnismäßig leicht machte. Sie zeigen verschiedene Aspekte der Situation im ganzen Land und sind so geschnitten, daß sie etwas von der Atmosphäre jener Zeit vermitteln. Die ersten drei Einstellungen veranschaulichen sofort, daß die Menschen ohne Arbeit sind. Die erste Einstellung ist ziemlich lang und wäre für diesen Zweck eigentlich ausreichend gewesen, doch aus einem ganz bestimmten Grund wurden noch Nr. 2 und 3 hinzugefügt.

Jack Howells: »Nachdem ich den Kommentar geschrieben hatte, wurde uns klar, daß ›Höhere Löhne – niedrigere Löhne – längere Arbeitszeit – kürzere Arbeitszeit‹ durch weitere Einstellungen ergänzt werden müßten, so daß wir die beiden Einstellungen hinzufügten. Sie wurden nach einem ganz bestimmten Rhythmus geschnitten. Der Schnitt der ersten drei Einstellungen ging etwa folgendermaßen: Am Ende der ersten Einstellung heißt es ›Höhere Löhne‹; mit den Worten ›niedrigere Löhne‹ schnitten wir auf die zweite Einstellung; ›längere Arbeitszeit‹ fällt zum Ende dieser zweiten Einstellung; darauf schnitten wir wiederum mit ›kürzere Arbeitszeit‹ auf die dritte Einstellung. Das mag selbstverständlich erscheinen, aber gerade solche Details machen den Unterschied aus zwischen einer nachlässigen und einer klaren, leicht stilisierten Erzählfolge.«

Ein einfaches Beispiel für die enge Zusammenarbeit von Drehbuchautor und Cutter, die wichtig für eine gezielte Wirkung ist. Das Timing der Einstellungen gibt den Worten eine zusätzliche Kraft, da sie durch die Schnitte noch unterstrichen werden. Die gleiche Präzision wird über die gesamte Sequenz durch die genaue Synchronisation der Bilder mit den jeweiligen Texten erreicht. Die scheinbar mühelose Kontinuität bewirkt der beiläufig klingende Kommentar, hinter dem sich ein großer Teil der Arbeit an der Montage und literarisches Talent verbergen.

Neben der Erklärung von Fakten erreicht der Kommentar beim Zuschauer nämlich noch mehr. Er hat einen bestimmten Charakter: Er zeigt die Ereignisse aus dem Blickwinkel eines Cockney-Beobachters, der aus seiner Meinung keinen Hehl macht.

Jack Howells: »Ein vordergründiger Kommentar, der die schon in den Bildern deutlich gezeigte Depression noch einmal unterstrichen hätte, wäre langweilig und für mich unglaubwürdig gewesen. Ein ganz entscheidender Umstand wäre nämlich nicht zum Tragen gekommen – der fröhliche Mut und die gutwillige Natur einfacher Leute in solchen Krisen. Wir fühlten, der Cockney-Kommentar würde dies leisten. So gehören die Einstellungen des Sandwich-Mannes mit der Flugreklame und das Flugzeug selber (7 und 8) ganz offensichtlich nicht zum Transportarbeiterstreik. (Wahrscheinlich wurden sie erst nach dem Streik gedreht!) Aber im Zusammenhang gesehen, stellten sie ein Phänomen jener Zeit dar, und wir wollten sie haben. Wir hätten sie natürlich auch als Zeichen für den Fortschritt in der Luftfahrt verwenden können, aber das hätte nicht gerade gepaßt. So benutzten wir die Aufnahmen, um die ironische Ansicht eines einfachen Mannes in einer Krise zu verdeutlichen – ›Wir könnten ja per Flugzeug reisen. Aber Fliegen war nichts für mich‹ – und rundeten diese Sätze mit der typischen Abwehrhaltung des Cockney ab, seiner Art Humor: ›und wie die Flugzeuge schon aussahen, taugten sie auch nicht für die anderen!‹«

Die Sequenz endet mit dem Hinweis auf die Arbeitslosigkeit jener Jahre. Es ging darum, dem Publikum diese Tatsache möglichst eindringlich vor Augen zu führen. Deshalb wurde die dramatische Mitteilung – 1750000 Arbeitslose – durch einen eher beiläufig gesprochenen Satz und das plötzlich einsetzende

5

6

7

8

9

Crescendo der Musik kommentiert. Der abrupte Schnitt auf den Zwischentitel und das Lauterwerden der Musik sind wesentlich eindringlicher, als wenn die Worte im Kommentar gefallen wären.

Diese einfache, beschreibende Sequenz bringt vergleichsweise wenig Montageprobleme mit sich. Ihre Ziele sind eine flüssige, logische Erzählfolge und, durch das Zusammenspiel von Bild und Kommentar, eine emotionale Bedeutung. Komplexere Wirkungen kann man in einem Kompilationsfilm erreichen, wenn eine Sequenz einen dramatischen »Plot« hat.

The Peaceful Years
Ausschnitt aus Aktrolle 4

Der Sequenz gehen Aufnahmen vom Clyde, von Jarrow und aus Süd-Wales voran, Gegenden, in denen die Arbeitslosigkeit 1931 am größten war, sowie Bilder von Massendemonstrationen. Der jeweilige Kommentar wird im Dialekt der Gegend gesprochen. Im Gegensatz hierzu setzt James Hayter nun den Kommentar in Cockney fort.

1

2

3

4

1 Halbtotale. Die Tür von Downing Street Nr. 10.	Das leiser werdende Geräusch der Menge. Kommentar (Cockney): *In Nummer 10...* (4 Sek.)
2 Totale. Fünf Minister des Kabinetts steigen die Stufen zum Garten hinunter.	*...sah im Garten alles lieblich aus.* (4 Sek.)
3 Totale. Die Gruppe der Minister im Garten. Sie bieten sich gegenseitig Zigarren an und plaudern zufrieden miteinander.	*Die neue Regierung bestand aus Sozialisten und Konservativen. Eine wunderbare Aussicht – wir hatten es getrennt mit ihnen probiert...* (7,5 Sek.)
4 Amerikanische. Ramsay MacDonald (der Premierminister) rauchend, während er mit seinen Gästen plaudert.	*...Der einzige Haken war, sie zu mischen. Die nannten diese Mixtur...* (4 Sek.)
5 Die Ministergruppe posiert für die Fotografen.	*...eine National-Regierung. Wohlgemerkt, ein großer Teil von uns war sich nicht ganz im klaren darüber, was eine National-Regierung war!* (6 Sek.)
6 Totale. Aufsicht auf ein Rednerpult, von dem aus Baldwin eine Versammlung begrüßt.	Baldwin (seine Stimme hallt durch den Saal): *Eine National-Regierung ist ein großes Ideal...* Während Baldwin seine Rede fortsetzt, blendet seine Stimme aus, und wir hören Gracie Fields mit »I'm Looking on the Bright Side...«.
7 Eine kurze Sequenz mit Leuten, die sich am Strand von Brighton amüsieren usw., beginnt.	

Hinter der Leichtigkeit und Wirksamkeit der beiden ironischen Wendungen in dieser Sequenz verbirgt sich eine erhebliche Montagearbeit. Da ganz deutlich wird, was diese Sequenz ausdrücken will, ist es nützlich, einmal zu sehen, wie ihre scheinbar mühelose Wirkung erreicht wurde.

Jack Howell: »Ein Cutter kam mit der Nachricht, daß er gerade die Synchronpassage einer Rede Baldwins, in der er eine Versammlung begrüßt, gefunden habe. Ich sah sie mir an und stellte fest, daß sie nicht ganz ohne war. In der Art, wie Baldwin begann, lag etwas Pompöses: ›Eine National-Regierung ist ein großes Ideal...‹. Ich sah die Möglichkeit ironischer, komischer Anspielungen, wenn man im richtigen Augenblick in die Szene schneiden würde. So arbeitete ich mich zuerst von hinten an die Sache heran, dann von vorne, etwa so:

(1) Ein Schotte kommentiert bedächtig die Bedingungen am Clyde.

(2) Die Stimme einer Frau – verbittert – berichtet über die Lage in Jarrow.

(3) Ein Waliser berichtet mit philosophisch walisischem Humor über die Lage in Süd-Wales und endet mit den Worten: ›Die Kerle fingen an, nach London zu marschieren. Warum nicht? Sie hatten ja nichts anderes zu tun! Als ich mitmarschierte, kamen wir bis zum Hyde Park – mehr schafften wir nicht!‹ (Bilder der Demonstranten im Hyde Park, die uns filmisch nach London brachten.) ›Wir stellten fest, daß die Regierung zurückgetreten war.‹

(4) Danach schnitten wir auf die oben zitierte Sequenz.

Was ich damit sagen will, ist, daß der Gag dieser Sequenz einen beachtlichen

Aufbau erfordert, der aber auch von sich aus wert war, gezeigt zu werden. Dadurch konnten wir von dem Stichwort – ›Wohlgemerkt, ein großer Teil von uns war sich nicht ganz im klaren darüber, was eine National-Regierung war!‹ – geradewegs auf Baldwins ersten Satz schneiden. Die Wirkung war dreifach: Erstens betonte der Schnitt die Worte Baldwins; zweitens lieferte er einen indirekten Kommentar zu Baldwin selber; und drittens ergab sich dadurch eine flüssige und amüsante Erzählfolge.

5

6

Nachdem wir nun Baldwin vom Podium sprechen ließen, stellten wir fest, daß unsere nächsten Einstellungen (aus anderen Gründen) Außenaufnahmen sein müßten, glückliche Bilder, in der frischen Luft. Hätten wir direkt von Baldwin auf diese Außenaufnahmen geschnitten, wäre unvermeidlich der Eindruck entstanden, daß Baldwin dieses ganze Freizeitglück zu verdanken sei. Das lag uns fern. Dies war die erste Schwierigkeit. Die zweite bestand darin, daß Baldwins Rede innen und abends stattfand, und daß die folgenden Einstellungen draußen und in der Sonne spielten: Sie hintereinander zu schneiden, wäre keine besonders glückliche Lösung gewesen.

In solchen Fällen lehrt die Erfahrung, daß man die Idee nicht einfach fallen lassen, sondern sich nach einer anderen Lösung umsehen soll. Oft lohnt sich die Mühe. In unserem Fall hatte ich die Vorstellung, daß das Lied ›Looking on the Bright Side‹ recht wirkungsvoll die Spanne zwischen Nacht und Tag überbrücken könnte – während es gleichzeitig noch einen symbolischen Unterton hätte. Das war Stufe Nummer eins. Noch größer war meine Freude, als ich über den Text des Liedes nachdachte und wir das Lied dann der Rede von Baldwin unterlegten (was ja aus technischen Gründen sein mußte) und sich delikate satirische Untertöne ergaben. So etwa: Baldwin stellt sich in Positur, und Gracie Fields singt ›Ich werf' mich in die Brust, hoffe nur das Beste, sehe nur die Sonnenseite des Lebens‹. Auch wenn das Publikum nicht die feineren Unterschiede dieser Satire begriff, erfüllte das Lied immer noch seinen Zweck, nämlich die Spanne zwischen Nacht und Tag zu überbrücken.

Das Filmzitat enthält zwei Beispiele für den Gebrauch der Umgangssprache, die ebenfalls wert sind, festgehalten zu werden. Eine meiner goldenen Regeln beim Schreiben von Kommentaren lautet, daß die Metaphern oder Sprachbilder sich, wenn möglich, aus den Filmbildern ergeben müssen. So wäre es zum Beispiel langweilig und überflüssig, Einstellung 2 zu kommentieren: ›Aber die Regierung scheint das völlig kalt zu lassen.‹ Wie viel besser klingt es, da sich die Minister im Garten amüsieren, einen Cockney sagen zu lassen: »In Nummer 10 sah im Garten alles lieblich aus.« Rückblickend mag diese Regel selbstverständlich erscheinen, aber das ist einem während der Arbeit nicht immer so klar. In ähnlicher Weise benutzt der Kommentator das Wort ›Mixtur‹ – das optisch in Einstellung 4 anvisiert wird – auf ziemlich ungewöhnliche Weise.«

Zwischen den drei Einstellungen, die die Aussage dieser Sequenz bilden, gibt es keinerlei visuelle Kontinuität. Die Szene wechselt mühelos vom Garten in Downing Street Nr. 10 (während des Tages) zu einer Versammlung über, auf der Baldwin spricht (innen, abends) und hin zum Strand von Brighton (außen, an einem sonnigen Tag). Hinweise im Kommentar genügen. Der Satz »Ich sehe nur die Sonnenseite des Lebens«, über das Ende der öffentlichen Versammlung gelegt, überbrückt ganz natürlich den Übergang von der Nacht zum Tag. Ähnlich verbindet in der zuerst zitierten Sequenz eine einfache Bemerkung die Einstellungen 12 und 13 und bringt uns ohne Umschweife von Golders Green nach Liverpool. Dies sind nur zwei Beispiele. Doch ein sorgfältiges Studium der zitierten Sequenzen zeigt, daß auf diese Weise auch die anderen Übergänge durch den Kommentar verständlich gemacht werden.

Die hier äußerst wichtige Rolle des Kommentars ist nicht unbedingt typisch für alle Kompilationsfilme. *The Peaceful Years* beschäftigt sich mit sehr verschiedenen Ereignissen, die oft nur durch den historischen Zufall etwas miteinander zu tun haben. Um hier eine gewisse Einheitlichkeit zu erreichen, war es notwendig, den Zuschauer während des ganzen Films an der Leine eines Kommentars zu halten. Wenn ein Kompilationsfilm ein eher in sich geschlossenes Thema behandelt, ist es durchaus möglich – und filmisch wesentlich wirkungsvoller –, die Bilder für sich sprechen zu lassen. Der folgende Ausschnitt aus *The World is Rich* (Die Welt ist reich) belegt das.

*The World is Rich**
Ausschnitt aus Aktrolle 1

Der Film beschäftigt sich mit der Welternährungssituation. Er ist kompiliert aus Hunderten von Dokumentar-, Reise-, Unterrichtsfilmen und Wochenschauen, ergänzt durch eigens gedrehtes Material. Der folgende Ausschnitt ist Teil der Anfangssequenz.

1 Aufblende: Aufsicht auf ein riesiges Weizenfeld, auf dem sich die Ähren leicht im Winde wiegen.	Musikeinsatz (11 Sek.)
2 Überblendung auf: Totale. Eine große Viehherde, die sich langsam durch die Ebene von der Kamera fortbewegt.	(6 Sek.)
3 Überblendung auf: Totale. Ein Mähdrescher fährt auf die Kamera zu. Die Kamera schwenkt langsam nach links und zeigt eine Reihe weiterer Mähdrescher, die sich in einer Reihe mit den ersten bewegen.	(8 Sek.)
4 Aufsicht auf einen Viehhof. Die ganze Leinwand ist voller großer, gesund aussehender Ochsen, die sich verspielt schubsen.	(2,5 Sek.)
5 Nah. Ein großes, kreisförmiges Netz, das von Fischen überquillt, wird aus dem Meer gezogen. Als das Netz auf das Bootsdeck geholt wird, schwenkt die Kamera nach links.	(3 Sek.)
6 Nah. Ein Schweinetrog, in den Futter gekippt wird. Zwei Schweineschnauzen sind zu sehen, die gierig das Futter verschlingen.	(3 Sek.)
7 Nah. Ein eingeborener afrikanischer Arbeiter pflückt einen großen Maiskolben.	(2 Sek.)
8 Nah. Ein überquellender Korb mit Trauben. Als eine Frau den Korb über die Schulter hängt, schwenkt die Kamera hoch.	(2 Sek.)
9 Nah. Ein Afrikaner pflückt von einem Baum große Früchte.	(2,5 Sek.)
10 Amerikanische. Aufsicht von drei fetten, gesunden Ochsen, die auf einer Weide liegen.	(2 Sek.)
11 Totale. Aufsicht. Ein moderner, kreisförmiger Kuhstall, voll mechanisiert und äußerst sauber. Die Kühe werden elektrisch gemolken, die Knechte stehen dabei.	(4 Sek.)
12 Amerikanische. Ein Koch trägt eine dampfende Mahlzeit an vollen Lebensmittelregalen vorbei.	(4 Sek.)
13 Amerikanische. Ein Konditor legt direkt vor der Öffnung eines riesigen Ofens zwei große Kuchen auf ein Holzbrett.	(1,5 Sek.)
14 Ein Schlachthaus. Dampfenden Tierkadavern wird die Haut abgezogen.	(1,5 Sek.)
15 Wie Einstellung 13.	(2 Sek.)
16 Ein teures Restaurant. Zwei Kellner mit beladenen Tabletts gehen zwischen den Tischen aneinander vorbei.	(3,5 Sek.)
17 Amerikanische. Ein Gast leckt sich die Lippen, als der Kellner ihm das Essen serviert.	(5 Sek.)
18 Großaufnahme. Ein anderer Gast. Kamera schwenkt auf dessen Teller, dann hinüber auf einen anderen Teller und dann wieder hoch auf das zufriedene Gesicht eines weiteres Gastes, der sich die Mahlzeit schmecken läßt.	(7 Sek.)
19 Nah. Ein gebratenes Hähnchen. Ein Messer kommt ins Bild und fängt an, die Brust zu zerlegen.	Kommentar (A): *Ja…* (2,5 Sek.)

* Regie und Schnitt: Paul Rotha, Co-Regie und Schnitt: Michael Orrom. Buch: Arthur Calder-Marshall. Films of Fact Ltd. für Central Office of Information, 1947.

20 Nah. Ein Teller Pudding. Kamera schwenkt hoch und zeigt eine Frau beim Essen, die den Mund etwas zu voll hat.	*... dies ist eine reiche Welt.* (5 Sek.)
21 Amerikanische. Ein junges Mädchen im Abendkleid, hingegossen auf einem Diwan, blättert in einer Modezeitschrift. Ohne aufzublicken, nimmt sie ein Stück Schokolade aus einer neben ihr liegenden Schachtel und fängt hörbar an, es zu zerkauen.	(5,5 Sek.)
22 Nah. Ein Weinglas. Der Hals einer Champagnerflasche kommt von links ins Bild, und der Champagner schäumt ins Glas.	Kommentator (B): *So reich, daß manche mehr haben, als sie brauchen.* (2 Sek.)
23 Überblendung auf: Nah. Ein Abfalleimer aus der Vogelperspektive. Der Deckel wird hochgehoben, und ein Teller voller Essen wird hineingeschüttet.	(3,5 Sek.)
24 Halbtotale. Ein Milchhändler, der eine ganze Kanne Milch in den Abfluß kippt.	(2 Sek.)
25 Nah. Der Abfluß, in den die Milch hineinfließt.	*Aber was ist mit dem Rest der Leute?* (4,5 Sek.)
26 Überblendung auf: Totale. Ein riesiges, vom Sturm verwüstetes Feld. Der Wind wirbelt die Muttererde in kleinen Wolken fort.	(8 Sek.)
27 Totale. Ein abgemagerter, einzelner Ochse, der langsam über ein vertrocknetes und verödetes Feld zieht.	(3,5 Sek.)
28 Aufsicht. Einstellung von drei Bauern, die ein paar Kornähren aufsammeln.	Kommentator (C): *Jeder Dritte auf der Erde...* (4 Sek.)
29 Halbtotale. Eine alte Frau, die sich über einen Abfalleimer beugt und versucht, etwas Eßbares zu finden.	*... ist heute durch Hunger bedroht oder...* (4 Sek.)
30 Eine Straße in Indien. Ein junger Inder kommt aus einem Haus auf die Straße. Er wirft einige Essensreste auf die Straße. Sofort stürzt sich eine Gruppe von Kindern darauf.	*... durch Krankheiten, die als Folge der Hungersnot auftreten.* (3,5 Sek.)
31 Näher. Die Kinder reißen sich um die Essensreste und gehen erst weg, nachdem sie ein kleines Stück erwischt haben. Ein kleiner Junge bleibt im Bild zurück; er greift zu einem kleinen Rest mit verfaultem Essen und beißt gierig hinein.	(13 Sek.)
32 Eine indische Menge. Jeder hält über seinem Kopf ein Gefäß hoch und bettelt um Essen.	(2,5 Sek.)
33 Halbtotale. Eine völlig ausgehungerte alte Inderin, die mit den Händen gestikuliert und um Essen bettelt.	Kommentator (D): *Warum?* (3,5 Sek.)
34 Aufsicht. Eine riesige Menschenmenge in Indien, die gegen den Hunger demonstriert. Abblende.	*Worin liegt die Ursache?* (5,5 Sek.)

Auf der Suche nach dem richtigen Material sichteten (und katalogisierten) die Filmemacher von *The World is Rich* ca. 240000 Meter Film. Ein Eindruck von der Unterschiedlichkeit des verwendeten Materials geben bereits die Quellenangaben der ersten paar Einstellungen: 1, 6 und 8 sind aus dem amerikanischen Dokumentarfilm *Harvest for Tomorrow*; 2 und 3 sind aus Flahertys *The Land*; 4, 12, 13, 15 und 16 aus einer *March of Time*-Folge; 7 aus einem Dokumentarfilm der Colonial Film Unit; 11 und 14 aus *Minnesota Document*; 17 bis 23 wurden speziell für den Film gedreht.

Das Kriterium war, daß jede Aufnahme für sich sprechen sollte, also ohne die Hilfe von Worten. Jedes Bild mußte von sich aus stark genug und unmißverständlich sein. In der ersten Einstellung zum Beispiel ist die gesamte Leinwand von einem Blick auf reifen Weizen ausgefüllt. Die Einstellung wurde von oben aufgenommen, und der Horizont (der dem Bild eine malerische Note hätte geben können) erscheint zu Anfang überhaupt nicht im Bild. Unter dem gleichen Gesichtspunkt, einen unmittelbaren und emotionalisierenden Eindruck zu hinterlassen, wurden auch alle weiteren Aufnahmen ausgewählt. Die Direktheit der ganzen Sequenz hängt damit von der Intensität jeder einzelnen Einstellung ab, keine gewinnt ihre Bedeutung erst durch eine Gedankenassoziation.

Der zitierte Ausschnitt ist der Prolog zu einem Filmessay über die Welternährungssituation und beschreibt prägnant beide Seiten des Problems, auf die im

Laufe des Films noch näher eingegangen wird. Bemerkenswert ist, daß – obwohl der Kommentar ab und zu etwas besonders hervorhebt – jeder neue Aspekt des Themas zuerst visuell vorgestellt wird.

Die ersten 14 Einstellungen zeigen bildhaft, was der Titel des Films besagt: daß die Welt reich ist. Doch nicht nur die Auswahl der Bilder, auch der Rhythmus und die Reihenfolge, in der sie montiert wurden, dienen dem gewünschten Zweck. Nacheinander zeigt die Sequenz den Anbau, die Verarbeitung und den Verzehr von Lebensmitteln und hebt dabei ein Leben in Überfluß hervor. Die ersten drei Einstellungen sind relativ lang und durch Überblendungen miteinander verbunden; dadurch vermittelt der Anfang die beabsichtigt ruhige, friedvolle Stimmung.

Die genauen Schnittpunkte der folgenden Einstellungen (4–11) lassen sich theoretisch nicht weiter erklären. In jedem Fall wird das Bild lange genug gezeigt und erst in dem Moment geschnitten, in dem der Cutter davon überzeugt war, daß die Sache klar ist. So etwas bleibt notwendigerweise dem persönlichen Urteilsvermögen überlassen. Wir sollten jedoch nicht vergessen, daß jede Einstellung schon vorher unter dem Gesichtspunkt ausgewählt wurde, daß sie eine eigene rhythmische Qualität besitzt. Das Tempo der Anfangseinstellungen ist bewußt langsam, tastend und besinnlich. Die Aufnahme einer Viehherde, die mit einiger Geschwindigkeit über die Ebene getrieben wird (wie etwa in Action-Filmen à la *Red River* oder *The Overlanders* [Das große Treiben, 1946]), könnte zum Beispiel das gleiche bedeuten wie Einstellung 4. Die schnelle Bewegung innerhalb des Bildes hätte jedoch nicht zu dem Tempo dieser Sequenz gepaßt.

Ein Vergleich von Einstellung 10 und 11 verdeutlicht überdies das Timing des heterogenen Materials. Ein statisches Bild vermittelt seinen Inhalt relativ schnell und wird deshalb auch nur kurz gezeigt (siehe Nr. 10). Aufnahmen, die einen Überblick über einen komplizierten Sachverhalt geben (Nr. 11), benötigen mehr Zeit, um ihre Aussage zu vermitteln. Wenn ein Cutter mit Material arbeitet, das ursprünglich nicht für seinen Film gedreht wurde, ist das Problem, die richtige Länge für eine Einstellung zu finden, manchmal mit technischen Schwierigkeiten verbunden. Nr. 32 zum Beispiel war in der Originallänge viel zu kurz für den Film und mußte deshalb mit der Schrittkopiermaschine verlängert werden.

Die Einstellungen 12 bis 15 weisen auf einen weiteren Aspekt des Themas hin, die Verarbeitung von Lebensmitteln. Ihre Betonung liegt auf der wirkungsvollen und sauberen Zubereitung der Naturalien. Nr. 13 und 15 sind im Rhythmus der Bewegung innerhalb des Bildes geschnitten, um den Eindruck der maschinellen Effektivität in großen Lebensmittelbetrieben zu verstärken.

Die nächste Gruppe (16–22) zeigt als weiteren logischen Schritt den Verzehr von Lebensmitteln. Wenn in Einstellung 19 das Messer die gebratene Hähnchenbrust zerlegt, bestätigt der Kommentar den Eindruck der Bilder: »Ja, dies ist eine reiche Welt.« Von nun an verändern sich die Bilder allmählich und sinnvoll. Langsam wird die Gier einer Minderheit deutlich. Mit Einstellung 21 wird der Eindruck des Wohllebens, den uns der Reichtum dieser Welt bescheren kann, getrübt durch den Eindruck der Genußsucht einer einzelnen Gruppe der Gesellschaft. Der Betrachter wird vorsichtig auf die nächste Stufe der Argumentation vorbereitet.

Die Einstellung des Weinglases (22) überblendet in eine ähnlich komponierte Einstellung eines Abfalleimers (23). Dieser fließende, zuerst kaum wahrnehmbare Übergang verbindet die beiden Ideen im Kopf des Betrachters: Er schließt daraus, daß Verschwendung das unvermeidliche Resultat schlecht geplanter Lebensmittelverteilung ist. Die drei Einstellungen, welche die Verschwendung von Nahrungsmitteln symbolisieren, führen das »Die-Welt-ist-reich«-Thema zu einer extremen Schlußfolgerung. Der Zuschauer sieht nun auch die Kehrseite der Medaille. Er erkennt das Problem von Armut und Hunger bei einem Drittel der auf der Erde lebenden Menschen. Um dies zu veranschaulichen, wurden die Aufnahmen wiederum unter dem Gesichtspunkt einer direkten Aussage ausgewählt. Das riesige, von Sturm verwüstete Feld (26), das verhungernde Vieh (27), die Frau, die Reste aus dem Abfalleimer herausklaubt (29), sind lediglich mehrere Belege zu ein und demselben Thema. Die einzigartige, individuelle Wirkung der Bilder wird durch die Erklärungen des Kommentars über die Tragweite des Problems noch verstärkt und in die richtige Perspektive gerückt. Nachdem die Sequenz durch den Kontrast von Wohlleben und Hunger das Problem exponiert hat, endet sie mit der Frage, warum dieses Problem überhaupt existiert. Die rhetorische Frage des Kommentars wird durch die bestürzenden, fragenden Gesten der verhungernden Menschen in den letzten drei Einstellungen ins Ungeheuerliche gesteigert.

Hinter dieser kraftvollen, scheinbar mühelosen Wechselbeziehung zwischen Wort und Bild verbirgt sich viel Planung und Zusammenarbeit von Cutter und Autor. Die kombinierte Wirkung von Bild und Ton – die nie nur eine Wirkung durch Verdoppelung ist – gibt den Bildern oft Werte, die sie von sich aus nicht besitzen. Hier kommt die enge und mühselige Zusammenarbeit von Autor und Cutter an ihren entscheidenden Punkt. In der zitierten Sequenz dient der Kommentar hauptsächlich dazu, verschiedene Argumente besonders hervorzuheben und, wenn nötig, die Kontraste zu betonen. Die Frage in Einstellung 25 erhöht die Wirkung des Nebeneinanders von Reichtum und Armut, indem sie den Betrachter vor einer drohenden Auseinandersetzung warnt. Der Übergang von Einstellung 25 auf 26 wird durch das Wort noch pointiert.

Neben dem Timing der Worte im Hinblick auf den Bildinhalt richten sich die feineren Nuancen im Timing wiederum nach der rhythmischen Gesamtkonzeption der Sequenz. Bemerkenswert ist auch, daß immer, wenn ein Schnitt die Kontinuität eines Satzes unterbricht, dies an einer Stelle geschieht, an der sich aus dem Rhythmus der Worte eine natürliche Unterbrechung ergibt, normalerweise am Ende eines Satzteils.

Eine zusätzliche Dimension der Bildaussagen ergibt sich durch die Musik. Clifton Parkers Partitur betont und interpretiert die verschiedenen Themen im Verlauf des Films: Die Luxus-Szenen werden vom »Black Market Blues« begleitet, der im Laufe des Films wieder aufgenommen und variiert wird; ein ›Hunger‹-Thema, das zuerst am Ende unseres Zitats einsetzt, taucht während des ganzen Films immer wieder auf. Auf diese Weise unterstützt die Musik den Fluß der Argumente und gibt dem Film eine emotionale Einheit, die sonst zeitweise wegen des sehr unterschiedlichen, kompilierten Materials verloren gehen könnte.

Prinzipien der Filmmontage

14 Der Bildschnitt

»... mitten während der Handlung stelle ich fest, daß meine Aufmerksamkeit und damit mein Blick mal in diese, mal in jene Richtung gelenkt wird. Ich gehe plötzlich um eine Straßenecke, sehe einen Knirps, der sich unbeobachtet glaubt und sorgfältig mit einem Stein auf eine bestimmte Fensterscheibe zielt. Sobald er den Stein wirft, *geht mein Blick instinktiv und unmittelbar in Richtung Fensterscheibe*, um zu sehen, ob er getroffen hat. Sofort geht *mein Blick wieder zurück zu dem Jungen*, um zu sehen, was er als nächstes vorhat. Vielleicht hat er mich gerade gesehen und grinst mich spöttisch an. Mit einem Mal blickt er an mir vorbei, sein Gesichtsausdruck verändert sich, und er rennt weg, so schnell ihn seine kurzen Beine tragen. *Ich drehe mich um* und entdecke, daß gerade ein Polizist um die Ecke kommt...

Die grundsätzliche psychologische Rechtfertigung der Montage als einer Darstellungsmethode der äußeren Wirklichkeit liegt darin begründet, daß sie den oben beschriebenen geistigen Prozeß reproduziert. Sie läßt einen Bildeindruck dem anderen folgen und lenkt dadurch auch unsere Aufmerksamkeit von einem Punkt unserer Umgebung zum anderen. Sofern der Film die reale Umwelt abbildet und Bewegungen reproduziert, kann er uns einen echten Eindruck dessen geben, was wir sehen. Sofern der Film sich auch noch der Montage bedient, kann er exakt die *Art und Weise* reproduzieren, in der wir normalerweise sehen.« *

Ernest Lindgren versucht hier, die Montage theoretisch zu rechtfertigen. Er zeigt, daß sie nicht nur die dienlichste, sondern auch die psychologisch korrekteste Methode ist, die Aufmerksamkeit von einem Eindruck zum anderen zu lenken. Auch das Gehirn funktioniert so, daß es ständig von einem Bild auf das nächste ›schneidet‹. Aus diesem Grund akzeptieren wir auch die filmische Darstellung der Wirklichkeit mit Hilfe abrupter Sichtwechsel als eine zutreffende Wiedergabe eigener Erfahrungen.

Man muß dieses theoretische Argument jedoch mit Vorsicht behandeln. Bei dem zitierten Vorgang werden alle Beobachtungen aus einer ziemlich statischen Position wahrgenommen. Das Bild verändert sich jedesmal durch einen Wechsel der Blickrichtung des Beobachters, ohne daß sich jedoch dessen Standort auf der Straße wesentlich ändert. Beim Zusammenschnitt eines Films steht der Cutter aber oft vor dem Problem, Schnitte machen zu müssen, die ganz und gar nicht den obigen Bedingungen entsprechen. Er muß unter Umständen von der einen Einstellung eines Gegenstandes auf eine nähere oder entferntere Einstellung desselben Gegenstandes umschneiden – etwa von einer Halbnahen auf eine Großaufnahme oder in eine Totale. In solchen Fällen verändert der Schnitt urplötzlich auch die *Position* des Beobachters, ein Vorgang, der in der Wirklichkeit physisch unmöglich ist. Schneidet der Cutter jedoch von einer Halbnahen auf eine Großaufnahme, nimmt er sich dadurch noch keine ungerechtfertigte Freiheit heraus: Er interpretiert lediglich einen geistigen Prozeß, der sich allerdings von dem erwähnten Fall unterscheidet.

Ein Beispiel soll das verdeutlichen. Zwei Meter entfernt zu meiner Rechten befindet sich ein Bücherregal. Entscheide ich mich, meinen Kopf zu wenden und das Bücherregal anzusehen, habe ich erst einmal nur einen vagen Eindruck von dem Regal und den Büchern. Doch während mein Blick nun die Reihe der Bücher entlanggleitet, wird meine Aufmerksamkeit jäh durch ein bestimmtes Buch erregt, einen Band mit einem roten Umschlag. Mein Blick verengt sich auf dieses eine Buch, und ich versuche, aus der Entfernung den Titel zu entziffern: Mein Bewußtsein registriert nicht mehr die Masse der Bücher, sondern nur noch das eine Buch. Nach kurzer Zeit gelingt es mir, den Titel zu

* Ernest Lindgren: The Art of the Film, London 1948, S. 54. (Hervorhebungen vom Verfasser)

lesen, und mein Blick richtet sich nun wieder auf den Schreibtisch. Während des Vorgangs sind drei Eindrücke bei mir haften geblieben: erstens der Gesamteindruck des Regals; dann ein Detail des vorhergehenden Gesamteindrucks, nämlich das einzelne rote Buch; und drittens, unabhängig davon, das Bild meines Schreibtisches, auf den sich anschließend meine Aufmerksamkeit wieder konzentriert.

Überträgt man diese Szene auf die Leinwand, würde es nicht genügen, einen Gesamteindruck vom ganzen Regal zu vermitteln und den Zuschauer dann irgendein Detail herausgreifen zu lassen. Seine Aufmerksamkeit muß bewußt auf ein ganz bestimtes Detail *gelenkt* werden. Im dramaturgisch richtigen Augenblick muß der Cutter vom Gesamtbild des Regals auf eine Nahaufnahme des roten Buches schneiden. Dadurch reproduziert er nicht etwa die gegebenen physischen Voraussetzungen, unter denen ich die Szene erlebt habe: Er interpretiert vielmehr den geistigen Prozeß des Sehens. Der Filmzuschauer wird die Art der Darstellung sofort als psychologisch zutreffend akzeptieren und damit auch den Schnitt auf die Nahaufnahme, ohne sich des Schnittvorgangs bewußt zu werden.

Mit dem Beispiel von Ernest Lindgren haben wir also herausgefunden, daß Schnitte richtig sind, die zwar die Blickrichtung der Kamera verändern, aber nicht deren Position. Darüber hinaus haben wir festgestellt, daß Schnitte, bei denen die Position der Kamera, nicht aber ihre Blickrichtung geändert wird, ebenfalls denkbar sind.

Damit sind aber noch nicht alle Möglichkeiten erschöpft. In vielen Fällen ist es notwendig, auf eine Einstellung zu schneiden, die sowohl aus einer anderen Kameraposition als auch aus einer anderen Richtung als die vorhergehende gefilmt worden ist. Beim Schnitt einer Dialogszene zum Beispiel schneidet der Cutter oft von einer Nahaufnahme auf die nächste. Aus einer Einstellung von B über A's Schulter schneidet er in die entgegengesetzte Position: A, gefilmt über B's Schulter. Dadurch verändert er sowohl die Blickrichtung als auch die Position, von der aus das Bild aufgenommen wurde. Wir wissen, daß es das im wirklichen Leben nicht gibt. Eine simple theoretische Rechtfertigung für derartige Schnitte durch den Vergleich mit unseren realen Erfahrungen ist nicht mehr möglich.

Wenn ein Regisseur eine Geschichte verfilmt, interessiert ihn normalerweise auch gar nicht, sie als eine akkurate Wiedergabe wirklichkeitsgetreuer Erfahrungen zu inszenieren. Stattdessen interpretiert er die Ereignisse. Er bietet sie dar, wie er es dramaturgisch für angemessen hält. Inszeniert er, um bei dem schon erwähnten Beispiel zu bleiben, eine Dialogszene, wird er nicht versuchen, sie aus der Perspektive einer der Filmfiguren zu zeigen. Das würde nämlich bedeuten, daß sich die Kamera nicht bewegt und die ganze Zeit nur die Nahaufnahme des anderen Schauspielers zu sehen ist. Auch wird er nicht versuchen, die Szene mit den Augen eines unbeteiligten Zeugen zu zeigen. Das würde nämlich heißen, daß er nur Einstellungen benutzen könnte, die aus einer festen Kameraposition gedreht worden sind. Im Gegenteil: Es muß das Ziel des Regisseurs sein, ein gestaltetes Bild der Szenerie zu geben und in jeder Situation die Kamera so aufzustellen, daß dramaturgisch wichtige Teile der Handlung beziehungsweise Details möglichst wirkungsvoll herauskommen. Dadurch wird er zum allgegenwärtigen Beobachter, der dem Publikum in jedem Augenblick die bestmögliche Sicht verschafft. Unabhängig davon, ob jemand in Wirklichkeit eine Szene so beobachten würde, wählt er die aussagekräftigsten Bilder aus.

Dadurch nimmt der Regisseur lediglich das elementare Recht jedes Künstlers in Anspruch: nämlich aus einer Situation nur die Aspekte, die er für wichtig hält, auszuwählen und sie so zu zeigen, wie er es für richtig hält. Daß es für bestimmte Montagemethoden im täglichen Leben keine Parallele gibt, liegt einfach daran, daß Cutter und Regisseur nicht gewillt sind, die äußere Wirklichkeit so zu reproduzieren, wie man sie normalerweise wahrnimmt. Schließlich erwartet der Zuschauer auch nicht, daß sich ein Film wie eine Episode im täglichen Leben abspielt – oder daß sich ein Roman wie ein Tagebuch liest. Der Zuschauer akzeptiert das Recht des Filmemachers, auszuwählen und Teile der

Handlung so hervorzuheben, daß sie offensichtlich mehr dramatischen Ansprüchen als unserer alltäglichen Wahrnehmung entsprechen.

Soviel zu einer theoretischen Rechtfertigung der Montage. Wenn der Cutter abrupte Bildwechsel vornimmt, reproduziert er nur den normalen Wahrnehmungsmechanismus; denn auch im wirklichen Leben schweift unser Blick ständig umher. Das gibt auch dem mechanischen Vorgang der Montage seine Berechtigung. Sofern besondere Wechsel der Blickrichtung hinzukommen, die nicht mit der Realität übereinstimmen, nimmt der Cutter ein anerkanntes Recht des Künstlers in Anspruch.

Die Konstruktion einer verständlichen Erzählfolge: der richtige Anschluß

Bis zur endgültigen Fassung einer Sequenz bearbeitet der Cutter sein Material gewöhnlich in zwei Arbeitsstufen. Zuerst stellt er den Rohschnitt her, bei dem die Reihenfolge der Einstellungen einen filmischen Sinn ergibt und die Anschlüsse passen. Danach bearbeitet er den Rohschnitt ein weiteres Mal, damit dramaturgisch und technisch alles stimmt. Einige Autoren haben die beiden Arbeitsgänge dadurch zu unterscheiden versucht, daß sie die erste Stufe den *Schnitt* und die zweite Stufe die *Montage* genannt haben. Im allgemeinen Sprachgebrauch sind beide Begriffe jedoch austauschbar, so daß eine derartige Unterscheidung mehr Verwirrung als Klarheit stiftet. Trotzdem ist es sinnvoll, beide Arbeitsphasen getrennt voneinander zu betrachten, da jede für sich unterschiedliche Probleme mit sich bringt.

Die wesentlichste Aufgabe während des Rohschnitts ist die Ausarbeitung der Erzählfolge. Sie muß verständlich und flüssig sein. Wir haben das Wort ›flüssig‹ schon mehrfach im Zusammenhang mit dem Schnitt verwendet. Deshalb sollten wir jetzt etwas mehr dazu sagen. Ein flüssiger Schnitt heißt, zwei Einstellungen so zusammenzuschneiden, daß der Anschluß von einer Einstellung zur nächsten keine Unterbrechung erkennen läßt und dadurch die Illusion des Zuschauers, einen zusammenhängenden Teil der Handlung zu sehen, erhalten bleibt. Um ein ganz einfaches Beispiel zu nehmen: Wenn wir von der Totalen eines Darstellers, der an einem Kamin steht, unmittelbar in eine Amerikanische schneiden, in der derselbe Darsteller sich gerade in einen Sessel setzt, so wäre dieser Übergang ganz offensichtlich falsch. Der Zuschauer würde sofort merken, daß er keiner durchgehenden Handlung beigewohnt hat. Die Illusion wäre durch diesen Schnitt zerstört.

Unser Beispiel zeigt bereits, daß ein flüssiger Schnitt das Ergebnis bestimmter mechanischer Prinzipien ist. Wie wir nachher sehen werden, folgen alle ›Regeln‹ jedoch einer noch wesentlich umfassenderen Disziplin, da die *dramaturgischen* oft den *mechanischen* Notwendigkeiten widersprechen, so daß man diese Regeln nicht als verbindlich oder allgemeingültig ansehen sollte.

Anschlüsse in einer durchgehenden Handlung

Grundvoraussetzung für eine flüssige Kontinuität ist, daß die Handlung in zwei aufeinanderfolgenden Einstellungen zueinander paßt. Beim Drehen achtet der Regisseur – unterstützt vom Scriptgirl – darauf, daß in einer Szene, die in mehreren Kameraeinstellungen gedreht wird, Hintergrund sowie Position der Schauspieler stets gleich bleiben. Wenn man von der Totalen eines Raumes, in der ein Kaminfeuer brennt, auf eine nähere Einstellung schneiden würde, in der die Feuerstelle leer ist, entstünde natürlich ein völlig falsches Bild. Den Hintergrund einer Szene während mehrerer Einstellungen konstant zu lassen, ist im allgemeinen jedoch ziemlich einfach.

Ein schwierigeres Problem ist es, Handlung und *Bewegung* in aufeinanderfolgenden Einstellungen kontinuierlich erscheinen zu lassen. Wenn ein Darsteller zum Beispiel in der einen Einstellung eine Bewegung beginnt – sagen wir, er hat eine Tür halb geöffnet –, muß diese Bewegung in der nächsten Einstellung genau von diesem Moment an fortgesetzt werden. Falls der Cutter die beiden Einstellungen so zusammenschneidet, daß ein Teil der Bewegung verdoppelt wird, entsteht ein unnatürlicher Eindruck. Das gleiche gilt, wenn er

1

a

2

b

2

c

2

einen Teil der Bewegung ausläßt – sagen wir, er schneidet von der Einstellung der halbgeöffneten Tür auf eine andere, in der die Tür bereits geschlossen ist. Auch dadurch entstünde ein beachtlicher Sprung in der Kontinuität, und der Schnitt wäre nicht mehr flüssig.

Der Anschluß innerhalb einer Handlung ist für einen erfahrenen Cutter eine vergleichsweise einfache Aufgabe. Selbst für einen Anfänger ist es mehr oder weniger nur eine Frage des Herumexperimentierens, bis er die richtige Schnittstelle gefunden hat. Ein wesentlich schwierigeres Problem ist es (und oft eher eine Frage des Geschmacks), wo im Verlaufe einer Bewegung der Schnitt gemacht werden soll.

Ein Beispiel. Ein Mann sitzt an einem Tisch, auf dem ein Glas Wein steht. Er beugt sich vor, nimmt das Glas mit seiner rechten Hand, hebt es an seine Lippen und trinkt. Gehen wir einmal davon aus – siehe Abbildung 1 –, daß diese einfache Szene in drei verschiedenen Einstellungsgrößen gefilmt worden ist, dann hat der Cutter verschiedene Möglichkeiten, sie zu schneiden. Wenn er von der Totalen in die Halbnahe schneidet, hat er zwei Möglichkeiten. Entweder läßt er die Aktion in der Totalen beginnen und schneidet dann während der Aufwärts- (oder Abwärts-)bewegung des Arms in die dazu passende Halbnahe. Oder er wartet, bis die Hand das Glas ergriffen hat, und legt den Schnitt so an, daß die *gesamte* Abwährtsbewegung des Arms in der zweiten Einstellung gezeigt wird. Ohne dogmatisch erscheinen zu wollen, müssen wir sagen, daß der zweiten Methode der Vorzug zu geben ist. Wenn der eine Teil der Bewegung in der Totalen gezeigt wird und der andere in der Halbnahen, unterbricht der Schnitt nicht eine kontinuierlich verlaufende Bewegung, sondern akzentuiert sozusagen während eines Moments der Ruhe die gesamte Aktion. Der Eindruck entsteht, daß zwei verschiedene Phasen einer Bewegung auf zwei verschiedene Arten beobachtet werden: Der Fluß der Bewegung wird nicht unterbrochen, bis die Bewegung von sich aus zu Ende ist.

Ein anderes Moment der Ruhe ergibt sich, wenn der Darsteller gerade zu der Bewegung ansetzt – womit wir zu der dritten und wahrscheinlich besten Schnittmöglichkeit kommen. Genau in dem Augenblick, in dem der Darsteller seine Vorwärtsbewegung beginnt, verrät schon sein Gesichtsausdruck – wahrscheinlich ein kurzer Blick nach unten – seine Absicht. Schneidet man genau an dieser Stelle – zum Beispiel just *bevor* die Hand anfängt, sich zu bewegen –, entsteht der Eindruck eines flüssigen Schnitts, da dieser mit dem Wechsel von Ruhe und Aktivität zusammenfällt. Vor dem Schnitt sitzt der Darsteller ruhig da: Wenn der Zuschauer dessen Absicht, die Hand zu bewegen, durch den Gesichtsausdruck erkennt, antizipiert er auch das folgende Geschehen und ist deshalb bereit, das Ergebnis dieses Entschlusses in der nächsten Einstellung zu akzeptieren.

Dieses Timing ist besonders dann angebracht, wenn der Anschluß von einer Großaufnahme zu einer Halbnahen erfolgen soll. In dem Moment, in dem der Darsteller sich nach vorne beugt, *will* der Zuschauer geradezu die gesamte Bewegung sehen und wird deshalb den Schnitt von der Großaufnahme auf die Halbnahe begrüßen. Der Schnitt bewirkt tatsächlich nur eine Änderung der Einstellungsgröße, und das Hochheben des Glases (das die Großaufnahme nicht zeigen kann) wird sichtbar.

Soll umgekehrt der Schnitt von der Halbnahen in eine Großaufnahme erfolgen, gibt es einen weiteren Grund, genau *in* die Bewegung zu schneiden. Der größte Teil der Aktion kann in der Halbnahen gezeigt werden. Der Schnitt in die Großaufnahme muß nun in dem Moment der Aufwärtsbewegung erfolgen, in dem die Hand gerade ins Bild kommt. In solchen Fällen muß der Cutter natürlich die Handlung der beiden Einstellungen aufeinander abstimmen. Dieser Schnitt ist besonders wirkungsvoll, weil er sozusagen die Hand in die Großaufnahme einführt. Ein anderer, optischer Grund, so zu verfahren, ist, daß der Schnitt genau zu dem Zeitpunkt kommt, da die Großaufnahme den eigentlichen Teil der Handlung zu zeigen beginnt.

Deshalb ist ein Schnitt am Anfang oder Ende einer Aktion oder ein Schnitt, der einen Teil der Handlung ergänzt, die in der vorausgegangenen Einstellung nicht zu sehen war, einem Schnitt vorzuziehen, der willkürlich eine kontinuierliche Bewegung unterbricht. Das ist jedoch nicht immer der Fall. Denn wir befassen uns hier im Augenblick nur mit der Beschreibung der verschiedenen mechanischen Möglichkeiten und nicht mit dramaturgischen Notwendigkeiten.

Der Wechsel von Bildgröße und Bildwinkel

Abbildung 2 zeigt eine denkbare Schnittfolge von einer Totalen auf zwei alternative nähere Einstellungen. Wir sehen, daß der Größenunterschied von Einstellung a zu Einstellung b sehr gering und daß der Bildaufbau in beiden fast gleich ist. Das Ergebnis ist, daß ein Schnitt von a auf b unbefriedigend bleibt. Der Betrachter wird nur einen ganz leichten Wechsel der Bildgröße wahrnehmen und durch den zwar geringfügigen, aber doch merkbaren Wechsel momentan irritiert sein. Der Unterschied zwischen den beiden aufeinanderfolgenden Bildern reicht für einen richtigen Anschluß nicht aus. Der Schnitt von a auf c jedoch ergibt einen bemerkenswerten Unterschied: Die Komposition der beiden Einstellungen ist völlig unterschiedlich, und das Problem einer nur geringfügigen Verschiebung durch den Schnitt entfällt. Der Schnitt wäre hier also flüssig.

Ein ähnliches Beispiel liefert Abbildung 3. Wieder würde ein Schnitt von a auf b einen zu kleinen Bildgrößenwechsel bedeuten, so daß er, mechanisch gesehen, unbefriedigend bliebe. Ist ein Schnitt auf eine nähere Einstellung erwünscht, muß das Bild *wesentlich* näher sein, wie etwa Einstellung c.

Abgesehen von diesen mechanischen Gründen gibt es noch weitere, die in beiden Fällen den Schnitt von a auf b unakzeptabel machen. Jeder Schnitt – und darauf sollten wir bestehen – muß einen Sinn haben. Es muß einen Grund geben, die Aufmerksamkeit des Betrachters von einem Bild auf das nächste zu lenken. Schneidet man von a nach b, ist der Wechsel zu geringfügig, als daß er sinnvoll wäre. Keinem noch so verständlichen dramaturgischen Zweck kann auch damit gedient sein, von einer Totalen (Abbildung 2a) auf eine etwas nähere Einstellung zu schneiden, in der die Person in Knöchelhöhe abgeschnitten ist (Abbildung 2b). Der Betrachter merkt, daß der Schnitt nichts Wichtiges aussagt, und akzeptiert ihn deshalb nur widerwillig.

Was für den Wechsel der Bild*größe* zutrifft, gilt auch für den möglichen Wechsel des Bild*winkels* in zwei aufeinanderfolgenden Einstellungen. Abbildung 4 zeigt eine Reihe von Kamerapositionen, von der Halbnahen bis zur Nahaufnahme. In der Zeichnung steht eine Person mit dem Gesicht zur Kamera vor einem feststehenden Objekt in der Dekoration, sagen wir einer Straßenlaterne. Wir sollen nun aus der ersten Kameraposition in eine Nahaufnahme schneiden. Ein Schnitt von I auf IIa ergibt auf der Leinwand ein Bild, in dem die Laterne zu der Person immer noch im gleichen Verhältnis steht, genau wie in der Halbnahen. Der Schnitt ist deshalb richtig, da das gleiche Bild wie zuvor gezeigt wird, nur näher. Wird andererseits die Nahaufnahme aus der Kameraposition IIb gedreht, in der sich der Bildwinkel der Kamera leicht verändert hat, ergibt sich das andere in der Abbildung gezeigte Bild: Die Laterne befindet sich im Verhältnis zu der Person nun in einer anderen Position. Der Betrachter hat plötzlich den Eindruck, daß die Laterne auf unerklärliche Weise nach links gewandert ist. Die Position des Kopfes befindet sich in beiden Fällen in der Mitte des Bildes, aber der Hintergrund in IIb scheint sich bewegt zu haben. (In der Praxis kann man diesen Effekt durch das Verrücken der Laterne umgehen.) Dadurch wird die Aufmerksamkeit des Betrachters abgelenkt. Der Anschluß stimmt nicht mehr.

Falls der Cutter aus irgendeinem Grund auf eine Nahaufnahme, die aus einer anderen Blickrichtung gedreht worden ist, schneiden möchte, muß der Wechsel des Blickwinkels, das heißt die Kameraposition, erkennbar anders sein. Eine um 90 Grad versetzte Kameraposition ergibt ein völlig anderes Bild und verursacht dadurch keine vorübergehende Verwirrung beim Zuschauer. Das Gesicht der Person könnte etwa im Profil statt von vorne zu sehen sein. Der Zuschauer würde also nicht erwarten, daß der Hintergrund der gleiche bleibt.

a 3

b 3

c 3

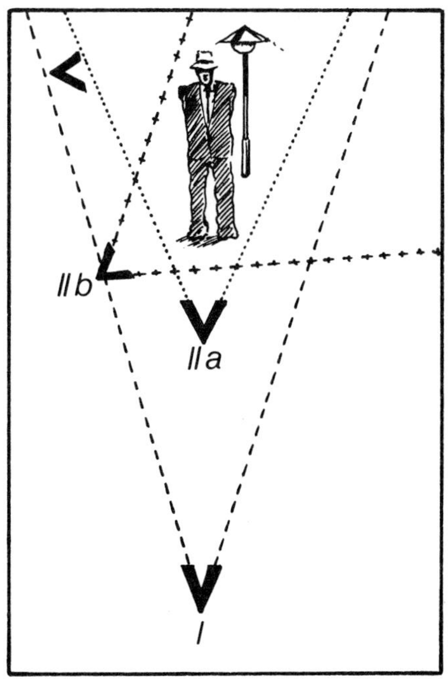

4

I

4

IIa

4

IIb

4

Die gleiche Kameraachse

Beim Betrachten der Kampfszenen aus *The Birth of a Nation* haben wir festgestellt, daß Griffith größte Sorgfalt darauf verwandte, die gegnerischen Seiten jeweils in eine bestimmte Richtung blicken zu lassen. Dadurch gelang ihm eine verständliche Erzählfolge, bei der der Betrachter erkennen konnte, daß die eine Seite von links angreift, während die andere Seite von rechts feuert. Wann immer auch zwei feindliche Kräfte auf der Leinwand gezeigt werden und ein Kontakt zwischen ihnen besteht, muß die Kameraachse klar erkennbar sein. Wir haben bei den vorangegangenen Sequenzanalysen schon gesehen, wie Nahaufnahmen von Dialogszenen geschnitten werden, so daß alternierend der eine den anderen ansieht (zum Beispiel Einstellung 17 und 18 im Ausschnitt aus *The Passionate Friends*, Seite 67, und die gesamte Serie von wechselnden Großaufnahmen in der Montagesequenz von *Citzen Kane*, Seite 81 ff.).

Ein praktisches Beispiel für das Problem aufeinanderfolgender Nahaufnahmen zweier Personen, die in die entgegengesetzte Richtung blicken (Schuß/Gegenschuß), demonstriert Abbildung 5. Einstellung 1 zeigt, daß Person A und Person B sich gegenüberstehen. Werden Nahaufnahmen der beiden Personen verlangt, jeweils über die Schulter des Gegenübers aufgenommen, stellt sich die Frage nach der richtigen Kameraposition. Benutzt man die Kameraposition IIa, blickt B genau wie in der Halbnahen von links nach rechts. Der Schnitt ist deshalb klar. Benutzt man dagegen IIb, sieht B in der Nahaufnahme von rechts nach links. Das ergibt keinen verständlichen Anschluß, da der Blick von B jetzt in die entgegengesetzte Richtung geht. Das gleiche gilt für die Nahaufnahme von A: Diese muß, wie die Zeichnung zeigt, von Kameraposition IIIa aus aufgenommen werden. Ein einleuchtendes und praktisches Beispiel dafür liefert uns auch die Sequenz mit den drei Einstellungen aus *Topper Returns* auf Seite 64. Hier werden die beiden Aufnahmen (Schuß/Gegenschuß) von so nah aufgenommen, daß die Schulter des Gegenübers nicht mehr zu sehen ist, man aber trotzdem erkennt, daß jeder Schauspieler in die gleiche Richtung blickt wie in der Halbnahen.

Die Notwendigkeit einer klaren Orientierung ist jedoch nicht auf die Position der Kamera beschränkt. Wenn Schauspieler ins Bild kommen oder aus dem Bild gehen, muß ihre Richtung ähnlich konsequent sein. Abbildung 6 zeigt ein Beispiel. Geht der Schauspieler rechts aus dem Bild, ist es völlig in Ordnung, wenn er in der nächsten Einstellung von links ins Bild kommt: Das heißt, daß wir von I auf IIa schneiden. Würde man jedoch auf Einstellung IIb schneiden, wäre dies unverständlich, als ob sich der Darsteller plötzlich und ohne Grund um 180 Grad gedreht hätte. Verlangt die Geschichte aber, daß er tatsächlich umkehrt, muß der Moment, in dem er kehrtmacht, *gezeigt* werden (oder auf andere Weise verständlich gemacht werden). Das illustriert Abbildung 7. In Einstellung a geht der Schauspieler rechts aus dem Bild; in b sehen wir, daß er kehrtmacht; in c sind wir dann darauf vorbereitet, ihn von rechts ins Bild kommen zu sehen. Ließe man Einstellung b aus, wäre der Zuschauer verwirrt, da er nicht erwartet, daß die Handlung auf einmal von rechts nach links weitergeht. Das plötzliche Erscheinen des Darstellers von rechts würde ihn überraschen.

Alle diese einfachen Regeln sind indes mit einer gewissen Vorsicht zu genießen. Im Normalfall ist es sicher besser, eine Szene auf die beschriebene Art und Weise zu schneiden. Wie wir aber nachher sehen werden, gibt es Ausnahmen, bei denen diese Regeln aus dramaturgischen Gründen nicht mehr gelten.

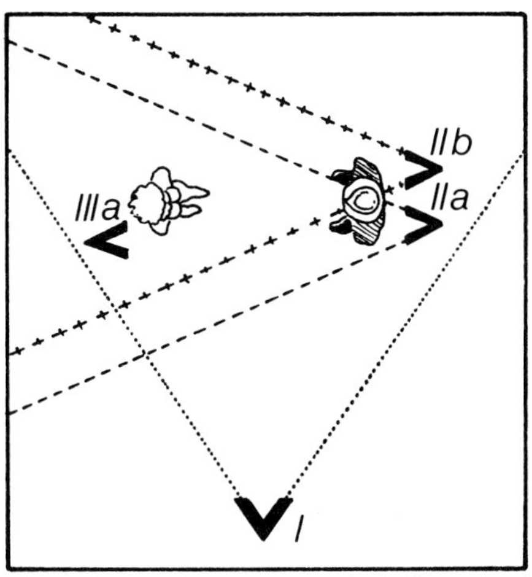

5

Die klar verständliche Erzählfolge

Für eine klar verständliche Erzählfolge müssen jedoch noch andere Gesichtspunkte als die Richtung der Bewegungen berücksichtigt werden. Im allgemeinen kann man behaupten, daß eine Sequenz, in der ein neuer Schauplatz eingeführt wird, damit anfangen sollte, die Beziehung der Personen zu ihm zu verdeutlichen. Dann wird der Zuschauer auch die verschiedenen Nahaufnahmen, in denen einzelne Charaktere und Gegenstände näher hervorgehoben wer-

I

5

IIa

5

IIb

5

IIIa

5

den, als Teil der Umgebung verstehen, die bereits gezeigt worden ist. Doch gibt es etliche Ausnahmen von dieser Regel. Manchmal beginnt ein Regisseur absichtlich mit der Großaufnahme eines Gegenstands, um erst danach dessen Beziehung zu der Umgebung zu enthüllen. Die Anfangssequenz von *Louisiana Story* (Seite 96ff.) ist dafür ein gutes Beispiel. Wir dürfen jedoch nicht vergessen, daß sie die geheimnisvolle Atmosphäre des Sumpfwaldes veranschaulichen sollte und es nicht um einen sich kontinuierlich entwickelnden Teil der ›Handlung‹ ging. Doch selbst wenn eine Sequenz mit der Nahaufnahme eines Details beginnt, ist es wichtig, in einer bestimmten Phase auch die ganze Umgebung zu zeigen.

Im kleineren Rahmen heißt dies, daß der Großaufnahme eines Details eine Aufnahme vorangehen sollte, die das Detail in Bezug zu seiner Umgebung zeigt: zum Beispiel in einer Einstellung aus größerer Entfernung.

Ähnlich sollte man verfahren, wenn sich innerhalb der Szene eine neue Entwicklung anbahnt, die die in der Expositionseinstellung gezeigte Situation verändert. Die Szene muß dann neu aufgebaut werden. Falls eine neue Person den Raum betritt, ist es wichtig, daß man sie hereinkommen sieht und ihre Beziehung zu den anderen Personen deutlich wird, bevor man von ihr eine Großaufnahme macht. Die Sequenz aus *The Passionate Friends* (Seite 65ff.) ist hierfür ein gutes Beispiel. Vor der zitierten Szene sprechen Howard und Steven in einer Folge von Nahaufnahmen miteinander. Als Mary dann den Raum betritt, wird die Szene neu aufgebaut. Einstellung 1 zeigt deutlich, wie Mary eintritt und wo sie im Zimmer bleibt. Wenn dann die Nahaufnahmen zu sehen sind, wissen wir genau, wo sich jede Person im Raum befindet. Jedes Mal, wenn sich eine Person bewegt, geht die Kamera etwas weiter zurück. Gegen Ende der Sequenz, als Howard erneut mit Steven spricht, führt eine Einstellung wiederum in die Situation ein und erklärt die neue Gruppierung der Akteure.

Angleichung der Bildkontrastwerte

Während der Dreharbeiten achtet der Kameramann auf eine gleichbleibende photographische Qualität. Wenn der Cutter das Material zu schneiden beginnt, muß er darauf sehen, daß das Führungslicht in zwei aufeinanderfolgenden Einstellungen nicht zu sehr voneinander abweicht. Solche technisch bedingten Unterschiede in den Licht- und Schattenwerten zweier Einstellungen würden die Aufmerksamkeit des Zuschauers auf den Anschluß lenken und einen harten Schnitt bewirken.

Wenn der Kameramann anhand der Muster auf eine durchgehende Belichtung achtet, ist das Problem der Anpassung im allgemeinen nicht groß. Wesentlich akuter ist es bei Dokumentar- und Kompilationsfilmen, bei denen das Material oft von verschiedenen, unabhängig voneinander arbeitenden Kameraleuten stammt.

Beim Schnitt von Farbfilmen ist die Anpassung der Farbwerte in aufeinanderfolgenden Einstellungen oft mit großen Schwierigkeiten verbunden. Doch ist dies in erster Linie ein Problem des Filmarchitekten, des Kameramannes und des Farbberaters und liegt deshalb meist außerhalb der Kontrolle des Cutters.

Verkürzung einer Szene

Wir haben immer wieder betont, daß jeder Schnitt einen Sinn haben muß. Es bringt nichts, so flüssig der Übergang auch sein mag, die Aufmerksamkeit des Betrachters auf ein neues Bild zu lenken, wenn die vorhergehende Einstellung schon den gleichen Zweck erfüllt hat. Wir behaupten dies nicht, um eine nichtssagende Regel aufzustellen. Oft ist ein Schnitt aus dramaturgischen Gründen einfach notwendig. Doch wenn er nichts aussagt, ist er fast immer überflüssig. Wenn wir beispielsweise von einer Halbnahen auf die Großaufnahme einer Person schneiden, mag kein technischer Grund dagegen sprechen. Doch erst wenn dieser Schnitt eine wichtige dramatische Entwicklung markiert, ist er tatsächlich wirkungsvoll. Eine Folge von Einstellungen, bei der jeder einzelne Schnitt dramaturgisch sinnvoll ist, wird meistens auch flüssig erscheinen,

I

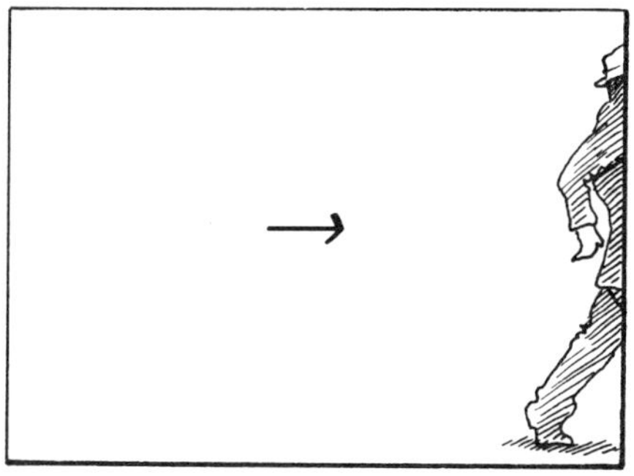

6

II a

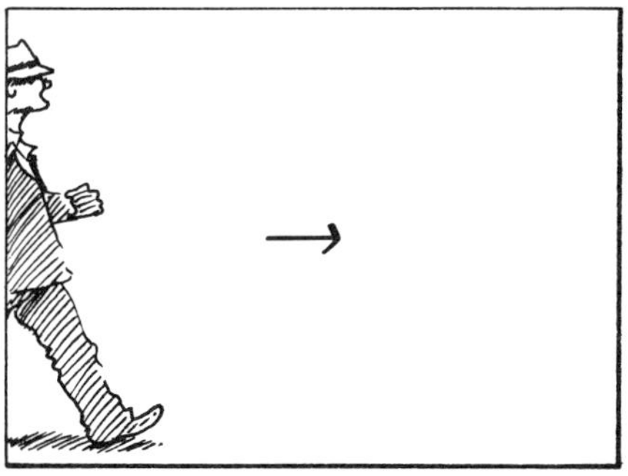

6

II b

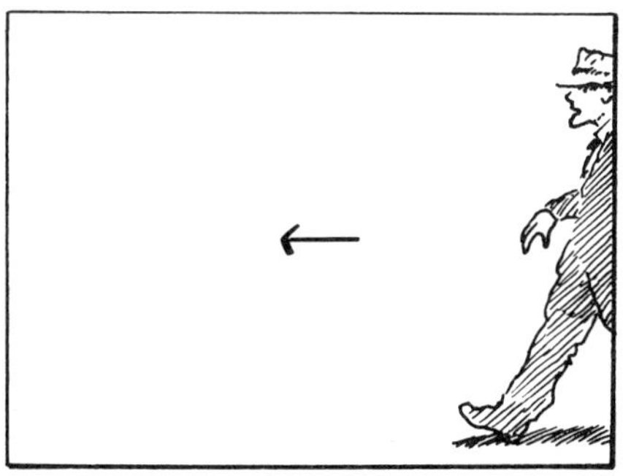

6

a

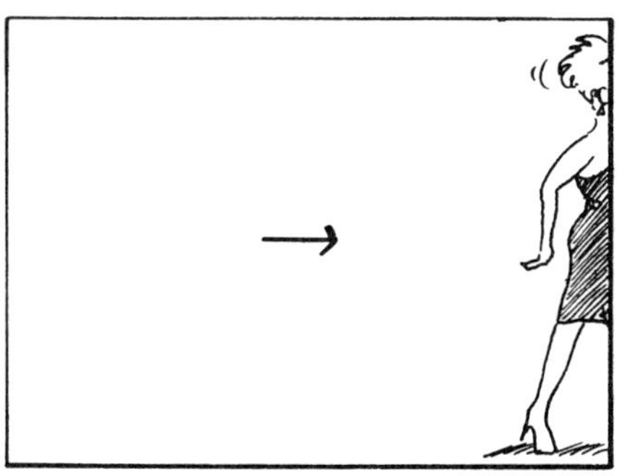

7

b

7

selbst wenn die Anschlüsse technisch gesehen etwas unvollkommen sein sollten.

Nehmen wir ein Beispiel. Ein Mann sitzt in einem Sessel. Er hat sich eine Zigarette zwischen die Lippen gesteckt und sucht in seinen Taschen nach Streichhölzern. Er findet keine. Er blickt im Zimmer umher, und plötzlich huscht ein ahnungsvolles Lächeln über sein Gesicht: Er steht auf und geht zum anderen Ende des Zimmers, wo eine Streichholzschachtel auf dem Tisch liegt. Man kann diese Szene auf zwei völlig verschiedene Weisen schneiden. Einmal könnte die Aktion im Sessel in einer einzigen Einstellung gefilmt und dann auf eine weitere Einstellung geschnitten werden, die die Bewegung des Schauspielers aufnimmt, wobei die Kamera mitschwenkt, wenn er auf den Tisch zugeht. Der Schnitt wäre technisch flüssig und die Handlung verständlich.

Bei der anderen Möglichkeit wäre die erste Einstellung zwar die gleiche. Dann jedoch, wenn sich der Schauspieler an etwas erinnert, das sich außerhalb des Bildes befindet und gerade aufstehen will, schneiden wir auf das, was er erblickt – die Streichhölzer auf dem Tisch. Die Einstellung mit den Streichhölzern wird so lange gezeigt, bis der Schauspieler ins Bild kommt, und wir sehen nun, wie er zur Schachtel greift.

In dem Moment, in dem der Schauspieler aufblickt, will der Zuschauer sehen, was dessen Aufmerksamkeit erregt hat. Dieser Moment begründet einen Schnitt. Er sagt etwas aus, da er den *Grund* für die Bewegung des Schauspielers angibt. In der ersten Schnittvariante ergibt der Schnitt keinerlei Sinn. Er vermittelt keine Idee – das Zusammenfügen der beiden Einstellungen geschieht aus rein technischen Gründen, die für den Zuschauer keinerlei Bedeutung haben. In der zweiten Variante ergibt der Schnitt einen Sinn: Die erste Einstellung *verursacht* die zweite. Dadurch wirkt diese Erzählfolge wesentlich überzeugender.

Aus dem Vergleich dieser beiden Schnittmethoden die Schlußfolgerung zu ziehen, daß jeder Schnitt wie in der zweiten Version zu sein hat, wäre jedoch falsch. Es gibt eine ganze Reihe von Fällen – etwa wenn ein Darsteller von einem Raum in einen anderen geht –, in denen es technisch notwendig ist, die Szene in zwei getrennten Einstellungen zu drehen und sie dann einfach miteinander zu verbinden. Deshalb sollte man nicht vorschnell eine feste Regel ableiten. Doch sind im allgemeinen dramaturgisch begründete Schnitte vorzuziehen. Sie regen den Zuschauer an, mitzudenken und fortlaufend zu reagieren. Sie lassen ihn nicht passiv bleiben.

Die zweite Schnittvariante hat noch einen zusätzlichen Vorteil. Gehen wir einmal davon aus, daß der Schauspieler etwa zehn Schritte benötigt, um das Zimmer zu durchqueren und nach den Streichhölzern zu greifen. In der ersten Version, in der die gesamte Bewegung gezeigt wird, müssen wir alle zehn Schritte mit ansehen, damit die Kontinuität nicht unterbrochen wird. In der zweiten Variante braucht der Gang des Mannes überhaupt nicht gezeigt zu werden. In dem Augenblick, in dem wir annehmen, daß er sich erhebt, schneiden wir auf die Streichhölzer. Nachdem relativ kurz die Einstellung mit den Streichhölzern gezeigt worden ist, kann der Schauspieler schon ins Bild kommen. Der Betrachter, der sich nur für wichtige Ereignisse interessiert, wird keinerlei Ungereimtheiten feststellen. Durch das Herausschneiden des Ganges durch das Zimmer kann der Cutter die Laufzeit der Szene verkürzen. Mit anderen Worten, er kann die Szene so schneiden, daß die wichtigen Vorgänge in voller Länge gezeigt werden, der äußere Ablauf aber unauffällig auf ein Minimum reduziert wird.

In Fällen, in denen eine Figur in zwei aufeinanderfolgenden Szenen den Ort wechselt, kann man das Prinzip des bloßen Andeutens unnötiger Intervalle noch weitertreiben. Zum Beispiel: Person A spricht mit Person B auf der Straße, genau vor dem Haus, in dem A wohnt. Wir sehen, wie er sich von B verabschiedet. Das Drehbuch verlangt nun, daß die nächste Szene zwischen A und seiner Frau in ihrer Wohnung im dritten Stock stattfindet. Würde man jetzt die Verbindung von der ersten zur zweiten Szene genau wie im richtigen Leben filmen, müßte man zeigen, wie A das Haus betritt, den Knopf drückt, um den Fahrstuhl herunterzuholen, wartet, bis der Fahrstuhl herunterkommt, den Fahrstuhl betritt, zum dritten Stock hochfährt, aussteigt, über den Flur zu seiner Wohnung geht und die Tür öffnet. Erst danach könnte die zweite Szene einsetzen. Vorausgesetzt, diese kleine Reise hat nicht ausdrücklich eine Bedeutung, wäre sie nur pure Zeitverschwendung. Der Zeitsprung zwischen der Szene auf der Straße und der Szene in der Wohnung sollte also überbrückt werden.

Dafür bieten sich verschiedene Möglichkeiten an. Wenn sich die beiden Männer auf der Straße verabschieden, kann die Kamera bei B bleiben und A in Richtung Haus aus dem Bild gehen lassen. Wir zeigen B noch einen kurzen Augenblick, und der Schnitt bringt uns geradewegs zu A, der seine Wohnung betritt. Der Moment, in dem wir bei B geblieben sind, reicht aus, um zu implizieren, daß A inzwischen den dritten Stock erreicht hat.

c

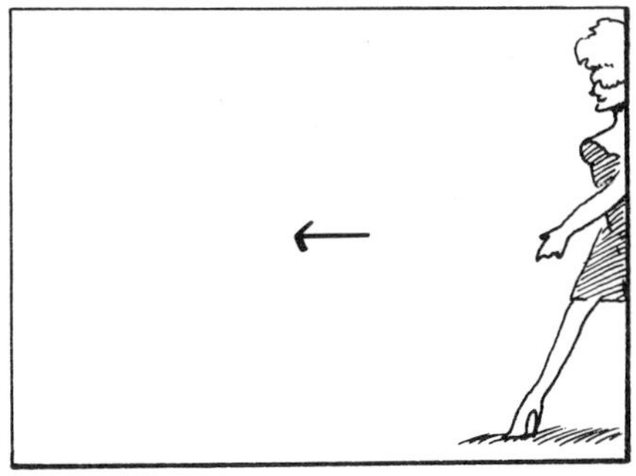

7

Eine weitere Möglichkeit: Wenn die beiden Männer sich verabschieden, könnte A etwa sagen, daß seine Frau ihn schon zu Hause erwarte. Dieser Satz würde genügen, um direkt auf die Wohnung zu schneiden, in der die Frau auf ihn wartet. Gleich danach wäre es möglich, auf die Tür von innen zu schneiden und zu zeigen, wie A die Wohnung betritt. Der Betrachter wird keine Schwierigkeiten haben, A wenige Sekunden, nachdem er ihn auf der Straße gesehen hat, die Wohnung betreten zu sehen. Die kurze Zeit, in der die Einstellung der wartenden Frau gezeigt wurde, wird ihm lange genug erscheinen, daß A inzwischen im dritten Stock angelangt ist. Solange die Kontinuität der Ereignisse stimmt, spielt die Technik keine Rolle. Der Schnitt von der Straßenszene, in der die Frau erwähnt wird, auf die Einstellung mit der Frau selbst, ist logisch; ebenso der Schnitt von der wartenden Frau auf ihren Mann, der die Wohnung betritt.

In beiden Fällen wird der Gedanke der einen Szene in die nächste übertragen, und die Kontinuität der Handlung ist stark genug, den Zuschauer die äußerliche Unmöglichkeit ignorieren zu lassen.

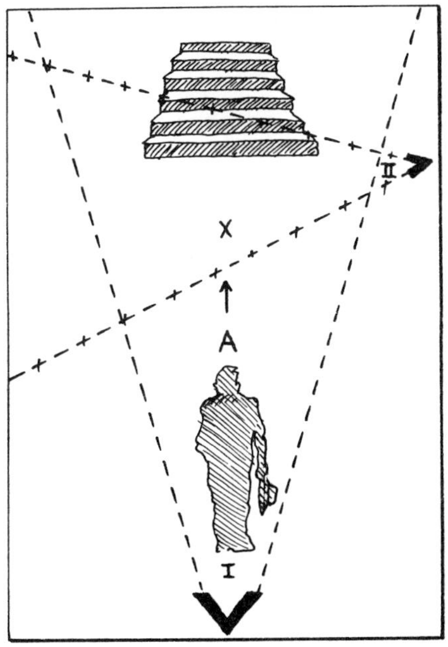

8

Die Chance, die Laufzeit einer Szene zu verkürzen (oder zu verlängern), ist für den Cutter ein äußerst wichtiges Mittel, ihr Tempo bestimmen zu können. In den erwähnten Fällen kürzen wir die Szene dadurch, daß ein Teil der Handlung außerhalb des Bildes stattfindet. Das Prinzip der Zeitverkürzung kann jedoch noch einen Schritt weiter gehen. Manchmal ist es nämlich möglich, zwei Einstellungen so zusammenzuschneiden, daß die Handlung kontinuierlich wirkt, obwohl ein Teil der Bewegung weggelassen ist.

Nehmen wir einmal an, ein Schauspieler läuft von der Kamera weg auf eine nach oben gehende Treppe zu. Die Kamera befindet sich hinter ihm, und man will, sobald er die erste Stufe erreicht hat, in eine andere, nähere Einstellung umschneiden. Sie zeigt die Treppe um 90 Grad versetzt von der Seite, so daß wir sehen, wie er die erste Stufe betritt (Abbildung 8, Einstellung a und b). Streng genommen, sollten die beiden Einstellungen auf Anschluß geschnitten werden. Der Punkt, an dem die erste Einstellung geschnitten wird, sollte von der zweiten Einstellung wieder aufgenommen werden.

a

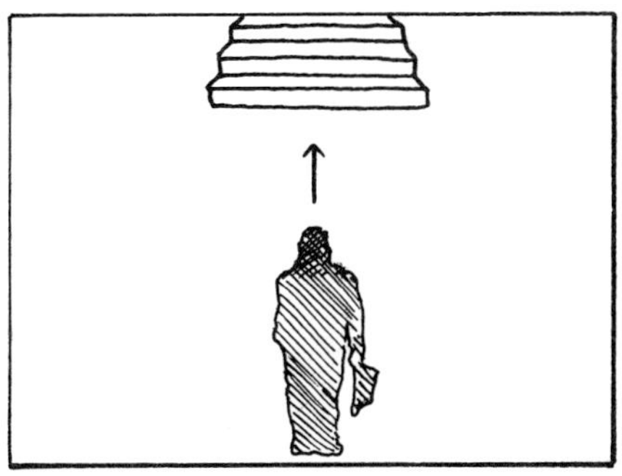

8

In der Praxis ist das nicht immer nötig. Im Laufe der ersten Einstellung könnte der Zuschauer, da der Schauspieler auf die Treppe zurennt, den Eindruck gewinnen, daß er, wenn er die Treppe erreicht hat, die ersten zwei oder drei Stufen überspringen wird. In so einem Fall ist es durchaus möglich, auf Einstellung b schon einen Meter früher zu schneiden, nämlich bevor der Schauspieler den Fuß der Treppe in Einstellung a erreicht hat: sagen wir, an der Stelle, an der er den Punkt X in der Zeichnung erreicht hat. Die Tatsache, daß der Schnitt mechanisch gesehen falsch ist, macht solange nichts aus, wie der Zuschauer den Fehler nicht bemerkt, und die Chance, daß er ihn bemerkt, ist sehr gering. Die Vorstellung, »daß der springen wird«, wird durch die erste Einstellung suggeriert, und der tatsächliche Sprung wird dann in der zweiten Einstellung gezeigt. Der Gedanke daran ist so stark, daß er die mechanische Diskrepanz unwichtig erscheinen läßt. Vielleicht ist dieses Beispiel etwas hergeholt. Deshalb zwei ähnliche Beispiele, die Sidney Cole* aufgrund eigener Erfahrung beschrieben hat:

»In *They Came to a City* (1944) gab es eine Szene, in der Frances Rowe sich

b

8

* Sidney Cole: Film Editing. London: British Film Institute, 1944.

entschieden hat, in die Stadt zurückzukehren, statt mit ihrer Mutter nach Bornemouth zu gehen und ihr den Lebensabend zu verschönern. Sie sagt also ›Auf Wiedersehen‹ und läßt die Mutter (Mabel Terry-Lewis) in Tränen aufgelöst zurück. Der emotionale Höhepunkt der Sequenz ist eine Einstellung, in der Miss Terry-Lewis von der Kamera weggeht und in der Ferne verschwindet: eine einsame, sich getäuscht fühlende Frau.

Aufgrund der räumlichen Gegebenheiten des Drehortes war eine weitere Aufnahme zwischen der Einstellung, in der Miss Terry-Lewis weint, und der Totalen, in der sie weggeht, notwendig. In der ersten Einstellung steht sie im Inneren eines Turms; in der dritten Einstellung ist sie draußen und bereits die beiden Stufen hinabgestiegen, die zu ihm hinaufführen. Logischerweise tritt sie in der zweiten, mittleren Einstellung aus dem Turm heraus und steigt die beiden Stufen hinunter. Nichts schien einfacher als ein einwandfreier Anschluß. Unglücklicherweise aber war die zweite Einstellung unter dem Gesichtspunkt einer dramatischen und emotionalen Spannung absolut überflüssig.

Der Cutter Michael Truman und ich waren ziemlich ratlos. Wir hätten die störende Einstellung weglassen und eine Überblendung oder Wischblende von Einstellung 1 auf 3 machen können. Aber das hätte die dramatische Wirkung ebenso zerstört, da eine optische Blende dem Publikum einen Zeit- oder Ortswechsel signalisiert hätte. Jedem geübten Auge wäre zudem das Behelfsmäßige dieser Lösung aufgefallen. Es existierte auch keine andere Aufnahme, die wir einigermaßen logisch zwischen Einstellung 1 und 3 hätten einschneiden können. So nahmen wir schließlich Herz und Schere fest in die Hand, entfernten die störende Einstellung und machten einen Schnitt von Einstellung 1 auf 3. Topographisch gesehen, hatten wir unsere Person aus dem Inneren des Turms zu einem Standort zehn Meter entfernt springen lassen und Dinge wie die Tür und die beiden Treppenstufen einfach ignoriert. Dramaturgisch aber hatten wir den emotionalen Rhythmus der Szene erhalten.

Weder Fachleute noch Laien hatten meines Wissens je etwas an diesem Schnitt auszusetzen. Die unterlegte Musik half wahrscheinlich zusätzlich. Ich bin mir aber ziemlich sicher, daß dieser Schnitt unter ähnlichen Umständen auch ohne Musik funktioniert hätte.

Die Schlußszene von *My Learned Friend* (1943) zeigt, wie Will Hay und Claude Hulbert von dem wahnsinnig gewordenen Mervyn Johns, der sie mit einer Hellebarde der königlichen Leibgarde bedroht, in die Uhrenkammer des Big Ben gelockt worden sind. Will und Claude laufen auf die nächstgelegene Tür zu, öffnen sie und merken, als sie am Rande eines Geländers stehen und hundert Meter unter ihnen der Verkehr entlangrauscht, entsetzt, daß sie sich auf dem Sims unterhalb der Uhr von Big Ben befinden.

Die Wirkung dieses Gags beruht darauf, daß das Publikum weiß, wo sich Claude und Will befinden, bevor diese es selbst entdecken. Die Reihenfolge der Kameraeinstellungen sollte dies jedenfalls bewirken. Von einer Halbnahen im Innern von Big Ben, in der sie durch die Tür gehen, führt uns der nächste Schnitt zu einer riesigen Totalen außerhalb des Turms, in der man die gesamte Turmspitze mit den beiden winzigen Figuren von Will und Claude am Geländer sieht. Die nächste Einstellung mußte, um den Gag noch zu verstärken, so nah sein, daß man ihre Reaktion auf das, was das Publikum bereits weiß, sehen kann.

Doch es gab eine Schwierigkeit. Wir mußten die beiden in der Einstellung *Innen* durch die Tür gehen lassen, um zu zeigen, was sie gerade machen. Danach blieben wegen der Kontinuität von dem Moment an, wo wir sie in der Totalen *Außen* wieder aufnehmen konnten, nur Bruchteile von Sekunden, bevor wir auf die dritte Einstellung schneiden mußten. Für die Einstellung *Außen* blieb zu wenig Zeit übrig, um die Handlung richtig verfolgen zu können. Ich schlug dem Cutter deshalb vor, die *Totale* ohne Änderung der anderen Einstellungen so zu verlängern, daß ausreichend Zeit vorhanden war, die Aktion zu verfolgen. ›Das bedeutet aber, daß ich den Vorgang wiederholen muß‹, meinte er. ›So ist es‹, antwortete ich. ›Du hast sie in der Halbnahen *Innen* durch die Tür gehen lassen; trotzdem fängst du nun mit dem Schnitt in der Totalen *Außen* schon an, wenn die Tür noch geschlossen ist, und wiederholst dann das Türöffnen und Hinaustreten.‹ Genauso machten wir es und fanden heraus, daß durch die Wiederholung des Türöffnens das Publikum auch genügend Zeit hatte, den extremen Bildgrößenwechsel zu verarbeiten. Das Auge hatte sich genau in dem Augenblick an die Totale gewöhnt, in dem sie sich inhaltlich wieder in exakter Übereinstimmung mit der Halbnahen befand.«

Die beiden Beispiele bieten interessante Lösungen für Anschlußprobleme. Im ersten Fall wird einfach der Teil eines Vorgangs entfernt, im zweiten ein Vorgang teilweise verdoppelt. (Dieser zweite Trick wird ziemlich häufig in Komödien angewandt.) Trotzdem erscheinen beide Szenen flüssig, da der Gang der Handlung klar und aussagekräftig ist. Die Schlußfolgerung, die wir daraus ziehen müssen, ist, daß ein technisch einwandfreier Anschluß oft nur von zweitrangiger Bedeutung für einen guten Schnitt ist. Der Fluß der Handlung von Einstellung zu Einstellung sollte stets das vorrangige Ziel des Schnitts sein. Heutzutage herrscht in den Filmstudios gelegentlich die Tendenz, den Cutter derart mit technischen Details zu belasten, daß dabei viele positive Möglichkeiten des Schnitts verlorengehen. Meistens hat das mit einem mißverstandenen professionellen Stolz zu tun. Ein flüssiger Schnitt ist kein Selbstzweck. Er dient einer dramaturgisch sinnvollen Kontinuität.

Timing

Die Möglichkeit, die Dauer einer Aktion zu verlängern oder zu verkürzen, liefert dem Regisseur und dem Cutter ein sensibles Instrument für die Kontrolle des Timing. Wie wir schon gesehen haben, können unwichtige Zeitintervalle überbrückt werden und bestimmte Aktionen auf der Leinwand wesentlich schneller als im wirklichen Leben ablaufen. Die Kontrolle des Timing, die der Filmemacher durch den Schnitt in die Hand bekommt, kann jedoch zu weit besseren Zwecken verwendet werden als dem Herausschneiden überflüssiger Handlungsteile. Sie versetzt ihn in die Lage, aufeinanderfolgende Ereignisse so darzustellen, daß jede neue Entwicklung im dramaturgisch richtigen Moment gezeigt werden kann. Das gilt sowohl für die Länge jeder Szene innerhalb einer Geschichte als auch für das Timing jedes einzelnen Schnitts.

Um die Vorteile, die mit einem sinnvollen Timing der Schnitte erreicht werden können, zu erkennen, ist es vielleicht nützlich, einmal zwei Sequenzen ohne jeden Schnitt zu betrachten. Wir werden schnell merken, daß dieser Verzicht einen Verlust an dramatischer Wirksamkeit zur Folge hat, und so den wahren Wert des Schnitts kennenlernen.

Deshalb zwei kurze Ausschnitte aus Alfred Hitchcocks *Rope* (Cocktail für eine Leiche, 1948). Der Film war ein Experiment, in dem der Regisseur versuchte, einen Handlungsablauf ohne einen einzigen Schnitt aufzubauen. Die Aktion wurde durch eine sich ständig bewegende Kamera vorangetrieben.

(1) Zwei junge College-Studenten, Brandon (John Dall) und Phillip (Farley Granger), haben ihren Kommilitonen David Kentley umgebracht. Aus reiner Prahlerei geben sie am Abend des Mordtages eine Party, zu der sie ihren alten Lehrer Rupert Cadell (James Stewart) und die Eltern des Ermordeten einladen. Fast während der gesamten Party gelingt es den beiden Studenten, zu verheimlichen, daß sie in dieser Nacht David schon gesehen haben. Sie geben vor, ihn eingeladen zu haben und heucheln Erstaunen über seine Verspätung. Rupert bemerkt ihr eigenartig nervöses Verhalten und beginnt, mißtrauisch zu werden. Als er aufbrechen will, holt er seinen Hut von dem Dienstmädchen und entdeckt dabei zufällig ein erstes Indiz für die Tat der Studenten.

1a

In einer Amerikanischen von Rupert und dem Dienstmädchen sehen wir, wie sie ihm seinen Hut aus der Garderobe reicht. Geistesabwesend setzt Rupert den Hut auf: Es ist der falsche, denn er ist offensichtlich zu klein. Er nimmt ihn ab, hält ihn vor sich hin (1a) und entdeckt plötzlich etwas im Inneren des Hutes. Als Rupert ihn so vor sich hält, nähert sich die Kamera langsam zu einer Nahaufnahme (1b) und enthüllt eine Initiale im Inneren des Hutes – die Initiale des ermordeten Studenten. (Damit die Kamera dieses Detail aufnehmen konnte, war

1b

1c

es notwendig, daß Rupert den Hut zur Seite kippte und für etwa dreieinhalb Sekunden [1,50m Film] wartete, bis die Kamera heranfahren konnte.) Nachdem der Zuschauer genügend Zeit zum Lesen der Initiale hatte, bewegt sich die Kamera langsam nach oben, um Ruperts Gesichtsausdruck (1c) zu zeigen: Er realisiert plötzlich, was passiert ist.

(2) Gegen Ende des Films ist Rupert in die Wohnung der Studenten zurückgekehrt, um sie über Davids Verschwinden auszufragen. In seiner Tasche hat er den Strick, mit dem die beiden vermutlich ihren Freund erdrosselt haben. Er ist entschlossen, sie zu einem Geständnis zu zwingen.

Rupert steht mit dem Rücken zu den beiden Studenten. Die Kamera ist in Großaufnahme auf seine Jackentasche gerichtet: Wir sehen, wie er den Strick herauszieht (2a). Dabei redet er indirekt über einen Mord, ohne Details zu erwähnen. Seiner Stimme können wir jedoch entnehmen, daß er weiß, was passiert ist. Plötzlich dreht er sich um und blickt den beiden Studenten ins Gesicht, den Strick in den Händen (2b), und beweist damit endgültig, daß er Davids Mörder kennt. Während er weiterspricht, schwenkt die Kamera langsam nach rechts, richtet sich auf die Ecke des Raumes (2c), gleitet dann über eine Neonreklame außerhalb des Fensters (2d) und endet schließlich in einer Gegeneinstellung der beiden Studenten (2e). Die Kamera benötigt sieben Sekunden (3m), um die beiden ins Bild zu bekommen und weitere dreieinhalb Sekunden (1,50m), um auf ihnen stehenzubleiben.

Beide Szenenauszüge zeigen, wie das Timing von Effekten durch den Verzicht auf einen Schnitt zum Stocken kommt. Die erste Passage liefert ein klassisches Beispiel dafür, wie ein Effekt durch schlechtes Timing verpufft. In dem Augenblick, in dem Rupert zögert, um etwas im Inneren des Hutes zu identifizieren, ist dies ein dramatisches Bild. Im Verlauf eines normal geschnittenen Films würde der Cutter in diesem Augenblick direkt auf eine Großaufnahme der Initiale schneiden und damit den Grund für das Zögern von Rupert zeigen. Das erste Bild gäbe ein Motiv, das zweite Bild zu zeigen. Die Folge wäre klar und überzeugend. So, wie die Szene hier gedreht worden ist, gibt es von dem Zeitpunkt an, als Rupert die Initiale erkennt, bis zu der Großaufnahme eine dramaturgisch völlig überflüssige Pause. Die Kamerabewegung unterstützt nicht etwa die Wirkung, sondern verzögert sie durch eine sinnlose und psychologisch unangebrachte Heranfahrt. Schließlich interessiert die Aufnahme von Rupert (das heißt das Bild, bevor die Kamera anfängt, sich zu bewegen) und die Großaufnahme der Initiale (das heißt das Bild, das erst am Ende der Bewegung zu sehen ist). Eine Kamerafahrt zwischen diesen beiden Einstellungen ergibt keinen Sinn.

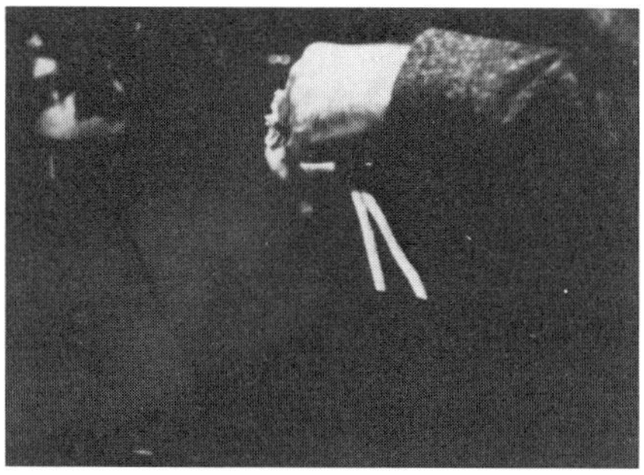
2a

Das gleiche gilt, wenn die Großaufnahme der Initiale lange genug zu sehen gewesen ist und der Zuschauer sie identifiziert hat, für Ruperts Reaktion – das nächste herausragende Ereignis. Normalerweise brächte uns ein Schnitt von dieser Einstellung zur nächsten: eine klare Beziehung zwischen Ursache und Wirkung. Die langsame Rückwärtsfahrt der Kamera läßt diese Wirkung jedoch verpuffen.

2b

Etwas ähnliches passiert beim zweiten Beispiel. In dem Augenblick, in dem Rupert sich umdreht, wissen die Studenten, daß sie entlarvt worden sind. Das nächste wichtige Ereignis ist ihre Reaktion darauf. Wäre der Film normal geschnitten worden, hätte der Cutter an dieser Stelle auf den Gegenschuß (2e) geschnitten, so daß der Zuschauer sofort die Wirkung des vorangegangenen Bildes gesehen hätte. Bild 2b stellt die dramatische Frage »Wie werden sie darauf reagieren?«, aber erst 2e beantwortet sie. Die wirkungsvollere Folge wäre gewesen, direkt von der einen auf die andere Einstellung zu schneiden. So wie das hier gezeigt wird, vergeht zwischen dem Anblick des Stricks und der Reaktion der Studenten eine beachtliche Zeit.

Man mag dagegenhalten, daß diese Verzögerung der Gegeneinstellung beabsichtigt war, daß der Regisseur den Zuschauer in Atem halten wollte, indem er Einstellung 2e nicht sofort zeigt. Eine durchaus berechtigte Interpretation der Szene. Aber selbst wenn das beabsichtigt war, ist es sehr fraglich, ob diese Verzögerung auf die wirkungsvollste Weise erreicht worden ist. Nachdem die Kamera zum Schwenk ansetzt, zeigt sie während der Bewegung eine ganze

2c

Reihe völlig unwichtiger Gegenstände, die keinerlei Beziehung zur Situation haben. Die Neonreklame draußen vor dem Fenster – an sich ein malerisches, aber völlig überflüssiges Detail – trägt keineswegs dazu bei, die Spannung zu erhöhen. Die Verzögerung der Reaktion wird also dadurch erreicht, daß man dem Publikum etwas vorführt, was mit der Geschichte absolut nichts zu tun hat. Der dramatische Konflikt wird dadurch zeitweilig auf ein Nebengleis geschoben.

2d

2e

Hätte der Regisseur sich nicht auf sein besonderes Verfahren festgelegt, hätte er die Reaktion ebenso durch einen Schnitt verzögern können. Er hätte die Einstellung von Rupert so lange zeigen können, wie er es für erforderlich hielt, und der Schnitt auf die Gegeneinstellung der beiden Studenten wäre erfolgt, sobald er das Gefühl gehabt hätte, den Zuschauer lange genug auf die Folter gespannt zu haben. Der Vorteil dieses Schnitts wäre gewesen, daß der Zuschauer die ganze Zeit etwas gesehen hätte, was zur Handlung gehört. Die Einstellung von Rupert hätte die Spannung, die aus der Verzögerung der Reaktion entsteht, keineswegs gemindert. Sie wäre, im Gegenteil, dadurch erhöht worden, da der Zuschauer die ganze Zeit einem Katz-und-Maus-Spiel auf der Leinwand zugesehen hätte.

Vergleicht man die Szenenfolge von *Rope* mit der eines normal geschnittenen Films, fallen also einige Punkte auf. Wären die beiden Szenen geschnitten worden, hätten sie ganz offensichtlich eine größere dramatische Wirkung erzielt. Den genauen Zeitpunkt, an dem der Gegenschuß auf die beiden Studenten hätte kommen müssen, hätte man nötigenfalls nach einigem Herumprobieren am Schneidetisch festlegen können. Den genauen Moment, in dem die Initiale im Inneren des Hutes wichtig gewesen wäre, hätte man sogar frei *auswählen* können. Der Cutter hätte die Wirkung äußerst genau timen können, ohne durch die Komplikationen einer längeren Kamerafahrt behindert gewesen zu sein. Wäre diese Szene in der üblichen Anzahl von Kamerapositionen gefilmt worden, hätte er für den Schnitt zudem völlige Freiheit gehabt. Wo in *Rope* der Eindruck mangelnder dramaturgischer Präzision entsteht, hätte man durchaus eine genaue, straffe Szenenfolge erzielen können.

Die Gesamtwirkung eines derartigen Films können wir uns lebhaft vorstellen. Die dreieinhalb Sekunden, die die Kamera allein benötigt, um in den Hut zu blicken, ist absolute Zeitverschwendung. Wenn man diesen Zeitverlust mit der Zahl der Fälle multipliziert, in denen es im Verlauf des Films immer wieder zu dieser Art von Verzögerung kommt, kann man sich vorstellen, welcher Verlust für das Tempo des ganzen Films daraus entsteht.

Abgesehen vom Timing einzelner Schnitte kann auch die Frage nach dem richtigen Timing einer Szene in ihrem Verhältnis zur gesamten Sequenz ungeheuer wichtig werden. Im Kapitel über den Schnitt von Komödien haben wir uns bereits damit beschäftigt, wie man gelegentlich einen Witz durch Antizipation erzeugen kann – indem man nämlich dem Zuschauer schon vorher zeigt, was mit dem Schauspieler, dem gleich die Torte ins Gesicht fliegt, passieren wird; oder jene Fälle, in denen man einen Witz *auf Kosten* des Publikums macht. In der Sequenz aus *Topper Returns* wird der Witz erst angekündigt, ehe er dann kommt, und der komische Effekt wird genau durch diesen umgekehrten Weg erzielt. In der zitierten Sequenz aus *The Third Man* ist das Timing entgegengesetzt, wodurch wiederum ein anderer komischer Effekt entsteht.

Eine ähnliche Auswahl von Möglichkeiten gibt es auch bei ernsteren dramatischen Szenen. In der Sequenz von *The Passionate Friends* weiß der Zuschauer schon lange vorher, daß Mary das Theaterprogrammheft entdecken wird. Ein Gefüht der Spannung wird durch die Verzögerung ihrer Reaktion und schließlich durch die Reaktion selber erzeugt, wenn sich die Sequenz langsam dem Höhepunkt nähert. Die Ereignisse entwickeln sich analog denen in *Topper Returns*.

Eine andere Methode, ein wichtiges Ereignis vorzubereiten, liegt in der Überraschung. Hier ein Beispiel.

1 a

1 b

2 a

2 b

3

*Great Expectations** (Geheimnisvolle Erbschaft)
Ausschnitt aus Aktrolle 1

Der Anfang des Films, ihm geht nur eine Einstellung mit einigen Buchseiten voraus, während der ein Sprecher den kleinen Jungen der nächsten Einstellung, Pip, vorstellt.

1 Flußmündung der Themse. Sonnenuntergang. Große Totale mit einem kleinen Jungen, Pip, der von links nach rechts am Ufer der Flußmündung entlangläuft. Kamera fährt und schwenkt mit Pip, als er die Biegung des Fußweges längsläuft und dann auf die Kamera zukommt. Rechts im Bild ist am Rand des Weges ein Galgen aufgebaut, und Pip blickt zu ihm im Vorbeilaufen hinauf. Er läuft rechts aus dem Bild hinaus.	Der Wind verursacht ein hohes, geisterhaftes Pfeifgeräusch. (25 Sek.)
2 Überblendung auf: Außen. Friedhof. Amerikanische. Pip. Er hält einen Strauß Stechpalmen in seiner rechten Hand. Er klettert über eine zerbrochene Steinmauer, und die Kamera schwenkt mit ihm nach rechts, als er an alten Grabsteinen und Gräbern auf dem Friedhof vorbeigeht. Die Kamera schwenkt weiter mit, als er auf einen der Grabsteine zugeht und davor niederkniet – wir sehen ihn jetzt in einer Halbtotalen.	Der Wind hält weiter an. (20,5 Sek.)
3 Amerikanische. Pip kniet am Fuße des Grabes. Er reißt einen verblühten Rosenbusch aus, wirft ihn beiseite, tritt die Erde wieder fest und legt sein Stechpalmenbündel auf das Grab, dicht neben den Stein mit der gemeißelten Inschrift.	Wind hält weiter an. (14 Sek.) Krachen von Zweigen.
4 Halbnah. Pip kniet vor dem Grabstein. Er blickt sich nervös in Richtung Kamera um.	Der Wind wird lauter. (7 Sek.)
5 Totale aus Pips Sicht auf die kahlen Zweige eines Baumes. Der Wind bewegt sie, und Pip erscheinen die Zweige wie Knochenhände, die nach ihm zu greifen scheinen.	Wind und das Geräusch brechender Äste. (4 Sek.)
6 Halbnah. Pip sieht sich wie in Einstellung 4 ängstlich um.	(4 Sek.)
7 Amerikanische. Der Stamm eines alten Baumes aus Pips Sicht; er sieht bedrohlich aus und erscheint ihm wie ein entstellter menschlicher Körper.	Das Krachen von Ästen. (3 Sek.)
8 Amerikanische. Pip. Er springt vom Grab hoch und rennt von rechts nach links auf die Steinmauer zu. Die Kamera schwenkt mit, hält dann aber an, als er auf die Kamera zuläuft und in die Arme eines riesigen, schmutzigen, sich schwerfällig bewegenden und schrecklich aussehenden Mannes rennt. Durch seine Kleidung und die Ketten wird klar, daß er ein entsprungener Häftling ist.	(4,5 Sek.) Pip schreit laut auf.
9 Nah. Pip. Sein Mund ist weit geöffnet, aber eine große, dreckige Hand legt sich darüber und bringt ihn zum Schweigen.	(1 Sek.)
10 Nah. Der Häftling. Sein finster blickendes Gesicht ist schmutzig, sein Haar ganz kurz geschnitten. Er schielt grimmig auf Pip hinunter.	Häftling: *Halt die Schnauze, du kleiner Teufel, oder ich dreh dir den Hals um.* (2,5 Sek.)

Jack Harris: »Einstellung 1 dient hauptsächlich als Einführung in die Örtlichkeit, aber ihr atmosphärischer Eindruck ist gewaltig. Es herrscht Zwielicht – weder richtig Tag noch Nacht –, und die düstere Atmosphäre der Szenerie wird durch den Galgen noch verstärkt. Die riesige Totale erzeugt im Vergleich zu der kleinen Figur des Jungen ein Gefühl von Verlorenheit.

Als nächstes (2) sehen wir, wie Pip den Friedhof betritt. Wir erkennen das erste Mal seine Gesichtszüge. Unser Eindruck, daß er verängstigt ist, wird bestätigt. Die ganze Szenerie ist zwar immer noch düster, aber auch ein wenig phantastisch – die Kamera befindet sich in Pips Augenhöhe und läßt dadurch die Grabsteine übergroß erscheinen.

* Regie: David Lean. Schnitt: Jack Harris. Cineguild, 1946.

Während der ganzen Zeit haben wir den Wind gehört. Er heult und pfeift in schrecklich hohen Tönen. Gegen Ende von Einstellung 3 plötzlich ein neues Geräusch. Wir vernehmen zum ersten Mal das Schütteln und Krachen der Äste.

Schnitt auf eine nähere Einstellung von Pip (4), als er von dem Grab hochblickt. Sein Blick erstarrt, als er plötzlich (Einstellung 5) einen riesigen, schwankenden Baum bemerkt, dessen geisterhafte Äste nach ihm greifen. Aus der Untersicht aufgenommen, als ob wir es mit den Augen des Kindes sehen.

Wiederum Schnitt auf Pip (6) und abermals (7) ein noch schrecklicheres Bild eines anderen Baumes: Dieses Mal sieht der Baumstamm wie ein verstümmelter Körper aus.

Der Junge und wir halten es kaum noch aus, und es ist eine ausgesprochene Erleichterung, wenn wir sehen, wie der Junge vor dieser geisterhaften, erschreckenden Umgebung flieht. Als er endlich anfängt zu laufen und sich auf dem besten Weg befindet, dem Friedhof zu entkommen, sehen wir plötzlich, daß er auf etwas noch Schrecklicheres stößt – schrecklich und lebendig. Bevor wir nähere Einzelheiten erkennen können, fängt Pip an zu schreien, und wir sehen ihn in einer Großaufnahme.

Erst danach erkennen wir dann, in wessen Arme der Junge gelaufen ist – in die eines großen, furchterregenden Mannes. Als dieser anfängt zu sprechen, ertönt eine Stimme wie ein Reibeisen.

Der Schnitt der gesamten Sequenz war bereits vor Drehbeginn genau geplant worden, obwohl der Regisseur natürlich etwas mehr drehte, als benötigt wurde. Die größte Schwierigkeit war, das plötzliche Auftauchen des Häftlings zu filmen. Sie wurde schließlich dadurch gelöst, daß die Kamera mit dem Jungen bis zu dem Augenblick, in dem er in den Häftling hineinläuft, mitschwenkt. Beim Schnitt mußte man dann entscheiden, bei welchem Einzelbild genau aus dem Schwenk in die Großaufnahme des schreienden Jungen geschnitten werden sollte. Die Einstellung sollte so lange bleiben, daß der Junge in etwas reingelaufen war – und zwar in kein besonders nettes Wesen –, aber nicht lang genug, um genau zu erkennen, daß es sich um einen Menschen handelt. Für Interessierte sei hinzugefügt, daß der Abstand von dem Zeitpunkt, in dem der Häftling im Bild auftaucht, bis zu dem Schnitt auf die Großaufnahme des Jungen 14 Felder beträgt. Pips Schrei setzt vier Felder vor dem Schnitt ein, durch den der schreckliche Mann aus dem Blickfeld verschwindet.«

4

5

6

Bei diesem Beispiel bestand die Absicht, das Publikum zu überraschen, ein neues Ereignis durch einen Schock einzuführen. Wir werden gleich sehen, daß es dafür nicht ausreicht, das überraschende Ereignis im Laufe der Geschichte plötzlich einfach auftauchen zu lassen: Der Schock muß schon vorher angelegt sein. Zu Anfang wird erst einmal eine geheimnisvolle Atmosphäre erzeugt, eine heraufziehende Gefahr beschworen. Wenn dann ein ziemlich schreckliches Bild (Einstellung 7) gezeigt wird, beginnt Pip zu fliehen. Gerade wenn wir uns etwas zu entspannen anfangen, erscheint das wahrhaft erschreckende Bild. Es trifft uns völlig unvorbereitet, just in einem Moment, da die Anspannung etwas nachläßt. Regisseur und Cutter haben den Zuschauer absichtlich in dem Glauben gelassen, daß die Gefahr vorüber sei, um ihn dann umso mehr zu erschrecken.

7

Hätte der Regisseur allerdings die Absicht gehabt, Spannung zu erzeugen, hätte er die Sequenz anders schneiden müssen. Etwa mit einer Einstellung des Häftlings Magwitch, der gerade Pip beobachtet, was uns vor dem Kommenden gewarnt hätte. Der Überraschte wäre dann der Junge gewesen. Die emotionale Reaktion des Publikums hätte in der erwartungsvollen Spannung bestanden, wann es losgeht. Also: Egal, ob man die Wirkung dadurch erreichen will, daß der Zuschauer vorgewarnt wird, oder dadurch, daß das Ereignis schockartig eintritt, beides muß vorher in der Geschichte angelegt sein. Soll Spannung erzeugt werden, muß der Zuschauer vorher wissen, was ihn erwartet. Ist ein Schock beabsichtigt, muß die Vorwarnung sozusagen negativ sein: Der Zuschauer muß von dem wichtigen Ereignis abgelenkt werden, bevor er überrascht wird.

8 a

8b

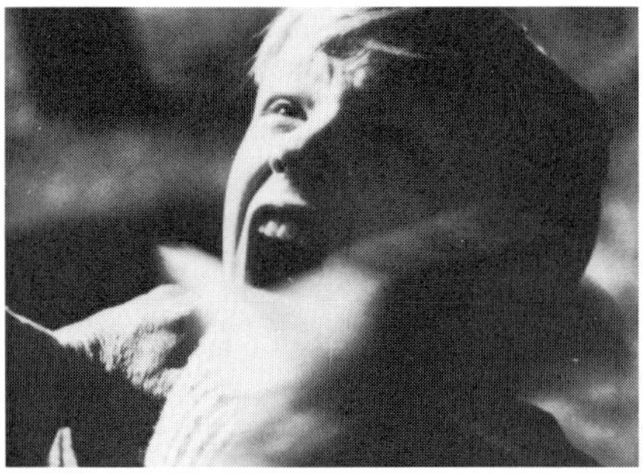
9

10

Wenn der Cutter auf eine Großaufnahme schneidet, steht er jedes Mal vor der Wahl, das Ereignis entweder durch eine Vorwegnahme des Höhepunktes oder eher konventionell als Überraschung zu bringen. Das Problem taucht besonders dann auf, wenn ein ausgesprochen schreckliches Ereignis gezeigt werden soll – sagen wir, eine Person beabsichtigt, Gift zu nehmen. Soll man nun die Großaufnahme *vor* dem Höhepunkt oder *während* des Höhepunktes einschneiden? Schneidet man auf die Großaufnahme einige Zeit, *bevor* die Person das Gift nimmt, wird allein dadurch, daß eine Großaufnahme gezeigt wird, dem Zuschauer signalisiert, daß ein Höhepunkt bevorsteht, und die Spannung steigt. Fällt jedoch der Schnitt auf die Großaufnahme mit dem Augenblick zusammen, in dem die Lippen das Glas berühren, kommt das Ereignis als Überraschung.

Das zitierte Beispiel zeigte, daß der Cutter es hier vorgezogen hat, nachdem er dem Publikum einen Schock versetzt hatte, das eigentlich erschreckende Bild noch weitere 14 Felder zurückzuhalten. Dadurch erzeugt er vor dem Finale noch zusätzlich Unsicherheit und Spannung.

Tempo und Rhythmus

In unserer Sequenzanalyse der letzten Jagd in *The Naked City* sahen wir bereits, daß Regisseur und Cutter, um die Spannung zu variieren, laufend die Anzahl der Schnitte veränderten. Mithilfe diverser technischer Mittel bestimmten sie so das Tempo der Ereignisse und dadurch den Grad der Aufregung. Wir wollen unsere Aufmerksamkeit weiteren technischen Mitteln zuwenden, die dem Cutter dafür zur Verfügung stehen.

Tempovariationen sind nur insofern von Bedeutung, als sie das Interesse an dem, was der Zuschauer auf der Leinwand sieht, entweder erregen oder erlahmen lassen. Deshalb ist bei jeder Diskussion hierüber wichtig, erst einmal festzustellen, ob es sich um ein durch technische Mittel hervorgerufenes Tempo – indem man einfach die Anzahl der Schnitte erhöht – oder um ein der Geschichte innewohnendes Tempo handelt. Eine Sequenz kann gleichzeitig sehr schnell und trotzdem langweilig sein – wie die Verfolgungsjagden am Ende vieler zweitklassiger Western beweisen. Sie kann aber auch langsam und trotzdem spannend sein – wie einige von Hitchcocks berühmten Suspense-Szenen belegen. Wie schnell auch immer der Gang der Dinge auf dem Höhepunkt von *The Naked City* inszeniert worden ist, wie drängend auch die entsprechenden Begleitgeräusche sind, die Wirkung auf den Zuschauer ist umso größer, je überzeugender der dramatische Konflikt vorher bereits exponiert wurde.

Oberflächlich gesehen, wirkt eine Sequenz oft einfach durch ein großes Schnittempo schnell und erregend. Indem die Bilder immer rascher aufeinander folgen, entsteht eine sich steigernde Erregung, die das Interesse an der Geschichte durchaus verstärken kann. Es ist jedoch wichtig, daß die Beschleunigung der Schnitte mit dem Inhalt der Bilder übereinstimmt. Will man die Schnittzahl erhöhen, ist es sinnlos, nur auf die absolute Länge der einzelnen Einstellungen zu achten und sie dann einfach künstlich zu verkürzen. Eine Sequenz, die aus Einstellungen von ungefähr dreieinhalb Sekunden Länge besteht, kann unter Umständen wesentlich langsamer erscheinen, als eine mit doppelt so langen Einstellungen. Jedes Bild erzählt seine eigene Geschichte und muß deshalb für sich genommen werden. Das eine Bild vermittelt seinen Inhalt innerhalb kürzester Zeit, ein anderes benötigt länger. All das muß man in Betracht ziehen, damit ein erhöhtes Schnittempo am Ende nicht verwirrt. Gerade dann, wenn eine Sequenz das Interesse des Zuschauers hauptsächlich durch die Erhöhung der Schnittgeschwindigkeit wecken soll, muß man jede Einstellung lange genug zeigen, damit sie verständlich bleibt.

Wenn der Regisseur beispielsweise einen Brief als Insert auf der Leinwand zeigen will, hängt die gezeigte Länge natürlich vom Umfang des Geschriebenen ab. Dafür gibt es eine bestimmte Zeit, in der ein Durchschnittszuschauer in der Lage ist, Worte zu lesen. Die Einstellung kürzer zu zeigen, hieße, dem Zuschauer einen Teil der Information vorzuenthalten; zeigt man den Brief stattdessen zu lange, langweilt man einen Teil der Zuschauer, die schon auf die nächste Einstellung warten. Die Einstellung eines Schauspielers, der von einem Punkt zum anderen geht, muß man in voller Länge zeigen, damit der Zuschauer voll im Bilde ist. Schneidet man, bevor der Schauspieler sein Ziel erreicht hat, auf eine andere Einstellung, weil man die Sequenz schneller machen will, bedeutet dies, daß man dem Zuschauer einen Teil der Information vorenthält. Andererseits vermittelt der Zwischenschnitt eines statischen Gegenstandes – sagen wir die Großaufnahme eines Revolvers in der Hand eines Killers – bereits hinreichend, daß der Mörder einen Revolver in der Hand hält: Ein paar Sekunden reichen aus, um zu erkennen, was los ist.

Während eine Totale relativ lange gezeigt werden muß, um dem Zuschauer Zeit zu geben, das Geschehen zu überblicken, vermittelt eine Großaufnahme ihren Inhalt wesentlich direkter und ist dadurch schneller verständlich. Deshalb ist es möglich – und wir verallgemeinern hier gern, um zu definitiven Regeln zu kommen –, eine Großaufnahme kürzer zu zeigen als eine Totale.

Nachdem wir Inhalt und Größe jeder Einstellung bedacht haben, muß noch ein weiterer Faktor berücksichtigt werden: der Zusammenhang, in dem sie steht. Eine Einstellung, die dem Publikum einen völlig neuen Sachverhalt schildert, muß selbstverständlich länger gezeigt werden, als eine, die sich auf schon bekannte Tatsachen bezieht. Darüber wird nachher noch mehr zu sagen sein. Kurzum, jede Einstellung braucht, um verständlich und ausdrucksvoll zu sein, eine bestimmte Mindestzeit. Dieses Minimum hängt von der Bildgröße, dem Inhalt, der Bewegung innerhalb des Bildes und vom Kontext ab. Allerdings soll das nicht heißen, daß jene ›kritische‹ Länge einer Einstellung genau festliegt oder man versuchen sollte, sie herauszufinden. Gemeint ist vielmehr, daß ein Cutter, der eine Sequenz unter dem Gesichtspunkt des größtmöglichen Tempos schneidet, die besondere Eigenart jeder einzelnen Einstellung zu berücksichtigen hat.

Einstellungen auf ihre minimale Länge zu kürzen, ist eben nicht die einzige Möglichkeit, den Eindruck von Schnelligkeit hervorzurufen. Wünscht man eine fortlaufend schnelle Handlung, ist es oft besser, diesen Eindruck durch eine *Variation* des Tempos als durch eine maximale Schnittzahl zu erreichen. Die zitierte Sequenz aus *Merchant Seamen* zeigte schon, daß, obwohl die gesamte Sequenz aus einer Serie ziemlich schneller Aktionen besteht, das Tempo der Inszenierung sich kontinuierlich ändert. Schnelle Passagen werden bewußt von langsameren abgelöst, und gerade dieser Wechsel erzeugt das Gefühl von Tempo. Hätte man die gesamte Sequenz in einem gleichbleibend hohen Tempo geschnitten, wäre schnell ein Gefühl von Monotonie entstanden. Der Eindruck drängender Eile, der beim Zuschauer entsteht, wird durch den Gegensatz zum Tempo des Vorangegangenen bestimmt. Die *Beschleunigung* des Tempos erzeugt einen wesentlich stärkeren Eindruck von Aktivität, als ein konstant maximales Tempo dies bewirkt hätte. Um hinter dieses Prinzip zu kommen, brauchten wir uns auch nur noch einmal den Anfang der Szene aus *Once a Jolly Swagman* und die beiden ziemlich künstlich herbeigeführten Tempowechsel in *Brighton Rock* anzusehen.

Zusätzlich wird der Eindruck, der durch die Anzahl der Schnitte entsteht, noch durch die Art der Einstellungen bestimmt, die einander folgen. Gemeinhin werden in Sequenzen mit vielen Schnitten zwei verschiedene Handlungsstränge gegeneinander geschnitten. Der Zuschauer versteht das sehr schnell und *erwartet* geradezu den Schnitt vom Jäger zum Gejagten. Jeder Schnitt sagt etwas aus, was der Zuschauer sofort versteht, weshalb die Schnitte extrem schnell aufeinander folgen können. In anderen Sequenzen wiederum, in denen durch den Schnitt neue, unbekannte Bilder eingeführt werden, muß die jeweilige Einstellung wesentlich länger gezeigt werden, um das Publikum erst an sie zu gewöhnen. Die Totale mit Will Hay und Claude Hulbert auf dem Big Ben in *My Learned Friend* (Seite 156) ist hierfür ein gutes Beispiel. Durch den Schnitt wird die Bildgröße wesentlich verändert. Die Totale muß also eine ganze Zeit stehen bleiben, damit sich der Beobachter mit ihr vertraut machen kann.

Ein positives Beispiel für dieses Prinzip ist die Passage aus *Once a Jolly Swagman* (Seite 57 ff.). Wie wir gesehen haben, ist der Cutter hier bewußt zwischen mehreren verschiedenen Bildern derselben Episode hin- und hergesprungen. Dadurch wird der Zuschauer ständig wachgehalten und erhält den Eindruck, daß sich die Sequenz mit großer Geschwindigkeit entwickelt.

Das Problem, während der ganzen Inszenierung ein jeweils angemessenes Tempo beibehalten zu müssen, ist damit aber noch nicht erledigt. Außer auf die Anzahl der Schnitte innerhalb einer Sequenz muß der Cutter auch auf entsprechend getimte Übergänge von einer Sequenz zur nächsten achten. Praktisch bedeutet das, zwei aufeinanderfolgende Sequenzen entweder durch einen Schnitt, eine Überblendung oder durch eine Auf- und Abblende zu verbinden.

Üblicherweise werden zwei aufeinanderfolgende Sequenzen mithilfe einer Überblendung miteinander verbunden. Ihre künstliche, malerische Wirkung ruft eine Diskontinuität hervor, die zwei aufeinanderfolgende Sequenzen deutlich voneinander trennt. Durch das ständige Verwenden von Überblendungen bringt man sie überdies seit langem mit Zeitsprüngen in Zusammenhang: Will der Cutter nahelegen, daß die zweite Szene einige Zeit später als die erste spielt, verbindet er sie durch eine Überblendung. Das gleiche gilt für Rückblenden, durch die wir um einige Zeit in der Geschichte zurückversetzt werden. Sie fangen im allgemeinen mit einer Überblendung an. Vorausgesetzt, der Zeitsprung wird durch das Gesehene verständlich – etwa durch das veränderte Aussehen der Personen oder einen neuen Ort oder eine andere Jahreszeit –, hat der Zuschauer keine Mühe, der Geschichte zu folgen.

Es ist jedoch nicht immer nötig, den Zeitsprung zwischen zwei aufeinanderfolgenden Szenen durch eine Überblendung zu überbrücken. In einem früheren Abschnitt haben wir schon ein Beispiel untersucht, in dem eine Szene in einer Wohnung im dritten Stock folgt. Wir sahen, daß bereits ein einzelner Satz im Dialog die beiden Szenen wirkungsvoll miteinander verbindet und der direkte Schnitt von einer Szene zur anderen einen völlig akzeptablen Übergang bildet. Unter anderen Voraussetzungen hätte man die beiden Szenen durch eine Überblendung miteinander verbunden, und der Übergang wäre selbstverständlich genauso flüssig gewesen.

Dramaturgisch gesehen, unterscheiden sich die beiden Übergänge jedoch voneinander. Wenn man zwei Szenen durch eine Überblendung miteinander verbindet, entsteht eine Diskontinuität; man gewinnt den Eindruck, daß eine Szene zu Ende ist und eine neue beginnt. Werden die beiden Szenen jedoch, wie vorgeschlagen, durch einen Schnitt verbunden, ist der Bruch im Handlungsablauf nicht so offensichtlich. Die Sequenz erweckt den Eindruck von Kontinuität. Der dramatische Fluß wird nicht unterbrochen. Es ist natürlich unmöglich zu sagen, welche der beiden Methoden in dem beschriebenen Beispiel vorzuziehen wäre, ohne zu berücksichtigen, welche dramaturgische Wirkung der Geschichte angemessener wäre. Wir sollten allerdings bedenken, daß der meist automatische Gebrauch von Überblendungen, um jedwede Sequenzen miteinander zu verbinden, oft unangebracht ist. Die dramaturgische Pause, die durch eine Überblendung entsteht, ist keineswegs immer sinnvoll, gerade wenn eine Szene die folgende vorbereiten soll.

Die entgegengesetzte Methode, nämlich zwei Sequenzen durch einen dramaturgisch motivierten Schnitt zu verbinden, wird sehr gut durch die Rückblenden in David Leans *The Passionate Friends* veranschaulicht. Bei zwei Gelegenheiten (eine werden wir auf Seite 181 behandeln) benutzt er einen Schnitt, um die Handlung in die Rückblende zu verlegen und später wieder aus ihr herauszuführen. Dadurch erhält man den Eindruck, daß die Rückblende Bestandteil einer längeren Sequenz ist. Hätte man den Inhalt dieser Rückblende durch zwei Überblendungen isoliert, wäre das Gefühl der kontinuierlichen Entwicklung unterbrochen worden.

Die Entscheidung, den Übergang entweder mit Hilfe einer Überblendung oder eines Schnitts zu machen, ist auch eine Frage des Tempos. In *State of the Union* (1948) von Frank Capra (dem nachgesagt wird, daß er sehr genau den Schnitt seiner Filme überwacht) bestehen die Szenenübergänge aus Schnitten. An einigen Stellen schneidet er direkt nach dem Höhepunkt einer stürmischen Slapstick-Szene. Während das Publikum immer noch lacht, ist es schon – durch einen einfachen Schnitt – in der nächsten Szene gelandet. So entsteht der Eindruck eines ungeheuren Tempos. Dem Publikum wird nicht erlaubt, auch nur für einen Moment in seiner Aufmerksamkeit zu erlahmen.

Überblendungen können manchmal wesentlich sinnvoller eingesetzt werden, als wir es bisher beschrieben haben. Gelegentlich gelingen, wenn die beiden miteinander verbundenen Bilder für wenige Augenblicke gleichzeitig zu sehen sind, besondere dramatische Wirkungen. Die Überblendung in die Rückblende aus *Citizen Kane* (Seite 81) – in der das Bild von Leyland, der bedeutsam den Kopf schüttelt, durch das Bild von Kane und seiner Frau abgelöst wird – ist vielsagend.

Der Gebrauch von Auf- und Abblenden ist eine noch kompliziertere Angelegenheit. Eine Blende bedeutet eine prononzierte Unterbrechung der Kontinuität. Sie hält den erzählerischen Fluß auf und trennt eine Aktion von der folgenden. Wenn man sie bewußt einsetzt, können Blenden sehr wirkungsvoll sein. Andererseits lehnen einige Filmemacher Blenden völlig ab. Es sei unsinnig, dem Zuschauer eine schwarze Leinwand zu zeigen. Wir wollen hier nicht Partei ergreifen. Wichtig bleibt, daß eine Blende, richtig eingesetzt, manchmal eine notwendige Pause der Reflexion bedeutet. Der Zuschauer bekommt einen Moment Zeit, einen dramatischen Höhepunkt zu verarbeiten. Richtig getimt, kann eine Blende den gezielten Übergang zur folgenden Szene bilden.

Manchmal werden, um Szenen miteinander zu verbinden, auch noch andere optische Trickblenden verwendet. So benutzt man anstelle der Überblendung manchmal die Wischblende. Auch eine Kreisblende kann eine Einstellung gelegentlich auf eine wesentlich erzählerischere Art eröffnen oder beschließen als eine Auf- oder Abblende. Die Verwendung dieser speziellen optischen Effekte ist jedoch heutzutage ziemlich aus der Mode gekommen.

Bis hierher haben wir die Frage des Timing von Schnitten beim Tempo einer Sequenz fast nur unter dem Gesichtspunkt bestimmter dramatischer Wirkungen und allgemeiner Erfordernisse betrachtet. Wir wollen uns nun dem weniger leicht zu definierenden Begriff des Filmrhythmus zuwenden, der beim Timing zusätzliche Fähigkeiten vom Cutter verlangt.

Das Problem, den Einstellungen insgesamt den richtigen Rhythmus zu geben, besteht darin, kleine, kaum wahrnehmbare Veränderungen ihrer jeweiligen Länge vorzunehmen. Es ist sehr schwierig, allgemeingültig darüber zu sprechen, da die exakte Kürzung oder Verlängerung einer Einstellung eng von ihrem Inhalt abhängt und der richtige rhythmische Zusammenschnitt nur beim Betrachten eines längeren Filmausschnitts erkannt werden kann. Nur dort, wo in einer Szene ein falscher oder sprunghafter Rhythmus herrscht, wird man ihn sofort bemerken. Wo der Rhythmus jedoch stimmt, erscheint seine Wirkung ganz natürlich – als ob überhaupt keine Anstrengung damit verbunden gewesen wäre.

In einem früheren Abschnitt dieses Kapitels haben wir bereits versucht, die unterschiedlichen Vorzüge eines Schnitts in der Bewegung oder während einer Ruhepause zu beschreiben. Wir stellten dabei fest, daß ein Schnitt, der mit einer ruhigen Phase im Bewegungsablauf der Szene zusammenfällt, im allgemeinen vorzuziehen ist. Mit dieser Behauptung bewegen wir uns allerdings auf dünnem Eis, da ein rhythmischer Schnitt sehr von persönlichen Vorlieben abhängt. Trotzdem wollen wir unsere Meinung nicht verhehlen, warum ein Schnitt in einer Handlungspause vorzuziehen wäre.

Der Cutter sollte stets bemüht sein, den Rhythmus einer Darstellung zu erhalten. Schneidet er mitten in die Bewegung eines Schauspielers, entsteht eine visuelle Unterbrechung, die nicht mit dem Rhythmus des Spiels zusammenfällt. Wir erinnern noch einmal an das schon besprochene Beispiel. Die Bewegung des Schauspielers, der sich vorbeugt, um das Glas zu heben, findet in zwei Phasen statt: einer Vorwärts- und einer Rückwärtsbewegung. Am Anfang und Ende jeder dieser Bewegungen gibt es eine Ruhepause. Wird im Augenblick der Ruhe geschnitten, unterstützt dieser Schnitt den Rhythmus im Spiel des Schauspielers. Geschieht der Schnitt jedoch *während* der Bewegung, wird der Handlung von außen ein anderer Rhythmus aufgezwungen.

Schwierig zu sagen, warum dieser Schnitt so wichtig für den Rhythmus der Handlung ist. Teilweise mag es daran liegen, daß visuell motivierte Schnitte flüssiger wirken. Aber was auch immer der Grund sein mag, die praktische Auswirkung ist meistens eindeutig. Eine fahrlässig geschnittene Sequenz, in der die Schnitte den Handlungsrhythmus innerhalb der Einstellungen unterbrechen, wirkt unsauber und unprofessionell.

In die Gefahr, der Handlung einen falschen Rhythmus aufzuzwingen, kann man auch auf andere Weise kommen. Wie wir schon im Kapitel über Dialogszenen festgestellt haben, ist es manchmal möglich, den Zeitraum zwischen zwei aufeinanderfolgenden Dialogen zu verkürzen und dadurch das Tempo der Inszenierung zu erhöhen. Das ist grundsätzlich jedoch nicht ungefährlich. Ein guter Schauspieler mit einem ausgeprägten Sinn für Timing benutzt auch noch die Pausen zwischen zwei Sätzen für seine Interpretation, und da hineinzupfuschen, heißt zumeist, ihre Wirkung zu schwächen. Was für Dialogszenen gilt, gilt ebenso für jede andere Szene. Der Regisseur bestimmt am Drehort den Rhythmus der Darstellung und variiert das Tempo, wie er es für richtig hält. Der grundlegende Rhythmus einer Handlung sollte schon am Drehort festgelegt werden. Der Cutter kann den Rhythmus zwar noch etwas verbessern und die Kontinuität verfeinern, indem er die Höhepunkte herausarbeitet, doch der Rhythmus der Darstellung, das heißt der Rhythmus der Handlung während einer Einstellung, muß sich von selbst einstellen. Es hat wenig Zweck, hier und dort ein paar Bilder herauszuschneiden, um dadurch die Sequenz zu beschleunigen, wenn die Szene selber langsam gespielt worden ist.

Wir wollen allerdings nicht den Eindruck erwecken, als ob die Gestaltung eines angemessenen Rhythmus ausschließlich eine negative Angelegenheit sei, etwas, das aus sich selbst heraus entsteht, vorausgesetzt, das Timing des Schauspielers wird vom Cutter respektiert. Einige Passagen, in denen die Handlung hauptsächlich durch die Bilder erzählt wird, werden vom Regisseur manchmal extra in der Absicht aufgenommen, um einen künstlichen Rhythmus zu erzeugen.

In Howard Hawks' *Red River* gibt es zum Beispiel am Anfang eine Sequenz, in der eine Gruppe Männer sich aufmacht, eine Rinderherde über Tausende von Meilen quer durch das Land zu treiben. Die Szene spielt im Morgengrauen. In einem langen und sehr langsamen Schwenk sehen wir die riesige Viehherde hinter den Gattern warten. Die Atmosphäre ist ruhig und erwartungsvoll. Dann gibt der Anführer des Viehtrecks ein Zeichen, daß es Zeit zum Aufbruch ist. Die Nachricht wird weitergegeben. Und plötzlich erscheint die Großaufnahme eines der Viehtreiber auf der Leinwand: Sein Pferd bäumt sich auf, das Gesicht des Mannes bewegt sich quer durch das Bild, und er schreit: »Yippee!« In kurzen Abständen folgt dann fast ein Dutzend ähnlicher Einstellungen der anderen Männer. Anschließend wird auf eine Totale geschnitten, die von hinten die sich langsam in Bewegung setzende Herde zeigt. Eine traditionelle Melodie erklingt, und die Reise hat begonnen. Es ist nicht leicht, in Worten die genaue Wirkung dieser Sequenz zu beschreiben, da sie stark vom Timing abhängt. Die rasche Folge von Großaufnahmen wirkt wie ein optisches Trompetensignal zum Aufbruch. Sie fungiert als eine Art symphonischer Eröffnung des langen Trecks, und erreicht wird dies dadurch, daß der langsame, monotone Rhythmus der Totalen von etwa einem Dutzend Großaufnahmen unterbrochen wird. Die dadurch hervorgerufenen gefühlsmäßigen Zwischentöne waren ganz sicher nicht selbstverständlicher Bestandteil des ungeschnittenen Materials. Sie entstanden einzig und allein durch den absolut künstlich erzeugten Rhythmus, ein Werk des Cutters.

Die Auswahl der Einstellungen

Falls jemand versuchen wollte, eine umfassende Theorie der Montage aufzustellen, könnte er folgendermaßen vorgehen. Er nimmt sich eine einfache dramatische Situation vor und listet all die verschiedenen Auswahlmöglichkeiten der Bilder auf, die geeignet sind, diese Situation zu beschreiben. Jede derartige theoretische Erwägung müßte indes den Anteil der Schauspieler, des Lichts, der Dialoge, des Drehorts, des Tons und der Musik in Betracht ziehen. Eine Analyse der Schnittprobleme alleine wäre nur von geringem Wert. Eine vorgegebene Sequenz, die jeweils von zwei verschiedenen Darstellern gespielt, von zwei verschiedenen Kameraleuten ausgeleuchtet, von zwei verschiedenen Autoren geschrieben wäre, müßte auch völlig unterschiedlich geschnitten werden. Deshalb müßte man bei der Betrachtung der Auswahl auch eine detaillierte Analyse aller anderen wesentlichen Elemente einer Filmproduktion vornehmen. Aus diesem Grund erfolgte auch die Wahl der Szenenauszüge im 2. Kapitel unter dem Gesichtspunkt, daß sowohl Probleme, die am Drehort auftauchen – das heißt, entsprechende Bilder auzuwählen –, wie Probleme, denen man im Schneideraum gegenübersteht, einbezogen wurden. Wir hoffen deshalb, daß ein großer Teil der Schwierigkeiten schon anhand der praktischen Beispiele behandelt worden ist. Bei den Beispielen wurde die Auswahl der Einstellungen allerdings vorwiegend unter dem Gesichtspunkt getroffen, die Wirksamkeit des Dialogs und der Darstellung zu verstärken.

Was noch bleibt, ist ein Blick auf einige dafür weniger typischen Beispiele, bei denen aber gerade die Auswahl der Bilder der entscheidende kreative Prozeß ist. In diesen Fällen wurde die Wahl so getroffen, daß es besonders um Gefühle und Ideen geht, die anders nicht vermittelt werden können. Es handelt sich in der Tat um reines Kino: Die Montage ist der Film.

1

*The Queen of Spades** (Pique Dame)
Ausschnitt aus Aktrolle 8

St. Petersburg 1806. Hermann (Anton Walbrook), ein armer, aber ehrgeiziger Ingenieur-Offizier, hat erfahren, daß die Gräfin Ranjewskaja das Geheimnis kennt, wie man beim Kartenspiel gewinnt. Er beschließt, es ihr zu entreißen. Um sein Ziel zu erreichen, macht er der jungen Zofe der Gräfin, Lisaweta, den Hof. Er will dadurch Zugang zum Haus der Gräfin bekommen.

2

In der vorangegangenen Sequenz haben Lisaweta und die Gräfin – die an einem Stock geht und einen großen Pelzumhang trägt, der beim Gehen rauscht – die Oper besucht. Hermann gelingt es, Lisaweta während der Aufführung für ein paar Minuten allein zu sprechen, und er vereinbart mit ihr, sie nach der Oper im Hause der Gräfin zu besuchen. Als Hermann spät in der Nacht die Gräfin allein in ihrem Schlafzimmer aufsucht, stirbt sie vor Schreck, da sie an ihre gottlose Vergangenheit erinnert wird. Hermann kehrt ohne das Geheimnis in sein Quartier zurück.

1 Nah. Hermann liest ein Buch, dessen Titel wir erkennen: »Die Toten werden ihr Geheimnis preisgeben«. Er trinkt. Kamera fährt zurück und schwenkt nah auf Hermanns Hand, die das Glas abstellt. Er nimmt eine Flasche und füllt das Glas. Als er die Flasche anhebt, fährt die Kamera hoch und zeigt Hermann in einer Halbnahen. Er stellt die Flasche wieder hin.	Musikeinsatz. Hermann (flüsternd): *Die Toten werden ihr Geheimnis preisgeben.* Musik blendet aus. (26 Sek.)
Überblendung auf 2 Nah. Hermann liegt im Bett und schläft. Er öffnet die Augen und blickt umher, um zu sehen, woher das Klopfen kommt.	Klopfgeräusch. (3 Sek.)
3 Nah. Vorhänge, auf denen sich Schatten bewegen.	(3 Sek.)
4 Halbnah. Hermann mit dem Rücken zur Kamera. Er geht auf das Fenster zu und öffnet rasch Vorhang und Fenster.	Klopfen. (18,5 Sek.)
5 Amerikanische. Hermann. Er beugt sich aus dem Fenster, schließt es wieder und dreht sich um, blickt erstaunt ins Zimmer. Er bewegt sich einen Schritt vorwärts, verharrt, lauscht; dann geht er aus dem Bild.	(28,5 Sek.) Klopfen. Ein scharfes Schlaggeräusch in unregelmäßigen Abständen.
6 Halbnah. Hermann an der Tür, horchend. Plötzlich öffnet er die Tür, um zu sehen, wer draußen ist. Der Flur ist leer; eine Tür schlägt hin und her.	(11,5 Sek.) Schlaggeräusch.
7 Halbnah. Hermann sieht zur Tür.	Das Klopfen eines Gehstocks. (7 Sek.)

3

4

* Regie: Thorold Dickinson. Cutter: Hazel Wilkinson. Drehbuch: Rodney Ackland und Arthur Boys, nach der Novelle von Puschkin. World Screenplays, 1948.

18

19

20

21

8 Totale. Der leere Flur. Kamera schwenkt auf Hermann, der horcht. Er zieht den Vorhang zu, schließt die Tür und lehnt sich gegen sie. Er geht aus dem Bild, die Tür wird vom Wind aufgestoßen und der Vorhang weht ins Zimmer.	Das Klopfen eines Gehstocks und das Rauschen von Kleidern. Eine Tür schlägt heftig. Starkes Windgeräusch. (Geht bis Einstellung 19) (20 Sek.)
9 Halbnah. Hermann blickt starr vor sich hin, der Wind bläst durch das Zimmer.	(1,5 Sek.)
10 Der Tisch mit der Flasche und dem Glas. Der Tisch steht verkantet im Bild.	(1 Sek.)
11 Ruß wirbelt aus dem Kamin.	(0,5 Sek.)
12 Die Stehlampe fällt um.	(0,5 Sek.)
13 Die Deckenlampe schwingt im Raum umher. Im Hintergrund die Vorhänge.	(1 Sek.)
14 Das Bett, eine Landkarte wird von der Wand geblasen.	(0,5 Sek.)
15 Landkarten fliegen von den Wänden.	(0,5 Sek.)
16 Der Tisch mit der Flasche kippt um.	(0,5 Sek.)
17 Die Deckenlampe schwingt umher, die Vorhänge blähen sich im Wind.	(2 Sek.)
18 Das Fenster. Als Landkarten und Papiere gegen die Fensterscheibe geweht werden, fährt die Kamera zurück. Die Vorhänge schlagen wild im Wind.	(6 Sek.)
19 Amerikanische. Hermann in der Mitte des Zimmers, die Lampe schwingt über seinem Kopf. Die Vorhänge wehen direkt vor die Kamera.	(4 Sek.) Der Wind hört auf.
20 Amerikanische. Hermann mit dem Rücken zur Kamera. Er geht langsam rückwärts. Der Vorhang bewegt sich nicht mehr.	(4,5 Sek.)
21 Halbtotale. Hermann. Er blickt in dem verwüsteten Zimmer umher und geht langsam rückwärts. Kamera beginnt, auf ihn zuzufahren. Er hört das Geräusch des Stocks und tritt ans Fenster zurück. Kamera fährt in eine Naheinstellung, er setzt sich auf die Fensterbank. Als das Geräusch des Gehstocks und das Rauschen der Kleider der Gräfin immer lauter werden, schließt er die Augen.	(81 Sek.) Stockgeräusch und Kleiderrauschen.
Hermann blickt auf.	Stockgeräusch und Kleiderrauschen werden leiser. Der Wind weht. Die Stimme der Gräfin: *Mir wurde befohlen, deiner Bitte zu willfahren... drei... sieben... As... Ich vergebe dir meinen Tod unter der Bedingung, daß du meine Zofe Lisaweta Iwanowna heiratest.*
Er schließt wieder die Augen.	Stockgeräusch und das Rauschen der Kleider verschwinden in der Ferne.
Hermann öffnet seine Augen und blickt im Zimmer umher. Die Kamera schwenkt zu einem an der Wand hängenden Schwert hoch.	

Diese Sequenz ist charakteristisch für die Art, in der der Regisseur versucht, den Geisteszustand seiner Figur zu beschreiben. Bis hin zum Ende von Einstellung 20 bildet sie eine raffinierte Vorbereitung für die Erscheinung in Nr. 21. Die Sequenz faßt eine ganze Reihe unterschiedlicher Bilder von einzelnen, nicht besonders herausragenden Details (zumal in Nr. 10 bis 18) zusammen. Alle gemeinsam erzeugen sie jedoch die Ahnung, daß eine unbestimmbare, übernatürliche Macht am Werk sei. Obwohl die Einstellungen zunehmend aus bizarreren Winkeln aufgenommen werden, vermittelt jede einzelne doch nur den Bruchteil des Gesamtbildes. Erst die Summe aller Details ergibt nach und nach die starke Wirkung.

Eine völlig andere Art der komponierten Montage zeigt der folgende Ausschnitt.

The Lady from Shanghai (Die Lady von Shanghai) *
Ausschnitt aus Aktrolle 2

O'Hara (Orson Welles), ein rauhbeiniger, sentimentaler irischer Seemann, wird in einen Kampf mit Mrs. Bannister (Rita Hayworth) verwickelt. Die Umstände

* Regie: Orson Welles. Schnitt: Viola Lawrence. Columbia, 1948.

lassen bei ihm den Verdacht aufkommen, daß sie diesen Kampf arrangiert hat. Mrs. Bannister fragt O'Hara, ob er Lust habe, sich einer Kreuzfahrt auf der Yacht ihres Mannes anzuschließen. O'Hara lehnt ab. Am nächsten Tag sucht Mr. Bannister (Everett Sloane), ein Krüppel und der ›größte lebende Strafverteidiger‹, O'Hara in einem Arbeitsvermittlungsbüro für Seeleute auf. Doch O'Hara lehnt abermals ab. O'Hara und Bannister und einige andere Seeleute setzen sich schließlich zusammen, um etwas zu trinken. Am Ende gibt Bannister vor, betrunken zu sein und kippt um.

Der Erzähler ist O'Hara selber.

1 Überblendung auf: Hafen. Ein Motorboot fährt von rechts nach links durchs Bild.	O'Hara (erzählt im Off): *Natürlich mußte jemand Bannister nach Hause bringen. Ich sagte mir...* (10 Sek.)
Überblendung auf: 2 Das Motorboot fährt auf die Kamera zu.	*...daß ich einen hilflosen Mann nicht allein in einer Kneipe liegen lassen konnte. Aber ich war es wohl, der nicht bei klarem Verstand war...* (5,5 Sek.)
Überblendung auf: 3 Das Motorboot fährt quer durchs Bild, wobei es zwei ankernde Boote passiert.	*...er war nämlich genauso hilflos wie eine schlafende Klapperschlange.* (5 Sek.)
4 Halbnah. Ein Dackel richtet sich an der Reeling auf und fängt an, wütend zu bellen.	(2 Sek.) Lautes, jaulendes Hundegebell.
5 Halbnah. Mrs. Bannister blickt nach unten.	Mr. Bannister (im Off): *Es ist wirklich sehr nett von ihnen, Michael...* (2 Sek.)
6 Blick über die Reeling der Yacht. Ein Seemann und O'Hara heben Bannister aus dem Motorboot auf das Deck der Yacht. Mrs. Bannister im rechten Vordergrund mit dem Rücken zur Kamera sieht, Hände in den Taschen, zu.	Das Hundegebell hört auf. Bannister: *...wirklich sehr nett von Ihnen, wo ich so betrunken war.*

3

4

5

6

Am ehesten versteht man diese Sequenz, wenn man sie sich ohne Einstellung 4 vorstellt. Denn ohne sie bedeutet die Sequenz einfach: Ein Seemann hilft einem betrunkenen Mann an Bord. Doch *mit* jener Einstellung erhalten wir eine Warnung: Michael wurde, wie wir später erfahren, in eine Falle gelockt. Mrs. Bannisters Passivität wird durch den Kontrast zu Einstellung 4 noch betont. Außerdem überträgt der Zuschauer unbewußt etwas von der Wildheit des Hundegebells auf ihre scheinbar desinteressierte Haltung. (Einen ähnlichen Trick wandte Orson Welles mit dem Bild eines kreischenden Sittichs am Ende von *Citizen Kane* an.)

Die Wirkung wird hier durch Mittel erreicht, die außerhalb der Geschichte liegen. Der Dackel taucht nur noch ein einziges Mal in einer anderen Einstellung auf und hat keine weitere Bedeutung für die Story. Einstellung 4 dient allein dazu, einen plötzlichen, erhellenden Querverweis zu geben. Durch den Kontrast bekommt die Szene eine dramatische Bedeutung, die sie sonst nicht hätte.

Ob in diesem speziellen Fall die Wirkung auch ›ankommt‹, ist mehr eine Frage des persönlichen Geschmacks. Vielleicht ist der Trick für den simplen Zusammenhang zu aufdringlich. Dennoch lehrt der Hinweis, welchen Effekt ein einfacher bildlicher Kontrast haben kann.

Eine andere Art der Montage – und man kann sich kaum etwas Gegensätzlicheres zu *The Lady from Shanghai* vorstellen – wird durch eine Passage aus der Schlußepisode von John Fords *Tobacco Road* (1941) deutlich. Nachdem Jeeter (Charley Grapewin) und Ada (Elizabeth Patterson) aus ihrem Haus vertrieben wurden, machen sie sich langsam und traurig auf den Weg ins Armenhaus. Diese Sequenz bildet das Ende ihrer Geschichte, und Ford inszenierte sie als nachwirkenden tragischen Höhepunkt. Alle sechs Einstellungen erzählen im Grunde das gleiche, aber durch die Wiederholung – während die Figuren allmählich immer kleiner und einsamer im Bild werden – gewinnt die Sequenz emotionale Kraft.

Die drei hier zitierten Sequenzen stehen für drei verschiedene Methoden der Montage: Die erste fügt planvoll eine Reihe einzelner Bilder zusammen; die zweite erreicht ihre Wirkung durch den direkten Kontrast; die dritte durch ständige Wiederholung eines Themas. Wir sollten uns jedoch hüten, grundsätzlich ähnlichen Vorgängen verschiedene Etiketten aufzukleben. In jedem Falle macht der Regisseur seine dramatische Aussage allein durch die Bilder, und ihre Auswahl war der eigentliche schöpferische Akt, der lediglich den unterschiedlichen dramaturgischen Bedürfnissen angepaßt wurde. Die Ausschnitte aus *Queen of Spades, The Lady from Shanghai* und *Tobacco Road* sind aber auch Beweise für die großen Variationsmöglichkeiten der Bildmontagen. Wie man sie jeweils angeht, hängt davon ab, ob man sich der Kunst der Filmmontage eher theoretisch oder wie die meisten Künstler empirisch nähert. Möglich ist beides. Die drei Beispiele zeigen uns jedenfalls die wunderbare Beredsamkeit von Bildfolgen, die ausschließlich auf den beiden grundlegenden Prinzipien des Mediums Film beruhen: der Auswahl und dem Schnitt aufregender Bilder.

15 Die Tonmontage

Im vorangegangenen Kapitel haben wir den Vorgang, von einer Einstellung zur nächsten zu schneiden, damit gerechtfertigt, daß wir ähnlich abrupte Blickwechsel auch aus dem täglichen Leben kennen. Wenn ich beim Lesen aufschaue, um festzustellen, wer gerade das Zimmer betritt, wird meine Aufmerksamkeit vom Buch zur Tür gelenkt. Mein Blick registriert dabei die Gegenstände, die sich zwischen Buch und Tür befinden. Das geschieht allerdings nicht bewußt, da ich, bevor ich aufblicke, nur an meinem Buch und dann nur an der Tür interessiert bin. Deshalb haben wir auch festgestellt, daß bei einer Veränderung des Blickwinkels im Film normalerweise eher ein Schnitt als ein Schwenk das richtige ist.

Die Art, in der wir Töne registrieren, unterscheidet sich vom Vorgang des Sehens. Anders als das Auge reagiert das Ohr empfindlich auf Reize aus *jeder Richtung*, vorausgesetzt sie sind laut genug. Wir nehmen durchaus verschiedene Geräusche aus unterschiedlichen Richtungen zur selben Zeit wahr. Ertönt ein neues Geräusch, verdrängt es nicht die anderen Töne, sondern wird Teil der gesamten Geräuschkulisse. Wenn man also abrupt von einem Geräusch auf das nächste schneiden würde, wäre dies eine sehr künstliche Art des Originaltons. Es zerstörte ein zusätzliches realistisches Element, das der Ton im Film sein kann. Wir müssen also anders vorgehen.

Um eine bessere Vergleichsmöglichkeit zwischen Ton und Bild zu bekommen, sollten wir uns zuerst einmal dem Mechanismus des Sehens zuwenden. Wie bereits festgestellt, selektiert das Auge nicht, sondern registriert alles, was in seinem Blickfeld liegt. Es registriert jedoch nicht alles mit gleicher Deutlichkeit. Wenn ich an meinem Schreibtisch sitze und schreibe und mich auf das Blatt Papier konzentriere, befinden sich in meinem Gesichtswinkel weitere Gegenstände – ein Aschenbecher, eine Lampe, meine andere Hand – die ich nicht bewußt registriere. Diese Dinge werden mir erst aufgrund einer Körperbewegung oder einer geistigen Regung, die meine Aufmerksamkeit auf eine der mich umgebenden Sachen lenkt, bewußt. Falls etwa, um bei diesem Beispiel zu bleiben, eine Hand anfangen würde, am oberen Ende des Papiers herumzukritzeln, würde ich diese *Bewegung* sofort bewußt registrieren und instinktiv auf sie blicken. Die sich bewegende Hand stünde im Mittelpunkt meiner Aufmerksamkeit. Deshalb läßt ein Regisseur die Handlung normalerweise auch möglichst in der Mitte des Bildausschnittes spielen. Er erreicht dadurch, daß der Rest des filmischen Bildfeldes annähernd gleichmäßig um den Mittelpunkt des Interesses herum gruppiert ist.

Eine ähnliche Wirkung kann man bei der Bildschärfentiefe feststellen. Angenommen, ich stünde an einer Straßenkreuzung und sähe auf die Ampel, so befände sich zwar der gesamte Bildhintergrund in meinem Blickfeld, er läge aber außerhalb der Schärfentiefe. Ich registriere ihn mit Bewußtsein erst, wenn mich etwas – zum Beispiel das plötzliche Hochfliegen eines Vogels – dazu veranlaßt, meine Augen auf einen entfernteren Punkt zu richten. Das ist auch der Grund, warum ein Kameramann normalerweise versucht, das Bild nur in einem begrenzten Bereich scharf zu halten, um dadurch die Aufmerksamkeit des Zuschauers automatisch auf die entsprechenden Objekte zu lenken. Der Hintergrund bleibt unscharf, was auch der Fall wäre, wenn wir in der Wirklichkeit eine solche Szene beobachteten.

Der Mechanismus, mit dem wir auf Töne reagieren, funktioniert ähnlich. Wenn um mich herum eine Reihe von Geräuschen zu hören sind – das Ticken des Weckers, das Radio von nebenan –, registriere ich sie erst dann bewußt, wenn ich meine Aufmerksamkeit auf sie lenke. So wie ich nicht bewußt den Hintergrund an der Ampel registriere, nehme ich auch nicht das Ticken der Uhr wahr. Es entspricht also einer allgemeinen Erfahrung, daß man irgendwelche Geräusche gar nicht wahrnimmt, wenn man sich auf etwas anderes konzentriert. Falls jedoch der Wecker plötzlich anfängt zu klingeln, würde meine Aufmerksamkeit durch den plötzlichen *Wechsel* von Qualität und Lautstärke des Tons automatisch erregt werden; so wie die plötzliche *Bewegung* eines Vogels meine Aufmerksamkeit von der Ampel ablenkt.

Soll der Ton im Film eine realistische Ergänzung zum Bild sein, muß dabei der Mechanismus des normalen Hörvorgangs berücksichtigt werden. Dafür ist keine objektive Tonaufzeichnung aller Geräusche, die die Bilder auch in der Wirklichkeit begleiten, notwendig. So wie mir das Ticken der Uhr, wenn ich an etwas anderes denke, nicht bewußt ist, wird der Zuschauer auch das Fehlen des Tickgeräusches einer im Film sichtbaren Uhr nicht beanstanden (er wird es nicht einmal merken), vorausgesetzt natürlich, die Handlung auf der Leinwand absorbiert seine Aufmerksamkeit. Das heißt also, daß man nur bestimmte, charakteristische Geräusche verwenden sollte.

Dieses Prinzip hat jedoch seine Grenzen. Wenn zwei Personen in einem Auto fahren und sich unterhalten, ist es ratsam, den Zuschauer das Motorengeräusch hören zu lassen, um den Eindruck zu erwecken, daß die Handlung tatsächlich in einem Auto spielt. Fehlt das Motorengeräusch, sobald wir das erste Mal auf das Auto schneiden, wäre dem Zuschauer sofort klar, daß etwas nicht stimmt. Wenn sich die beiden Personen jedoch anfangen zu unterhalten, ist es nicht länger nötig, das Motorengeräusch deutlich zu hören, da die Unterhaltung der beiden unsere Aufmerksamkeit verlangt; deshalb kann das Motorengeräusch nun leiser werden. Dadurch behält die Szene durchaus das, was auch in Wirklichkeit passiert. In einer ähnlichen Situation im täglichen Leben würde das Geräusch des Autos völlig unwichtig werden. Man würde einfach aufhören, darauf zu achten. Es ist jedoch nicht möglich, direkt vom Autogeräusch auf den Dialogton zu schneiden, da unser Gehör zu empfindlich auf abrupte Übergänge reagiert. Ein derartiger Schnitt würde die Aufmerksamkeit auf den plötzlichen Wechsel lenken und unrealistisch erscheinen. Stattdessen sollte man das Motorengeräusch allmählich abblenden und an der unteren Hörgrenze halten.

Dieses simple Beispiel soll helfen, die unterschiedliche Behandlung von Ton und Bild im Film zu verdeutlichen. Wechsel in Lautstärke und Art des Tons – im Gegensatz zu einzelnen Tönen wie etwa Worten – müssen eher durch eine auditive Überblendung oder Abblende als durch einen einfachen Schnitt vermittelt werden. Da Veränderungen im Ton Veränderungen in der unbewußten Rezeption eines Films mit sich bringen, dürfen sie nur behutsam vorgenommen werden, um das Publikum nicht zu stören. Zu diesem Zweck wurden Tongeräte entwickelt, die es ermöglichen, eine Reihe getrennt aufgenommener Töne von unterschiedlicher Lautstärke zu mischen, wobei der Mischtonmeister die völlige Kontrolle über Lautstärke und Umfang jeder einzelnen Tonspur hat.

Bisher haben wir nur über Töne gesprochen, die sich auf Ereignisse im Bild beziehen, das heißt über Synchronton. Unsere Ohren nehmen jedoch unabhängig von der Wahrnehmung der Augen von überall her Geräusche auf. Unter normalen Umständen hören wir auch eine große Anzahl von Tönen, die aus nicht sichtbaren Quellen kommen. Diese nicht-synchronen Töne müssen zusammen mit den Synchrontönen aufgenommen werden, damit ein realistischer Eindruck entsteht. Wir werden gleich sehen, daß die nicht-synchronen Töne in gewisser Hinsicht sogar die wichtigeren sind. Wenn ich eine Straße bergan gehe und ein Auto sehe, daß den Berg herunter auf mich zukommt, erweitert die Tatsache, daß ich auch das Motorengeräusch höre, nicht meine Kenntnis der äußeren Wirklichkeit. Wenn andererseits hinter mir ein Auto bergauf fährt, *höre* ich es, bevor ich es *sehen* kann. In diesem Fall erweitert das Motorengeräusch meine Kenntnis der äußeren Wirklichkeit um etwas, das ich vorher nicht wußte, nämlich um die Tatsache, daß mich ein Auto überholen wird. Hier ist der nicht-synchrone Ton ganz eindeutig von größerer Bedeutung als der Synchronton.

Beim unbewußten Auswahlprozeß, mit dem wir bestimmte Geräusche aus der uns umgebenden Geräuschkulisse auswählen und andere Geräusche aus unserem Bewußtsein ausschließen, werden größtenteils nicht-synchrone Töne bevorzugt. Pudowkin führt dafür ein Beispiel an:

»Im wirklichen Leben könnten Sie, der Leser, plötzlich einen Hilfeschrei hören. Sie sehen das Fenster, blicken daraufhin hinaus und sehen im ersten Augenblick bloß den vorbeifahrenden Verkehr. Aber *Sie hören nicht den tatsächlichen Verkehrslärm der vorbeifahrenden Autos und Busse*; stattdessen hören Sie immer noch den Schrei, der Sie aufgeschreckt hat. Endlich findet Ihr Auge den Punkt, von dem der Schrei ausging. In der Menge wird ein verletzter Mann hochgehoben, *der nun still ist*. Jetzt aber, während Sie den Mann betrachten, wird Ihnen der Lärm des vorbeifahrenden Verkehrs bewußt, und mitten in diesem Lärm hören Sie das allmählich lauter werdende Martinshorn des Krankenwagens. In diesem Augenblick wird Ihre Aufmerksamkeit durch die Kleidung des Verletzten erregt: Sein Anzug gleicht dem Ihres Bruders, der, wie Sie sich plötzlich erinnern, um zwei Uhr zu Besuch kommen wollte. In diesem Moment ungeheurer Anspannung, Angst und Unsicherheit, ob jener möglicherweise sterbende Mann Ihr Bruder sein könnte, *entschwinden sämtliche Geräusche* um Sie herum, und für Augenblicke entsteht eine totale Stille. Ist es schon zwei? Sie blicken zur Uhr, und im gleichen Augenblick hören Sie sie ticken. *Dies ist der erste synchrone Ton* zum Bild, seit Sie den Schrei gehört haben.« *

Man könnte einwenden, daß der von Pudowkin zitierte Vorfall ziemlich konstruiert ist und nur dazu dient, eine Argumentation zu stützen. Dennoch zeigt er, daß wir Synchrontöne gemeinhin nicht bewußt wahrnehmen. Normalerweise nehme ich beim Schreiben auch das kratzende Geräusch meines Füllfederhalters nicht wahr, während nicht-synchrone Töne die Aufmerksamkeit eher erregen. Sie erzählen uns etwas, dessen wir uns vorher nicht bewußt gewesen sind; sogar etwas, das wir gerne hören *wollen*.

Mittlerweile sollte klar sein, warum wir so lange abgeschweift sind. Wenn der Regisseur den Ton kreativ verwenden will, muß er auch die erwähnten grundsätzlichen Prinzipien im Kopf haben. Ihre strikte Befolgung kann allerdings bestenfalls zu einer glaubwürdigen Nachahmung der Realität führen. Wir sollten uns deshalb noch fragen, wo die Freiheit der Interpretation für Regisseur und Cutter beim Tonschnitt beginnt.

Ebenso wie durch die Bilder interpretiert der Regisseur ein Ereignis auch durch den Ton. Normalerweise will er eine Szene nicht in der eintönigen Art des alltäglichen Lebens inszenieren. Er strebt vielmehr – im Rahmen des Glaubwürdigen – eine möglichst wirkungsvolle, dramatische Darstellung an. So kann er sich auch beachtliche Freiheiten beim Ton herausnehmen, ohne daß dabei die verwendete Technik in den Vordergrund tritt.

Wir wollen noch einmal auf die im Bild erscheinende Uhr zurückkommen. Wie wir bereits festgestellt haben, ist es nicht unbedingt *nötig*, das Ticken der Uhr zu hören. Andererseits *könnte* es notwendig sein. Falls der Regisseur uns etwas über den Zustand einer Person mitteilen möchte, die ängstlich auf etwas Wichtiges wartet, könnte das Ticken der Uhr die Spannung zusätzlich erhöhen. Aus anderen Gründen könnte der Regisseur das Ticken der Uhr auch am Anfang einer Szene einsetzen, um es später auszublenden. Oder er benutzt eine Reihe von nicht-synchronen Tönen einzeln oder gleichzeitig in Verbindung mit dem Ticken. Ihm steht so eine große Auswahl von Möglichkeiten zur Verfügung, um den natürlichen Ton zu dramatisieren.

Die geschickte Verwendung von Tönen bedeutet aber nicht nur das nachträgliche Hinzufügen wirkungsvoller Effekte zu einem ansonsten schon festgelegten Film. Bei vielen Filmen sind die Toneffekte von vornherein geplant. Fritz Langs *You Only Live Once* (Gehetzt, 1936) liefert dafür ein gutes Beispiel: Ein Mädchen (Sylvia Sidney) wartet allein in ihrem Zimmer; sie sitzt mit dem Rükken zum geöffneten Klavier auf dem Hocker; sie weiß, daß ihr Ehemann (Henry Fonda) um 11 Uhr gehängt werden soll. Als die Uhr die angekündigte Zeit anzeigt, steht sie auf und berührt unbeabsichtigt die offenen Tasten des Klaviers; eine trübsinnige, häßliche Dissonanz erklingt in der Stille und vermittelt etwas von der grausamen Endgültigkeit ihres Verlustes. Um diese besondere Wirkung erzielen zu können, muß die Handlung im Bild so konzipiert werden, daß eine natürliche Ursache den gewünschten Toneffekt liefert. Das Ergebnis ähn-

* W.I. Pudowkin: Film Technique, a.a.O., S. 157f.

licher Überlegungen ist die Wahl der Fabrik als Handlungsort für den Überfall in *Odd Man Out* (siehe weiter unten).

Die Auswahl der Toneffekte besorgen Regisseur und Toncutter*. Je früher im Produktionsprozeß eine Sequenz in ihrer Gesamtheit geplant wird, umso besser wird das Endergebnis sein. Der Toncutter hat auch noch eine andere wichtige Aufgabe: Er muß die Toneffekte aufnehmen. In Kenntnis der dramaturgischen Notwendigkeiten einer Sequenz muß er Effekte von entsprechender *Qualität* aufnehmen. So könnte zum Beispiel für eine Szene das Geräusch einer Autohupe notwendig sein. Es reicht nicht, daß er eine beliebige Hupe aus dem Tonarchiv nimmt und sie unter das Bild legt. Er muß sich exakt über die Charakteristik der Geräusche in dieser Szene im klaren sein und den Ton entsprechend darauf abstimmen. Hier drei mögliche Szenen, in denen eine Autohupe erforderlich sein könnte:

(1) Als Teil des Hintergrundgeräusches bei Verkehrslärm.

(2) In einer Komödienszene, in der ein kleiner Junge im Auto seines Vaters auf den Fahrersitz geklettert ist und zum Leidwesen seiner Eltern beharrlich die Hupe traktiert.

(3) Als letztes Warnsignal eines Autofahrers, der beinahe ein Kind überfährt.

Es ist äußerst schwierig, mit Worten die feinen Unterschiede in der Qualität von Geräuschen zu beschreiben, die beim Anhören durchaus leicht zu erkennen sind. Doch läßt sich im ersten Fall sagen, daß ein schwaches, unregelmäßiges, abwechselnd langes und kurzes Hupgeräusch benötigt wird; daß im zweiten Fall das Geräusch langgezogen und laut sein könnte, mit einem schrillen, insistierenden Klang, der besonders nervtötend ist; im dritten Fall benötigt man ein einzelnes, ziemlich hochtönendes, durchdringendes Hupen, das die bedrohende Gefahr am wirkungsvollsten signalisiert. In jedem der Fälle wäre der Ton völlig glaubwürdig und würde die dramatische Kraft der Szene verstärken.

Analyse einer Tonmischung

In den letzten Kapiteln, die sich hauptsächlich mit dem Bildschnitt beschäftigten, haben wir wiederholt bemerkt, wie Tempo, Rhythmus und bis zu einem bestimmten Grad auch die Lautstärke der Tonspur die gesamte Gangart einer Sequenz beeinflussen. Bevor wir grundsätzlicher über diesen Aspekt des Tonschnitts sprechen, wollen wir eine Sequenz aus *Odd Man Out* betrachten und sehen, wie so etwas in der Praxis funktioniert.

*Odd Man Out*** (Ausgestoßen)
Ausschnitt aus Aktrolle 2

Johnny McQueen (James Mason), der Anführer einer verbotenen revolutionären Organisation in Irland, versteckt sich seit sechs Monaten in dem Haus eines Freundes. Er plant, eine Fabrik in der Nähe zu überfallen, um Geld für die Organisation zu beschaffen. Da er seit einem halben Jahr in dem Haus eingesperrt war, wird ihm während des Überfalls schwindelig, und seine momentane Unentschlossenheit führt zum Scheitern des Unternehmens. Pat, der Fahrer, sowie Nolan und Murphy sind Johnnys Helfer bei dem Überfall. – Vor der folgenden Sequenz haben wir gesehen, wie Pat Johnny, Nolan und Murphy abgeholt hat und sie nun zur Fabrik fahren.

1–17

1–2 Johnny, Nolan und Murphy steigen aus dem Auto und gehen die Stufen zu dem Bürogebäude der Fabrik hoch.

Schritte und das Glockenspiel der Rathausuhr. (6 Sek.)

3 Einstellung durch die Glastür des Bürogebäudes, wie die drei diese aufstoßen.

Die Rathausuhr beendet das Glockenspiel, bevor die Stunde geschlagen wird. Das Pendelgeräusch der Schwingtür, als die Männer das Gebäude betreten. Das schwache, pulsierende Geräusch der Fabrik setzt ein. (7,5 Sek.)

* (Anmerkung des Übersetzers: In den großen Studios der USA und Großbritanniens sind für die Tonbearbeitung spezialisierte Cutter angestellt.)

** Regie: Carol Reed. Cutter: Fergus McDonell, Tonschnitt: Harry Miller. A Two Cities Film, 1946.

4–5 Nolan, Murphy und Johnny gehen durch die Flure innerhalb des Gebäudes. In beiden Einstellungen kommen sie auf die Kamera zu.

Das hallende Geräusch ihrer Schritte, das während der beiden Einstellungen lauter wird. Im Hintergrund das pulsierende Geräusch der Fabrik.
(16 Sek.)

6–17 Die drei Männer betreten die Buchhaltung, ziehen ihre Revolver und zwingen die Büroangestellten, still sitzen zu bleiben; Johnny geht zum offenen Tresor hinüber, entnimmt ihm Bündel von Banknoten und stopft sie in seine Aktentasche. Im Hintergrund befindet sich eine gläserne Trennwand, hinter der Arbeiterinnen beschäftigt sind. Während der ganzen Sequenz beobachtet Nolan die Angestellten und hält sie von der Trennwand fort; dabei gibt er kurze, zischende Pfeifgeräusche von sich. Es wird nur wenig gesprochen.

Das Fabrikgeräusch lauter als zuvor. Alle Nebengeräusche wie das Rascheln der Banknoten, Fußschritte usw. sind deutlich zu hören. Es gibt kaum einen Dialog; wir hören nur Nolans zischende Anweisungen »Pssch, Pssch, Schh...«
(49 Sek.)

18 Pat, der im Wagen wartet. Er blickt auf das Bürogebäude außerhalb des Bildes.

Das Fabrikgeräusch erstirbt. Das Lachen einer Arbeiterin ist zu hören. Der Automotor im Leerlauf, dann ein kurzes Aufheulen des Motors.
(4,5 Sek.)

19 Aus Pats Sicht: Zwei Leute gehen die Stufen zum Bürogebäude hoch. Die Kamera schwenkt zu der Alarmglocke an der Vorderfront des Gebäudes hoch.

Schnelleres und lauteres Motorengeräusch. Die lauten, deutlich zu hörenden Schritte der beiden, die die Treppe hochgehen.
(5,5 Sek.)

20 Nah. Pat, der sich nervös umsieht.

Das Geräusch von entfernten Hufschlägen. Ein Kohlenhändler schreit: *Der Kohlenmann ist da!* Weiter das Geräusch des Automotors.
(3,5 Sek.)

21 Aus Pats Sicht: Ein Pferdewagen mit Kohle nähert sich langsam der Kamera. Er hält gegenüber von einem Schuppen direkt am Bordstein und blockiert dadurch Pats Fluchtweg.

Das Hufgeräusch hört auf. Das Motorengeräusch ist weiterhin zu hören.
(2 Sek.)

22–24 Pat blickt erschrocken auf den Kohlenwagen.

Weiter Motorengeräusch.
(6,5 Sek.)

18–24

25–28 Im Büro der Buchhaltung. Johnny packt gerade die letzten Banknotenbündel in die Aktentasche; die beiden anderen gehen langsam zu Tür, bereit zur Flucht. Nolan gibt ein paar warnende Pfiffe von sich, damit seine Freunde sich beeilen.

Das Fabrikgeräusch wie zuvor. Das raschelnde Geräusch, als Johnny die Banknoten in die Aktentasche stopft.
(22,5 Sek.)

29 Die drei verschwinden durch die Tür und stürmen den Flur hinunter; entfernen sich von der Kamera.

Das Geräusch der eilenden Fußschritte der drei Männer über dem pulsierenden Stampfen der Fabrik wird plötzlich durch die laute, schrille Alarmglocke durchbrochen.
(10 Sek.)

30 Die Männer stürmen einen anderen Flur hinunter. Mehrere Leute blicken ihnen nach und rufen ihnen halbherzig hinterher, stehen zu bleiben.

Wie in 29.
Augenzeugen (schreiend): *Halt, halt! Was machen Sie hier überhaupt? Ich sage: halt... usw.*
(6 Sek.)

31–52 Nolan und Murphy rennen die Stufen des Bürogebäudes hinunter. Johnny ist hinter ihnen, aber plötzlich stoppt er, fühlt sich benommen.
Nolan und Pat rufen ihm zu, sich zu beeilen. Der Kassierer ist mit einem Revolver in der Hand hinter Johnny hergerannt und schneidet ihm den Weg zu den Stufen ab. Beide beginnen, miteinander zu ringen und rollen die Treppe hinunter. Der Kassierer schießt Johnny in die Schulter. Johnny gelingt es, seine eigene Pistole zu ziehen, und er erschießt den Kassierer. Nolan und Murphy springen aus dem Auto, um Johnny zu Hilfe zu kommen.

Das Fabrikgeräusch setzt aus. Das Geräusch der Alarmglocke verändert sich, als die Handlung sich nach draußen vor das Gebäude verlagert.
Pat, Nolan: *Johnny! Beeil dich, los, Johnny... mach schon? Vorsicht!*
Kassierer: *Halt! Wer seid Ihr?*
Deutlich sind die Nebengeräusche wie der Kampf und das Hinunterrollen der Männer zu hören. Ein Schuß.

Ein weiterer Schuß.
Nolan: *Los, rein mit ihm ins Auto!*
Während der ganzen Sequenz sind die Alarmglocke und das Aufheulen des Motors (Mischband A) zu hören.
(33 Sek.)

53 Nah. Pat auf dem Fahrersitz.

Pat: *Rein mit ihm, Mann! Pack ihn am Arm, schnell!*
Alarmglocke und das Aufheulen des Motors.
(2 Sek.)

54 Murphy und Nolan helfen Johnny.

Weiter die Alarmglocke. Das Aufheulen des Motors wird stärker (Mischband B). Die Schritte der auf das Auto zueilenden Männer.
(4 Sek.)

55 Amerikanische. Das Auto. Murphy springt ins Auto, das schon anfährt. Nolan springt hinterher, während sich Johnny, nur mit Mühe auf dem Trittbrett stehend, am Auto festklammern kann.

Weiter die Alarmglocke.
Das sich steigernde Aufheulen des Motors (Mischband C), als der Wagen losrast.
(4 Sek.)

31–52

56–64 Wechselnde Einstellungen von der vor ihnen liegenden Straße und Nahaufnahme von Pat und Nolan, während das Auto davonfährt. Johnny befindet sich noch immer nicht richtig im Auto, Nolan und Murphy versuchen, ihn reinzuziehen. Das Auto fährt mit einem Schlenker zwischen dem Kohlenwagen und dem Schuppen durch, dann reißt Pat den Wagen scharf in die Kurve. Nolan und Murphy bekommen Johnny nicht zu packen, um ihn ins Auto zu ziehen.	Das Aufheulen des Motors wird etwas schwächer. Während der Nahaufnahmen im Inneren des Autos hört man eine ›Innenatmo‹ (Mischband D), die sich mit dem jetzt weniger lauten Motorengeräusch und Aufnahmen des Autos von außen abwechselt. Murphy: *Halt an, bis wir ihn drinhaben.* Das Kreischen der Reifen. Ein Stoß, als das Auto auf den Bürgersteig gerät. Scharfes Schlittergeräusch, als das Auto in die Kurve fährt (Mischband E). Murphy: *Paß auf, er fällt runter!* (7,5 Sek.)
65 Nah. Johnny versucht vergeblich, sich am Verdeck des Wagens festzuhalten, und fällt hinunter.	Weiter Motorengeräusch. Nolan: *Guckt doch, er gleitet runter!* Murphy: *Bloß das nicht!* (1 Sek.)
66 Die Kamera schwenkt aus dem fahrenden Auto mit Johnny, als dieser runterfällt. Er schlägt auf und rollt auf die Straße. Die Kamera behält ihn in der Mitte des Bildausschnitts, während sie sich von ihm entfernt.	Weiter Motorengeräusch... Als Johnny auf der Straße aufschlägt, setzt jäh ein lauter, dramatischer Musikakkord ein. (4,5 Sek.)
67–69 Murphy und Nolan geraten in Panik und schreien Pat an, er solle den Wagen anhalten.	Weiter Musik. Weiter Motorengeräusch. Nolan und Murphy schreien Pat an. (1,5 Sek.)
70 Das Auto kommt ins Bild und stoppt plötzlich in einer Amerikanischen.	Weiter Musik. Das plötzliche Kreischen der Bremsen (Mischband F). (1,5 Sek.)
71 Halbnah. Pat. Kamera kippt etwas nach links, um anzudeuten, daß der Wagen mit einem Ruck angehalten hat. Pat dreht sich zu Nolan und Murphy um.	Weiter Musik. Das Kreischen der Bremsen hört auf. Stille mit Ausnahme der entfernten Alarmglocke. Pat: *Jetzt ist es passiert! Jetzt werden wir alle geschnappt!* (2,5 Sek.)
72–92 Die drei Männer im Wagen reden durcheinander, können sich aber nicht entscheiden, was zu tun ist. Sie fahren weiter in der Hoffnung, Johnny an der nächsten Ecke aufzulesen. Nach einer Weile steht Johnny auf. Als er anfängt loszurennen, läuft ein Hund hinter ihm her. Er rennt eine verlassene Straße hinunter, vorbei an einem kleinen Kind und einer Reihe von Schuppen; an einem der Schuppen hält er an.	Weiter Musik. Pat, Nolan und Murphy brüllen sich an. Als er sich erhebt und wegläuft, verfolgt ihn der Hund mit lautem Gebell. Die Musik blendet langsam aus. (59 Sek.)
93 Im Inneren des Schuppens. Johnny tritt völlig erschöpft ein. Er stolpert langsam auf eine Bank zu, wobei er sich mit der rechten Hand an der Wand abstützt. Für einen Moment legt er seinen Kopf an die Wand. Er hebt den Kopf und rutscht langsam neben der Bank auf den Boden. Die Kamera schwenkt an seinem Arm hinunter, und wir sehen, wie langsam Blut von seiner Hand tropft.	Das Bellen des Hundes verklingt im Hintergrund. Die Musik setzt aus. Als er durch den Schuppen stolpert, ist das Splittern zerbrochenen Glases zu hören; keuchender Atem. Stille mit Ausnahme von Johnnys langsamer werdendem Atem, und ganz entfernt ist die Alarmglocke zu hören. (29 Sek.)

Diese Sequenz eines Überfalls ist realistisch inszeniert. Die Männer werden als gewöhnlich Sterbliche mit Fehlern vorgeführt, deren Versuch, zu Geld zu kommen, in einer Tragödie endet. Unwahrscheinlichkeiten werden ebenso vermieden wie die Verherrlichung von Gewalt, die in Gangsterfilmszenen oft üblich ist. Doch obschon die Sequenz, um ihren realistischen Charakter zu bewahren, ohne unnatürliche, überdimensionale Effekte in Ton und Bild inszeniert ist, wirkt sie sehr spannend. Der Ton ist durchgehend echt und trägt nur durch Variationen, einen sorgfältig durchdachten Tempowechsel und seine Eindringlichkeit zur dramatischen Wirkung bei.

Die wenigen Dialoge haben keinerlei erklärenden Charakter. Sie ergänzen einfach nur die Wirkung der Bilder. So steigern Pats wilde Zurufe an Johnny, der auf der Treppe innehält, die Eindringlichkeit der Sequenz, ohne uns etwas mitzuteilen, was nicht schon optisch klar ist. In diesem Sinne kann man die Dialoge als Geräusche bezeichnen: Die Sprache legt die Bilder nicht an die Kette, indem sie wichtige Informationen vermittelt. Sie trägt ergänzend und nicht sich verselbständigend zum Gesamteindruck bei.

Die Story des Films schildert den Verlauf von zwölf Stunden. Von dem Augenblick an, in dem Johnny das erste Mal sein Versteck verläßt, ertönt in regelmäßigen Abständen das Glockenspiel des Rathauses. Dadurch wird betont, daß die ganze Handlung in einem vergleichsweise kurzen Zeitraum stattfindet. Dem Publikum wird überdies das unbarmherzig langsame Verrinnen der Zeit bis zu Johnnys Tod verdeutlicht. Wenn am Anfang der Sequenz das Glockenspiel ertönt, wird etwas von Johnnys Gefühl der Isoliertheit und des Fremdseins bei seinem ersten gewagten Unternehmen nach mehrmonatigem Verborgensein laut.

Als die Männer die Fabrik betreten, hören wir den langsamen, dumpf pulsierenden Schlag eines Mahlwerks. Die Aufnahme wurde in einer Mühle gemacht, und man fand, daß die Charakteristik des Tons genau der beabsichtigten Wirkung entsprach. Auffallend ist, daß beim Schreiben des Drehbuchs noch jedes x-beliebige Bürogebäude für diese Außenaufnahmen in Frage gekommen wäre. Aber man entschied sich letztlich für die Mühle, vermutlich auch wegen der Geräuschkulisse.

Als sich die drei Männer im Flur der Buchhaltung nähern (4–5), vernehmen wir vor dem Hintergrundgeräusch der Fabrik den Nachhall von Schritten. Die Schritte wurden von einem Geräuschemacher auf Holzplanken nachsynchronisiert. Der Ton bekommt dadurch eine besondere Qualität und erregt die Aufmerksamkeit des Zuschauers, ohne daß die Schritte unecht klingen. Wenn die Männer sich ihrem Ziel nähern, steigert sich die Lautstärke ihrer Schritte – zum Ende von Einstellung 5 sind sie ungewöhnlich laut –, wodurch sich die Spannung vor dem Überfall noch erhöht.

Am Anfang dieser Einstellung sind die Männer in Wirklichkeit weiter von der Kamera entfernt, als am Ende der vorhergehenden Einstellung, und ein streng naturalistischer Ton müßte an dieser Stelle deshalb etwas leiser sein. Wie wir gesehen haben, passiert jedoch genau das Gegenteil, um auf das Hauptereignis des Überfalls vorzubereiten. Die Tonregie ist hier auf einen besonderen dramatischen Effekt aus und verschmäht deshalb wirklichkeitsgetreue Töne. Ein gutes Beispiel für ein richtiges Abweichen vom realistischen Ton, da es ausdrücklich dem Zweck einer dramatischen Wirkung dient.

Der eigentliche Überfall (6–17 und 25–28) hat praktisch keinen Dialog. Eine Passage von großer Eindringlichkeit, und das Fabrikgeräusch, das immer lauter wird, erhält so eine besondere Bedeutung. Es signalisiert, daß drinnen die Fabrikarbeiter während des Überfalls nichtsahnend ihrer Arbeit nachgehen, und betont gleichzeitig die Gefahr, daß jeden Augenblick ein Mädchen hinter der Glastrennwand aufblicken und Alarm schlagen könnte. Gleichzeitig hebt das dumpfe, schleppende Mahlgeräusch das langsame Verstreichen der Zeit hervor, während die Männer versuchen, mit dem Geld zu fliehen. Indem die Zeit sozusagen in eine Reihe mechanisch aufeinanderfolgender Abschnitte unterteilt wird, erscheint die Sequenz durch das rhythmische Stampfen der Mühle unerträglich zerdehnt, fast so, als ob wir den Überfall aus der Sicht eines der Bandenmitglieder erleben würden. Sämtliche Nebengeräusche, wie das Einpacken der Banknoten durch Johnny oder das Hin- und Hergehen der Personen, sind deutlich zu hören; teilweise um Johnnys Nervosität, teilweise um die ängstliche Aufmerksamkeit der Büroangestellten, die jede seiner Bewegungen beobachten, zu betonen. Nolans leise Pfeifgeräusche verstärken diese Wirkung noch.

Der Schnitt auf Pat, der draußen wartet (18–24), führt die Spannung auf einer anderen Ebene fort. Im Auto zur Untätigkeit verdammt, erwartet er voller Ungeduld, daß seine Freunde endlich herauskommen. Im Gegensatz zu Johnny, der in größter Eile versuchen muß, seine Aufgabe zu erledigen, hat Pat auf etwas zu warten, was erst noch passieren soll. Überempfindlich reagiert er auf seine Umgebung und beargwöhnt jeden zufälligen Vorübergehenden. Im Einklang damit, ist der Ton subjektiv. Als Pat das leise, zufällige Lachen eines Mädchens hört, das die Treppe hochgeht, drückt er aufs Gaspedal und blickt in Richtung des Gelächters (19). Das hochtourige Drehen des Motors (18) gibt ihm die Sicherheit, daß es keine Verzögerung bei der Flucht geben wird; das Gasgeben ist die unbewußte Reaktion eines Mannes, der ungeduldig auf den Augenblick des Handelns wartet. Gleichzeitig hören wir die Umweltgeräusche in übertriebener Lautstärke, da Pat fürchtet, daß jeder Vorbeikommende wegen

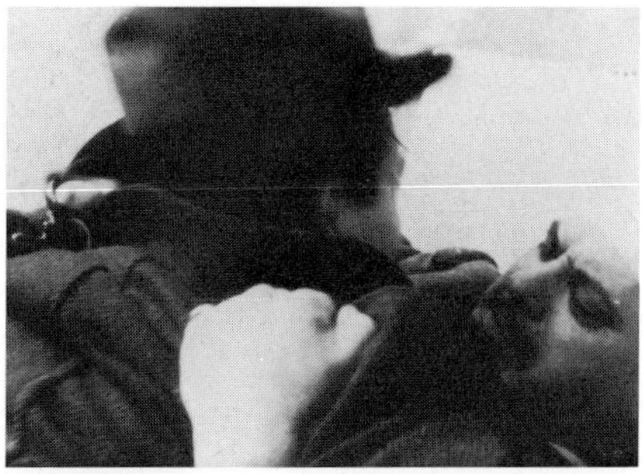

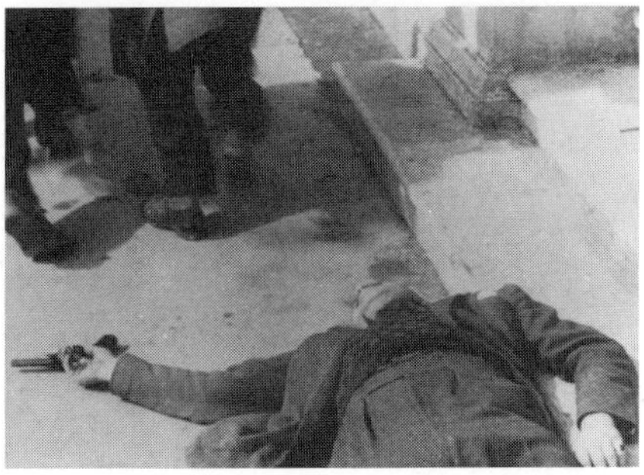

65–93

des laufenden Motors Verdacht schöpfen könnte, und er ungewöhnlich empfindlich darauf reagiert.

In Einstellung 20 hören wir zuerst dem Hufschlag der Pferde, die den Kohlenwagen ziehen, und den Ruf »Der Kohlenmann ist da!« Die Hufschläge wurden in einer engen Straße mit hohen Häuserfronten aufgenommen und haben dadurch einen unheimlichen Hall. Als Pat sich umblickt, entdeckt er (21), daß der Kohlenwagen seinen Fluchtweg blockiert. Mit der Entdeckung dieser neuen drohenden Gefahr lassen wir ihn (nach 22–24) in noch größerer Furcht zurück, während nur das gleichmäßige (und ihn deshalb nicht gerade beruhigende) Laufgeräusch des Motors zu hören ist.

Während die Männer flüchten (29–30), steigern sich Lautstärke und Eindringlichkeit des Tons. Wenige Sekunden, nachdem sie das Büro der Buchhaltung verlassen haben, ertönt das schrille, durchdringende Läuten der Alarmglocke. Auch hier wurde der Ton unter sorgfältigen dramaturgischen Gesichtspunkten aufgenommen. Sobald sich die Handlung nach draußen vor das Gebäude verlagert, verändert sich auch der Charakter der Alarmglocke, und das Mahlgeräusch der Fabrik bricht ab. Während des verbissenen Kampfes zwischen Johnny und dem Kassierer hört man sämtliche Nebengeräusche der Auseinandersetzung. Im Bild wirkt der langsame, grimmige Kampf ziemlich unspektakulär. Er spielt sich in einer Reihe von Nahaufnahmen ab, die erst durch den Ton Eindruck machen. Gleichzeitig halten das laute Motorengeräusch und die Alarmglocke die Spannung aufrecht.

Als sie mit dem Auto flüchten, klingt das Läuten der Alarmglocke gedämpft. Die Tonmischung der Autogeräusche ist äußerst genau: Das Antippen mit dem gelegentlichen Aufheulen des Motors (Mischband A), das hochtourige Durchdrehen des Motors (B), das schnelle Beschleunigen (C), der sehr nahe Ton während der Einstellungen im fahrenden Auto (D), das Kreischen der Reifen (E) und das Quietschen der Bremsen (F) wurden jeweils auf verschiedene Mischbänder gelegt, um einen überzeugenden Gesamteindruck des Tons zu erreichen. Gleichzeitig werden Gefährlichkeit und Schrecken der Situation durch das Schlittergeräusch des Wagens (E) und die Lautstärke des Gesamttons verdeutlicht.

Als Johnny aus dem Wagen fällt (66), setzt plötzlich Musik ein: der Höhepunkt der Überfallsequenz. Für die gesamte Konstruktion des Films ist bis zu diesem Punkt alles nur die Exposition der eigentlichen Geschichte. Mit dieser Einstellung jedoch ist die Ausgangssituation geschaffen, und die lange, tragische Suche beginnt. Johnnys Sturz hat – außer als Höhepunkt dieser einzelnen, spannenden Sequenz – noch eine zusätzliche Bedeutung: Er ist symbolisch für die Aussage des ganzen Films. Deshalb wird seine dramatische Bedeutung durch den plötzlichen Einsatz der Musik noch betont. Da bis zu diesem Moment Musik nur sehr sparsam verwendet wurde, hat ihr plötzlicher Einsatz eine entschiedenere Bedeutung, als wenn schon die ganze Zeit hindurch Hintergrundmusik zu hören gewesen wäre.

Als Johnny aufsteht, um zu fliehen, wird er von einem bellenden Hund verfolgt. Das wütende Gekläff bedeutet dramaturgisch den Auftakt der Jagd auf Johnny. Das Gebell verfolgt ihn, als er die leere Straße hinunterrennt, und wird durch die Art der Musik noch verstärkt.

Die ziemlich lange Szene im Schuppen (93) beendet die Sequenz. Die erste Runde der Jagd auf Johnny ist zu Ende, und ehe diese aufs neue losgeht, wird ihm eine Verschnaufpause gegönnt. Die Musik setzt aus, und das Tempo der Handlung wird plötzlich langsamer (Einstellung 93 dauert wesentlich länger als die vorangegangenen). Wir sehen nur Johnny, der völlig erschöpft und schmerzgepeinigt in den Schuppen taumelt. Als sein Fuß auf zerbrochenes Glas tritt, verstärkt das klirrende Geräusch unsere Aufmerksamkeit für Johnnys Qualen, der versucht, einen sicheren Ort zum Ausruhen zu finden. Als er zu Boden geht, hören wir sein kurzes, keuchendes Atmen. Wir vernehmen es vor dem Hintergrund des weit entfernten Klangs der Alarmglocke, die signalisiert, daß die Jagd noch lange nicht vorüber ist, sondern im Gegenteil gerade erst angefangen hat.

Wir sehen hier, wie eine Sequenz, in der Ton und Bild gemeinsam konzipiert

worden sind, durch den Ton zusätzlich an dramatischer Kraft gewinnen kann. Der Drehort der Fabrik, das Auftauchen des Hundes und das Glas auf dem Boden des Schuppens sind alles visuelle Komponenten, die nicht wesentlich für die Geschichte sind und auch auf andere Art hätten dargestellt werden können. Zur Verstärkung des Gesamteindrucks tragen sie nur durch ihre akustischen Assoziationen bei. Johnnys Flucht die leere Straße herunter wird nicht dadurch wirkungsvoller, daß wir den ihn verfolgenden Hunde *sehen*. Andererseits ist es glaubwürdig, daß ein Hund ihm folgen *könnte*, so daß dessen wildes Gekläff zum Mittel wird, die Szene zu intensivieren.

Alle Geräusche in dieser Sequenz wurden sorgfältig ausgewählt. Zweifellos hätte, als Pat auf seine Freunde wartet (20), auch ein Hufgeklapper aus dem Tonarchiv gereicht, um das Auftauchen des Kohlenwagens anzukündigen. Durch die besonders charakteristischen Geräusche erreichte man jedoch mehr: Der nachhallende Klang verleiht dem Ganzen etwas von einer klaustrophobischen Situation.

Wir wollen noch einen Augenblick länger auf spezifische Tonqualitäten eingehen. In den kurzen Szenen, in denen die drei Männer sich dem Büro der Buchhaltung nähern (4–5), haben die Schritte einen besonders hohlen Klang. Regisseur und Cutter hatten wohl den Eindruck, daß die Schritte, denen im allgemeinen keine besondere dramatische Bedeutung eigen ist, hier auf jeden Fall etwas ungewöhnlich klingen müßten. Sie wollten erreichen, daß durch das langsame Anschwellen in der Lautstärke der Schritte auf den Überfall hingeleitet wird.

Doch inwieweit ist eine besondere Tonqualität grundsätzlich wichtig? Der Komponist Antony Hopkins schrieb hierzu anläßlich von *The Queen of Spades*:

»Ich muß nur meine Augen schließen, um mich sofort wieder an das Geräusch von Edith Evans' riesigem, steifem Reifrock zu erinnern, den sie quer über den Marmorfußboden des Opernhauses schleift, und das nur durch das kurze Aufstoßen ihres Spazierstocks akzentuiert wird. Ich denke, daß ich Thorold Dickinson nicht gerade Unrecht tue, wenn ich sage: Hätte er nicht die Absicht gehabt, daß sich dieses Geräusch in unserem Gehirn festsetzt, damit er es später wieder in der Geisterszene verwenden kann, hätte er diesen Effekt wahrscheinlich überhaupt nicht benutzt. Dame Edith wäre quer durch die Halle gehumpelt, und selbst wenn man die Geräusche ihres Kleides und ihres Stocks hätte hören können, wären sie in der allgemeinen Geräuschkulisse untergegangen. Warum also? Solch ein Geräusch ist faszinierend und an sich schon aufregend genug. Als ich es zum ersten Mal hörte, hatte ich keine Ahnung, daß es noch einmal vorkommen wird. Doch gerade dadurch wurde dieser spezielle Augenblick des Films besonders packend und schön.«*

Wir sollten die Formulierung »fazinierend und an sich schon aufregend genug« noch einmal bedenken. Soll der Ton eines Films tatsächlich von sich aus schon faszinierend sein? Die Gefahr liegt nahe, daß ein Ton, der eine derartige Aufmerksamkeit beim Zuschauer erregt, ihn eventuell belästigt. Das Publikum könnte durch die besondere Eigenart der Geräusche ständig abgelenkt werden, und falls dies keine dramaturgische Absicht ist, könnte darunter der Gesamteindruck des Films leiden. Wird andererseits ein bedeutungsvoller Ton so benutzt, daß er einen Höhepunkt in der Story verstärkt, ist er nicht nur gerechtfertigt, sondern auch äußerst hilfreich. Die Schritte in *Odd Man Out* und das schleifende Geräusch von Edith Evans' Krinoline in *The Queen of Spades* pointieren wichtige dramatische Stellen. Sie rechtfertigen damit also auch ihren ungewöhnlichen Toncharakter.

Der Ton und die Montage des Films

In den Kapiteln über die Montage von Wochenschau und Dokumentarfilmen haben wir bereits gesehen, wie wichtig der Ton als Mittel zur Kontrolle des Tempos sein kann. In einer Wochenschau wird die schnelle Aneinanderreihung von Ereignissen fast ausschließlich durch das Sprechtempo und die

* Sight and Sound, Dezember 1949.

Stimmlage des Kommentators bestimmt, oft gegen den natürlichen Fluß der Bilder. Auch in unseren Analysen der Spielfilmszenen haben wir oft feststellen können, wie der Ton das Tempo einer Sequenz verlangsamen oder beschleunigen kann. Um einen noch genaueren Einblick zu bekommen, *wie* der Ton in der Praxis das Tempo bestimmt, wollen wir noch einmal auf die Sequenz aus *Odd Man Out* zurückkommen.

In der Überfallszene sehen wir den verzweifelten Kampf der drei Männer ›gegen die Zeit‹. Die Bilder sind entsprechend schnell geschnitten, um das Tempo des ganzen Vorgangs zu vermitteln. Obwohl sich die Männer beeilen, sind sie sich völlig im klaren darüber, wieviel Zeit sie für ihren gefährlichen Job benötigen, und der Ton mit dem gelegentlichen rhythmischen Stampfen des Mahlwerks verlangsamt das Tempo der Szene, um etwas über den inneren Zustand der Männer auszusagen. Draußen bei Pat werden die Geräusche noch langsamer: Die zeitweiligen Hufschläge und die betont hörbaren Schritte vermitteln in etwa, wie Pat die für ihn kaum zu ertragende Wartezeit erlebt. Wenn die Männer flüchten, werden die Geräusche aus naheliegenden Gründen sehr schnell, wobei ein großer Teil der Wirkung auch durch die Lautstärke erreicht wird. Wenn schließlich Johnny im Schuppen zu Boden geht, scheint die Zeit für einen Moment stillzustehen. Der Ton wird langsam ausgeblendet, und das regelmäßige Atmen von Johnny betont das allmähliche Ruhe-nach-dem-Sturm-Gefühl dieser Sequenz.

In vielen Fällen kann der Ton in seinem Charakter und seinem Tempo auch kontrapunktisch zu den Bildern eingesetzt werden. So entsteht die Atmosphäre hektischer Eile und angespannter Ruhe in der Überfallsequenz von *Odd Man Out* eben durch das gegensätzliche Tempo von Ton und Bild. Das Tempo des Tons wird hier kontrapunktisch zu den Bildern verwendet und nicht als Verstärkung. In gleicher Weise wird der emotionale Charakter des Tons kontrapunktisch zur Stimmung des Films eingesetzt. In Launde-Gilliats Film *Millions Like Us (1943)* gibt es eine Szene, in der uns indirekt mitgeteilt wird, daß Patricia Rocs Ehemann im Krieg gefallen ist. Anschließend sehen wir sie auf einer wilden Tanzparty in einer Arbeiterkantine, auf der sich alle köstlich amüsieren. Während die Kamera das Mädchen herausgreift und langsam auf sie zufährt, hören wir nichts als den gröhlenden Gesang der Munitionsarbeiter um sie herum. Durch diesen Kontrast wirkt die Szene besonders stark.

Bei einem kontrapunktischen Einsatz von Ton und Bild muß man sehr vorsichtig vorgehen. Wenn der Gegensatz zu offensichtlich ist, kann leicht ein komischer oder allzu künstlicher Effekt entstehen.

Die zwei hier besprochenen Beispiele dürften aber hinlänglich beweisen, wie man einen kontrastierenden und dadurch verstärkenden Ton erfolgreich einsetzen kann. Der Zuschauer darf sich des Widerstreits zwischen Ton und Bild jedoch nicht bewußt werden; andernfalls wird er merken, daß die Idee, die trauernde Patricia Roc in eine aufgekratzte Gesellschaft zu versetzen, ein ziemlich billiger und rührseliger Trick ist. Dem Zuschauer sollte möglichst keine Zeit gelassen werden, Ton und Bild getrennt voneinander wahrzunehmen. Er sollte beides gleichzeitig aufnehmen, ohne sich eines Kontrastes bewußt zu werden.

Zum Schluß wollen wir noch etwas über die Rolle sagen, die der Ton direkt beim Schnitt spielt. Mit Hilfe eines durchgehenden Tons kann man manchmal auch aus einer Reihe mehr oder weniger unzusammenhängender Szenen eine flüssige Erzählfolge herstellen. So kann eine musikalische Untermalung eine Montagesequenz zusammenhalten und als einheitliches Ganzes erscheinen lassen. Nimmt das Ohr, während die verschiedenen Szenen aufeinander folgen, einen einigermaßen zusammenhängenden Ton wahr, kann dieser die Szenen verbinden und die Übergänge gefällig erscheinen lassen. So kann man den Ton oft auch dazu benutzen, den Anschluß bei einem einzelnen Schnitt flüssig erscheinen zu lassen. Dazu ein hypothetisches Beispiel.

»Das Überlappen des Tons bei einem Schnitt ist eine der wichtigen Errungenschaften des Tonfilms – besonders des Dialogfilms. Der vollständig parallele Schnitt von Ton und Bild sollte eher die Ausnahme als die Regel sein. Ich möchte das an einem ganz einfachen Beispiel deutlich machen. Wenn, was leider viel zu oft vorkommt, der Held sagt: ›Verstehst du nicht, was ich dir sagen will? Ich liebe dich!‹, und wenn ich dann vom Bild des Helden und gleichzeitig von seinen Worten wegschneide, habe ich einen Parallelschnitt gemacht. In der Praxis würde ich das ganz sicher nicht tun. Meine genaue Schnittmarke hinge natürlich vom Kontext ab. Um bei diesem Beispiel zu bleiben, würde ich wahrscheinlich nach den Worten ›... was ich dir sagen will?‹ im Bild auf die Heldin schneiden und seine Liebeserklärung so lange unterlegen, bis ich dann im Ton auf ihre kaum weniger beseelte Antwort ›Oh, George!‹ schnitte.« *

Das Überlappen des Tons in Dialogszenen ist oft nicht nur aus dramaturgischen Gründen nötig, sondern auch für einen flüssigen Anschluß. Häufig ist man gezwungen, von der statischen Einstellung eines Schauspielers auf eine andere zu schneiden, ohne daß Bewegungen vorkommen, in die man einen flüssigen Bildschnitt legen könnte. In solchen Fällen hilft oft ein überlappender Ton.

Manchmal kann auch ein heftiges Geräusch, das man genau auf die Schnittstelle legt, die gleiche Wirkung haben. Zum Beispiel: Man will von der Einstellung eines Mannes, der türschlagend ein Zimmer verläßt, auf eine Einstellung desselben Mannes schneiden, in der er einen anderen Raum betritt und hinter sich die Tür schließt. Angenommen, der Anschluß wäre technisch nicht einwandfrei oder aus anderen Gründen unschön, und man schneidet in dem Moment, wo der Mann hörbar die Tür zuschlägt, so wird die Aufmerksamkeit des Zuschauers für einen Augenblick abgelenkt, und er wird den Schnitt als absolut flüssig empfinden. Ein ausgeklügelteres Beispiel für diesen gebräuchlichen Kunstgriff gibt es in David Leans *The Passionate Friends*. Aus einer Einstellung mit Mary Justin (Ann Todd), die in einem chauffeurgesteuerten Wagen sitzt, werden wir in einer Rückblende ihrer Gedanken – irgendwohin, Kilometer entfernt – versetzt. Kurz vor dem Ende der Rückblende hören wir das Bremsen der Räder. Mit diesem plötzlichen, unerwarteten Geräusch versetzt uns der Schnitt wieder zurück zu der im Auto sitzenden Mary. Ohne diesen Laut wäre der Schnitt ziemlich seltsam und deshalb unbefriedigend gewesen. Hier jedoch vermittelt das unangenehme Bremsgeräusch den Eindruck, daß Marys Gedanken plötzlich wieder in die Gegenwart zurückkehren. Es gibt dem abrupten Wechsel eine dramatische Bedeutung.

Es war sicherlich angebracht, zum Schluß eines Buches über Filmmontage mit der eindrucksvollen Sequenz aus *Odd Man Out* ein konkretes Beispiel dafür anzuführen, wie heutzutage der Ton zum integralen Bestandteil einer filmischen Erzählfolge werden und wie der Ton ganz direkt eine Bildmontage beeinflussen kann. Zukünftige Filmhistoriker, die auf die ersten zwei Jahrzehnte des Tonfilms zurückblicken, könnten zu der Ansicht gelangen, daß das Element des Tons einen retardierenden Einfluß auf die Bildsprache des Kinos gehabt hat. Pioniere der Filmmontage wir Griffith und Eisenstein wagten sich nur zögernd an den Tonfilm heran – eine Tatsache, die vielleicht mehr äußerlichen Umständen (den hohen Kosten des Tonfilms zum Beispiel) zuzuschreiben ist als etwa Talentlosigkeit oder einigen Einschränkungen durch das neue Medium. Schon die wenigen originären Toneffekte, die wir auf den letzten Seiten besprochen haben, scheinen auf neue, aussichtsreiche Experimente und Leistungen hinzudeuten.

* Sidney Cole: Film Editing, a. a. O.

Teil II

Die fünfziger und sechziger Jahre

16 Breitwand

Die ›Breitwand‹ – wie wir etwas ungenau sagen – war filmtechnisch die erste bedeutende Neuerung der fünfziger Jahre. Der Begriff läßt sich für alle Formate verwenden, die über das 1 : 1,33-Rechteck hinausgehen, das bis dahin in der Geschichte des Kinos allgemein üblich war. ›Breitwand‹ bezeichnet das erste und wahrscheinlich auch bekannteste Verfahren, das CinemaScope-Format der 20th Century-Fox, und es bezeichnet eine Reihe konkurrierender Systeme anderer Firmen, die sich zunächst in Hollywood und später fast überall in der Welt durchgesetzt haben.

Anfang der fünfziger Jahre nahm der Kinobesuch, der nach dem Krieg in vielen Ländern zurückgegangen war, weiter ab. Die Antwort der Industrie auf diese wirtschaftliche Bedrohung hieß: Filme in Breitwand anbieten. Das alte Format im Verhältnis 1 : 1,33 war aus der Weiterentwicklung des Edison/Dixon-Kinetoscope entstanden und auf das ökonomische Erfordernis nach Vereinheitlichung hin eingeführt worden. Dennoch gab es immer wieder Versuche, die Beschränkungen dieses Formats zu umgehen. Eines der frühesten Beispiele dafür gibt es in Griffith' *Intolerance*, wo das Format durch seitliche Masken verändert wird: Das betont besonders die Höhe, von der ein Soldat die Stadtmauer Babylons herunterfällt. Masken zu verwenden, insbesondere die Irisblende, bot schon früh die Möglichkeit, das Format aus kompositorischen Gründen zu verändern.

Nach Einführung des Tonfilms war das Bildformat ein paar Jahre lang fast quadratisch, da zusätzlich die Lichttonspur auf dem Film untergebracht werden mußte. Aber schließlich kehrte man doch zum alten Format zurück und reduzierte einfach die Bildhöhe ein wenig. Über die Jahre hinweg wurden dann immer wieder Vorschläge für ein ideales Bildformat gemacht; es sollte unbegrenzt verwendbar und immer passend sein. Aber in der Praxis gab es zunächst keine Veränderung.

Das Breitwand-Format wurde schon 1927 von dem französischen Professor Henri Chrétien erfunden. Sein Verfahren sah vor, das Breitwand-Bild zunächst mit einer anamorphotischen* Linse auf normalen 35 mm-Film zusammenzupressen und es dann bei der Projektion mit der anamorphotischen Linse wieder zu entzerren, die dabei um 90 Grad gedreht wurde. Diese Erfindung wurde jedoch damals überhaupt nicht beachtet. Schließlich aber stießen die Leute der 20th Century-Fox auf Chrétiens Anamorphoscope. Sie führten es 1953 ein und nannten es CinemaScope.

Chrétiens Erfindung war allerdings schon früher benutzt worden. Claude Autant-Lara drehte seinen Film *Construire un feu* (1929) mit einer anamorphotischen Linse.** Autant-Lara konstruierte seine Geschichte offenbar so, daß die einzelnen Episoden – die auf unterschiedlichen Aktrollen waren – abwechselnd im Breitwand- und im Hochformat gezeigt wurden. Diese Idee ist aber nie weiterentwickelt worden. Im Gegenteil: Das Verfahren wurde 25 Jahre lang ignoriert. Vielleicht weil der Zweite Weltkrieg ausbrach, vielleicht weil es zu teuer war, die Kinos mit anamorphotischen Optiken auszustatten.

Nachdem die Fox den entscheidenden Schritt getan hatte, konnte sie nicht mehr zurück. *The Robe* (Das Gewand), so wurde angekündigt, sollte der erste Film in CinemaScope sein. Bevor das Jahr 1953 zu Ende ging, gaben auch die anderen großen amerikanischen Filmgesellschaften ihre Pläne für eigene Breitwand-Verfahren bekannt. Die Schlacht begann, und sie sollte große Auswir-

* Im Englischen wird der Begriff ›anamorphisch‹ statt ›anamorphotisch‹ verwendet; der erste ist gebräuchlicher, der zweite richtiger.

** Nach Angaben von Thorold Dickinson in: Sight and Sound, Frühjahr 1955, S. 210. Dickinson schreibt, daß Autant-Lara ähnlich wie Abel Gance eine Zwei- oder Dreifach-Projektion nebeneinander verwendete. Er stellt sich vor, was Autant-Lara mit VistaVision gemacht hätte: Die Leinwand wäre »durch eine Fülle von Bildern verschiedener Größe und Formate gesprengt worden... dafür ist heute der Weg frei.« Das mag durchaus sein, doch wenn man die zurückliegenden dreißig Jahre betrachtet, hat bisher niemand diese Chance wahrgenommen.

kungen auf den Film – also auch auf die Filmmontage – haben. Die Breitwand begann, die Ästhetik des Kinos neu zu definieren.

Aber nicht sofort. Das Verfahren wurde von den Filmgesellschaften mit Begeisterung angekündigt, doch von den Kritikern mit Verachtung aufgenommen. Man machte sich lustig über Zimmer, die »die Größe von Tennisplätzen« hätten. Amüsiert sagte man eine Flut von Schlafzimmer-Filmen voraus, da die Breitwand sich besser mit liegenden statt mit stehenden Schauspielern ausfüllen ließe.

Von »Sight and Sound« befragt, begrüßten 1955 eine Reihe von Regisseuren die neuen Möglichkeiten des Kinos. Aber sie stellten auch fest, daß kein Format für jeden Zweck tauge und deshalb auch nicht das einzig gültige sein dürfe. Dieser Feststellung konnte kaum jemand widersprechen. Schwieriger war es allerdings zu sagen, wofür das neue Format sich eignete. Lewis Milestone behauptete, die Breite von CinemaScope erlaube es nicht, rhythmisch zu schneiden. Jean Renoir sah den Tod der Großaufnahme voraus. Und Abel Gance verdammte eindringlich sämtliche Verfahren, die nicht die Möglichkeiten seines (nicht existierenden) Panacea-Verfahrens besäßen, der veränderbaren Leinwand oder »der Polyvision, der kinematographischen Sprache der Zukunft«.*

In derselben Ausgabe von »Sight and Sound«, räumte Penelope Houston ein, die »The Man That Got Away«-Sequenz in George Cukors *A Star Is Born* (Ein neuer Stern am Himmel, 1954) ende mit einer Einstellung, die »so hervorragend komponiert ist, daß es sich fast zu lohnen scheint, CinemaScope zu verteidigen«. So begann CinemaScope sich ganz allmählich durchzusetzen. Zu den ersten, die die Möglichkeiten des neuen Verfahrens erkannten, gehörte Basil Wright. In einer Besprechung von *The Robe* schrieb er:

»Man muß den Film anders sehen, und zwar unter dem Gesichtspunkt der Bewegung. In *The Robe* sind einige Szenen deshalb gelungen, weil sich die Bewegung dem Raum anpaßt, in dem sie stattfindet. Das geschieht, grob gesagt, auf zweierlei Weise: Zum einen wird die gesamte Leinwand mit Handlung gefüllt, wie z.B. in der beeindruckenden Nachteinstellung mit einer Fahraufnahme der vier weißen Pferde, die auf die Zuschauer zugaloppieren. Zum anderen spielen sich eine Reihe verschiedener Aktionen ausgewogen im Vorder- und Hintergrund ab. Es gibt aber nur eine Sequenz, in der die ganze Komplexität dieser verschiedenen Aktionen erreicht wird, und das ist die Kreuzigungssequenz. Hier wird im Ansatz erkennbar, welche Möglichkeiten das Format bietet. Besonders, wenn in der extremen Totalen (a) die Reiter und die Stadt Jerusalem, (b) das Publikum und die sich amüsierenden Soldaten und (c) die Gekreuzigten zu sehen sind. Interessant dabei ist, daß die Großaufnahmen der griechischen Sklaven, die Jesus beobachten, nicht unproportioniert wirken – wie die meisten Großaufnahmen dieses Films. Die riesige, leere Leinwand neben Victor Matures schmerzverzerrtem Gesicht ist irgendwie (nicht sichtbar, aber doch im Zusammenhang) durch die weiten, umfassenden Bilder angereichert, die dieser Einstellung vorangehen bzw. ihr folgen. Das breite, niedrige Format funktioniert hier, und es funktioniert teilweise durch die Montage, teilweise durch die besondere Art der Kamerabewegung – einer vertikalen Kranbewegung, die von unten hoch zur Schulter des Gekreuzigten führt. Hier zeigt sich – wesentlich deutlicher als etwa in den prunkvollen Szenen, den Verfolgungsjagden und den Schlachtsequenzen –, welche Möglichkeiten in diesem neuen, bis jetzt noch widerspenstigen Mittel des Mediums Film stecken.«**

Es lohnt sich, Wrights wichtigste Argumente zu wiederholen: daß die Breitwand hervorragend zur Geltung kommt, wenn sie voller Aktionen ist; daß durchgehende und komplexe Handlungsstränge darstellbar sind, wenn sie kunstvoll aufeinander abgestimmt werden; und daß auch Großaufnahmen möglich sind, wenn sie bei der Montage durch andere Einstellungen gestützt werden.

Es war nicht zu erwarten, daß die Möglichkeiten des Breitwand-Formates

* The Big Screens. Sight and Sound, Frühjahr 1955.
** Sight and Sound, Januar-März 1954, S. 143.

sofort ausgeschöpft würden.* Ähnlich war es ja, als der Tonfilm eingeführt wurde. Da gelang es den Regisseuren anfangs auch nicht, das neue Medium erfolgreich zu nutzen. Das Breitwand-Kino litt vor allem unter den hemmungslosen Versuchen, alle Szenen, unabhängig von ihrem Inhalt, spektakulär zu gestalten. Das breitere Bild schien sich besonders für Melodramen zu eignen, in denen die Gefühle größer sind als im Leben. *River of No Return* (Fluß ohne Wiederkehr, 1954) war einer der frühesten Filme, der die Breitwand intelligent einzusetzen wußte.

*River of No Return***

Der Film erzählt von einem Siedler, der in eine kleine Grenzstadt kommt, um seinen Sohn zu holen, den er für einige Zeit in andere Obhut gegeben hatte. Dabei lernt er eine Barsängerin kennen, die seinen Sohn inzwischen beschützt hat. Wenig später besucht die Sängerin mit ihrem Freund die beiden auf ihrer Farm, wobei ihr Freund den Siedler beraubt und sie zurückläßt. Zu dritt verfolgen sie daraufhin den Dieb stromabwärts auf einem Floß. Dabei verliebt sich die Sängerin in den Helden. Am Ende wird der Dieb von dem Jungen erschossen, und die drei leben danach glücklich zusammen.

Der Film beginnt mit einer langen Kamerafahrt durch die geschäftige Westernstadt bei Nacht. Voller Vergnügen füllt Preminger die Leinwand mit einer Vielzahl von Geschehnissen. Im Hintergrund ereignet sich allerlei, während im Vordergrund eine kleine Geschichte um den Siedler und einen Priester spielt, der seine Bibel hat fallenlassen. Im Mittelgrund fährt eine Kutsche, besetzt mit leichten Mädchen, in schnellem Galopp in den Ort ein, kippt um und schleudert die Mädchen heraus, Röcke wirbeln durch die Luft. Die Leinwand bietet genug Raum für ein solches Ereignis. Es wird eher nebensächlich behandelt und gewinnt dennoch eine gewisse Eindringlichkeit, da es unbewußt doch registriert wird. Mit anderen Worten: Die Breitwand hilft, ein Ereignis, das in einer getrennten Einstellung überbetont erschiene, im richtigen Verhältnis zur übrigen Handlung zu zeigen.

Ein anderes, für die Handlung des Films wichtigeres Beispiel ist von einem Kritiker beschrieben worden: »Als Harry (der Dieb und Freund der Sängerin Kay) Kay vom Floß hilft, fällt ihr Koffer mit all ihren Habseligkeiten ins Wasser. Der Verlust aller Besitztümer ihres bisherigen Lebens ist von großer symbolischer Bedeutung. Aber Preminger betont dies nicht besonders. Der Koffer schwimmt einfach aus dem Bild, während Harry Kay ans Ufer bringt. Es wäre falsch, dies als Understatement zu bezeichnen. Das Symbolische liegt in dem Ereignis selbst, nicht in der visuellen Form. Der Regisseur zeigt also bloß den Vorfall, überläßt es aber dem Zuschauer, ihn zu interpretieren.«***

Auch hier zeigt sich: Dadurch, daß Preminger auf eine Großaufnahme des davonschwimmenden Koffers verzichtet, wirkt das Ereignis beiläufiger. Es ist die Breitwand, die diese Möglichkeit erstmals bietet.

Die Innenaufnahmen stellen für Preminger jedoch ein Problem dar. In Kays ›vollgestopfter‹ Garderobe hinter der Bar weiß er anscheinend nicht so recht, wie er die gähnende Leere füllen soll. Ein Kleid, das quer im Bild hängt, und eine Decke, die über eine Leine geworfen ist, befreien ihn von der Aufgabe, Handlungen in den leeren Raum zu inszenieren. Doch diese Lösung wirkt eher wie ein Behelf. In einigen der ersten Breitwand-Filme entstand immer wieder der Eindruck, als müsse man sich für die Breite der Leinwand entschuldigen. Er verschwand, als die Regisseure lernten, die Größe des Raumes kühn zu nutzen.

---

* CinemaScope-Filme halfen, das Publikum zurückzugewinnen, das das Kino zuvor ans Fernsehen verloren hatte. Als der Erfolg von CinemaScope in den westlichen Ländern immer größer wurde, führte man eine Arme-Leute-Breitwand ein. Man schuf ein breiteres Bild, indem man das Format im Verhältnis 1:1,66 bzw. 1:1,85 veränderte. So gestattete man kleineren Kinos, die Leinwand entweder in der Höhe zu verringern oder etwas zu verbreitern – ohne daß sie anamorphotische Linsen anschaffen mußten. Das bedeutete gleichzeitig, daß alte Filme und Filme aus östlichen Ländern verstümmelt wurden, indem der obere und untere Teil des Bildes bei der Projektion abgeschnitten wurden.

** Regie: Otto Preminger. Schnitt: Louis Loeffler. 20th Century-Fox, 1954.

*** V. F. Perkins, Movie, No. 2, Sept. 1962, S. 18. Über die Anfangssequenz schreibt Perkins, daß »sie endet, als sie aufhört, einen klaren Überblick über die Situation zu geben«.

Wie wir in den kurzen Beispielen angedeutet haben, besteht das Charakteristische der Breitwand darin, so umfassend zu sein. Je mehr Details man deutlich und selbstverständlich in die Einstellung einbaut, um so weniger muß man in einzelnen Nahaufnahmen auf sie aufmerksam machen. Der Schnitt ist in gewissem Sinne ein künstliches Hilfsmittel, das die Aufmerksamkeit mehr auf die Form als auf den Inhalt lenkt. Deshalb erscheint jede Handlung um so ›natürlicher‹ und spontaner, je weniger Schnitte vorkommen. Dabei entsteht der Eindruck, die Handlung gewinne an Objektivität, weil der Filmemacher weniger einzugreifen scheint. Das mag nichts weiter als ein psychologischer Trick sein, dennoch ist es wahr, daß jede neue Kameraposition nicht nur auf den rein technischen Vorgang des Filmens aufmerksam macht, sondern auch von sich aus ein Mittel der Interpretation darstellt. Der Anschein – oder der tatsächliche Eindruck – von Objektivität, den die Breitwand hervorruft, kommt heute den Wünschen von Filmemachern und Publikum entgegen. Ein realitätsnaher, dokumentarischer Stil ist, besonders seit der Geburt des Neorealismus, ein Kennzeichen vieler Filme.

André Bazin

Wenn es je einem Mann gelungen ist, dieses Gefühl in seinen Schriften verständlich zu machen, dann André Bazin, dem ›Philosophen‹ der Theorie von Authentizität und Objektivität in der Filmmontage. Bazin, Gründer und Mitherausgeber der einflußreichen französischen Zeitschrift »Cahiers du Cinéma«, entdeckte in seinen kritischen Schriften eine Tradition des Kinos, die mit Stroheim begann und bis in seine Zeit hinein ungebrochen andauerte (Bazin starb 1958). Er verteidigte ein Kino, in dem die Handlung von größerer Bedeutung war als die Inszenierung. Er wies auf die Gefahr hin, die Realität durch die Montage zu manipulieren. Und er bekannte sich zu seinem Mißtrauen gegenüber allem, was der bedenkenlose – oder einfach gedankenlose – Künstler dem Bild hinzufügt, um die Realität zu zerstören. Seine Heroen waren Stroheim und Murnau. Seiner Meinung nach setzte sich deren Vorstellung von Realismus in den dreißiger Jahren fort: im Schaffen von Renoir, der die lange, durchgehende Plansequenz einführte, die Kamerafahrt und die Komposition des Bildes in die Tiefe. In den USA wurde diese Tradition von Welles und Wyler, in Europa von Rossellini und Visconti sowie von Antonioni fortgeführt.

Ohne näher auf Bazins Theorien einzugehen, können wir sie vielleicht dennoch zusammenfassen, indem wir zwei kurze Passagen aus seinem Buch »Qu'est-ce que le cinéma?« zitieren:

»Wenn innerhalb der Handlung das Wesentliche eines Ereignisses vom Nebeneinander zweier oder mehrerer Faktoren abhängig ist, darf man nicht schneiden.« *

Und, als wäre es der Beweis für diese Behauptung: »Die Montage von Kuleschow (in dem berühmten Experiment mit Mosshuchin), von Eisenstein oder von Gance zeigen das Ereignis nicht, sie spielen darauf an.« **

Bazin war ein großer Verehrer von Flaherty. Er sprach voller Begeisterung von der Seehundjagd, in der Nanook, das Loch im Eis und der Seehund in ein und derselben Einstellung zu sehen sind. Aber er kritisierte Flaherty für eine Sequenz in *Louisiana Story*. Da erzeuge die Montage eine künstliche Spannung, wenn das Krokodil den Vogel jagt. Andererseits gibt es auch eine Einstellung, in der man das Krokodil und den Vogel gleichzeitig sieht; was einen , wie er sagt, mit dieser Sequenz aussöhnt.

Bazin befaßt sich in den Artikeln nicht direkt mit dem Breitwand-Format, das damals noch ziemlich neu war. Aber es wird schon deutlich, daß es seinen Ansprüchen entgegengekommen wäre. Die Breitwand hilft – durch ihre große Weite – dem Regisseur, eine szenische Geschlossenheit herzustellen, falls er sie wünscht. In Breitwand wäre es einfacher gewesen, den Vogel und das Krokodil miteinander in Verbindung zu bringen.

* Montage interdit. André Bazin: Qu'est-ce que le Cinéma? Band 1. Paris: Cerf 1958, S. 127.
** L'évolution du langage cinématographique, ebenda, S. 133.

So passiert es, daß einer kritischen Annäherung an ein bestimmtes Kino plötzlich, als gäbe es ein mysteriöses Zusammenspiel, die technischen Mittel verfügbar sind, die das Kino in der Praxis weiter vervollkommnen.

Über die konkreten Beispiele hinaus, mit denen Bazin seine Ausführungen illustriert, gibt es weitergehende Überlegungen, die aus der zunehmenden Verwendung der Breitwand entstanden sind. In einer Art Analogie zum letzten Beispiel ist die Breite der Leinwand als Hilfsmittel dargestellt worden, eine dokumentarische Wahrheit zu erschaffen: Dem Regisseur sei es dadurch möglich, eine wesentlich ›natürlichere‹ Atmosphäre auf die Leinwand zu bringen. Durch das großzügigere Format können mehr Personen gezeigt werden. Das läßt vermuten, daß diese Personen – unter gewissen Umständen – sich auch mit größerer Natürlichkeit bewegen können als in dem begrenzten Rechteck des Normalformats.

So abwegig derlei Spekulationen auch sein mögen, wahr ist, daß die Breitwand bestimmte Vorteile hat. Ihre Breite und Tiefe erlauben es, eine Szene von großer Komplexität und Dauer zu zeigen, ohne daß dabei der Blick für das Detail oder die Gesamtkomposition verloren geht. Gleichzeitig bleibt die Intensität der Inszenierung erhalten, die durch Schnitte zerstört würde, die nur aus technischen Gründen notwendig sind. Das Format ermöglicht es, völlig neue horizontale und diagonale Kompositionen zu entwerfen. Dementsprechend ist es keine Verlegenheit mehr, wenn man, um die Aufmerksamkeit auf ein Detail zu lenken, einen Teil des Bildes abdeckt.

Die folgenden Standfotos und die Anmerkungen dazu sollen diese Behauptungen belegen. Es soll deutlich werden, daß die Verantwortung für den Schnitt zunehmend vom Cutter auf den Regisseur übergegangen ist; oder, anders ausgedrückt: In den fließenderen Breitwand-Filmen ist es schwieriger geworden, zwischen dem Anteil der Regie und dem der Montage zu unterscheiden.

1

2

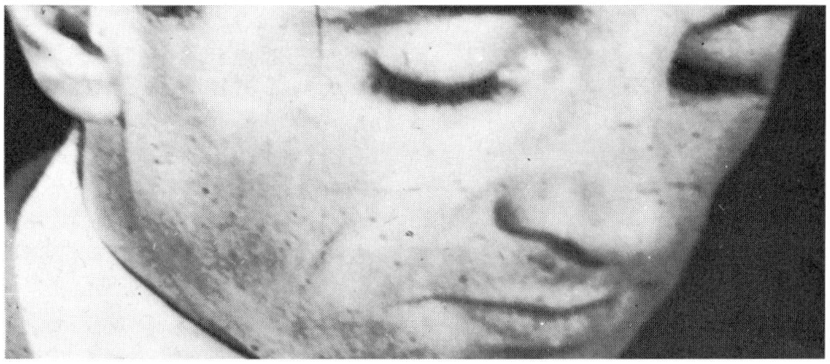

3

4

5

Breitwand-Beispiele

Die Breitwand ist besonders für diagonale und horizontale Kompositionen geeignet. Aber sie kann, wenn nötig, auch in der Breite verringert werden. Die Größe der Leinwand ist kein Hindernis für eine Großaufnahme.

1 *Rebel Without a Cause* (...denn sie wissen nicht, was sie tun, 1955). Regie: Nicholas Ray. Nach der Mutprobe. Jim (James Dean) und die anderen Jugendlichen stehen an der Klippe, über die Buzz in den Tod gestürzt ist.

2 *Barabbas* (Barabbas, 1962). Regie: Richard Fleischer. Rachel und Barabbas am Grabe Christi. Die Wirkung dieser Einstellung beruht nicht allein darauf, daß die Bildbreite verringert und die Aufmerksamkeit auf Rachels Gesicht gelenkt ist. Von Barabbas' massivem Rücken geht auch Bedrohung aus. Und das erweckt unser Mitgefühl für Rachel.

3 *Tirez sur le pianiste* (Schießen Sie auf den Pianisten, 1959). Regie: François Truffaut. Charlie (Charles Aznavour) am Klavier.

Der Zusammenschnitt verschiedener Einstellungen in Breitwand: Auch Einstellungen unterschiedlicher Größe fügen sich befriedigend aneinander.

4–7 Vier aufeinanderfolgende Einstellungen in der Arena aus der Schlußsequenz von *Barabbas*. Torvald (Jack Palance), ein sadistischer Gladiator, wird im Kampf von seinem vermeintlichen Opfer getötet: Barabbas. Einstellung 4 ist eine statische Großaufnahme, Einstellung 5 eine totale, schnelle Heranfahrt der Kamera, Einstellung 6 das Gegenstück dazu: eine schnelle Zurückfahrt der Kamera, Einstellung 7 eine statische Totale.

Diese Einstellungen scheinen Basil Wrights zuvor zitierter Auffassung zu entsprechen, wonach Einstellungen unterschiedlicher Größe auch in Breitwand miteinander harmonieren, wenn »ein Zusammenhang durch die Montage hergestellt wird«. Das sorgfältig ausbalancierte Gleichgewicht zwischen Bildgröße und Kamerabewegung ergibt hier eine tour de force, die im traditionellen 1:1,33-Format kaum zu erreichen wäre. Einstellung 7 ist in ihrer Wirkung sehr komplex. Die Einstellungen 4 und 6 erzeugen eine Spannung, die auch in Einstellung 7 erhalten bleibt. Doch die plötzliche Erweiterung des Bildes mischt diese Spannung mit einer seltsamen Erregung, die wie ein Gefühl des Triumphes wirkt. So fühlt sich der Zuschauer etwas zwiespältig, etwas unbehaglich, da er zugleich darum zittert, daß Torvald sein Opfer nicht besiegt. Diese Ambivalenz der Gefühle ist ein zentrales Thema des Films, der sich auch mit der verführerischen Kraft der Gewalt auseinandersetzt.

Die Größe der Leinwand hilft oft, Details in den Bildern zu betonen, die im Normalformat kaum sichtbar würden.

8 *Wild River* (Wilder Strom, 1960). Regie: Elia Kazan. Eine alte Dame lebt auf einer Insel mitten im Tennessee River. Für ein neues Bewässerungssystem wollen die Behörden ihr Tal als Staubecken benutzen. Doch die alte Dame weigert sich, ihren Hof aufzugeben. Das Schild signalisiert beiläufig ihren Widerstand gegen die Behörden. Die Größe ihres Widerstandes steht in umgekehrtem Verhältnis zur Größe des Schildes in dieser Einstellung.

Die Breite des Bildes erlaubt es, die Darsteller in einer Einstellung dramatischer zueinander anzuordnen.

9–10 *A Star Is Born* (Ein neuer Stern am Himmel, 1954). Regie: George Cukor. Hier betreten der alternde Star Norman Mayne (James Mason) und die im Aufstieg begriffene Vicki Lester (Judy Garland) das Chefbüro des Studios. Sie wollen ihre Verlobung bekanntgeben. An den Seiten: der Studioboß Oliver Nile (Charles Bickford) und sein Pressechef Matt Libby (Jack Carson). Maynes Ruf als Frauenheld läßt sie nichts Gutes ahnen für diese Verbindung. Sie sehen in ihr eine Bedrohung für Vickis Karriere. Und damit auch eine Bedrohung für das Studio. Ihre Haltung wird durch ihre Position im Bild unterstrichen. Das Paar betritt den Raum durch die Tür im Hintergrund. Die beiden gehen nach vorn, wo die beiden Studioleute sie einrahmen. Es scheint dabei, als ›spalteten‹ sie das Studio in zwei Lager, repräsentiert durch Nile und

6

7

8

9

10

11

12

13

14

15

Libby. Gleichzeitig fühlen sie sich gezwungen, ihre Heirat im Rahmen und in der ›Umarmung‹ des Studios bekanntzugeben. Das erinnert daran, daß ihre Beziehung auf Gedeih und Verderb von ihrer Karriere abhängt. Die Anordnung der vier Personen könnte natürlich auch bei einem kleineren Format so sein. Doch erst die Breitwand betont die große Intimität des Paares und dessen Bedrohung durch die beiden ›Außenstehenden‹, die während der Szene fast unbeweglich verharren. Als das Paar das Büro durch die Tür in der Bildmitte (10) wieder verläßt, entsteht in dem Raum, den es zwischen den beiden Männern zurückläßt, eine spürbare Spannung.

Eine Kombination unterschiedlicher Stilmittel: Kamerabewegungen, Wechsel der Einstellungsgröße und Ausnutzung der ganzen Bildfläche, kann Wirkungen von ungewöhnlicher Aussagekraft und Einfühlsamkeit erzeugen.

11–16 *El Cid* (El Cid, 1961). Regie: Anthony Mann. Sechs Standfotos zweier aufeinanderfolgender Einstellungen. Die Breitwand erlaubt hier gewissermaßen eine ›Doppel-Großaufnahme‹, die aber nicht bloß eine einzelne Großaufnahme verdoppelt. Chimene (Sophia Loren) und Königin Urraca (Geneviève Page) beobachten, wie El Cid in die Schlacht reitet. Beide mißtrauen einander. Die Breitwand gewährt den beiden die gleiche Bedeutung. Aber die Feindseligkeit zwischen ihnen wird dennoch auf geheimnisvolle Weise verstärkt, weil sie sich zwar nebeneinander, aber gleichzeitig etwas voneinander entfernt befinden. In einem kleineren Format hätte dies kaum erreicht werden können. Die Überblendung (12) führt uns von Chimenes sanftem Gesicht zu einer rauhen und felsigen Landschaft. Die Kamera schwenkt nach links den Berg hinunter auf einige Soldaten, sie sich auf uns zubewegen (13). Sie werden von El Cid angeführt. Sie nähern sich, reiten vorbei (14, 15), und die Kamera schwenkt ihnen von links nach rechts nach.
Plötzlich fährt die Kamera abrupt zurück: Ein Felsen kommt ins Bild und mit ihm ein Säbel, der schließlich das ganze Bild füllt. Der Cid ist in einen Hinterhalt gelockt worden. Die

Breitwand steigert noch den Überraschungseffekt, weil die Handlung nahezu vollständig außerhalb des Bildes stattfindet.

17–21 *Barabbas.* Rachels Steinigung und Tod. Rachel wird von den Pharisäern beschuldigt, einen falschen Glauben zu predigen, und dazu verurteilt, gesteinigt zu werden. Nach ihrem Tod strömt der Pöbel in die Stadt zurück. Die Kamera fährt, als sei sie davon angeekelt, nach oben, um sich in die entgegengesetzte Richtung zu bewegen. Als aber Barabbas, Rachels früherer Geliebter, rechts im Bild erscheint, schwenkt die Kamera wieder langsam nach unten und zeigt so Rachels Körper als schwarzen Fleck am oberen Bildrand. Dadurch entsteht der Eindruck, als würden Rachel und Barabbas, obwohl sie für immer getrennt sind – durch den Tod und durch die ganze Breite des Bildes – letztlich doch eng verbunden sein: als Folge der Kamerabewegung und der räumlichen Anordnung. Die Kamera überträgt Barabbas quer durch den Raum die Verantwortung dafür, die Erinnerung an Rachel zu bewahren. Die Größe der Leinwand läßt eine Art von räumlicher Spannung entstehen, die für das Kino neu ist; was aber nicht bedeutet, daß diese Spannung notwendigerweise größer ist.

Die Breitwand regt sowohl in der Weite als auch in der Tiefe zu komplexeren Handlungsmustern an.

22 *Rebel Without a Cause.* Judy (Natalie Wood) fühlt sich mehr und mehr zu Jim (James Dean) hingezogen. Jim und ihr Freund Buzz (Corey Allen) wollen gerade zu einer Mutprobe starten, bei der Buzz den Tod findet. Zuvor hatte Plato (Sal Mineo), ein einsamer Junge, der nur finanziell von seinem ständig abwesenden Vater unterstützt wird, in Jim einen Freund und Beschützer gefunden. Er will nun nicht, daß sein neues Vorbild sich mit Judy einläßt.

Wir haben etwas verallgemeinernd behauptet, der Vorteil der Breitwand liege darin, daß sie eine größere Komplexität und Dichte der Einstellung erlaube. Dies trifft besonders auf zwei Arten von Bildern zu: zum einen auf die Bilder, in denen das ursprüngliche Format stark verändert, aber nicht aufgelöst ist; zum anderen auf die Bilder,

16

17

18

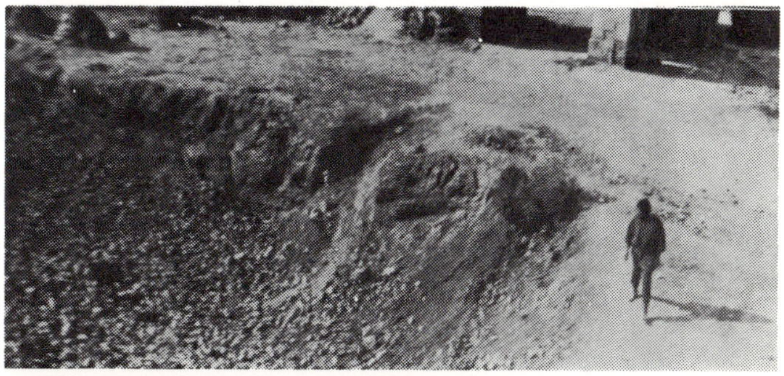

19

20

21

22

23

24

25

in denen zwei eigenständige, aber miteinander verbundene Handlungen gleichzeitig stattfinden.

22–24 *A Star Is Born*. Tänzer hinter der Bühne während der Wohltätigkeitsveranstaltung, auf der Norman Mayne erstmals Ester Blodgett (später Vicki Lester) begegnet. Die Dégas ähnliche Komposition des Bildes in Blau und Grün wird zerstört, als der betrunkene Mayne durch die Kulissen taumelt und in eine Flut roten Lichts getaucht wird (24). Sie nimmt den Eindruck vorweg, den er wahrscheinlich auf das Mädchen macht, das er im nächsten Moment treffen wird. Die große Bildfläche gestattet dem Regisseur, einen wichtigen Teil der Handlung in einer Einstellung zu zeigen. Er braucht dabei weder Details zu vernachlässigen noch die Kontrolle über das gesamte Bild aufzugeben. Bei einem kleineren Format wäre Maynes turbulenter Auftritt sicherlich in einer separaten Einstellung gezeigt und das Gleichgewicht der beiden Handlungsstränge in einer dritten Einstellung wieder hergestellt worden.

25 Bei Mayne zu Hause, wo er Freunden seinen neuesten Film vorführt. Oliver Nile flüchtet ins Fernsehzimmer. Hier trifft er Mayne, der ihn drängt, den Anfang seines Films nicht zu versäumen. Nile weicht aus, er behauptet, lieber den Boxkampf im Fernsehen sehen zu wollen. Aber es ist klar, daß alles nur vorgeschoben ist. Schließlich gesteht er Mayne, daß er sich Sorgen um ihn mache: Die Tage des großen Stars seien vorüber, das Studio werde ihn entlassen. In dieser Einstellung verdeutlicht ein und dasselbe Bild dramatisch die Gegensätze. Die Leinwand, auf der Maynes neuester Film läuft, befindet sich ganz rechts. Im Vordergrund schenkt Mayne sich einen Drink ein, den ersten von vielen.

Es gibt ein paar Dinge, die allein die Breitwand gestattet. Die Möglichkeit, ›Distanz‹ zwischen Darstellern zu halten, während sie beide gleichzeitig in Großaufnahme zu sehen sind, ist ein gutes Beispiel für den Vorteil der Breitwand. In *El Cid* haben wir ein ähnliches Beispiel (11, 12) gesehen, eine Einstellung, die in einem kleineren Format zwar möglich, aber weniger eindrucksvoll gewesen wäre. Hier ein Beispiel (aus *A Star Is Born*), das nur in Breitwand möglich ist.

26 Oliver Nile in Vicki Lesters Garderobe. Sie bittet Nile, für Mayne Arbeit zu finden, damit er nicht weiter herunterkommt. Die Beharrlichkeit, mit der beide am Bildrand bleiben, unterstreicht, wie heikel ihr Anliegen ist, auch, wie sehr es ihre gegenseitigen Gefühle als alte Freunde belastet. Dies verdeutlicht sowohl seine Sorge als auch ihr zögerndes Vortasten. Es zeigt aber auch ihre beiderseitige Weigerung, dem anderen zuviel abzuverlangen oder ihm zu nahe zu treten.

Die Breitwand hat ihre besonderen Stärken natürlich bei horizontalen Bildkompositionen. Die nachfolgenden Beispiele aus *Wild River* zeigen, daß die horizontalen Arragements die Aussagekraft keineswegs einschränken.

27 Chuck Glover (Montgomery Clift) wird von seiner Behörde, der Tennessee Valley Authority, in den unterentwickelten Süden geschickt. Er soll die alte Frau überreden, ihre Insel aufzugeben. Die glatte, horizontale Linienführung des Busses scheint anzudeuten, daß Chuck die Kräfte des Fortschritts mitbringt (siehe auch Filmzitat 8).

28 Diese Einstellung folgt Einstellung 27. Sie zeigt, was Chuck Glover sieht. Horizontale Linienführung signalisiert nicht unbedingt Fortschritt...

29 ...sie kann auch Resignation und Halsstarrigkeit ausdrücken. Glover kommt hier zu Grandma Ella Garth (Jo van Fleet) und ihrem Anhang, die er zur Aufgabe überreden soll.

30 Natürlich hat das Haus, in dem sie lebt, für sie eine andere Bedeutung als für Glover. Die beruhigenden Rechtecke ihres Heimes repräsentieren für sie Sicherheit und die unveränderlichen Gewohnheiten eines ganzen Lebens. Und sie strahlen in gewisser Weise eine Rechtschaffenheit aus, die ganz in sich selbst ruht. Für dieses gefestigte und geordnete Leben ist Glover Bedrohung und Verunsicherung zugleich. Wie ein eindringendes Insekt droht er nicht nur am Fenster vorbeizufliegen, sondern sogar durch die offene Tür herein-

26

27

28

29

30

zukommen. Der Konflikt zwischen diesen beiden Menschen und ihren Lebensstilen könnte in keinem anderen Format dieselbe atmosphärische Dichte erreichen.

Die Breitwand eignet sich besonders dazu, Gleichheit oder Brüderlichkeit oder Kameradschaft auszudrücken, während das traditionelle, quadratischere Format eher Status, Hierachie, Herrschaft und Unterwerfung vermitteln kann. Nehmen wir z. B. das schon erwähnte Lied aus *A Star Is Born*, »The Man That Got Away«, das von Vicki Lester (bzw. Esther Blodgett, wie sie zu diesem Zeitpunkt noch heißt) gesungen wird. Norman Mayne ist Esther in einen kleinen Nachtclub gefolgt, wo sie mit ihrer Band übt. Er beobachtet sie aus dem Dunkeln, während sie das Lied singt. Als ihr Lied zu Ende ist, fährt die Kamera aus einer Großaufnahme von ihr zurück und zeigt allmählich die ganze Band, die um sie herum gruppiert ist. So wird die starke Verbindung zwischen ihr und der Band betont. Die Erweiterung der Einstellung, die sich der Musik anpaßt, drückt diese Solidarität visuell aus. (Mayne wird ihr natürlich Probeaufnahmen anbieten; was bedeutet, daß sie ihre Band verlassen muß.)

Diese Wirkung wäre nur schwer in einem quadratischeren Bild zu erreichen. Die Rückwärtsbewegung der Kamera hätte die Perspektive verschärft und dramatisiert. Folgende Arrangements wären möglich gewesen: (1) Esther wäre perspektivisch an den oberen Bildrand gerückt und hätte dadurch die Band dominiert. (2) Sie hätte den unteren Bildrand einnehmen können, mit der umgekehrten Wirkung. Oder (3) sie hätte die Mitte des Bildes eingenommen; was ausgesprochen symbolisch gewirkt hätte: als sei sie die Sonne, umgeben von den Bandmitgliedern als ihren Strahlen; oder anders ausgedrückt: als sei sie die Quelle ihrer Energie. Derlei mag interessant sein, doch wäre der filmische Ausdruck eben ein anderer als der in Breitwand. Deren flächige Perspektive scheint eher Sympathie statt Kraft zu übertragen. Auf jeden Fall lassen sich, wie wir an vielen dieser Beispiele gesehen haben, durch die Kombination von Breitwand und Kamerabewegung Wirkungen erzielen, die früher nur durch den Schnitt erreichbar waren.

17 Cinéma-Vérité

»Im Kino von heute ist die Kamera zu einer Art Gott geworden. Die Kamera, auf ein Stativ oder einen Kran montiert, gleicht einem heidnischen Altar: Vor ihm stehen die Hohenpriester – der Regisseur, der Kameramann, die Assistenten –, die ihre Opfer vor die Kamera zerren, als wollten sie sie auf dem Scheiterhaufen verbrennen. Und so steht die Kamera da, unbeweglich – oder fast unbeweglich –, und wenn sie sich bewegt, dann nur nach den Weisungen der Hohenpriester und nicht nach denen der Opfer.

Ich versuche jetzt, meine alten Ideen zu erweitern, und stelle klar, daß die Kamera nur ein Recht hat: das Geschehen aufzuzeichnen. Das ist alles. Ich möchte nicht, daß die Bewegungen der Schauspieler von der Kamera bestimmt werden, sondern daß die Bewegung der Kamera sich nach den Schauspielern richtet... Es ist die Aufgabe des Kameramannes, ein Ereignis für uns festzuhalten, es ist nicht die Aufgabe eines Ereignisses, zum Wohle der Kamera stattzufinden.« *

Durch die Breitwand hatten Filmemacher – und vermutlich auch das Publikum – Gefallen gefunden an Handlungsabläufen, die sich möglichst natürlich und spontan, also ohne größere Eingriffe entwickelten; was dem Verfahren angemessen war. Doch diese Vorliebe fand in einer ganz anderen Art von Kino einen noch stärkeren Ausdruck: in einem Kino, dessen Stil bald als *Cinéma-Vérité*, als spontanes Kino oder als *cinema direct* bekannt wurde. So wird eine filmische Methode bezeichnet, die ihren Gegenstand so aufnehmen und vorführen will, daß in erster Linie die Spontaneität und die Atmosphäre des tatsächlichen Geschehens erhalten bleiben. Der Cutter steht deshalb unter dem Zwang, den Gang der Ereignisse so ungestört wie möglich zu erhalten. Auf den ersten Blick scheint sich seine Funktion darauf zu beschränken, die Szenen aneinander zu schneiden. Daß dies aber keineswegs der Fall ist, beweisen einige der erfolgreichsten Filme des Cinéma-Vérité.

Das Cinéma-Vérité ist aus guten Gründen entstanden. Einen der wichtigsten hat Jean Renoir in dem Zitat zu Beginn dieses Kapitels formuliert. Die Schwerfälligkeit und Unübersichtlichkeit der Apparaturen, mit denen sich das traditionelle Kino umgeben hatte: riesige Kameras, Schienen, Dollies, Schallschutzgehäuse, Stative und Kräne, wirkten vor allem auf den Laien einschüchternd und hemmend. Richard Leacock, einer der Väter des Cinéma-Vérité, arbeitete an Flahertys *Louisiana Story* mit. Dabei fiel ihm auf, daß immer dann, wenn Originalton benötigt wurde, der Umfang der Ausrüstung die Filmaufnahmen stark beeinflußte. So trugen besonders die Leute, die daran interessiert waren, das ursprüngliche Ereignis exakt wiederzugeben – also Soziologen und Ethnographen – wesentlich zur Entwicklung neuer Aufnahmetechniken bei. Jean Rouch z.B., dessen *Chronique d'un été* (Chronik eines Sommers, 1961) in Zusammenarbeit mit Edgar Morin enstand – wir kommen später noch darauf zu sprechen –, war vor allem Ethnograph und nur in zweiter Linie Filmemacher.

Ein weiterer Anstoß kam vom Fernsehen. Hier wurden in den Studios Live-Interviews vor elektronischen Kameras gemacht und direkt ausgestrahlt. So etwas wollte man auch in Situationen drehen, die außerhalb der Reichweite elektronischer Kameras lagen. Mit einer Filmkamera, die nicht an das Studio gebunden war, wollte man versuchen, ebenso direkt wie bei den Interviews zu arbeiten.

So wurden allmählich leichte Filmkameras mit ähnlich leichten Tonaufzeichnungsgeräten von hoher Qualität entwickelt. Außerdem half das verbesserte 16-mm-Material, das ohne größere Auflösungsverluste auf 35 mm aufgeblasen werden konnte. Diese neue Ausrüstung konnte leicht von zwei Leuten getra-

* Jean Renoir in einem Interview mit André Bazin in »France Observateur«. Abgedruckt in »Sight and Sound«, Winter 1958–59.

gen und bedient werden, und man konnte sich ohne größere Ablenkung auf seinen Gegenstand konzentrieren.

Es sei hier daran erinnert, daß die Abbildung nicht-inszenierter Realität von Anfang an eine große Attraktion des Kinos war. Das Cinéma-Vérité zielte also nicht auf völlig Neues. Es unterschied sich nur insofern, als es einen wichtigen Bereich des Kinos fortentwickelte. Schon Lumière nutzte die natürliche Faszination, die von den alltäglichsten Dingen ausgeht, wenn sie auf der Leinwand erscheinen. Noch immer macht es Spaß, ganz gewöhnliche Geschehnisse auf der Leinwand zu sehen: Wie Züge ankommen. Wie Arbeiter eine Fabrik verlassen. Wie Kinder ihre Suppe essen. Oder wie ein Gärtner den Rasen sprengt. Doch es dauerte nicht lange, und Lumière begann, die Wirklichkeit zu verändern und Geschichten zu erzählen. Er ließ einen Jungen auf den Gartenschlauch des Gärtners treten. Erinnern wir uns auch, daß Griersons Dokumentarfilm-Bewegung unter dem Motto antrat, »die Wirklichkeit kreativer zu gestalten«. Flahertys Cutterin, Helen van Dongen, hat beschrieben, wie Flahertys Haltung zu seinem Gegenstand – dem Leben Nanooks oder dem der Inselbewohner von Aran – alles andere als ethnographisch war. Er scheute sich nicht, ›wirkliche‹ Ereignisse für die Kamera zu inszenieren, da es vielleicht Wochen dauern oder sogar völlig unmöglich sein würde, das wirkliche Ereignis zu filmen. Als Ergebnis sind interessante Filme entstanden, die einen Anthropologen allerdings nicht befriedigen mögen.

Auch die Neorealisten und die *Free-Cinema*-Bewegung, beispielsweise, wollten nicht nur eine simple Abbildung der Wirklichkeit liefern. Sie befaßten sich nur mit Themen und lebensnahen Situationen, die stark von denen konventioneller Spielfilme abwichen. Bei allen Versuchen, die Wirklichkeit einzufangen, spielte – von Lumière an – der Filmschnitt eine wesentliche Rolle; er fügte allem Sichtbaren eine Interpretation hinzu.

Jean Rouch

Auffallend ist, daß Dokumentarfilm-Bewegungen ihren Ursprung meist in Europa hatten. Ab Mitte der fünfziger Jahre gab es allerdings auch in den USA einige bemerkenswerte Aktivitäten. In Lionel Rogosins Film *On the Bowery* (1956) spielen fast ohne Inszenierung Alkoholiker sich selbst. Der Film wurde am Originalschauplatz in New York gedreht. Und seine Montage suchte die Spontaneität der gefilmten Ereignisse so weit wie möglich zu erhalten. Bei dem Versuch, eine ähnliche Spontaneität in einem fiktiven Kontext zu erreichen, ließ John Cassavetes in *Shadows* (Schatten, 1957/59) seine Darsteller an realen Schauplätzen, doch ohne ausgearbeitetes Drehbuch agieren. Cassavetes' Kamera folgte – mehr oder weniger – den Schauspielern und wie sie die Szenen dramatisierten. Doch nach Auffassung vieler Zuschauer gelangen die Szenen am besten, die vorher sorgfältig erarbeitet und nach einem Schnittplan gedreht worden waren.

Filmmontage, die im voraus präzise geplant ist, spielte in vielen Arbeiten der New Yorker *Independents*, einer Gruppe, die in den frühen sechziger Jahren zum ›spontanen Kino‹ fand, keine Rolle. Sie sprach von einer »leidenschaftlichen Besessenheit, das Leben möglichst frei und spontan einzufangen.« Robert Frank und Alfred Leslie nannten ihren Film *Pull My Daisy* (1958) »eher eine Anhäufung als eine Auswahl von Bildern«. Dies kennzeichnet eine Tendenz, die für einige Zeit anstieg: die Tendenz, den Filmschnitt weitgehend zu vernachlässigen.

Bilder auswählen und ordnen zu können, ist ein Privileg, auf das fahrlässig verzichtet wird: Dies ist das zentrale Thema in allen Diskussionen, die über das Kino der Improvisation oder des Cinéma-Vérité geführt werden. Der Regisseur kann, wie wir schon mehrfach betont haben, niemals völlig den Schnitt ignorieren. Was er tun kann, wenn er die traditionellen Mittel des Filmschnitts ablehnt, führen die Filme von Andy Warhol vor. *Sleep* (1963) zeigt einen schlafenden Mann. Eine erste Fassung dauerte acht Stunden. Schnitte gab es nur, wenn die Rollen zu wechseln waren. Warhol setzte, wie bei vielen seiner Filme, die wirkliche Vorgänge in scheinbar unwirklicher Länge zeigen, viel Vertrauen in die Faszination der gefilmten Realität. Wenn es in seiner Absicht lag, das gefilmte Ereignis vor jedem manipulierenden Eingriff zu bewahren, hatte er damit einen Erfolg erzielt – was immer der auch wert war.

Interessantere Beispiele für die scheinbare Kunstlosigkeit des *cinema direct* stammten von einer Produktionsfirma, die sich »Drew Associates« nannte. Sie bestand aus Robert Drew, einem früheren »Life«-Reporter, Richard Leacock, dem Kameramann bei Flahertys *Louisiana Story*, und Donald A. Pennebaker. Sie drehten Filme wie *Primary* (über den Vorwahlkampf zwischen Kennedy und Humphrey in Wisconsin, 1960), *Football* (in Zusammenarbeit mit Claude Fournier, über ein Football-Spiel zwischen zwei High Schools, 1961), *The Chair* (über den Kampf, einen jungen Schwarzen vor dem elektrischen Stuhl zu retten, 1962) und *Jane* (ein Porträt von Jane Fonda bei der Premiere eines Theaterstücks, das sich als Mißerfolg erwies, 1962). Sie benutzten sehr leichte, geblimpte Synchronkameras, die mit Hilfe eines Quarzes auf die Zehntelsekunde genau mit den Tongeräten synchron liefen. Ihre Kameras wurden gewissermaßen zum verlängerten Auge des Zuschauers. Es schien, als hätten sie ihrem Protagonisten ständig über die Schulter geschaut, all seine Handlungen verfolgt und dabei seine Motivationen, seine Ängste und seine Absichten mit aufmerksamem und durchdringendem Blick enthüllt. Einem Blick, der, so sollte man annehmen, äußerst objektiv und nicht interpretatorisch war. Doch stattdessen entstand ein hypnotisierendes und einnehmendes Bild der beobachteten Person, das jedoch oft (unter anderem von Rouch) wegen seiner unkritischen Haltung kritisiert wurde.

Diese Art des Filmemachens verlangt vom Regisseur, daß er seine Entscheidungen für den Schnitt schon beim Drehen trifft. Die Vorstellung von Film hat eine lange Entwicklung durchgemacht: von Lumière bis Griffith und den mühevollen filmischen Rekonstruktionen der Wirklichkeit in Rußland und Deutschland. Und nun sind wir fast wieder zu Lumière zurückgekehrt. Aber es ist eine Art des Lumière-Kinos, die vom Regisseur sehr viel intuitives Einfühlungsvermögen verlangt. Und zwar in solchem Ausmaß, daß Regisseur, Kameramann und Cutter eigentlich ein und dieselbe Person sein müssen. Albert und David Maysles, die über den Unterhaltungskünstler Joe Levine den Film *Showman* (1962) drehten, haben das erkannt. Albert Maysles arbeitete als Kameramann für Godard an einer Episode des Omnibusfilms *Paris vu par...* (1964). Später stellte er fest, daß Godard bei seiner Art, Filme zu machen, logischerweise sein eigener Kameramann werden müßte.

Chronique d'un été

Der Ethnograph Jean Rouch kritisierte an der Drew-Leacock-Gruppe, sie hätte aus der Waffe des Cinéma-Vérité eine unkritische Aufzeichnungsmethode gemacht. Rouch und sein Partner, der Soziologe Edgar Morin, haben die Aufnahmetechniken des Cinéma-Vérité intensiv verwendet und weiterentwickelt – hauptsächlich zu soziologischen Zwecken. Wie gut es ihnen gelang, das Gleichgewicht zwischen Nichteinmischung und geschickter Kompilation zu wahren, verdeutlicht ihr Film *Chronique d'un été*, auf den wir gleich zu sprechen kommen.

Andere Filmemacher haben die Technik des Cinéma-Vérité didaktischen Erfordernissen angepaßt, um in Anlehnung an Eisenstein das Kino der Ideen fortzuführen. Wir werden uns deshalb mit Chris Markers *Le joli mai* und einem weiteren Beispiel des didaktischen Kinos beschäftigen: Georges Franjus *Hôtel des invalides* – zwar kein Vérité-Film, aber ein Vorläufer, der eine Reihe interessanter Vergleiche bietet.

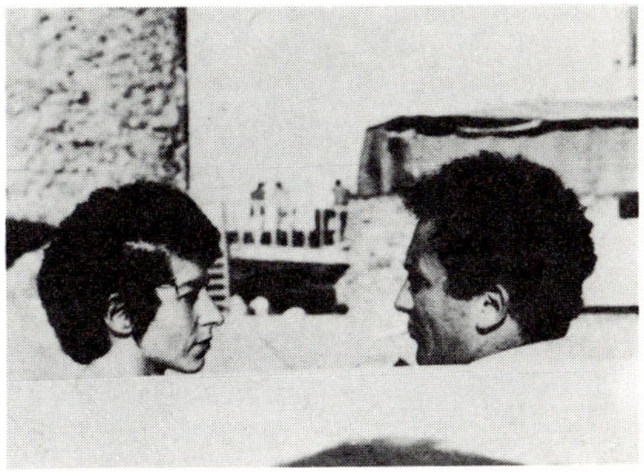

Doch zunächst zu *Chronique d'un été*. Rouch und Morin gingen nicht von einer These aus, sondern von einer soziologischen Absicht: Sie wollten einfach Leute fragen, ob sie glaubten, glücklich zu sein. Sie stellten ihre Frage einigen Personen, die sie zufällig auf Pariser Straßen trafen. Danach arrangierten sie Zusammenkünfte zwischen diesen so ausgewählten Personen. Sie filmten ›follow-up‹-Interviews und inszenierten schließlich sogar einige dieser Treffen. Noch bevor sie in den Schneideraum gingen, hatten sie ihrem Material schon auf vielfache Weise einen Rahmen gegeben.

Rouch und Morin stellten ein Mädchen in den Mittelpunkt: Marceline, eine junge Jüdin, die während des Krieges in einem Konzentrationslager war. Auf ihrem Unterarm ist eine Zahl mit einem halben Davidstern tätowiert. Sie zeigt diese Tätowierung einem afrikanischen Studenten, doch der weiß damit nichts anzufangen. Marceline hat gerade eine unglückliche Liebesgeschichte hinter sich, und man sieht sie und ihren Freund einmal, wie sie beide mit Morin darüber sprechen. Es gibt also eine Reihe dramatischer Ereignisse im Leben des Mädchens, die insgesamt ein interessantes Bild ergeben. Rouch und Morin scheinen das Mädchen gut zu kennen. Als wir dem Mädchen erstmals begegnen, entwerfen sie mit ihr einen Plan, wie sich ihre Geschichte entwickeln wird und was sie alles tun soll. Marceline reagiert dabei so, als hätte sie noch nie etwas davon gehört; was wenig glaubhaft ist. Wenn uns gesagt wird, das alles sei nicht geprobt worden, beurteilen wir es auf dieser Grundlage. Wurde es aber vorher geprobt, sind ihre Reaktionen, deren Wirkung auf Überraschung und spontanem Bekennen gründet, in sich selbst wertlos.

Das Problem von Spontaneität und Aufrichtigkeit wird an diesem Film deutlich. Der Film gibt vor, sich ganz und gar in die Hände seines Gegenstandes zu begeben. Rouch und Morin sind, wenn man so will, auf eine völlig neue Art von ihrem Material abhängig. Gegenstand des Films sind die Handlungen, Reaktionen und Ansichten der Leute, die so wenig wie möglich von der Technik des Filmens beeinflußt sein sollen. Die Rolle des Cutters ist scheinbar sehr unbedeutend. Doch dies ist nicht so. Im Gegenteil: Seine Position ist noch wichtiger, und die moralischen Entscheidungen, die er zu fällen hat, sind noch delikater.

Nur ein kleines Beispiel: Zu Beginn des Films besuchen* wir ein Ehepaar in seiner Wohnung, beide erzählen, wie sie leben. Plötzlich, während die Frau noch redet, wechselt der Blick. Wir sehen, wie ihr Mann aufsteht, quer durch den Raum zu einem altertümlichen Pianola geht, es aufzieht und spielen läßt. Die Kamera folgt ihm, als ahne sie all seine Bewegungen voraus. Gleichzeitig hören wir die Frau sagen, sie sparten Geld, um sich »Dinge kaufen zu können, die das Leben lebenswerter machen.«

Wir fragen uns, ob diese Einstellung bewußt gedreht wurde, um die Aussage zu illustrieren. Vielleicht wurde ihr Reden sogar vorher geprobt. Sollte sie bei den Vorgesprächen etwas Ähnliches gesagt haben, wäre es dann gerechtfertigt, wenn Rouch sie bat, ihren Satz noch einmal vor der Kamera zu wiederholen? Und hat er vielleicht den Mann gebeten, das Pianola zu bedienen, um ihre Aussage zu illustrieren? Darf man, wenn auch mit ehrenwerten Absichten, ›Spontaneität‹ nachstellen? Die Frage ist besonders wichtig, da doch der Eindruck entsteht, das Paar verhalte sich etwas affektiert. Ein Vérité-Regisseur muß sehr sorgfältig darauf achten, die Menschen, die er vorzeigt, nicht falsch darzustellen: durch die Art seiner Aufnahme und seines Schnitts. Allerdings verleiten die technischen Voraussetzungen des Cinéma-Vérité den Regisseur/Cutter zuweilen dazu, schon während der Dreharbeiten Schnitte zu planen, die zwar gutes Cinéma, aber schlechte Vérité sind.

Andererseits wandeln sich vielleicht durch den Einfluß, den die Form dieses Filmemachens nimmt, unsere Vorstellungen über Filme. Einige der wirkungsvollsten Szenen in *Chronique d'un été* entstanden unter Umständen, auf die Rouch und Morin keinen Einfluß hatten. Und sie erzielten wohl die gleiche Wirkung, wenn sie auf andere Weise oder in anderer Reihenfolge vorgeführt würden.

Wenden wir uns Angelo zu, einem anderen Protagonisten des Films. Er ist Mechaniker bei Renault. Wir sehen ihn in verschiedenen Situationen: morgens beim Aufstehen, auf dem Weg zur Arbeit, wie er nach Hause kommt, beim Judo, beim Lesen. Dann sehen wir, wie er einem Afrikaner, Landry, vorgestellt wird und mit ihm über die Arbeits- und Lebensbedingungen in Paris diskutiert. Am Ende des Films reist er mit Morin und dessen Kindern nach Südfrankreich in Urlaub.

Angelos Leben hat sich durch den Film zweifellos verändert. Das beeinflußt die Haltung des Publikums zum Film. In dieser Beziehung hat die Rolle des

* Wir sagen: »Wir besuchen das Ehepaar«, da die subjektive Handkamera diesen Eindruck erzeugt. Wir kommen wie der Kameramann durch die Tür. Die Atmosphäre ist sehr gut eingefangen: Es wird deutlich, daß wir Fremde besuchen – eine ziemlich ungewöhnliche Erfahrung in einem Film –, und der Wunsch, sich mit einem Drink in irgendeine Ecke zurückzuziehen, ist sehr stark.

Kinos eine merkwürdige Entwicklung genommen. Andererseits ist Angelos Leben nicht in dem Maße anders geworden, wie es den Anschein hat. Erst langsam beginnen wir, die Hinweise auf Angelos Leben in den einzelnen Episoden zu einem Bild zusammenzufügen. Es ist seine Mutter, nicht seine Frau oder Freundin, die ihm morgens den Kaffee ans Bett bringt und ihm einen Kuß gibt. Er ist etwa um die Dreißig. Als er Landry seine Arbeitskollegen beschreibt, erzählt er ihm eifrig, was für »armselige Typen« das seien. Er ist offensichtlich begierig auf Landrys Freundschaft und Zustimmung. Einmal sprechen beide über Minderwertigkeitskomplexe. Landry sagt, er habe darunter gelitten, nun aber nicht mehr. Bekomme er Ärger, meist mit Rassisten, entferne er sich einfach und ignoriere das ganze. Angelo geht danach nach Hause, um seine einsamen Judoübungen zu machen. Später erfahren wir, seine Vorarbeiter und Chefs hätten ihn schikaniert, gepiesackt, wie er sagt, »weil er ja jetzt beim Film« sei. Sie hätten ihn mit Arbeit überladen. So wollten sie ihn offensichtlich loswerden. Deshalb habe er schließlich gekündigt.

Sicher kann niemand Rouch und Morin in diesem Fall vorwerfen, sie seien voreingenommen. Wie wir schon betont haben, im technischen Sinne haben sie kaum Schnittentscheidungen getroffen. Und wir können davon ausgehen, daß Rouch und Morin die Situationen nicht mit machiavellistischer Tücke gewählt haben. Sie wollten gewiß nicht, daß Angelo entlassen wird. Und sie erklärten ihm auch nicht, wie er Landry seine Arbeitskollegen schildern soll. Was einem die Augen über Angelo öffnet, ist einfach, daß die dazu notwendigen Szenen im Film enthalten sind.

Chronique d'un été ist eindeutig das Ergebnis einer klar zu erkennenden Entwicklung des zeitgenössischen Kinos. Nicht einfach ›die Wahrheit‹ zu zeigen, ist sein Ziel, sondern die vielen Wahrheiten, die sich zu einem Bild der Realität zusammensetzen. Der Regisseur beschränkt sich darauf, Leute und Situationen auszuwählen. Danach versucht er, sie so wenig wie möglich zu beeinflussen. Die Funktion der Montage ist so um einen neuen Aspekt erweitert.

*Le joli mai**

Die Themen von Chris Markers filmischen Nachforschungen – oder Briefen, wie er sie nennt – sind denen von Rouch und Morin verwandt. Doch das Ergebnis sind nicht nur sehr persönliche und ausgefeilte Filme, sondern auch soziale Dokumente. Marker beweist, daß der Filmemacher dem Ethnographen oder Soziologen keineswegs unterlegen zu sein braucht. Ein charakteristisches Beispiel für seine Arbeit, *Le joli mai*, soll uns zeigen, wie er in der Praxis vorgeht. Der Film erlaubt zudem wegen seines Themas einen interessanten Vergleich zu *Chronique d'un été*. *Le joli mai* wurde im Mai 1962 in Paris gedreht. Der Film will ein realistisches Bild der Stadt und seiner Bewohner zeichnen. Er befaßt sich mit ihren Stimmungen und Vorurteilen in jenem Monat.

Chris Marker

Einige von Markers Auswahlkriterien sollten hier erwähnt werden. Er ist Marxist, und sein Augenmerk richtet sich, wie im Film deutlich erkennbar, auf die sozialen Bedingungen und, wie sie durch Regierung, Kapital und Religion beeinflußt werden. Dem nachfolgenden Szenenauszug geht ein historischer Abriß über die Entwicklung von Paris voraus: die alte Stadt und die Menschen, die in ihr lebten, und die neue Stadt und ihr Erscheinungsbild, geprägt durch Autos und riesige Wohnblocks. Das Thema des Films wird am besten durch einen Satz des Kommentators deutlich: »Zerlegen wir diese vielgesichtige Menge, so erkennen wir in ihr eine Zusammenballung von Einsamkeiten.«

1 Totale aus der Froschperspektive auf eine Reihe moderner Wohnblocks.	Gedämpfte Klaviermusik. Off-Stimme: *Von den Spitzen der Türme und der Hügel der Umgebung kann Paris das Paris* (8 Sek.)
2 Sehr total. Panorama von Paris.	*der Zukunft erkennen, das auf den gleichen Hügeln entsteht, von denen St. Geneviéve die Barbaren* (4,5 Sek.)

* Regie: Chris Marker. Schnitt: Eva Zora. Cofracinema, 1962.

3 Sehr total. Panorama von Paris.	*herannahen sah. Nun sind die Barbaren da.* (3 Sek.)
4 Sehr total. Luftaufnahme der Seine und ihrer Brücken.	*Die Metamorphose, die ein Festival der Architektur hätte sein können, hat zwei dämonische Begleiter: Anarchie und finsteren Tod.* (9 Sek.)
5 Totale. Eine klassische Statuengruppe im Vordergrund, dahinter ein riesiger kastenförmiger moderner Wohnblock, der das ganze Bild füllt.	*Der eine möchte ein New York entstehen sehen –* (4 Sek.)
6 Amerikanisch. Karyatiden an einem alten Gebäude.	*– gemildert durch die Seine.* (1,5 Sek.)
7 Halbnah. Wie 6.	*Der andere nicht.* (1,5 Sek.)
8 Totale. Schwenk über eine Kreuzung mit Gebäuden, die überwiegend aus dem 19. Jahrhundert stammen, über Dächer hinweg bis zu einer schmalen, alten Straße voller Verkehr und Leute. Luftaufnahme.	*Auch wenn die Einsamkeit sich hinter zweitausend Fenstern verbirgt, auch wenn es der ›Projekt-Pathologie‹, wie man sie nennt, nicht gelingt, daß wir den früheren Slums nachtrauern, so wissen wir doch –* (14 Sek.)
9 Halbtotale. Nähere Einstellung einer sehr ähnlichen Straße wie in 8, aus derselben Perspektive. Ebenfalls eine Luftaufnahme.	*– daß es dort noch Raum gab für das Glück.* (6 Sek.)
10 Totale. Mehrere moderne Wohnblocks. Die Kamera fährt langsam in eine enge Nebenstraße zurück, an deren Seiten Autos geparkt sind. Nur in der Mitte ist noch ein schmaler Streifen frei. Einige Autos passen gerade noch so in die Parklücken.	*Hier aber sind wir uns nicht so sicher.* (20,5 Sek.)
11 Sehr total. Kamera fährt an einer Reihe moderner Wohnblocks vorbei, die das ganze Bild ausfüllen.	(21,5 Sek.)
12 Amerikanisch. Handkamera, die nach links auf ein kleines Mädchen schwenkt, das von Erwachsenen begleitet wird. Der Interviewer bleibt unsichtbar.	Die Musik hört auf. Interviewer: *Was hast Du gesagt?* Mädchen: *Was ich gesagt habe?* Int.: *Ja, was hast Du gesagt?* M.: *Ich habe gesagt, daß sie prähistorisch sind.* Int.: *Was ist prähistorisch?* M.: *Die alten Mauern.* Int.: *Die Mauern?*
13 Nah. Kamera bewegt sich nach links über eine alte Mauer hinweg. Sie zeigt – amerikanisch – einen alten Innenhof, der heute beinahe ein Slum ist. Eingeblendeter Titel: 30. Mai, Aubervilliers. Als die Kamera in den Hof fährt, blickt ihr ein alter Mann entgegen, der nach rechts in den Hof geht und seine Hände in einem offenen Wasserfaß im Freien wäscht. Die Kamera schwenkt mit ihm mit, wobei sie ihn und das Faß in einer Nahaufnahme zeigt. Dann fährt die Kamera rückwärts durch den Hof und blickt in die Richtung, aus der sie gekommen ist. Zwei Nachbarinnen werden sichtbar, als das Bild weiter wird. Die Kamera schwenkt nach rechts über eine Mauer und über ein paar Fensterläden hinweg.	Eine andere Musik setzt ein. Die Stimme eines Immobilienmaklers ist zu hören: *Hier sind zwölf Gründe, warum der Kleber-Chaillot-Wohnblock zu den begehrtesten in Paris gehört. Erstens: die Fassade des Gebäudes besteht aus weißem Carara Marmor. Zweitens: die Verzierungen und Springbrunnen in den Eingangshallen, die das gesamte Erdgeschoß ausfüllen. In den Eingangshallen ertönt sanfte Hintergrundmusik, ebenso in den Fahrstühlen. Drittens: die superschnellen Fahrstühle aus rostfreiem Stahl...* Die Stimme wird ausgeblendet. Eine andere Stimme, die des Interviewers, ist zu hören. Eine neue Musik setzt ein, wird aber bald wieder ausgeblendet. Int.: *Wo haben Sie gelernt, Blumen zu züchten...* (45 Sek.)
14 Bewegung auf eine Frau zu, bis sie in einer Naheinstellung zu sehen ist, aus einem Fenster im Erdgeschoß lehnend. Der Interviewer bleibt während der ganzen Szene unsichtbar. Die Kamera schwenkt von der Frau nach unten auf einen Blumenkasten, der an der Wand befestigt ist. Die Kamera schwenkt wieder zur Frau hoch. Zoom in eine Nahaufnahme.	*...sie richtig zu pflegen?* Frau: *Ach, ich weiß nicht. Es liegt mir einfach.* Int.: *Aber sie müssen es doch irgendwo gelernt haben? Stiefmütterchen sind doch sehr schwer zu züchten.* Frau: *Ich habe sie im Garten angesät und dann umgepflanzt.* Int.: *Verbringen Sie viel Zeit damit?* Frau: *Nein, nicht viel.* Int.: *Sie machen das neben Ihrer Arbeit?* Frau: *Ich habe zur Zeit keine Arbeit. Sonst kümmere ich mich am Wochenende darum. Ich gieße sie natürlich jeden Abend.* Int.: *Und wenn Sie im Garten arbeiten,...* (33 Sek.)
15 Amerikanisch. Ein Blumentopf auf der Gartenmauer. Die Kamera schwenkt sofort rechts hinunter auf einen winzigen Garten, in dem verschiedene Dinge, nicht nur Blumen und Gemüse zu sehen sind.	*...woran denken Sie dann?* Frauenstimme (aus dem Off): *Ich finde es hübsch. Ich liebe Blumen. Ich bin auf dem Land geboren, aber ich lebe nun schon eine ganze Weile hier.* (10 Sek.)

16 Handkamerafahrt am Gartenzaun entlang. Aus dem Boden sprießen ein paar Blumen, die ziemlich dürftig wirken. Die Kamera schwenkt nach rechts über sie hinweg.	Musik setzt ein. Int. (off): *Was halten Sie von Plastikblumen?* Frau: *Sie sind nicht so gut wie richtige Blumen. Sie sind nicht so schön.* Int.: *Haben Sie welche?* Frau: *Ja, im Garten.* Int.: *Um den Eindruck zu erwecken, daß sie alle echt sind?* Frau: *Ich habe sie eingesetzt, bis die richtigen zu blühen beginnen.* (18,5 Sek.)
17 Kamera schwenkt nach rechts über den Garten; man sieht eine Juri-Gagarin-Plakette, die an der Wand befestigt ist.	Int. (off): *Wie sind Sie denn darauf gekommen, Blumen anzupflanzen?* Frau: *Einfach so.* (7 Sek.)
18 Zoom auf ein altes amtliches Hinweisschild hinter Glas, das an der Wand hängt. Auf dem Schild steht· »Mesures de protection contre bombardements aeriens.« (Schutzmaßnahmen gegen Luftangriffe)	(4 Sek.)
19 Die Kamera fährt auf eine hohe Mauer mit einem Tor zu. Zwei Männer und eine Frau stehen in dem Tor und schauen sich um. Eine abblätternde, kaum noch lesbare Aufschrift lautet: »Hotel Meuble«. Die Kamera schwenkt nach links – über die drei hinweg – in die Richtung, aus der sie gekommen ist. Ein Junge steht auf der Straße und blickt in die Kamera.	(18 Sek.)
20 Halbnah. Eine handgeschriebene Mitteilung in einem Fenster: »Réunion Publique à 20 h. 45. ›Le Chrétien et la soif de justice‹«. Und darunter steht: »Vendredi 11 et 18 mai ›Cours de Lectures pur nordafricains‹«. Schwenk nach links auf einen Mann, der den Aufnahmen aus ein paar Metern Entfernung zusieht.	(9 Sek.)
21 Amerikanisch. Körbe auf einem verwüsteten Grundstück. Die Kamera schwenkt – in einer Totalen – hoch auf die Rückseite eines alten Wohnhauses.	Die Musik wird nach 6 Sek. ausgeblendet. Der Originalton läuft weiter. (10,5 Sek.)
22 Nah. Die Handkamera erklimmt eine Treppe, blickt auf das Geländer und dann in den Hinterhof des alten Wohnhauses hinab.	(12 Sek.)
23 Gang mit der Handkamera auf dem Balkon oberhalb des Hinterhofs. Wäscheleinen voller Wäsche. Schwenk nach unten auf einen Mann, der eine transportable Badewanne mit Wasser vollaufen läßt. Die Einstellung endet nach einem Schwenk nach links in einer Nahaufnahme der frisch gewaschenen Wäsche.	(17,5 Sek.)
24 Nah. Eine Mauer. Kamera schwenkt nach links auf einen Eingang und fährt auf die Tür zu.	Int. (off): *Na, haben Sie schon von der guten Nachricht gehört?* Die Stimmen der Frau und des Interviewers sind zu hören, während beide unsichtbar bleiben. *– gute Nachricht – ja – habe davon gehört –* usw. (3,5 Sek.)
25 Gang auf die befragte Mme. Langlois zu, dem Interviewer hinterher. Während der ganzen Einstellung bleibt Mme. Langlois, die in ihrer Tür steht, im Bild; manchmal fährt die Kamera zurück, und der Rücken des Interviewers kommt ins Bild, manchmal nähert sie sich der Frau. Dann wieder bewegt sich die Kamera um den Interviewer herum nach rechts, dabei verschwindet Mme. Langlois' Gesicht ab und zu halb hinter der Tür. Am Ende der Einstellung schwenkt die Kamera nach links auf die Straße. Auch während dieses Endes setzen Mme. Langlois und der Interviewer ihr Gespräch fort. Der Interviewer stellt irgendeine Frage, während die Kamera auf die Straße schwenkt.	(2 Min., 25 Sek.)
26 Amerikanisch. Mme. Langlois antwortet dem Interviewer.	(14 Sek.)

In dieser Sequenz sind viele Stilmittel enthalten, die für Markers Arbeit charakteristisch sind. Am auffälligsten dabei ist die Vermischung verschiedener Elemente: sorgfältig komponierte Fahraufnahmen, die eine gewisse formale Strenge haben; Handkameraaufnahmen mit Bewegungen nach vorne, zurück und zur Seite; sehr lange Interviews, aus der Hand gedreht; zufällige Begegnungen auf der Straße; Verwendung aller nur möglichen graphischen Mittel, einschließlich Schilder und Anschläge; Offenheit gegenüber Einmischungen durch Passanten; Aufnahmen mit Originalton; und ein ständiges, intuitives Eingehen der Kamera auf Veränderungen in der Stimme oder im Verhalten des Interviewten.

Der Anfang der Sequenz besteht aus einer Reihe gefälliger, aber undramatischer Einstellungen, die einen recht konzentrierten und informierten Kommentar illustrieren sollen. Nach kurzen ironischen Bemerkungen in den Einstellungen 5,6 und 7 beruhigt der lange, weiträumige Schwenk (8) wieder; es bleibt Zeit, sich mit den Gedanken auseinanderzusetzen. Auch die formale Eleganz der Einstellungen 10 und 11 hat etwas Besänftigendes. Das Gittermuster von Einstellung 11 füllt das ganze Bild mit symmetrischen Linien aus, es wird nur durch das kurze Vorbeihuschen junger Bäume unterbrochen, die vor den gefilmten Gebäuden stehen.

Doch plötzlich zieht uns Einstellung 12 in eine zufällige Unterhaltung mit einem kleinen Mädchen, das wir nicht kennen und auch zuvor nie gesehen haben. Die gleichmäßige Linksbewegung der vorigen Einstellung erleichtert den Schnitt. Die Unterhaltung wird sofort verständlich, als der Schnitt auf die alte Mauer folgt, von der offenbar die Rede ist.

Die Ironie in Einstellung 13 resultiert aus dem Kontrast zwischen Bild und Kommentar: Während der Kommentar eine Luxuswohnstätte beschreibt, sehen wir nur baufällige Wohnblocks. Die Handkamera ermöglicht dabei eine 45-Sekunden-Einstellung: Sie beginnt mit der Großaufnahme einer Mauer, öffnet sich plötzlich bis zu einer Tiefe von mindestens 15 Metern und konzentriert ihren Blick dann rasch wieder auf eine Zweiereinstellung; anschließend dreht sie sich ins Gegenlicht und endet schließlich mit einem Reißschwenk an einer Mauer entlang, die zum Teil nur ca. 1,50 von der Kamera entfernt ist. Zusätzliches Kunstlicht wurde dabei nicht benutzt. Einstellungen dieser Art verlangen vom Zuschauer eine gewisse Bereitschaft, Mängel zu akzeptieren, wie gelegentliche Unschärfen oder Unterbelichtungen. Die gewonnene Flexibilität und Spontaneität wiegen diese Nachteile aber zweifellos auf. Die Leute vor der Kamera scheuen sich nicht, direkt in die Kamera zu schauen, und Chris Marker scheint sie sogar dazu aufzufordern. Jeder weiß schließlich, daß eine Kamera da ist. Bei dieser Art, Filme zu machen, kann die Kamera, wie schon erwähnt, eine eigene Persönlichkeit entwickeln; sie steht für die Person des Interviewers/Zuschauers/Regisseurs, der das ganze steuert und zugleich auch informiert wird. Die Kamera hat ihre Allwissenheit verloren, dafür aber an Sensibilität gewonnen.

Am Ende dieser Einstellung wird die Stimme des Interviewers über die Stimme des ›Immobilienmaklers‹ gelegt, um uns auf die Frau in Einstellung 15 vorzubereiten. Der Kameramann versäumt es hier nicht, den Blumenkasten und die Blumen einzufangen, als der unsichtbare Interviewer die Stiefmütterchen erwähnt. Die Kamera schwenkt dann hoch, um gerade noch die übernächste Antwort mitzukriegen. Bei den folgenden Fragen und Antworten zoomt die Kamera mehrmals näher an die Frau heran, ohne daß sich eine Verbesserung des Bildausschnitts ergibt. Unmittelbar darauf folgt der Schnitt zur nächsten Einstellung. Die Beweglichkeit der Handkamera verleitet den Kameramann, der ja unabhängig vom Interviewer arbeitet, leicht dazu, fortwährend die Bildgröße zu verändern. Das Ergebnis wäre allerdings eine Unruhe, die für den Zuschauer störender wäre als die vermeintliche Monotonie einer statischen Einstellung*. Es wird jedoch bestimmt nie langweilig, wenn das Gesagte nur interessant genug ist.

Einstellung 15 ist ein recht gutes Beispiel dafür, wie man von einem Interview ins nächste überwechselt: Man bedient sich eines Taschenspielertricks. Scheinbar wird die Frage an die Frau in Einstellung 14 gerichtet. Doch die Antwort gibt eine andere Stimme. Dieses Interview wurde vielleicht ohne Kamera, nur mit einem Tonband aufgezeichnet. Von Marker ist es durchaus feinfühlig, die Frau nicht zu zeigen. Bei Fragen wie in Einstellung 14 besteht nämlich im-

* Einige Kameraleute/Regisseure sind so fasziniert von der Übereinstimmung zwischen Film und Musik, das sie eine Eclair mit Zoom wie eine Posaune handhaben.

mer die Gefahr, den Interviewten mit einer gewissen Herablassung zu betrachten: »Wo haben Sie gelernt, Blumen zu züchten?« und »Verbringen Sie viel Zeit damit?« – und das bezogen auf einen winzigen Blumenkasten. Da besteht die Gefahr, daß Marker seine Wut nicht auf die herrschenden sozialen Verhältnisse richtet, sondern deren Opfer verächtlich macht. In der Unterhaltung mit der Frau, die Plastikblumen in ihrem Garten anpflanzt, wird dies besonders deutlich. Doch Markers Engagement gegen soziales Unrecht wiegt seine Schwäche, seinen Hang zur Ironie, auf. Das verdeutlichen letztlich zwei rührende Kontrastierungen. Die Frau sagt einmal, sie sei auf dem Lande aufgewachsen, lebe aber nun schon eine Weile in der Stadt; als Kontrast dazu genügt der Anblick des ärmlichen Gartens: einer traurigen Parodie auf das Landleben, um ihre Aussage absurd erscheinen zu lassen. Darüber hinaus wird klar, daß Marker die (rational gesehen) offenkundig ungenügende Antwort der Frau – »einfach so« – anrührend findet.

Einstellung 18 wirkt sehr ironisch. Dieser Zettel mag dort seit über zwanzig Jahren hängen; was einiges über den Zustand des Hauses aussagt.

In Einstellung 19 geschieht nichts. Es gibt nur sehr wenig zu lesen, keinen Kommentar, und die Musik ist ziemlich langweilig. Dazu dauert sie 18 Sekunden. Dennoch vermittelt sie auf bewundernswerte Weise einen Eindruck von dem Viertel: Was die beiden Männer davon halten; und daß Marker derselben Auffassung ist. Die Kamera macht dabei noch einen dieser charakteristischen 180-Grad-Schwenks, als wolle sie unterstreichen, daß sie nichts verberge.

Das Interview mit Mme. Langlois steht natürlich im Mittelpunkt der ganzen Sequenz. Hauptsächlich geht es darum, daß sie zwei Tage zuvor vom Wohnungsamt eine neue Wohnung zugewiesen bekam. Jahrelang hatte sie mit ihrem Mann, acht Kindern und einer adoptierten Nichte in einer winzigen Wohnung in den Slums gewohnt. Rührend beschreibt sie, wie der Postbote wartete, als sie den Brief mit der guten Nachricht öffnete, wie sie ihrem Mann nichts erzählte, als er zum Mittagessen nach Hause kam, sondern den Brief einfach neben seinen Teller legte ... usw. Ihre Freude rührt uns. Und durch einen dieser glücklichen Zufälle, durch die das Cinéma-Vérité sich immer wieder rechtfertigt, fährt die Kamera – in einem besonders schönen Augenblick – näher an die Wand; für einen kurzen Moment ist so das Gesicht von Mme. Langlois durch den Türpfosten halb verdeckt. Die Wirkung ist von unbeschreiblicher Eindringlichkeit.

Dieses lange Gespräch ist sicherlich das Herzstück des Films. Nacheinander interviewt Marker dann einen Herrenausstatter, junge Burschen, die das erste Jahr an der Börse arbeiten, einen malenden Reifenmonteur, einen Erfinder, ein frisch verlobtes Paar, zwei technische Berater, einen Afrikaner, der in Frankreich lebt, drei junge gutaussehende Schwestern, einen algerischen Kommunisten, der in Paris lebt, und eine Gefängnisinsassin, die im Bild unsichtbar bleibt. Da es um Cinéma-Vérité geht, sollte niemand erwarten, daß der Film unparteiisch ist. Er strahlt eine starke Sympathie aus für die Arbeiter, für Streikende, für den Afrikaner und besonders für den Algerier. Eine gewisse höfliche Geringschätzung dagegen nimmt er denen gegenüber ein, die nicht bereit sind, eine politische Haltung zu vertreten oder sich über die Maßnahmen der Regierung zu informieren.

Eine so gründliche Erforschung des Privatlebens und der Meinungen von Menschen wäre nicht möglich, bestimmten nicht Taktgefühl und Ehrlichkeit die Dreharbeiten. Dabei trägt in hohem Maße der Cutter die Verantwortung dafür, daß das Material nicht verfälscht wird. Das Cinéma-Vérité hat gegenüber dem traditionellen Spielfilm einige ganz spezifische Vorzüge: Als der afrikanische Junge über die Missionare in der Kolonie spricht, blitzen seine Augen auf, wie kein Schauspieler es je kopieren könnte. »Sie steckten mich zu den Brüdern«, sagt er und meint damit die Mönche, und nur das kurze Zusammenziehen der Augen bei dem Wort »frères« verrät, wie tief seine Gefühle sind. Er fährt fort: »Ich gehe lieber in die Hölle zu meinen Vorfahren als in den Himmel mit Ich-weiß-nicht-was-für-Leuten.« In diesem Fall muß der Kameramann genau wissen, wie er das Gesicht zeigt und wann er es nicht zeigt. Hier verharrt die Kamera zu Recht die ganze Zeit auf dem Gesicht des Jungen. Der Erfinder dagegen, der unbändig und wortreich, ausweichend, widersprüchlich redet, angenehm und eitel zugleich, wird durch eine große Spinne charakterisiert, die ungerührt seine Hemdbrust vorne erkundet, bevor sie an seinem Ärmel hinunterkrabbelt. Die Kamera folgt ihr fasziniert.

Es gibt viele Gesichter, von denen sich die Kamera nicht wegbewegen dürfte, auch wenn ein ganzes Spinnennest auf dem Hemd herumliefe. Das Cinéma-Vérité braucht diese Entscheidungsfreiheit. Sie liegt oft beim Kameramann, weniger bei Cutter oder Regisseur.

Auf das Unerwartete vorbereitet zu sein, zahlt sich immer aus. Als die beiden jungen Männer von der Börse interviewt werden, unterbricht sie eine Stimme aus der Menge. Die Kamera schwenkt sofort herum, um den Zwischenrufer ins Bild zu bekommen. Der sagt gerade wütend: »Weshalb filmen Sie die beiden? Genausogut könnten Sie zweijährige Kinder nach ihrer Meinung fragen!« Schnell wird eine Aufnahmeklappe ins Bild gehalten – sie ist auch im fertigen Film zu sehen –, der Zwischenrufer baut sich vor der Kamera auf, um zu antworten, und dann stirbt der Reaktionär in ihm in dem Augenblick, in dem er den Geruch von Schminke riecht, doch zu spät – für ihn, nicht für uns.

Es gibt ein technisches Problem bei diesen langen Interviews. Nicht einmal die Franzosen sind in der Lage, durchgängig informativ und witzig zu sein, und irgendwann kommt der Punkt, an dem der Cutter einfach schneiden muß. Üblicherweise zeigt man dann den zuhörenden Interviewer. Markers Interviewer jedoch bleibt meistens unsichtbar. Nach einem Schnitt in der Kamera beginnt deshalb eine neue Einstellung oft mit einem Detail. In einer Sequenz z. B. zeigt die Kamera zunächst die Hände des interviewten Mannes. Dabei hören wir die Frage des Interviewers. Als der Mann dann anfängt zu antworten, schwenkt die Kamera auf sein Gesicht. Man kann aber auch – wie bei dem Interview mit Mme. Langlois – in einem bestimmten Moment wegschwenken und erst wieder auf die Person zurückschneiden, wenn man es wünscht. Gelegentlich zeigt Marker auch einige absolut unwichtige, aber hübsche Katzen, wenn er mitten aus einer Unterhaltung eine Passage herausnehmen will – es ist sein Markenzeichen; und bevor er zur ursprünglichen Einstellung zurückkehrt, unterlegt er den Zwischenschnitt mit etwas Harfenmusik. Als einmal Leute erwähnt werden, die ihre tägliche Arbeit verrichten, sehen wir vier Filmregisseure: Jean Rouch in einem Café, Alain Resnais, der bedeutungsvoll auf uns zuschreitet usw. Ein andermal werden statt Katzen Menschen in der Métro zwischengeschnitten. Die Interviews selbst – weitschweifig, teils schleppend, teils schwatzhaft, manchmal sogar kaum hörbar – wären noch vor kurzem indiskutabel genannt worden; ganz zu schweigen von den Mitteln, mit denen die Einstellungen verbunden sind.

Im Grunde genommen kann jeder versuchen, ein Interview mit solchen Einstellungen zu erweitern. Was aber macht Markers Filme zu mehr als nur einem soziologischen Experiment? Die Antwort lautet: die Montage. Die Fähigkeit, das Material zu ordnen und zu formen und vor allem die Reihenfolge der Episoden zu bestimmen, und die Fähigkeit, den Bildern einen intelligenten und überzeugenden Kommentar zu unterlegen, Ton und Bild in einer Synthese so zu verbinden, daß das eine nicht ständig das andere stützen muß. Der algerische Junge beschreibt, wie er in seinem Zimmer von der Polizei angegriffen und vor seinen Eltern geschlagen wurde. Er erwähnt den Ort: ein paar alte Baracken, in denen sie damals wohnten. Sofort sehen wir ähnliche Baracken – vielleicht sind es sogar dieselben. Die Kamera geht zwischen ihnen herum, hält dann inne, um Kinder zu beobachten, die in der Sonne hocken. Am Ende der Gasse fällt ein Schatten über die Baracken. Wir gehen um die Ecke in eine schmale Seitengasse, in der uns die schwarzen Wände zu erdrücken scheinen. Im Off erzählt der Junge weiter: Nach dem Polizeiüberfall hatte er einen Nervenzusammenbruch. Aber es habe keinen Sinn, so fährt er fort, nach Algerien zurückzukehren. Seine ganze Familie sei tot.

Der Kommentar, verbunden mit den sorgfältig ausgesuchten und geschnittenen stummen Bildern ist Markers Stärke – neben seinen bohrenden Interviews. Er verleiht seinen Filmen die Stimmung und die Eloquenz, die zum Beispiel

Rouchs und Morins *Chronique d'un été* trotz seiner Ehrlichkeit fehlen. Das Ende von *Le joli mai* ist dafür ein besonders gutes Beispiel.

Le joli mai
Ausschnitt aus Aktrolle 6

In den vorhergehenden Einstellungen illustrierten Aufnahmen eines Pariser Gefängnisses die Stimme einer Insassin, die das Leben im Gefängnis beschreibt. Zuletzt hat sie auf die Frage des Interviewers, was das Schlimmste am Gefängnis sei, geantwortet: »Die anderen Frauen.«

1 Halbtotale. Die Außenwand des Gefängnisses. Schneller Schwenk nach rechts über die Mauer und Bäume.	Kommentar: *Wenn Gefangene an die Stadt denken, denken sie an diese zwei Wunder: Türen, die sich von innen öffnen...* (10 Sek.)
2 Schnelle Fahrt entlang einer geraden Allee. Die Silhouetten der Bäume heben sich gegen den Himmel ab; die Kamera ist schräg nach oben gerichtet. Die Einstellung wirkt düster. Die Bäume und eine Eisenbahnbrücke, die hinter den Bäumen auftaucht, wirken schwarz und bedrohlich.	*...und Schritte, die in gerader Linie nach vorne führen.* (Musik setzt ein – eine unheimliche Kombination von sehr leiser *musique concrète* und hohen Tönen, wahrscheinlich von einer Harfe.) *Während dieses Monats haben wir Paris in gerader Linie durchquert – als sei unsere Reise die Summe all jener Linien, die Gefangene bei ihrem Hofspaziergang ziehen.* (24,5 Sek.)
3 Eine ähnliche Einstellung wie 2, aber weniger düster und total. Am Ende der Einstellung blickt die Kamera direkt in die niedrig stehende Sonne, die Bild und Straße mit Licht überflutet, als das Wort »Phänomen« fällt.	*Wir haben versucht, mit den Augen eines Gefangenen seinen ersten Tag in Freiheit zu sehen, als er selbst noch versuchte, dieses befremdliche Phänomen zu verstehen: Menschen in Freiheit.* (10,5 Sek.)
4 Wie Einstellung 3. Die aufgehende Sonne.	*Wir haben diese Menschen getroffen...* (6,5 Sek.)
5 Wie Einstellung 4. Fortsetzung der schnellen Kamerafahrt durch die allmählich heller werdende Straße.	*Wir haben ihnen die Hauptrollen in diesem Film gegeben. Menschen, die in der Lage sind: zu fragen, abzulehnen, zu handeln, zu denken oder einfach nur zu lachen.* (8 Sek.)
6 Wie Einstellung 4.	*Sie sind nicht ohne Widersprüche oder Fehler. Doch sie halten durch, trotz ihrer Fehler, und vielleicht ist Wahrheit nicht nur ein Zweck, sondern auch ein Mittel.* (Pause) (16 Sek.)
7 Wie Einstellung 5.	(4,5 Sek.)
8 Wie Einstellung 6.	*Aber es gab auch andere,...* (2,5 Sek.)
9 Wie Einstellung 7. Place de la Concorde.	*...viele sogar, die den Gefangenen erstaunt hätten, denn sie tragen ihr Gefängnis in sich selbst.* (7 Sek.)
10 Halbtotale. Das Gesicht eines jungen Lastwagenfahrers in seinem Lkw. (Die folgende Sequenz besteht aus Nahaufnahmen, die Menschen auf der Straße zeigen, ganz offen beobachtet.)	(6,5 Sek.)
11 Halbnah. Ein rauchender Geschäftsmann am Steuer seines Wagens. Blickt in die Kamera. Fährt nach links aus dem Bild.	(6,5 Sek.)
12 Amerikanisch. Eine Frau in mittleren Jahren, zuckt mit den Achseln.	(2 Sek.)
13 Halbnah. Ein stiernackiger Mann mit kurzgeschnittenen Haaren.	*Ihre Gesichter sehen wir...* (2 Sek.)
14 Amerikanisch. Eine alte Frau, nach rechts gehend, sie wird von einer jungen Frau verdeckt, die sich umdreht und besorgt in die Kamera blickt.	*...jeden Tag. Brauchen wir die Leinwand, um zu verstehen, was für jeden Marsmenschen, der gerade auf der Erde landet, offenkundig wäre? Man möchte ihnen zurufen,...* (7,5 Sek.)
15 Amerikanisch. Ein alter Mann, sich vorbeugend und ängstlich nach links sehend.	*...was macht Ihr für sorgenvolle Gesichter? Welch unsichtbare Dinge seht Ihr, die auch die Hunde sehen, die euch erschrecken.* (11,5 Sek.)

16 Amerikanisch. Ein Kreuz auf einem Friedhof.	(0,5 Sek.)
17 Amerikanisch. Ein junger Mann mit einem Schnurrbart, sich auf die Lippen beißend.	*Bewegt Euch der Gedanke, ...* (4,5 Sek.)
18 Halbnah. Das Kreuz.	*... daß Eure edelsten Taten vergänglich sind?* (1,5 Sek.)
19 Amerikanisch. Ein älterer Mann dreht sich um. Die Kamera schwenkt nach unten auf ein kleines Mädchen, das seinen Kopf auf die Arme gelegt hat.	(2 Sek.)
20 Totale. Zwei Grabsteine, aus denen zwei schwarze steinerne Arme herausragen, die sich die Hand reichen.	(2,5 Sek.)
21 Überblick über den Friedhof.	(3 Sek.)
22 Halbnah. Eine attraktive junge Frau.	*Die Menschen haben schon immer um ihre Vergänglichkeit gewußt, und sie haben sogar neue Wege gefunden, über sie zu lachen und zu singen. Heißt, einen Menschen zu lieben, nicht auch, seine Vergänglichkeit zu lieben, da die Schönheit ja nicht ewig währt?* (11,5 Sek.)
23 Amerikanisch. Eine Statue in einem Garten. Tauben auf dem Rande eines Springbrunnens.	*Die Menschen haben einen Begriff erfunden für die Schönheit. Er heißt...* (5,5 Sek.)
24 Halbtotale. Eine nackte Frauenstatue in einem öffentlichen Park.	*... Kunst. Manchmal ist sie etwas launenhaft...* (3,5 Sek.)
25 Der obere Teil zweier Figuren. Schärfenverlagerung auf ein Bild im Hintergrund: »St. Georg und der Drachen« von Uccello.	*... manchmal ist sie aber auch sehr schön.* (5 Sek.)
26 Nah. Das Bild von Uccello.	(4 Sek.)
27 Amerikanisch. In einer Gemäldegalerie. An der Wand ein Bild. Aus dem Fenster: ein Blick auf Dächer und Kuppeln.	(2,5 Sek.)
28 Nah. Das Gemälde.	(6 Sek.)
29 Sehr nah. Das ängstliche Gesicht einer alten Frau.	*Was also macht Euch Sorgen?* (5,5 Sek.)
30 Nah. Ein Mann, eine Zigarre rauchend.	*Ihr seid in Paris, der Hauptstadt eines reichen Landes, inmitten einer Welt, die sich langsam von jenen...* (6,5 Sek.)
31 Nah. Der Kopf einer Frau. Ein anderer Kopf verdeckt kurz vor dem Schnitt das Bild.	*... ererbten Übeln befreit, die wie ein Familienschatz gehütet wurden: Armut, Hunger, Haß, Logik. Vielleicht steht Ihr...* (6,5 Sek.)
32 Halbnah. Der Hinterkopf einer jungen Frau. Sie trägt ein schwarzes Kopftuch, das im Wind weht.	*... am Anfang des bedeutendsten Kapitels in der Geschichte der Menschheit – seit der Entdeckung des Feuers. Fürchtet Ihr Euch vor Geistern? Ist es das? Oder grübelt Ihr zuviel über Euch selbst nach? Oder denkt Ihr, ohne Euch dessen bewußt zu sein, zu sehr über andere Leute nach?* (14 Sek.)
33 Halbnah. Ein Mann und der Ast eines Baumes.	*Vielleicht habt Ihr das Gefühl, Euer Schicksal sei eng mit dem anderer Menschen verbunden,...* (2,5 Sek.)
34 Amerikanisch. Ein Junge mit Brille, der sich besorgt mit dem Handrücken übers Gesicht streicht.	*... Glück und Unglück seien zwei geheime Gesellschaften, so geheim, daß Ihr ihnen beitretet, ohne zu wissen...* (8 Sek.)
35 Halbnah. Eine junge Frau mit einem weißen Schal.	*... welcher, und daß eine Stimme, ohne daß man sie hört, in Euch ruft:* (5,5 Sek.)
36 Amerikanisch. Eine junge Frau im Fond eines großen Autos.	*»Solange es Armut gibt, seid Ihr nicht reich.«* (6 Sek.)
37 Nah. Ein Mann in mittleren Jahren, der geplagt in die Kamera schaut.	*»Solange es Verzweiflung gibt, seid Ihr nicht glücklich.«* (9,5 Sek.)
38 Halbnah. Ein junger Mann, nach unten sehend.	*»Solange es Gefängnisse gibt, seid Ihr nicht frei.«* (12,5 Sek.)

Abblende.

Als Beispiel für einen Film mit Kommentar ist diese Sequenz kaum zu übertreffen. Die Verbindung von Bild und Ton darf in diesem Genre ja nicht überfrachtet werden. Marker macht nicht den Fehler, komplexe Gedanken ›visualisieren‹ zu wollen. Was nicht heißt, daß er sich auf simple Gedanken beschränkt. Sein Kommentar soll die Phantasie anregen. Er verbindet die Gedanken mit dem direkten, sinnlichen Eindruck, der von den Bildern ausgeht. Das erzeugt diese Komplexität, die das Charakteristische seiner Filme ausmacht.

So denken wir beispielsweise bei der Morgendämmerung und der aufgehenden Sonne in den Einstellungen 1–9 nicht sofort an die metaphorische Bedeutung. Aber das Gefühl, erzeugt durch die schnellen, lautlosen, geheimnisvollen Fahrten, mag der Verwunderung eines gerade entlassenen Gefangenen – oder eines gerade gelandeten Marsmenschen – entsprechen, der auf eine neue Umwelt schaut. Vielleicht gelingt es auch uns, diese Welt mit anderen Augen zu sehen. Dennoch macht Marker nicht den Fehler, allzu konkrete Beispiele für seine verbale Metaphorik zu wählen. »Glück und Unglück sind zwei geheime Gesellschaften« – doch obwohl wir dabei nur ein besorgtes Gesicht sehen, ist es genug. In dem Bild gibt es nichts außer dem natürlichen Geheimnis des Gesichts. Die metaphorischen Hinweise sind so dezent, daß man sie kaum wahrnimmt. Wenn der Kommentar einen traurig dreinblickenden Passanten fragt (Einstellung 32): »Fürchten Sie sich vor Geistern?«, sehen wir den Hinterkopf einer jungen Frau. Sie trägt ein schwarzes Kopftuch. Wenn wir dann das Wort »Geister« hören, weht das Kopftuch ganz sanft, so gespenstisch wie ein Leichentuch.

Eine Verbindung zwischen Bild und Wort wird nie erzwungen. Es gibt eine Entwicklung in den Einstellungen 1 bis 9, die unabhängig ist vom Kommentar, obwohl sie ihn verstärkt. Die Sequenz beginnt mit einem düsteren Bild, den Gefängsnismauern, in den Einstellungen 2 und 3 scheint es dann, als führen wir durch einen langen, dunklen Tunnel, bis in den Einstellungen 3 und 4 die ersten Sonnenstrahlen durchbrechen. Gleichzeitig erweitert sich allmählich die Straße, bis wir uns in Einstellung 9 auf dem unendlich weiten Place de la Concorde befinden. Ein Gefühl allmählicher Befreiung stellt sich ein – und davon spricht der Kommentar. Aber dann erkennen wir, daß diese scheinbar freien Personen außerhalb der Gefängnismauern in Wahrheit auch gefangen sind; metaphorisch gefangen, wie der Lkw-Fahrer in seiner Fahrerkabine, aber auch tatsächlich gefangen: in sich selbst.

Der Kommentar fährt fort, noch immer die Passanten mit ihren sorgenvollen Gesichtern beobachtend, um zu erforschen, was sie plagt. Marker behandelt hier ganz ungezwungen und ohne Peinlichkeit Fragen, die von größerer Bedeutung sind als gemeinhin üblich: Fragen nach Liebe, Haß, Tod, Leben, Schönheit, Kunst, Freiheit. Weil er ganz direkt arbeitet, gelingt es ihm, durch einen einfachen Schnitt auf einen Grabstein: Vergänglichkeit, durch eine Statue: Kunst und durch eine schöne Frau: Schönheit darzustellen. Die Einstellungen haben aber nicht nur eine intellektuelle, sondern auch eine emotionale Bedeutung. Und nur dadurch erzielen sie ihre Wirkung.

Der Grabstein ist düster, die Statuen und Tauben sind schön – genauso wie die Frau. Marker stellt keine abstrusen Verbindungen her. Und doch erreicht er durch die beiden einfachen Stilelemente: genau zu beobachten und einfühlsam zusammenzufügen, eine persönliche Sythese. Sein Film handelt von Freiheit und Liebe, und mit Freiheit und Liebe hat er seinen Film gemacht.

Hôtel des invalides

Aus dem zuvor Gesagten kann man vielleicht folgern, Markers Methode weise eine große Ähnlichkeit mit den Filmen von Eisenstein auf, die mehr didaktisch ausgerichtet sind. Aber unserer Meinung nach unterscheidet sich Marker von Eisenstein, weil er die Methoden des didaktischen Kinos primär für persönliche, nicht für allgemeine Aussagen einsetzt; zweitens weil er diesen Typus des abstrakten, intellektuellen Kinos mit langen Passagen von Cinéma-Vérité verbindet, bei denen er in hohem Maße von der Qualität des aufgenommenen Materials abhängig ist.

Eine ähnliche Methode – gewisse Probleme zu reflektieren und dabei symbo-

lische Bilder einzuarbeiten – benutzt Georges Franju in seinem Film *Hôtel des invalides*. Der Film gehört nicht zum Cinéma-Vérité, er läßt eher interessante Vergleiche zu Eisensteins Filmen zu. Viele Jahre nachdem Eisensteins Methode bereits als Teil der Kinosprache akzeptiert ist, kann er sie mit größerer Perfektion und Komplexität einsetzen; und dies in einem Maße, daß ihre Gültigkeit zu überprüfen ist.

Der Kurzfilm *Hôtel des invalides* ist auf den ersten Blick das simple dokumentarische Portrait eines Gebäudes, in dem sich nicht nur Napoleons Grab und ein Militärmuseum befinden, sondern das auch eine Reihe Kriegsversehrter beherbergt. Als der Kommentar einmal sarkastisch anmerkt: »Hier hat die Armee ihr Museum«, wird ein alter verkrüppelter Soldat im Rollstuhl zwischen den ausgestellten Kanonen hindurch geschoben. Unbestritten bestimmt Ironie den Ton dieses Films. Franju läßt keinen Zweifel daran aufkommen, daß er dieses Kriegsmuseum mit seinen Gerätschaften obszön und das Hospital mit den alten gebrochenen Soldaten unsagbar traurig findet. Für das Vaterland zu sterben, ist seiner Meinung nach nicht das höchste menschliche Glück, und es zu behaupten, ist vom Staat, gelinde gesagt, unredlich.

*Hôtel des invalides**

Diesem Ausschnitt gehen Aufnahmen von Geschützen und Waffen im Hof des Invalidendomes voran.

1 Uralte Geschützrohre lehnen an der Mauer des Innenhofes.	(2 Sek.)
2 Nahaufnahme einer Kanone. Schnelle Überblendung auf	Die Stimme des Museumsführers: *Wie wir singen, riß der Sieg die Barrieren nieder…* (1,5 Sek.)
3 das Gemälde einer Kanone.	*…der Sieg der Revolution enthauptete die absolute Monarchie.* (2 Sek.)
4 Embleme auf einem Wandteppich.	*Die Republik!* (2 Sek.)
5 Die Skulptur eines Adlers. Rauch umhüllt sie.	Signalhörner und Trommeln sind zu hören. *Das Kaiserreich!* Die Signalhörner und Trommeln sind bis Einstellung 16 zu hören. (2,5 Sek.)
6 Fahrt nach links an einer Reihe von Regimentsfahnen vorbei – die dicht nebeneinander über uns hängen.	(11 Sek.)
7 Drei Fahnenbündel umrahmen einen Spiegel.	*Meine Herren, nehmen Sie den Hut ab vor den Standarten.* *(2 Sek.)*
8 Kamerafahrt auf die Skulptur eines berittenen Soldaten mit erhobenen Armen.	*Diese Skulptur ist bekannt als »Lang lebe der Kaiser«, ein Werk des Meisters Richefeu.* *(3,5 Sek.)*
9 Nah. Die Skulptur aus Einstellung 8.	*(1,5 Sek.)*
10 Noch näher. Wie Einstellung 9.	(1 Sek.)
11 Soldatenstandbilder.	*Der Sturmangriff der alten Garde.* (1,5 Sek.)
12 Ein Standbild Napoleons mit einem charakteristischen Schatten.	*Der Kaiser!* (2 Sek.)
13 Erinnerungsstücke aus Napoleons Hinterlassenschaft. Totale: ein Schlafzimmer.	*Verschiedene Souvenirs, die dem Kaiser gehörten.* (2 Sek.)
14 Napoleons Bett.	*Sein Feldbett.* (1,5 Sek.)
15 Napoleons Tisch.	*Sein Arbeitstisch und seine Arbeitsmappe als Erster Konsul.* (1,5 Sek.)
16 Ein ausgestopftes Pferd und ein Hund.	*Sein treuer Hund und sein Pferd.* (2 Sek.)

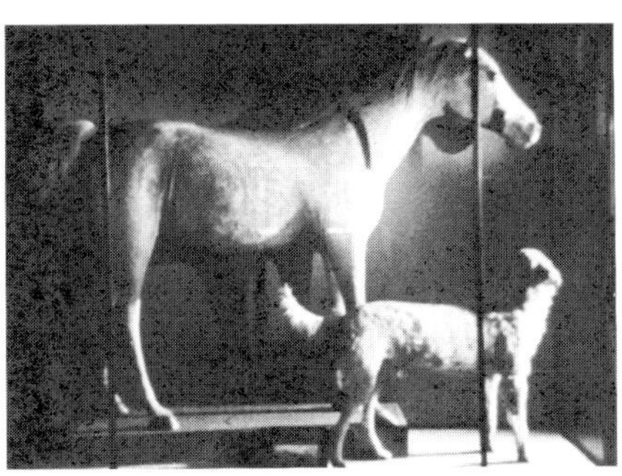

* Regie: Georges Franju. Forces et Voix de la France, 1951.

17 Nah. Das Pferd.	*In natürlicher Größe.* (1,5 Sek.)
18 Nah. Der Hund.	(1 Sek.)
19 Eine Glasvitrine mit Uniformen und Kleidern.	*Napoleon I. starb auf St. Helena am...* (2 Sek.)
20 Die Totenmaske des Kaisers.	*...5. Mai 1821.* (1 Sek.)
21 Ein Schlachtengemälde. Eingeblendeter Titel (Les soldats sont là-bas, Endormis sur la plaine.)	*Sein Ruhm, der noch immer über den Schlachtfeldern schwebt, ist auf diesem Bild des Malers Edouard Detail dargestellt, das den Komponisten zu dem vielgerühmten Lied »Der Traum geht vorüber« inspirierte.* Musikeinsatz. *Die Soldaten bleiben zurück,* *schlafend auf der Ebene.* (5 Sek.)
22 Näher. Das Schlachtengemälde. (Où le souffle du soir Chante pour les bercer.)	*Wo der Abendwind* *sanft über ihre Körper streicht.* (1 Sek.)
23 Sehr nah. Ein Ausschnitt des Gemäldes. (La terre aux blés rasés Parfume son haleine. Le sentinelle au loin Va d'un pas cadencé.)	*Aus der Erde, von der das Korn gemäht,* *Steigt süßer Duft empor.* *Die Wache in der Ferne* *passiert gemessenen Schritts.* (2,5 Sek.)
24 Nah. Ein anderer, dramatischer Ausschnitt des Gemäldes. (Soudain, voici qu'au ciel Des cavaliers sans nombres Illuminent d'éclairs L'imprécise clarté)	*Plötzlich am Horizont* *kommt eine Reiterschar* *und im Zwielicht leuchten* *ihre Schwerter hell.* (1,5 Sek.)
25 Schwenk von dem Gemälde nach rechts auf Napoleons Dreispitz.	*Und der kleine Hut scheint ihren Schatten den Weg zu weisen in die...* (2 Sek.)
26 Sehr nah. Der Hut.	*...Unsterblichkeit.* (1,5 Sek.)
27 Fahrt an einer Reihe von Puppen in Soldatenuniformen vorbei, die auf Pferden sitzen.	*Seht, wie sie angreifen!* (Chor) *Die Husaren!* *Die Dragoner!* (6 Sek.)
28 Halbnah. Fahrt vorbei an einem Husaren und einem großen Schwert.	*Die Garde!* (1 Sek.)
29 Fortsetzung der Fahrt wie in Einstellung 27, auf zwei Dragonern endend.	(4 Sek.)
30 Amerikanisch. Ein Dragoner, sich aufmerksam nach vorne lehnend. Statisch.	*Sie alle grüßen...* (1,5 Sek.)
31 Eine weiße Büste Napoleons zwischen Soldaten und Pferden.	*...den Kaiser, dessen Blick auf ihnen ruht.* Musik blendet aus. Ein Klavier nimmt die Melodie auf. (2,5 Sek.)
32 Eine Wand im Museum. Der Schatten des Führers bewegt sich vorbei, gefolgt von den Besuchern. An ihrem Ende ein alter, stark humpelnder Mann.	*Meine Damen und Herren, wenn Sie mir bitte folgen wollen.* Musik blendet aus. (7 Sek.)

Diese Sequenz hat auffällige Ähnlichkeiten mit *Oktjabr*, vor allem mit der Sequenz, die auf den Seiten 25–32 dieses Buches beschrieben wurde. Beide Sequenzen entwickeln sich aus einer Reihe isolierter Detailaufnahmen, die manchmal ihre eigentliche, manchmal eine sinnbildliche Bedeutung haben. In beiden Fällen ist der Unterton ironisch. Doch während bei Franju die Gegenstände selbst Bestandteil der Szene, ja sogar ihr Thema sind, nutzt Eisenstein sie als Verweise, die er auf ihren Symbolwert hin einsetzt.

Die Dinge, die in *Oktjabr* das Thema »Für Gott« illustrieren (Einstellungen

157–186), haben weder mit Kerenskij noch mit Kornilow zu tun. Ebensowenig die Einstellungen, die das Thema »Für das Vaterland« illustrieren (Einstellungen 189–199). Dieses Feuerwerk von Bildern erzielt keine größere Wirkung als die vergleichsweise bescheidenen Einstellungen in Franjus Sequenz. In Einstellung 4 zum Beispiel symbolisiert bloß ein Wandteppich: »Die Republik«. Franju bedient sich hier gerade der ungenügenden Symbolkraft des Emblems, um sein Thema darzustellen, und gibt damit bewußt sein Urteil über die Geisteshaltung ab, der das Emblem tatsächlich entspricht. Wir sehen, daß der Wandteppich kein Sinnbild für ein so komplexes soziales und politisches Gebilde wie »Die Republik« sein kann. So stellt Franju die Urteilsfähigkeit der Leute in Frage, die derart vereinfachende Vergleiche ziehen. Für Menschen, denen »Die Republik« nichts als ein schwülstiges Amalgam aus Ruhm, Stolz und Ehre ist, mag das Muster auf einem Teppich eine durchaus angemessene Entsprechung sein. Und so steht der Adler für das Kaiserreich, Napoleons Büste für Tapferkeit, Intelligenz und Führerschaft, eine Standarte verkörpert die Geschichte eines ganzen Regiments, ein Bett wird beschwert mit der Ehrfurcht vor seinem verstorbenen Besitzer, sogar ein armes Pferd und ein Hund werden zu übernatürlichen Wesen.

Das soll nun nicht heißen, daß all diese Gegenstände keine Assoziationen wecken. Aber Franju setzt oberflächliche politische Ansichten und Heldenverehrung gleich; und er tut dies, indem er eine Analogie zur Art und Weise zieht, in der die Symbolsprache des Kinos leichtfertig Assoziationen erweckt.

Franju geht noch weiter. Er krönt die Passage »intellektueller« Montage durch eine Bilderfolge von ungewöhnlicher Komplexität und lyrischer Kraft. Die Zusammenfügung von langsamen Fahrten und dem Lied »Der Traum geht vorüber« steigert sich zu einer bewegenden Anklage gegen Militär und patriotische Gefühle. Das ist dann nicht mehr ironisch gemeint. Es entsteht ein Gefühl von Pathos, das die Soldaten als traurige Opfer kaiserlichen Größenwahns erscheinen läßt. Besonders die Einstellungen 27–31 funktionieren auf dieser Ebene.

Die Soldatenpuppen: die Husaren! Die Dragoner! – vom Museumsführer so stolz beschworen – sind zwar lebensecht, doch leblos; sie erinnern an den Tod, der sie alle genommen hat. Selbst der grimmige Reiter mit dem Säbel in Einstellung 28 ist nur noch ein Spielzeug in diesem Museum. Der Eifer des jungen Husaren, der sich in Einstellung 30 so angriffslustig in seinem Sattel vorbeugt, steht in jammervollem Gegensatz zu seiner Unbeweglichkeit. Diese Unbeweglichkeit wird noch verstärkt durch die unbarmherzige, schließlich aber doch mitleidvolle Kamerafahrt. »Sie alle grüßen«, heißt es in dem Lied, »den Kaiser, dessen Blick auf ihnen ruht«. Und das ist derselbe Kaiser – der kleine Korporal –, dessen kleiner Hut, wie das Lied sagt, »ihren Schatten den Weg in die Unsterblichkeit zu weisen scheint«. Bei dem Wort »Unsterblichkeit« erscheint Napoleons Dreispitz im Bild, ein trauriges Relikt seiner eigenen Unsterblichkeit. Es gibt noch viele solcher Momente. Man achte zum Beispiel darauf, wie ausgiebig Franju die Idee der »Schatten« und ihrer Todesassoziationen einsetzt.

18 Nouvelle Vague

In einem inzwischen berühmten Aufsatz* schrieb Alexandre Astruc, Filmemacher und Kritiker, 1948:

»Der Film wird immer mehr zu einem Ausdrucksmittel wie alle anderen Künste zuvor, besonders die Malerei und der Roman. Lange Zeit war er einerseits nur eine beliebte Jahrmarktsattraktion, ein Vergnügen wie das Boulevardtheater, und andererseits ein Mittel, das Alltagsleben festzuhalten. Nun wird er nach und nach zu einer Sprache. Eine Sprache, das meint: ein Medium, durch das ein Künstler seine Gedanken, so abstrakt sie auch sein mögen, oder überhaupt alles, was ihm am Herzen liegt, ausdrücken kann – wie in einem Essay oder einem Roman. Deshalb nenne ich dieses neue Zeitalter des Film die Epoche der *caméra-stylo*. (...)

Der Stummfilm versuchte, Ideen und Bedeutungen durch symbolische Assoziationen auszudrücken. Inzwischen haben wir erkannt, daß sie in den Bildern selbst enthalten sind, im natürlichen Fortgang des Films, in jedem ihrer Worte; und auch in den Kamerabewegungen, die alles miteinander verbinden: die Gegenstände und die Menschen mit den Gegenständen. (...)

Das setzt natürlich voraus, daß der Drehbuchautor sein eigener Regisseur ist. Oder besser, daß es so etwas wie einen Drehbuchautor gar nicht mehr gibt, da in dieser Art von Film die Unterscheidung zwischen Autor und Regisseur unsinnig ist. Regie führen heißt nicht mehr, eine Szene zu bebildern oder einzurichten, sondern vielmehr, sie zu schreiben.«

Astrucs Artikel ist nicht vergessen worden, weil er auf einen nützlichen Begriff brachte – *caméra-stylo* –, wie junge französische Intellektuelle sich das Kino anzueignen begannen: als ein Instrument, mit dem der Filmautor Gedanken und Gefühle so frei wie in einem Roman ausdrücken konnte. Die Kamera wurde zum Federhalter.

Der Filmregisseur war selbst Autor, der *auteur*. Im französischen Kino hatten schon oft die Autoren dominiert. Man denke nur an Préverts Arbeit für Carné oder an Spaaks Arbeit für Duvivier. Doch der Autor übte bald einen solchen Einfluß auf den Regisseur aus, daß es einigen Kritikern als unproduktiv erschien. Astruc und seine Anhänger wiesen auf die unsinnige Unterscheidung zwischen Autor und Bildermacher hin. Herausragendes könne – wie in vielen anderen Künsten auch – nur einem einzigen formenden Geist entspringen. Die schwerfällige Maschinerie der Filmproduktion müsse so weit reduziert werden, daß ein einzelner kreativer Mensch sie handhaben könne.

Diese Haltung weist eine starke Ähnlichkeit zu der im vorangegangenen Kapitel beschriebenen Bewegung auf. Das Cinéma-Vérité war eine der Antworten auf die Forderung, einfachere und handlichere Aufnahmegeräte herzustellen, die so wenig wie möglich den Gang der gefilmten Ereignisse beeinflußten. Für die zukünftigen *auteurs* war das ein attraktives Vorbild. Die ersten Filme der Nouvelle Vague machten dann auch ausgiebigen Gebrauch von der Technik des cinéma direct, einschließlich der Improvisation.

Einen weiteren Einfluß übte die neue Breitwand aus, die in gewisser Weise auch zu größerer Einfachheit führte. Wie wir gesehen haben, dämpft die Breitwand die Neigung zur ›überinterpretierenden‹ Montage.

So verband sich der Wunsch, mit der Kamera etwas so unmittelbar aufzuzeichnen wie beim Schreiben, mit der Suche nach größerer Einfachheit. Aber das war nicht der einzige Nutzen, den man aus der Theorie der caméra-stylo zog. Man bediente sich bei der komplexen Darstellung von Themen und Charakteren der gleichen Gradlinigkeit und Einfachheit (von *Abläufen*), die man vom Roman, aber bisher nur ganz selten vom Film her kannte.

* Naissance d'une nouvelle avant-garde: la caméra-stylo, in: L'Ecran français, No. 144, 30. März 1948.

Die logische Entwicklung dieser Tendenzen brachte bald einen völlig neuen Typ des Kinos hervor. Jean-Pierre Melville, einem der ersten und oft verkannten Verfechter dieses Kinos, verdanken wir eine nützliche Definition seiner typischen Merkmale: »Ein handwerkliches Produktionssystem an Originalschauplätzen, ohne Stars und mit einem möglichst kleinen Team, hochempfindliches Filmmaterial, keine Verleihgarantie, kein Auftrag und keinerlei Verpflichtung.«

Was er beschrieb, wurde als Nouvelle Vague oder Neue Welle allgemein bekannt.

Wir müssen der Versuchung widerstehen, den Begriff *Nouvelle Vague* in Anführungszeichen zu setzen; so, als glaubten wir selbst nicht daran. Tatsächlich gab es auch keine Welle, keine bewußte Bewegung mit eindeutigen Zielen technischer oder inhaltlicher Art. Dennoch ist der Begriff nützlich, um eine Entwicklung zu kennzeichnen, die in Frankreich ungefähr 1958/59 begann und in den folgenden Jahren auch internationale Folgen hatte. Als Begriff stammt Nouvelle Vague von Journalisten, und die haben ihn auch am Leben erhalten. Er markiert eine plötzliche Veränderung in der Filmindustrie: eine Veränderung der Produktionsmethoden, der Themenwahl, vielleicht sogar der moralischen Haltung; ganz sicher ein Wandel im Stil und in der Erscheinungform des Films. Nachdem 1959 in Cannes die ersten Filme der Nouvelle Vague von einem größeren Publikum akzeptiert worden waren, veränderten sich zusehends Sprache und Konvention des Kinos. Unser besonderes Augenmerk soll hier den neuen Ausdrucksformen gelten, die durch die Nouvelle Vague gebräuchlich wurden.

Heute ist es interessant, sich zu erinnern, welche drei Filme es waren, die zur Nouvelle Vague gerechnet wurden: *Orfeu negro* (Orfeu Negro, 1958), *Hiroshima – mon amour* (Hiroshima mon amour, 1959) und *Les 400 Coups* (Sie küßten und sie schlugen ihn, 1959). Ihre größte Gemeinsamkeit bestand wohl darin, daß die drei Filmemacher sich kannten. Das Wenige, das es darüber hinaus an Übereinstimmungen gab, soll uns zu einer ersten flüchtigen Beschreibung des neuen Kinos dienen.

Die Regisseure der Nouvelle Vague kamen, soweit sie ihre kritische Stimme erhoben oder ein erkennbares ästhetisches Ziel verfolgten, vor allem aus dem engeren Kritikerkreis der »Cahiers du Cinéma«. Mehrere von ihnen machten damals ihre ersten Filme, so z. B. Godard, Truffaut, Rohmer, Rivette, Doniol-Valcroze, Chabrol. Einige ihrer Filme galten als beispielhaft für die Möglichkeiten des neuen Stils. Sie wollten billige, verkäufliche Filme ohne große, kassenträchtige Namen machen, dabei aber auf die Wirkung und Frische der persönlichen Sicht nicht zu verzichten. Sie verringerten die Produktionskosten, indem sie die Drehzeiten verkürzten und mit kleinen, manchmal nicht gewerkschaftlich organisierten Teams arbeiteten, indem sie an Originalschauplätzen drehten und nicht nur unbekannte Schauspieler einsetzten, sondern zuweilen sogar Laien, Freunde, andere Regisseure. Hinter allem stand ihr Bemühen, das Konzept des *cinéma d'auteur* zu stärken: eines Kinos, bei dem *eine* Person die künstlerische Verantwortung sowohl für die Entwicklung als auch für die Ausführung der eigenen Ideen trägt. Genau diese Arbeitsweise schätzten sie besonders bei den amerikanischen Regisseuren, die am stärksten unter der massiven Gleichmacherei des Hollywoodsystems litten und denen es dennoch gelang, ihren Filmen eine eigene, persönliche Handschrift zu geben.

Bei der Suche nach billigen, neuen und persönlichen Ausdrucksformen sind einige der Entwicklungen, die wir vorher besprochen haben, von großer Bedeutung gewesen. Das spontane Kino mit der Handkamera und den empfindlichen Mikrophonen zum einen; Astrucs Theorie der *caméra-stylo* zum anderen, die – flexibel und doch komplex – dem neuen Filmemacher den Weg wies, seine Geschichten auf Zelluloid zu schreiben – wie ein Schriftsteller auf Papier. Verständlicherweise ging damit der Wille einher, mit den Themen und dem Geist der *qualité* zu brechen, des traditionellen Kinos in Frankreich, in dem der Autor sein Drehbuch ablieferte und kaum Interesse an der visuellen Gestaltung des Films zeigte.

In gewisser Hinsicht hatten die drei Filme, von denen es heißt, sie hätten

1959 in Cannes die Nouvelle Vague eingeleitet, eben doch etwas Gemeinsames: Alle drei waren Autorenfilme. Alle drei trugen die Handschrift einer einzigen Person. Alle drei vermittelten eine persönliche Sichtweise. Alle drei zeigten einen ganz individuellen Stil. Dabei hatte man das Glück, daß einige der neuen Filme das Interesse des Publikums fanden und finanziell erfolgreich waren. Die Nouvelle Vague hatte einen hervorragenden Start. Über Nacht errang ein Kino, das auch nur eine kurzlebige, widersprüchliche, regionale Stilrevolution hätte sein können, internationale Anerkennung. Als dann die Anhänger begannen, sich nach den unvermeidlichen Rückschlägen zurückzuziehen, war die neue Filmsprache längst durchgesetzt und wurde sogar kopiert – in der ganzen Welt.

Am häufigsten wurde sie natürlich in Frankreich selbst imitiert. Dort machten zwischen 1959 und 1962 rund 150 neue Regisseure ihren ersten abendfüllenden Spielfilm. Einige wurden bis heute nicht öffentlich gezeigt. Neulinge ohne nennenswerte Erfahrung, sei es auch nur als Assistent, fühlten sich von den revolutionären Rufen der ›Veteranen‹ ermutigt, sich hinter die Kamera zu stellen: »Alles, was man wissen muß, um Regie zu führen, kann man in vier Stunden lernen.« (Claude Chabrol, Arts, 19. Februar 1958); »Jeder kann Regisseur oder Schauspieler sein.« (François Truffaut, Arts, 15. Mai 1957)

Im Fall von Truffaut und Chabrol stimmten diese Behauptungen. Die beiden produzierten, wie auch andere Regisseure ihrer Generation, zwischen 1959 und 1962 eine ganze Reihe erfolgreicher Filme. Neben den schon genannten waren Filme wie Chabrols *Le beau Serge* (Die Enttäuschten, 1958) und *Les Cousins* (Schrei, wenn du kannst, 1958), Louis Malles *L'Ascenseur pour l'echafaud* (Fahrstuhl zum Schafott, 1957) und *Les Amants* (Die Liebenden, 1958), Jean-Luc Godards *À bout de souffle* (Außer Atem, 1959) und Truffauts *Tirez sur le pianiste* (Schießen Sie auf den Pianisten, 1959/60) typische Beispiele für die Anfänge dieser Bewegung. Viele dieser Filme wurden von ihren Regisseuren finanziert – wie etwa *Le beau Serge* und *Les 400 Coups*. Sie waren, wie die beiden genannten Filme, oftmals autobiographisch. Ihre Regisseure waren noch sehr jung. Sie hatten eine literarische oder philosophische Ausbildung hinter sich, aber keinerlei Erfahrungen in der Filmindustrie. Malle war 25 Jahre alt, als er *Les Amants* drehte. Chabrol bekannte, es habe sehr lange gedauert, *Le beau Serge* zu machen, da er so viel Zeit benötigt habe, um die ›technische Seite‹ in den Griff zu kriegen. *Tirez sur le pianiste* erregte zunächst großen Widerspruch in der Presse, da er ganz anders aussah als Truffauts erster Film *Les 400 Coups*. Und *À bout de souffle* löste Erstaunen aus, weil er keinem anderen Film in der Welt glich.

Das neue Kino war gebildet und selbstbewußt. Da sie selbst Kritiken geschrieben hatten, kannten viele der neuen Regisseure das Kino und seine Geschichte, worauf sie immer wieder zurückgreifen konnten. Das taten sie dann auch reichlich. Vertraut mit der historischen Entwicklung des Kinos, seiner Themen und Technik, wußten sie aus all diesen Quellen zu schöpfen und einzuarbeiten, was ihnen gerade nützlich schien. Es gelang ihnen, unsere nostalgische Ader zu rühren, alte Formen des Films auf neue Weise zu nutzen, Stimmungen abrupter als je zuvor zu wechseln, dem Publikum durch eine Mischung aus Gefühl und Gewalt, Verehrung und Bilderstürmerei die neuen Möglichkeiten des Mediums bewußt zu machen.

Diese Merkmale sind offensichtlich, besonders im Stil der Filme, mit dem wir uns hauptsächlich beschäftigen werden. Doch bevor wir uns einigen Beispielen widmen, wollen wir noch einen allgemeinen, vielleicht hilfreichen Aspekt erörtern. Die neuen Filme überraschten nicht nur wegen ihres neuen Stils, sondern auch wegen ihrer ungewöhnlichen Inhalte. Die Regisseure zeigten wenig Interesse an traditionellen Erzählweisen, an der ›guten Story‹.

Das gilt besonders für *Hiroshima mon amour*, der bloß davon handelt, daß in der Gegenwart zwei Liebende zusammentreffen. In Resnais' nächstem Film *L'Année dernière á Marienbad* (Letztes Jahr in Marienbad, 1961) wird nicht einmal mehr klar, ob sich die Liebenden überhaupt treffen. In anderen Filmen ist an die Stelle einer Geschichte ein kurzer Abschnitt im Leben des Helden gerückt, wodurch eine persönliche Krise mehr oder weniger im Mittelpunkt steht. So zeigt *Cléo de cinq à sept* (Mittwoch zwischen 5 und 7, 1961,

Regie: Agnès Varda) zwei Stunden im Leben eines Mädchens, das auf das Ergebnis einer lebenswichtigen Röntgenuntersuchung wartet. Jacques Demys *Lola* (Lola, das Mädchen aus dem Hafen, 1961) nutzt ganz bewußt eine Tradition und übersteigert, formal extrem, eine komplexe, fugenartige Liebesgeschichte so, daß die Ähnlichkeiten zwischen Liebespaaren sich bis ins Unendliche vervielfältigen – wie die Bilder in einem Spiegelsaal. Andere Filme hingegen, wie *À bout de souffle*, wählen ironisch eine strenge Erzählform – einen Gangsterthriller im Stil der B-Pictures – und übertreiben sie, bis sie von innen heraus zerbröckelt, oder sie treiben sie, wie in *Tirez sur le pianiste*, ins Phantastische.

Diese Entwicklung entspricht nicht etwa einem Hang zu jugendlicher Aufschneiderei. Es soll nur deutlich werden, daß der Plot, wie alles andere, auf Konventionen gründet, und daß eine Geschichte nicht sinnlos wird, wenn ihr ein logischer Handlungsfaden fehlt. Ein großer Teil der modernen Literatur verzichtet ja weitgehend auf Logik und Kausalität. Das Leben erscheint nicht länger als eine kontinuierliche und geordnete Entwicklung zum Guten, zur Vernunft oder zu zivilisiertem Verhalten. Das System allgemeingültiger Werte – Religion, Moral, Patriotismus – ist verschoben oder zusammengebrochen. Es liegt nun am Individuum selbst, sich neue Werte zu schaffen. Das kann nur gelingen, indem jeder in sich selbst hineinhorcht, da man sich selbst am besten kennt oder zumindest der ist, den man erst einmal kennenlernen muß. Die geordnete Entwicklung von Ereignissen, die zum Höhepunkt und zur Belohnung führt, – ein Plot also – scheint in diesem Zusammenhang völlig irrelevant zu sein. Auch das neue Kino schert sich wenig um die Außenwelt, dafür um so mehr um alles Innere: um gedankliche Prozesse, um unsere Erinnerungen, um das Vergehen von Zeit, um unsere persönlichen Vorstellungen von Gut und Böse.

Statt der Logik von Raum und Zeit erwartet uns die Logik der Gedankengänge: sprunghaft, assoziativ, bruchstückhaft, unvollendet, ungewöhnliche Verbindungen schaffend, die sich nur schwer mit Worten begründen ließen. Sobald wir dies verstanden haben, sind wir dem Verständnis der sprunghaften Unlogik, die uns die Filme der Nouvelle Vague zunächst vermitteln, um einiges näher gekommen.*

Gegenstand moderner Filme ist deshalb oft nicht so sehr die ›Geschichte‹, sondern die Beziehung des Regisseurs zu seinem Material. Das meint, daß er, wie schon angedeutet, eine selbstbewußte und unkonventionelle Haltung gegenüber den traditionellen Mitteln des Kinos einnimmt. So verschwanden in den neuen Filmen zunächst die Überblendung und das Auf- und Abblenden als Zeichen für das Vergehen von Zeit oder für den Wechsel des Ortes. Die Ausdrucksmittel selbst, die Überblendungen und Auf- und Abblenden, verschwan-

---

* Eine interessante Sicht auf die Grundlage einiger Regisseure der Nouvelle Vague entwickeln Eric Rhode und Gabriel Pearson in »Sight and Sound«, Herbst 1961. Der ganze Artikel, *Cinema of Appearance*, bezieht sich auf die neue Methodik der hier besprochenen Filme. Wir fassen einige dieser Grundlagen im folgenden zusammen:

a) Eine Welt, in der alle Erscheinungen gleichwertig sind, ist eine Welt ohne Zusammenhang. Das Ich setzt sich aus einer Folge von Ereignissen zusammen, die ohne offensichtliche Verbindungen bleiben; seine Vergangenheit und Zukunft besteht aus einer Folge von Handlungen, aber seine Gegenwart ist ein leerer Raum, der darauf wartet, durch Handeln gefüllt zu werden. Das Ich zeigt sich deshalb als nicht mehr stabil. Es ist ohne festen Kern – ohne Wesen.

b) Andere Leute sind ebenfalls ohne Wesen: Sie stellten auch nur eine unendliche Folge von Erscheinungen dar, so bleiben sie unberechenbar. Allein Gegenstände – d.h. ›Dinge‹ mit einem eindeutigen Wesen – kann man verstehen. Menschen bleiben Geheimnisse.

c) Da keine verläßliche Realität mehr existiert, erweist sich auch die traditionelle Moral als unverläßlich. Sie versucht, den Erscheinungen ein Wesen zuzusprechen, sie zu ordnen, damit sie berechenbar bleiben, und so den Menschen ihren wahren Zustand in einer zusammenhanglosen Welt zu verheimlichen – ihre völlige Isolation. Jeder einzelne ist für die ständige Improvisation seiner moralischen Kategorien selbst verantwortlich; eine bestimmte Rolle anzunehmen (sich z.B. als ›Bandit‹, ›Pianist‹ oder als ›Intellektueller‹ zu begreifen), ist eine Flucht vor der Verantwortung, es ist ›Unglaube‹. Solcher ›Unglaube‹ entmenschlicht den Menschen und verwandelt ihn in einen Gegenstand (existentiell stirbt er).

d) Um einen solchen ›Unglauben‹ zu vermeiden, muß andererseits die Moral einen endlosen, schmerzhaften Prozeß der Improvisation durchmachen. Man handelt nicht mehr nach Idealen, wie Güte und Anstand, sondern um die Entdeckung des eigenen Ichs voranzutreiben, dem einzigen ›moralischen‹ Ziel, das bleibt. Folglich ist jede Handlung notwendigerweise opportunistisch.

e) Das heißt also, daß jede Handlung einmalig und ohne soziales Vorbild ist und deshalb den anderen unmotiviert erscheint. Es gibt einfach kein stabiles Ich mehr, dem ein Motiv zugeschrieben werden könnte. Daraus ergibt sich der scheinbar absurde Begriff der unmotivierten Handlung *(L'acte gratuite)*.

den allerdings nicht. Ganz im Gegenteil. Doch statt nur noch konventionelle Signale zu sein, wurden sie wieder zu flexiblen Stilmitteln. In vielen Filmen zeigte das Vergehen der Zeit nun nicht mehr eine Überblendung an, sondern einfach ein Schnitt. Die Überblendung gewann damit ihre alte Nützlichkeit zurück, z. B. als einfühlsames Mittel, um Bilder sanft miteinander zu verbinden, oder als intellektueller Kniff, um visuell einen Zusammenhang herzustellen. In *Tirez sur le pianiste* beispielsweise sehen wir den Helden mit seiner Frau im Bett liegen. Am Ende der Überblendung dann drängt sich das lächelnde Gesicht ihres Liebhabers zwischen die beiden.

Vielleicht schenkte man den Tricks und Maschen, die die Nouvelle Vague einführte, mehr Aufmerksamkeit als ihren konstruktiven stilistischen Errungenschaften. Doch sogar diese Tricks waren nicht ohne Sinn, und wenn sie auch manchmal frivol wirkten, entbehrten sie doch selten eines gewissen Charmes. Truffauts Vorliebe für Standbilder ist oft kommentiert worden. Er verwendete sie in *Les 400 Coups*: als Antoine für das Erziehungsheim fotografiert wird; und noch einmal gegen Ende bleibt das Bild stehen, am Strand, als Antoine ins Meer läuft, sich umdreht und uns ansieht. In *Jules et Jim* zeigt er Catherines Gesicht häufig als Standbild. Truffaut erweckt alte Stummfilmmittel – wie die Kreisblende – zu neuem Leben, oder er teilt, ähnlich wie Abel Gance, das Bild durch drei Kreisblenden, in jeder das Gesicht desselben sprechenden Verbrechers (Plyne in *Tirez sur le pianiste*). Das mag bedeuten, Plyne sei ein übler Kerl mit vielen Gesichtern. Doch mehr als alles andere ist es eine liebevolle Hommage an den Stummfilm, auch wenn es vielleicht eine Mode einleitete.

An anderer Stelle greift Truffaut die Idee der dynamischen Leinwand auf, indem er Teile des Bildes abdeckt, die er nicht nutzen oder zeitweise verbergen will. Dann verwendet er Kriegswochenschauen von 1914 in Dyaliscope *(Jules et Jim)*, kopiert das alte Format auf das neue, breitere um, so daß das Bild zwar flacher und breiter wirkt, aber dennoch durchaus annehmbar ist.

Etwas können wir vielleicht von diesen Innovationen lernen: daß alle Mittel nützlich sind, wenn sie gekonnt und intelligent eingesetzt und wenn aus dem Stilmittel heraus die Bedeutungen sichtbar werden. Ein Regisseur, der das Medium beherrscht, definiert dessen Mittel und Zeichen, während er sie einsetzt, immer wieder neu – wie ein Gedicht die Bedeutung der Worte immer wieder verändert.*

Noch ein abschließendes Beispiel, bevor wir uns mit einzelnen Regisseuren und ihren Arbeiten befassen. Es geht um eine merkwürdige Einstellung in *À double tour* (Schritte ohne Spur, 1959) von Claude Chabrol. Eine Einstellung, die vor der Nouvelle Vague kaum gedreht worden wäre.

À double tour ist die Geschichte von Verblendung und Eifersucht, die zu einem Mord führen. Ein wohlhabender Bourgeois wohnt mit seiner Familie in enger Nachbarschaft mit einem sehr hübschen Mädchen, Léda. Er ist verrückt nach ihr, seine verständlicherweise ziemlich hysterische Familie, die von der Affäre weiß, quält ihn deswegen. Der Kontrast zwischen seinen und Lédas Lebensumständen ist deutlich herausgestellt. Sein Haus, ganz zu schweigen von seiner Frau, ist häßlich und düster; Lédas dagegen hell, beschwingt und schön. Sie selbst ist hinreißend. Das Erscheinungsbild ihres Hauses, seine Farben und das Mobiliar, und ihre bunten, edlen Kleider lassen sie wie einen seltenen und schönen Vogel erscheinen: wie einen Vogel, so bunt und gleichzeitig fast ebenso sprachlos. Sie ist Ausländerin, lächelt viel und spricht nur selten. Der Film nimmt eine entscheidende Wendung, als der älteste Sohn der Familie, den die Eifersucht auf seinen Vater und der Kummer um seine Mutter rasend machen, sie erwürgt. Den Mord selbst sehen wir nicht, doch wir ahnen schon, wer der Mörder sein könnte. Der letzte Teil des Films schildert dann die polizeiliche Ermittlung. In Rückblenden sehen wir mehrmals die Ereignisse, die zu dem

* Da Truffaut sein Handwerk beherrscht, verzeiht man ihm sogar die hanebüchendsten Scherze, die dem Fortlauf der Geschichte wahrlich nicht dienen. Den berühmtesten Scherz macht er in *Tirez sur le pianiste*. Einer dieser fast komischen Gangster schwört, er sage die Wahrheit, indem er so etwas murmelt wie: »Meine Mutter soll tot umfallen, wenn ich nicht die Wahrheit sage!« Und in einer – an dieser Stelle kurz eingeschnittenen – Kreisblendeneinstellung sieht man dann eine Frau tatsächlich tot umfallen.

Mord führten, aus der Sicht der verschiedenen Verdächtigen. In einer Rückblende zeigt Chabrol ziemlich unvermittelt einen Pfau, der in Panik aus dem Unterholz aufschreckt, vermutlich, weil irgend jemand außerhalb des Bildes heimlich durch den Garten zwischen den beiden Häusern schleicht. Etwas später, als ein anderer Verdächtiger in einer weiteren Rückblende seine Version der Geschichte erzählt, wiederholt sich noch einmal die gleiche Einstellung. Wieder ohne Erklärung.

Zunächst scheint es, als solle sie die zeitliche Übereinstimmung der beiden Rückblenden verdeutlichen. Später jedoch wird klar, daß Léda genau in diesem Moment starb, auch von uns unbeobachtet. Nun gewinnt diese Einstellung auf einmal sehr an Eindringlichkeit. Sie vergrößert nachträglich ihre Schönheit, weil sie so verhalten ist. Wir erkennen jetzt, daß die Angst des Pfaus, das weiche Rauschen seiner Federn – dies Bild der aufgeschreckten Schönheit und Eleganz – für den Tod des Mädchen stehen. Doch weil dies nicht direkt ausgesprochen wird, wirkt es um so kraftvoller. Es ist eine neue, dezentere Form der Metapher: Noch bevor wir wissen, was das Bild bedeuten soll, erscheint es schon zum zweiten Mal. Es war eine lange Entwicklung seit Erich von Stroheims metaphorischen Bildern in *Greed* (1923), in denen er das junge Liebespaar als turtelnde Vögel zeigte, bedroht von Marcus, der streunenden Katze; oder, seitdem Eisenstein die Stärke der Arbeiterklasse durch einen Bullen versinnbildlichte. In Momenten wie diesen erkennen wir, wie sehr die Nouvelle Vague von ihrer Kenntnis der Vergangenheit profitierte.

19 Der Autorenfilm

Bisher haben wir verschiedene Mittel der Montage an Filmgenres illustriert, in denen wir sie sinnvoll eingesetzt fanden. Spannungsgeladene Actionszenen erfordern eine ganz bestimmte Schnittechnik, was wir am Beispiel eines Thrillers verdeutlicht haben. Komödien erfordern eine andere Montage; ebenso Dialogszenen, der dokumentarische Realismus, Wochenschauen, Lehrfilme... Aber nun wird es schwieriger, diesem Schema zu folgen. Den Grund dafür haben wir im letzten Abschnitt öfter erwähnt. In den sechziger Jahren entwikkelte sich der Film zu einem so persönlichen Medium, daß allein die Erörterung einzelner Regisseure noch sinnvoll scheint. Wie wir gesehen haben und noch genauer sehen werden, geht es den Regisseuren in ihren Filmen jetzt weniger darum, wirkungsvoll Geschichten zu erzählen, als darum, ihre Gedanken auszudrücken. Im Kino sind, wie in anderen Kunstrichtungen, die Ausdrucksmittel selbst zunehmend Bestandteil des Bedeutens geworden. Den Schwenk, die Kamerafahrt, die Überblendung, die Auf- und Abblende, den Zoom kann man wahrnehmen – wie den Pinselstrich oder bestimmte literarische Formen, zugleich aber kann man durch sie auch etwas erkennen.

Die vier Regisseure, denen wir uns in dieser Form nähern, sind Truffaut, Godard, Resnais und Antonioni.

François Truffaut

François Truffaut

Truffaut sagte einmal in einem Interview, er ziele auf »un éclatement de genres par un mélange de genres«, »die Erweiterung der Genres durch ihre Vermischung«. Er versuche, sagt er, immer die Erwartung seines Publikums zu unterlaufen, um es in Atem zu halten. Wenn der Film eine bestimmte Richtung einzuschlagen scheine, schlage er unvermutet einen Haken und mache ganz anders weiter. Er sehe seine Filme als Zirkusshow mit vielen verwirrenden Wendungen, und am Ende führe er sein Publikum gern hinaus aufs Land oder an einen idyllischen Ort – in eine Schneelandschaft oder ans Meer –, um es dafür zu belohnen, daß es fast zwei Stunden im Dunkeln ausgeharrt hat.

Man sollte nicht denken, Truffaut rede nur so daher, wenn er dies sagt. Seine Filme folgen dieser These. Jeder von ihnen schwankt zwischen Stimmungen der Verzweiflung und der Heiterkeit und enthält Szenen voll schwarzen Humors, die wechseln mit wahrhaft tragischen Szenen oder mit Szenen voll herzlicher, ungetrübter Freude. Und was die Schauplätze betrifft: Die letzte Szene von *Les 400 Coups* zeigt den jugendlichen Helden, wie er ans Meer läuft; die letzte Szene von *Tirez sur le pianiste* findet in einem Schneesturm statt: in der Nähe einer Berghütte von fast märchenhafter Unwahrscheinlichkeit. *Jules et Jim* (Jules und Jim, 1961) ist eine so lyrische Mischung aus Meer, Fluß, Alpen und Wald, daß nur wenige Zuschauer das Zuschauen im dunklen Kinosaal bereut haben dürften. Und *Fahrenheit 451* (Fahrenheit 451, 1966) endet im Wald, wieder in einem Schneesturm.

Truffauts Vorstellungen entspringen aber nicht einfach dem Wunsch, anders sein zu wollen. Sie sind Reflexionen seiner Auffassung vom Kino. In seinen Filmen wird deutlich, daß er sich, wie Rhode und Pearson es nennen, »der Philosophie der Diskontinuität« verschrieben hat.

Der schnelle Wechsel der Stimmungen und der Tempi, der seine Filme charakterisiert, ist der Versuch, seine Filme der Art und Weise zu nähern, wie das Leben selbst verläuft. Wir leben unser Leben ja nicht nach den Mustern bestimmter ›Genres‹. Das Leben, wie wir es heute begreifen, ist keine ununterbrochene Kette bedeutender, gezielter, logisch verknüpfter Handlungen, wie die Montage- und Erzählmuster des traditionellen Kinos es manchmal suggerieren. Tatsächlich verflüchtigt sich sogar oft jede Handlung, wie z.B. in *Les 400 Coups*. Antoines Leben ist da weniger durch eine Folge dramatischer Ereignisse als vielmehr durch eine Reihe banaler Vorkommnisse beschrieben: durch die Straßen stromern, die Schule schwänzen, auf den Jahrmarkt gehen, zu Hause verträumt herumsitzen, sich um seine Hausaufgaben herumdrücken.

Diese Vorgänge sind in langen, durchgehenden ›Amerikanischen‹ Einstellungen zu sehen, die so lange dauern, wie es technisch möglich ist. Schnitte gibt es nur, wenn sie sich nicht vermeiden lassen: wenn jemand den Raum verläßt oder aus dem Blickfeld verschwindet und die Treppe hinuntergeht. In *Les 400 Coups* zeigt sich, daß Truffaut ein Schüler André Bazins ist. Dauert eine Einstellung zu lange, auf deren Anfang und Ende Truffaut aber nicht verzichten will, so scheut er sich nicht, einfach etwas aus der Mitte herauszukürzen. In einer Szene mit Antoines Freund und dessen Vater verläßt der Vater einmal das Zimmer, um in die Küche zu gehen. Kurz danach taucht er in der Küche wieder auf, ziemlich entfernt am Ende eines dunklen Ganges. Zwischen dem Verlassen des einen Raumes und dem Betreten des anderen liegt aber wesentlich mehr Zeit, als uns vorgemacht wird. Eine Katze, die auf einem Regal in der oberen linken Ecke des Bildes döst, ›springt‹ plötzlich in eine etwas andere Position und verrät dadurch die Kürzung. Vielleicht wurde die Kamera auch nach der ersten Hälfte der Einstellung angehalten, arretiert und erst wieder gestartet, als der Vater die Position hatte, daß weitergedreht werden konnte. Anstatt nach einem Schnitt von einem neuen Standort aus zu drehen, versucht Truffaut das Gefühl der Kontinuität zu erhalten.

Ähnliche Beispiele gibt es auch in *Tirez sur le pianiste*. Truffaut kaschiert da einen sprunghaften Schnitt zwischen zwei verschiedenen Aufnahmen, indem er die Szenen einfügt, in denen Fido, der jüngere Bruder, bemerkt, daß er von den ›Gangstern‹ in ihrem großen amerikanischen Wagen beschattet wird. Und in der langen, scheinbar durchgehenden Einstellung, in der Thérésa in ihrer Wohnung Charlie/Edouard alles gesteht, um kurz darauf Selbstmord zu begehen, kaschiert Truffaut geschickt den Sprung: Indem er die eine Hälfte einer Aufnahme mit der zweiten Hälfte einer anderen Aufnahme an einer Stelle zusammenschneidet, an der die Bilder für einen Moment fast identisch sind. Nun stellt sich die Frage nach der Absicht. Truffaut selbst gesteht, daß er alle seine Filme im Schneideraum rettet. Nicht, daß so etwas zuvor nie gemacht worden wäre. Doch die Regisseure der Nouvelle Vague gehen größere Risiken ein, und sie tun es öfter und mit größerer Kühnheit; sie beweisen, daß nur ein bereits verwirrtes Publikum durch unkonventionelle Montagetechniken noch weiter verwirrt wird.

Das geheimnisvolle Interview mit der Sozialarbeiterin in *Les 400 Coups* ist ein klassisches Beispiel dafür, wie man es nicht machen dürfte – nach traditionellen Vorstellungen. Während des Interviews fügen Überblendungen die Antworten des Jungen aneinander, nie sehen wir die Interviewerin. Diese Szene ist weder ›dramatisch‹ noch eine Auseinandersetzung mit sozialen Problemen. Aber das sollte sie natürlich auch gar nicht bezwecken. Das Thema dieser Szene ist die Innenwelt des Jungen, und dem entspricht die Methode. Den Jungen interessiert die Interviewerin nicht, für ihn existiert sie kaum, und deshalb sehen wir sie auch nicht.

Am Ende des Films flieht Antoine aus der Erziehungsanstalt, in die er, weil er eine Schreibmaschine gestohlen hatte, eingewiesen worden war. Er läuft ans Meer, das er zuvor noch nie gesehen hat. Dieser Moment wird hauptsächlich in sehr wenigen, sehr langen Fahrten gezeigt, aufgenommen aus einem Auto, neben dem der Junge herläuft. Die Sequenz dauert mehrere Minuten. Dabei geht es weniger um die Darstellung eines Ereignisses, als vielmehr um die Darstellung einer seelischen Verfassung; dafür hat Truffaut hier eine angemessene Form gewählt. Nach all den Gefangenschaften, den psychischen wie physischen, die Antoine im Verlauf des Films erleiden mußte, empfinden wir seine Befreiung durch die Flucht als große Erleichterung. In diesem Beispiel, wie auch in dem Beispiel mit den Überblendungen, ist die Form der Einstellungen ebenso sehr ein Bestandteil der Aussage wie die Handlung, die durch sie ›beschrieben‹ wird.

Mehr noch als *Les 400 Coups* erweitert *Tirez sur le pianiste* das Vokabular des neuen Films. Es ist die Geschichte des Konzertpianisten Edouard Saroyan, der entdeckt, daß seine Karriere erst richtig begann, nachdem seine Frau mit seinem Impresario Schmeel geschlafen hatte. Sie bittet ihn um Vergebung, doch er wendet sich voller Abscheu ab. Sie begeht Selbstmord. Woraufhin er sich aus der Gesellschaft zurückzieht, seinen Namen in Charlie Koller ändert und als Kneipenpianist arbeitet. Er hat eine Liaison mit einem anderen Mädchen, aber nach einer Folge von Abenteuern liefert er indirekt erneut die Ursache für ihren Tod.

Charlie geht zum Vorspielen in Schmeels Wohnung. Als er vor der Tür steht, zögert er einen Moment, bevor er klingelt. Er streckt den Finger nach dem Klingelknopf aus, zögert dann aber. Es folgen zwei, drei immer größere Nahaufnahmen des Klingelknopfes und des sich nähernden Fingers. Diese Einstellungen lösen mehrere, ganz unterschiedliche Reaktionen aus: (1) Sie sind komisch. (2) Sie wirken bedrohlich, wie immer, wenn die Handlung verlangsamt wird oder der Schnitt immer mehr Details hervorhebt. Diese Wirkung bezieht sich schon auf das folgende Geschehen (das wir zu diesem Zeitpunkt aber noch nicht kennen). (3) Sie wirken psychologisch richtig, da sie seine Ängste beschreiben. (4) Sie lenken die Aufmerksamkeit auf ein altbekanntes *temps-mort*, die Zeit, die wir alle vor Türen verbringen, die sich nicht öffnen, oder vor Fahrstühlen, die nicht kommen. In diesen Momenten schrumpft das Universum auf die Größe eines Klingelknopfes zusammen, der einem für eine Weile realer erscheint als man selbst. Und hier gelangen wir zur wichtigsten Überlegung. (5) Charlie ist ein Protagonist, der die Philosophie der Diskontinuität verkörpert. Sein Leben ist die Suche nach Vollkommenheit: der Vollkommenheit des Erfolgs, der Lebensauffassung, der erfolgreichen Liebesaffäre, nach Vollkommenheit eines Wertesystems, das ihm Halt gibt. Er sucht nach Vertrauen und Zuversicht. Doch seine Suche bleibt erfolglos. Sein Scheitern vermittelt sich in Bildern von zunehmender Zerrissenheit. Immer wieder wird er in einem Spiegel gezeigt, der über seinem Klavier im Café hängt. Das erste Mal sehen wir ihn auf der Herrentoilette des Cafés, wo er seinen Schlips bindet und dabei in den Spiegel schaut. Am Ende des Films, in der Berghütte, wo er sich vor der Polizei versteckt, nachdem er aus Versehen einen Mann umgebracht hat, blickt er in einen kleinen zerbrochenen Rasierspiegel und wiederholt die Worte seines kriminellen Bruders: »Nun bist du einer von uns.« Als er sich Schmeel, dem Impresario, vollkommen unterwirft, ist gerade auch ein Porträt von ihm fertiggestellt. Schmeel sagt dazu: »Dank dieses Gemäldes kann ich dich jeden Tag sehen.« Auch Charlies Frau erklärt, von Schmeel, der Spinne, in zwei Hälften gerissen zu werden. Im Kontext dieser allgegenwärtigen Zerrissenheit fällt es nicht schwer, die Einstellungen des Fingers am Klingelknopf als Zeichen zu sehen: Für Charlie bricht das Universum, die Welt der Dinge, unwiederbringlich zusammen, ohne daß er die Kraft besitzt, es aufzuhalten.

Den entgegengesetzten Vorgang deutet eine Reihe ähnlicher Einstellungen in *Jules et Jim* an, Truffauts nächstem Film. Diese Einstellungen zeigen drei oder vier einfache Großaufnahmen von Jeanne Moreau (Catherine) am Steuer ihres Autos: die Zündung einschaltend, den Motor startend, den Gang einlegend und davonfahrend. Wieder ist es notwendig, etwas detaillierter auf die Geschichte und das Grundthema einzugehen, um den Zusammenhang zu begreifen, in dem diese Einstellungen stehen.

Catherine wird von zwei Freunden geliebt, Jules und Jim. Voller Überzeugung experimentiert sie mit neuen Formen, nicht zuletzt auch in der Liebe. Sie ist eifrig bemüht, neue, natürliche Kräfte und Kombinationen zu schaffen, und beispielsweise eine *ménage à trois* nicht nur gelingen, sondern sie auch beneidenswert asketisch erscheinen zu lassen. Alle drei bemühen sich, ohne Eifersucht zu leben. Jim ist allerdings aktiver in seinem Liebeswerben. Jules dagegen, der Naturalist, beobachtet alles nur geduldig, er ist entschlossen, den Freundeskreis zu bewahren, auch wenn er dafür Opfer bringen muß. Catherine, die eitel danach strebt, neue Regeln zu erproben, macht damit die beiden Männer und sich selbst unglücklich. Schließlich lenkt sie ihr Auto von einer beschädigten Brücke in den Fluß und nimmt dabei Jim mit in den Tod. Jules schaut ihnen von einer nahegelegenen Café-Terrasse aus zu.

Die Bilder des Films betonen die Natürlichkeit kreisförmiger Formen des Wachsens, die Natürlichkeit des Pflanzen- und Insektenlebens. Die menschliche Dreiecksgeschichte fügt sich nur unvollkommen in diese kreisförmige Welt. Jules folgt einer natürlichen Moral: beobachte und passe dich an. Eines Tages, so hofft er, werde er, wenn er Glück hat, eine Liebesgeschichte schreiben, in der die Personen Insekten sind. Anstatt zu beobachten und sich anzupassen, möchte Catherine das Universum umgestalten, um es *ihr* anzupassen. Sie experimentiert fortwährend mit den Elementen. Um sie herum brechen ständig Feuer aus: Rauch steigt von dem Vitriol auf, das sie in den Ausguß kippt. Als sie eines Tages voller Entrüstung in die Seine springt, breiten sich, als sei es Feuer, kleine Ringe reflektierenden Lichts über das Wasser aus. Ihre Versuche, die Naturelemente miteinander zu vereinen, sind zum Scheitern verurteilt. Ihre Macht, die Materie zu manipulieren, ist begrenzt. An diesem Punkt sind die Großaufnahmen im Auto wichtig. Sie zeigen, wie sie mühelos einige Formen der *künstlerischen* Kraft beherrscht. Doch als wolle er warnen, daß dies nicht genügt, zeigt Truffaut den Vorgang in Fragmenten und nicht als abgeschlossene Einheit. Schaltknüppel, Lenkrad, Gaspedal sind nur *Symbole* für Kraft. Sie erzeugen die Illusion von Macht. Als Catherine mit dem Wagen von der Brücke – einem unterbrochenen Kreis – in den Fluß fährt, wird sie vom Wasser getötet, einem natürlichen Element, und nicht vom Auto*.

Diese beiden Beispiele aus *Tirez sur le pianiste* und *Jules et Jim* zeigen, daß sogar scheinbar einfache Großaufnahmen die wesentliche Aussage eines Films unterstützen können. Damit sind wir weit von jenen Tagen des Films entfernt, in denen die Großaufnahme eine Reaktion auf die Beschwerde war: »Ich kann nicht sehen, was passiert.«

Betrachten wir nun eine Sequenz aus *Tirez sur le pianiste*, die in ihrer Bandbreite von Stimmungen und ihrer technischen Raffinesse für Truffauts Arbeiten typisch ist.

*Tirez sur le pianiste***

1 Titelseite einer Zeitung, die Thérésas Tod meldet. Die Titelseite ist über das kaum sichtbare Bild eines Schrottplatzes geblendet, über den die Kamera sofort hinwegzuschwenken beginnt. (Die Zeitungseinstellung ist schon über die vorhergehende Einstellung geblendet, in der Thérésa tot auf der Straße liegt.) Die Titelseite wird ausgeblendet, und der Schwenk zeigt zuerst Autos auf dem Schrottplatz, dann eine Straße und schließlich eine Bar in einem ärmlichen Stadtviertel.	Schlagzeile: »Frau eines bekannten Pianisten stürzte sich aus dem 5. Stock«. Charlies charakteristische Klaviermusik setzt ein. Lénas Stimme: *Du bist dann verschwunden. Du hast ein neues Leben angefangen. Aus Edouard Saroyan wurde Charlie Koller. Du bist zu deinen Brüdern in den Schnee zurückgefahren und hast sie gebeten, dir Fido anzuvertrauen. Dann eines Tages warst du plötzlich bei Plyne.* Die Klaviermusik setzt aus. (19 Sek.)
2 Halbtotale. Das Innere der Bar am Tag. Plyne repariert einen Tisch. Charlie fegt den Fußboden.	*Man hat dich gut brauchen können, um die Bar zu kehren.* *In der Ecke stand ein altes Klavier. Diese alte Kiste.* In der Ferne heult eine Dampfsirene. *Du hast es immerzu angesehen, bist drumherum gestrichen, hast es wieder und wieder angeschaut. Eines Tages hast du Plyne gefragt.*
Charlie öffnet das Klavier.	Charlie: *Darf ich mal ein bißchen spielen?* Plyne: *Was?* Charlie: *Ich glaube, ich weiß, wie es geht.* Plyne:
Sabine, Plynes Freundin, kommt herein, nimmt Charlies Putzzeug und geht auf die Kamera zu. Charlie sitzt am Klavier.	*Von mir aus. Aber besprich es besser mit Sabine.* (32,5 Sek.)

* Einige dieser Anmerkungen beruhen auf einem sehr interessanten Artikel über diesen Film: »Elective Affinities« von Roger Greenspun in: Sight and Sound, Frühjahr 1963.

** Regie: François Truffaut. Schnitt: Cécile Decugis. Films de la Pléiade, 1960. Fido, ein zwölfjähriger Junge, ist Charlies jüngster Bruder. Thérésa ist seine ehemalige Frau. Plyne ist der Besitzer der Bar. Léna bedient dort.

1a

1b

1c

2a

2b

3a

3b

4

4a

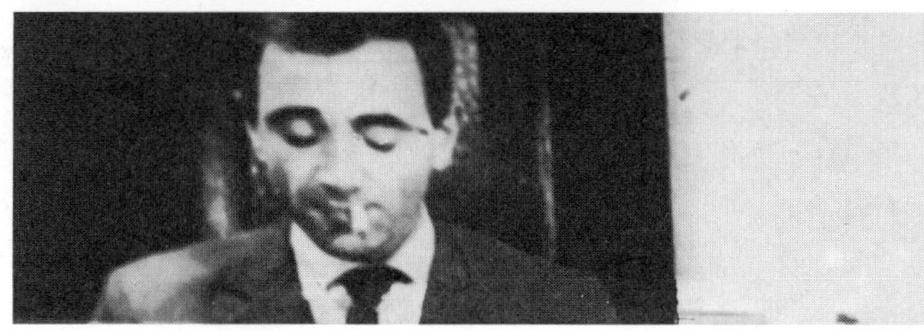
4b

5

6

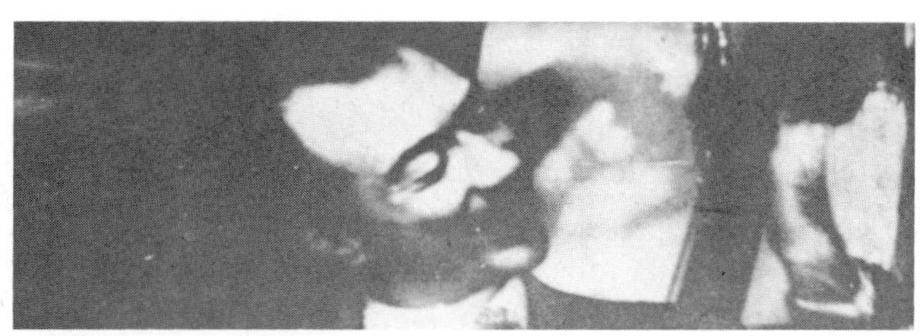
7

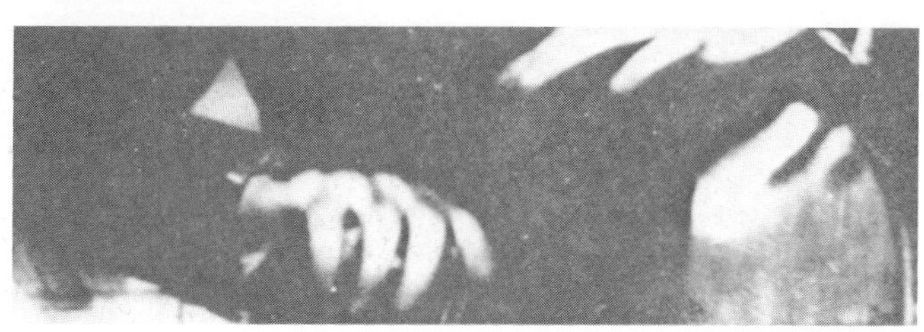
8

3 Sehr nah. Charlies linkes Profil. Er sitzt am Klavier, blickt ernst auf die Tasten und fängt dann an zu spielen. Die Kamera schwenkt langsam nach rechts, dann nach links und seine Arme hinunter auf die Klaviertasten. Dann schwenkt sie nach oben auf die Tonhämmer, die man deutlich in dem offenen Klavier erkennt.	(28,5 Sek.) Ein klassisches Klavierstück erklingt. Die Musik fließt in Charlies Barmusik über.
4 Amerikanisch. In der Bar. Nachts. In dem rechtwinkligen Spiegel, der über dem Klavier hängt, sieht man Charlie spielen. Die Kamera schwenkt nach links unten auf Charlie. Er freut sich.	Lénas Stimme: *Wer ist Charlie Koller? Viel weiß man nicht über ihn. Er ist Pianist. Er versorgt seinen kleinen Bruder und möchte mit nichts etwas zu tun haben.* (10,5 Sek.)
5 Halbtotale. Charlie und zwei andere Musiker auf dem Podest. Leute tanzen.	*Deinetwegen sind die Leute aus der Nachbarschaft jeden Abend zu Tanzen gekommen. Der Laden wurde immer bekannter. Plyne stellte neue Leute ein, sogar ein paar Musiker.* (7 Sek.)
6 Halbnah. Victor, der Schlagzeuger.	*Victor, den Schlagzeuger, der immerzu lacht, ohne zu wissen, warum.* (3,5 Sek.)
7 Halbnah. François, der Bassist.	*Und seinen Bruder François, den Bassisten –* (2 Sek.)
8 Nah. François' Hand am Bass.	*– mit seinen langen, behaarten Fingern.* (3,5 Sek.)
9 Amerikanisch. Die Bar von außen. Nachts. Die Kamera bewegt sich in einer langen Fahrt von links nach rechts – den Bürgersteig vor der Bar entlang, ins Innere blickend. Nach einer Weile kommt ein Plakat an der Außenwand ins Bild, das »Charlie Koller« ankündigt.	*Und dann war ich da. Ich sah dich ununterbrochen an, aber ich war für dich ganz einfach Luft.* Die lebhafte Musik wechselt allmählich in eine ruhigere, träumerische Melodie über. (17,5 Sek.)
Überblendung auf: 10 Amerikanisch. Ein Schlafzimmer, innen (Lénas). Die Schwenkbewegung der Einstellung 9 dauert noch an. Auch Einstellung 10 beginnt mit einem Schwenk, der während der gesamten Einstellung weitergeht – um 360 Grad. Doch er führt in die entgegengesetzte Richtung, von rechts nach links. Die Einstellung beginnt mit einem Plakat, das ein Konzert von Edouard Saroyan ankündigt. Nach etwa 3,5 Sek. wird vorsichtig eine Großaufnahme von Léna und Charlie eingeblendet, die sich zärtlich küssen, dieses Bild bleibt stehen, bis die Einstellung endet. Die Dinge, die der lange Schwenk durchs Schlafzimmer nacheinander zeigt, sind: die Tür, ein Radio, ein Fenster, ein Aquarium, eine Büste (d. h. den Teil einer Skulptur), einen Büstenhalter und andere Kleidungsstücke auf einem Stuhl und schließlich Charlie und Léna im Bett. Die eingeblendete Großaufnahme ist verschwunden, sobald der Schwenk das Bett erreicht.	(42 Sek.)
11 Nah. Charlie und Léna im Bett.	Lénas Stimme: *Als ich an meinem Geburtstag sagte: Jetzt bekommt jeder von mir einen Kuß, habe ich das nur gesagt, um dich küssen zu können. Dann spürte ich, daß du mich ansahst, und ich sah dich auch an.* (14,5 Sek.)

Das Interessanteste an diesem Ausschnitt ist, daß er auf der Leinwand erstaunlich homogen wirkt, obwohl es sehr unterschiedliche Stilelemente und Lichtverhältnisse gibt. Das liegt nur zum Teil daran, daß durch die Stimme der Erzählerin ein Zusammenhang hergestellt wird*.

In Einstellung 1–4 kommen wir von Thérésas Selbstmord zu Charlies neuem Leben als Barpianist. Uns wird die Bar und ihre Atmosphäre vorgestellt, und wir erfahren ein wenig über die Leute dort. Wir erfahren vor allem etwas über Lénas erste Gefühle für Charlie. Alle vier Einstellungen machen einen entspannten Eindruck. Einstellung 1 und 3 haben dazu einen stark lyrischen Unterton. Trotzdem erfüllen sie die wichtige Aufgabe, einführend zu informieren und die Personen zu charakterisieren.

9

9 a

10

10 a

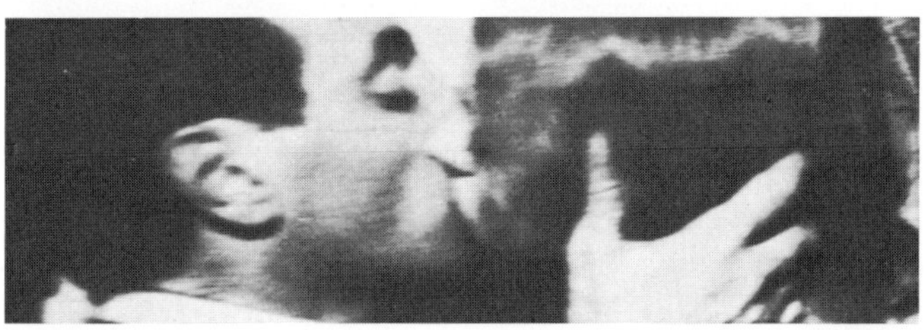
10 b

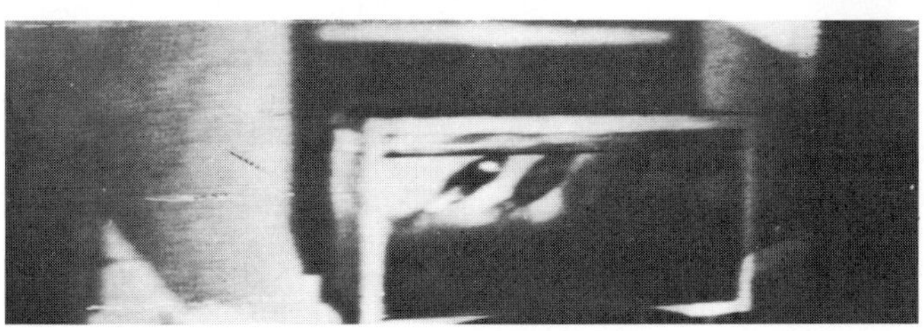
10 c

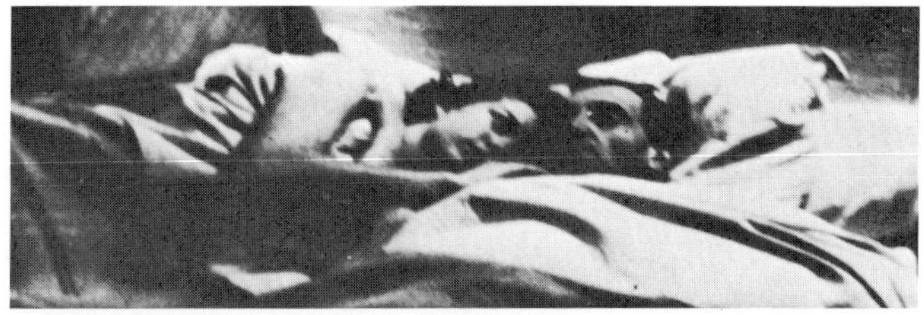
10 d

11

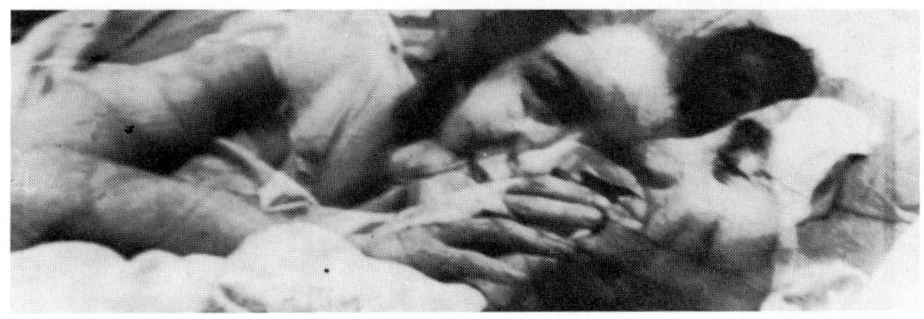
11 a

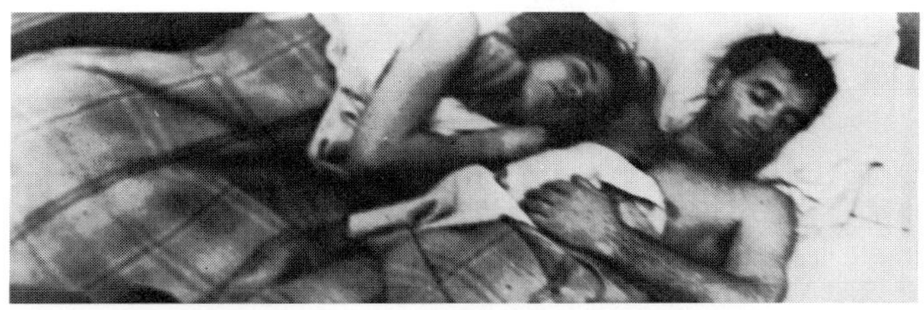
11 b

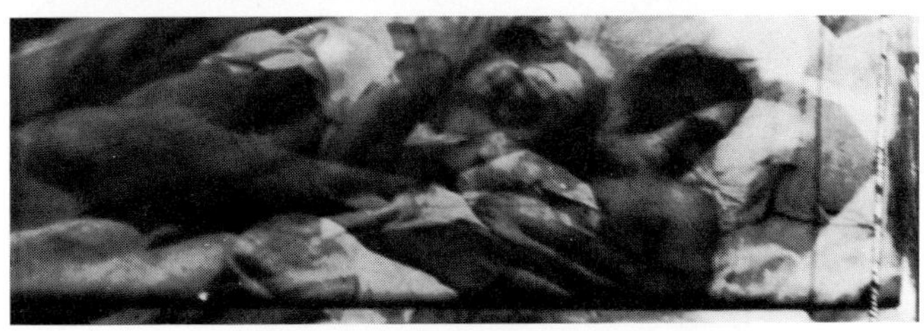
11 c

11 d

* Der Erzähler war im französischen Kino immer sehr beliebt. Er bildet eine nützliche dritte Dimension, zusätzlich zum Geschehen auf der Leinwand und zum Publikum. Er kann aber auch ein objektiver Berichterstatter sein, wenn der »Autor« einige Anmerkungen machen möchte. Der Erzähler ist natürlich ein literarisches Hilfsmittel; das französische Kino hatte ja schon immer eine ausgeprägte literarische Tradition, die die Regisseure der Nouvelle Vague auch beibehalten haben. Der Erzähler ist aber auch im amerikanischen Thriller beliebt; diese Tradition haben die Regisseure der Nouvelle Vague ebenfalls sehr verehrt. Vielleicht war Melvilles *Bob le flambeur* (1956) eine Art Zwischenstufe, denn hier meldete sich der Erzähler nur gelegentlich zu Wort. Auf jeden Fall taucht der Erzähler im heutigen französischen Kino häufig auf, ganz besonders in Truffauts drittem Spielfilm *Jules et Jim*.

Einstellung 1 verbindet die Trauer über Thérésas schrecklichen Tod (sie stürzte sich aus dem Fenster) mit dem Bild des Autofriedhofs, indem die Titelseite der Zeitung über beide Einstellungen geblendet ist. Der Schrottplatz symbolisiert den seelischen Tiefpunkt, den Charlie nach dem Tod seiner Frau erreicht hat. Und er sagt etwas über die Gegend aus, in die er sich zurückgezogen hat, um vor dem Rampenlicht und seinen früheren Freunden zu fliehen. Lénas Kommentar drückt ihre Gefühle für Charlie aus (vor allem in der Beschreibung, wie Charlie fasziniert vor dem Klavier steht), doch die Leichtigkeit ihres Berichts zerstört keineswegs den Ernst, mit dem wir Charlie betrachten sollen. In der folgenden Einstellung verdeutlicht allein die Intensität der Großaufnahme, die Charlie sehr würdevoll erscheinen läßt, daß er ein exzellenter Pianist ist. Dabei entsteht kein Gegensatz zwischen diesem Bild und Lénas verspieltem Kommentar. Gerade dieses feinfühlige Balancieren mit unterschiedlichen Emotionen in Kommentar/Dialog und Bild, schafft die irritierende Stimmung des Films aus Trauer und Freude zugleich.

Im folgenden Abschnitt macht sich der Film über Victor und François lustig, allerdings nicht auf ihre Kosten. In Einstellung 4 und 5 bewegt sich Charlie glücklich im Rhythmus seiner Musik. Doch das ist nicht nur lustig. Léna spricht über alle drei, und so sehen wir zuerst Charlie am Klavier, dann alle drei auf dem Podium, dann Victor, schließlich François und seine behaarten Hände. Aber als sie über sich selbst spricht, scheint ihre eigene Bescheidenheit ihr zu verbieten, selbst im Bild zu erscheinen, obwohl wir das eigentlich erwarten. An ihrer Stelle sehen wir die Bar von außen, und in einer langen Fahrt am Fenster entlang beobachten wir die glücklichen Paare im Inneren. Fast scheint es, als wolle uns Léna wortlos sagen, daß sie sich von diesem Glück ausgeschlossen fühle. Wir wissen, daß Charlie sein eigenes Leben so sieht. Dezent wird so eine Verbindung zwischen den beiden geschaffen: fast ausschließlich durch den Verzicht auf eine erwartete Einstellung und durch die Form einer anderen.

Aber diese Fahrt hat nicht nur metaphorische Bedeutung. Die Einstellung geht ja weiter, bis ein Plakat ins Bild kommt, das verkündet, »Charlie Koller« spiele in dem Café. Folgerichtig weckt das die Assoziation zum Plakat von Edouard Saroyan, von dem wir wissen, daß es in Lénas Schlafzimmer hängt. In einer merkwürdigen Überblendung scheint das Saroyan-Plakat – metaphorisch, da es Lénas Wünsche repräsentiert – die Ersatz-Identität, Charlie Koller, zu verdrängen. Wir erkennen, die Bewegung der Kamera von der Bar weg drückt auch Lénas Gedanken aus, die von der Bar weg zu ihrem Schlafzimmer schweifen, wo sie nun mit Charlie liegt.

Diese Überblendung ist merkwürdig, weil sie – gegen alle Regeln – am Ende von Einstellung 9 nicht nur in einer Kamerabewegung beginnt und in Einstellung 10 in eine Bewegung übergeht, sondern weil beide Bewegungen auch noch in entgegengesetzter Richtung verlaufen. Dieser Effekt mischt die Bilder in einer Weise, daß ein träumerischer Eindruck entsteht, obwohl nicht vorgegeben wird, Léna selbst träume dieses Bild.

Der Schwenk von dem Saroyan-Plakat durch das ganze Schlafzimmer ist die längste Einstellung in dieser Sequenz. Durch die Überblendung der Großaufnahme von Charlie und Léna sind die dahinter erscheinenden Gegenstände des Schlafzimmers kaum zu erkennen. Das macht auch den Augenblick, als das Aquarium ins Bild kommt, so besonders reizvoll. Als die Kamera in einer Totalen über sie hinwegschwenkt, küssen die vier Goldfische für ein paar Sekunden die Oberfläche des Wassers, so wie die beiden Liebenden sich küssen. Die Doppelbelichtung verschwindet, kurz bevor die Kamera ihren 360°-Schwenk beendet und das Bett mit den beiden wieder ins Blickfeld rückt. Die nächsten elf Einstellungen sind ebenfalls sehr ungewöhnlich. Die kurz aufeinanderfolgenden Einstellungen, die schnell ineinander überblendet sind, zeigen die beiden Liebenden, wie sie sich absichtslos im Schlaf bewegen. Unsere konventionelle Vorstellung von Zeit wird so verwischt, und die Aufnahmen wirken, im wahrsten Sinne des Wortes, zauberhaft.

Jean-Luc Godard

Jean-Luc Godard

Godard ist unberechenbar. Und: Es gibt nur wenige Leute, die so schnell produzieren wie er. Das macht es so schwer, Aussagen über seine Arbeit zu treffen, die er ein paar Wochen später nicht selbst durch einen neuen Film in Frage stellt.

Ein Punkt allerdings scheint klar: Er dreht Filme mit ungewöhnlicher Leichtigkeit. Diese Diagnose bestätigen seine Filme an ihrer Oberfläche. Vielleicht noch stärker als Truffaut vertritt er den Stil der *caméra-stylo*. Er ist sehr belesen, seine Filme sind voller literarischer und philosophischer Anspielungen, um nicht zu sagen: poetisch; sie sind mit einer Freiheit gemacht, die man eher mit der Schreibmaschine als mit der Kamera assoziiert, und er hat stets sein wachsendes Desinteresse an sorgfältig komponierten Bildern verkündet:

»Was mir Sorgen bereitet, ist: daß ich nicht länger in den Begriffen des Kinos denke, daß ich andererseits nicht weiß, ob das gut ist oder schlecht. Als ich *À bout de souffle* oder meine früheren Kurzfilme machte, drehte ich eine Einstellung mit Jean Seberg nach rein ›filmischen‹ Gesichtspunkten, wobei ich darauf achtete, daß ihr Kopf genau in der richtigen Position war usw. Jetzt drehe ich, ohne mir darüber Sorgen zu machen, wie es auf der Leinwand wirken wird.« *

Von all den neuen Filmregisseuren der sechziger Jahre hat Godard den heftigsten Widerspruch erregt. Sein unkonventioneller Stil brachte ihm wütende Kritiken ein von Leuten, die meinten, *À bout de souffle* sei gegen alle Regeln der Filmsprache und ohne Rücksicht auf Konventionen und das Publikum gemacht. Wie nun sehen seine Filme aus?

Glatt im konventionellen Sinn sind sie nicht. Godard arbeitet häufig mit sprunghaften Anschlüssen (jump cuts), d. h. er schneidet zwei unzusammenhängende Passagen einer durchgehenden Handlung hintereinander, ohne die Kameraposition zu verändern. Er schneidet jäh von einer Einstellung in die andere, ohne daß er versucht, den Schnitt zu glätten. Sein rüder Umgang mit Handlungspassagen, die ihn nicht interessieren, ist radikaler als alles, was es im Kino je gegeben hat. Er macht keinerlei Konzessionen ans Publikum, das dankbar wäre für eine Überblendung, die einen Zeit- oder Ortswechsel anzeigte. Er läßt sich auf keine althergebrachte Regel über Totale, Halbtotale und Nahaufnahme ein. Auf den ersten Blick scheint es, als habe er nie von der Gefahr gehört, das Publikum zu langweilen oder zu verschrecken. Er besitzt die Unverschämtheit, sein Publikum mit hochliterarischen Filmen im Gewande amerikanischer B-Pictures zu konfrontieren (*À bout de souffle* ist Monogram Pictures gewidmet). Er geht mit Stimmungen ganz eigenwillig um – ohne jede Rücksicht auf Wahrscheinlichkeit. Vollkommen ungezwungen springt er von der Tragödie zur Farce. Er täuscht uns in *À bout de souffle*, indem er eine absurde Geschichte erzählt. In *Pierrot le fou* werden sogar die Zeiten durcheinandergebracht. Die merkwürdige Chronologie dieses Films zeigt uns Szenen aus Gegenwart und Zukunft in fortlaufenden Einstellungen und an denselben Orten; und das nicht etwa als augenfällige Sichtweise einer einzelnen Person. Zu alledem wird durch den Montagestil keine wohlgefällige Moral geboten.

Kamerawinkel, Dauer der Einstellungen, Rhythmus legen dem Zuschauer nicht nahe, welche Figur er lieben, welche er hassen soll. Godard forderte seinen Kameramann Raoul Coutard immer wieder auf, nach natürlichen Wirkungen zu streben und es »so einfach wie möglich« zu machen, indem er das natürliche Licht einfach mit einbezieht. In der Praxis war das für Coutard allerdings alles andere als einfach, denn er mußte Mittel und Wege finden, die Kamera so sensibel und anpassungsfähig zu machen wie das menschliche Auge. Nur zwei Szenen in *À bout de souffle* wurden mit künstlichem Licht gedreht.

In *À bout de souffle* wechseln, wie wir sehen werden, schnelle Folgen kurzer

* In einem Interview, Sight and Sound, Winter 1962–63.

Einstellungen während der Verfolgungsjagd mit langen, durchgehend gedrehten, fast improvisierten Szenen mit Michel (Jean-Paul Belmondo) und Patricia (Jean Seberg). Der ganze Film wurde ohne Ton gedreht und nachträglich synchronisiert. Während längerer Einstellungen scheint die Kamera unter nervöser Unstetigkeit zu leiden, die weder sinnvoll noch poetisch wirkt. Doch dieser Effekt ist beabsichtigt und kommt häufig vor, man könnte versucht sein, darin eine Art Aufbauprinzip zu sehen.

Anstatt nun fortzufahren, allgemeine Feststellungen über Godards Methoden zu treffen, wollen wir lieber eine typische Szene aus seinem ersten Film *À bout de souffle* untersuchen.

*À bout de souffle**

1 Amerikanisch. Der Kühlergrill eines Autos, das dem Wagen mit der Kamera folgt, überquert von links nach rechts die Mittellinie der Straße.	Musique concrète. (1 Sek.)
2 Halbnah. Aus dem Fond des Autos, das Gesicht des Fahrers im Rückspiegel. Durch die Windschutzscheibe sieht man, wie er einen Lastwagen überholt.	(2 Sek.) Michel, der Fahrer: *Scheiße, die Bullen!*
3 Amerikanisch. Schwenk von rechts nach links, als das Auto den Lastwagen überholt.	(1 Sek.) Das plötzliche Aufheulen des Motors.
4 Halbnah. Wie Einstellung 2. Gleich danach ein Schwenk von rechts nach links, um aus dem Rückfenster zu sehen. Polizeimotorräder überholen den Lastwagen.	(3,5 Sek.)
5 Totale. Wie Einstellung 4. Durch das Rückfenster: Die Polizei ist noch immer da, der Lastwagen ist verschwunden.	(3,5 Sek.)
6 Amerikanisch. Einstellung vom Straßenrand aus. Das Auto überholt einen anderen Wagen von links nach rechts.	(1,5 Sek.)
7 Amerikanisch. Die Polizeimotorräder dröhnen von rechts nach links an der Kamera vorbei.	(1,5 Sek.)
8 Amerikanisch. Das Auto biegt von der Straße ab, fährt einen Abhang hinunter auf die Kamera zu, die von links nach rechts mitschwenkt und das Auto amerikanisch erfaßt. Michel blickt nach hinten durch das Rückfenster.	(5,5 Sek.) Das Kreischen der Bremsen. Michel: *Oh, die Zündklammern haben sich gelockert.*
9 Halbtotale. Eines der Motorräder fährt von links nach rechts auf der Straße vorbei.	Das Geräusch des Motorrades. Michel: *Die Idioten sind drauf reingefallen.* (1 Sek.)
10 Amerikanisch. Er geht nach vorne, öffnet die Motorhaube und fängt an, am Motor rumzufummeln. Er hört das Geräusch des zweiten Motorrades und blickt nach oben.	(5 Sek.) Das Geräusch des zweiten Motorrades.
11 Halbtotale. Das zweite Motorrad fährt von links nach rechts auf der Straße vorbei.	(1 Sek.)
12 Wie Einstellung 10. Er versucht weiter, den Motor zu reparieren. Er blickt auf, als das Motorradgeräusch wieder lauter wird.	Das Geräusch des Motorrades wird leiser und schwillt wieder an. (5 Sek.)
13 Amerikanisch. Der Polizist auf dem zweiten Motorrad fährt den Abhang hinunter auf das Auto zu. Kamera wie in Einstellung 8.	(3,5 Sek.) Das Quietschen der Bremsen.
14 Amerikanisch. Michel läuft zur Fahrertür und lehnt sich durch das offene Fenster ins Auto.	(3,5 Sek.)

* Regie: Jean-Luc Godard. Schnitt: Cécile Decugis, Lila Herman. SNC, 1959.

15 Nah. Michels Kopf. Die Kamera schwenkt von seinem Hut nach unten auf sein Gesicht. Er blickt nach rechts aus dem Bild.	(1,5 Sek.) Michel: *Keine Bewegung, oder ich schieße!*
16 Sehr nah. Schwenk von links nach rechts – den Arm entlang. Er hält einen Revolver in seiner Hand. Er spannt den Hahn.	(1,5 Sek.)
17 Extrem nah. Der Schwenk geht weiter – den Lauf des Revolvers entlang.	(1,5 Sek.) Das Klicken, als der Revolver gespannt wird.
18 Amerikanisch. Der Polizist, den man kaum sieht, fällt rückwärts, greift nach einem Ast, der abbricht, und fällt ins Gebüsch.	Der Schuß. (2 Sek.)
19 Totale. Michel läuft von rechts nach links über ein offenes Feld. Ausblende	Dramatische Big Band-Musik setzt ein und endet mit der Ausblende. (16 Sek.)

Dieser Szenenausschnitt verdeutlicht, welcher Art Godards Einfluß auf die Filmsprache war. Er ist durchaus nicht unverständlich; abgesehen von einigen merkwürdigen Achssprüngen können wir der Handlung problemlos folgen. und dennoch unterscheidet er sich so sehr von der konventionellen Auflösung einer solchen Szene, daß wir aufmerksam werden. Woran liegt das?

Wir können hier die Mittel außer acht lassen, die Godard so einsetzt wie der Rest der Filmindustrie und die wir schon ausführlich beschrieben haben: die Verwendung von kurzen Einstellungen, um das Tempo zu erhöhen, und der Wechsel zu längeren Einstellungen (man achte besonders auf die Einstellungen 8, 10, 12 und *dann* 13, wo der Tempowechsel gleichsam auf das Polizeimotorrad übertragen wird); das Geräusch beim Spannen des Revolvers, um von Einstellung 16 auf 17 zu schneiden; das Lösen der Spannung durch die lange – gegenüber allen anderen viermal so lange – Einstellung am Ende der Sequenz (19). Es gibt andere Aspekte, unter denen wir diesen Szenenausschnitt genauer untersuchen können.

So geht die Montage offensichtlich sehr frei mit der Wahrscheinlichkeit um. Wir scheinen ganz unnatürlich von einer Phase der Handlung zur nächsten zu springen. Es gibt weniger direkte Verbindungen von Einstellungen, als wir es gewohnt sind. Doch sollten wir uns bewußt sein, daß unsere Vorstellungen von filmischer Wahrscheinlichkeit selbst eine Konvention sind. Zum Beispiel die Konvention, die es dem Verfolgten gestattet, durch einen Zwischenschnitt auf den Verfolger in wenigen Sekunden eine Strecke zurückzulegen, die in dieser Zeit kaum zurückzulegen ist. Oder die Konvention, nach der die Teilnehmer einer Verfolgungsjagd an derselben Stelle vorbeirasen müssen. Diese Konventionen sind das Resultat von Sparsamkeit und Effektivität. Sie sind nützlich und logisch. Der zitierte Ausschnitt zeigt, daß Godard nicht auf Logik pfeift, sondern ins Extreme treibt. Dadurch erhalten wir zwar eine etwas weniger zusammenhängende Schilderung des Geschehens, aber sie enthält dennoch alles Notwendige, ja man könnte sagen, sie teilt *nur* das Notwendige mit. Aufeinanderfolgende Fäden der Handlung werden gezeigt, wie wir sie als Zuschauer im richtigen Leben wahrnehmen würden. Nichts wird vorbereitet oder entwikkelt. ›Hinweise‹ auf bevorstehende Ereignisse fehlen. Uns wird der Einblick verwehrt, wir sind nicht allwissend. Wir müssen akzeptieren, daß die Polizei Michel verfolgt, ohne zu wissen, wieso. Wir akzeptieren, daß er plötzlich von der Straße abbiegt, obwohl nichts darauf hindeutete, daß er seinen Motor reparieren muß; und wir akzeptieren, daß er es angemessen – wir wollen nicht sagen: notwendig – findet, den Polizisten zu erschießen. Wir akzeptieren all das, so wie wir akzeptiert haben, daß Michel ein Autodieb ist, ohne daß wir wüßten, warum (es gibt keinerlei soziologische oder psychologische Erklärungen für sein Handeln), genauso wie wir akzeptiert haben, daß er seine Freundin zurückließ (am Anfang des Films, nachdem sie ihm geholfen hatte, das Auto zu stehlen). Die Sichtweise des Autors, der bereit ist, sein Wissen mit uns zu teilen, ist ersetzt durch die Sichtweise des zufälligen Passanten, der so wenig Bescheid weiß wie wir. In gewisser Weise gesteht Godard, daß er nicht mehr über diesen weiß als wir. Wir müssen alle sein Verhalten beobachten, um mehr über ihn herauszufinden. Wie kann irgendjemand voraussagen, was er als nächstes tun wird, wenn unser Held – nach der schon kurz beschriebenen Philosophie – entschlossen ist, sich sein Leben von Minute zu Minute selbst zu schaffen.

Diese Überlegungen sind nicht unwichtig für eine nähere Betrachtung der Montage.

Einstellung 4 und 5 brechen mit einer der gebräuchlichsten Konventionen. In Einstellung 5, die nahezu identisch ist mir Einstellung 4, ist der Lastwagen, den die Polizisten überholt haben, plötzlich verschwunden. In Einstellung 6 sehen wir Michels Auto, wie es einen anderen Wagen von links nach rechts überholt, während er in Einstellung 3, als wir ihn zuletzt sahen, von rechts nach links fuhr. In Einstellung 7 verfolgen die Polizisten Michel dann scheinbar in der entgegengesetzten Richtung. In Einstellung 8 erklärt Michel ganz nebenbei seinen plötzlichen Halt, er murmelt, das Kabel, mit dem er die Zündung des gestohlenen Wagens kurzgeschlossen hat, habe sich gelöst. Nach den vorhergehenden Einstellungen kann der Abstand zwischen Michel und den Polizisten kaum so groß sein, daß die Polizisten vorbeifahren, ohne zu bemerken, daß Michel abgebogen ist.

Auf den ersten Blick sind das alles Abweichungen von den üblichen glatten und logischen Anschlüssen. Und doch funktionieren sie insofern vollkommen überzeugend, als sie den Eindruck von Verwirrung, Flucht, Furcht, zurückhaltender Gewalt, drohender Gefahr usw. vermitteln, ohne dabei je den Rahmen des Möglichen ganz zu sprengen. Man kann, mit anderen Worten, feststellen: die Aufnahmen könnten Szenen einer wirklichen Verfolgungsjagd zeigen, sie sind jedoch nicht so miteinander verbunden, daß die Illusion einer Kontinuität entsteht, wie es üblicherweise der Fall ist. Der Cutter sagt in der Tat, »die herkömmliche filmische Kontinuität ist nicht mehr als eine Illusion, sie muß in jedem Fall gegenüber der Vermittlung der eigentlichen Aussage zurückstehen. Da wir wissen, daß sie unrealistisch ist, lehnen wir sie ab und ersetzen sie durch eine weniger glatte, mehr direkte Beschreibung der Handlung.«

Doch von dem Moment an, als der zweite Polizist umkehrt, wird die Beschreibung der Handlung noch spärlicher. Wir sehen, wie Michel in das Innere des Wagens greift, wir sehen einen Revolver, wir hören einen Schuß, wir sehen den Polizisten umfallen (allerdings nur ganz kurz: er ist nur auf zehn Einzelbildern in Einstellung 18 sichtbar), und wir sehen Michel über ein Feld laufen. Es ist eine Art Kurzschrift, sehr fragmentarisch zwar, aber vielleicht gerade deshalb so wirkungsvoll.

Und doch ist es nicht nur eine Kurzschrift. Denn welcher Stenograf würde schon in einem Satz, der so wichtig ist wie dieser, jedes Hauptwort auslassen? Aber sich gleichzeitig so liebevoll mit der Interpunktion beschäftigen? Denn das entspräche der Wirkung der abschließenden Einstellungsfolge 12 bis 19. Jeder konventionelle Kriminalfilm hätte sich ausführlicher dem Polizisten gewidmet, der schließlich kurz vor seinem Tod steht. Wir hätten ihn zumindest noch einmal gesehen, bevor der Schuß sich löst. Da aber die Schuß-Einstellung so knapp geschnitten ist, sehen wir kaum, wie der Polizist getroffen wird: gerade noch wie aus dem Augenwinkel – so, wie es wahrscheinlich ein Augenzeuge an Ort und Stelle gesehen hätte – einen kurzen Moment lang, wie er rückwärts fällt, vergeblich nach einem Ast greift und ins Gebüsch fällt.

Es gibt auch kein Anzeichen dafür, daß Michel den Tod des Polizisten vorher geplant hätte. Seine Überlegungen sind nicht nachvollziehbar, und so beobachten wir seine Tat nur von außen und bruchstückhaft. Wir *hören* nur eine Drohung, ausgestoßen mit der verrückten Logik des wirklichen Lebens, den Bruchteil einer Sekunde lang, bevor der Schuß sich löst: »Keine Bewegung, oder ich schieße!« Ob der Polizist sich bewegt hat, werden wir nie erfahren. Man könnte sagen, diese Art der Montage gebe uns keine Gelegenheit, etwas von unserem eigenen unnötigen, irrelevanten oder in die Irre leitenden Wissen einzubringen. Deshalb können wir, wie sonst häufig, dem Bild auf der Leinwand nichts in Gedanken hinzufügen. Wir wissen nur, was wir sehen.

Und manchmal noch nicht einmal das. In dem ungewöhnlichen Schwenk von Michels Hut auf sein Gesicht (Einstellung 15) hören wir zwar seine

Stimme, aber wir sehen nicht, wie sich seine Lippen bewegen. Anstelle einer bedrohlichen Großaufnahme oder einer Zweiereinstellung mit dem bedrohten Opfer, sehen wir eine unter diesen Umständen fast lyrische Darstellung von Michels Profil, seinem Arm und dem Revolver. Lyrisch durch die bedächtige Bewegung der Kamera und durch das Vergnügen, das aus dem Gesamteffekt der drei Einstellungen 15, 16 und 17 kommt: der sorgfältige Richtungswechsel um 90°, der plötzliche Sprung in die Großaufnahme des Revolverlaufs, der metallische Glanz, die rituellen Bewegungen der Finger, die sich drehende Revolvertrommel, das befriedigende Klicken – und schließlich der schockierende Knall des Schusses. Was den Film aber vor reinem Lyrismus bewahrt, ist nicht, wie man erwarten mag, das Grauen, sondern der Humor. Der Humor entsteht aus den eben beschriebenen Elementen: der Genauigkeit, mit der die Handlung detailliert aufgebaut wird, während für andere ganz augenfällige Bereiche jegliche Beschreibung fehlt. Mit einem Wort: aus Ungereimtheiten; aus der Widersprüchlichkeit der Darstellung, die uns warnt, ein Ereignis und einen Protagonisten – geleitet von Furcht, Freude oder Zustimmung – nicht allein nach eigenen, früher gemachten Erfahrungen einzuordnen. Es ist wichtig, noch einmal daran zu erinnern, daß uns die Montage mehr als alles andere zu dieser Schlußfolgerung führt.

Es gibt wahrscheinlich keinen Film, der mit *Vivre sa vie* (Die Geschichte der Nana S., 1962) vergleichbar ist. Er schildert das Leben eines Mädchens, das sich entschließt, Prostituierte zu werden. Der Film ist formal einzigartig. Er besteht aus zwölf ›Kapiteln‹, die durch Auf- und Abblenden voneinander getrennt sind und die jeweils durch ›Kapitelüberschriften‹ auf schwarzem Grund eingeführt werden. Wie *À bout de souffle* ist es ein Film »dédié aux films de série B.« Doch während *À bout des souffle* als Thriller ein normales B-Picture-Publikum vielleicht noch fesseln kann, bleibt *Vivre sa vie* ohne Chance: Da gibt es keine phantastische Geschichte, die den Inhalt des Films unterstützt. Es gibt nur eine einfache und direkte Erzählstruktur. Viele Kapitel sind in einer einzigen Einstellung gedreht. Beispielsweise besteht ein Kapitel ausschließlich aus einem Gespräch zwischen Nana, der Heldin (Anna Karina), und dem Philosophen Brice Parain, der sich selbst darstellt. Nanas Beitrag zu dem Gespräch ist eher dürftig. Wer nicht darauf vorbereitet ist, dem zehnminütigen Vortrag eines zeitgenössischen Philosophen zu folgen, wird diese Szene besonders langweilig finden. Aber Godard hat ja nie gezögert, sich gegenüber dem Publikum gewisse Freiheiten herauszunehmen.

Die Anfangssequenz von *Vivre sa vie* beginnt in einem Café mit einem Blick auf Nanas Rücken. Im Verlauf dieser ziemlich langen Sequenz, in der sich Nana von ihrem Freund trennt, bewegt sich die Kamera bloß ein- oder zweimal ein bißchen. Nanas Gesicht erkennt man ganz schwach im Spiegel über der Bar, das Gesicht ihres Freundes sieht man überhaupt nicht. Eine ähnliche Konstellation gibt es später noch einmal in einer anderen Bar, als Nana den Zuhälter trifft, der mit seinen Vorschlägen ihr Interesse an einer neuen Karriere erregt. Die Szene ist in einer Einstellung gedreht: von der Position hinter dem Kopf des Zuhälters aus. Manchmal fährt die Kamera dann zur Seite, um Nana zu zeigen, manchmal bleibt sie starr hinter dem Mann, so daß Nana nicht zu sehen ist.

In seinem übernächsten Film, *Le Mépris* (Die Verachtung, 1963), wiederholt Godard das noch einmal: Die Bardot spricht da mit einem Mann, zwischen den beiden befindet sich ein Tisch mit einer Lampe. Im Verlauf des Gespräches fährt die Kamera mal nach links, mal nach rechts, so daß die beiden abwechselnd im Bild sind. Sollten diese Kamerabewegungen übrigens unterstreichen, welche Seite in der Auseinandersetzung gerade die Oberhand gewonnen hat, kommt die Lampe auf dem Tisch dabei eindeutig am besten weg.

Godard hat über die Anfangsszene von *Vivra sa vie* folgendes gesagt: »Ich wollte dort anfangen, wo *À bout de souffle* aufhört. Patricia in *À bout de souffle* ist eine Frau, die wir sozusagen von hinten sehen und nur für einen kurzen Moment von vorne. Deshalb sollte *Vivre sa vie* mit einer Frau beginnen, die man von hinten sieht – ich weiß gar nicht, warum. Es war der einzige Gedanke, den ich hatte, und ich konnte Anna nicht viel darüber erzählen, und so begann sie zu spielen, ohne genau zu wissen, was ich wollte; währenddessen versuchte ich, meine Konzeption zu entwickeln. Wir haben sicher improvisiert, da ich die ganze Zeit meine Meinung änderte und einmal dies und einmal jenes machte.« *

Godards Vorgehen – gleichgültig, ob es erfolgreich ist oder nicht – spricht eindeutig für eine originelle Auffassung von den Möglichkeiten des Kinos. Das Verhalten der Kamera in diesen Einstellungen zeugt von einer bemerkenswerten Mischung aus Neugierde und Distanz. Sie macht sich weniger zum gewöhnlichen Beobachter des alltäglichen Lebens als vielmehr zum schlecht plazierten Zuschauer. In Godards Filmen fühlt man sich oft wie in jenen irritierenden Situationen in einem Restaurant, wenn sich außerhalb unserer Hörweite gerade ein heftiger privater Streit abspielt: Man kann sich nur hin und wieder unauffällig vor- oder zurücklehnen und hoffen, dabei etwas mitzubekommen. Nun mag man einwenden, Godard treibe hier die Unbefangenheit, die ja zu den Merkmalen des modernen Kinos zählt, ein wenig zu weit. Doch Unbeschwertheit, Einfachheit und Eleganz können durchaus mit starken Gefühlen einhergehen – in anderen Arbeiten von Godard wird das deutlicher; wir wollen deshalb versuchen zu zeigen, wie er das macht.

Nehmen wir zum Beispiel das bemerkenswerte Ende von *Vivre sa vie*. Der Zuhälter übergibt Nana für eine bestimmte Geldsumme an zwei andere Männer. Nana scheint nicht zu wissen, was vor sich geht. Ihr Zuhälter stellt sie in die Mitte zwischen seinen Wagen und die Männer, die etwa 20 Meter entfernt sind. Sie werfen ihm die Brieftasche zu. Er hebt sie auf, geht zu seinem Wagen zurück und läßt Nana allein. Als er sein Auto erreicht, entdeckt er, daß die anderen ihm weniger gegeben haben als vereinbart. Er läuft zurück zu Nana, reißt sie als Geisel an sich und verlangt den Rest des Geldes. Die anderen lehnen ab zu zahlen. Einer von ihnen zieht seinen Revolver und will schießen. Nana steht genau in der Schußlinie. Sie schreit auf vor Angst und fleht ihn an, nicht zu schießen. Der Mann drückt ab, doch der Schuß löst sich nicht. »Schieß du!« ruft er seinem Gefährten zu, »ich hab' vergessen meine Kanone zu laden.« Er dreht sich um und steigt ins Auto. Der andere Mann schießt, und Nana bricht getroffen zusammen. Ihr Zuhälter ist inzwischen an seinem Wagen. Sie rappelt sich auf und versucht, ihm stolpernd zu folgen. Doch als sie das Auto erreicht, schießt der Ganove noch einmal auf sie. Neben den Hinterrädern des Autos bricht sie getroffen zusammen. Ihr Zuhälter sitzt bereits am Steuer und fährt davon, ohne sich umzublicken. Die Kamera schwenkt abrupt nach unten, bis sich Nanas zusammengekrümmter Körper am oberen Bildrand befindet. Das Bild blendet aus, und der Film ist zu Ende.

Die ganze Szene ist in einer Einstellung gedreht. Die Kamera fährt auf einem Dolly nach Bedarf zwischen den beiden Autos hin und her, oder sie schwenkt gelegentlich von einer Gruppe zur anderen. Die Einstellung ist in der Totale gefilmt – mit einem Weitwinkelobjektiv. Es gibt keinen Zoom. Als der erste Schuß fällt, schwenkt die Kamera gerade auf Nana, so daß wir das Mündungsfeuer des Revolvers nicht sehen, sondern den Schuß nur hören. Auch der zweite Schuß wird außerhalb des Bildes abgefeuert. Möglichkeiten zu Großaufnahmen oder zumindest zu halbtotalen Einstellungen hätte es mehrfach gegeben. Im traditionellen Thriller wäre diese Szene voll davon. Es gäbe sicherlich Großaufnahmen von Nanas gepeinigtem und verängstigtem Gesicht. Auf jeden Fall gäbe es eine Nahaufnahme von dem leeren Revolver des ersten Mannes. So wie die Szene abläuft, kann man nicht sofort erkennen, daß der Revolver nicht losgegangen ist. Denn es gibt so viel in dieser totalen und komplexen Einstellung zu sehen. Sie ist komplex in dem Sinne, daß ungeheuer viel passiert, ihre Form aber sehr einfach ist.

Der Blick der Kamera, extrem weitwinklig, vermittelt etwas von der moralischen Verwahrlosung in dieser Episode. Auf den ersten Blick scheint sich die Kälte der kriminellen Ethik in der kühlen Distanz der Kamera widerzuspiegeln. Doch dahinter verbirgt sich wohl eher die Einsicht, eine Szene von solcher Brutalität solle nur mit gebührendem Abstand betrachtet werden. Dieses Mal sind

* Interview mit Tom Milne in: Sight and Sound, Winter 1962/63.

wir gut plazierte Zuschauer, aber, wie oben, nicht beteiligt. Das private Drama entfaltet sich, zu unserem Entsetzen, in Hörweite; aber, wie in der Wirklichkeit, außerhalb unserer Beteiligung.

Godard hat eingeräumt, daß *Vivre sa vie* seine Wirkung kaum aus der Montage bezieht und wirklich nur »eine Aneinanderreihung von Einstellungen (ist), die jeweils für sich selbst sprechen.« Ein Teil der immer größeren Wirkung von *Vivre sa vie* ist sicher entstanden durch den Wechsel der Stilarten. Die Ziellosigkeit, mit der Nana durch das Leben geht, spiegelt sich wider im Rhythmus des Films, der durch die kontrastierende Montage entsteht.

Les Carabiniers (Die Karabinieri, 1963) behandelt das Thema Krieg mit der gleichen Distanz wie *Vivre sa vie* das Thema Prostitution. Doch was einige Kritiker bei Godard als Kälte und Unmenschlichkeit bezeichnen, könnte man auch Ehrlichkeit nennen. Während eines Krieges geraten Kriegsfilme gewöhnlich zu Monumenten ungebrochenen Patriotismus, wo die eigenen Leute immer loyal und mutig, die Feinde aber die brutalen Bösewichter sind. Geht der Krieg dann in die Geschichte ein, wird der Feind immer menschlicher – einem selbst ähnlicher, bis schließlich der Punkt erreicht ist, an dem – mit übertriebenem Masochismus – die andere Seite als mutiger und loyaler als die eigene gilt. Man meint (oft), die zweite Betrachtungsweise sei ehrlicher als die erste. Alle Kriegsfilme legen mehr oder weniger deutliche Lippenbekenntnisse gegen den Krieg ab, bewußt oder unbewußt stimulieren sie dennoch heftige Emotionen, die jedes Publikum bei Gewaltdarstellungen zeigt. Wird die eigene Seite zum Opfer feindlicher Brutalität, kann man sicher sein, daß zunächst die Rache folgt, bevor am Ende des Films die Gewalt verdammt wird. Dieses Muster gilt für die meisten Kriegsfilme und viele Western.

Nichts davon gibt es in *Les Carabiniers*. Es gibt zwar Szenen voller Brutalität und Unmenschlichkeit, aber keine Rache für uns. Die beiden größten Ganoven werden am Ende hingerichtet, aber man spürt darüber keine Befriedigung. Das ist sicherlich ehrlicher als in den herkömmlichen Kriegsfilmen, und der offene Stil kommt dieser Ehrlichkeit zweifellos entgegen. Uns bleibt kein Raum für Identifikationen. Wir sind nie in das Geschehen einbezogen. Der distanzierte und rüde Stil des Films hält uns auf Distanz; dort will Godard uns auch haben, von dort aus sollen wir den Wahnsinn mit gesundem Menschenverstand beurteilen.

Die beiden Soldaten, Ulysse und Michel-Ange, haben, wie sie sagen, die Welt gesehen. Wo immer sie hinkamen, hätten sie erobert und geplündert; und ihr König, erzählen sie, habe ihnen viel von der Beute versprochen. Sie zeigen ihren Frauen dann ihren Teil der Beute. Aus ihrem Koffer holen sie einen Stapel Postkarten, die sie eine nach der anderen lässig auf den Tisch werfen: das Tadsch Mahal, den Eiffelturm, den Petersdom, usw. Was bedeuten diese Karten? Einen Moment lang lächeln wir über die Naivität der beiden und über die Dreistigkeit dieses Tricks. Doch langsam dämmert uns, daß Godard uns vorwirft, denselben Fehler zu begehen wie Ulysse und Michel-Ange. Im Zeitalter der Fotografie leben wir alle aus zweiter Hand: durch Bilder. Wie schon die magischen Höhlen-Zeichnungen versuchen auch die Abbildungen, Kontrolle über ihren Gegenstand zu gewinnen. Das Bild bringt uns die Erscheinung von Dingen unmittelbar nahe, sie müssen heute nicht einmal mehr von unserer Welt sein, sondern können aus den Weiten des Alls stammen. Mit dem Druck auf einen Knopf können wir den Präsidenten der Vereinigten Staaten sprechen lassen, den Mount Everest besteigen, auf dem Mond landen. Diese Nähe erzeugt die Illusion von Wissen und Macht. Dieses Scheinwissen stellt Godard nicht nur in der kleinen Allegorie von *Les Carabiniers*, sondern in vielen seiner Filme in Frage.

Was nicht heißt, daß es ihm gelingt. Godard sucht nach Formen, um neue Aussagen zu machen. In *Les Carabiniers* ist der Katalog der Eroberungen durch Postkarten für den Geschmack der meisten Leute viel zu lang. Aber in anderen Filmen, in denen er die Geduld des Publikums auch auf die Probe stellt, ist er erfolgreicher.

In *Bande à part* (Die Außenseiterbande, 1964) fordern sich die Freunde gegenseitig heraus, eine Minute lang zu schweigen. Für eine Minute starren sie sich wortlos an. Was ist passiert? Hat Godard nur eine private Wette gegen uns verloren? Oder hat er uns wie selten im Kino spüren lassen, wie peinigend zuweilen Zeit verstreicht? Wie Truffaut verficht Godard die Theorien André Bazins, der für ein Kino eintritt, das die Unversehrtheit eines Ereignisses mehr respektiert. Aber durch die willkürlichen Tonunterbrechungen erinnert er uns auch an die Vergänglichkeit des Geschehens um uns herum. Das Leben ist sehr zerbrechlich, wie er uns am Ende seiner Filme immer wieder verdeutlicht. Aber wie bringen wir dieses Streben nach Unversehrtheit in Einklang mit den wilden Sprüngen und der fragmentarischen Bildersprache in vielen Passagen seiner Filme – wie auch in den Filmen von Truffaut und Resnais?

Wir wollen uns noch einmal an die Theorie über das Kino des äußeren Scheins erinnern, die Rhode und Pearson formulierten: »Das Ich existiert ohne Sinn – nur in einer Folge von Ereignissen ohne sichtbaren Zusammenhang; es gibt keine gültige Realität, an der wir Phantasie oder Wahrheit messen können; und es gibt keine absoluten Werte. Gleichzeitig bleibt eine Moral so nötig wie eh und je, doch das ist eine Moral, die von Augenblick zu Augenblick neu zu finden ist.« *

Filme über eine Welt zu machen, die sich ständig verändert, die undefinierbar und unzugänglich scheint, ist ein tröstlicher Versuch, sie wenigstens ein bißchen zu verstehen. Aber nur deshalb Filme zu drehen, das ist von vorneherein zum Scheitern verurteilt. Unsere Filme fügen ja die Welt für uns nicht wieder zusammen. Im Gegenteil, sie schaffen – anders als die Malerei – eine reduzierte, in sich aber sehr überzeugende Wirklichkeit und fragmentieren so die Welt noch stärker. Schließlich bleibt uns bloß ein ununterbrochener Strom visueller Erinnerungen als Ersatz für eigene Erfahrungen – oder, wenn man so will, ein Koffer voller Postkarten. »Franz wußte nicht«, sagt der Erzähler in *Bande à part*, »ob die Welt zu einem Traum oder ein Traum die Welt wurde.«.

Wie in einem Traum wird diese Welt beschrieben durch das »Nebeneinander von Dingen, die nicht unbedingt zusammenpassen«. Ihre Darsteller, die keine feste Identität haben, sondern ihre Identität jeweils aus dem Augenblick heraus schaffen, gehorchen einer Logik, der wir nicht immer folgen können. Das gilt sowohl für den ständigen Wechsel des Tempos und der Stimmungen als auch für die verwirrenden *actes gratuites*, aus denen die Handlung sich zusammensetzt. Andererseits ergibt sich die beste Chance, mit dieser Welt klar zu kommen, manchmal dadurch, daß man das wirre Durcheinander von Ereignissen einfach abrollen läßt und es so selten wie nur möglich unterbricht. Die Kamera zieht sich in die Totale zurück, die Einstellung läuft minutenlang, ohne daß die Montage dem etwas hinzufügt.

Doch was geschieht, wenn die Oberfläche dieser Filme von einer Explosion einzelner Großaufnahmen aufgebrochen wird? Wenn z.B. Catherine in *Jules et Jim* am Steuer ihres Autos sitzt, oder wenn Godard *Une femme mariée* (Eine verheiratete Frau, 1964) »Fragmente eines Films« nennt und die Hauptdarstellerin Charlotte im Bett nicht ganz gezeigt wird, sondern nur einzelne Körperteile von ihr, während die Welt draußen vor der Schlafzimmertür aus einem konfusen Wirrwarr von Zeichen, Pfeilen, blinkenden Lichtern und abgebrochenen Wörtern besteht – den Feind, den Lemmy Caution in *Alphaville* (Lemmy Caution gegen Alpha 60, 1965) durch Liebe besiegt?

Dann erkennen wir in dieser Sprache den Ausdruck der Qual, weil unser Verlangen, die Welt als Ganzes zu sehen, zerbrochen ist. Es ist zerbrochen an der Fülle der Fragmente, zu der das Leben heutzutage verkommen ist. Auf die zunehmende Flut der Informationen und Sinneseindrücke reagieren wir voller Panik: In unseren Köpfen entsteht daraus keine neue Einheit der Welt, sondern nur ein sinnloses Kaleidoskop. Je nach Einschätzung, welchem der beiden Extreme Godard sich am weitesten angenähert hat, wird der Betrachter sein Urteil fällen: über die Wirkung der Filme wie über das Ausmaß, in dem Godard unsere Filmsprache erweitert hat.

* Sight and Sound, Herbst 1961.

Alain Resnais

Alain Resnais

Resnais' Montagestil dient vielleicht dem persönlichsten und eigentümlichsten Ziel von allen. Dennoch ähneln seine Filme denen anderer Regisseure aus den sechziger Jahren genug, um ihn in Zusammenhang mit ihnen zu bringen: Er ist besessen von Themen wie Identität, Sein, Kenntnis von sich selbst und anderen und wie man sie erlangt – und verliert; wie den Auswirkungen der Zeit und der Erinnerung auf sich und andere. Seine Filme entfernen sich weiter als andere von den traditionellen Strukturen, in denen die Handlung und die Figuren ein Thema illustrieren. Resnais' zweiter großer Spielfilm *L'Année dernière à Marienbad* ähnelt,um es vorweg zu nehmen, so sehr einem Traum, daß die Suche nach einem ›Plot‹ reine Zeitverschwendung wäre (wie uns die beiden Schöpfer des Films, Resnais und Robbe-Grillet ohnehin erklärten). Resnais beschäftigt sich mit dem menschlichen Geist, die Struktur seiner Filme entspricht der endlosen Folge von Bildern, die durch das menschliche Gehirn jagen; die Handlung der Filme besteht aus dem Auf und Ab der Gefühle, das die Bilder erhellt oder verdunkelt: Überzeugung – Zweifel; Bekehrung – Widerstand; Liebe – Haß. Die herkömmliche Unterscheidung zwischen Gegenwart und Vergangenheit, Realität und Phantasie ist aufgehoben, nicht spielerisch, sondern aus der Überzeugung heraus, daß es der ehrlichere Weg ist, den Fluß der Wahrnehmung darzustellen. Ein Zitat des französischen Avantgarde-Schriftstellers Alfred Jarry kann als Anmerkung zu Resnais' Arbeit stehen:

»Als Resultat dieser wechselseitigen Beziehung zu den Dingen, die er mit seinen Gedanken lenken konnte (doch wir alle können es, und es ist ganz und gar nicht sicher, ob es einen Unterschied – und sei es auch nur ein zeitlicher – gibt: vgl. die heilige Dreieinigkeit), unterschied er seine Gedanken nicht im mindesten von seinem Handeln oder seine Träume vom Wachsein; und er sah – Leibniz' Definition, die Wahrnehmung sei eine wahre Halluzination, vervollkommnend – keinen Grund, nicht zu sagen: Die Halluzination ist eine falsche Wahrnehmung, oder genauer: eine schwache Wahrnehmung, oder noch besser: eine erwartete Wahrnehmung (manchmal eine erinnerte Wahrnehmung, was dasselbe ist). Und er glaubte vor allem, es gebe nur Halluzinationen oder Wahrnehmungen und es gebe weder Tag noch Nacht (trotz des Titel dieses Buches, was der Grund ist, weshalb er gewählt wurde), und das Leben dauere an.« *

Resnais' Arbeiten beruhen auf der Vorstellung, daß es keinen Unterschied – und sei es auch nur ein zeitlicher – gebe zwischen Gedanken, Wille und Handeln. Ohne eine solche Erkenntnis erschiene seine Arbeit verwirrend und sinnlos. Wie Godard scheint er die Filmsprache auf eine Art zu erweitern, die uns heute noch fremd ist, doch eines Tages alltäglich sein wird. Der Co-Autor seines zweiten Films, *L'Année dernière à Marienbad*, Alain Robbe-Grillet, beschreibt die Methoden des Films wie folgt:

»Was sind all diese Bilder? Sie sind kleine Phantasiegebilde; und Phantasien spielen, wenn sie lebendig genug sind, immer in der Gegenwart. Die Erinnerungen, die man ›wieder-sieht‹, die fernen Orte, die zukünftigen Zusammentreffen, die Episoden der Vergangenheit, die jeder im Kopf mit sich herumträgt, deren Entwicklung man im Laufe der Zeit immer wieder verändert – das alles ergibt zusammen eine Art Film, der immer dann in unserem Kopf abläuft, wenn unsere Aufmerksamkeit von dem abgelenkt wird, was um uns herum geschieht. Zu anderen Zeiten nehmen wir mit all unseren Sinnen eine äußere Welt in uns auf, die uns umgibt. So vermischen sich in dem fertigen Film, der in unserem Kopf abläuft, sowohl Fragmente tatsächlicher Erfahrungen, Dinge des Augenblicks, die man sieht und hört, als auch Fragmente aus der Vergangenheit, der Zukunft, aus weiter Ferne oder gänzlich aus der Welt der Phantasie.«

Nicht zufällig zitieren wir hier den ›Autor‹ und nicht den ›Regisseur‹ von *Marienbad*. Die beiden beschlossen, den Film als gemeinsames Produkt auszugeben, da sie gleichermaßen an seiner Entwicklung beteiligt waren, obwohl

* Jarry: Les Jours et les nuits. Paris 1897.

Robbe-Grillet »den größeren Anteil an der Realisation« Resnais zugesteht. In Resnais' Arbeit haben die Autoren immer eine große Rolle gespielt. *Hiroshima mon amour* wurde von Marguerite Duras geschrieben, die Resnais bestärkte, »Literatur zu schreiben – und zu vergessen, daß es ein Film werden soll«. Robbe-Grillet, einer der führenden Vertreter des neuen französischen Romans, schrieb *Marienbad* in Form eines detaillierten Drehbuchs. Jean Cayrol, der das Buch zu *Nuit et brouillard* (Nacht und Nebel, 1955) schrieb, Resnais' Film über die deutschen Konzentrationslager, trug sehr viel zu dem Film *Muriel ou le temps d'un retour* (Muriel oder Die Zeit der Wiederkehr, 1962) bei, für den er das Drehbuch schrieb. Normalerweise wird der Anteil des Autors unterbewertet und das Drehbuch nur als Ausgangspunkt für den Film betrachtet. Nicht so Resnais (Resnais' Methoden entsprechen auf ihre Art der *caméra-stylo*; aber sie betonen die Nähe zur psychologischen Dichte und Komplexität des Romans und nicht nur zur Flexibilität des Schreibens). In diesem Sinne ist *Marienbad* ein *nouveau roman*, bei dem es bequemer war, die Bilder zu fotografieren statt zu beschreiben.

Ein Grundsatz des *nouveau roman* ist, kurz gesagt, der: daß die traditionellen literarischen Formen verhunzt und verzerrrt sind durch den Anthropomorphismus der Bildersprache, der Metapher und der figurativen Sprache aller Beschreibungen. Wir sagen: »Der Tag war trübe«, ohne zu erkennen, daß wir ein Gefühl, das durch das Wetter oder andere Umstände geweckt wird, dem Tag zuschreiben, als habe er selbst eine Persönlichkeit. Gerade gewöhnliche Dinge sind mit Begriffen überladen: Sterne funkeln, alte Häuser schmiegen sich an, Schatten drohen. Einige Kritiker behaupten, nur durch die Vermenschlichung toter Gegenstände dringen wir zu ihrem Wesen vor, dies sei nicht nur die natürliche, sondern auch die einzige Form menschlicher Ausdrucksweise und die einzige Möglichkeit, unser Verständnis von den Phänomenen dieser Welt zu erweitern. Doch die Vertreter des *nouveau roman* behaupten, das sei eine Verzerrung. *Marienbad* kann als Beleg für diese These gelten. Der Film ist in gewissem Sinne eine Auseinandersetzung darüber, wie der Mensch die gegenständliche Welt unter dem Druck von Verlangen, Bedauern, Furcht und anderen starken Gefühlen gedanklich aufnimmt und transformiert; und nicht nur ein Mensch, sondern drei.

Diese Vorbemerkungen sind notwendig, um den Hintergrund zu schaffen, vor dem wir das Erscheinungsbild und den Montagestil der Filme betrachten können. Denn sie sind mehr als viele andere auf Präzision und Anordnung der Einstellungen angewiesen, und die Montage korresponiert bis ins Detail mit der Bedeutung der Filme: Die Montage *ist* die Bedeutung.

Die Handlung von *Hiroshima mon amour* ist folgende: Eine französische Schauspielerin ist nach Hiroshima gekommen, um einen Dokumentarfilm über den Frieden zu drehen. Sie lernt einen Japaner kennen und verliebt sich in ihn. Die Umstände erinnern sie an ihre erste Liebe: einen deutschen Soldaten, mit dem sie während des Krieges in ihrer Heimatstadt Nevers ein Verhältnis hatte. Er wurde am Tag der Befreiung getötet. Aus Scham rasierten ihre Eltern ihr den Kopf und sperrten sie in den Keller, wo sie fast den Verstand verlor. Mit Entsetzen erkennt sie, daß sie nicht mehr weiß, wie der Deutsche aussah. Sie warnt den Japaner, daß sie auch ihn vergessen werde.

Thema des Films ist also die tragisch-ironische Erkenntnis, daß nur der Tod ein Überleben möglich macht; daß nur die Tatsache, daß wir einen Film über einen gewaltigen Akt des Hasses machen, uns an unsere Heuchelei erinnert, dieses Grauen ständig zu verdrängen. Die Ironie aber ist, daß die Liebe, die den Haß überwinden kann, selbst vom Vergessen bedroht ist; nur weil sie den Deutschen vergessen hat, kann sie den Japaner zu lieben beginnen; und sie entdeckt, daß, sogar noch während sie ihn anschaut, die Zeit naht, da sie in ihm nicht mehr ihren Liebhaber und einen Menschen, sondern Hiroshima sieht. Sie läßt ihn in der universellen Vergessenheit versinken. Die Verbindung zwischen diesen Themen wird durch die Montage wie durch Aussagen im Kommentar und Dialog des Films hergestellt. Die Parodoxien finden ihren Ausdruck, indem die Ähnlichkeit verschiedener Zeitabschnitte betont wird. So beginnt der Film mit den verschlungenen Körpern der beiden Liebenden. Sie werden abwechselnd von Asche, Regen, Schweiß oder Tau bedeckt. Ursprünglich sollte der Film mit dem Atompilz beginnen, doch das nahm man dann heraus. Die Asche und der Tau sollten demnach wie radioaktiver Niederschlag wirken, der dem Schweiß der Liebe Platz macht. Ohne den Atompilz ist es jetzt schwieriger, den Zusammenhang herzustellen, aber es ist nicht unmöglich. Die Frau erzählt dem Mann, sie habe alles in Hiroshima gesehen. Er widerspricht ihr. Sie zählt dann Beispiele auf, was sie alles gesehen habe: das Krankenhaus beispielsweise. Sofort sehen wir Bilder aus dem Hiroshima von heute: das Krankenhaus, das Museum. Während dieser Sequenz wechselt der Blick auf die Liebenden im Bett, auf das heutige Hiroshima, auf eine japanische Filmrekonstruktion von dem entsetzlichen Ereignis und auf echte Dokumentaraufnahmen ständig hin und her. Die Verbindung zwischen den Liebenden und dem Krieg stellt ein Satz der Frau her: »So wie es in der Liebe diese Wahnvorstellung gibt, diesen Wahn, nie werde man vergessen können, gerade so hatte ich angesichts Hiroshimas den Wahn, ich würde niemals vergessen.«

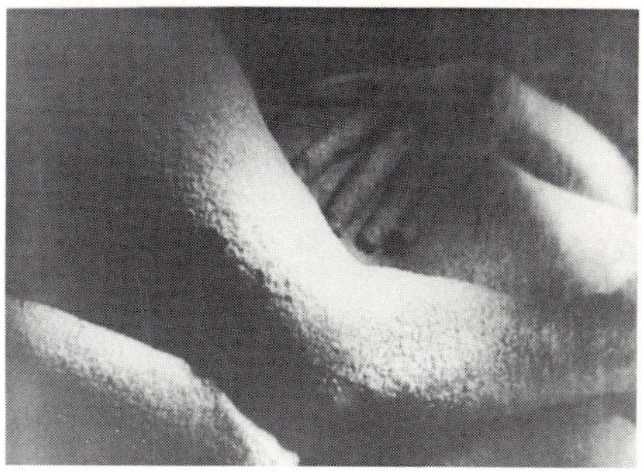

Zeit verstreicht. Wir sehen die Frau auf dem Balkon vor ihrem Hotelzimmer. Sie beobachtet den schlafenden Mann im Bett. Sie sieht, wie er seine Hände bewegt, wie Kinder es manchmal im Schlaf tun. Während sie ihn beobachtet, erscheint – ganz unvermittelt – an Stelle des Japaners der Körper eines jungen Mannes, in derselben Haltung, aber sterbend am Ufer eines Flusses. Seine Hände verkrampfen sich im Todeskampf. Dieses Bild ist nur sehr kurz. Gleich darauf sehen wir wieder die Frau, noch immer den Japaner beobachtend.

Später, in seinem Haus, sagt er zu ihr: »Der Mann, den du während des Krieges geliebt hast, war der ein Franzose?« Danach sehen wir plötzlich die Gestalt eines deutschen Soldaten, der in der Abenddämmerung einen Platz überquert. Wir nehmen an, es ist in Nevers. Dann kehren wir nach Hiroshima zurück und sehen sie im Bett liegen. »Nein«, sagt sie, »er war kein Franzose.« Dann: »Ja, das war in Nevers.« Wir sehen Aufnahmen von Nevers im Winter, die alten Mauern, Ruinen, Bäume. Während sie weiter über Nevers spricht, sagt er: »Dort, das glaube ich verstanden zu haben, bist du so jung, so jung, daß du in einem bestimmten Sinne noch niemandem gehörtest. Und das mag ich.« Und weiter: »Dort, das glaube ich verstanden zu haben, war ich nahe daran, dich zu... verlieren..., dort lief ich Gefahr, dich niemals, dich nie zu kennen.« Und weiter: »Dort, das glaube ich verstanden zu haben, hast du wohl begonnen, so zu sein, wie du heute noch bist.«

All diese Beispiele zeigen, wie Duras und Resnais beginnen, die Vergangenheit mit der Gegenwart zu verweben. Nicht indem das eine auf das andere verweist, sondern indem beides miteinander im Gewebe der Gegenwart verknüpft wird. Es gehört zu ihrer Grundthese, daß die Vergangenheit die Gegenwart nicht nur bestimmt, sondern in gewissem Sinne auch Gegenwart *ist*. So benutzen sie im Dialog auch anstelle des Imperfekts nur das Präsens. Wie Robbe-Grillet sagt, haben Bilder auf der Leinwand nur eine Zeitform: die Gegenwart. Das Kino ist deshalb auch wie kein anderes Medium dazu geschaffen, Resnais' Themen zu behandeln.

An einem Abend sitzt die Frau in einem Café am Ufer des Flusses in Hiroshima, trinkt und erinnert sich an Nevers. Bilder von ihr heute und von ihr als Mädchen im Keller, entstellt und verwirrt, folgen in kurzen Abständen aufeinander. Plötzlich sagt er zu ihr: »Wenn du im Keller bist, bin ich dann tot?« Dabei sehen wir den Deutschen, wie er im Todeskampf am Ufer des Flusses liegt. Später, während eines inneren Monologes der Frau, fahren wir in aufeinanderfolgenden Einstellungen durch die Straßen Hiroshimas und Nevers'. Es gibt keinen emotionalen oder chronologischen Unterschied zwischen den Aufnahmen: Für sie sind es Landschaften voller Trauer. Für uns haben sie als Vergangenheit wie als Gegenwart dasselbe emotionale Gewicht. Die ›Rückblende‹ ist abgeschafft. Diese Einstellungen wurden von verschiedenen Teams im Abstand von drei Monaten gefilmt, aber mit genau derselben Fahrgeschwindigkeit. Als die Frau auf einer Bank im Bahnhof von Hiroshima sitzt, erklingt zu Bildern aus Nevers »Hiroshima, Hiroshima« aus dem Bahnhofslautsprecher (mit Ausnahme eines Schreis gibt es keine natürlichen Geräusche aus Nevers, sie stammen alle aus Japan: Flußfrösche, ein Schiffshorn, ein japanisches Lied). Ihr wird klar, daß Nevers sie zu dem gemacht hat, was sie ist, doch obwohl davon gezeichnet, hat sie den Mann, den sie dort einst liebte, fast vergessen. Der Deutsche war Nevers. Der Japaner ist Hiroshima. Sie wird auch ihn vergessen. »Hi-ro-shi-ma«, sagt sie, »das ist dein Name.« »Ja, das ist mein Name«, antwortet er. »Und dein Name ist Nevers. Ne-vers-in-Frankreich.«

Dieser Film war der radikalste Angriff auf die konventionelle Zeitstruktur im Film, der je mit Hilfe der Montage geführt wurde.

Resnais setzt den Angriff in seinen nächsten beiden Filmen fort, in *L'Année dernière à Marienbad* und *Muriel*. *Muriel* ist die Geschichte einer Witwe, die versucht, einer 20 Jahre alten Liebesaffäre noch einmal nachzugehen und sie vielleicht neu zu entzünden. Der Versuch scheitert. Thema des Films ist die verräterische Macht der Erinnerung. Die Vergangenheit ist alles, was wir kennen, aber sie hilft uns wenig, die Gegenwart zu bewältigen. Da sie alles ist, was wir kennen, bestimmt die Vergangenheit unsere gegenwärtige Wahrnehmung der Welt. So werden wir in die Ereignisse von *Muriel* eingeführt, als sähen wir sie mit den Augen der Erinnerung, auch wenn sie gerade erst geschehen. Als ein Kunde Hélène Aughains Antiquitätenladen betritt, in dem sie auch wohnt, sehen wir eine Hand an der Tür, Hélènes Gesicht, den Wasserkessel, der in der Küche ausgegossen wird, verschiedene Möbelstücke. Ansichten von Boulogne während des Krieges wechseln plötzlich mit Ansichten vom heutigen Boulogne. Aus einer Reihe auf den ersten Blick unzusammenhängender Details, die nicht einmal in der richtigen Reihenfolge stehen müssen, setzt sich ein Bild der Realität zusammen. Wer weiß schon, scheinen die Bilder zu sagen, was die richtige Reihenfolge ist?

Es scheint sich hier um ein ganz anderes Vorgehen zu handeln, als wir es bei den übrigen französischen Filmemachern der sechziger Jahre gesehen haben. Wo ist die so oft gerühmte Distanz? Die Objektivität der direkten Breitwandkamera, die langen Einstellungen, der Versuch, die Wirklichkeit für sich selbst sprechen zu lassen? Resnais arbeitet natürlich vollkommen anders, doch wäre es falsch zu behaupten, er negiere mit seinen Methoden die Erkenntnisse, die wir über das Kino des äußeren Scheins gewonnen haben. Resnais ist so bemüht wie jeder andere, ein getreues Bild einer schwankenden Realität zu zeichnen. Seine Untersuchungen führen ihn nicht nach außen, an die Oberfläche des beobachteten Lebens, sondern nach innen zu einer Fragmentierung, die in den Köpfen stattfindet. Sein Bild von der Welt setzt sich aus diesen Fragmenten zusammen, die man nur halb wahrnimmt und die keine endgültigen Schlüsse zulassen.

Marienbad ist vor allem eine Anhäufung von Fragmenten: Fragmenten der Erinnerung, der Mutmaßung, Bildern aus dem Gedächtnis und der Phantasie. Wenn Filmvorführer Alpträume haben, dann bei diesem Film. Er muß öfter als jeder andere mit fehlenden oder vertauschten Aktrollen vorgeführt worden sein. Es erforderte schon ein besonders aufmerksames Publikum, das einen Fehler in der Reihenfolge der Rollen bemerken könnte, denn die Chronologie des Films hat Ähnlichkeiten nur mit den Abläufen im wirklichen Leben. Wir haben bereits Alain Robbe-Grillets Aussage über die Methode des Films zitiert. Die ›Handlung‹ ist folgende: In einem Barockschloß, das ein Hotel sein könnte, entwickelt sich zwischen drei Gästen eine eigenartige Beziehung. Ein unbekannter Mann, X, erzählt einer Frau, A, sie seien sich schon einmal begegnet, im letzten Jahr sei es gewesen, in Marienbad. Sie habe damals versprochen, mit ihm fortzugehen. Ein Jahr lang habe er gewartet, nun wolle er nicht länger warten. Sie müsse jetzt mit ihm kommen. Die Frau bestreitet, ihn je gesehen zu haben, und widerspricht seinem Bericht über ihre gemeinsame Zeit. Sie wird von einem anderen Mann begleitet, M, der möglicherweise ihr Gatte ist. Doch schließlich läßt sie sich überzeugen, sie bricht mit M und geht mit X aus dem Schloß.

Die Geschichte wird in elliptischer Form erzählt. Keine Handlung entwickelt sich bis zu ihrem Ende. Bei Szenen zu Beginn des Films, in denen auch die anderen Gäste auftauchen, friert Resnais das Bild häufig ein, und sofort fällt uns der Streit ein, bei dem wir ein Ehepaar belauscht haben. Der Mann beschwerte sich, er habe es satt, so mit ihr zusammenzuleben, gepeinigt von ihrem Schweigen. Sie glichen zwei erstarrten Figuren, sagt er, die stumm beieinander stünden. Es wird viel über den ungewöhnlichen Sommer von '28 und '29 geredet, als der Springbrunnen für eine Woche eingefroren war. X erzählt A, letzten Sommer in Marienbad sei der Teich auch eingefroren gewesen. Menschen erstarren zur Bewegungslosigkeit, so wie das Gedächtnis sie in der Erinnerung erstarren läßt oder wie wir sie manchmal im Traum sehen. Eine Einstellung zeigt mehrere Gäste, die in einer Allee der strengen Gartenanlage unbeweglich dastehen. Ihre Schatten wirken dramatisch auf dem Kies des Weges. Eine unheimliche Stimmung, die nur schwer zu beschreiben ist, liegt über dem Bild. Nur ganz allmählich bemerken wir, daß es keine weiteren Schatten in dem Bild gibt: Der Tag ist wolkenverhangen. Resnais hat die Schatten auf den Boden malen lassen. An anderer Stelle friert er das Bild nicht ein, sondern läßt die Darsteller bewegungslos dastehen, während die Kamera an ihnen vorbeifährt.

Stillstand und Bewegung. Die Kamera ist unaufhörlich in Bewegung. Fast scheint es, als sei sie lebendiger als die Menschen. Man muß gar nicht nach anderen Bedeutungen forschen – denn Resnais setzt die bewegliche Kamera oft aus dem bloßen sinnlichen Vergnügen ein, das sie bereitet. Er experimentiert dabei häufig mit unterschiedlichen Belichtungswerten, indem er die Kamera sehr schnell von einem Licht in ein anderes bewegt: manchmal in extreme Gegensätze. In einer Einstellung geht A aus einem dunklen Korridor durch zwei Vorräume auf einen Balkon, der in strahlender Sonne liegt. Die nächste Einstellung ist aus der Gegenrichtung aufgenommen. A steht vor einer weißen Wand; sie trägt ein weißes Kleid mit weißen Federn. Aber dennoch erkennen wir in der rechten Bildhälfte im dunklen Raum hinter der Glastür einige Details. In einer anderen Fahraufnahme rasen wir durch einen unglaublich langen Flur, biegen an seinem Ende um die Ecke und enden schließlich mit einer amerikanischen Einstellung auf A in ihrem Schlafzimmer. Die Einstellung im Flur ist stark überbelichtet, die Szene im Schlafzimmer sehr hell ausgeleuchtet. Aus einer Einstellung von A in blendendem Weiß wird wiederum auf einen kaum erleuchteten Garten in der Dämmerung geschnitten.

Aber nicht nur die Belichtungswerte wechseln abrupt, sondern auch die Räume und die Kleider. Es gibt keine Kontinuität, da wir den Gedanken verschiedener Menschen folgen: verschiedenen Versionen vielleicht ein und desselben Ereignisses.

Abschließend wollen wir noch einen Blick auf eine typische Sequenz dieses Films werfen.

L'Année dernière à Marienbad *

1 Totale. Der Ballsaal mit einer Bar auf der linken Seite. Die Frau, A, und der Mann, X, stehen an der Bar. Paare tanzen auf der Tanzfläche.	Musik ist zu hören, sie endet aber nach 8 Sek. (12,5 Sek.)
2 Totale. Die Bar, im rechten Winkel zum Bild. A und X sind deutlich zu erkennen. Die Tänzer verlassen die Tanzfläche, und einige bewegen sich auf die Bar zu. Nach 17,5 Sek. beginnt die Kamera sich langsam auf A und X zuzubewegen. Die Kamera bleibt nach 57 Sek. in einer Zweiereinstellung auf A und X stehen, hauptsächlich auf X.	X: *Ich bin Ihnen erneut begegnet. – Sie schienen mich nie erwartet zu haben, aber wir trafen uns an jeder Biegung der Allee, hinter jedem Gesträuch – am Fuß jeder Statue – am Rande jedes Wasserbeckens. Es war, als ob es dort, in diesem ganzen Park nichts gegeben hätte als Sie und mich.* (Pause. Noch immer hört man die Geräusche aus dem Ballsaal, darüber aber liegt das Geräusch von Schritten auf Kies.) *Wir sprachen über irgend etwas – die Namen der Statuen, die Form der Sträucher, das Wasser der Brunnen. Oder wir sprachen überhaupt nicht.* (Stille.) *Besonders nachts liebten Sie es zu schweigen.* (66 Sek.)
3 Ein weißes Schlafzimmer, in dem A steht.	(6 Sek.)

* Regie: Alain Resnais. Buch: Alain Robbe-Grillet. Schnitt: Henri Colpi, Jasmine Chasney. Terra Film / Films Tamara / Films Cormoran / Précitel / Como-Films / Argos-Films / Cinetel / Silver-Films / Cineriz (Rom), 1961.

26

27

28

29

30

31

4 A und X an der Bar, wie am Ende von Einstellung 2.	X: *Eines Abends bin ich bis zu Ihrem Zimmer gegangen.* (2 Sek.)
5 Ähnlich wie 4, nur näher.	(3 Sek.)
6 Wie Einstellung 3.	(8 Bilder)
7 Wie Einstellung 4.	(2 Sek.)
8 Wie Einstellung 6.	(8 Bilder)
9 Wie Einstellung 7.	(1,5 Sek.)
10 Wie Einstellung 8.	(8 Bilder)
11 Wie Einstellung 9, nur quadratischer.	(1,5 Sek.)
12 Wie Einstellung 10.	(0,5 Sek.)
13 Wie Einstellung 11.	(1 Sek.)
14 Wie Einstellung 12.	(1 Sek.)
15 Wie Einstellung 13.	(1 Sek.)
16 Wie Einstellung 14.	(1 Sek.)
17 Wie Einstellung 15, nur aus einer anderen Kameraposition, die A bevorzugt.	(1 Sek.)
18 Wie Einstellung 16.	(1 Sek.)
19 Wie Einstellung 17.	(1 Sek.)
20 Wie Einstellung 18.	(1 Sek.)
21 Wie Einstellung 19.	(12 Bilder)
22 Wie Einstellung 20.	(1 Sek.)
23 Wie Einstellung 21.	(12 Bilder)
24 Wie Einstellung 22.	(1 Sek.)
25 Wie Einstellung 23, nur etwas näher, Schwerpunkt auf A.	(12 Bilder)
26 Wie Einstellung 24.	(2,5 Sek.)
27 Wie Einstellung 25.	(1 Sek.)
28 A in ihrem Schlafzimmer, auf einem Hocker, umgeben von Schuhen, von denen sie einige anzuprobieren scheint. Sie beginnt, still zu lachen.	(26 Sek.) Der Walzer, der zuvor im Ballsaal zu hören war, setzt wieder ein.
29 Der Ballsaal. Ein anderer Gast, eine junge Frau, bewegt sich von der Kamera weg auf die Bar zu, sie lacht.	(1 Sek.) Das Geräusch im Ballsaal schwillt an.
30 Nah. X schaut, auf der linken Bildseite.	(8 Bilder)
31 Nah. A. Die Kamera fährt sehr schnell zurück. A sieht nach rechts.	(14 Bilder)
32 Nah. X schaut, auf der linken Bildseite.	(8 Bilder)
33 Nah. Kamera fährt zurück. A blickt entsetzt.	(12 Bilder)
34 Nah. X. Wie Einstellung 32.	(8 Bilder)
35 Wie Einstellung 33.	(12 Bilder)
36 Totalere Einstellung der Bar. A tritt plötzlich einen Schritt zurück und stößt mit der jungen Frau aus Einstellung 29 zusammen. A läßt ihr Glas fallen. Die Kamera fährt sehr schnell zurück.	(1 Sek.) Das Geräusch zersplitternden Glases.
37 Das Schlafzimmer. A erschrickt, fällt rückwärts vom Hocker. X steht links im Bild.	(3 Sek.) Das Geräusch bricht nach 2 Sekunden ab.
38 Nah. Die Hand eines Kellners sammelt das zerbrochene Glas vor der Bar auf.	(11 Sek.)
39 Amerikanisch. Der Kellner, der die Glassplitter einsammelt.	(7 Sek.)
40 Totale. Von oben. Der Kellner, der die Glassplitter einsammelt.	(16 Sek.)

Diese Sequenz eignet sich besonders gut, um eine Feststellung zu belegen, die in diesem Buch schon oft getroffen wurde: daß die wahrgenommene Dauer einer Einstellung nicht nur von ihrer tatsächlichen Länge, der Größe und Komplexität des Bildes usw. abhängt, sondern auch von dem Kontext, in dem sie steht. In jedem anderen Zusammenhang erschiene Einstellung 26, die kaum 3 Sekunden dauert, als sehr kurz. Hier jedoch scheint sie ziemlich lange zu dauern. Teils um sich der plötzlichen Tempoverringerung anzupassen, teils um uns auf Einstellung 28 vorzubereiten, ist Einstellung 27 doppelt so lang wie die drei vorangegangenen Einstellungen von A.

Es gibt nur wenig mehr über diese Sequenz zu sagen als das, was schon durch die Betrachtung der Einstellungslängen deutlich wird. Die acht Einstellungen 29–36 z. B. dauern zusammen nur 4,5 Sekunden. Es sollte noch erwähnt werden, daß die Szenen im Ballsaal sehr dunkel, während die Schlafzimmerszenen unnatürlich hell ausgeleuchtet sind. Wiederholt wurde gesagt – und wir haben das ebenfalls getan –, Resnais' Methoden seien ein Versuch, die Bewegungen des Geistes widerzuspiegeln. Hier erkennt man, daß seine Technik in extremer Weise nicht naturalistisch ist. (Das trifft natürlich ebenso auf die Dialoge zu, die sich wie die Bilder auf ständige, leicht variierte Wiederholungen stützen; vgl. dazu Einstellung 2.) Das Hin- und Herwechseln zwischen Szenen ist hier ein formales Mittel, das den Kampf zwischen X und A's Verstand vermitteln soll: seinen Versuch, sie zu überzeugen, daß etwas geschehen sei, an dem sie zweifelt. Etwa in der Mitte des Kampfes, um die Einstellungen 13–19 herum, gibt es die ersten Zeichen dafür, daß seine Version in ihrem Kopf die Oberhand zu gewinnen beginnt. Hier versetzt er sie, gleichsam durch die Kraft seiner Gedanken, aus dem Ballsaal in das Schlafzimmer und um ein Jahr zurück (und uns dabei natürlich auch). Allmählich schwindet unter dem Einfluß seiner Erinnerungen ihr Bewußtsein, in dem Ballsaal zu sein. Einstellung 21 ist so kurz wie die ersten, ganz kurzen Bilder vom Schlafzimmer. Doch unser Verstand funktioniert natürlich nicht ganz auf diese Art und Weise. Aber man kann sagen, daß Resnais' Stil eine wirkungsvolle Annäherung darstellt: eine Metapher, wenn man so will, anstatt einer genauen Beschreibung.

Michelangelo Antonioni

Antonioni ist, ähnlich wie Resnais, ein Regisseur, dessen Filme ein ganz persönlicher Stil auszeichnet. Der entzieht sich herkömmlichen Theorien über den Filmschnitt. Weniger als Resnais hat er etwas mit der *Nouvelle Vague* zu tun. Da sich sein Stil im Laufe seiner Karriere stark gewandelt hat, ist es noch schwieriger als bei Resnais, einen ›Antonioni-Stil‹ zu beschreiben. Soweit der Stil jedoch ein sehr individuelles, Antonionis Zielen adäquates Instrument darstellt, ist er für uns als letztes Beispiel für das ›persönliche Kino‹ von großem Nutzen. Wir beginnen mit einer Sequenz aus *L'avventura* (Die mit der Liebe spielen, 1959/60), da dieser Film etwa den halben Weg in seiner Entwicklung markiert.

Michelangelo Antonioni

L'avventura *

Die Geschichte: Eine Gruppe reicher Römer macht einen Ausflug auf eine erloschene Vulkaninsel vor der Küste Siziliens. Sandro, ein erfolgreicher, aber unzufriedener Architekt, hat eine unglückliche Liebesaffäre mit Anna. Auf der Insel verschwindet Anna auf geheimnisvolle Weise; während Sandro und Annas Freundin Claudia auf der Insel bleiben, macht sich der Rest der Gruppe auf, um Hilfe zu holen. Noch bevor Annas Verschwinden endgültig feststeht, fühlt sich Sandro zu Claudia hingezogen. Zu ihrem eigenen Entsetzen erwidert sie seine Gefühle, obwohl sie meint, eigentlich sollten ihre Gedanken jetzt voll und ganz bei Anna sein. Um Anna zu finden, reisen sie durch ganz Sizilien. Die Geschichte dieser Suche wandelt sich jedoch bald zum Protokoll einer Lie-

* Regie: Michelangelo Antonioni. Schnitt: Eraldo Da Roma. Cino Del Duca / Cinematografiche Europee / Société Cinématographique Lyre, 1959/60.

1a

1b

2a

2b

5a

5b

5c

besaffäre. Der Film endet, als Sandro auf einer Party von Claudia dabei ertappt wird, wie er mit einem Starlet schäkert. Sandro und Claudia werden vermutlich zusammenbleiben, obwohl sie auf brutale Weise erfahren haben, daß auch die stärksten Gefühle schwanken können. Claudia kann Sandro kaum anklagen, da sie Anna auf die gleiche achtlose – aber unvermeidliche – Art vergessen hat wie er zeitweise Claudia.

Der Ausschnitt: Die Insel. Sandro und Claudia haben zusammen mit einem anderen Mitglied der Gruppe eine ungemütliche Nacht in einer Fischerhütte verbracht. Sie hatten eine kurze Auseinandersetzung, in der Sandro den Eindruck gewinnt, Claudia mache ihn für Annas Verschwinden mitverantwortlich. Der Tag bricht an.

1 Totale.
Blick auf die aufgewühlte See und den oberen Teil der Klippen. Nach 8 Sek. schwenkt die Kamera langsam nach links oben über die Klippe. Nach 20 Sek. kommt Sandro ins Bild, der die Klippe hinaufklettert, sich umdreht, auf einen Felsen setzt, über seine Schulter zurückblickt, aufsteht und nach links weiter nach oben geht. Nach 42 Sek. kommt Claudia von links ins Bild; beide stehen sich gegenüber.

Das Geräusch von Wind und Meer. Das Wetter während dieser Szene ist grau und stürmisch, trotz einiger Sonnenstrahlen.

Sandro, als Claudia auftaucht:
Fühlen Sie sich besser?
(55 Sek.)

2 Halbnah.
Sandro blickt nach rechts aus dem Bild, hinter ihm das Meer. Es ist der Gegenschuß zu Einstellung 1. Er sieht Claudia an.
Nach 8 Sek.:

Claudia: *Verzeihung für gestern abend.*

Sandro: *Sie mögen Anna sehr, nicht wahr?*
Claudia (im Off):
Ja, sehr.

Sandro geht nach 11 Sek. zu Claudia und bleibt nach 16 Sek. am linken Bildrand stehen, Claudia steht rechts, er steht etwas hinter ihr. Sie blickt in die Kamera.

Sandro:
Hat sie jemals mit Ihnen über mich gesprochen?
Claudia:
Selten. Aber immer mit Zärtlichkeit.

Nach 26,5 Sek. dreht er sich um und geht in die Tiefe des Bildes nach links, dann kehrt er nach 39,5 Sek. in Großaufnahme vor die Kamera zurück.

Sandro fängt an zu sprechen, während er auf die Kamera zugeht:
Und doch hat sie sich benommen, als ob ihr unsere Zuneigung – meine, Ihre, in gewisser Weise sogar die ihres Vaters – nicht genügte oder ihr nichts nützte.
Claudia (nach 45 Sek.):
Ich frage mich, was ich hätte tun müssen, damit all das nicht geschehen wäre.
Stille.

Nach 53 Sek. wenden beide ihre Köpfe nach links, als das Geräusch eines Motorbootes zu hören ist.

Motorbootgeräusch.
(54 Sek.)

3 Große Totale.
Blick auf die Nachbarinseln und die Meerenge dazwischen. Ein Boot ist nicht zu sehen.

Das Geräusch dauert an.
(12,5 Sek.)

4 Wie Einstellung 2.
Beide sehen verwirrt aus und blicken nach rechts.

(7,5 Sek.)

5 Blick auf die See und die Klippe, ähnlich wie in Einstellung 1, dieses Mal aber von der entgegengesetzten Seite, mit dem Meer auf der linken Seite. Die Kamera schwenkt nach rechts oben zur Klippe hinauf. Nach 8,5 Sek. kommt Claudia ins Bild und entfernt sich so weit von der Kamera, daß sie nur noch als kleine Figur zu sehen ist. Nach 24 Sek. kommt Sandro von links groß ins Bild. Er blickt ihr hinterher, aber sie wendet ihm den Rücken zu, er dreht sich um und blickt nach rechts aus dem Bild.

Das Motorbootgeräusch bricht nach 26 Sek. ab.
(35 Sek.)

6 Sehr große Totale.
Ein anderer Blick auf die See und die Inseln, in der unteren Hälfte des Bildes sieht man einen steinigen Abhang, der zur See abfällt. Der einzige Fischer dieser Insel kommt den Abhang hinauf auf die Kamera zu. Die Sonne steht tief am Horizont und strahlt über das Wasser in unsere Richtung.

(9 Sek.)

7 Wie am Ende von Einstellung 5. Sandro geht nach rechts aus dem Bild, Claudia bleibt im Bild als entfernte Silhouette im Hintergrund.

(5,5 Sek.)

8 Amerikanisch.
Der Fischer geht von links nach rechts auf den Klippen entlang. Sandro kommt von rechts ins Bild und trifft nach 7,5 Sek. auf ihn.

Sandro:
Wessen Boot war das?
Fischer:
Was für ein Boot?
Sandro:
Gerade eben. Haben Sie das Geräusch nicht gehört?
Fischer:
Zu dieser Jahreszeit kommen viele Boote...

Er wendet sich ab, um zu gehen, hält aber inne, als Sandro wieder anfängt zu reden.

Sandro:
Stehen Sie immer so früh auf?
Fischer:
Früh? Nennen Sie 4 Uhr morgens früh?

Beide blicken auf, nach rechts aus dem Bild, dann gehen sie weg.

(26 Sek.)

9 Totale.
Der Fischer verschwindet hinter einem Felsen rechts im Bild. Sandro, der direkt hinter ihm ist, blickt den Hügel hoch, wo die Kamera steht. Claudia steht, den Rücken zur Kamera, vorne groß im Bild und beobachtet die Szene. Als sie erkennt, daß es nichts Neues über Anna gibt, wendet sie sich zur Seite und verläßt nach links das Bild, die Kamera schwenkt ein bißchen mit ihr mit, verharrt dann jedoch, da Sandro zu uns hochklettert. Als er sich der Kamera nähert, bewegt sie sich mit ihm rückwärts. Beide halten nach 23 Sek. an. (Der Fischer hat das Bild nach 2 Sek. verlassen.)

Nach 3 Sek. ertönt eine traurige Klarinettenmusik.
(24 Sek.)

10 Nah.
Eine kleine Vertiefung im Wasser zwischen den Felsen. Claudia hält ihre Hände hinein, die Kamera schwenkt hoch, und wir sehen, daß sie sich das Gesicht wäscht. Der Schwenk zeigt gleichzeitig, daß Sandro den Hügel herabkommt – auf die Kamera zu, aber Claudia sieht ihn nicht, da sie ihr Gesicht der Kamera zuwendet. Er setzt sich etwas entfernt von ihr auf einen Felsen und beobachtet sie. Sie erhebt sich, ohne ihn zu bemerken. Nach 19 Sek. putzt sie sich ihre Nase, wendet sich nach links, bemerkt ihn jetzt. Sie geht nach oben, an ihm vorbei.

(39,5 Sek.)

11 Halbnah.
Sie stolpert und wäre gefallen, wenn Sandro sie nicht gehalten hätte. Sie befindet sich unter ihm in der rechten unteren Ecke des Bildes.

(2 Sek.)

12 Halbnah.
Gegenschuß. Sie starrt ihn an. Claudia im Mittelpunkt.

(3 Sek.)

13 Halbnah.
Wie Einstellung 11. Langsam hat sie ihr Gleichgewicht wiedergefunden und geht von rechts nach links durchs Bild.

(3 Sek.)

14 Halbnah (Full shot)
Sie blickt nach unten und geht dann quer nach links durchs Bild; die Kamera schwenkt mit ihr. Sandro ist immer noch im Vordergrund, uns den Rücken zugewandt, und folgt ihr.

(9 Sek.)

15 Große Totale.
Am linken Bildrand:
Felsen. Dahinter zwischen den Inseln: die See, und in der Meerenge: ein Boot, vermutlich ein Gleitboot, das sehr schnell von links auf die Kamera zukommt. Nach 3 Sek. schwenkt die Kamera nach rechts, und Claudia, gefolgt von Sandro, kommt ins Bild, er holt sie ein und befindet sich nun links von ihr. Die beiden sind ungefähr 15 Meter von der Kamera entfernt. Überblendung nach 22 Sekunden.

Nach 5,5 Sek. setzt die Klarinettenmusik aus.
(23 Sek.)

9 a

9 b

10 a

10 b

11

12

13

Zunächst fällt auf, daß es sich hier nach herkömmlichen Maßstäben um eine ziemlich lange Sequenz (Länge: 5 Min.) mit vergleichsweise wenig Geschehnissen handelt. Es ist ja ein verbreiteter Vorwurf an Antonioni, daß seine Filme langsam und leer seien. Ohne jetzt schon zu einer umfassenden kritischen Ver-

14

15

15a

15b

teidigung seiner Arbeit anzusetzen, können wir dennoch auf die andere Art von Handlung hinweisen, die Antonioni anscheinend im Auge hatte.

Schon mehrfach haben wir betont, daß viele Filme der sechziger Jahre die konventionellen Auffassungen über ›Handlung‹ ignorierten. *L'avventura* ist ein gutes Beispiel dafür. Während es kaum ›Ereignisse‹ in Form dramatischer Entwicklungen des Geschehens gibt, wird die wirkliche ›Geschichte‹ mit anderen Mitteln erzählt. Außerdem spielen in diesem Fall die Schauplätze selbst eine wichtige Rolle – sowohl als Symbole wie auch durch ihre physische Präsenz. Wenn »die Form als Schicksal« eine Definition der Tragödie ist, dann kann man bei einigen von Antonionis Filmen als weitere Definition durchaus hinzufügen: »die Umgebung als Schicksal«. Antonioni sieht, mit anderen Worten, eine direkte und nicht nur eine metaphorische Verbindung zwischen der Umgebung einer Person und ihrem Verhalten.

Das trifft auch auf seine frühen Dokumentarfilme zu. In *Gente del Po* (uraufgeführt 1947) wirken der Charakter und die wirtschaftlichen Aussichten der armen Leute, die in der Po-Ebene Norditaliens leben, genauso deprimierend, karg und erbärmlich wie der Fluß und die Landschaft selbst. Indirekt trifft das auch auf seine Spielfilme zu. Auch hier versucht er einen direkten und nicht nur metaphorischen Bezug herzustellen zwischen den Personen und dem Ort, an dem die Geschichte spielt.

Inwieweit gilt das auch für *L'avventura*? Man erkennt rasch, die beeindrukkendste ›Person‹ dieses Ausschnitts ist, gemessen an dem Raum, den sie einnimmt: die Landschaft. Nach herkömmlichen Maßstäben ist die Sequenz ›schlecht geschnitten‹. Die Einstellungen dauern einfach zu lange – weit über die erkennbare Handlung hinaus. Aber wir haben gesagt, das Geschehen ereigne sich woanders. Wo also?

Die Insel spielt eine wichtige Rolle in der Handlung, aber ihr Beitrag ist komplex und nur schwer zu definieren. Zum Teil muß man das Kahle, das Kalte und das Feindselige der Insel in Übereinstimmung sehen mit der Langeweile, Leere und Nutzlosigkeit der Menschen, die sie besuchen. In diesem Sinne ist die Insel ein Symbol für ihre Gesellschaft. Es scheint diesen Leuten angemessen, daß ihnen kein interessanterer Ort einfällt, wohin sie fahren könnten, nur diese unmenschliche und ungastliche Landschaft.

Andererseits haben die Insel und das Meer hier eine merkwürdige Qualität, die einer derartigen Landschaft nicht unbedingt eigen ist. Die Insel ist vulkanischen Ursprungs: Immer wieder lösen sich Brocken von der Insel und stürzen ins Meer, das gierig an der Küste nagt. Wenn die Insel ein Symbol für die Gesellschaft ihrer Besucher darstellt, bedeutet das zugleich: Diese Gesellschaft ist nicht nur erstarrt, sondern auch in Auflösung begriffen. Wenn wir die Insel als eine eigene Welt sehen, erscheinen Claudias und Sandros Bewegungen auf ihr in einem anderen Licht. Die langen, sich langsam bewegenden Einstellungen werden auf einmal kantig, angespannt und unruhig.

Es wäre töricht, so zu tun, als habe die Landschaft nur symbolische Bedeutung. Zur Handlung gehört auch, wie durch die Anordnung von Mensch und Landschaft ihre wachsende Beziehung nachgezeichnet wird, wie das stumme Ringen um Autorität unterdessen durch die Naturelemente zum Ausdruck kommt. In diesem Licht scheint die ausgewählte Sequenz keineswegs so inhaltslos zu sein: Als sich nämlich die Helden mit schweren Gedanken martern und erniedrigen, scheint auch die Landschaft zornig zurückzustarren, allerdings mit doppeldeutig forschendem Blick. Etwas Bedrohliches schwingt dabei mit in den fortwährenden, nicht zu ortenden Geräuschen auf der Insel – in dem tobenden oder drohenden Sturm, in der landschaftlichen Wildheit, die für den Menschen so unwirtlich ist. Diese Worte könnten aber auch beschreiben, wie Claudia, ein Kind der Arbeiterklasse, über die Schickeria denkt, in der Sandro lebt. Indem wir all das erkennen, können wir sehen, daß das Bild von Claudia und Sandro ein komplexes und verstörendes Bild ist – wie sie da hilflos und ohne einander zu verstehen über die bizarre Insel wandern, wie sie in die furchteinflößenden Felsspalten starren, ohne zu wissen, wonach sie eigentlich suchen, oder gar zu wissen, was sie schließlich finden werden.

Mit diesen allgemeinen Überlegungen im Hinterkopf wollen wir uns einigen spezielleren Aspekten dieses Szenenausschnitts zuwenden.

Die Kamera verharrt für 8 Sekunden auf einer menschenleeren Landschaft. Es dauert weitere 11,5 Sek., bevor Sandro ins Bild kommt. 22 Sek. später erscheint Claudia. Die Landschaft und das Wetter bedrücken beide offensichtlich. So ist ihr Bedürfnis verständlicher, einander trotz der Umstände, die doch eigentlich kaum überwindbar zwischen ihnen stehen, näher zu kommen. Die Landschaft spielt hier, mit anderen Worten, eine vermittelnde Rolle in der Handlung.

Während der gesamten Einstellung befindet sich Sandro mindestens zehn Meter von der Kamera entfernt. Sogar als die beiden die ersten Sätze miteinander wechseln, widersteht Antonioni der Versuchung, in eine Großaufnahme zu schneiden. Er erreicht damit, daß die Personen in ihrer Winzigkeit verschmelzen und im Gegensatz stehen zu den gewaltigen Kräften ihrer Umgebung. Außerdem deutet sich ein Gleichgewicht ihrer möglichen Stärken an, das während dieser Sequenz in Frage steht. Schließlich wird aber deutlich, daß er der Bittende ist und sie die Stärkere der beiden – ein bedeutender Aspekt der filmischen Aussage. Dabei scheint zunächst Sandro in den Mittelpunkt zu rücken, da die erste Großaufnahme, als sie endlich kommt, ihm gilt. Allerdings wird ihr durch ihre Antwort aus dem Off, die verhalten ist und so seine Frage etwas aufdringlich wirken läßt, eine gewisse Würde verliehen. Ihre Position wird dann noch gestärkt, als die Kamera nach rechts hinüberschwenkt, um ihn in eine Zweiereinstellung mit ihr zu bringen, in der sie eindeutig dominiert. Seine Frage wirkt noch taktloser als vorher, während sie gleichbleibend höflich ist. Er wandert daraufhin unruhig hin und her, und als er wieder zur Kamera zurückkommt, manövriert er sich selbst in eine unglückliche Position, indem er mit dem Rücken zur Kamera steht. Es gibt keine Notwendigkeit für eine Großaufnahme, um ihre nicht angestrebte Überlegenheit vorzuführen, die sie durch ihre höfliche Passivität erworben hat. Der Dialog kehrt die Bedeutung heraus, die die Mise-en-scène bloß impliziert. Die Form höflicher Konversation fällt weg. Seine Klage über Annas Verhalten ist selbstsüchtig und mürrisch. Sie dagegen macht sich selbst und nicht Anna Vorwürfe für alles, was geschehen ist. Es gibt keine Verständigung mehr zwischen ihnen, doch das ist nicht ihre Schuld. Sie kann von ihm kaum Rat oder Trost erwarten. Sie geht.

Aber typischerweise macht sie das auf eine höfliche und zurückhaltende Art. Das heißt, sie macht nicht auf dem Absatz kehrt, sondern geht in einen Schwenk hinein und entfernt sich in den Hintergrund (Einstellung 5). Interessant ist der Anfang dieser Einstellung. Begleitet vom Geräusch des Motorbootes, erweckt Einstellung 4 den Eindruck, als sähen wir das Bild mit ihren Augen*. Doch die Art und Weise, wie sie dann ins Bild kommt, offenbart, daß dem nicht so ist. Antonioni macht deutlich, daß in diesem Stadium die Distanz zwischen uns und ihr gewahrt bleiben muß, denn es gehört zu Claudias Empfindsamkeit, sie zu halten. Wir dürfen uns nicht mit ihr identifizieren. Für Sandro gelten derlei Beschränkungen nicht. Am Ende von Einstellung 5, als Claudia nur noch eine kleine, weit entfernte Figur ist, die ihre Trauer und Verwirrtheit mit sich genommen hat, tief in das Bild hinein, da platzt er noch einmal ins Bild – mit dem Profil nach rechts, sehr dicht vor der Kamera. Verstimmt blickt er zu ihr hinüber, aber sie schaut nicht zurück. In Einstellung 6 sehen wir die winzige Figur des Fischers, und in Einstellung 7 geht Sandro aus der wiederholten Einstellung 5, um Claudia allein zurückzulassen – wie ein kleines schwarzes Fragezeichen. Der Schluß liegt nahe, daß er den Fischer nicht nur fragen geht, um Anna zu finden, sondern auch, weil er Claudia gefallen will. Von diesem Punkt an vermuten wir zu Recht, daß Annas Rückkehr ihn eher peinlich berühren als erleichtern würde. Ein Hauptthema des Films ist: Es wird für beide sehr schnell – zu schnell – wichtig, daß Anna für immer verschwunden bleibt.

Im Augenblick jedoch ist Claudia noch unantastbar. Sie kann in Einstellung 9 in einer Großaufnahme von hinten erscheinen und Sandros Begegnung mit

* Die Einstellung soll im Rahmen der Geschichte natürlich andeuten, Anna sei von den Klippen ins Wasser gefallen oder sie habe sich hinuntergestürzt.

dem Fischer beobachten. Als Sandros Fragen ohne Ergebnis bleiben, dreht Claudia sich erneut ab und geht aus dem Bild. Wieder klettert Sandro mit ernstem Gesicht zu ihr – eine kleine, aber allmählich lästige Person. Nun erklingt eine melancholische Klarinettenmelodie, die sich aus den Geräuschen der Natur zu lösen scheint und andeutet, wie sehr die beiden sich ihrer gegenseitigen Zuneigung bewußt werden. Die Musik wiederholt sich während des ganzen Films und wird zum akustischen Ausdruck ihrer Liebe, bis ihr trauriger Ton schließlich in der Schlußszene nur noch das, wie Antonioni sagt, »geteilte Leid« ausdrückt, zu dem ihre Liebe herabgesunken ist. Wir vermuten aber auch, daß Claudia das Bild zum ersten Mal nicht nur aus Feinfühligkeit verläßt, sondern daß sie zurückweicht.

Aber die wichtigste Begegnung steht noch immer bevor. In Einstellung 10 verfolgt Sandro sie auf Schritt und Tritt. Für Sandro ist es noch eine der geringeren Irritationen dieser Sequenz, daß er sich – obwohl nur durch die Umstände und die Naturgewalten mit Claudia vereint – ein engeres Beisammensein mit ihr vorstellen könnte, statt ihr in dieser unwirtlichen Einöde pausenlos nachrennen zu müssen. Als sie in Einstellung 11 dicht an ihm vorbeigeht, stolpert sie, er stützt sie, und in einer raschen Folge kurzer Zweiereinstellungen – auffallend kurz in diesem Zusammenhang – kommt ihre gegenseitige Zuneigung deutlich zum Ausdruck. Für einen Augenblick gerät Claudias übliche Dominanz im Bild ins Wanken. Sie ist in mehr als einer Weise aus dem Gleichgewicht geraten.

Einstellung 12 bestärkt Sandros trügerische Überlegenheit. Wir sind dicht genug an beide herangekommen, um zu sehen, was wir sehen sollten. Einstellung 12 verbindet alle Elemente der Sequenz noch einmal in einer komplexen Totalen. Zuerst sehen wir die See und die benachbarten Inseln, dann das herannahende Boot mit der Polizei und den Zivilbeamten. Claudia kommt als erste ins Bild, als die Kamera mit dem Boot nach rechts schwenkt, aber Sandro ist dicht hinter ihr. Die Musik, mit der man jetzt eher sie als ihn assoziiert, da seine Liebe treulos ist, bricht ab. Er geht auf sie zu und an ihr vorbei. Endlich hat er sie überholt. Es ist ihm gelungen, ihre Gedanken von Anna auf sich zu lenken. In gewissem Sinne hat er Claudia ›bezwungen‹.

Die langen Einstellungen gelten als das charakteristischste Kennzeichen von Antonionis Stil, besonders (bei schärferen Kritikern) solche Einstellungen, in denen nicht viel passiert und keiner den anderen ansieht. Doch die meisten Filme vermitteln ja einen eher geschönten Eindruck davon, wie oft wir uns normalerweise ansehen; doch offenbaren wir uns nicht am meisten in den Augenblicken, in denen wir uns nicht ansehen, in den leeren Augenblicken – den *temps morts*, von denen wir schon gesprochen haben – zwischen absichtsvollen Gesten, Handlungen oder Gesprächen, in denen die wichtigsten emotionalen Entscheidungen fallen? Eben diese Momente sind es, die Antonioni besonders interessieren.

Von Sandro erfahren wir zum Beispiel eine Menge, wenn wir ihn beobachten, wie er die Hände in die Taschen steckt, auf- und abgeht, Menschen unauffällig zusieht. Oder wie Claudias Jugend und ihre Gutmütigkeit dadurch zum Ausdruck kommen, daß sie in unbeobachteten Momenten ihren Kopf auf die Seite legt, vor sich hinsummt und Fratzen schneidet. Es gibt eine Vielzahl solcher Momente auf der Insel. Auch die lange Nachtszene gegen Ende des Films, in der Claudia in ihrem Schlafzimmer auf Sandro wartet, der auf der Party unten im Haus angeblich einen ›Höflichkeitsbesuch‹ absolviert, ist, streng genommen, eine solche Szene, eine Szene ohne ›Handlung‹. Im Drehbuch steht nur: »Claudias Zimmer. Innen. Abends. Claudia wartet die ganze Nacht auf Sandro.«

Doch ohnehin: Beschreibt man *L'avventura*, beschreibt man noch lange nicht Antonionis Filme. Seine Szenen waren schon länger – und mehr ›aktionsgeladen‹. Und sie waren auch schon wesentlich kürzer – und, formal gesehen, ohne jegliche Handlung.

Einer von Antonionis bekannteren frühen Filmen ist *Le amiche* (Die Freundinnen, 1955), eine verwickelte Studie über Frauen der feinen Turiner Gesellschaft. Einige Szenen, besonders ein Ausflug ans Meer, wurden in langen Einstellungen gedreht, in denen die komplexen Querverbindungen und Zusammenhänge innerhalb einer größeren Gruppe von Bedeutung sind. Die Kontinuität bleibt strikt gewahrt, Verhaltensweisen und Blicke deuten auf die Beziehungen, die sich anbahnen, oder die, öfter noch, bloß gern aufgenommen würden. Einstellungswechsel gibt es nur, um die Kämpfe und das Aufeinanderprallen der Personen deutlich zu machen. »Ich versuche immer so zu drehen«, sagte Antonioni in einem Interview, »daß jedes Bildelement einen bestimmten psychologischen Aspekt spezifiziert. Ein Bild ist nur wichtig, wenn jeder Quadratzentimeter des Bildes eine Bedeutung hat.« Das trifft insbesondere auf diesen Film zu, der deshalb auch, wäre er in Breitwand gedreht, noch hätte gewinnen können, da das breite Bildformat nahelegt, die Dynamik einer Sequenz durch die handelnden Personen und nicht durch den Montagerhythmus bestimmen zu lassen.

Ein noch früherer Film als *Le amiche* ist *La signora senza camelie* (Die große Rolle, 1952/53), der eine noch geringere Anzahl von Einstellungen pro Szene aufweist als *Le amiche*. Viele Szenen wurden in nur einer einzigen Einstellung oder, um es mit dem sehr nützlichen französischen Begriff zu sagen, in *plan sequences* gedreht. Im Normalformat bedeutete das, in einer langen Serie von Zweier-, Dreier- und Gruppeneinstellungen, die ja eine solche Technik erfordert, erschienen die Gesichter, die für Antonioni so wichtig sind, oft irritierend klein im Bild. Wo dazu auch der Hintergrund wichtig ist – wie z.B. in *L'avventura* – ist die Breitwand unverzichtbar, wenn einerseits eine gewisse Intimität und andererseits das Gefühl für die Schauplätze bewahrt werden soll.

Die Landschaft, der Hintergrund, das Umfeld im weitesten Sinne sind immer wichtige Elemente in Antonionis Filmen. *La signora senza camelie* spielt in einem Filmstudio, einer Glitzerwelt, so unwirklich und vergänglich wie die darin gezeigten Gefühle. In *Il grido* (Der Schrei, 1957) findet die emotionale Reise des Helden ihre Entsprechung in der realen Reise, die den Verlauf des Films bestimmt. Wie schon erwähnt, gilt das auch für *L'avventura*. So ist die Montage, um für die langen, langsamen *plan sequences* Platz zu machen, gleichsam zu einem Längsschnitt geworden, zu einem Nebeneinander von Sequenzen und Schauplätzen. Dies ist ein besonders kraftvolles Element in *L'avventura**. Von einer kargen Insel gelangt das Paar in ein verlassenes Dorf, dann in eine kleine Stadt, deren Marktplatz vor düsterer, schleichender Lüsternheit pulsiert, und in das tobende Messina, das durch die Ankunft eines halbnackten Starlets auf PR-Tour in Aufruhr gerät. Als Kontrast dazu gibt es Szenen in einem wunderschönen Palast, der in ein Polizeihauptquartier verwandelt wurde; in einer anderen Villa in der Nähe von Messina, wo sich das Paar der Gruppe wieder anschließt; und in einem luxuriösen Hotel in Taormina, in dem Sandro schließlich mit dem Starlet schläft, das er zuvor schon getroffen hatte.

Die Form des Films als Reise ist sehr wirkungsvoll, der Mittelpunkt besteht aus einer Zugreise, auf der Sandro und Claudia sich schließlich ihre Liebe gestehen. Am Ende des Films – das auch das Ende der Reise ist – sagt Claudia, als Sandro nachts auf einmal verschwunden ist, zu einem Freund, sie fürchte, Anna sei zurückgekehrt. Sie hat sich plötzlich in eine Situation hineingeredet, in der sie tatsächlich wünscht, daß Anna tot ist. Jede Station der Reise, jeder Ort hat sinnlich, bildhaft, thematisch seinen eigenen Beitrag zu dieser emotionalen Entwicklung geleistet.** Die Kunst der Montage liegt dabei in der Strukturierung der Handlung wie in den Arrangements der Einstellungen.

Erstaunlicherweise zeigen Antonionis nachfolgende Arbeiten seine Rückkehr zu einem mehr fragmentarischen Stil, der sehr stark von der Anordnung der Einstellungen bestimmt ist. Sogar am Ende von *L'avventura* schildert er die vorsichtige Annäherung zwischen Sandro und Claudia in einer ziemlich ungewöhnlichen Flut von kurzen, abgebrochenen Großaufnahmen von Köpfen, Gesichtern und Händen. Es ist eine interessante Feststellung – die wir im

* »In diesem Film ist die Landschaft nicht nur ein essentieller Bestandteil, sondern in gewisser Weise das herausragende Element« (Antonioni).

** Das soll nicht heißen, Antonioni sei der einzige, der sich dieses Mittels bedient. Es kommt in vielen amerikanischen Filmen vor, besonders in Western. Ein besonders schönes Beispiel ist Cukors *Heller in Pink Tights*, ein Film, bei dem genaueres Hinschauen lohnt.

Schlußteil dieses Buches mehrfach berührt haben –, daß trotz der technischen Entwicklung des Kinos, die – im großen und ganzen – in letzter Zeit zur längeren Einstellung tendiert, zur beweglichen Kamera, zum umfassenden Bildaufbau, zur weiten, tiefen, komplexen Breitwand, die philosophische Entwicklung dagegen auf Verschiebung, Fragmentierung und Auflösung hinausläuft, auf eine Sichtweise, deren Stil seinen adäquaten Ausdruck in kurzen, fragmentarischen Einstellungsserien findet. Am deutlichsten haben wir dies bei Godard und Resnais sehen können. Tatsächlich hat sich Antonioni dann auch zu dieser Sichtweise bekannt, zumindest bringen das seine späteren Filme deutlich zum Ausdruck. »Das Kino sollte heute mehr mit Wahrheit als mit Logik zu tun haben.« *

Dieses nicht unproblematische Bekenntnis kann als Plädoyer verstanden werden, auf überflüssige erzählerische Klammern zu verzichten – ein Vorgehen, das wir bereits erwähnt haben und das kaum zu mißbilligen ist. Auf grundlegendere Art unterstützt es die indirekte Methode, mit der wir in seinen Filmen – wie im wirklichen Leben – informiert werden. Und letztendlich bestätigt es seine Bereitschaft, auf alles zu verzichten, was man im weiteren Sinne *plot* nennen kann. Wie wir gesehen haben, kennzeichnet dies das heutige Kino.

Vor *L'avventura* entdecken wir bei Antonioni noch den Drang, für ein Problem zumindest eine Erklärung, wenn nicht gar die Lösung zu finden: eine unordentliche Situation aus dem wirklichen Leben – wie in *Le amiche* – in die rundere und befriedigendere Form der durchgehenden Geschichte mit Anfang, Mitte und Ende zu bringen – der klassischen Form wirklicher Kunst eben. Doch mit *L'avventura* beginnt ein neuer Abschnitt in seinem Schaffen. Ein Interviewer fragte ihn einmal, was denn aus Anna geworden sei, deren Verschwinden und Schicksal nie geklärt wird. »Ich weiß es nicht«, soll er geantwortet haben. »Jemand erzählte mir, sie hätte Selbstmord begangen. Aber das glaube ich nicht.« Das ist die übliche nichtssagende Antwort des Künstlers, der einem mit etwas Spaß klarmachen will, daß man die Geschichte vom falschen Ende her aufrollt. Der *plot* bedeutet also in diesem Sinne nichts. Die Erzählstruktur ist gebrochen, ebenso der Stil – wie der Schluß von *L'avventura* eindeutig beweist.

In noch größerem Maße trifft das auf seinen nächsten Film *La notte* (Die Nacht, 1961) zu. Der Film zeigt ein nicht mehr ganz junges Ehepaar, das erkennen muß, wie leer seine Ehe inzwischen ist. Er ist Schriftsteller, kommerziell erfolgreich, aber unglücklich – wie der Architekt in *L'avventura*. Antonionis Absicht, die er schon in seinen vorangegangenen Filmen verfolgte, nämlich die Landschaft dominieren zu lassen, tritt hier noch deutlicher hervor. Verbunden ist damit die Unterteilung der Sequenzen in kürzere und unzusammenhängendere Abschnitte und Einstellungen. Die Frau, Lidia, verläßt einen Empfang anläßlich des neuen Romans ihres Mannes; sie ist gelangweilt und ruhelos. Sie wandert durch Mailands Straßen. Man spürt, daß sie normalerweise überall mit dem Auto hinfährt. Sie schreitet aus, als sei das Gehen für sie eine einzigartige, lang vergessene Erfahrung. Im Gegensatz zur seelenlosen Uniformität des modernen Viertels, in dem sie mit ihrem Mann lebt, ist die Gegend, durch die sie läuft, alt, verfallen und interessant. Der Film berührte bis zu diesem Zeitpunkt schon mehrere Themen, insbesondere die der Isolation und Vergänglichkeit: die Isolation des einzelnen in einer Welt von Dingen, die jedes menschliche Maß verloren haben; und die Vergänglichkeit der Gefühle, von denen man hoffte, sie könnten einem Halt in einer ständig sich verändernden Welt geben. An dieser Stelle verdeutlicht Antonioni die Themen noch: Lidia sieht ein weinendes Mädchen, das sie erfolglos zu trösten versucht. Hinter einem Bauzaun entdeckt sie ein altes, verlassenes Gebäude, das auf seinen Abriß wartet. Sie stößt gegen ein rostiges Blech. Vor ihren Füßen liegt eine kaputte Uhr. Sie geht an einer Reihe phallisch aussehender Betonpfähle vorbei. Auf einem dieser Pfähle sitzt, ganz selbstverständlich, eine alte Frau und kaut auf ihrem Essen herum... Man könnte meinen, hier seien die Dinge, die der Regisseur einzeln hervorhebt, allzu platte Symbole – für Jugend, für das Vergehen der Zeit, für

* Zitiert aus »Michelangelo Antonioni« von Ian Cameron, London: Movie Magazin 1963.

das Alter, die Fruchtbarkeit usw. Wie schon oft gesagt, ist es schwer, diese Themen im Film so zu verallgemeinern, wie es in der Literatur möglich ist. Sicherlich sind dies hier *Dinge* und nicht Ereignisse, und sie stehen isoliert da, trotz des Spaziergangs, der sie als roter Faden verknüpft. In dieser Sequenz gibt es eine Art Stilisierung, die ihre angemessene Form noch nicht gefunden hat. Von unserem Standpunkt aus ist allerdings interessant, daß die Sequenz den Anfang einer unzusammenhängenden und fast surrealen Folge von Bildern darstellt, die aber als Teil einer kontinuierlichen Erzählung zum Vorschein kommt.

»Es gibt Zeiten, in denen ein Baum, ein Haus usw. für mich genauso wichtig sind wie ein Mensch«, sagt Vittoria in *L'eclisse* (Liebe 62, 1962). Dieser Film verfolgt Antonionis Ansatz noch ein Stück weiter. Das Thema ist wiederum die Vergänglichkeit der Gefühle und die Beständigkeit – ja sogar Tyrannei – der Dinge. Die erste Szene zeigt den endgültigen Bruch in der Beziehung zwischen Vittoria und Riccardo. Sie besteht aus einer Vielzahl kurzer Einstellungen und einer ganzen Reihe von Großaufnahmen. Doch es ist das Ende des Films, das am ungewöhnlichsten ist. In den letzten 58 Einstellungen, die über sieben Minuten lang sind, sind die beiden Protagonisten nicht zu sehen. Stattdessen gibt es eine Ansammlung von Dingen, vorbeifahrende Busse, Passanten, Buspassagiere, ein Wasserfaß, Dinge zumeist, die zu einem Rendezvous gehören, der Rinnstein und das Pflaster an der Ecke, die Seite eines Hauses, an dem gebaut wird. Die Wirkung dieses Endes ist, als solle ausgedrückt werden: »Bis zu diesem Zeitpunkt haben Sie im Rahmen der Geschichte dieses Films nur Teile eines Musters gesehen, Teile der Komplexität, die das wirkliche Leben ausmacht. Anstatt eine Untersuchung der Realität zu sein, war dies in Wahrheit nur eine Abstraktion. Bis zu einem gewissen Grade schien alles einen Sinn zu haben, weil wir bestimmte Zufälle entfernt haben, die sonst nur verwirrt hätten. Doch im wirklichen Leben gibt es die. Unser Blick ist eingeschränkt und wird durch unseren unzureichenden Sinn für Proportionen in Bezug auf Zeit und Raum bestimmt. Hier, am Ende des Films, entlassen wir Sie wieder in eine Welt, wie sie wirklich ist. Diese Menschen sehen aus wie das Paar, daß sie draußen zu sehen erwarten.« (Sie haben eine Verabredung da an der Ecke, doch sie kommen nicht.) »Sie könnten es sein, sind es aber nicht. Dieses Wasserfaß, in einer Großaufnahme gezeigt, isoliert von Menschen, könnte ein See sein. Das plätschernde Wasser ein reißender Fluß, die Laterne eine H-Bombe oder die Sonne.« Antonioni ist fasziniert von den Entdeckungen der modernen Physik und Biochemie, die beweisen, daß in den Extremen – d.h. den Extremen, wie wir sie wahrnehmen – das *Maß* der Dinge bedeutungslos ist, daß es lediglich unterschiedliche Formen von Masse und Energie gibt: Metaphern, mit anderen Worten. Und am Ende von *L'eclisse*, isoliert von den Menschen, ist es tatsächlich schwierig, die Dinge räumlich und zeitlich einzuordnen. Antonioni scheint sagen zu wollen, der Mensch müsse, um glücklich zu sein, einige radikale Änderungen in den Maßstäben seiner Gefühlswelt vornehmen, Änderungen, die uns zu bewußten Bewohnern eines so komplexen, widersprüchlichen und unendlich vielfältigen Universums der Dinge machen. Bis dahin wird uns die Welt auch weiterhin als formlose Flut unzusammenhängender Bilder erscheinen. Wieweit ist das doch entfernt von den Tagen der *plan sequence*!

Der Protagonist in *Blow-Up* (Blow Up, 1966) ist ein Fotograf, der sich in den Kopf gesetzt hat, ohne jede Rücksicht, ohne jedes Gefühl, Macht über die Welt der Dinge zu gewinnen. Er versucht es, indem er auf primitive Magie zurückgreift: Er macht Bilder von den Dingen, die er begehrt oder fürchtet, um sie zu beherrschen und manchmal auch anzubeten. In diesem Zusammenhang sind auch Menschen nur Dinge, denn er ist davon besessen, alle Realität zu vergegenständlichen, um ihr alles Bedrohliche zu nehmen*. Als der Besitzer eines Trödelladens, den er kaufen möchte, nicht verkaufen will, rächt er sich, indem er den Laden fotografiert. Er sucht Armut zu teilen, indem er ein Obdachlosenasyl fotografiert, Liebe zu erfahren, indem er ein Liebespaar im Park fotografiert. Erst als er durch Zufall mit seiner Fotografie wirkliche und nicht nur eingebildete Macht erlangt – er scheint einen Mord

* Proust hat einmal gesagt, die Fotografie sei »das Produkt völliger Entfremdung«.

fotografiert zu haben* –, kommt er in Berührung mit der realen Welt. Und für eine Weile versucht er, allerdings erfolglos, die Gesellschaft zur Vernunft zu bringen. Schließlich beteiligt er sich an einem imaginären Spiel, gefangengenommen – trotz seiner selbst – von einer Art kollektiver Hysterie. Voller Überzeugung, vielleicht aber auch nur blindlings, tritt er in diese imaginäre Welt ein, die zu erschaffen er so viel beigetragen hat.

Blow-Up ist Antonionis stilisiertester Film, ungeachtet seiner offenkundig naturalistischen Momente. Eine Sequenz in einer Discothek liegt beispielsweise auf einer rein symbolischen Ebene. Da zertrümmert auf der Bühne der außer Rand und Band geratene Popsänger seine Gitarre in einem Rausch der Zerstörung und wirft die Einzelteile in die hysterische Menge. Der Fotograf gewinnt den Kampf um das größte Stück der Gitarre und rennt damit nach draußen auf die Straße. Dort wirft er das Stück weg und läßt es unbeachtet liegen. In diesem anderen Zusammenhang erscheint es nun nicht meht als ein Stück vom Kreuze Jesu, sondern nur als ein Stück wertlosen Abfalls. Mit anderen Worten: Der Wert einer Sache hängt ab vom Maßstab und vom Zusammenhang.

Die Umgebung in *Blow-Up* ist geographisch nicht bestimmt. Wenn die Umgebung, wie wir gesagt haben, Schicksal ist, so ist die ›Umgebung‹, die für diesen Film am charakteristischsten ist, das Standfoto. Der Stil ist geprägt durch starke Brüche. Die langen *plan sequences* aus den Tagen von *Le amiche* und auch noch von *L'avventura* gehören der Vergangenheit an. Viele Einstellungen in *Blow-Up* sind extrem kurz. Viele bleiben menschenleer. Und die Kamera bewegt sich kaum.

Blow-Up beschäftigt sich mit der Illusion und mit unseren Bemühungen, die Wirklichkeit einzufangen oder widerzuspiegeln, indem man sie abbildet. Das zentrale Problem einer von Bildern geprägten Gesellschaft besteht in der Gefahr, daß sie diese Bilder für die Wirklichkeit, den Schatten für die Materie hält. Die schnelle Vertrautheit mit Dingen, Personen und Ereignissen durch Bilder erzeugt in uns die trügerische Vorstellung, sie zugleich auch zu beherrschen. Antonioni hinterfragt besorgt diese Illusion. Zusammen mit anderen Filmemachern der sechziger Jahre, besonders mit Resnais und Godard, vertraut er nicht länger unseren Sinneseindrücken, unserer Urteilsfähigkeit, der Unfehlbarkeit unseres Verstandes oder den Schätzen unserer Erinnerung. Er spiegelt die zerbrochene Welt in gebrochenen Bildern wider. Wenn die heutigen Filme ironischerweise in ihrer selbstbezogenen Montageform wieder einmal den exakt ausgearbeiteten Filmen Eisensteins zu ähneln beginnen, dann aber nicht aus den gleichen Gründen. Zwar setzen beide die Montage als Waffe in ihren philosophischen Untersuchungen ein. Aber Eisenstein versuchte, damit die Synthese einer umfassenden und stabilen Wirklichkeit herzustellen. Im Gegensatz dazu versuchen die Filmemacher von heute, Eindrücke des Zerfalls festzuhalten.

* In der Originalgeschichte von Julio Cortazar nimmt sich interessanterweise das Mädchen einen Mann als Partner: ein noch passenderes Bild für die teufliche Phantasiewelt, in der wir, wie der Film behauptet, leben.

Nachwort

In dem 1981 erschienen Buch »Film Editing« von Roger Crittenden beschreibt der Autor seinen Besuch in seinem deutschen Schneideraum:

»Ganz anders als ein amerikanischer sieht ein deutscher Schneideraum aus, in dem ein Steenbeck- oder ein ähnlicher horizontaler Schneidetisch steht. Man betritt eine Welt gedämpften Lichtes und vieler Frauen mit schnell herbeigezaubertem Kaffee und großen Blumenvasen auf dem mit Teppichen ausgelegten Fußboden. Der Film läuft lautlos vor und zurück. Ab und zu verrät ein leises Klicken, daß der Film sich nun in die entgegengesetzte Richtung bewegt. Mit noch größerem Erstaunen registriert man dann das geheimnisvolle Gewisper zwischen Regisseur und Cutter...«

In den USA und Großbritannien werden die meisten Filme noch immer an einer MOVIOLA geschnitten, einem Gerät ähnlich einem Projektor mit Greiferwerk, durch das der Film ruckweise senkrecht von oben nach unten transportiert und dabei auf einen winzigen Bildschirm projiziert wird. Der *Editor* steht vor der Moviola, der Film läuft aus seiner hochgehaltenen Hand durch diesen Projektor in einen darunter stehenden Korb. Neuere Maschinen besitzen einen Abwickel- und Aufwickelmechanismus für relativ kleine Rollen.

Im Gegensatz dazu läuft bei einem sogenannten flat-bed-Schneidetisch (Steenbeck, KEM, Prevost) der Film kontinuierlich von links nach rechts horizontal durch ein Bildfenster, in dem Bild durch ein mehrflächiges rotierendes Prisma zum Stehen gebracht und auf einen relativ großen lichtstarken Bildschirm projiziert wird.

Vermutlich hat sich die Moviola aus dem senkrecht stehenden Umroller entwickelt, an dem unter Zuhilfenahme von Messer, Schere oder Rasierklinge (der Legende nach sogar Schneidezähnen) das Original-Negativ geschnitten wurde, nachdem man es vor einem Lichtkasten betrachtet hatte. Der bei uns gebräuchliche Schneidetisch hat sich hingegen wohl aus dem horizontalen Umrolltisch entwickelt.

In den letzten fünfundzwanzig Jahren sind angesichts eines immer größer werdenden Film- und Fernsehkonsums nicht nur neue, billigere und kleinere Aufnahme- und Bearbeitungsgeräte für Bild und Ton entwickelt worden, auch der Kreis der Leute, die professionell Filme machen und damit die Zahl derjenigen, die direkt oder indirekt mit der Nachbearbeitung des Filmmaterials zu tun haben, ist größer geworden.

Bei einer derartigen Ausweitung der Produktion war eine Verflachung und Reduktion handwerklicher Methoden des Filmemachens nicht zu vermeiden. Das wird meiner Meinung nach u. a. auch daran deutlich, daß die Berufsbezeichnung *Schnittmeister* bei uns durch die Berufsbezeichnung *Cutter* ersetzt worden ist.

Der heute gebräuchliche Begriff *Cutter* zeigt, daß es sich anscheinend um ein wesentlich engeres Aufgabengebiet handelt, und verdeutlicht, daß die Funktion der betreffenden Person wohl mehr im Auseinandertrennen und wieder Zusammenfügen des Filmmaterials besteht. Im Englischen heißt der *Cutter* immer noch *Editor.*

In Hinblick auf diese Entwicklung dient die Technik unserer Schneidetische dem schnellen Zusammenstellen von Einstellungen. Die ökonomischen Bedingungen zwingen zu einer Vereinfachung der Montage, die im Fernsehen oft schon keine mehr ist.

Auch die Angst vor dem stark manipulativen Charakter der Montage mag ein weiterer Grund dafür sein. Das führt dazu, daß die »Botschaft« des Films stärker in den Vordergrund gestellt wird und die Filme langweiliger werden.

Unter solchen Bedingungen wäre der Anspruch kreativer Arbeit des Cutters z. B. an einer Moviola aus der Perspektive der Produzenten ein Luxus, den man sich nicht leisten kann. An einer Moviola erarbeitet man sich die Montage eines

Films, der Rhythmus des Greiferwerks imaginiert die Projektion des Films im Kino. Der Schnitt wird sorgfältiger, handlungsbetonter, da mehr Zeit aufgewendet wird. Ein großer Teil unserer Filme, auch der Spielfilm, besteht nur noch aus aneinander gefügten Master-Shots, oder (im Fernsehen) aus einer endlosen Folge von halbnahen Schuß-Gegenschuß oder Zweiereinstellungen.

Die Interpretation des Filminhaltes mit Hilfe der Montage ist aus ökonomischen Zwängen fast unmöglich geworden. Die Franzosen haben das sogar zu einem Stilmittel erklärt und die sogenannte »Plansequenz« erfunden, die in einer Einstellung die Abfolge mehrerer Einstellungen ersetzt hat.

Für den Editor an einer Moviola ist der Schnittpunkt sowohl ein Punkt des Übergangs (transition) als auch ein Punkt der Zäsur (cutting point).

An einem horizontalen Schneidetisch läuft der Film wie beim Lesen von links nach rechts, der Schnitt jedoch erfolgt von oben nach unten. Jede Einstellung wird erst einmal exekutiert. Das schafft eine zweidimensionale Abfolge von Bildern, aber der Herausforderung des Mediums Film, durch die Montage dreidimensionale Räume aus der Zweidimensionalität des Films heraus zu schaffen, wird man dadurch nicht gerecht.

Ich behaupte, daß durch die Art des Schnitts bei uns das Gefühl für räumliche Montage geschwächt wird, da der mechanische Akt des Trennens zu sehr betont wird. Die Montage reduziert sich in diesem Arbeitsprozeß auf das Zusammenkleben von Einstellungen, was qualitativ der Arbeit der Negativabzieherin im Kopierwerk entspricht.

Aus diesem Grund sind viele der neuen deutschen Filme, was die Montage betrifft, die traurigen Nachfolger des durch die Ufa und den Film der fünfziger Jahre propagierten Verständnisse von Montage. Das macht besonders betroffen, denkt man an die vielen wunderbaren Filme der zwanziger Jahre, bei denen es gelungen ist, durch die Montage Räumlichkeit und Atmosphäre zu erzeugen.

Eingedenk dieser gravierenden technischen und inhaltlichen Unterschiede, die letztendlich auch in der Verwendung des Wortes Cutter deutlich werden, muß es uns nicht wundern, daß bei uns völlig andere Filme entstehen als zum Beispiel in den USA.

Es ist ein Unterschied, ob man einen Film ediert oder ihn schneidet.

Es ist ein Unterschied, ob ein Film aus 900 Schnitten oder aus 300 besteht.

Es ist ein Unterschied, ob ein Film dreidimensional oder zweidimensional aufgelöst wird.

Und, besonders wichtig: Es ist ein Unterschied, ob man *neun* Monate oder *drei* Monate Zeit für die Montage hat.

Aus eigener Erfahrung als Produzent von Spielfilmen und Fernsehfilmen weiß ich, daß die Bereitschaft des Cutters oder der Cutterin, ihren Beruf anspruchsvoller auszuüben, vorhanden ist. Aber die Bedingungen der Filmförderungsinstitutionen oder der Fernsehanstalten zwingen den Produzenten, die Schnittzeiten so kurz wie möglich zu halten, da ein nicht unerheblicher Teil des Produktionsgeldes erst nach Fertigstellung eines Films fließt. Unter besseren zeitlichen Vorgaben für die Montage könnte aus dem *Cutter* ein *Editor* werden, der dem Regisseur schon vor der Drehzeit bei der Auflösung des Drehbuches und während der Drehzeit, zusammen mit dem Kameramann, als kreativer Partner zur Verfügung steht.

Helmut Wietz

Bibliografie

Die Literatur zur Geschichte, Technik und Ästhetik der Montage und des Filmschnitts ist unüberschaubar. Die hier zusammengestellte Auswahl gibt erste Hinweise zu den verschiedenen Bereichen. Oft enthalten die genannten Bücher weiterführende Literaturangaben. Dies betrifft vor allem die Klassiker der Montagetheorien (Eisenstein, Pudowkin) und die Frühzeit der Filmgeschichte (Griffith). Die meisten der genannten Bücher und Zeitschriften sind in der Bibliothek der Deutschen Film- und Fernsehakademie Berlin vorhanden. Die Schreibweise der Namen folgt der in den angegebenen Quellen.
Zusammenstellung: Hans Helmut Prinzler

Biografien, Filmografien, Selbstdarstellungen

René L. Ash: The Motion Picture Editor. Metuchen, N.J.: Scarecrow Press 1974. 174 S., Abb.

Cutter Guide des Bundesverbandes Filmschnitt-Cutter e.V. München: Bundesverband Filmschnitt-Cutter e.V. 1. Jahrgang: 85/86. 144 S., Abb. 2. Jahrgang: 86/87. 168 S., Abb. 3. Jahrgang: 88/89. 208 S., Abb.

Cutterinnen. In: Frauen und Film, Nr. 9, Oktober 1979, S. 1–56.

Dossier: Les monteurs. In: Cinématographe, Nr. 108, März 1985, S. 1–48.

Du Montage. In: Copie zero (Montreal), Nr. 14, 1982, S. 1–62.

Prime Cut. 75 editor's filmographies and supporting material. In: Film Comment, März-April 1977, S. 6–29.

Frederick Y. Smith (Hg.): American Cinema Editors. First Decade Anniversary Book. Hollywood: American Cinema Editors, Inc. 1961. 224 S., Abb.

Frederick Y. Smith (Hg.): American Cinema Editors. Second Decade Anniversary Book. Los Angeles: American Cinema Editors, Inc. 1971. 300 S., Abb.

Allgemeine, ästhetisch-technische Einführungen

Hans C. Blumenberg: Film positiv. Düsseldorf: Schwann 1968. S. 80–92: Arbeit am Schneidetisch – Der Filmschnitt / Der Tonschnitt.

Lee R. Bobker: Elements of Film. New York u. a.: Harcourt Brace Jovanovich 1969. S. 129–156: Editing. Third Edition 1979, S. 119–144.

Alan Casty: The Dramatic Art of the Film. New York, Evanston, London: Harper & Row 1971. S. 80–102: Editing.

Donald Chase (Hg.): Filmmaking. The Collaborative Art. Boston, Toronto: Little, Brown and Comp. 1975. S. 234–270: The Editor.

Sydney Cole: Film Editing. A speech delivered at the BFI's summer school at Bangor, August 1944. London: British Film Institute 1944. 15 S.

Roger Crittenden: The Thames and Hudson Manual of Film Editing. London: Thames and Hudson 1981. 160 S., Abb.

Edward Dmytryk: On Film Editing. An Introduction to the Art of Film Construction. Boston, London: Focal Press 1984. 148 S.; auch enthalten in: Edward Dmytryk: On Filmmaking. Boston, London: Focal Press 1986, S. 409–534.

Harun Farocki: Was ein Schneideraum ist. In: Filmkritik, Januar 1980, S. 2–4.

Laurence Goldstein, Jay Kaufman: Into Film. New York: E. P. Dutton & Co. 1976. S. 397–450: Picture Editing; S. 451–517: Editing Sound.

Lindon F. Johnson: Film. Space, Time, Light and Sound. New York u. a.: Holt, Rinehart and Winston 1974. 340 S., Abb.

Don Livingston: Film and the Director: A Handbook and Guide to Film Making. New York: Macmillan 1953. S. 15–34: The Cut.

Kenneth Macgowan: Behind the Screen. The History and Techniques of the Motion Picture. New York: Delacorte 1965. S. 409–422: The Cutter : Right Arm of the Director.

Roy Paul Madsen: The Impact of Film. New York: Macmillan; London: Collier Macmillan 1973. S. 85–100: The Syntax of Editing.

Joseph V. Mascelli: The Five C's of Cinematography. Hollywood: Cine/Grafic Publ. 1965. 252 S., Abb. (Camera Angles, Continuity, Cutting, Close-Ups, Composition).

Haig P. Manoogian: The Film-Maker's Art. New York, London: Basic Books 1966. S. 211–245: Editing the film.

James F. Scott: Film. The Medium and the Maker. New York u. a.: Holt, Rinehart and Winston 1975. S. 261–308: Editing and Assembly.

Eric Sherman: Directing the Film. Film Directors on Their Art. Boston, Toronto: Little, Brown and Comp. 1976. S. 231–268: Film Editing (mit vielen Zitaten).

Raymond Spottiswoode: A Grammar of the Film. An Analysis of Film Technique. London: Faber and Faber 1935. S. 197–274: Technique of the Film: Synthesis.

King Vidor: On Film Making. New York: David McKay Comp. 1972. S. 117–138: Film Form and the Editing Process.

Rod Whitaker: The Language of Film. Englewood Cliffs, N.J.: Prentice-Hall 1970. S. 113–138: Editing and Montage.

Technik

Daniel Arijon: Grammar of the Film Language. London, New York: Focal Press 1976. 624 S., Abb.

Allan Arkush: I Want My KEM-TV. Video technology enables us to appreciate editors as auteurs. In: American Film, Dezember 1985, S. 65–67.

W. Hugh Baddeley: How to Edit Amateur Films. New York: Focal Press 1951. 136 S., Abb.; dt.: Filmschnitt und Montage. Düsseldorf: Wilhelm Knapp 1955. 126 S., Abb.

Heidi Breitel, Elizabeth Waelchli: Praxis im Schneideraum. (Mit Zeichnungen von Peter Lustig.) Berlin: Deutsche Film- und Fernsehakademie Berlin 1975. 51 S., Abb.

John Burder: The Technique of Editing 16 mm Films. London, New York: Focal Press 1970. 152 S., Abb.

Hugh B. Churchill: Film Editing Handbook: Technique of 16 mm Film Cutting. Belmont, Cal.: Wadsworth 1972. 198 S., Abb.

Norman Hollyn: The Film Editing Room Handbook. New York: Arno Publ. 1984. 288 S., Abb.

Raymond Louveau: Le montage de film. Paris: IDHEC ²1964. 198 S., Abb.

Milton Lustig: Music Editing for Motion Pictures. New York: Hastings House 1980. 182 S., Abb.

Joseph F. Robertson: The Magic of Film Editing. Blue Ridge Summit: TAB Books 1983. 277 S., Abb.

Barry Salt: Film Style and Technology: History and Analysis. London: Starword 1983. 408 S., Abb. (über Editing an vielen Stellen).

Raymond Spottiswoode: Film and Its Techniques. London: Faber and Faber 1951. S. 90–113: The Cutting Room.

Ernest Walter: The Technique of the Film Cutting Room. London, New York: Focal Press 1969. 282 S., Abb.; überarbeitete Auflage: 1973, 316 S.

Theorie

Franz-Josef Albersmeier (Hg.): Texte zur Theorie des Films. Stuttgart: Philipp Reclam jun. 1979. Universal-Bibliothek 9943. (mit Texten von Eisenstein, Pudowkin, Bazin u. a.).

Barthélemy Amengual: Du montage au decoupage. In: Image et Son, März 1952, S. 6–8.

Jacques Aumont: Le concept de montage. In: Cahiers du Cinéma, Nr. 211, April 1969, S. 46–51.

Béla Balázs: Schriften zum Film. Hg. von Helmut H. Diederichs und Wolfgang Gersch. Band 2: Der Geist des Films. München: Carl Hanser 1984. S. 82–93: Montage; S. 93–109: Montage ohne Schnitt.

André Bazin: Cinéma et télévision. In: France-Observateur, 23. 10. 1958 (Interview mit Jean Renoir und Roberto Rossellini vor allem über Fragen der Montage); engl.: Cinema and television. In: Sight and Sound, Winter 1958–59, S. 26–30.

André Bazin: L'évolution du langage cinématographique. In: A. B.: Qu'est-ce que le cinéma? Bd. 1: Ontologie et langage. Paris: Cerf 1958, S. 131–148; dt.: Die Entwicklung der kinematografischen Sprache. In: A. B.: Was ist Kino? Köln: DuMont Schauberg 1975, S. 28–44.

André Bazin: Montage interdit. in: Cahiers du Cinéma, Nr. 65, Dezember 1956, S. 32–36; nachgedruckt in: A. B.: Qu'est-ce que le cinéma? Bd. 1, S. 117–129.

Noel Burch: Praxis du cinéma. Paris: Gallimard 1969. S. 52–74: Plastique du montage.

Noel Carroll: Toward a Theory of Film Editing. In: Millenium, Nr. 3, Winter-Frühjahr 1979, S. 79–99.

Peter Dart: Pudovkin's Films and Film Theory. New York: Arno Press 1974. 237 S., Abb.

Philip di Franco: Past, Present, Future in Cinema. In: Cinema Journal, Herbst 1968, S. 42–45.

Raymond Durgnat: Through the Looking Sign. In: Quarterly Review of Film Studies, Herbst 1983, S. 1–18.

Jürgen Ebert: Montage Editing Schnitt. In: Filmkritik, Dezember 1979, S. 547–558.

Sergei Eisenstein: Ausgewählte Aufsätze. Berlin (DDR): Henschel 1960. 593 S., Abb.

Sergej M. Eisenstein: Schriften 1. Streik. München: Carl Hanser 1974. 332 S., Abb. (mit Materialien zur Montage).

Sergej M. Eisenstein: Schriften 2. Panzerkreuzer Potemkin. München: Carl Hanser 1973. 268 S., Abb. (mit Materialien zur Montage).

Sergej M. Eisenstein: Schriften 3. Oktober. München: Carl Hanser 1975. 376 S., Abb. (mit Materialien zur Montage).

Sergej M. Eisenstein: Schriften 4. Das Alte und das Neue (Die Generallinie). München: Carl Hanser 1984. 288 S., Abb. (mit Materialien zur Montage).

Lew Felonow: Film als Montage. In: Information (Potsdam), Nr. 3–4/1972, S. 1–162.

Robert Gessner: The Moving Image. A Guide to Cinematic Literacy. New York: E. P. Dutton & Co. 1968. S. 311–340: The Faces of Time Edited (und an anderen Stellen).

Hans Lucas (d. i. Jean-Luc Godard): Défense et illustration du découpage classique. In: Cahiers du Cinéma, Nr. 15, September 1952, S. 28–32; dt.: Verteidigung und Darlegung der klassischen Einstellungsfolge. In: Godard/Kritiker. München: Carl Hanser 1971, S. 21–28.

Jean-Luc Godard: Montage, mon beau souci. In: Cahiers du Cinéma, Nr. 65, Dezember 1956, S. 30–31; dt.: Schnitt, meine schönste Sorge. In: Godard/Kritiker. München: Carl Hanser 1971, S. 38–40.

Herman G. Goldberg: The Role of Cutting in the Perception of the Motion Picture. In: Journal of Applied Psychology, Februar 1971, S. 70–71.
Hilmar Hoffmann: Marginalien zu einer Theorie der Filmmontage. Bochum: Universitätsverlag 1969. Bochumer Texte zur Visuellen Kommunikation Bd. 1. 96 S., Abb. (dazu: Jörg-Peter Feurich: Ist die Montage die Syntax des Films? Anmerkungen zu einem Buch. In: epd Kirche und Film, November 1970, S. 8–10.)
Sergej Jutkevič: Montage 1960. In: Theodor Kotulla (Hg.): Der Film. Band 2. München: Piper 1964, S. 363–373 (zuerst in: Iskusstvo Kino, Moskau, Nr. 4/1960).
Barbara L. Kevles: Slavko Vorkapich on film as a visual language and as a form of art. In: Film Culture, Nr. 38, Herbst 1965, S. 1–46; dt.: Die Bildersprache des Films. In: Film (Velber), Januar 1967, S. 45–56.
Lew Kuleschow. Potsdam-Babelsberg: Hochschule für Film und Fernsehen der DDR (1977). Filmwissenschaftliche Materialien. 164 S.
Ulrich Kurowski: Lexikon Film. München: Carl Hanser 1972. Reihe Hanser 101. S. 53–55: Innere Montage; S. 75–79: Montage (mit Literaturhinweisen).
Ernest Lindgren: The Art of the Film. London: Allen and Unwin 1948. S. 47–67: Editing: Basic Principles.
Jurij M. Lotman: Probleme der Kinoästhetik. Einführung in die Semiotik des Films. Frankfurt am Main: Syndikat 1977. S. 72–95: Die Montage.
Kurt Maetzig: Neuerweckung der Bildmontage. In: Film-Wissenschaftliche Mitteilungen (DDR), Nr. 2/1963, S. 373–381.
Nedeltscho Milew: Eisenstein, Bazin und der moderne Film. In: Filmwissenschaftliche Beiträge (DDR), Nr. 1/1968, S. 141–167.
Werner Nekes: Spreng-Sätze zwischen den Kadern. In: Hamburger Filmgespräche IV. Hg. von der Hamburger Gesellschaft für Filmkunde 1972, S. 135–138; nachgedruckt in: Filmkritik, Juni 1972, S. 318–321.
Vladimir Nilsen: The Cinema a Graphic Art. London: Newnes 1936. S. 15–119: The compositional construction of the shot.
Wladimir Nishni: Regieunterricht bei S. M. Eisenstein. In: Film-Wissenschaftliche Mitteilungen (Berlin, DDR), Sonderheft 1/1963, S. 1–169 + Abb. (mit einem Vorwort von Sergei Jutkewitsch).
W. I. Pudowkin: Über die Filmtechnik. Zürich: Verlag »Die Arche« 1961. 246 S.
Wsewolod Pudowkin: Über die Montage. In: Karsten Witte (Hg.): Theorie des Kinos. Frankfurt am Main: Suhrkamp 1972. edition suhrkamp 537, S. 113–127.
Wsewolod Pudowkin: Die Zeit in Großaufnahme. Aufsätze, Erinnerungen, Werkstattnotizen. Berlin (DDR): Henschel 1983. 634 S., Abb.
Michail Romm: Bemerkungen über die Filmmontage. In: Kunst und Literatur (DDR), Oktober 1959, S. 1080–1094, und November 1979, S. 1211–1220.
Wilhelm Roth: Ist Eisenstein heute noch aktuell? Ein Gespräch mit Alexander Kluge. In: epd Kirche und Film, Februar 1978, S. 1–4.
Hans-Joachim Schlegel: Zum Streit um die Montage. In: Kürbiskern, Nr. 2/ (Juni) 1974, S. 82–85.
Hartmann Schmige: Eisenstein Bazin Kracauer. Zur Theorie der Filmmontage. Hamburg: Medienladen 1977. 175 S., Abb.
Konrad Schwalbe: Die medienspezifische Montage. In: Beiträge zur Theorie der Film- und Fernsehkunst. Berlin (DDR): Henschel 1987, S. 86–105.
Stefan Sharff: The Elements of Cinema. Toward a Theory of Cinesthetic Impact. New York: Columbia University Press 1982. 188 S., Abb.
Stanley J. Solomon: The Film Idea. New York u. a.: Harcourt Brace Jovanovich 1972. S. 295–316: Editing Through Fragmentation, S. 317–338: Editing Through Accumulation.
Werner Sudendorf: Sergej M. Eisenstein. Materialien zu Leben und Werk. München: Carl Hanser 1975 (mit umfangreicher Bibliografie).
Robert Vas: Meditation at 24 F.P.S. In: Sight and Sound, Sommer 1966, S. 119–124.
Paul Weiss: Cinematics. Carbondale and Edwardsville: Southern Illinois University Press 1975. S. 73–86: Montagists.
Dsiga Wertow: Was ist »Kino-Auge«? In: Film und Fernsehen (DDR), Februar 1974, S. 38–40 (Vortrag von 1929).
Klaus Wyborny: Nicht geordnete Notizen zum konventionellen narrativen Film. In: Boa Vista (Hamburg), Nr. 3, Frühjahr 1976, S. 117–143; etwas gekürzt nachgedruckt in: Filmkritik, Oktober 1979, S. 447–463.

Filmgeschichte

Barthélemy Amengual: Un point d'histoire: »The Life of an American Fireman« et la naissance du montage. In: Les cahiers de la cinémathèque, Nr. 17, Weihnachten 1975, S. 23–27 (ein Heft mit vielen Beiträgen zur Filmästhetik 1900–1906).
David Bordwell: The Idea of Montage in Soviet Art and Film. In: Cinema Journal, Frühjahr 1972, S. 9–17.
David Bordwell, Janet Staiger, Kristin Thompson: The Classical Hollywood Cinema. Film Style & Mode of Production to 1960. New York: Columbia University Press 1985. 506 S., Abb.
David Bordwell: Narration in the Fiction Film. London: Methuen & Co. 1985. 370 S., Abb.
Eileen Bowser: The Reconstitution of »A Corner in Wheat«. In: Cinema Journal, Frühjahr 1976, S. 452–52 (über verschiedene Fassungen des Griffith-Films).
Kevin Brownlow: The Parade's Gone By ... London: Secker & Warburg 1968. S. 279–287: Editing: The Hidden Power.
James Damico: New Marches in Place: »Kane's« Newsreel as a Cutting Critique. In: Cinema Journal, Frühjahr 1977, S. 51–58.
Raymond Durgnat: Ebb and Flow. In: Films and Filming, August 1968, S. 12–17 (zur Geschichte der Filmmontage).
Raymond Durgnat: The Impossible Takes a Little Longer. In: Films and Filming, September 1968, S. 12–16 (über Montage in den 60er Jahren).
William K. Everson: Stock Shots. In: Films in Review, Januar 1953, S. 15–20; nachgedruckt in: Sight and Sound, April-Juni 1953, S. 183–184. Ergänzt von W.K.E. in: Films in Review, April 1955, S. 171–180.
John L. Fell (Hg.): Film Before Griffith. Berkeley u. a.: University of California Press 1983. S. 225–373: The Films (mit umfangreicher Bibliografie S. 375–381).
André Gaudreault: Detours in Film Narrative: The Development of Cross-Cutting. In: Cinema Journal, Herbst 1979, S. 39–59.
Richard Gentner, Diane Birdsall: Sam Peckinpah: Cutter. In: Film Comment, Januar-Februar 1981, S. 35–37 (über die Montage in Peckinpahs Filmen).
Lewis Jacobs: The Rise of the American Film. New York: Harcourt, Brace and Comp. 1939. S. 35–51: Edwin S. Porter and the Editing Principle.
Arthur Knight: Editing: The Lost Art. In: Films and Filming, Juni 1959, S. 12, 33.
Ernest Lindgren: The Art of the Film. London: Allen and Unwin 1948. S. 69–96: Editing: D. W. Griffith and Eisenstein.
Kenneth Macgowan: Behind the Screen. The History and Techniques of the Motion Picture. New York: Delacorte 1965. S. 99–109: The Magic of Méliès and of England's Editing.
Charles Musser: The Early Cinema of Edwin Porter. In: Cinema Journal, Herbst 1979, S. 1–38.
C. Denis Pegge: »Caligari«: It's Innovations in Editing. In: The Quarterly of Film, Radio and Television, Winter 1956, S. 136–148.
Vlada Petric: Two Lincoln Assassinations by D. W. Griffith. In: Quarterly Review of Film Studies, Sommer 1978, S. 345–369 (Vergleich der entsprechenden Sequenzen aus »The Birth of a Nation« und »Abraham Lincoln«).
Barry Salt: Film Form 1900–06. In: Sight and Sound, Sommer 1978, S. 148–153.
Richard Schickel: D. W. Griffith. London: Gideon 1984. 672 S., Abb. (mit umfangreicher Bibliografie).
Stanley J. Solomon: The Film Idea. New York u. a.: Harcourt Brace Jovanovich 1972. S. 85–247: Development of Film Form.
Jack Spears: Edwin S. Porter. One of the Movie Greats Has Been Practically Forgotten. In: Films in Review, Juni-Juli 1970, S. 327–354.
Elmo Williams: Genius in the Cutting Room. Merill G. White's Rugged Individualism Is Creative As Well As Legendary. In: Films in Review, November 1957, S. 443–452.

Über Cutter (Bücher)

Marco Giusti, Enrico Ghezzi (Hg.): Kim Arcalli: Montare il cinema. Venezia: Marsilio 1980. 172 S.
Dai Vaughan: Portrait of an Invisible Man. The Working Life of Stewart McAllister, Film Editor. London: British Film Institute 1983. 210 S.
Ralph Rosenblum, Robert Karen: When the Shooting Stops ... the Cutting Begins. A Film Editor's Story. New York: The Viking Press 1979. 310 S., Abb.

Cutterinnen / Cutter über ihre Arbeit (Artikel)

Aram Avakian: On the Editor. In: Fred Baker (Hg.): Movie People. London: Abelard-Schuman 1972, S. 123–145.
Martine Barraqué: Un œil sur lui, un œil sur l'ecran. In: Le roman de François Truffaut. Cahiers du Cinéma, numéro special, Dezember 1984, S. 72–73 (über die Zusammenarbeit mit Truffaut; dort auch ein Beitrag von Yann Dedet).
Henri Colpi: Dégradation d'un art: le montage. In: Cahiers du Cinéma, Nr. 65, Dezember 1956, S. 26–29, dt.: Die Montage oder der Verfall einer Kunst. In: Theodor Kotulla (Hg.): Der Film. Band 2. München: Piper 1964, S. 148–152.
Margaret Booth: The Cutter. In: Stephen Watts (Hg.): Behind the Screen. How Films are Made. London: Arthur Barker 1938, S. 147–153.
Paul Falkenberg: The Editor's Role in Film Making. In: Cinema Journal, Winter 1967/68, S. 22–28.
Sid Levin: The Art of the Editor: »Nashville«. In: Filmmakers Newsletter, August 1975, S. 29–33.

Dorothy Spencer: The Film Editing. In: American Cinematographer, November 1974, S. 1316–1317, 1336–1337 (über den Schnitt von »Earthquake«).
Helen van Dongen: Three Hundred and Fifty Cans of Film. In: Roger Manvell (Hg.): The Cinema 1951. Harmondsworth: Penguin 1951, S. 57–78.
Elmo Williams: The Editor's Skill. In: Films and Filming, Juni 1965, S. 55.

Interviews mit Cutterinnen / Cuttern

William Bilowit: A Montage of Feature Film Editors Discuss Their Craft. In: Millimeter, September 1978, S. 58–64, 82.
David Keller: Cutting Remarks. How film editors feel about directors. In: Action (Hollywood), September – Oktober 1978, S. 40–45.
David Prince, Peter Lehman and Ohio University students: Film Editing: An Interview with Dede Allen. In: Wide Angle, Vol. 2, Nr. 1, (Winter) 1978, S. 59–69.
Lenny Borger, Catherine Morel: Chef monteuse de mère en fille. In: Cinématographe, Nr. 104, November 1984, S. 61–66 (Yvonne Martin über ihre Mutter, Marguerite Beaugé, Cutterin von Abel Gance).
Kevin Brownlow: The Parade's Gone By... London: Secker & Warburg 1968. S. 301–305: Margaret Booth.
Irene Kahn Atkins: Margaret Booth. In: Focus on Film, Nr. 25, Sommer-Herbst 1976, S. 51–57.
Roger Hudson: Putting the Magic In It. Two editors, James Clark and Anthony Harvey, discuss their work. In: Sight and Sound, Frühjahr 1966, S. 78–83 (über die Zusammenarbeit mit Kubrick und Ritt bzw. Schlesinger und Clayton).
Dialogue on Film: Verna Fields. In: American Film, Juni 1976, S. 33–48 (Gespräch im American Film Institute).
Gordon Gow: A Lesson in Psychiatry... and other events in the working life of a film editor: Verna Fields. In: Films and Filming, Februar 1977, S. 10–13.
Jay Padroff: Working With Time: Verna Fields Prevails. In: Millimeter, Dezember 1980, S. 151–157.
Wilfried Reichart: Interview: Agnès Guillemot. In: Peter W. Jansen, Wolfram Schütte (Hg.): Jean-Luc Godard. München: Carl Hanser 1979. Reihe Film 19, S. 71–82.
James Verniere: The Art of Film Editing: An Interview with Paul Hirsch. In: Filmmakers Monthly, September 1981, S. 31–34.
Kevin Brownlow: The Parade's Gone By... London: Secker & Warburg 1968. S. 307–311: William Hornbeck.
Kristin Thompson, David Bordwell: From Sennett to Stevens: An Interview with William Hornbeck. In: The Velvet Light Trap, Nr. 20, Sommer 1983, S. 34–40.
Judy Lotz: Odyssey from Hollywood to New York. An Interview with Carl Lerner. In: Film Comment, Herbst 1964, S. 2–11.
Harun Farocki: Die Aufgabe des Schnittmeisters: Ökonomie. Gespräch mit Peter Przygodda. In: Filmkritik, Oktober 1979, S. 487–492.
Olivier Assayas, Serge Toubiana: Profession: monteuse. Entretien avec Thelma Schoonmaker. In: Cahiers du Cinéma, Nr. 321, März 1981, S. III–V.
Ben Achtenberg: Helen van Dongen: An Interview. In: Film Quarterly, Winter 1976/77, S. 46–57 (mit bio- und bibliografischen Hinweisen).

Register

Das Register erschließt Personen (Autoren, Regisseure, Cutterinnen / Cutter) und Filme, die im Text ausführlicher behandelt werden. Aufzählungen und beiläufige Erwähnungen sind also nicht berücksichtigt. Die Namen von Cutterinnen / Cuttern werden auch nachgewiesen, wenn sie im Zusammenhang von Sequenzanalysen in Fußnoten genannt sind. Die Artikel (der, die, das, ein, eine, the, a, la, le, il) sind bei den Filmtiteln nachgestellt. Die Filmtitel sind kursiv gesetzt; bei den deutschen Titeln findet sich ein Verweis auf die Originaltitel, die im Buch durchgehend verwendet werden.

Die Autoren

Karel Reisz, geboren 1926 in der Tschechoslowakei. 1939 mit seinen Eltern nach England emigriert. 1944/45 bei der Royal Air Force. Studium in Oxford. Zusammen mit Lindsay Anderson Herausgeber der Filmzeitschrift »Sequence«; Mitarbeiter von »Sight and Sound«. 1952–55 verantwortlich für das Programm des »National Film Theatre« in London. Bis 1959 Filmbeauftragter für die Ford Motor Comp. In den sechziger Jahren auch als Werbefilmregisseur und für den Rundfunk tätig. Ab 1972 in Hollywood. Theaterinszenierungen in New York. Filme: *Stars, Who Made the Cinema* (Kurzfilm, 1952), *Momma, Don't Allow* (Kurzfilm, zusammen mit Lindsay Anderson, 1955), *We Are The Lambeth Boys* (Kurzfilm, 1959), *Saturday Night and Sunday Morning* (Samstagnacht bis Sonntagmorgen, 1960), *Night Must Fall* (Der Griff aus dem Dunkel, 1964), *Morgan... A Suitable Case for Treatment* (Protest, 1966), *Isadora* (Isadora, 1968), *The Gambler* (Spieler ohne Skrupel, 1974), *Dog Soldiers / Who'll Stop the Rain?* (Drekkige Hunde, 1977), *The French Lieutenant's Woman* (Die Geliebte des französischen Leutnants, 1981), *Sweet Dreams* (1986). Lebt in London.

Gavin Millar, geboren 1938 in Schottland. Ausbildung an der »Slade School of Fine Art« / University College, London, und beim BBC-Fernsehen. Ab 1966 als Produzent, Regisseur und Autor vor allem für die BBC tätig. Schwerpunkt: Dokumentationen über Kunst und Film. Lebt in London.